L'apprentissage de la mondialisation

Les milieux économiques allemands face à la réussite américaine (1876-1914)

P.I.E. Peter Lang

Bruxelles · Bern · Berlin · Frankfurt am Main · New York · Oxford · Wien

Séverine Antigone MARIN

L'apprentissage de la mondialisation

Les milieux économiques allemands face à la réussite américaine (1876-1914)

« Enjeux internationaux »
n° 24

Cet ouvrage a reçu le soutien financier de l'université de Strasbourg, de l'Institut universitaire de France et de l'université de Paris IV-Sorbonne (IRICE).

Éditions scientifiques internationales
Bruxelles, 2012
1 avenue Maurice, B-1050 Bruxelles, Belgique
www.peterlang.com ; info@peterlang.com

Imprimé en Allemagne

ISSN 2030-3688
ISBN 978-90-5201-853-9
D/2012/5678/49

Information bibliographique publiée par « Die Deutsche Nationalbibliothek »

« Die Deutsche Nationalbibliothek » répertorie cette publication dans la « Deutsche Nationalbibliografie » ; les données bibliographiques détaillées sont disponibles sur le site http://dnb.de.

Table des matières

DEUXIÈME PARTIE.
LA CONCURRENCE AMÉRICAINE,
OBJET D'ÉTUDE ET INSTRUMENT DE LÉGITIMATION

Pour mes Oliviers

Remerciements

Cet ouvrage est issu d'une thèse de doctorat soutenue le 27 novembre 2007 à l'Université de Paris IV-Sorbonne devant un jury composé de Madame le professeur Nadine Vivier et de Messieurs les professeurs Hinnerk Bruhns, Sylvain Schirmann et Georges-Henri Soutou, sous la présidence du professeur Dominique Barjot.

Au terme de ce travail de recherche, je voudrais exprimer toute ma gratitude au professeur Georges-Henri Soutou, qui a accepté de le diriger. Sa connaissance intime des archives, alliée à l'acuité de ses analyses sur les relations internationales, restent des modèles. Mes plus vifs remerciements s'adressent aussi au professeur Éric Bussière, qui n'a cessé de me prodiguer ses encouragements et son amitié tout au long de ces années.

Je suis très reconnaissante à Gabrielle Cadier de m'avoir, lors de mes années comme chargée de cours à Paris IV, accompagnée et conseillée avec beaucoup de gentillesse et de compétence. La confiance de Marc Flandreau, qui m'a permis d'assurer, pendant plusieurs années, une conférence à Sciences-Po Paris, m'a été précieuse, en m'offrant une atmosphère intellectuelle stimulante et la possibilité de fréquenter la pensée économique contemporaine.

Cette thèse n'aurait pu voir le jour sans l'aide essentielle des personnels de bibliothèques et des archives fréquentées. Qu'il me soit simplement permis de mentionner ici, pour leur accueil exceptionnel, la bibliothèque de l'Université Humboldt de Berlin, ainsi que les responsables des archives de Bayer et de la Deutsche Bank.

Grâce à une bourse généreusement accordée par le DAAD ainsi qu'un financement du ministère des Affaires étrangères, j'ai pu effectuer deux longs séjours en Allemagne. J'ai eu en outre la chance de pouvoir m'appuyer sur des amis qui, de Berlin à Hambourg et Francfort, ont mobilisé leur famille et leurs connaissances afin de faciliter mon tour d'Allemagne : qu'Irène et Patrick de La Lanne soient ici remerciés.

La thèse est seulement en apparence un travail individuel : elle n'existe en réalité que grâce à l'énergie et à l'affection de tous les proches de l'auteur. Ils savent la dette que j'ai contractée à leur égard.

Introduction

Exposition universelle de Chicago, 1893. Les Allemands pouvaient contempler les réalisations de leurs concurrents et se réjouir : après deux décennies d'efforts pour moderniser leur industrie et conquérir des marchés étrangers, ils s'enorgueillissaient à bon droit d'avoir rattrapé leur modèle anglais et de recevoir les témoignages d'admiration de leurs hôtes américains. Pourtant, une autre constatation s'imposait. L'élan de progrès qui avait bénéficié à l'économie allemande avait touché d'autres nations, généralisant ainsi la concurrence entre puissances industrielles.

Les Allemands reconnaissaient ainsi qu'ils étaient engagés dans une compétition mondiale dont l'arme majeure était l'information économique, considérée à la fois comme l'ensemble des renseignements sur l'innovation et la concurrence, la connaissance des marchés, et la propagande sur ses propres produits, autant d'éléments que l'on a l'habitude d'identifier comme caractéristiques de la mondialisation engagée depuis la fin du XXe siècle.

En réalité, dans le domaine des échanges commerciaux, le problème de l'accessibilité de l'information change de nature dès le milieu du XIXe siècle, avec la création de lignes maritimes régulières, puis, dans le dernier tiers du siècle, la standardisation universelle du système postal[1]. L'ensemble des informations nécessaires aux échanges internationaux ne relève plus d'un savoir professionnel de négociants, mais est désormais publié et disponible – au moins en théorie – à tous. Ainsi, pour les industriels, le monde semble être plus accessible, et l'idée se répand selon laquelle les règles pour se développer sur le marché international ne sont guère différentes de celles utilisées pour un marché national lui-même en pleine croissance[2]. Mais cette illusion s'accompagne aussi, chez les plus modestes, d'un sentiment d'impuissance face à l'ampleur de la tâche. En effet, de manière plus générale, la diffusion de journaux, revues, ouvrages et données de toute sorte oblige progressivement les contemporains au tournant du XXe siècle à se poser la question non plus seulement de l'accès à l'information, mais surtout de son traitement,

[1] De trois fois dans l'année au début du XIXe siècle, le cycle de l'information du courrier transatlantique a en effet plus que quadruplé dans les années 1890. Voir Laakso, 2006 ; Laborie, 2010.

[2] Voir les analyses historiographiques contemporaines qui insistent sur le parallélisme et les influences réciproques entre les processus de mondialisation et de construction nationale. Petersson, 2004, p. 49-67.

dans un contexte de surabondance. L'évolution des conditions matérielles permet désormais d'exiger des milieux économiques nationaux de tenir compte du reste du monde, mais elle ne suffit pas pour savoir comment maîtriser cette information.

Pour examiner la façon dont les contemporains envisagèrent le problème et s'employèrent à le résoudre, il faut rappeler les deux utilisations majeures de l'information économique. Pour les entreprises, l'enjeu résidait dans la possibilité d'exporter directement dans la mesure où les deux types d'information qui leur étaient nécessaires, les conditions de paiement et les crédits, mais aussi les demandes du marché prospecté, pouvaient leur être fournis par les agents de l'État ainsi que par des acteurs privés. Cependant, l'ambition de notre travail est de lier ces besoins avec les efforts qui guidèrent la réflexion économique du temps. En effet, la nouvelle disponibilité des sources sur les économies étrangères grâce à la publication de statistiques officielles de plus en plus nombreuses encouragea le développement d'une analyse basée sur la comparaison permanente, souvent terme à terme. La définition de soi nécessitait désormais de déterminer la position de son économie par rapport à celles des autres nations[3] et la notion de rattrapage comme celle de modèle de référence prirent progressivement une place centrale pour analyser les réussites de l'économie nationale. C'est ce double enjeu de l'information économique à la fin du XIXe siècle que ce travail ambitionne d'étudier.

Ce schéma ne reprend qu'en apparence la distinction entre une information économique développée par les industriels et les négociants pour leur usage et une information économique élaborée par l'État[4]. En effet, l'information économique destinée à alimenter une analyse géoéconomique, loin d'être l'apanage de l'administration, est largement le fait de différentes catégories d'experts dont beaucoup tiennent leur légitimité précisément de leur expérience d'acteurs de la vie économique. Ainsi, les deux types d'utilisations relevés expriment surtout une perception duale de l'Autre, qui, comme pays industrialisé, est toujours vu à la fois comme marché et comme concurrent – soit sur des marchés tiers, soit sur le marché national.

Cela doit justifier l'effort entrepris de peindre un tableau d'ensemble des usages de l'information économique, au risque de décevoir les

---

3 En cela, mondialisation et nationalismes peuvent parfaitement aller de pair. Voir sur ce point les analyses développées dans les années 1990, où la perspective d'une « fin de l'histoire » laissait penser que les conflits politiques se reporteraient sur le terrain économique avec comme maître-mot la compétitivité. La critique de cette grille de lecture a été faite par Krugmann, 1998.

4 Voir l'important ouvrage sur le sujet : Margairaz, Minard, 2008. Malheureusement, l'historiographie sur le sujet se concentre sur la période moderne.

spécialistes de secteurs particuliers. En effet, notre étude montre à quel point les différents secteurs industriels s'influencent entre eux : ainsi l'économie coloniale et l'industrie, les arts appliqués et l'industrie des machines s'empruntent des thèmes, des modèles, voire des postures. Par ailleurs, l'examen des débats actuels sur la Chine montre que l'étude de l'articulation entre ces deux notions que sont le marché et la concurrence permet seule de comprendre l'utilisation de références étrangères dans l'interprétation de son propre rôle dans la mondialisation : ce pays est en effet tout à la fois considéré comme un marché potentiel, un concurrent économique, et un élément essentiel d'explication des équilibres géostratégiques futurs. Ainsi, même si l'examen des sources a montré que les discussions de la *Publizistik* ne se retrouvaient que rarement dans les pratiques quotidiennes des entreprises, les théories géoéconomiques qu'elles développent ne constituent pas une simple toile de fond mais bien des instruments d'analyse qui orientent la perception des marchés et de la concurrence par l'ensemble du monde industriel, exportateur ou non, et, au-delà, par tous les milieux économiques.

Les informations économiques n'ont donc rien de désincarné : elles sont liées au contraire à l'environnement national qui les produit, au point qu'on doit les considérer aussi comme une production culturelle : notre étude montre en effet qu'elles jouent un rôle majeur dans les efforts de définition d'une identité économique nationale. De la même façon, on ne peut parler de marché international comme un ensemble homogène : il y a, pour chaque époque, des destinations privilégiées, sur lesquelles se focalisent les espoirs, mais aussi des nations dont la rivalité structure les réflexions sur soi-même. À la fin du XIXe siècle, c'est le cas des États-Unis pour l'Allemagne.

Les États-Unis s'affirment en effet en cette fin de siècle comme une puissance industrielle majeure dont les produits commencent à concurrencer la production européenne sur ses propres marchés. Cette évolution est particulièrement remarquée par les Allemands, pour deux raisons. Depuis les années 1840, l'importance des vagues d'émigration allemande outre-Atlantique a développé l'intérêt pour les accomplissements de l'économie américaine, qui attirait des millions de candidats à un sort meilleur. Surtout, les deux pays connaissaient depuis les années 1860-1870 une évolution parallèle : ils avaient bénéficié tous deux du statut de nouvel arrivant qui leur permettait de profiter des efforts des puissances industrielles plus anciennes. Ils avaient ainsi pu aborder dans les meilleures conditions l'avènement du nouveau système technique qui marque la fin du XIXe siècle, fondé sur l'acier, l'électricité, le pétrole et la chimie organique. Tous les deux se retrouvaient ainsi en position de disputer à la Grande-Bretagne son statut de référence industrielle. Cette proximité entre les deux pays[5] était encore renforcée par l'étroitesse des liens technologiques dans certains des nouveaux secteurs industriels. Dans le domaine de la chimie, la plupart des étudiants américains de cette discipline passaient au moins une partie de leurs études dans les universités du *Reich* ; dans le domaine de l'électrotechnique, l'une des deux principales firmes allemandes, *AEG*, était à l'origine une filiale de la société américaine Edison, et les échanges de brevets furent fréquents. Enfin, l'importance des États-Unis pour les Allemands était aussi liée au fait que ce marché particulièrement désirable, par sa taille et sa richesse, leur semblait plus accessible grâce au rôle de relais culturel qu'on attribuait volontiers aux Germano-Américains.

Pour autant, l'Exposition universelle de 1893 montre que l'analyse allemande de la réussite américaine doit se comprendre dans un contexte international, et non comme un simple face à face[6]. Les Américains étaient en effet loin d'être le principal partenaire commercial du *Reich*[7], un rôle tenu par les Français[8] et les Anglais. La réflexion des Allemands sur l'économie américaine ne prend donc son véritable sens que dans le mouvement plus général que nous appelons d'ordinaire la mondialisation. L'application de ce concept à la fin du XIXe siècle prête certes à discussion. Ses défenseurs mettent surtout en avant l'importance quan-

5 Sur les ressemblances entre les économies américaine et allemande, voir Dunlavy, 2007.

6 Cette idée se retrouve, appliquée aux relations internationales, dans Berghahn, 2009, p. 441-453. Il souligne, en s'appuyant entre autre sur les travaux d'Ute Frevert, que le triangle Grande-Bretagne – États-Unis – Allemagne doit être envisagé dans un contexte international, dans lequel l'ascension de la puissance américaine, bien que réelle, doit être relativisée.

7 La part des États-Unis dans les exportations allemandes est passée de 6,8 % en 1880 à 11,6 % en 1913 (chiffres établis par Inge Bianka von Berg, 1995), à comparer avec la situation de la Russie, dont la part, après avoir culminé à 12,3 % en 1910, s'établissait à 11 % en 1913. La caractéristique du commerce germano-américain est sa très rapide croissance, que Karl Helfferich établit à + 173,3 % entre 1887 et 1912 (Helfferich, 1914). Cependant, ces chiffres indiquent également que le commerce allemand s'est d'abord redéployé à l'intérieur du nouveau *Reich*, entre les différents *Länder*, ensuite, que les partenaires anglais et français traditionnels, ont également connu un fort développement de leur commerce avec l'Allemagne durant cette même période : + 113,1 % pour le Royaume-Uni et + 98,1 % pour la France. Ces chiffres portent donc d'abord témoignage de la vitalité économique allemande et de l'importance de son marché européen. Les États-Unis sont surtout importants pour leurs importations de matières premières agricoles et industrielles et de produits semi-manufacturés, qui leur permet de se placer en 1895 au 4e rang des importateurs du Reich, puis au 3e rang en 1913.

8 La thèse de Raymond Poidevin a montré la densité de ces relations, qui ne peuvent se comparer avec celles qu'entretiennent l'Allemagne et les États-Unis (Poidevin, 1998).

titative des échanges[9], mais diverses objections leur ont été opposées : le mouvement d'internationalisation du commerce est ancien et la fin du XIXe siècle voit surtout une accélération de processus séculaires favorisée par l'introduction de nouvelles technologies dans les transports comme dans la production[10]. Cette internationalisation est ensuite limitée à quelques ensembles régionaux – l'Europe, les Amériques, le Japon – et elle concerne avant tout certains secteurs industriels, dans une logique de spécialisations nationales. Si les autres régions du monde ne sont pas exclues des échanges internationaux, elles n'y participent que selon un modèle de division internationale du travail, tel qu'il a été théorisé précisément par les économistes du XIXe siècle : c'est le cas en particulier des colonies. Aussi les tenants de ces analyses préfèrent-ils le terme d'« internationalisation »[11].

Mais au vrai, la distinction est-elle opératoire ? On définit généralement l'internationalisation comme la projection du national vers l'extérieur et la mondialisation comme le phénomène par lequel le reste du monde envahit le national. Or dans les faits, il ne nous semble guère possible de dissocier les deux mouvements. Entre les années 1870 et 1914, tous les secteurs économiques allemands[12] – et ce, quelle que soit la taille des entreprises – se positionnent face à la concurrence mondiale. Plus généralement, c'est l'ensemble des discours économiques, par leurs références constantes aux modèles étrangers, qui rendent alors le monde présent au cœur de l'économie nationale[13].

Ce travail assume donc la référence à la mondialisation et tient que les contemporains eux-mêmes perçurent à la fois la nouveauté et l'ampleur de ce phénomène. Quelles que soient ses nuances propres, le terme, récurrent sous leur plume, de *Weltwirtschaft*[14], recouvre largement ce que nous entendons par mondialisation. À partir des années 1890, il exprime le sentiment que toutes les nations sont susceptibles de

---

9 Ces chiffres montrent que l'internationalisation de l'économie connut un degré qui ne se retrouve qu'au milieu des années 1980. Voir Berger, 2003, p. 6-7. L'auteur prend comme critères de comparaison les flux de capitaux, la part du commerce extérieur dans les économies nationales ainsi que les mouvements migratoires.

10 Bordo, Eichengreen, Irvin, 1999 ; Badie, 2005, p. 95-106.

11 Cette position est bien représentée chez les économistes et les tenants d'une géoéconomie, dont certains vont jusqu'à établir une différence entre mondialisation et globalisation, ce qui est très discutable. Voir Lorot, 2001.

12 Petersson, 2004 ; Torp, 2005.

13 En ce sens, tout en étant parfaitement d'accord avec ses conclusions, nous élargissons les considérations de Cornelius Torp, qui justifiait son étude des effets de la mondialisation pour l'Allemagne par le caractère central de la politique commerciale extérieure.

14 Voir Pohl, 1989a.

connaître le même développement économique que le *Reich*[15]. L'exemple des États-Unis a valeur de révélateur : il prouve que la logique de la division internationale du travail ne fonctionne plus, puisque les avantages comparatifs qu'ils possèdent dans le domaine agricole ne les ont nullement empêchés de développer une industrie compétitive. En ce sens, la notion de *Weltwirtschaft* implique l'idée d'une économie mondiale comme entité globale[16] et c'est cette conception qui s'impose au début du XXe siècle.

Cette étude a naturellement bénéficié de l'imposante historiographie développée sur le *Kaiserreich.* Plus précisément, elle a dû se situer par rapport, d'une part aux projets d'histoire globale appliqués à l'Allemagne, d'autre part, aux réflexions allemandes sur l'américanisation et l'américanisme.

Ces recherches s'inscrivent dans la nouvelle historiographie de l'empire wilhelminien depuis vingt ans, marquées à la fois par l'abandon du schéma du *Sonderweg* et plus encore par la volonté d'ouvrir cette période au monde, en insistant sur les aspects transnationaux[17] de son histoire. La littérature théorique sur le sujet est déjà importante, et il ne saurait être question ici que d'en relever les points susceptibles d'informer notre travail. Son orientation conduit à donner raison à certaines remarques de Dieter Langewiesche, qui souligne que le projet d'histoire globale doit, « dans ses résultats, être capable de faire le lien avec le discours national de conscience de soi qui se construit au même moment »[18]. Aussi, tout en s'appuyant sur les travaux extrêmement riches menés sous la houlette de Sebastian Conrad ou Jürgen Osterhammel, cette étude considère, avec Michael Werner et Bénédicte Zimmermann[19] que la nation reste le concept central, et qu'il n'existe

---

15 L'analyse de la mondialisation comme nouveau stade de l'économie s'inscrit dans un mode de pensée historique mais aussi marqué par la pensée évolutionniste, puisqu'elle insiste sur la nécessité de s'adapter aux conditions nouvelles au nom de la survie de l'identité nationale. Plus généralement, sur l'influence du socialdarwinisme dans les lectures historiques des évolutions contemporaines, voir Iggers, 1997, p. 466.

16 La notion d'organisme, privilégiée dans la première partie du XIXe siècle pour définir la *Weltwirtschaft* renvoie en réalité à l'idée d'une spécialisation des productions.

17 Le terme a été emprunté par les sciences humaines aux analyses juridiques des années 1950. Il désigne actuellement des schémas d'interdépendance qui transcendent les frontières nationales et, en ce sens, il diffère du mot purement descriptif qu'est « international ». Voir Cohen, O'Connor, 2004, introduction.

18 Engel, 2007.

19 Haupt, 2006. Werner, Zimmermann, 2004.

pas de réelle autonomie des milieux transnationaux[20] que seraient par exemple les professeurs d'économie ou les ingénieurs. Elle peut donc aussi utiliser les fruits des analyses faites dans le cadre classique de l'histoire des relations internationales[21]. À travers l'effort pour saisir les opportunités que fournit l'économie mondiale et interpréter les nouvelles rivalités internationales, on retrouve constamment une conscience de soi nationale. Cela est évident dans les réflexions sur le modèle américain et ses éventuels apports au développement allemand. On le retrouve aussi dans la supériorité nationale que tendent à développer les industriels exportateurs allemands : certes, elle ne débouche pas sur une solidarité face aux marchés étrangers telle que la rêverait l'administration, mais elle se manifeste aussi bien dans la fierté qui peu à peu se crée autour du *Made in Germany* que face aux partenaires familiaux présents en Angleterre ou aux États-Unis. Nous acceptons donc l'idée d'un monde transatlantique, reprenant l'héritage de ce monde atlantique travaillé par les historiens modernistes, mais en soulignant à quel point les rapports entre l'Amérique et l'Europe ont été marqués par les comparaisons systématiques des réalités nationales tant pour valoriser ses propres accomplissements que pour promouvoir des réformes.

Pour autant, le concept de nation doit être précisé. Divers auteurs ont souligné que le phénomène de l'État national moderne ne devait plus être pris comme explication mais précisément comme objet à expliquer, localisé dans un contexte de réseaux de relations et de dépendance de plus en plus globaux, mais aussi de plus en plus intensément régionaux[22]. C'est aussi pourquoi la dimension européenne ne doit pas être négligée à un moment où les plans européens tendent à se multiplier[23]. De ce point de vue, l'idée selon laquelle « l'invocation à "l'Europe" face au défi américain [...] ne reflète pas la conscience de soi des contemporains, qui réfléchissaient et agissaient essentiellement selon des catégories nationales »[24] doit être soumise à plus ample examen au vu de

[20] Voir Saunier, 2008, p. 4-26. Voir également du même auteur un premier bilan historiographique : Saunier, 2004, p. 110-126.

[21] L'ouvrage le plus important pendant longtemps a été celui d'Alfred Vagts : Vagts, 1935. Dans les années 1980, son champ d'analyse a été repris et complété par Reiner Pommerin : Pommerin, 1986a. On trouvera dans cet ouvrage de nombreuses références à des travaux – parfois non publiés – portant sur les relations diplomatiques germano-américaines avant 1914. Voir également Doerries, 1989.

[22] Geyer, 2004.

[23] Marin, 2006b.

[24] Klautke, 2003. Le projet de cet ouvrage est également de réfléchir aux usages de la perception de la réalité américaine, à travers l'analyse de différents débats publics. Cependant, notre propos se distingue par le thème choisi – l'économie – qui conduit à intégrer cette réflexion à la question de l'information : la dimension pragmatique de

l'ambiguïté des discours allemands[25] : le fait que les Allemands et les Français ne choisissent pas les mêmes éléments de la réalité américaine dans leurs débats ne paraît pas en tout cas un argument suffisant, dans la mesure où on pourrait observer des différences semblables, entre milieux politiques, sociaux et intellectuels, à l'intérieur de chacun de ces pays.

Le second courant historiographique qui a nourri les questions de notre étude est l'ensemble des travaux écrits sur le thème de l'américanisme et de l'américanisation, qui peuvent être classés en trois catégories. Le thème de l'américanisation tout d'abord, est celui qui a été privilégié par l'histoire économique, surtout à partir des années 1990, avec une série de grands ouvrages collectifs qui cherchaient à synthétiser les différentes expériences nationales d'américanisation après 1945 afin d'en dégager les caractéristiques communes et une définition plus précise d'un concept fragilisé par son utilisation polémique[26]. Les conclusions qui en furent tirées se rejoignaient quand elles affirmaient qu'il n'y avait jamais eu de transposition, mais toujours adaptation sélective et indigénisation nécessaire de différents éléments de l'économie américaine. Il était inévitable, dans ce cadre, de se poser la question des origines de l'influence américaine, et quelques travaux – peu nombreux – posèrent la question pour les années 1920 et même la fin du XIXe siècle[27], à partir du moment où la puissance industrielle des États-Unis s'affirme. Nous essaierons de montrer que la Première Guerre mondiale représente une réelle coupure de ce point de vue. En revanche, la notion de transfert technologique, souvent étudiée dans le cadre de l'américanisation, est tout aussi importante pour notre période, et nous pouvons nous appuyer sur les réflexions développées sur les conditions concrètes de ces transferts[28] qui supposent à la fois des liens

---

l'usage des débats devient ainsi essentielle, comme le montre la seconde partie de notre travail.

25 Cette analyse est d'ailleurs en partie contredite plusieurs recherches : celle d'Alexander Schmidt veut précisément souligner la dimension européenne de la bourgeoisie wilhelminienne confrontée à la réalité américaine, tandis que Marek Czaja rappelle l'évocation de projets européens comme solution face à la « menace américaine ». De façon plus controversée, Hartmut Kaelble s'est efforcé de montrer comment le regard sur les États-Unis entre 1890 et 1914 a été un moyen pour les Européens de se définir. Schmidt, 1997 ; Czaja, 2005 ; Kaelble, 2001.

26 Djelic, 1998 ; Kipping, Bjarnar, 1998 ; Zeitlin, Herrigel, 2000 ; Barjot, 2002 ; Kudo, Kipping, Schröter, 2003.

27 Barjot, Lescent-Giles, Ferrière le Vayer, 2002 ; Schröter, 2005. Voir également Dienel, 1995.

28 Berghahn, 1985 ; Kleinschmidt, 2002 ; Hilger, 2004.

transnationaux[29] et des réalités nationales différentes qui projettent et reçoivent ces influences.

Les études sur l'américanisme et l'antiaméricanisme, plus nombreuses, remontent aux premières années de la nouvelle République fédérale allemande : Egbert Klautke en a résumé l'évolution, qui voit un premier pic dans les années 1950 et 1960, au moment où, dans la tradition de l'histoire des idées, et pour ancrer la nouvelle Allemagne dans le camp occidental, les historiens s'efforçaient de combattre les stéréotypes habituels sur les États-Unis. En revanche, l'histoire sociale privilégiée dans les années 1970 et 1980 ne laissait guère de place à ces études, et ce furent alors les études littéraires qui prirent en charge l'examen des reportages et des récits de voyage. Dans les années 1990 enfin, une reconnaissance de la dimension subjective de l'histoire a conduit à un renouveau des études historiques sur l'« image des États-Unis » en Allemagne[30]. Ces travaux ont pour objet de réexaminer la question de la relation allemande à la modernité, que beaucoup de ces auteurs identifient avec les États-Unis, un présupposé très discutable. En effet, la question de la modernité était posée de façon très différente par les contemporains, surtout dans les milieux économiques : pour ces derniers, il s'agissait d'abord de progrès technologique, ce qui les conduisait naturellement à relativiser toute modernité particulière des États-Unis. Plus fondamentalement, les réflexions sur les spécificités de la vie économique américaine sont le plus souvent analysées du point de vue de la différence d'organisation entre les sociétés, avec, souvent, l'idée implicite que les États-Unis n'ont pas – encore – développé toute la complexité des vieilles nations. Notre recherche s'appuiera donc aussi sur les différentes études qui se sont développées autour de la question de l'altérité nationale soit indépendamment de cette question de la modernité, soit en considérant la notion dans une acception qui ne fasse pas signe vers le XXe siècle[31].

Enfin, différents travaux ont récemment montré que la question des transferts transatlantiques pouvait être posée sans avoir recours à la notion d'américanisation. C'est le cas en particulier de l'ouvrage *Atlantic Crossings*[32], qui insiste sur les échanges entre milieux réformateurs de part et d'autre de l'Atlantique, à la fin du XIXe siècle. Cet

---

29 Ces liens sont d'abord constitués par les hommes qui ont nourri les courants de migration outre-Atlantique. Pour un bilan historiographique, voir Hoerder, Nagler, 1995.

30 Trommler, 1993 ; Barclay, 1997 ; Fiebig-von Hase, Heideking, 1998a ; Mauch, Patel, 2005. Du côté français, on ne trouve que quelques ouvrages qui se rapportent à ce thème : Portes, 1990 ; Roger, 2002.

31 Nielsen, 2006 ; Bauerkämer, Eisenberg, 2006.

32 Rodgers, 1998.

ouvrage est en fait un exemple des récents efforts américains pour mondialiser leur histoire nationale, dont Thomas Bender donne un excellent aperçu, tant théorique que bibliographique[33]. Leur démarche s'inscrit d'ailleurs dans une redécouverte de la dimension mondialisée de l'historiographie américaine à la fin du XIXe siècle puisque Thomas Bender rappelle que la corporation historienne américaine dans les années 1890 avait une grande conscience des connections mondiales, et l'habitude de réfléchir de façon mondiale : même l'inventeur de la Frontière, Frederick Jackson Turner, qui rejetait l'idée d'une origine anglo-saxonne de la démocratie au profit d'une indigénisation de la notion, soulignait que « l'histoire locale ne [pouvait] être comprise qu'à la lumière de l'histoire du monde ».

Beaucoup de ces différents apports historiographiques partagent la tendance actuelle de l'histoire économique et sociale à utiliser les témoignages contemporains moins pour relever la qualité, plus ou moins grande, de leurs observations, au risque de n'aboutir qu'à un compte-rendu très descriptif des écarts entre celles-ci et la réalité, que pour « comprendre les constructions intellectuelles qui ont influencé et parfois donné forme aux processus de décisions [sociaux] et économiques »[34].

De façon plus large, notre étude est aussi influencée par les changements qui ont marqué l'histoire économique depuis les années 1990, en particulier l'abandon de l'approche strictement quantitative. Il ne doit nullement s'agir d'une remise en cause d'une historiographie qui a bâti des fondations essentielles pour l'histoire[35], mais simplement d'explorer d'autres possibilités. On peut y voir le désir de se rapprocher de l'histoire culturelle, très dynamique, ou de trouver une alternative face à un discours économique marqué par un langage mathématique de plus en plus complexe. Mais cela correspond aussi, de façon plus stimulante, à une évolution de la réflexion économique[36] même, dont témoignent, parmi d'autres courants, la nouvelle économie institutionnelle, centrée sur les règles et les normes qui gouvernent le marché, et le renouveau de

---

33 Bender, 2006.

34 Citation tirée de Riello, O'Brien, 2004.

35 Asselain, 2007, p. 567-609.

36 Sur la redécouverte de la culture par l'économie contemporaine, voir Berghoff, Vogel, 2004. Sur l'utilisation par les historiens des modèles économiques concernant l'information, voir Stanziani, 2008. Pour la sociologie économique actuelle, Philippe D'Iribarne parmi d'autres, insiste sur l'importance des cultures nationales pour éclairer des comportements économiques apparemment strictement rationnels comme la négociation (D'Iribarne, 2008).

la sociologie économique[37]. Certaines de ces analyses ont conduit à s'interroger sur l'existence de styles économiques nationaux[38], qui rendent compte de l'importance des héritages culturels en utilisant des notions comme l'« intercompréhension », « les aspirations communes », « le savoir partagé », mais aussi en se servant de toutes les réflexions développées autour de la notion de « dépendance de sentier »[39]. Tout en s'inspirant de ces réflexions, notre étude montre à quel point l'idée d'une « identité économique nationale » est difficile à manipuler pour les observateurs contemporains alors même qu'ils s'emploient à établir deux réalités nationales, allemande et américaine, pour mieux les comparer et, éventuellement, recommander des transferts de méthode. Poser la question et souligner son importance ne doit donc pas conduire à accepter une réponse univoque[40].

Cette recherche couvre les années 1870 jusqu'à 1914. Beaucoup d'ouvrages consacrés aux relations bilatérales entre l'Allemagne et les États-Unis prennent certes comme point de départ 1890, qui marque de fait un tournant essentiel dans la politique étrangère allemande. Notre thèse conforte, dans le domaine économique, l'idée que le début des années 1890 représente une inflexion majeure non seulement dans les discours sur l'économie allemande, mais aussi dans les stratégies commerciales des entreprises engagées sur le marché américain. Cependant, nous remontons aux années 1870, et, symboliquement, à l'année 1876, date de la première exposition universelle montée sur le sol américain. Cet événement, jugé catastrophique, fut en effet constamment évoqué par les Allemands dans les décennies qui suivirent à la fois comme mesure des progrès accomplis mais aussi comme mot d'ordre remobilisateur face à la concurrence étrangère. De plus, englober les années 1870 et 1880 dans notre analyse présente l'avantage considérable d'éviter de lire les analyses allemandes des succès américains à la seule lumière d'un affrontement entre jeunes impérialismes[41]. La fin de notre

---

37 Ces nouvelles grilles d'analyse sont d'autant plus intéressantes pour analyser la fin du XIXe siècle qu'elles renvoient à des réflexions théoriques contemporaines : l'École historique allemande est ainsi réévaluée, elle qui insistait sur la nécessité d'inscrire la réflexion économique dans les cadres historiques nationaux. De même, la sociologie économique reconnaît parmi ses pères fondateurs non seulement Max Weber, mais aussi Georg Simmel et Werner Sombart. Voir Trigilia, 2002.

38 Voir par exemple Teichova, Matis, 2009.

39 Voir Djelic, Quack, 2007.

40 Cette contradiction se retrouve dans le domaine de l'art : malgré les affirmations des contemporains, les historiens de l'art ont actuellement tendance à déconstruire les « identités nationales ». Voir Kostka, Lucbert, 2004.

41 Nous échappons de la sorte aux considérations sur l'existence d'un « wilhelminisme », concept, dont la fréquente utilisation n'a pas pour autant permis de préciser

période est en revanche dictée par l'entrée en guerre de l'Allemagne, contrairement à certains ouvrages qui prolongent leur étude jusqu'à l'entrée en guerre des États-Unis en 1917. En réalité, l'irruption du conflit armé bouleverse tous les échanges commerciaux internationaux ainsi que les priorités des milieux économiques allemands, rendant soudain la question de la mondialisation obsolète.

Il était impossible, dans le cadre de notre sujet, de procéder autrement que par sondages dans les différents types de sources susceptibles de répondre à nos questions. Un premier ensemble est constitué par les archives des firmes qui ont eu des relations d'affaires privilégiées avec les États-Unis, même si cela ne s'est pas forcément traduit – pour des raisons diverses – par la création de filiales. La sélection de ces archives s'est faite en tenant compte de leur secteur d'activité, qui les conduisait à s'intéresser plus particulièrement au marché américain[42], sachant que la disponibilité des sources a naturellement eu sa part dans le choix final. Les archives les plus riches pour notre sujet se sont trouvées être *Metallgesellschaft*, *Bayer*, la *Deutsche Bank* et *Siemens*. Les archives d'*AEG* étaient malheureusement en pleine réorganisation à l'époque où nous avons mené nos recherches, ce qui n'a permis que de maigres trouvailles, tandis que les archives *Warburg* étaient alors fermées aux chercheurs. Les archives de la *HAPAG* ont été consultées, mais elles ne subsistent plus qu'à l'état de vestige. Le travail de Hartmut Berghoff sur l'entreprise d'harmonicas *Hohner* nous avait par ailleurs rendue sensible à l'importance des PME allemandes engagées sur le marché américain. Malheureusement, les recherches approfondies réalisées dans les archives économiques du Wurtemberg se sont révélées décevantes. Les documents laissés en garde par les entreprises se résument le plus souvent à des plaquettes célébrant un jubilé ou à quelques tentatives d'histoire apologétique. Nous avons donc surtout utilisé les dossiers de *Hohner* ainsi que quelques documents laissés par l'entreprise *Werner & Pfleiderer*, installée à Stuttgart et spécialisée dans les fours pour boulangeries. De leur côté, les responsables des archives de l'entreprise *Bosch* se sont montrés décourageants sur la possibilité de trouver des renseignements utiles dans leurs fonds.

Il est apparu au cours de l'étude que les informations tirées de ces archives d'entreprises ne recoupaient guère celles des autres sources,

---

les contours, toujours très flous. Voir les remarques de Matthew Jeffries dans Eley, Retallack, 2003, p. 91.

[42] Nous avons ainsi laissé de côté les secteurs de l'industrie lourde, car la bibliographie sur ces entreprises comme celle sur les relations économiques germano-américaines laissaient penser que le marché américain ne revêtait pour elles qu'une importance secondaire. En revanche, nous avons utilisé les écrits d'ingénieurs allemands qui travaillaient dans ce secteur.

centrées sur le problème de la concurrence américaine, car il est surtout question de la gestion quotidienne des intérêts de l'entreprise aux États-Unis. L'étude précise de cette pratique nous a du moins permis de mettre en perspective les demandes d'aide adressées à l'État par toutes les entreprises qui aspiraient à participer aux échanges internationaux. Les archives du ministère des Affaires étrangères du *Reich* et – très secondairement – du ministère de l'intérieur prussien, constituent à ce titre un deuxième type de sources. Initialement, les comptes-rendus des consulats allemands aux États-Unis devaient jouer un rôle important dans notre étude. Ils se sont cependant révélés peu utilisables, car ils se contentent de dresser un bilan général de la situation économique secteur par secteur, sans développer de véritable réflexion sur le marché américain. Beaucoup plus intéressants ont été tous les dossiers consacrés aux trois expositions universelles qui se déroulèrent aux États-Unis, ainsi que les documents portant sur les négociations entre l'administration et les milieux économiques, représentés par les associations professionnelles et les chambres de commerce, pour aider à la promotion des exportations. S'il n'a guère été possible d'identifier, dans les milieux administratifs, de voix originale sur les affaires américaines, en revanche, ces archives ont permis de souligner le rôle joué par l'attaché commercial du consulat de New York dans la première décennie du XXe siècle. Plus généralement, c'est l'étude de ces dossiers qui permet de comprendre combien l'analyse du marché américain s'insère dans une réflexion globale sur le mouvement de mondialisation. En revanche, l'examen des recueils de comptes-rendus des chambres de commerce de deux villes tournées vers le marché américain, Stuttgart et surtout Hambourg, n'a guère amené d'informations nouvelles : la réflexion sur les marchés étrangers y est le plus souvent inexistante.

À côté des actes de la pratique et des archives publiques, il restait à aborder un troisième type de sources : les multiples écrits publiés en Allemagne sur l'économie américaine. Cette catégorie de la *Publicistik* est particulièrement protéiforme, car elle comporte aussi bien des ouvrages destinés au grand public que des études érudites et spécialisées dans un secteur. La sélection a été faite principalement en combinant les ressources de la bibliothèque de l'université Humboldt à Berlin et de la Bibliothèque nationale à Paris, à l'aide des différentes bibliographies réalisées par les contemporains. Ces ouvrages ont été complétés par le dépouillement de deux des principales revues économiques de l'époque, les *Conrads Jahrbücher* et les *Schmollers Jahrbücher*[43], mais d'autres

---

[43] Dans un éditorial de 1881, Schmoller rappelle qu'il ne veut pas que sa revue se transforme en organe purement scientifique : elle doit au contraire privilégier les grandes questions d'actualité qui intéressent l'opinion publique, le parlement et le

publications ont pu être utilisées comme le *Bank-Archiv*. L'abondance de la production allemande sur l'économie américaine ne doit cependant pas cacher un phénomène important de recyclage des textes, qui amène les auteurs à tirer d'une conférence un article publié dans une revue, puis à le reprendre sous forme d'ouvrage… *nihil novi sub sole*. Les auteurs se divisent entre les professions académiques et les praticiens – qu'ils soient agronomes, propriétaires terriens ou ingénieurs. C'est à ce titre qu'ils sont amenés, lors des séances de leurs associations professionnelles, à présenter les résultats de leur voyage d'études aux États-Unis ; en revanche, les industriels sont inexistants, même si Carl Duisberg, de *Bayer*, ou Werner von Siemens par exemple, ont fait quelques tentatives modestes. Il est évident que ces auteurs sont loin d'avoir la même importance : les universitaires ont une influence plus grande grâce aux débats qu'ils animent à travers leurs revues sur l'importance de la concurrence américaine[44]. À l'intérieur de ce groupe même, un fossé sépare les professeurs devenus des références incontournables d'auteurs qui n'apparaissent qu'au hasard d'un travail de thèse. Pour autant, les monographies rédigées en vue de l'obtention du titre de docteur d'une université allemande fournissent aux contemporains une matière non négligeable pour l'étude de la réussite américaine.

Les lecteurs de ces textes sont encore plus hétérogènes, quoique assez faciles à identifier selon le type d'ouvrage : à côté du monde universitaire qui lit ses propres publications, on trouve toute une vulgarisation de ces thèmes à travers des ouvrages plus populaires et dans la presse nationale[45], ce qui permet de penser que les acteurs économiques les plus divers, y compris les petits fabricants ou commerçants, sont sensibilisés aux principaux thèmes touchant l'économie américaine[46]. Il est cependant toujours difficile d'évaluer la pratique concrète de la lecture. On connaît l'existence de bibliothèques dans les grandes entreprises comme *Bayer*, mais aussi dans les chambres de commerce. Il

---

gouvernement, différents lectorats non académiques qu'il visait de façon privilégiée. Voir Grimmer-Solem, Romani, 1998, p. 267-299.

44 Il existe d'ailleurs une certaine rivalité entre les analyses universitaires et le témoignage de praticiens, lesquels utilisent ostensiblement une forme proche du journal de voyage pour insister sur l'aspect concret de leur expérience, par opposition à l'exposé économique établi en grande partie sur les abondantes statistiques que l'administration américaine fournit libéralement aux visiteurs.

45 En revanche, la presse professionnelle – aussi bien pour les milieux agricoles que pour les ingénieurs – s'est révélée décevante.

46 Les historiens modernistes ont souligné l'apparition d'une opinion publique en économie à partir du XVIIIe siècle en Europe. Voir le bilan fait par Hoock, 2008. L'auteur souligne en particulier l'importance des nombreuses *Intelligenzblätter* pour diffuser l'information économique, désormais considérée comme un besoin, dans l'espace allemand.

arrive d'ailleurs à ces dernières de publier dans leur bilan annuel non seulement le nombre d'ouvrages et de revues en leur possession, mais aussi le nombre d'emprunts effectués par leurs membres. Ces renseignements restent cependant très vagues et ne permettent guère d'évaluer l'écart entre ce qui est proposé à la lecture et ce qui est réellement lu. Dans les milieux agricoles, la mesure de la lecture est également difficile. Comme en France, l'édition agricole a connu un très fort développement, mais en même temps, il existe une méfiance persistance des paysans à l'égard des membres extérieurs à la communauté rurale, qu'ils soient vétérinaires ou agronomes. Il ne fait pas de doute que les gros fermiers étaient informés des progrès agricoles américains, par le biais au moins des exposés faits dans leurs associations. En revanche, il est difficile de savoir si les agriculteurs qui, possédant plus de dix hectares, pouvaient commencer à envisager une stratégie de production adaptée aux demandes du marché, peuvent être comptés dans le public des écrits sur les États-Unis.

Ce dernier exemple montre toute l'hétérogénéité des milieux concernés par l'information économique, surtout si l'on doit y ajouter les fonctionnaires des administrations concernées. Cependant, les évoquer comme un ensemble nous paraît se justifier si l'on se rappelle les efforts déployés à l'époque pour diffuser une culture économique commune. Ce fut en particulier l'ambition de Wilhelm Merton pour l'école supérieure de commerce de Francfort que de rassembler industriels, commerçants, ingénieurs et fonctionnaires autour d'enseignements communs. Il était en effet persuadé que la réussite économique allemande passait par la capacité des différents milieux économiques allemands à partager une grille d'analyse commune. Elle devait leur permettre de se fixer les mêmes objectifs, au lieu de se disputer les faveurs du pouvoir politique pour faire avancer leurs intérêts particuliers. Une telle communauté de point de vue ne s'observe certes que rarement dans les faits, et nous serons appelés à établir des distinctions importantes selon les secteurs ; mais cela incite à chercher des thématiques communes dans les diverses analyses que font les milieux économiques allemands des États-Unis.

À cette lumière, nous avons choisi de diviser notre travail en deux parties ; chacune correspond à un aspect des États-Unis, selon qu'on les envisage comme marché ou comme concurrent. Notre propos part, de façon très concrète, de l'expérience des entreprises qui ont réussi à créer un courant d'affaires régulier à travers l'Atlantique, afin de mesurer le degré de difficulté qu'impliquait, à l'époque, la gestion d'un marché aussi éloigné et de cerner les appuis particuliers que des entreprises allemandes pouvaient espérer, étant donné les relations particulières entre les deux pays créées par les vastes mouvements de migration. Le deuxième chapitre élargit la question à l'ensemble des marchés, afin d'en donner une vision plus réaliste : les États-Unis n'étaient pas le seul pays à conquérir, et l'économie allemande était pour une large part composée d'entreprises pour lesquelles l'exportation relevait d'un espoir beaucoup plus que d'une réalité. Ce deuxième chapitre cherchera à montrer l'envers de la réussite allemande en matière d'exportations : alors qu'elle est présentée comme un modèle par ses concurrents, l'Allemagne analyse sa position toujours en termes de fragilité. Le troisième chapitre a un rôle pivot, et constitue à la fois un aboutissement et une transition. Il s'agira d'abord de montrer les conséquences, pour les Allemands, de l'abondance de l'information économique qui leur a permis de nourrir les ambitions examinées dans les chapitres précédents. La mondialisation à laquelle ils veulent participer implique en effet que les flux d'information se développent dans les deux sens. Les difficultés que cela entraîne touchent précisément ces milieux industriels dont les efforts ont été analysés dans le chapitre précédent, mais elles montrent la réalité d'une mondialisation qui touche en profondeur le tissu industriel. Ce chapitre 3 marque également une transition avec la seconde partie, car accuser les Américains de vouloir espionner les entreprises allemandes suppose la conscience de leur propre supériorité dans le savoir-faire industriel ; c'est là tout l'enjeu de l'analyse de la concurrence américaine.

Cette seconde partie a été divisée en deux chapitres thématiques, l'agriculture (chapitre 4) et l'industrie (chapitre 5). Les questions financières, plus brièvement abordées, ont été rattachées au chapitre 5, car elles suivent la même chronologie que les différents secteurs industriels. Les deux chapitres forment un certain contraste dans la mesure où la perception allemande de l'agriculture américaine a été aussi négligée que la question industrielle a été travaillée. De plus, on peut affirmer – un peu schématiquement – que l'inquiétude provoquée par les conséquences éventuelles de la concurrence américaine pour l'Allemagne se dissipe dans le secteur agricole au moment où elle naît dans l'industrie. Pourtant, dans les deux cas, l'interrogation que nous posons face aux sources est la même : y a-t-il eu constitution d'un modèle américain ? Pourquoi et à quelles fins ? L'inflexion des années 1890 que nous observons dans l'agriculture comme dans l'industrie correspond dans les deux cas au même changement de statut : de pays lointain, rempli de promesses ou de menaces, mais fondamentalement autre, les États-Unis se transforment, à la fin du XIXe siècle, en présence concrète et familière. Lestée d'une réalité nouvelle favorisée par la multiplication des échanges en tous genres, la perception que les Allemands acquièrent de la réussite américaine, pour ne pas être moins attentive, apparaît démythifiée.

Première partie

Collecter et utiliser l'information commerciale – le marché américain

CHAPITRE 1

Apprendre à pratiquer le marché américain : les méthodes des entreprises

La connaissance du marché américain est d'abord le fait des entreprises allemandes qui y ont réalisé des investissements directs, phénomène dont l'évolution accompagne et reflète l'importance croissante du *Reich* comme des États-Unis dans l'économie internationale. Il est donc naturel que des historiens se soient déjà penchés sur cette réalité, en prenant l'un ou l'autre des deux pays comme point de départ[1]. Thomas Kabisch a ainsi pu évaluer *a posteriori* l'engagement des entreprises allemandes sur le marché américain en utilisant largement les archives de séquestration de leurs biens en 1917. Mira Wilkins s'est de son côté surtout employée à mettre en perspective les investissements directs réalisés aux États-Unis par les différents pays européens quand ils étaient les « banquiers du monde », de la période coloniale à la Première Guerre mondiale. Cela lui a permis de montrer que le statut de nation débitrice a été un avantage dans la croissance économique des États-Unis, mais que les pays prêteurs, malgré les risques inhérents à ce type d'investissements, ont également profité de ces échanges, contredisant ainsi la thèse – répandue chez les contemporains – d'un détournement de capitaux au détriment de l'économie nationale. Elle a également insisté sur l'apprentissage progressif que les investisseurs étrangers faisaient du marché américain, grâce à de meilleures sources d'information. Ce processus explique tout à la fois les succès plus importants remportés dans la seconde moitié du XIXe siècle par rapport à la première moitié, et la supériorité des Britanniques sur les Français. Appuyé sur ces recherches, ce chapitre a donc pour but, en partant des archives de firmes très différentes par leur métier comme par la forme de leur présence aux États-Unis, de montrer comment s'est opéré l'apprentissage de la collecte d'informations sur le marché américain.

Sont ici étudiées essentiellement de grandes entreprises, en raison de l'état de conservation de leurs archives en général plus grand et de leur accessibilité. Ceci n'est pas sans soulever un problème méthodologique : Thomas Kabisch a en effet montré toute l'importance des petites

1 Les deux ouvrages principaux sur ce thème sont en effet Kabisch, 1982 ; Wilkins, 1989.

et moyennes entreprises engagées dans cette politique de développement à l'exportation[2]. On peut cependant avancer deux justifications : tout d'abord, rien, dans les quelques archives de PME consultées et dans la bibliographie qui leur est consacrée, ne permet de considérer qu'elles aient adopté des modes de collecte d'information originaux ; on observe surtout une moindre diversité. Les grandes entreprises ont en effet utilisé des stratégies – familiales entre autres – qui n'ont rien de réellement novatrices. En second lieu, la distinction même entre PME et grandes entreprises peut paraître peu pertinente d'après les critères de classification de l'époque. Même si les écarts de taille peuvent être très sensibles entre *AEG* et une entreprise spécialisée dans la fabrication de fours de boulangerie comme *Werner & Pfleiderer*, ces deux firmes appartiennent à la classe des « très grandes entreprises » de plus de cinquante employés, ce qui explique qu'elles aient pu partager la même ambition d'investir sur le marché américain.

L'étude se concentre d'une part sur les avantages que l'ensemble des entreprises allemandes sont susceptibles d'avoir utilisé pour s'implanter, comme une expérience anglaise préalable ou le truchement de Germano-Américains. D'autre part, elle analyse les liens concrets entretenus par ces firmes allemandes avec ce nouveau marché, situé outre-Atlantique : l'examen des circuits d'information peut-il permettre de dégager une spécificité du marché américain ?

I. Utiliser des intermédiaires

Le marché américain devint, au fil des années 1880 et surtout après 1890 un objectif pour un nombre toujours croissant d'entreprises allemandes. Le principal obstacle à leur esprit de conquête resta cependant, tout au long de la période, l'éloignement. Certes, les distances se raccourcirent constamment durant ces années grâce aux progrès techniques qui facilitèrent les voyages transatlantiques, mais, si l'on comptait deux semaines pour le voyage aller-retour proprement dit, et six semaines sur place pour permettre un circuit à peu près complet des principaux centres économiques du pays, cela conduisait à s'absenter deux mois d'Allemagne, relié aux affaires quotidiennes de la maison-mère uniquement par le courrier puis par le télégraphe. Dans ces conditions, il était tentant pour les entrepreneurs allemands d'utiliser des intermédiaires dont la connaissance et les liens avec le marché américain favoriseraient le développement de leurs activités outre-Atlantique. Ils avaient pour ce faire à leur disposition trois types possibles de réseaux qui se recoupaient partiellement : les milieux anglais et surtout londoniens, sous la forme de contacts professionnels mais aussi de filiales établies,

---

[2] Kabisch, 1982, p. 107.

les membres de leur famille envoyés aux États-Unis ou qui avaient émigré de leur propre chef et le milieu des Germano-Américains, dont les ascendances allemandes étaient plus ou moins lointaines mais qui connaissaient encore la langue de leur ancienne patrie européenne, élément de leur identité. Quelle fut l'utilité réelle de ces réseaux pour les entreprises allemandes désireuses de se développer outre-Atlantique ?

A. L'autre marché anglo-saxon : Londres, partenaire ou première étape vers les États-Unis

L'attraction exercée par la Grande-Bretagne sur le continent était une réalité depuis les débuts de la révolution industrielle qui avait poussé, à partir du début du XIXe siècle de nombreux techniciens et ingénieurs à s'introduire, parfois clandestinement, dans le pays. Ces voyages étaient essentiels à la formation à une époque où la transmission des connaissances se faisait par l'impression personnelle et l'observation directe, et où la formation commerciale était également essentiellement empirique[3].

Cette importance de la technologie anglaise subsista dans les années 1880, durant lesquelles la revue du *Preussischen Verein zur Förderung des Gewerbefleisses* par exemple continua à consacrer un nombre important d'articles aux comptes-rendus de voyages outre-Manche[4]. Une décennie plus tard, cette tradition industrielle semblait s'essouffler[5] bien que le premier voyage d'apprentissage à l'étranger qu'effectua le fils aîné d'Emil Rathenau, en 1894 ait eu encore pour but l'Angleterre[6]. Pourtant, même si c'était désormais au tour des ingénieurs anglais de venir en Allemagne s'informer des dernières nouveautés dans les branches les plus nouvelles comme l'électrotechnique[7], la Grande-Bretagne resta tout au long de la période un marché essentiel pour les exportations allemandes (14 % de ces dernières étaient destinées au

3 Voir les ouvrages classiques sur le sujet, au premier rang desquels Kaelble, 1972 et Kocka, 1975b.

4 Berghoff, Möller, 1993, p. 353-386. Les auteurs notent que 72 % de leur échantillon d'entrepreneurs allemands ont fait un long séjour à l'étranger, principalement en Grande-Bretagne ou aux États-Unis.

5 De l'importante littérature consacrée à la réalité du déclin de l'économie anglaise, on pourra extraire, pour un résumé des arguments pro et contra centré sur les capacités commerciales de l'industrie anglaise Church, 2000, p. 1-20.

6 À l'âge de 23 ans, Erich Rathenau entreprit son premier voyage d'études à l'étranger, en Angleterre et en Écosse. Le bilan semble avoir été maigre du point de vue scientifique, mais on pourrait en dire autant du voyage entrepris l'année suivante aux États-Unis. Il semble qu'il faille en réalité évaluer ces séjours du strict point de vue de la formation de l'individu et non pour ce qu'ils auraient pu apporter à l'entreprise. Voir *AEG Zeitung*, 5e année, n° 8a, 15 février 1903, numéro spécial commémorant la mort d'Erich Rathenau.

7 *Ibid.*, n° 12, 1er juin 1901, « Der Besuch der englischer Elektrotechniker in Berlin »

marché britannique), et par conséquent le principal but des investissements commerciaux des entreprises allemandes désireuses de développer un marché si intéressant[8]. Enfin, l'importance de la capitale anglaise pour le secteur bancaire allemand a à peine besoin d'être soulignée : quand on considère son rôle de place financière internationale, il paraît naturel que les banques allemandes aient tenu à être présentes.

L'Angleterre a-t-elle permis aux firmes allemandes de découvrir et de profiter, à distance et donc à moindres frais, du marché américain ? Un tel rôle semble évident dans le domaine financier car la place de Londres possédait sur sa rivale new-yorkaise un double avantage pour la cotation des valeurs américaines : d'une part, elle admettait à la cote des entreprises de moyenne importance que les courtiers de Wall Street jugeaient trop petites pour être retenues, d'autre part, le public anglais, ayant acquis bien plus tôt que les Américains une habitude et un goût pour les placements « en dehors de leur sphère immédiate d'expérience et de connaissances », réclamaient ces titres d'outre-Atlantique[9]. L'utilisation d'un relais anglais fut cependant également pratiquée dans l'industrie. *Metallgesellschaft* représente certes un cas limite, puisque son champ d'activité impliquait une très grande dépendance à l'égard des cotations des valeurs minières faites à la *City*, mais des firmes comme *AEG*, *Siemens* ou la *HAPAG* semblent également avoir utilisé Londres, et plus généralement la Grande-Bretagne, comme une porte par laquelle les milieux économiques allemands pouvaient s'introduire plus aisément dans le monde anglo-saxon. Quelle fut la réussite de cette stratégie ?

1. Finances et marchés boursiers : réussites et limites d'une relation triangulaire

Londres, devant Amsterdam et Paris, représentait un passage obligé dans la formation des futurs banquiers allemands. Parmi les responsables de la *Deutsche Bank*, Arthur von Gwinner, Alfred Blinzig et Paul Herrmann y firent un long séjour qui avait un double but : apprendre le fonctionnement d'un établissement en commençant au bas de la hiérarchie et se familiariser ainsi avec la pratique des comptes, mais aussi développer ses connaissances de la langue et s'imprégner de l'atmosphère de la principale place financière internationale[10]. Cette

---

[8] Voir Hagen, 1997 et son article « German Direct Investment in the UK. 1871-1918 », in *Business History*, vol. 41, n° 2, avril 1999, p. 37-68. Il ne s'agit pas seulement d'entreprises appartenant aux nouvelles branches technologiques, comme la chimie, l'électrotechnique ou l'optique, mais également de firmes appartenant à des domaines où l'avance scientifique ne joue pas, comme l'alimentation.

[9] Voir Cull, Davis, 1992.

[10] Cassis, 2006.

situation n'était d'ailleurs pas sans créer une certaine animosité chez leurs homologues anglais : Arthur von Gwinner évoqua ainsi les reproches amers faits par un employé de banque anglais, déplorant l'absence de toute perspective de carrière pour lui dans cette voie, puisque son chef pouvait « faire venir de Francfort des cargaisons entières de commis allemands mal payés », qui de surcroît, du propre aveu de Gwinner « travaillaient trop, trop tôt le matin, trop tard le soir »[11]. Cette familiarité avec Londres se retrouve dans le cas de Georg von Siemens, qui y avait travaillé en 1868-1869 pour le compte de son cousin, Werner von Siemens, un an avant de devenir président de la *Deutsche Bank*. Il était donc naturel que la filiale londonienne de celle-ci fût fondée dès 1873, soit trois ans après la création de la banque : l'ambition de l'établissement de financer le développement commercial international de l'industrie allemande passait nécessairement par l'ouverture rapide d'une filiale dans la capitale anglaise. Le rôle de Londres comme plaque tournante pour les capitaux internationaux s'était en effet encore renforcé depuis 1872 grâce aux progrès des techniques de communication qui mettaient la capitale anglaise en liaison télégraphique permanente avec Tokyo, Melbourne, les principaux centres européens et les États-Unis[12].

Nous sommes particulièrement bien documentés sur les services que la filiale londonienne de la *Deutsche Bank* a pu rendre dans la transmission des offres de participation à des emprunts du gouvernement américain, grâce à la richesse des archives et aux études déjà menées. De 1874, un an après la création de la filiale, à 1889, Londres transmit trois offres importantes à Berlin, à un moment où la banque allemande devait se contenter des miettes laissées par les plus grandes maisons, alors même que l'attraction qu'exerçaient les titres américains en général sur les investisseurs allemands ne s'était guère démentie tout au long du XIXe siècle. Au lendemain de la guerre de Sécession, les Allemands avaient même pu profiter des réticences des Anglais à aider financièrement un gouvernement dont les ambitions semblaient menacer le Canada. Cet engouement se traduisit par le fait qu'à la fin des années 1860, « il n'y avait guère d'investisseur en Allemagne du sud qui n'ait

---

11 Gwinner, 1975, p. 35. Après un séjour de quatre ans, Gwinner laissa sa place au fils d'une autre vieille famille francfortoise, Julius Scharff, qui devint un ami.

12 Voir Pohl, Burk, 1998. Pour juger de l'importance de Londres comme centre mondial pour les nouvelles tout au long de la période, il suffit de considérer l'anecdote suivante, tirée des archives de l'agence Havas : « [...] pendant la guerre russo-japonaise, nous avons constaté tous les jours [...] que les télégrammes directs de St Petersburg déposés [...] à la même heure pour Reuters et pour nous mêmes [...] parvenaient à Londres plus rapidement. » Palmer, 1983, p. 241.

pas acheté de bonds américains »[13] situation qui éclaire l'importance des enjeux au début des années 1870.

La première proposition provint des banques *Samuel Montagu & Co.* et *Louis Cohen & Sons*[14] qui offraient une participation à hauteur de 5 millions de dollars dans le lancement de bonds américains à 5 %, accordé par le Secrétaire au Trésor américain à Rothschild – par l'intermédiaire d'*August Belmont & Co.* – et à *J. & W. Seligmann & Co.* à New York. La participation de la *Deutsche Bank* était rendue possible grâce aux excellents contacts que le directeur de la filiale de la banque allemande, Gustav Pietsch, avait su nouer avec les plus grandes maisons de la *City* qu'étaient, outre *N. M. Rothschild & Sons*, *Seligman Brothers* et *Samuel Montagu & Co*[15]. Ces établissements acceptèrent de partager avec les Allemands la proposition américaine – confidentielle à ce moment, car faite alors que les discussions étaient encore engagées à Washington – à cause des liens de la *Deutsche Bank* avec le gouvernement allemand. On espérait que les titres pourraient être utilisés pour le *Invalidenfonds*, en remplacement d'autres titres, moins bien rémunérés. L'affaire, considérée comme très intéressante, fut acceptée par Berlin, pour qui le moment était particulièrement favorable : la banque avait en effet su tirer son épingle du jeu lors de la crise boursière de 1873 en Allemagne, en profitant des défaillances de certains de ses concurrents.

En 1880, la proposition paraissait au premier abord également prometteuse, mais l'évolution de la politique financière des États-Unis modifia assez rapidement la situation. À l'origine, le remboursement rapide d'une partie de la dette accumulée lors de la guerre civile et durant les premières années de la reconstruction avait permis de diminuer le nombre de titres du gouvernement américain en circulation, à un moment où les titres de cette qualité étaient de plus en plus recherchés. De ce fait, la perspective de pouvoir prolonger les titres existants, certes à 5 et 6 %, mais arrivant à échéance, était suffisamment intéressante pour accepter un taux d'intérêt réduit à 4 voire 3,5 %. Les difficultés surgirent alors de la part du Congrès : ce dernier voulut rabaisser le taux proposé à 3 %, tout en rendant l'acquisition de ces titres obligatoires

---

13 Voir Wilkins, 1989, p. 75, p. 107-109 et passim.

14 C'est ce dernier établissement qui est à la tête du syndicat constitué pour cet emprunt. On y trouve également *Seligmann Brothers* de Londres et *Fould & Co.* de Paris. Voir Pietsch à la *Deutsche Bank*, 11 juin 1874, DB, London Filiale, 1874.

15 Voir Pohl, Burk, 1998, p. 26. Gustav Pietsch était un ami et un collègue d'Hermann Wallich, avec qui il avait travaillé en Asie. Par ailleurs, des documents de la *Deutsche Bank* le montrent lié aux affaires américaines dès 1870, ce dont témoigne une lettre adressée au *Comptoir d'escompte de Paris*, dans laquelle il détaille la situation économique à San Francisco et à New York. DB, A-1258. C'est lui qui s'est proposé dès juin 1872 pour diriger la filiale londonienne.

pour les banques nationales émettant des billets de banque, et adopta une attitude méfiante à l'égard des syndicats de banquiers. Il était en effet décidé de proposer pendant trente jours ces obligations au public, avant de faire appel à un syndicat, car les représentants à la Chambre considéraient que la précédente opération menée par le secrétaire au Trésor John Sherman en 1874 avait été trop favorable aux intérêts des banquiers américains et européens. La *Deutsche Bank*, à qui les différents articles sur le sujet parus dans la presse anglo-saxonne avaient été transmis, se vit donc déconseiller par Londres dès le 8 décembre 1880 de s'engager trop avant, à cause de la faiblesse du taux d'intérêt. La banque fut cependant relancée par la *Deutsche Vereinsbank*[16] en février 1881, tandis que son agence londonienne lui transmettait les derniers développements de l'affaire à la fois négatifs et positifs : le taux était certes relevé à 3,5 %, mais le projet de loi modifié donnait au gouvernement la possibilité de rembourser les anciens prêts en pièces d'argent[17]. Cette menace, tout autant que les meilleures conditions faites aux investisseurs, explique que l'affaire fut finalement acceptée par la *Deutsche Bank*, sans que Londres ait joué de véritable rôle dans la décision, se contentant de transmettre les informations.

En mars 1889, une troisième offre fut transmise par la filiale londonienne à Berlin, cette fois au nom de la banque *Speyer* de Londres qui envisageait de prendre la direction d'un syndicat chargé d'un nouvel emprunt à 4 % du Trésor américain, pour un montant de 7,5 millions de dollars sur 50 millions. La *Deutsche Bank* accepta immédiatement une participation pour 15 % du montant[18]. Dans cette affaire, le rôle de Londres fut de nouveau celui d'un intermédiaire privilégié grâce à sa proximité avec les sources d'information principales, mais non celui d'un conseiller, car dans ce cas comme ailleurs, la lettre envoyée par l'agence contenait peu de recommandations, se contentant d'exprimer quelques doutes sur l'importance des gains qu'une telle opération pouvait dégager. Or, ces réticences ne semblent avoir aucunement influencé la décision de Berlin, sans doute à cause du succès attendu auprès des investisseurs allemands, toujours friands de ce type de placement.

16 La *Deutsche Vereinsbank* est située à Francfort et fait partie du réseau d'établissements étroitement liés à la *Deutsche Bank* à côté de la *Württembergische Vereinsbank* (qui participa à sa fondation), de la *Berliner Handelsgesellschaft* et de la banque *Robert Warschauer & Co.* À ce titre elle participa dès sa fondation en 1872 à plusieurs opérations menées par la *Deutsche Bank*, dont la plus importante est sans doute le financement du chemin de fer anatolien en 1888.

17 *Deutsche Vereinsbank* à la *Deutsche Bank*, 11 février 1881, Pietsch à la *Deutsche Bank*, 18 février 1881, DB, London Filiale, 1874.

18 *London Agency* à *Deutsche Bank*, Berlin, 5 mars 1889, DB, London Filiale, 1874.

Le changement apparut en 1893 : en mars de cette année, c'est Jacob Stern qui informa ses alliés de Berlin d'une opportunité que venait de lui apprendre Villard par câble. Il s'agissait d'un emprunt d'État à dix ans avec un taux de 4 % portant sur une somme de 50 à 100 millions de dollars et la *Deutsche Bank* se déclara immédiatement intéressée par une participation[19]. Les jours suivants apportèrent cependant une déception, tant sur l'importance du taux, qui ne serait que de 3 %, que sur la nature du remboursement – les Allemands craignaient de devoir accepter de l'argent – et finalement, sur la possibilité même de participer à l'affaire[20]. Dans les différentes lettres qui furent alors échangées entre les deux partenaires, c'est Villard qui apparaît toujours comme un des principaux informateurs[21]. L'affaire ne fut définitivement réglée qu'en février 1895, avec la constitution d'un syndicat sous la conduite de John Pierpont Morgan et *N. M. Rothschild* pour un emprunt de 62 millions de dollars à 4 %. Une moitié était réservée aux investisseurs américains, mais l'autre moitié devait être souscrite à Londres, ce qui permettait à la *Deutsche Bank* une double participation : en son nom elle s'inscrivit pour 1,4 million de dollars auprès des *Speyer Brothers* de Londres, tandis que son agence londonienne faisait de même pour 0,5 million auprès de la banque amie de Pietsch, *N. M. Rothschild.* L'affaire, entièrement négociée par Gwinner et où l'établissement berlinois jouait pour la première fois un des premiers rôles dans la distribution de ces titres en Europe, lui rapporta finalement 510 000 dollars[22].

Cette affaire marqua un tournant : Londres demeura certes essentielle pour tous les acteurs financiers, américains et européens, qui y étaient représentés. Cependant, l'apprentissage progressif du marché américain que faisait la maison-mère à Berlin grâce à une pratique intensive de ce dernier fit perdre à la filiale londonienne son rôle d'informateur privilégié dans ce domaine, non seulement au profit d'autres contacts à Londres, grâce aux liens de Gwinner, arrivé en 1893 à la *Deutsche Bank*, avec Edgar Speyer, mais surtout au profit de contacts directs avec

---

19 Voir Max Steinthal à Jacob Stern, 7 mars 1893, *idem*.

20 L'emprunt avait en effet pour but de renflouer les réserves d'or américaines, mises à mal par l'application du *Sherman Bill.* Les milieux bancaires américains considéraient que si les titres étaient détenus par des investisseurs étrangers, ceux-ci pourraient être tentés de les revendre et par conséquent de reprendre leur or, ce qui ne serait pas le cas si l'emprunt était réservé à des investisseurs américains, désireux de conserver des bonds du gouvernement. Voir l'article du *New York Times*, 17 novembre 1894, *idem*. Villard indiquait dès le 7 mars 1893 que *Drexel, Morgan & Co.* s'était porté preneur pour l'ensemble de l'emprunt, mais des difficultés avaient surgi.

21 *Deutsche Bank* à Jacob Stern, 13 mars 1893, *idem*.

22 Résumé fait par le *Historisches Archiv* du Packet Am 72 Vereinigte Staaten – 4 % Bonds 1895, in DB, A-1258.

différents interlocuteurs américains[23]. Un second élément peut expliquer cette perte du rôle d'intermédiaire privilégié : à partir de 1895, les emprunts du gouvernement américain, déjà exceptionnels depuis 1880, ne constituaient plus une activité pour les banques étrangères. La filiale anglaise aurait pu certes rendre des services pour les entreprises américaines de seconde importance mais néanmoins dynamiques, qui se retrouvaient cotées à Londres, mais la *Deutsche Bank* n'avait aucun intérêt pour ce genre de placement. À l'inverse, pour les gros investissements industriels cotés à New York, en particulier les compagnies de chemins de fer, les informateurs américains étaient les mieux placés car c'étaient eux qui bâtissaient les syndicats indispensables au financement de ces grands projets. Ceci n'empêcha naturellement pas l'agence anglaise de continuer à jouer un rôle dans ces affaires, en particulier pour placer des actions de la *Northern Pacific Railway Company*[24], mais la prospérité de ses activités fut désormais principalement due à son activité d'escompte[25]. Enfin, dans un domaine particulier, la formation des jeunes banquiers, Londres conserva son rôle de passeur. L'agence était en effet submergée de recommandations venues de Berlin pour employer, durant quelques mois, tel jeune parent prometteur. De fait, les mémoires d'un de ces anciens apprentis montrent que beaucoup de futurs grands banquiers allemands tinrent les livres de compte de la *Deutsche Bank* à Londres. Cependant, la raison de ces stages était moins une introduction au monde de la finance anglo-saxonne comme telle qu'une initiation nécessaire aux affaires internationales en général.

La réussite d'une relation véritablement triangulaire entre l'Allemagne, la Grande-Bretagne et les États-Unis semble passer par l'existence de liens familiaux qui permettent de lier le sort des firmes installées dans les différents pays et qui instaurent ainsi une confiance réelle entre les différents partenaires. Deux familles illustrent cette organisation, celle des Speyer et celle des Merton. Le cas des Speyer est particulier puisque la maison de New York fut ouverte dix-neuf ans seulement après la création de la firme de Francfort, alors qu'il fallut attendre 1861 pour avoir une troisième firme, à Londres, trois ans avant que Gustav Speyer, père d'Edgar et James, respectivement futurs directeurs des firmes anglaise et américaine, ne revienne à Francfort[26]. Il y

---

23 Voir dans ce chapitre : « [I.] C. Les Germano-Américains ».

24 La filiale de Londres servit également d'intermédiaire pour les opérations liées à la réorganisation de la *Northern Pacific*.

25 Voir Pohl et Burk, 1998, p. 48-51. Sur l'utilité du séjour pour l'apprentissage de la langue anglaise, voir *infra*.

26 La maison *Lazard Speyer-Ellissen* fut fondée en 1818, mais la famille dominait par sa fortune la bonne société de Francfort depuis les années 1770. *Speyer & Co.* à New York fut créé en 1837. La fondation de la maison *Speyer Brothers* de Londres remontait à 1863 ; elle prospéra grâce au financement de l'électrification du métro londo-

avait là vraisemblablement à la fois une volonté de renforcer les liens transatlantiques qui auraient pu s'affaiblir après une trop longue émigration, et l'envie de profiter du nouveau dynamisme allemand. Dans cette évolution, Londres ne joua donc pas les initiateurs au marché américain, mais agit comme un partenaire indispensable aux deux autres[27].

Dans le cas des Merton, fondateurs de la société *Metallgesellschaft*, spécialisée dans le commerce des métaux, on assiste également à un retour en Allemagne après une émigration, cette fois en Grande-Bretagne. Le père des deux futurs directeurs des maisons de Francfort et de Londres, Ralph Merton (Raphael Moses), qui s'établit finalement sur les bords du Main, était le fils d'un marchand londonien, et cette origine anglaise se retrouve dans les prénoms des fils, Henry Ralph, l'aîné, qui retourna à Londres en 1860 où il fonda la firme alliée *Henry R. Merton & Co.*, et William, le fils cadet, qui, restant à Francfort, germanisa son prénom en Wilhelm. Les liens entre les deux firmes étaient ceux de véritables partenaires et ce fut une collaboration entre égaux qui s'engagea dans les années 1880 pour développer conjointement les activités des deux maisons aux États-Unis. Pour autant, Londres semble avoir joué un rôle particulier dans cette décision[28]. Il est ainsi possible que Henry Merton ait encouragé son frère Wilhelm à investir directement outre-Atlantique pour contrer le monopole grandissant des Américains sur le cuivre, dans la mesure où c'est en Grande-Bretagne, à la bourse des métaux de Londres, que l'inquiétude se développa, qui conduisit les Anglais à investir des capitaux dans les dominions pour

---

nien. Edgar Speyer, qui avait été élevé à Francfort où son père, après avoir été directeur de la firme new-yorkaise était revenu alors qu'il avait deux ans, s'installa à la tête de la firme londonienne en 1887. Il avait alors 25 ans, et obtint la nationalité anglaise cinq ans plus tard ; il se maria cependant avec la fille d'un comte prussien. Jusqu'à la Première Guerre mondiale, ce fut un modèle d'intégration dans la haute société anglaise, consacrée par l'obtention du titre de baronnet.

27 Dans sa correspondance avec ses cousins de Paris, Lord Nathan Rothschild considérait Edgar Speyer comme le banquier londonien le mieux informé sur le marché américain. Télégramme 14 mars 1907 cité par Mira Wilkins (Wilkins, 1989), p. 475.

28 La filiale américaine prit d'abord la forme d'une alliance avec un établissement américain, grâce, là encore, à des liens familiaux. Wilhelm Merton, directeur de la *Metallgesellschaft*, était en effet allié par son mariage à la banque *Ladenburg, Thalmann & Co.* de New York, fondée en 1880. Sa femme, Emma Ladenburg, était la fille du banquier francfortois Emil Ladenburg. Voir Becker, 1992, p. 137. Le bureau créé au sein de cette banque par *Metallgesellschaft* vit sa direction confiée à un employé, Palmer Budd, rejoint cependant dès 1884 par le frère d'un des directeurs de *Metallgesellschaft*, Berthold Hochschild. C'est ce dernier que l'on retrouve, avec la fonction de secrétaire, dans la filiale finalement créée en 1887 après le retrait de *Ladenburg, Thalmann*. Voir archives Metallgesellschaft (MG 15, 571), Bernfeld, Seymour S., Hochschild, Harold K., « A Short History of American Metal Climax, Inc. », p. 2.

combattre la domination américaine[29]. De plus, on sait que la décision d'établir une filiale aux États-Unis fut prise à la suite d'un rapport fait par Jacob Langeloth, un membre du conseil d'administration de *Metallgesellschaft*, sur le voyage qu'il venait d'accomplir en Angleterre. En effet, il y avait visité des entreprises où on lui avait parlé des perspectives étonnantes de production de minerai aux États-Unis[30]. Cependant, une fois la firme américaine créée en 1887, les documents de *Metallgesellschaft* qui la concernent montrent que Londres n'eut pas à jouer les intermédiaires, puisqu'il existait des relations directes entre New York et Francfort. En revanche, la structure de la compagnie américaine, détenue à parts égales par Londres et par Francfort, favorisait une relation triangulaire. Aucune des deux compagnies européennes ne pouvait prétendre à une relation privilégiée avec les États-Unis, car l'*American Metal Company* ne s'engageait à réserver l'exclusivité de ses transactions avec Henry Merton que pour la Grande-Bretagne et l'Empire britannique, la même exclusivité étant assurée à Francfort pour l'Allemagne et l'Autriche. Tous les autres pays, en particulier la France, la Belgique, l'Italie ou la Russie étaient ouverts aux deux compagnies qui devaient chacune faire l'offre la plus intéressante à leur partenaire américain.

Dans l'exemple des Merton, l'importance de Londres s'explique par son rôle dans l'histoire de cette famille, puisque la capitale de la première puissance économique mondiale a servi de tremplin au développement de ses affaires. Sa situation de première place boursière ne vint donc que conforter sa place « historique » au moment où une partie des nouvelles générations voulaient profiter des possibilités économiques du jeune *Reich*. La relation qui se créa entre l'ancienne maison londonienne, forte de son expérience, et la nouvelle maison de Francfort, forte du dynamisme de l'économie allemande, ne pouvait donc se fonder que sur une égalité et un respect des possibilités de chacune.

---

29 Voir Däbritz, 1931, p. 56.

30 Les États-Unis combinaient deux sortes d'avantages aux yeux des dirigeants de Metallgesellschaft : les réserves de minerais étaient encore plus importantes que dans les territoires ouverts à l'exploitation par la colonisation ; dans le même temps cependant, les infrastructures routières et ferroviaires ainsi que la législation protégeant les investisseurs étrangers offraient un cadre très rassurant aux projets d'extension de l'affaire. Cependant, la société mena une politique prudente, se limitant volontairement à ses activités traditionnelles autour du négoce des métaux, et excluant toute participation directe dans des activités d'extraction, considérées comme trop spéculatives

2. *Un secteur phare de l'industrie allemande : l'exemple de l'électrotechnique*

Le secteur industriel semble offrir les exemples les plus caractéristiques de l'utilisation de la Grande-Bretagne comme étape essentielle avant le marché américain. En effet, contrairement à ce qui se passe dans le secteur financier, on assista dans l'industrie à une véritable passation de pouvoir à la fin du XIXe siècle entre l'ancienne et la nouvelle nation industrielle de part et d'autre de l'Atlantique. C'est cette translation que paraît avoir suivi l'entreprise Siemens, qui, dès ses débuts, bénéficia de ses liens avec la Grande-Bretagne pour assurer son emprise sur le marché des télégraphes, avant de chercher à se développer aux États-Unis. L'installation d'une filiale en Angleterre se fit très tôt grâce à l'attirance du frère de Werner von Siemens, Wilhelm (William), pour ce pays où il avait complété sa formation technique[31]. En 1844, il décida donc de s'établir outre-Manche, en créant un bureau commercial chargé de vendre les inventions mises au point par Werner, parfois avec son aide. L'utilité de cette implantation anglaise pour la firme familiale tenait cependant surtout, dès cette époque, aux observations que Wilhelm pouvait faire des dernières nouveautés technologiques, visitant de nombreuses usines et correspondant avec bon nombre de scientifiques membres des différentes académies et sociétés du pays dont il devint par la suite sociétaire voire président[32].

Cette fonction de veille technologique subsista par la suite : les frères Siemens s'étaient fait remarquer dès 1851 à la première Exposition universelle à Londres en remportant plusieurs prix et, dans les années suivantes, ils réussirent progressivement à s'imposer internationalement sur leur marché des câbles télégraphiques. Dans les années 1860, la maison londonienne, désormais indépendante sous le nom de *Siemens Brothers*, jouait toujours un rôle stimulant dans les réflexions techniques. L'intérêt de ces conseils résidait désormais moins dans telle ou telle des améliorations techniques suggérées par Wilhelm ou Carl[33] que

---

31 Outre les possibilités offertes par le marché anglais, les liens de la famille Siemens avec le Hanovre, à un moment où celui-ci était rattaché à la couronne britannique, peuvent avoir encouragé le jeune Siemens à considérer la Grande-Bretagne comme une seconde patrie possible.

32 L'activité de ces nombreuses sociétés scientifiques anglaises inspira à Werner le désir de transposer ce modèle d'associations d'ingénieurs en Allemagne. Voir Matschoss, 1916, p. 174 ainsi que les mémoires de Werner von Siemens, Lebenserinnerungen, Piper, 2008, p. 271.

33 En 1869, Wilhelm fut rejoint par son frère Carl, qui avait quitté la Russie où les contrats de maintenance de la firme étaient arrivés à terme, alors que dans le même temps, la firme londonienne prospérait. Carl prit en main les affaires de câbles télégraphiques, et commanda en particulier le Faraday qui permit à Siemens d'installer son premier câble transatlantique (1874). Néanmoins, après avoir œuvré pour trans-

dans la sensibilité de ses dirigeants aux nouveautés rencontrées en matière de production. Ce furent eux en particulier qui encouragèrent Werner von Siemens au tournant des années 1870 de passer à l'étape de la « production de masse »[34]. Lui-même comprenait la nécessité de réformer la production, pour des raisons qui tenaient surtout à la conjoncture allemande : les *Gründerjahre* se caractérisaient en effet par un manque de plus en plus criant de main-d'œuvre qualifiée, sollicitée de toutes parts par des industries modernes en pleine expansion. Non seulement les coûts salariaux s'en trouvaient augmentés, mais il devenait difficile de répondre de façon satisfaisante à toutes les commandes. Le discours enthousiaste de Carl sur les nouvelles possibilités de production que les machines pouvaient offrir à la firme berlinoise acheva donc de convaincre Werner, malgré ses craintes initiales sur une éventuelle baisse de la qualité[35]. La Grande-Bretagne – et, à l'occasion, la France – fut d'ailleurs mise à contribution pour livrer certaines des machines-outils nécessaires, car, souvent, la commande faite aux États-Unis prenait trop de temps[36].

Introducteur des méthodes américaines de production dans la firme berlinoise, *Siemens Brothers* de Londres ne joua qu'avec réticence le rôle d'intermédiaire vis-à-vis du marché américain. Dans l'organisation initiale mise au point par les frères, la maison située dans la capitale anglaise devait prendre en charge l'ensemble des colonies, passées et présentes, de la Grande-Bretagne. Cela n'empêcha pas Werner von Siemens dès 1854 de donner à son frère des conseils pour développer les possibilités outre-Atlantique[37], mais les divergences apparurent réellement au début des années 1880, lorsqu'il s'avéra que Londres avait centré son intérêt sur le domaine des câbles et négligeait, aux yeux de Berlin, le marché américain de l'électrotechnique, au moment où les États-Unis connaissaient une forte croissance économique[38]. Ces dissentiments persistèrent au-delà de la mort de Wilhelm car son successeur, Ludwig Löffler, n'appartenait pas à la famille Siemens : cela renforçait son désir de défendre l'indépendance de la maison londo-

---

former l'entreprise anglaise en société à responsabilité limitée, il retourna en 1880 en Russie avec sa famille.

34 Voir Kocka, 1975a, p. 267-290.

35 Voir lettre de Werner von Siemens à son frère Carl, 13 mars 1872. Sur l'intérêt grandissant pour les machines-outils américaines à cette époque, voir chapitre 5.

36 Voir Kocka, 1969b, p. 124. Le même phénomène se reproduisit en 1903.

37 Voir lettres de Werner von Siemens à Wilhelm, 6 novembre 1854 et du 24 novembre 1866.

38 Cette stratégie pouvait d'autant mieux se défendre qu'en 1881, *Siemens Brothers* obtint un très gros contrat de la part de l'homme d'affaires américain James Gould, qui voulait disposer de son propre câble transatlantique. Voir les mémoires de Werner von Siemens, *op. cit.*, p. 245.

nienne, sans pour autant qu'il renonce à l'exclusivité du marché américain, situation paradoxale puisque cette exclusivité ne se justifiait que dans le cadre d'un partage entre maisons alliées[39].

La correspondance de Werner von Siemens montre que le conflit dépassait largement le seul problème d'une divergence d'analyse sur les potentialités de ce marché, même si les biographes de la firme ont par la suite insisté sur ce point qui permettait de souligner la clairvoyance du fondateur à l'égard des possibilités futures des États-Unis[40]. Le véritable enjeu était la hiérarchie entre deux capitales dont l'une se prévalait de sa légitimité de centre de l'économie mondiale, et l'autre de sa vitalité industrielle étonnante. Aux yeux des frères Siemens installés à Londres, non seulement il était inconcevable d'être subordonné à Berlin, mais le respect de la logique économique internationale conduisait à laisser Londres diriger toutes les activités de l'entreprise familiale dirigées vers l'exportation. Ainsi, la condescendance à l'égard de la toute jeune économie de l'empire wilhelminien se trouvait partagée par des Allemands qui avaient adopté la Grande-Bretagne, nonobstant un attachement à leur ancienne patrie sans doute intact[41].

L'autre grande firme d'électrotechnique allemande, *AEG*, entretint des liens très différents avec la Grande-Bretagne pour des raisons évidentes : créée bien plus tard et à partir de brevets américains, sa présence en Angleterre ne pouvait revêtir la même importance. La filiale anglaise d'*AEG*, la *Keys Electric Co. Ltd*, fut d'ailleurs fondée au moment de la nouvelle vague d'investissements allemands, en 1890, avec l'aide d'*Edison General Electric Co.*, qui avait eu la même idée, mais qui s'investit finalement peu au point de revendre au bout d'un an la majeure partie de sa participation. Du côté d'*AEG*, la décision fut prise grâce à des liens familiaux que certains de ses dirigeants possédaient en Angleterre. Felix Deutsch[42], alors responsable de la commercialisation des produits *AEG*, avait insisté sur les opportunités nouvelles offertes par le marché anglais. Il connaissait celui-ci par son frère Franz, installé outre-Manche où il était propriétaire de la firme *Deutsch, Schlesinger &*

---

39 Voir Fischer, 1989, p. 21-22 ; Hagen, 1997, p. 113.

40 Les passages sur les perspectives qu'offre le marché américain ne manquent pas dans les lettres de Werner von Siemens à Londres. Voir celles datées des 12 mai 1880, 13 mai 1881, 29 décembre 1884.

41 Werner von Siemens, lettre à Carl, 10 décembre 1887.

42 Felix Deutsch avait été placé comme conseiller financier auprès d'Emil Rathenau par le banquier de ce dernier, Jacob Landau. Spécialiste de l'organisation de la vente, il s'attacha en particulier à développer les filiales à l'étranger. Devenu le plus proche collaborateur de Rathenau en trente-deux ans, il lui succéda comme président du directoire tandis que la première place dans l'entreprise revenait à Walther Rathenau comme président du conseil de surveillance, selon une répartition des responsabilités classique dans les entreprises allemandes.

Co., Stock Exchange & Warnferd Court. Il apparaît d'ailleurs sur la liste des fondateurs de la filiale avec son partenaire, Caesar Schlesinger[43].

L'objectif poursuivi par *AEG*, qui détenait désormais plus de 90 % du capital de ce qui fut rebaptisé en 1892 la *Electrical Co. Ltd*, n'était naturellement pas d'établir un lien avec les États-Unis par le biais de la Grande-Bretagne, mais au contraire d'utiliser son expérience anglo-saxonne pour se développer sur le marché anglais[44]. C'est ainsi que l'homme appelé pour réorganiser la filiale dès 1894, J. Stottner, avait auparavant tenté sa chance aux États-Unis pendant deux ans, de 1880 à 1882, où il avait travaillé pour différentes firmes américaines. Il avait ensuite mis cette expérience au service de firmes allemandes, dont *AEG* à partir de 1888, pour qui il se chargea de la préparation de l'Exposition universelle de Chicago. C'est à son retour qu'il fut nommé à Londres[45]. Pourtant, d'après les propos des dirigeants de la firme de Rathenau, cette expérience américaine paraît n'avoir eu finalement qu'une importance secondaire. Ce furent au contraire les qualités proprement allemandes d'*AEG*, tant par rapport aux Anglais que par rapport aux Américains, qui auraient permis à l'entreprise de s'implanter sur le marché britannique[46]. Vis-à-vis des Anglais, l'entreprise allemande disposait de connaissances scientifiques supérieures, ainsi que de nombreux ingénieurs mieux formés théoriquement. À l'inverse des Américains, les Allemands pouvaient partager les attentes des Anglais en matière de précision et de solidité des machines : les entrepreneurs britanniques recherchaient, comme leurs homologues allemands, un équipement fait pour durer longtemps afin de rentabiliser au mieux un investissement lourd. Ils se situaient ainsi à l'opposé des pratiques américaines, où les machines n'étaient là que de façon provisoire, destinées à être remplacées le plus tôt possible par des versions plus récentes et plus perfectionnées[47].

---

43 Voir Deutsch, Felix, *Mein Leben*, manuscrit non publié, Archives AEG, G5 4222.

44 *50 Jahre AEG*, Berlin, 1956, p. 95-96.

45 Voir sa notice nécrologique parue dans l'*Elektronische Zeitschrift* n° 11, 16 mars 1911, in AEG, 00076.

46 Une telle lecture implique une supériorité allemande si naturelle qu'elle peut en devenir suspecte. Il faudrait, pour la confirmer ou la corriger, pouvoir examiner l'activité détaillée de la filiale anglaise. Le fait que cette dernière ne connut pas un grand succès ne suffit pas à rejeter cette analyse.

47 Voir Riedler, 1916, p. 152-157. Dans ses mémoires inédits, Felix Deutsch ironise cependant sur le conservatisme extrême de certains industriels anglais, citant (inventant ?) certaines réactions aux propositions des ingénieurs d'*AEG* : « J'ai encore une machine de James Watt, je ne vais quand même pas la jeter » ou « [...] avec cette machine à vapeur, mon père et mon grand-père ont gagné beaucoup d'argent, je n'ai pas l'intention de la remplacer par une machine électrique », Felix Deutsch, *op. cit.*, p. 71.

La Grande-Bretagne a pu représenter une étape nécessaire pour s'initier au marché international. Londres a en particulier joué un rôle important des années 1850 aux années 1880, au moment où l'économie allemande se développait rapidement mais demeurait très en deçà des possibilités de l'économie britannique. L'Angleterre fournissait alors une expertise financière, technique, ainsi que des possibilités industrielles plus grandes. En revanche, il est moins certain que la Grande-Bretagne ait été considérée comme un intermédiaire nécessaire pour pénétrer le monde anglo-saxon au-delà des îles britanniques. Certes, dans la répartition des tâches entre les maisons anglaise et allemande de la même firme, les États-Unis étaient systématiquement considérés comme une ancienne colonie anglaise, et à ce titre, relevaient de Londres qui gérait l'ensemble des territoires appartenant à l'empire britannique. Pourtant, dès que les Allemands eurent acquis un savoir-faire industriel comparable, ils cherchèrent à se passer de l'intermédiaire anglais. La perception d'un monde anglo-saxon paraît donc n'avoir été que momentanée, n'existant que pour justifier la prépondérance britannique du moment. Aussi, lorsque *Siemens Brothers* fut finalement repris par un membre de la famille après l'épisode Löffler, Berlin ne renonça aucunement au marché américain développé entre temps.

Dans le domaine financier, la situation paraît moins tranchée, en raison de l'hégémonie de la place de Londres. Pourtant, cela n'empêcha pas la *Deutsche Bank* de nouer des contacts directs de plus en plus importants avec les États-Unis. Les Speyer ne constituent pas à cet égard un véritable contre-exemple, car il s'agissait surtout d'une collaboration entre Londres et New York tandis que la maison de Francfort, tenue par le beau-frère de James et Edgar paraît avoir été plus en retrait dans les décisions. Comment alors expliquer le succès de *Metallgesellschaft* à maintenir des liens étroits avec Londres vis-à-vis des États-Unis ? Son exemple montre en effet qu'une collaboration entre l'Allemagne et la Grande-Bretagne pour mener une politique d'entreprise commune pouvait être envisagée. C'était d'ailleurs le souhait de Werner von Siemens. Si cela n'a pas été le cas, c'est que cette relation triangulaire impliquait un certain nombre de conditions qu'une entreprise comme *Metallgesellschaft* put remplir : à la différence de la *Deutsche Bank*, les liens familiaux garantissaient une relation d'égalité. Contrairement aux Speyer, la personnalité dominante se trouvait à Francfort, en la personne de Wilhelm Merton. Contrairement à Siemens, Londres demeurait indispensable à cause du marché aux métaux. Enfin, la nature de l'activité même réduisait les risques de conflits dans l'élaboration de stratégies industrielles. Il y avait là une série de conditions favorables exceptionnelles. Pour les firmes allemandes en général, Londres a été un tremplin utile pour l'internationalisation de leurs activités bien davantage qu'un intermédiaire indispensable pour s'initier au marché américain.

B. Les liens familiaux

L'étude des relations entre l'Allemagne et la Grande-Bretagne a mis en évidence l'importance des liens familiaux pour ces entreprises allemandes lancées à la conquête de marchés étrangers. Dans le cas américain, l'importance de l'émigration allemande depuis les années 1840 rendait plus aisée la perspective de développer des relations directes outre-Atlantique, voire d'y créer des filiales grâce, dans les deux cas, à l'émigration temporaire ou définitive d'un ou plusieurs membres de la famille. L'utilisation de ceux-ci présentait pour de nombreuses entreprises allemandes de l'époque, y compris les plus grandes, plusieurs avantages convergents : l'interlocuteur était digne de confiance car la bonne marche de l'entreprise était dans son intérêt, même lorsqu'il n'en était pas le dirigeant ; il représentait un élément de stabilité par rapport à d'autres employés car il n'était pas simplement lié par des relations professionnelles à la firme ; enfin, il existait sur lui des moyens de pression plus efficaces que dans une simple relation de travail. Des historiens de l'espace germanique comme Michel Hau ont fait valoir la robustesse d'une telle organisation mais aussi la souplesse des stratégies familiales[48]. Avoir à sa disposition des parents susceptibles de jouer les intermédiaires pour connaître et s'implanter sur un marché étranger, soit grâce à leur propre entreprise, soit comme dirigeants de filiales, était donc un avantage dont il convient d'apprécier la portée et les limites.

1. La gestion des liens familiaux entre établissements indépendants : deux cas de banques

a. Une alliance étroite, mais non exclusive : *Warburg et Kuhn, Loeb & Co.*

Les liens familiaux possédaient une importance particulière dans le domaine bancaire, car ils permettaient de disposer d'informateurs offrant des opportunités d'investissement mais aussi des réseaux sûrs, nécessaires à la création de syndicats de financement. De ce point de vue, les frères Warburg représentèrent à l'époque un modèle envié de cette relation familiale à travers l'Atlantique.

La présence de la famille Warburg aux États-Unis était due au double mariage fait par Paul Warburg avec Nina Loeb, et par son frère Félix avec Frieda Schiff[49]. Ces alliances liaient les Warburg à la banque

---

[48] Outre Kaelble, 1972, Kocka, 1975b, Berghoff, Möller, 1993, voir Locke, 1984. Une analyse plus théorique peut être trouvée dans Colli, 2003.

[49] Voir l'ouvrage de Chernow, 1993.

Kuhn, Loeb & Co. de New York créée en 1867 par Abraham Kuhn et son beau-frère, Salomon Loeb, arrivés aux États-Unis après l'échec de la révolution de 1848. La firme s'était déjà attachée par les liens matrimoniaux un partenaire de grande valeur, Jacob Schiff, né à Francfort, et venu aux États-Unis comme jeune talent prometteur[50]. Marié en 1875 à la fille de Salomon Loeb, après avoir promis à celui-ci de ne pas retourner s'installer en Allemagne, il n'avait pas tardé à prendre la direction de la banque et à engager celle-ci dès 1877 dans les affaires fructueuses permises par le développement des chemins de fer américains[51].

Schiff n'avait certes pas la même conception « rothschildienne » des affaires[52] qu'un homme comme Joseph Seligmann cultivait en plaçant un frère dans chaque grande capitale et en rendant chaque membre de la famille solidaire de tous les autres. Comme son beau-père cependant[53], il utilisa les alliances matrimoniales pour s'attacher des hommes de valeur venus d'Allemagne, ainsi que le montre non seulement le cas des frères Warburg, mais également celui d'Otto Kahn[54]. Il ne faut pas sous-estimer l'attachement réel porté par des hommes comme Schiff à leur ancienne patrie : il y retournait avec sa femme chaque été pour une saison de cure, retrouvant d'ailleurs à Carlsbad ses confrères de New York. Pour autant, s'il encouragea ces mariages avec les Warburg et envoya son fils Mortimer apprendre le métier de banquier en Europe, c'est avant tout parce que c'était là que les techniques bancaires étaient les plus perfectionnées et que l'on pouvait développer des contacts indispensables au développement de la firme : c'est pour toutes ces raisons que Mortimer Schiff débuta son apprentissage à Londres dans la firme de Samuel Montagu avant de la poursuivre à Hambourg chez *M. M. Warburg & Co.*

---

50 Stephen Birmingham, évoquant le milieu juif allemand de la finance new-yorkaise, rappelle les stratégies élaborées par les pères pour retenir les « jeunes talents de la banque venus d'Europe» qui leur permettraient d'entretenir leurs relations avec le continent à une époque où l'industrie américaine et le gouvernement restaient très dépendants des capitaux européens. Voir Birmingham, 1967, p. 154-155.

51 Ainsi, à partir de 1881, il était en mesure d'utiliser les services de *M. M. Warburg* pour placer une partie de ces actions sur le marché allemand. En 1897, Jacob Schiff avait réussi à faire de *Kuhn, Loeb & Co.* la deuxième banque à Wall Street derrière J. P. Morgan. C'est ainsi qu'il put prétendre engager en 1901 contre ce dernier et pour le compte de E. H. Harriman une « bataille de géants » afin de contrôler la majorité des actions de la *Northern Pacific Railroad Company*.

52 Birmingham, 1967, p. 171.

53 Un chiffre peut illustrer cet effort pour maintenir unies famille et affaires : durant vingt-quatre ans après la fondation de la banque *Kuhn, Loeb & Co.* en 1867, la firme n'eut aucun partenaire qui ne soit attaché par les liens du sang ou du mariage aux fondateurs. Voir *Das Budge-Palais. Geschichte eines jüdischen Hauses*. Manuscrit, 1989, p. 36.

54 Voir Adler, 1929, p. 16.

Pour les Warburg, cette alliance porta rapidement ses fruits, même si Paul Warburg ne s'installa pas immédiatement aux États-Unis. Son frère Max bénéficiait de sa prise de participation dans la banque de son beau-père, qui permettait à la maison de Hambourg de se hisser au premier rang des banques privées allemandes, et d'apparaître comme un intermédiaire privilégié dans les relations financières avec les États-Unis : c'est ainsi qu'en 1898, Warburg put distribuer les actions du réseau ferroviaire *Illinois Central* émises par *Kuhn, Loeb*[55], grâce à la collaboration entre Schiff et le propriétaire du réseau, Edward H. Harriman. Ce faisant d'ailleurs, les Warburg s'attirèrent les reproches de la grande maison *Bleichröder*, laissée à l'écart de cette affaire[56]. À l'inverse, en 1900, ce furent les Warburg qui utilisèrent la banque new-yorkaise pour placer aux États-Unis des obligations du trésor allemand qui devaient permettre de financer l'expédition contre les Boxers en Chine[57]. Ces deux exemples ne suffisent cependant pas à montrer le principal intérêt de cette alliance familiale : il réside dans la liaison quotidienne établie entre les deux frères par télégraphe qui permettait à chacun une totale intimité avec les affaires de l'autre continent. Cette relation était unique, y compris par rapport à des maisons aussi prestigieuses que *Morgan*, de l'aveu même de Max Warburg qui pouvait affirmer être sur le continent européen l'homme le mieux informé des affaires financières américaines[58].

Pour autant, il serait faux d'imaginer entre les deux banques une relation exclusive. Les informations sur la situation américaine étaient largement diffusées à l'intérieur d'un vaste réseau de correspondants auxquels Jacob Schiff attachait une importance particulière[59]. En Europe, il s'agissait de la *Barings*, des Rothschild et de la *Bank of Montreal* pour Londres, de la *Banque de Paris et des Pays Bas* pour Paris et Bruxelles, pour Amsterdam, de *Hope & Co.* et de la *Amsterdamsche Bank*, ainsi naturellement que des Warburg en Allemagne – auxquels il faut ajouter cependant la *Disconto-Gesellschaft*. En outre, Jacob Schiff entretenait des relations très amicales avec certains dirigeants de la *Deutsche Bank*, en particulier Arthur von Gwinner. Ces liens furent en partie conservés à la génération

55 Chernow, 1993, p. 86.

56 Voir Stern, 1977, p. 543.

57 Sur l'échec de cet emprunt, voir *infra*.

58 Voir MMW Ma XV = the Max M. Warburg Papers, in : *Private Archives of M. M. Warburg & Co., Hambourg* cité par Ron Chernow, 1983.

59 Voir Adler, 1929, p. 194 : « Schiff croyait fermement à la nécessité de coopérer avec les banques des autres villes américaines ainsi qu'avec les banques européennes, et non de les concurrencer. »

suivante, entre Paul Warburg et Karl Helfferich, qui partageaient en outre, quoique à des degrés différents, une activité de publiciste.

Les Warburg ont tiré le meilleur parti possible de l'avantage que présentait l'installation de plusieurs membres de leur famille outre-Atlantique en faisant commune la stratégie de leurs deux maisons sans pour autant se couper de leurs réseaux. Ils ont su au contraire exploiter leur position privilégiée pour s'y intégrer davantage de chaque côté de l'Atlantique et les utiliser à leur profit commun.

b. Une solidarité forcée ? La *Deutsche Bank* et les Speyer

Tout autre est la relation familiale qui liait la *Deutsche Bank* et la banque *Speyer & Co.* de New York. James Speyer était en effet le beau-frère d'Arthur von Gwinner qui avait épousé Anna Speyer, elle-même belle-sœur du dirigeant de *Lazard Speyer-Ellissen* de Francfort. L'importance de ces liens pour la *Deutsche Bank* fut soulignée aussi bien par un contemporain, Karl Helfferich[60], que par l'historien Lothar Gall, pour qui cette familiarité avec les milieux anglo-saxons explique l'engagement particulier de Gwinner dans la négociation des grands contrats de la *Deutsche Bank* à l'étranger[61]. Cependant, Gwinner lui-même ne la mentionnait pas dans ses mémoires, peut-être pour éviter des soupçons de collusion d'intérêts.

Les deux maisons étaient parfaitement indépendantes l'une de l'autre et poursuivaient des stratégies propres, mais la correspondance entre les deux beaux-frères montre des relations assez étroites qui englobaient le second frère, Edgar Speyer, dirigeant de la maison londonienne[62]. L'intérêt de ces relations était de faire participer l'autre aux différentes affaires que chacun était amené à traiter. Ceci n'allait cependant pas sans inconvénient à un moment où les rivalités dans le monde financier se renforçaient, par exemple en 1905-1907. Durant ces années on assista à un rapprochement de Morgan et de la *Dresdner Bank*, face aux liens établis entre *Speyer & Co.* et la *Deutsche Bank* d'une part, et *Kuhn, Loeb, & Co.* avec les Warburg, la *Disconto-Gesellschaft* et *Barings* d'autre part[63]. Même si la *Deutsche Bank* se voulait rassurante à l'égard

60 Helfferich, 1956, p. 133.

61 Gall, 1995, p. 94.

62 Voir James Speyer à Arthur von Gwinner, 18 avril 1907, 23 avril 1907, 4 mars 1909 ; Arthur von Gwinner à James Speyer, 24 mars 1909, in DB, A-1353. Les discussions portaient sur les investissements d'Edgar dans l'*Underground* de la capitale anglaise. James Speyer et Arthur von Gwinner allèrent jusqu'à envoyer sur place leurs propres experts pour analyser la situation technique du projet et améliorer sa rentabilité.

63 DB à Edward D. Adams, 6 novembre 1905 (confidentiel), in DB, A-1349.

de ses partenaires européens[64] inquiets de ce renouveau de rivalités dans le milieu bancaire, elle n'en était pas moins gênée de se retrouver malgré elle prise dans des luttes de personnes qui se limitaient à la place new-yorkaise[65]. Or en 1907, c'est bien à cette solidarité imposée que fit appel Speyer[66], alors qu'il était engagé dans un différend portant sur un emprunt négocié par Schiff pour la compagnie ferroviaire *New York, New Haven & Hartford*, qui ne faisait pas partie de ses clients habituels. À cette occasion, James Speyer chercha à démontrer que la *Deutsche Bank* était tout autant lésée par les manœuvres de *Kuhn, Loeb & Co.* que lui. Comme preuve, il rapporta que son rival semblait avoir arrangé une émission de titres de la compagnie américaine sur le marché français pour 28 millions de dollars en tenant à l'écart la *Northern Pacific* et le représentant de la *Deutsche Bank* à New York, Adams. Dans la même lettre, James Speyer utilisa un second argument pour s'attirer la bienveillance de la *Deutsche Bank* dans cette rivalité, en insistant sur le fait que c'était l'ensemble de l'opinion publique et des milieux économiques qui avait manifesté son antipathie pour Harriman « et sa bande », c'est-à-dire *Kuhn, Loeb & Co.*, à l'occasion des auditions faites par la *Interstate Commerce Commission*[67]. Même si la commission conclut finalement à une gestion efficace de la compagnie, la *Kuhn, Loeb & Co.* ne put éviter entre temps l'échec du placement de nouveaux titres de la *Union Pacific* en Europe, se heurtant entre autres au refus de la *Deutsche Bank*, un échec de son rival que Speyer se fit confirmer en mai 1907[68]. Pour autant, rien n'indique que ce refus doive être interprété comme une mesure de rétorsion de la part de la banque allemande alliée à Speyer. Il s'agit plus vraisemblablement d'une conséquence du ralentissement du marché boursier de Berlin qui se remettait plus lentement qu'aux États-Unis de la crise de 1907[69].

---

64 DB à *Schweizerische Kreditanstalt*, 6 novembre 1905 (lettre confidentielle répondant à la lettre du 4 novembre, après échange de lettres avec la filiale de Londres et avec Edward D. Adams), DB, A-1349.

65 DB à Edward D. Adams, 6 novembre 1905 : « *The resentment and jealousy between Mr. James Speyer and Mr. Schiff is so intensive, that we are afraid the fact of our good relations with Speyers is an obstacle to any intimacy between ourselves and Messrs. Kuhn, Loeb & Co.* », *ibid.*

66 James Speyer à Arthur von Gwinner, 18 avril 1907, p. 6, in DB, A-1353.

67 Voir Adler, 1929, p. 113. On soupçonnait Harriman et et Schiff d'une mauvaise gestion de la *Union Pacific*, qu'ils auraient tenté de dissimuler à l'été de 1906 en distribuant des dividendes particulièrement élevés, ainsi qu'en menant une politique d'achats intensifs d'autres lignes pour leur compagnie. Ces actes avaient suscité un climat de méfiance chez les investisseurs, qui y retrouvaient les caractéristiques des excès de la fin du XIXe siècle.

68 James Speyer à Arthur von Gwinner, 15 mai 1907, DB, A-1353.

69 Alfred Blinzig à Edgar L. Marston, 15 août 1908 : « *[...] unlike the United States where you had a crash and a panic and so to say a correction with one single stroke,*

Un autre exemple de solidarité involontaire entre la *Deutsche Bank* et *Speyer & Co.* fut fourni en 1911. À l'occasion du réaménagement du directoire de la compagnie ferroviaire *Missouri Pacific* par son propriétaire, James Gould, ce dernier convainquit Jacob Schiff de laisser sa place, en raison de ses liens avec le grand rival de Gould, Harriman[70]. C'était un sérieux revers pour Schiff dans sa lutte d'influence avec *Speyer & Co.*, car non seulement il n'obtint pas le départ simultané d'Adams, représentant de la *Deutsche Bank*, mais ce fut précisément James Speyer qui le remplaça, ce qui permit aux deux hommes de se renforcer mutuellement, avec l'assentiment de la banque *Blair & Co.*[71]. La complexité de ces jeux d'alliances entraîna d'ailleurs certaines contradictions car de son côté, *Blair & Co.* entretenait de meilleures relations avec *Kuhn, Loeb & Co.* qu'avec *Speyer & Co.* La *Deutsche Bank*, pour conserver ses contacts avec la banque de Marston dut donc s'engager à ne participer aux affaires proposées par Speyer dans le cadre de la *Missouri Pacific* qu'à condition que des propositions identiques soient faites à *Blair & Co.* et à Rockefeller.

En réalité, il serait faux de conclure à l'existence de camps figés dans des solidarités concurrentes. En 1909 par exemple, James Speyer dut se défendre contre les reproches de la *Deutsche Bank* pour avoir conclu l'affaire de *Baltimore & Ohio* avec *Kuhn, Loeb & Co.*, sans avoir fait également participer ses alliés allemands (y compris leur maison de Francfort)[72]. C'est qu'en réalité, le système bancaire américain, surtout dans les premières années du XXe siècle, n'était pas organisé de façon véritablement antagoniste, ne serait-ce que parce que John Pierpont Morgan était un interlocuteur obligé pour tous. Il aida par exemple la *Deutsche Bank* à mettre au point un plan de sauvetage de la *Northern Pacific* en 1895, et entreprit avec elle différentes affaires[73]. Certes, en 1901 Jacob Schiff avait donné l'impression de vouloir s'opposer à la puissance de Morgan en soutenant Harriman dans sa tentative de rachat

---

matters in this country have moved slowly and orderly and that we are having a long process of readjustement which, because it was not so sudden as in your country, must be of longer duration », DB, A- 222.

70 Alfred Blinzig à Edgar L. Marston, 19 mai 1911 (confidentiel), *ibid.*

71 Cette dernière était liée à Rockefeller, mais profitait également des liens d'amitié avec la *Deutsche Bank* grâce aux relations nouées entre Edgar Marston et Alfred Blinzig, directeurs dans ces deux établissements. Marston accompagna d'ailleurs Blinzig lors du voyage que ce dernier entreprit en 1908 dans les États de l'Ouest et du Sud-Ouest, au cours duquel ils purent notamment se rendre de compte de la situation de la compagnie ferroviaire *Missouri Pacific*. DB, A-1351.

72 James Speyer à Arthur von Gwinner, 4 mars 1909, DB, A-1353.

73 De son côté, Jacob Schiff fit également de Gwinner un de ses correspondants réguliers, fidèle en cela à sa pratique de développer des réseaux aussi étendus que possible.

des actions *Burlington* puis de la prise de contrôle de la *Northern Pacific* contre Hill qui s'appuyait sur Morgan. Cependant, la possibilité de collaborations ponctuelles entre les deux banquiers Morgan et Schiff ne fut jamais réellement remise en cause comme en témoigne leur rapprochement au moment de la panique boursière de 1907 qui leur permit de trouver le compromis nécessaire.

À l'inverse, la solidarité forcée entre *Speyer & Co.* et la *Deutsche Bank* était certes d'autant plus forte qu'elle mettait en jeu des relations familiales, mais elle aurait existé même sans elles, conséquence inévitable d'une relation suivie entre deux maisons que rapprochaient un certain nombre d'intérêts. Bien plus, on voit mal, étant donné l'importance croissante à partir de 1904 de la présence de la *Deutsche Bank* dans les différents conseils d'administration de compagnies ferroviaires par l'intermédiaire de son représentant Adams, comment l'établissement allemand aurait pu continuer à se tenir à l'écart de ces rivalités américaines.

c. L'utilité de *Speyer & Co.* pour la *Deutsche Bank*

Quel avantage particulier la *Deutsche Bank* retirait-elle des liens familiaux entre Gwinner et James Speyer ? Certains éléments montrent que la question doit être inversée, au moins pour la période autour de 1907. À ce moment, c'est James Speyer qui éprouva la nécessité d'élargir le réseau de ses correspondants européens. Pour ce faire, il chercha à faire valoir son importance comme intermédiaire sur le marché américain aux dépens du représentant officiel de la *Deutsche Bank*, Edward D. Adams[74], et sacrifia à la vanité en mettant en valeur ses contacts avec le président[75], allant jusqu'à préciser – bien inutilement au vu de la banalité des propos – que les détails de l'entrevue qu'il rapportait devaient rester confidentiels. Ces efforts s'expliquaient par le déséquilibre entre les deux correspondants : Speyer se trouvait en situation de concurrence avec d'autres informateurs américains, alors que la *Deutsche Bank* était son seul grand relais à Berlin[76]. Le rôle de conseiller

---

[74] Voir sa lettre du 18 avril 1907, p. 4 : « Je pense que j'aurais pu considérablement aider Adams d'après tout ce que j'ai entendu dire dans cette affaire, et je veux que vous sachiez que je serai toujours heureux de vous aider, vous et la banque, pour conduire n'importe quelle affaire que vous voudez entreprendre ici, et vous donner mon avis gracieusement, si vous ne jugez pas qu'une compensation soit nécessaire. »

[75] *Ibid.*, p. 5 : « Vous avez probablement vu dans les journaux que j'ai été en communication avec le président Roosevelt et le Secrétaire Cortelyou. En fait, ils m'ont pas mal consulté et je pense que mes conseils ont eu une influence considérable sur eux. »

[76] « Vous dites que la *Deutsche Bank* n'a pas intérêt à ce que les gens croient que vous faites vos affaires exclusivement avec *Speyer & Co.* à moins que la banque ne trouve un équivalent. Mais, cher Arthur, pour autant que je sache, la *Deutsche Bank* ne fait même pas toutes ses affaires d'obligations exclusivement avec *Speyer & Co.* [...]

se traduisait dans sa correspondance par des descriptions régulières de l'état du marché américain. Speyer y expliquait à Gwinner les raisons des mouvements de baisse et de hausse. Lors de la crise des actions ferroviaires en 1907, il lui fit parvenir un *memorandum* détaillant le contexte de cette crise, ses causes immédiates – une spéculation de Harriman et de ses amis, mais aussi une politique inadéquate de l'État fédéral – et les solutions pour une amélioration durable de la situation. Il n'est cependant pas sûr que ces informations aient été essentielles à Gwinner, d'autant qu'elles étaient naturellement biaisées par les inimitiés de son correspondant[77].

En revanche, les conseils pratiques de Speyer pour l'introduction de titres allemands à Wall Street ou pour l'implantation d'entreprises allemandes sur le marché américain devaient présenter pour le directeur de la *Deutsche Bank* un intérêt certain. Deux exemples dans leur correspondance permettent de mieux voir la qualité de ces informations, à commencer par les explications de Speyer sur les réactions prévisibles du marché américain face aux actions et aux obligations de la *Norddeutsche Lloyd* de Brême[78]. C'est à la demande de la direction de la compagnie maritime que devait se faire l'introduction des titres à New York et Gwinner s'attacha à mettre en valeur son bilan très positif ainsi que ses perspectives. Pour lui, l'adaptation des titres au marché américain était principalement une affaire de forme[79] : le texte sur les actions

---

Vous avez parfaitement le droit de faire des affaires avec qui vous plaît, mais au moins n'oubliez pas s'il vous plaît que non seulement *Speyer & Co.*, mais aussi *Speyer Brothers*, *Lazard Speyer-Elissen* et *Teixeira de Mattos Brothers* donnent à la *Deutsche Bank* la préférence dans toutes les affaires intéressant Berlin [...] et, en ce qui concerne au moins *Speyer & Co.*, nous ne faisons d'affaires avec personne d'autre à Berlin », James Speyer à Arthur von Gwinner, 21 juin 1904, p. 3, *ibid.*

77 Ces analyses avaient au moins le mérite d'être beaucoup plus substantielles que celles contenues dans les circulaires de banques américaines comme celle qu'envoyait – par l'intermédiaire de ses représentants à Berlin – la maison *Lee Higginson & Co.* de Boston : ces vingt pages traduites en allemand ne faisaient qu'accumuler des chiffres pour illustrer le mécanisme – connu – des crises financières américaines, sans apporter de véritable élément d'analyse original. Voir DB, dossier *Amerika Finanzen und Handel*, vol. 1, 27 juillet 1907.

78 Voir Arthur von Gwinner à James Speyer, 5 décembre 1900. James Speyer à Arthur von Gwinner, 9 janvier 1901, *ibid.*

79 En s'attachant ainsi à la forme, Gwinner commettait une erreur d'appréciation que l'on retrouve dans son analyse de l'échec que connut l'emprunt allemand proposé au marché américain en 1900. Un an plus tard, au moment où eut lieu une nouvelle tentative, il critiqua surtout la présentation qui n'avait pas été pas suffisamment modifiée à son goût. De fait, on s'était contenté d'imprimer le texte en caractères latins. Ce faisant cependant, il méconnaissait les raisons de fond – en l'occurrence l'hostilité à la politique allemande – qui avaient motivé les investisseurs américains. Cet emprunt était destiné surtout à aider le gouvernement allemand à financer sa politique de développement naval. Ceci explique qu'il ne connut aucun succès et les milliers de

devait être traduit en anglais et les dividendes payés au cours journalier de Wall Street. Sans rejeter ces propositions, James Speyer s'employa à rappeler dans sa réponse les particularités des émissions d'actions et d'obligations sur le marché américain. Il critiqua en particulier la volonté de la compagnie de se réserver le droit de multiplier sans limite le nombre des obligations. Une telle pratique serait reçue avec méfiance à Wall Street, et obligerait la *Norddeutsche Lloyd* à garantir les titres « *at par and interest* ». À l'inverse, les actions devaient permettre à la *Lloyd* de développer son activité et sa clientèle aux États-Unis sans que la compagnie ait à craindre l'arrivée de nouveaux interlocuteurs dans ses assemblées générales : Speyer expliquait en effet que les quelques Américains qui demanderaient des actions nominales le feraient uniquement pour se protéger contre un vol éventuel et aucunement pour participer aux délibérations de l'assemblée.

La banque de James Speyer pouvait également être de bon conseil dans des affaires industrielles. C'est pourquoi la *Deutsche Bank* l'avait chargée de faciliter les négociations que menait l'entreprise *Philipp Holzmann* pour des contrats sur le marché américain[80]. Or à deux reprises, l'établissement new-yorkais dut justifier l'échec de la firme de travaux publics à conclure une affaire, et à chaque fois, Speyer stigmatisa le peu d'attention portée par ses interlocuteurs allemands aux conditions locales, qui avait conduit la *Deutsche Bank* et Holzmann à prendre de Berlin des décisions peu réalisables et à s'investir insuffisamment dans leurs relations avec leurs clients potentiels. Ainsi, en 1904, les Allemands avaient imaginé que la firme pourrait s'engager sur le marché new-yorkais si elle était soutenue par des capitaux américains dont ils avaient estimé à l'avance le montant. En fait, ce plan trop rigide fut rejeté en bloc par les investisseurs potentiels et Speyer critiqua le trop faible investissement personnel d'Holzmann, qui ne s'était pas déplacé pour juger par lui-même de l'affaire, se fiant aux rapports de son collaborateur et des ingénieurs de la ville de New York[81]. Enfin, le choix de Edward D. Adams pour la direction de la future compagnie fut l'objet de jugements contradictoires de la part des Américains, critiqué par James Speyer mais loué par Jacob Schiff, qui alla jusqu'à prendre une petite participation dans la compagnie projetée. Ce détail est un témoignage supplémentaire de la difficulté pour la *Deutsche Bank* d'obtenir des informations qui ne soient pas fortement parasitées par des rivalités

---

titres placés aux États-Unis refluèrent très vite en Europe. Arthur von Gwinner à James Speyer, 16 mars 1901.

80 Les liens entre la *Deutsche Bank* et la firme francfortoise s'étaient considérablement développés dans les années 1890 à l'occasion de leur coopération pour la construction du chemin de fer anatolien. Voir Gall, 1995, p. 74, et Schmiale, 1987.

81 Voir Arthur von Gwinner à Jacob Schiff, 21 décembre 1904, DB, A-465.

locales, même lorsqu'elle était liée à son interlocuteur par des liens familiaux.

James Speyer n'était certes pas seulement un informateur, mais aussi un partenaire, et les contacts entre sa maison et la *Deutsche Bank* se concrétisèrent dans certaines affaires menées en commun : Speyer fit participer l'établissement de Gwinner au montage financier pour l'extension de la *Bolivian Railway Company*[82], et s'efforça d'associer les entreprises allemandes à la construction de la ligne. En 1904, ces relations permirent à la *Deutsche Bank* de remporter un grand succès avec l'introduction simultanée des actions de la *Baltimore & Ohio Company* à Berlin et à Francfort pour un montant total de 125 millions de dollars[83], compagnie qui avait été réorganisée par la *Speyer & Co.* de New York. Cette introduction représentait un événement d'autant plus important que c'était la première fois depuis l'entrée en vigueur en 1896 de la loi sur la bourse que les actions d'une compagnie ferroviaire américaine étaient acceptées sur les marchés allemands. Le succès de l'opération conduisit la *Deutsche Bank* à la renouveler dans les mêmes conditions deux ans plus tard, pour un montant de 27,75 millions de dollars. Pour autant, ces différentes affaires ne sont pas d'une nature fondamentalement différente de celles qui pouvaient être conclues entre deux maisons alliées.

Comment expliquer que les liens familiaux n'aient pas permis des relations plus étroites entre les deux établissements ? Cela tient sans doute pour une part à la différence de structure entre la *Deutsche Bank*, société anonyme, et la *Speyer & Co.*, banque familiale, différence qui influençait considérablement la prise de décision. Une autre explication possible est liée à la différence de position qu'occupait chaque banque sur son marché respectif. La *Deutsche Bank*, sans échapper à la concurrence, possédait depuis sa création une vocation particulière à financer les investissements allemands à l'étranger. *Speyer & Co.* de son côté, bien que bénéficiant d'une notoriété certaine à New York, ne représentait qu'une maison parmi d'autres, en concurrence sur les mêmes affaires.

2. *Les liens familiaux dans le cadre de filiales*

Les liens familiaux ne constituent donc un élément essentiel que dans le cadre de relations d'affaires impliquant une stratégie commune.

82 James Speyer à Arthur von Gwinner, 18 avril 1907, p. 3, *ibid.*

83 Voir l'article du Dr. Max Fuchs, « Arthur von Gwinner zu seinem fünfundsiebzigsten Geburtstag », in *Monatshefte für die Beamten der Deutschen Bank und Disconto-Gesellschaft*, année 1931, numéro d'avril, p. 51. La nouveauté de ce lancement était telle que Gwinner envoya Alfred Blinzig aux États-Unis pour étudier les modèles de prospectus.

C'est pourquoi ils paraissent pouvoir jouer un rôle privilégié lorsqu'une entreprise cherche à valoriser des investissements directs à l'étranger. Thomas Kabisch a ainsi souligné l'avantage que constituait pour les firmes allemandes la possibilité d'envoyer un parent dans la filiale américaine. Les archives de firmes aussi différentes que *Bayer* et l'entreprise d'harmonicas *Hohner* fournissent en particulier plusieurs exemples de jeunes membres de la famille envoyés aux États-Unis pour s'aguerrir en ayant la possibilité de se former et de faire leurs preuves à des postes pourvus de responsabilité sans être trop exposés. L'examen de ces cas invite cependant à fixer des limites précises aux conditions qui permettaient aux entreprises de tirer un avantage réellement décisif de cette présence familiale outre-Atlantique.

Depuis son premier voyage aux États-Unis en 1896[84], Carl Duisberg suivait avec une attention particulière les possibilités de développement du marché américain pour son entreprise : la nomination en 1909 du jeune frère de sa femme, Hermann Seebohm[85] à un poste de direction dans la filiale américaine de *Bayer* paraissait donc lui offrir le moyen d'avoir un interlocuteur attentif à ses recommandations. Ce dernier en effet ne pouvait que lui être reconnaissant de lui offrir cette opportunité car il ne disposait ni de diplômes ni de revenus suffisants pour lui permettre de choisir une carrière ou de vivre de ses rentes. En fait, il s'avéra rapidement qu'il n'avait guère la maturité nécessaire pour s'imposer face au directeur de la filiale, Muurling, à la forte personnalité. Seebohm devint au contraire son porte-parole auprès de Duisberg, pour essayer – en vain – de convaincre celui-ci d'accepter une fusion des filiales des différentes entreprises chimiques allemandes aux États-Unis afin de former une société indépendante : une telle organisation aurait servi les ambitions des deux hommes, mais allait contre l'intérêt de *Bayer*, qui pouvait toujours espérer se développer de façon indépendante aux États-Unis et ne se souciait guère de se lier de façon aussi contraignante à ses rivaux[86]. Par ailleurs, durant les années qui suivirent,

84 Voir l'unique biographie qui lui est consacrée : Flechtner, 1960, p. 153 et suivantes.

85 Voir *Nachlass Hermann Seebohm* et *Nachlass Muurling* : Seebohm n'avait pas reçu de formation supérieure. Après des études secondaires à Düsseldorf, il avait suivi un apprentissage de deux ans dans le commerce en gros dans cette même ville. Il avait ensuite profité une première fois de la position de son beau-frère à Bayer pour passer un an à Rouen auprès des représentants de la compagnie afin d'apprendre le français. Au moment où Duisberg le recommanda, ses perspectives de carrière sétaient assez faibles : il avait espéré pouvoir succéder à un oncle à la tête d'un commerce d'import-export de laine à Manchester, mais le parent avait transformé son affaire en société par actions et s'était peu soucié de son neveu. Ce dernier s'était entre temps mis à l'apprentissage de l'anglais, ce qui le rendait opérationnel rapidement aux États-Unis. Voir lettre de Duisberg à Muurling, 13 janvier 1902.

86 Hermann Seebohm à Carl Duisberg, 30 juillet 1909, in *Nachlass Hermann Seebohm*, Bayer AG.

Duisberg dut régulièrement conseiller son beau-frère sur la marche quotidienne des affaires, insistant par exemple sur la nécessité de dialoguer avec les employés et de ne pas imiter – en l'exagérant – l'autoritarisme de Muurling, dont l'ascendant sur Seebohm avait été en s'accentuant.

Dans le cas de *Hohner*, une telle divergence d'intérêts avait moins de chance de survenir puisque le chef de la filiale de vente aux États-Unis était un membre de la famille codirigeant de l'entreprise – Hans Hohner – et que les jeunes gens envoyés se former auprès de lui appartenaient à la future génération appelée à prendre les rênes de la firme[87]. Pourtant, cette présence des jeunes espoirs familiaux sur place n'a de réel intérêt que pour leur formation et non pour le surcroît d'informations qu'ils pourraient transmettre à la maison allemands. Dans le cas de *Hohner*, les jeunes Ernst et Matthias Hohner s'employèrent à tisser leurs propres réseaux en se liant avec leurs *alter ego* des maisons d'import-export d'instruments de musique à New York comme par exemple le fils de C. Bruno. Ils contribuaient ainsi à reproduire dans leur génération cette sociabilité germano-américaine sur laquelle s'appuyait la firme *Hohner* – autant qu'elle s'en méfiait[88]. Cependant, ils ne pouvaient que transmettre des informations sans vraiment en produire de nouvelles par une action propre. Bien plus, ils étaient tributaires de celles que leur famille leur donnait pour avoir une vue d'ensemble du domaine qu'ils exploraient, puisqu'ils étaient précisément dans une phase de formation. À un degré moindre, chez *Bayer,* Duisberg consacrait de longs passages de sa correspondance à expliquer sa propre vision du marché américain, parce qu'il souhaitait lui aussi mieux former Seebohm à ses fonctions en le convainquant du bien-fondé de ses remarques – et pour atténuer l'aspect hiérarchique de sa correspondance en le mettant au courant des stratégies de l'entreprise.

C'est donc la présence d'un membre de la famille expérimenté aux États-Unis qui assura à la firme *Hohner* un avantage réel, sachant que dans ce cas, la personnalité, au moins autant que l'expérience, explique l'importance du rôle de Hans Hohner. Enfant quand l'entreprise de son père prospérait déjà, la nouvelle richesse de ce dernier lui avait permis de bénéficier d'une éducation plus complète que ses aînés. Particulièrement prometteur, il était cependant parti à l'âge de vingt-deux ans aux États-Unis après plusieurs confrontations avec la volonté paternelle, et il s'y était finalement installé, épousant une Américaine. Le frère aîné de sa femme jouait un rôle important dans les milieux bancaires de Chicago

---

87 Ernst Hohner, qui arriva à New York en 1909, était ainsi le fils de Jacob, le frère aîné de Hans. Pour une analyse complète de la firme, voir Berghoff, 1997.

88 B 35 II 440, lettre du 1er décembre 1908.

car il était directeur d'une des principales banques locales. Hans Hohner l'utilisa pour pouvoir conforter, grâce à son double titre d'expert et de membre de la famille, son rejet des projets fraternels comme la transformation de l'entreprise en société anonyme ou l'échange des actions de l'entreprise contre celle d'une autre, concurrente, pour créer une entité commune. L'installation de Hans Hohner aux États-Unis ne ressembla donc en rien à un exil : non seulement sa présence sur un marché essentiel pour la firme le mettait au cœur des affaires familiales, mais, quand son père se retira des affaires, il devint, avec ses frères, codirigeant de l'entreprise.

Que lui apporta-t-il ? Hartmut Berghoff souligne que les fils ne cherchèrent pas à suivre servilement les recettes qui avaient si bien réussi à leur père, mais s'employèrent à imprimer leur marque sur la conduite des affaires. Cela se fit cependant sans conflit majeur, puisque les principaux changements furent réalisés après la mort du fondateur. L'un d'eux était la décision de supprimer autant que faire se pouvait un des nombreux chaînons qui séparait l'entreprise du consommateur, les maisons d'importation[89]. Pour cela, une première filiale fut créée à New York en 1901[90], dont Hans Hohner prit naturellement la direction. Il put à partir de ce moment donner la pleine mesure de son rôle d'intermédiaire culturel, et ceci dans trois domaines. Tout d'abord, il convainquit ses frères de rompre avec l'attitude traditionnelle du secret face aux exigences de l'administration américaine en expliquant les buts de celle-ci[91]. Ensuite, non seulement il appliqua aux États-Unis la nouvelle politique de l'entreprise qui consistait à délaisser progressivement les maisons d'importation au profit des grossistes – dont il constitua un fichier impressionnant – mais surtout son grand intérêt pour les nouvelles expériences de marketing américaines le conduisit à lier *Hohner* aux maisons de vente par correspondance qui s'étaient prodigieusement développées aux États-Unis[92]. Ce faisant, il poussait l'entreprise fami-

---

89 Ils s'inscrivaient par là dans un mouvement plus général pour contourner ces maisons. Voir chapitre 2.

90 Cette ouverture s'inscrivait dans une politique qui conduisit dès l'année suivante à créer une filiale à Toronto, puis, en 1908, à Mexico. À noter pour cette dernière le scepticisme de Hans Hohner, qui considérait le marché local dépourvu d'intérêt. Ces efforts ne furent pas réservés au continent américain puisque des filiales furent également ouvertes à Varsovie et à Vienne.

91 Voir chapitre 3.

92 Sur la croissance impressionnante des entreprises de vente par correspondance au premier desquelles se trouvent *Wards* et *Sears & Roebuck*, voir Boorstin, 1983, « Des communautés : les consommateurs », p. 993-999. Face à ces géants de la distribution, qui géraient des milliers de fournisseurs avec, pour les non Américains, des agents de contrôle directement installés en Europe, *Hohner* n'était qu'un « nain » (Hartmut Berghoff).

liale vers une modernisation de ses relations avec ses clients, par le biais d'une maîtrise plus grande de sa production – que ce soit pour la régularité et la ponctualité des livraisons ou pour le respect scrupuleux du modèle choisi par le client. Enfin, influencé par la vie commerciale américaine, il ne cessa d'encourager ses frères à développer fortement l'instrument publicitaire. Ses efforts aux États-Unis empruntèrent ainsi de nombreuses voies, depuis les grandes manifestations musicales réunissant les amateurs au Madison Square Garden jusqu'à des inventions qui devaient inscrire la publicité *Hohner* de façon permanente dans le décor des boutiques des détaillants.

Le mérite de Hans Hohner fut donc triple : il améliora la connaissance du marché américain pour mieux l'exploiter, et la croissance des ventes prouve sa réussite : les exportations vers les États-Unis augmentèrent de 59,5 % entre 1905 et 1914, ce qui montre les efforts fournis pour développer ce marché qui était pourtant pour l'entreprise le plus ancien et donc le plus mature[93]. Il a également influencé dans une certaine mesure les pratiques générales de l'entreprise. Il faut cependant relativiser ce second aspect : l'organisation de la production fut loin d'être bouleversée, alors qu'à l'inverse, les effets de la crise du début des années 1890 avaient amené d'importantes modifications dans la stratégie de l'entreprise[94]. D'ailleurs, les changements qu'aurait pu induire la nouvelle clientèle des maisons de vente par correspondance avaient d'autant moins de chance de transformer radicalement *Hohner* que leurs exigences allaient à l'encontre des efforts de la firme depuis 1890 pour dépendre le moins possible d'un type de débouchés en multipliant les interlocuteurs. L'avantage décisif que Hans Hohner, par sa position et son tempérament[95], apporta à la firme, fut donc la possibilité

93 Dans le même temps, les exportations vers le reste du monde augmentaient en effet de 104,5 %. Depuis 1890, Hohner s'était en effet employé à se rendre moins dépendant des soubresauts du marché américain. Calculs faits à partir des chiffres de Hartmut Berghoff (Berghoff, 1997), p. 151.

94 Hartmut Berghoff a repéré quatre types d'évolution marketing qui permirent à l'entreprise de surmonter avec succès la crise : une emprise plus ferme sur les importateurs, l'envoi de représentants pour prospecter directement les marchés étrangers, le recours nouveau à la publicité, un effort de différentiation des produits selon les publics visés. Berghoff, 1997, p. 88-93.

95 L'ascendant dont il bénéficiait auprès de ses frères peut se lire paradoxalement dans une lettre où il les accusait de vouloir passer outre ses droits de codirigeant de l'entreprise : s'élevant contre le projet de créer une société anonyme avec plusieurs maisons concurrentes, il écrivit ainsi le 18 février 1908 : « Chers frères, quelle mouche vous pique ? Avez-vous une case en moins, trop de temps à perdre ou avez-vous envie de voyager ? Si tel est le cas, voyagez tout votre soûl, vous avez certes assez d'argent pour cela, mais soyez au moins un tout peu raisonnables… [Dans mon câble] j'ai rappelé clairement que je suis copropriétaire de l'entreprise *Hohner* comme vous, et quand des choses comme cela, qu'on doit bien qualifier de crétines

pour elle d'avoir de réels débats sur la stratégie à suivre tout en étant assurée d'une solidarité sans faille entre ses dirigeants. Cela fut naturellement possible grâce à la structure originale de la direction, strictement collégiale : tous les frères étaient à égalité ; il leur était impossible d'avoir d'autres engagements et le départ de l'un d'eux entraînait la dissolution de l'entreprise. Cependant, si ce système se révéla un atout, c'est précisément parce que, face aux frères réunis à Trossingen, Hans Hohner fut capable de poser un regard extérieur critique et de faire entendre clairement sa voix.

L'émigration outre-Atlantique des membres de la famille ne se révèle donc être un réel avantage comparatif pour l'entreprise allemande que si un certain nombre de conditions précises sont réunies. Il faut que l'activité développée aux États-Unis se fasse soit dans le cadre d'une filiale, soit dans une perspective stratégique commune clairement définie. Le désir d'accroître la renommée familiale et de faire prospérer les affaires n'est pas suffisant, comme l'a montré l'exemple des maisons *Siemens* de Londres et de Berlin. Il faut également que le parent soit à la fois à la tête de cette activité américaine et possède des responsabilités – ou à tout le moins des intérêts réels – dans l'entreprise allemande afin de pouvoir faire valoir son point de vue dans une relation égalitaire. Cela permet non seulement à la maison européenne de bénéficier de l'expérience américaine, mais cela aide surtout à conserver une unité dans les stratégies adoptées. Une dernière condition, sans être nécessaire, semble jouer également un rôle : dans le cas de *Metallgesellschaft*, mais aussi chez *Hohner*, la nature de l'activité, très limitée, empêchait dans une certaine mesure que l'on puisse considérer de réelles divergences de stratégies, à la différence de ce qui se produisit chez Siemens, confronté à une gamme de possibilités beaucoup plus large, qui nécessitait des choix toujours porteurs de conflits potentiels.

C. Les Germano-Américains

Au-delà de la possibilité, pour certains entrepreneurs, de compter sur la présence d'un membre de la famille aux États-Unis, l'ensemble des firmes allemandes pouvait espérer profiter de l'installation outre-Atlantique de plusieurs millions de compatriotes dont l'existence encourageait les projets d'investissements. Mira Wilkins a d'ailleurs considéré, *a contrario*, que les Français avaient été handicapés dans leurs velléités d'investissements directs par l'absence d'une forte communauté d'émigrants. Pourtant, considérer que cette présence massive aux États-Unis de Germano-Américains constituait un avantage économique

(excusez l'expression) sont faites ou même seulement proposées, je veux être consulté », Hohner, B 35 II 440. Sur ce projet de fusion *Hohner-Koch-Messner-Weiss*, voir Berghoff, 1997, p. 180.

décisif était loin d'être une évidence. Sans évoquer les critiques qui souvent accompagnèrent ces mouvements migratoires[96], la proportion de ceux qui étaient susceptibles de constituer des relais efficaces pour les entreprises allemandes était naturellement très faible au regard des millions de paysans qui avaient choisi de tenter, outre-Atlantique, une nouvelle vie. Certes, la notion de Germano-Américains ne recouvre pas seulement les émigrants qui profitaient et faisaient profiter leurs anciens compatriotes des solidarités nouées avant leur départ ; ce sont aussi leurs enfants, même quand ceux-ci n'avaient qu'un parent né en Allemagne. En effet, lorsque cette seconde génération avait appris l'allemand, il était tentant d'aller faire des études supérieures dans l'ancienne patrie de leurs parents, afin d'en tirer un atout important sur le marché du travail américain. Encore fallait-il que la connaissance de la langue n'ait pas prématurément disparue. C'est donc dans un vivier riche mais dont la taille s'amenuisait rapidement que les entreprises allemandes soucieuses de développer leurs activités aux États-Unis purent puiser. Quelle a été la nature du rôle des Germano-Américains : ont-ils été de véritables intermédiaires culturels ou n'ont-ils représenté que des solutions commodes, par leur connaissance de la langue et du pays ?

1. Une figure initiatrice : Henry Villard

Henry Villard fut l'interlocuteur privilégié de la *Deutsche Bank* et de différentes banques allemandes liées à l'établissement berlinois pendant plus de vingt ans. Ce dernier avait pourtant envisagé au départ d'autres stratégies pour les États-Unis. En 1872 un contrat de commandite avec la maison *Knoblauch & Lichtenstein* de New York avait été conclu[97] ; l'année suivante, un projet de filiale à San Francisco fut mis à l'étude, qui a pour intérêt d'avoir apparemment été entièrement porté par la filiale de la *Deutsche Bank* à Brême, dont les représentants jouissaient encore d'une position particulière dans le conseil d'administration de Berlin[98]. Le projet de San Francisco se présentait sous les meilleurs auspices : il y avait d'importantes demandes de financement pour la construction de lignes ferroviaires qui devaient désenclaver une région riche en matières premières minières. Les capitaux devaient aussi permettre d'améliorer les relations commerciales de San Francisco tournées vers les îles du Pacifique et surtout l'Asie. De plus, la *Deutsche Bank* semblait avoir trouvé l'homme capable de diriger la filiale, Charles

---

[96] Voir chapitre 4.

[97] On trouve les raisons de cet accord dans le rapport d'activité pour 1872 cité dans Helfferich, 1956. *Knoblauch et Lichtenstein* prirent chacun une participation de 50 000 dollars, la *Deutsche Bank* s'engageant pour 500 000 dollars.

[98] Voir Seidenzahl, 1970, p. 22 et p. 39-41, ainsi que Pohl, Raab-Rebentisch, 1996, p. 11.

Meinecke, qui avait l'inestimable avantage d'être reconnu aussi bien par les milieux américains que par les milieux allemands.

Ce plan ne survécut cependant pas à la loi américaine interdisant les filiales de banques étrangères et au changement de stratégie de la *Deutsche Bank*, qui ferma rapidement ses filiales à l'étranger pour se concentrer sur des opérations de financement nécessitant des investissements beaucoup moins importants[99]. La commandite fut également un échec, mais la responsabilité en revint là d'abord au manque d'expérience de la *Deutsche Bank* sur le marché américain, qui l'empêcha d'exercer une surveillance suffisante sur *Knoblauch & Lichtenstein*, avec pour conséquence la multiplication par celle-ci de dettes dès 1877 : détail révélateur de son inexpérience, Berlin fut obligé de se faire préciser par sa filiale londonienne les détails de la loi américaine sur la responsabilité du commanditaire[100]. Finalement, le contrat ne fut pas renouvelé en 1882, mais la *Deutsche Bank* ne fut pas épargnée par les critiques des milieux boursiers allemands et étrangers sur sa gestion.

La rencontre entre Henry Villard[101] et les milieux d'affaires allemands se place au tout début de sa carrière d'entrepreneur. Dès 1871-1872, il fit un premier voyage en Allemagne à la demande de Cooke pour lever des fonds au profit de la *Northern Pacific Railway*. Ces opportunités rencontraient en effet un intérêt renouvelé des Allemands pour les placements dans les valeurs ferroviaires américaines[102]. Villard sut utiliser son identité germano-américaine et ses relations avec Friedrich Kapp pour lier connaissance avec des banquiers francfortois[103] : c'était essentiel car la bourse de Francfort avait déjà accumulé une certaine expérience des titres américains depuis le début des

---

99 Voir la correspondance entre Charles Meinecke et la filiale de la *Deutsche Bank* à Brême, DB, A-1344 ainsi que l'éloge appuyé fait de Meinecke par R. Schleiden de Freiburg-en-Brisgau, qui l'a recommandé à la *Deutsche Bank* dans sa lettre du 7 août 1873, *ibid.*

100 DB Londres à DB Berlin, 5 novembre 1877, A. 1343.

101 Henry Villard, de son vrai nom Heinrich Hildgard, est un Bavarois né en 1835, qui, après avoir brièvement fréquenté les universités de Munich et de Würzburg, émigra aux États-Unis à l'âge de 18 ans. Des motifs personnels, beaucoup plus que politiques, semblent avoir été à l'origine de cette décision, même s'il affirma avoir anglicisé son nom pour échapper au service militaire bavarois. Jusqu'à la quarantaine, il fut correspondant et feuilletonniste d'abord pour la presse de langue allemande puis, maîtrisant mieux l'anglais, pour des journaux comme le *Chicago Tribune*. En 1875, il utilisa ses relations nouées au cours de reportages pendant la guerre de Sécession avec Jay Cooke pour entamer une nouvelle carrière comme entrepreneur de chemin de fer, profitant du développement du réseau ferroviaire dans l'ouest du pays. Voir Villard, 1906. Voir également « Henry Villard » par Helmut Schwab, SAA, HS « aVil/Vill4 », novembre 1994.

102 Voir Wilkins, 1989, p. 117-119.

103 Gömmel, 1992, p. 144.

années 1860, lorsque les investisseurs avaient choisi de placer aux États-Unis les fonds récupérés de la liquidation des titres d'État autrichien, rendus peu attrayants par le mauvais état des finances de l'empire. Villard sut dès ce moment s'imposer comme le représentant idéal sur place des investisseurs allemands : en 1874, il fut ainsi officiellement chargé des intérêts de la banque *Jacob Stern* de Francfort et nommé représentant du comité des propriétaires d'obligations de l'*Oregon and California Railroad.* Il apparaît également dans le comité francfortois des propriétaires d'obligations de la compagnie *Kansas Pacific*[104]. Grâce à ce soutien des actionnaires allemands, mais aussi à sa capacité à réorganiser ces compagnies, Villard put devenir président de l'*Oregon and California Railroad* et de l'*Oregon Steamship Company* en 1876. Un des premiers soutiens d'Edison, dès 1879, il personnifiait alors le modèle de l'homme d'affaires américain, dont le succès était basé sur les nouvelles technologies et sur la réussite de ses opérations boursières. Le début des années 1880 le vit acquérir rapidement une dimension nouvelle : contre l'avis de John Pierpont Morgan, qui démissionna du conseil d'administration, mais de nouveau grâce aux actionnaires allemands, au premier rang desquels la *Deutsche Bank*[105], il parvint à s'imposer à la tête de la *Northern Pacific Railway.* Dès lors, il pouvait réaliser son projet de réunir cette ligne à l'*Oregon and California Railroad :* l'année de la jonction, 1883, marqua son apogée[106].

La jonction de ces deux lignes dans le Montana donna en effet lieu à une fête inoubliable en l'honneur des actionnaires allemands qui avaient soutenu cette ambition. La réception comblait les rêves de ces hommes d'affaires européens, en leur présentant un Nouveau Monde à la hauteur de leurs espérances : plus qu'un voyage, c'était une initiation aux richesses du Continent américain que leur proposa Villard, puisque l'ensemble dura trois mois durant lesquels ils parcoururent le pays dans sa largeur, d'Océan à Océan, dans trois trains spéciaux. Au cours du trajet, les lignes des deux compagnies furent solennellement reliées l'une à l'autre et surtout une immense fête à Seattle conclut le périple,

---

[104] Ce comité est présidé par le Dr. Braunfels, représentant de la banque *Stern* et comprend également Carl Pollitz, B. F. Gempp, W. W. Murphy, consul général américain, August Stern-John et A. L. Wolff, vice consul général américain. *Der Aktionäre*, 1er mars 1874, cité dans DB, A-1244. Dès 1873, les Allemands détiennent pour 11 millions de dollars d'obligations.

[105] Celle-ci a en effet acquis en 1880-1881 des actions de la compagnie ferroviaire grâce à sa commandite new-yorkais. Surtout, à l'automne 1883, la *Deutsche Bank* et Jacob Stern placent en Allemagne la moitié de l'émission d'obligations (18 millions de dollars). Wilkins, 1989.

[106] Il est alors *Receiver* de la *Kansas Pacific*, président de l'*Oregon Railway and Navigation Company*, de la *Northern Pacific* et de l'*Oregon and Transcontinental Company*.

laissant les participants[107] sous l'impression d'un Villard tout-puissant, comme le montrent ces souvenirs des festivités :

> À ce moment, une très belle jeune fille mise de façon charmante sortit de la foule. Elle me rappela Nausicaa [...]. Elle adressa à Villard et à sa famille des mots de bienvenue délicats et vraiment touchants, au nom de toutes les femmes et les jeunes filles de Seattle. Tout le monde était très ému. Villard et ses amis les plus proches avaient baissé les yeux pour ne pas montrer leurs larmes. Madame Villard et sa charmante fille n'avaient pas honte des leurs et pleuraient abondamment. [...] Même si je ne peux pas le prouver, je sais que tous nos compagnons de voyage se souviendront toujours de cet après-midi d'automne à Seattle[108].

Doit-on en conclure que les Allemands ont été quelque peu abusés par un homme surtout habile à faire sa publicité, comme le sous-entend Karl Helfferich[109] ? Ce dernier représente bien les jugements assez durs à l'égard de l'homme d'affaires germano-américain qui furent prononcés par la seconde génération d'Allemands en affaire avec les États-Unis et par une partie des historiens. En fait, ces invités n'étaient pas particulièrement naïfs : Villard a réussi parce qu'il offrait aux Allemands ce que ceux-ci cherchaient, non seulement des images touristiques qui nourrissaient toute une littérature depuis des décennies, mais surtout des promesses d'affaires séduisantes pour ces hommes de la banque et de l'industrie dont l'optimisme valait bien celui de leurs *alter ego* américains. Il faut en effet rappeler l'audace des premiers temps de la *Deutsche Bank*, quand tout paraissait à créer et à développer, confiance renforcée par une fierté nationale également neuve, qui se nourrissait à la fois de la réussite d'un de leurs compatriotes aux États-Unis, mais aussi de leur propre réussite comme Allemands, citoyens d'un jeune État, accueillis par un président en exercice et un ancien président[110], et appelés à financer et à participer à ces grandes entreprises américaines. Les Allemands n'avaient donc pas de raison d'hésiter devant le rythme trépidant que leur imposait Villard, et se laissèrent au contraire emportés par l'enthousiasme de réaliser de grandes choses dans un grand pays.

---

107 Ces participants, fort nombreux, ne se limitaient pas aux actionnaires, au premier rang desquels Braunfels et Georg von Siemens : étaient également présents des scientifiques, des journalistes et des fonctionnaires allemands, ainsi que des représentants de la communauté germano-américaine et des délégués des différentes villes traversées.

108 Lindau, 1887. Traduit en anglais par Schwab, Helmut, « Henry Villard », SAA 15596, p. 14.

109 Helfferich, 1956, p. 129.

110 Le banquet sur le lac Minnetonka, entre Saint Paul et Minneapolis, au début de la nouvelle ligne de chemin de fer, fut présidé par le président Chester A. Arthur et l'ancien président Ulysses S. Grant.

Cette confiance en eux-mêmes explique sans doute pourquoi la quasi-faillite de Villard tout de suite après ce voyage ne nuisit pas à son image. Ses soutiens allemands s'étaient aperçus de la faiblesse des fondations de ce développement[111], même s'ils ne se doutaient pas de l'ampleur ni de la proximité de la catastrophe. Villard, lourdement endetté pour financer toutes ses prises de contrôle, dut en effet affronter les pertes dues à l'effondrement de la *West Shore Railroad*[112]. En 1884, ruiné et déconsidéré à Wall Street, il partit rapidement en Allemagne avec sa famille pour réactiver son réseau de relations. Celles-ci l'accueillirent sans réticence, car Villard, s'il avait été malheureux en affaires, n'avait pas failli à ses responsabilités. Au même moment, ses relations avec Thomas Edison faisaient encore de lui un intermédiaire indispensable : il s'entremit pour qu'un accord soit trouvé entre l'Américain et la *Deutsche Edison Gesellschaft* dirigée par Emil Rathenau, menacée de faillite et il se lia à Werner von Siemens qui lui demanda d'exploiter pour lui ses brevets sur le marché américain, en particulier ceux concernant des câbles en plomb[113].

Ainsi, dès 1886, Villard put être de retour aux États-Unis : sa qualité de représentant officiel de la *Deutsche Bank* et de la banque de Jacob Stern[114] lui permit de retrouver, au début de 1887, une situation florissante dans ses affaires. Il redevint en effet président de la *Northern Pacific* ainsi que de l'*Oregon & Transcontinental Co.* et de l'*Oregon Railway & Navigation Co.* en remerciement de son aide pour mobiliser en leur faveur 5 millions de dollars en l'espace de trente-six heures. La rapidité avec laquelle un tel financement fut accepté par la *Deutsche Bank* souligne la confiance mise alors dans les capacités de Villard, une confiance d'autant plus grande de la part de la banque mais aussi chez

---

111 Lors de son séjour, Siemens envoya deux longs rapports à la direction. Or, si le premier, daté du 12 septembre 1883, reflétait l'enthousiasme de la découverte, le second, le 11 octobre, s'inquiétait des besoins financiers constants de la compagnie ferroviaire, à un moment où les valeurs en Bourse de ces sociétés ne cessaient de baisser. C'est pourquoi, durant son séjour, il soutint la création d'un syndicat Morgan-Belmont-Wislow pour une seconde émission d'obligations à hauteur de 20 millions de dollars. Voir Seidenzahl, 1970, p. 86.

112 La compagnie souffrait d'une mauvaise gestion et d'une politique concurrentielle suicidaire de baisse de tarifs engagée contre le *New York Central* ; Villard s'était engagé dans cette affaire aux côtés de James Gould et Georges Pullman. Un syndicat se déclara prêt à reprendre ses engagements, à la condition qu'il abandonne ses présidences.

113 Voir Feldenkirchen, 1997, p. 71.

114 Entre 1886 et 1890, il plaça personnellement 64,3 millions de dollars d'argent allemand dans des titres américains. Voir Wilkins, 1989. D'autres banques allemandes participaient à ces placements : *Warburg*, la *Dresdner Bank* et la *Disconto Gesellschaft*.

Rathenau et Werner von Siemens[115] qu'il bénéficiait de nouveau de la reconnaissance de tous ses interlocuteurs américains. Cette période représenta sans doute le sommet de sa carrière : c'est le moment où il fonda la *Northern American Company*, qui regroupait les différentes compagnies secondaires développées dans le Montana, au premier rang desquelles l'*Oregon & Transcontinental.* Sa correspondance avec l'Allemagne porte la trace de toute cette activité, qui le pousse à multiplier les propositions d'affaires[116]. Ces dernières ne furent pas toutes acceptées, mais elles contribuèrent à renforcer la conviction de Georg von Siemens que « nous autres, à Berlin, devons nous impliquer dans les affaires américaines. De fait, l'Amérique est plus proche de nous que l'Italie, malgré le [tunnel] du Gothard ».

La création de la *Edison General Electric Company* représente l'aboutissement de ces ambitions américaines, mais elle montre en même temps la divergence d'intérêts entre Villard et ses partenaires allemands. Il semble que Rathenau ait été à l'origine de ce projet : son idée était de développer la coopération technique entre *AEG* et les sociétés américaines[117], mais il fallait auparavant que celles-ci se regroupent. Cela se réalisa en 1889, dans des conditions cependant assez différentes de celles prévues par les Allemands. En effet, pour obtenir l'adhésion de la société *Edison Electric Light Co.*[118], détenue en majorité par John Pierpont Morgan, Villard fut amené à faire d'importantes

---

[115] Helfferich, 1914. L'admiration de Werner von Siemens se lisait clairement dans sa lettre à Villard du 18 novembre 1887 : « Nous avons suivi avec une joyeuse stupéfaction votre audacieux vol de l'aigle qui vous a ramené, en un temps merveilleusement bref, au sommet du monde des affaires américain. Nous avons dû cependant aussi nous avouer que nos propres affaires, bien petites comparées aux vôtres, ne devaient plus guère éveiller votre intérêt », SAA, 2/Li 552.

[116] 1886-1887 : proposition de participation à l'émission d'obligations à cinquante ans pour 2 millions de dollars. 2/3 devait être pris par la *Deutsche Bank* et *Stern*, 1/3 par *Drexel, Morgan & Co.* L'affaire n'aboutit pas, dans un premier temps à cause de la situation momentanément tendue en Allemagne, puis à cause du refus de Villard de s'engager dans une affaire douteuse ; 1888/9 : proposition de participation à la restructuration de la compagnie ferroviaire *Chesapeak & Ohio Railway*, à trois reprises mise en cessation de paiement. Villard était l'intermédiaire de *Drexel, Morgan & Co*, qui offrait à la *Deutsche Bank* et à Stern 14 % des actions et des reconnaissances de dettes. L'affaire fut acceptée, car elle permettait un premier contact avec *Drexel, Morgan & Co*, et ses résultats se révélèrent satisfaisants. DB, A-1244.

[117] Il s'agissait d'*Edison Lamp Co.*, d'*Edison Machine Works* et *Seligman & Co.* S'y ajouta très rapidement le rachat de la société *Sprague Electric Railway and Motor Co.*

[118] Ce rachat était indispensable, car cette société détenait un nombre important de brevets d'Edison, d'après un accord passé en 1879. *50 Jahre AEG*, *op. cit.*, p. 92.

concessions, en particulier en lui offrant une place dans le consortium[119]. Lui-même devint président du conseil de surveillance de la nouvelle société, alors qu'on n'y trouvait pas un seul Allemand.

Peut-être à cause de cette déception, la correspondance de la *Deutsche Bank* montre à partir de 1890 l'importance croissante des échanges avec Arnold Marcus, que les Allemands avaient malgré tout imposé comme collaborateur à Villard[120]. Georg von Siemens se plaignit ainsi auprès de lui du mode de gestion par Villard des capitaux allemands, car ce dernier avait tendance à les bloquer dans des syndicats, refusant *de facto* à la *Deutsche Bank* la possibilité de disposer de ses titres à tout moment[121]. Or Marcus ne parvint pas à sortir de l'ombre de son patron : si, dans ses lettres, il parlait de Villard de façon apparemment indépendante, ses remarques étaient finalement anodines, et n'offraient pas véritablement un autre point de vue. Il joua ainsi les intermédiaires de la *Deutsche Bank* auprès de Villard pour convaincre celui-ci d'augmenter la commission de la banque de 1 à 1,5 % pour les avances faites à la compagnie *Wisconsin Central* et donna raison à ses correspondants allemands qui se plaignaient de ce que leur participation semble toujours acquise par un Villard de plus en plus sûr de lui. Mais à l'inverse, Marcus justifia les grands choix stratégiques de Villard, que ce soit la constitution de syndicats[122] ou l'attention particulière portée à la restructuration de l'*Oregon & Transcontinental Co.* Enfin, jusqu'en juillet 1893, à la veille de la grande crise de la *Northern Pacific*, il se voulut rassurant sur l'état des affaires dont Villard avait la responsabilité. Surtout, comme lui, Arnold Marcus acceptait mal la contestation de leur rôle d'intermédiaire exclusif pour les affaires américaines par le resserrement des liens entre la *Deutsche Bank* et *Speyer & Co.*, de plus en plus systématiquement consultés pour information[123]. C'est pourquoi,

[119] Il était en outre composé de la *Deutsche Bank*, *AEG*, *Siemens* (dont la participation s'élevait à 1 million de marks), la banque *Jacob Stern* de Francfort, Thomas Edison, Henry Villard et la banque *Winslow Lanier & Co.*

[120] C'était un Allemand émigré aux États-Unis, lié à la firme *Hermann Marcus* de Hambourg. Comme Villard, il effectua des séjours de plusieurs mois à Francfort et à Berlin durant l'automne et l'hiver 1888 pour convaincre les commanditaires allemands. D'après une étude des dossiers de Villard, dans DB, A-1244.

[121] Georg von Siemens à Arnold Marcus, 23 mai 1890, DB, A-1244.

[122] Arnold Marcus à Georg von Siemens, 11 juin 1890. Il rappela que ce type de construction financière était nécessaire pour assurer le contrôle des banquiers qui s'occupaient de la levée des capitaux. DB, A-1246.

[123] Marcus insista sur la redondance des informations obtenues par ce lien, en soutenant qu'elles émanaient en réalité de lui-même, puisqu'il tenait cette banque très régulièrement informée de toutes les affaires la concernant. Arnold Marcus à Georg von Siemens, 5 décembre 1890, p. 2, DB, A-1246. De fait, il ne semble pas dans les sources que les informations données par Speyer aient réellement modifié la vision de leurs interlocuteurs allemands.

quand Georg von Siemens demanda des renseignements sur le groupe Villard[124] avec le désir de tenter de nouveaux rapprochements avec les milieux financiers américains, Marcus s'employa à le dissuader[125].

Il est difficile de mesurer l'incidence de ces tensions sur l'engagement de la *Deutsche Bank* aux États-Unis. Celui-ci prit, en 1890, des formes apparemment contradictoires, dont témoigne le double objectif qui présida à la création de la *Deutsch-Amerikanische Treuhand-Gesellschaft* en mars 1890 : protéger des intérêts allemands de plus en plus nombreux et divers engagés dans des valeurs américaines et permettre d'exploiter de nouvelles opportunités. La banque de Berlin, dans un contexte boursier américain de plus en plus incertain, refusa ainsi un certain nombre de nouveaux investissements. En mai 1890, lors d'un bilan sur les différentes affaires en cours, un des membres du conseil d'administration de la *Deutsche Bank*, Max Steinthal, avertit Villard que la *Deutsche Bank* et l'établissement de Jacob Stern avaient décidé de renoncer à une participation dans *Baltimore & Ohio*, car les deux partenaires souhaitaient « ne pas accroître leur engagement dans des valeurs américaines tant qu'ils ne se ser[aient] pas dégagés des affaires les plus anciennes [...] à moins d'une opportunité particulière »[126]. Au même moment, la *Deutsche Bank* répondit également négativement à une offre confidentielle faite par *Speyer-Ellissen* afin de créer un syndicat de garantie pour une ligne de chemin de fer californienne[127].

À la fin de cette même année, l'étoile de Villard pâlit un peu plus. Georg von Siemens se montrait de plus en plus méfiant à son égard[128] et ses propres affaires se trouvèrent soudain en grande difficulté. Dans ses mémoires, il considéra que la cause en fut le vote de la loi Shermann[129],

---

124 Il s'agit d'un groupe de personnes travaillant régulièrement avec Villard, en particulier à propos des affaires de *Wisconsin Central* et du *Chicago & Northern Pacific* : *Decker, Howell & Co.*, Colgate Hoyt, Colby, président du comité exécutif de la *Northern Pacific* et Rockefeller. Arnold Marcus à Georg von Siemens, 5 décembre 1890, p. 6. DB, A-1246.

125 Inversement, les interlocuteurs américains ressentaient le poids de Villard dans leurs négociations avec les Allemands. Ainsi, les partenaires de Werner von Siemens, Meysenburg et Wright, critiquèrent la proposition de Villard de créer une voie expérimentale de tramways à New York, alors qu'ils avaient une proposition plus intéressante pour Chicago. Voir SAA, 4482, vol. 1, p. 207, lettre du 3 février 1893.

126 Steinthal à Villard, 23 mai 1890, *idem*.

127 DB, A-1254, 15 octobre 1890.

128 Lettres du 13 et du 20 octobre 1890, citées par Seidenzahl, 1970, p. 89-90. Siemens dans un premier temps menaça Villard de renoncer à sa collaboration et de se désengager des affaires américaines, ce qui, comme le note Seidenzahl, était en pratique impossible. La deuxième lettre réaffirma donc, mais avec plus de formalisme que de confiance, la volonté de poursuivre la collaboration engagée.

129 Voir Nouailhat, 1982, p. 161.

qui, en obligeant le Trésor à des achats massifs d'argent, engendra une hausse spéculative des valeurs boursières, suivie d'une raréfaction des liquidités sur les marchés. Pour lui, c'est ce désordre qui contraignit la firme *Decker, Howell & Co.* à cesser ses paiements le 11 novembre 1890, manquant de peu d'entraîner dans sa chute la *Northern American Co.*, dont les finances étaient très liées. Il est en tout cas certain que l'annonce de la ruine de cette maison entraîna un temps une forte baisse des valeurs liées à Villard[130], dont les intérêts étaient représentés par la firme. Cela ne pouvait manquer de susciter une vive inquiétude à Berlin et à Francfort, et, même si la *Northern Pacific* ne fut pas affectée par ces mouvements, Arnold Marcus dut s'employer à rassurer ses interlocuteurs allemands sur la solidité financière de la compagnie. Le déroulement de cet épisode montre surtout les difficultés de la *Deutsche Bank* à saisir depuis Berlin les différentes tractations et autres renversements d'alliances qui s'opéraient à Wall Street à la faveur des différentes crises, et ce, alors même qu'ils en subissaient les conséquences. C'est ce dont témoigne l'échange de lettres et de télégrammes les 8 et 9 décembre 1890 : ébranlée par des rumeurs de journaux selon lesquels le mouvement de baisse à Wall Street était largement dû aux ventes effectuées par James Gould, et que Rockefeller pouvait être associé à cette manœuvre, la *Deutsche Bank* ne put que se tourner vers Marcus pour apprendre qu'il s'agissait de faux bruits[131].

1891 signa la fin de l'épopée de Villard et avec elle, beaucoup des ambitions de la *Deutsche Bank* et d'*AEG* sur le marché américain. Le basculement se produisit entre l'été et décembre de cette année : en juillet août, Villard planifia le rachat de *Thomson-Houston* avec l'approbation de Morgan. En décembre, ce dernier changea d'avis et décida que c'était au contraire *Thomson-Houston* qui devait racheter la *Edison General Electric Co.* Dans cette nouvelle logique, la future équipe dirigeante devait être constituée par les hommes de *Thomson-Houston*, et Villard fut prié de se retirer[132]. Signe d'un désengagement déjà entamé, les Allemands n'eurent aucune part dans ces nouvelles tractations, et la *Deutsche Bank*, de même que *AEG*, se contenta de vendre les actions qu'elle possédait encore dans la société *Edison*[133]. Quant à *Siemens*, ces évolutions poussèrent la compagnie à investir

[130] Voir le compte-rendu de cette période boursière établi à l'intention de ses clients par la banque *Ladenbourg, Thalmann & Co.*, 20 novembre 1890, DB, A-1246.

[131] Télégrammes : Berlin, 8 décembre ; New York, 8 et 9 décembre 1890. Lettre de Marcus à Siemens, 9 décembre 1890. DB, A-1246.

[132] La *General Electric Company* est créée en février 1892.

[133] Mira Wilkins insiste cependant sur le fait que les Allemands n'ont pas été les dupes de Villard : dans l'affaire *Edison*, ils auraient réalisé un gain de 200 % en l'espace des deux ans (1889-1891) durant lesquels ils sont restés dans l'entreprise.

directement aux États-Unis. À partir de ce moment, Villard, affaibli par la vente massive d'actifs à laquelle avait été contrainte, pour éviter la faillite, la *Northern American Co.*, dont il était président, se mit de plus en plus en retrait[134]. Ce fut donc désormais Marcus qui assura, avec son accord, la continuité dans les différentes affaires américaines de la *Deutsche Bank*.

La crise de la *Northern Pacific*[135], menacée d'une mise sous tutelle à l'été 1893 vint clore cette époque de collaboration entre la *Deutsche Bank* et Villard[136]. Ce dernier, avec Marcus, lança en août un appel à l'aide dans un télégramme qui demandait l'arrivée immédiate de Siemens et de Braunfels à New York. En l'absence momentanée de Siemens, Hermann Wallich[137] décida d'envoyer sur place Ludwig Roland-Lücke[138]. D'après l'historiographie de la banque, ce furent les conclusions de cet homme, détaillées dans un rapport de quarante-quatre pages, qui scellèrent l'abandon définitif de toute relation d'affaires de la banque avec Villard. Il se voulut alors d'autant plus sévère dans son jugement qu'il estimait parfaitement possible, étant donné les circonstances américaines, que Villard conserve la présidence de la compagnie au moment où il rédigeait son rapport, au début de l'année 1894. De façon révélatrice, il calquait son appréciation sur le portrait-type des investisseurs américains du *Gilded Age*, habile à sentir le marché[139], usant abondamment de son charme pour susciter la confiance et élargir ses relations d'affaires, mais trop sûr de lui, très accessible à la flatterie, ce qui l'empêchait de s'entourer de collaborateurs efficaces, et peu à même d'assumer une gestion au

[134] Les raisons de ce retrait semblent avoir été non seulement le regain de difficultés dans ses affaires, mais également des problèmes familiaux – la mort de son plus jeune fils au début de l'année 1890. Voir Marcus à Siemens, 5 décembre 1890, DB, A-1246.

[135] La situation financière de la compagnie était déjà peu brillante en 1892 puisqu'elle ne put réaliser une commande de câbles que Werner von Siemens avait sollicitée auprès de Villard. Feldenkirchen, 1997, p. 71.

[136] Cette année-là encore, Villard tint informés ses partenaires allemands de différentes opportunités, comme celle transmise confidentiellement par Jacob Stern à la *Deutsche Bank*, qui concernait la possibilité d'un nouvel emprunt américain. DB, 1874, Jacob Stern à la DB, 6 mars 1893.

[137] Membre depuis octobre 1870 de la direction, il était complémentaire de Georg von Siemens, apportant aux idées de celui-ci un élément de retenue. Voir Gall, 1995, p. 17.

[138] Né en 1855, il entra à la filiale de Hambourg de la *Deutsche Bank* en 1872, devint procuriste en 1880, et finalement directeur de la filiale de 1888 à juin 1893, quand il renonça à ce poste pour des raisons de santé.

[139] Dans ses mémoires, Gwinner le qualifiait encore de « génial fondateur et bâtisseur de la *Northern Pacific* », Gwinner, 1975, p. 62.

quotidien[140]. C'était donc avant tout d'un homme d'affaires considéré comme trop américain, malgré ses origines, dont la *Deutsche Bank* ne voulait plus, et le principal reproche que formula à son endroit Georg Siemens est à cet égard caractéristique : il ne comprenait pas que Villard puisse se retirer de cette affaire sans conséquence pour ses finances personnelles, alors que lui-même prenait sur ses propres biens pour racheter les titres de ses clients qui s'estimaient déçus par ses conseils dans cette affaire, attitude typique du banquier allemand, même si Siemens n'était plus un banquier privé.

Désormais, la *Deutsche Bank* était représentée à New York par un véritable banquier, Edward D. Adams[141], autorité reconnue dans le domaine des chemins de fer d'après les propres termes de Karl Helfferich, et dont la mission consista, pendant les trois premières années, à présider le comité de réorganisation de la *Northern Pacific*[142]. Le succès de l'opération, manifeste à l'occasion de la bataille que se livrèrent la *Union Pacific* et le groupe Morgan Hill en 1901 pour le contrôle de la compagnie, permit dès 1897 d'envisager de reprendre quelques investissements. À cette date, Arnold Marcus était encore en relation avec la *Deutsche Bank*, mais uniquement pour quelques dossiers hérités de la période Villard[143]. Il n'y eut d'ailleurs pas rupture de contact avec Villard. Ainsi, l'élection, la même année, de McKinley à la présidence, événement attendu par tous les milieux financiers européens et américains, comme un gage de l'entrée définitive des États-Unis dans le système de l'étalon-or, lui permit de proposer encore de manière indirecte à ses connaissances allemandes un lien avec le nouveau Secrétaire au Trésor[144]. Aussi tard qu'en 1900, Villard écrivit de nou-

---

140 Ses conclusions semblent avoir été approuvées par Georg von Siemens, également rentré des États-Unis, où il s'était précipité pour tâcher de mettre sur pied la réorganisation de la *Northern* Pacific. Seidenzahl, 1970, p. 93.

141 Edward Dean Adams fut provisoirement propriétaire de la banque *Winslow Lanier & Co.* qui participa à la création de la *Edison General Co.* Villard se flatta, dans ses mémoires, d'avoir proposé son nom à ses partenaires allemands et d'avoir réussi à vaincre les réticences de l'intéressé, ce dont les deux parties l'auraient remercié par la suite. Villard, 1906, p. 520.

142 Siemens s'est d'abord efforcé de créer une unité entre les différents comités, allemand et anglais, pour la protection des intérêts des actionnaires, et d'empêcher le démantèlement des réseaux ferroviaires de la compagnie, dont l'ensemble constituait précisément la valeur. En 1896 finalement, le plan de réorganisation fut lancé grâce à la constitution d'un syndicat codirigé par la *Deutsche Bank* et la banque *Morgan & Co.* Helfferich, 1914, p. 141.

143 Voir la lettre de la *Deutsche Bank* à Otto Braunfels, l'informant de la reconduction du contrat de Marcus pour un an, DB, A-1244, 21 septembre 1898.

144 Villard envoya le 29 janvier 1897 un télégramme annonçant le choix de Lyman J. Gage au Trésor, et prédisant de ce fait une amélioration prochaine de la situation

veau à la *Deutsche Bank* au sujet d'un échange de correspondance avec *Siemens & Halske* et Gwinner se sentit tenu de lui répondre de manière amicale, bien que Villard soit quasiment retiré des affaires[145].

Quel bilan peut-on tirer du rôle de Villard ? La durée de son association avec la *Deutsche Bank* correspond à la période durant laquelle l'établissement berlinois a eu les plus grandes ambitions en matière d'investissements sur le marché américain. Cependant, l'ampleur des projets de Georg von Siemens s'expliquait d'abord par la situation de l'entreprise et celle des États-Unis. Encore jeune, la *Deutsche Bank* cherchait toutes les opportunités d'investissements dans des entreprises et le marché américain, par son dynamisme, correspondait parfaitement à ses attentes. Ces espoirs résistèrent aux difficultés que connut l'économie allemande en 1890 puis l'économie américaine en 1892 ; elles ne s'écroulèrent qu'avec les menaces qui pesèrent sur la *Northern Pacific* à l'été 1893 : quelques semaines avant, Georg von Siemens transmettait encore une proposition de Villard à Emil Rathenau à propos de la *Cincinnati Light Co.*, tandis que Roland-Lücke devait entreprendre un voyage d'études aux États-Unis et en Amérique du Sud. Le changement de stratégie de la banque après 1893 vers des placements strictement spéculatifs s'explique donc largement par les difficultés rencontrées, tandis que les entreprises allemandes, instruites par une décennie d'expansion et une certaine maturité dans leurs expériences américaines, furent poussées à agir en ayant davantage confiance dans leurs propres méthodes. Le rôle joué par Villard n'explique donc pas l'évolution des investissements allemands aux États-Unis, qui existaient même avant lui. En revanche, il a été essentiel pour permettre aux Allemands d'oser participer aux grandes manœuvres industrielles sur le marché américain : Villard a été capable de les fasciner par son audace à imaginer de grands projets, à la manière de ce dont Georg von Siemens pouvait rêver pour *AEG* et Werner von Siemens pour sa propre entreprise. En ce sens, il a accompagné la confiance grandissante des entrepreneurs et des industriels allemands avec qui il a travaillé dans leurs capacités à agir à l'échelle internationale.

économique. Le 2 février, il se fit plus précis, indiquant l'intention de Gage de retirer progressivement de la circulation les *greenbacks* et de vendre une partie de l'argent accumulé par l'État depuis le vote du *Sherman Act*. La réaction de ses interlocuteurs allemands fut alors double : certes, Jacob Stern, à qui la *Deutsche Bank* avait envoyé une copie du premier télégramme, était persuadé que Villard rapportait effectivement une information de première main. Pour autant, ce fut bien vers Edward D. Adams que la *Deutsche Bank* se tourna pour obtenir un complément d'information. Voir les échanges de télégrammes entre le 29 janvier et le 2 février 1897, DB, *Amerika Finanzen und Handel*, vol. 1.

145 DB, A-1247, Arthur von Gwinner à Villard, 10 janvier 1900. La lettre ne contenait que des informations générales sur l'état du marché allemand.

2. *À quoi servent les Germano-Américains*

Passée la phase d'initiation allemande au marché américain, quelle pouvait être l'utilité des Germano-Américains ? Le choix de Werner von Siemens pour diriger sa filiale américaine créée en 1892[146] semble donner la réponse et montrer le désir de profiter de leurs compétences, puisque le nouveau président, O. W. Meysenburg, était un Américain d'origine allemande. Cette préférence nationale paraît confirmée par la nomination comme ingénieur en chef et directeur de l'usine du Dr. Alfred Berliner[147], un Allemand employé dans les usines berlinoises de *Siemens* depuis 1888, ainsi que celle d'Alexander von Babo comme trésorier. Cependant, le vice-président, A. W. Wright était un Américain dépourvu de toute origine allemande, de même que le conseil juridique de la nouvelle société, le Dr. Geo. H. Benjamin. De plus, dans le cas de Meysenburg, le choix ne se fondait pas sur des raisons linguistiques : il écrivait en anglais, une langue que Werner von Siemens maîtrisait parfaitement pour des raisons évidentes. Les discussions, en juin 1892, entre la nouvelle filiale et la maison-mère pour décider de l'éventuelle reprise des brevets de la firme américaine *Field*, semblaient certes montrer que Meysenburg pouvait apporter un regard allemand sur les affaires américaines[148], d'autant que Werner von Siemens insista à cette occasion sur les différences culturelles qui existaient entre Allemands et Américains dans la gestion des affaires[149]. Cependant, même si on peut s'interroger sur le choix de cet argument,

---

146 La *Siemens & Halske Co. of America* fut fondée le 4 mars 1892 à Chicago après l'échec de la participation dans la société Edison. Cependant, l'établissement d'une représentation et d'une unité de production aux États-Unis ne fut pas considéré comme suffisamment concluant pour que la direction allemande se résolve à réinvestir, deux ans plus tard, après la destruction complète de ses infrastructures dans un grand incendie. Voir Feldenkirchen, 1997, p. 71. Mira Wilkins explique l'absence de filiales de *Siemens* et d'*AEG* aux États-Unis par la compétitivité des entreprises américaines dans ce secteur, qui ne permettait à leurs homologues allemandes que des avantages très ponctuels et toujours temporaires, pouvant être aussi bien exploités grâce à des ventes par le biais de représentants sur place.

147 D'autant plus que le Dr. Berliner reçut un temps le renfort du Dr. Koenig, venu inspecter les installations techniques. Voir lettre de ce dernier à Berlin, 28 juin 1892, SAA, 4482, vol. 1.

148 Benjamin soutenait le projet d'une reprise de la firme américaine *Field* par le biais de la création d'une nouvelle entreprise, qui exploiterait ces brevets avec ceux de *Siemens & Halske* concernant les tramways. Cette proposition fut combattue par Meysenburg et finalement rejetée par Berlin. Meysenburg à Siemens, 12 mai 1892, *ibid.*

149 Siemens critiqua ces « combinaisons nouvelles quelque peu hâtives, que l'esprit des affaires américain conçoit aisément ; cependant, pour nous, des affaires fructueuses peuvent être réalisées selon le rythme plus calme propre à la façon de penser européenne, ou tout au moins à la façon de pensée à laquelle nous sommes habitués et qui nous a généralement réussi », Siemens à Meysenburg, 1er juin 1892, *ibid.*

l'essentiel semble avoir été le désir, pour la maison-mère, de profiter de cette première divergence pour marquer son autorité. Le caractère finalement secondaire de l'argument culturel paraît confirmé par le rappel en Allemagne, un an et demi après la création de la filiale, du Dr. Berliner, obtenu par Meysenburg : c'est précisément Berliner qui utilisa – en vain – l'argument de la germanité en accusant son adversaire de vouloir systématiquement « éloigner ou soumettre l'élément allemand »[150].

Les dossiers de *Siemens* montrent un cas où il était explicitement demandé que le candidat au poste soit un Germano-Américain. En septembre 1892, Werner von Siemens demanda à sa filiale américaine de lui envoyer un ingénieur pour étudier le système de freins de façon à le rendre parfaitement compatible avec le système ferroviaire américain. Dans cette lettre, l'accent était mis sur la nécessité que ce technicien soit germano-américain, car « aussi bien [à Berlin] qu'à Vienne, personne ne parl[ait] anglais dans ce département »[151]. Le principal avantage des Germano-Américains paraît donc avoir résidé avant tout dans leur bilinguisme. Cela peut paraître étonnant, dans la mesure où l'anglais était une langue pratiquée par les ingénieurs allemands qui, depuis longtemps, s'intéressaient aux réalisations venues de Grande-Bretagne, au point que la lecture de la revue anglaise *Engineering* était considérée plus utile que celle du *Verein Deutscher Ingenieure*, car davantage tournée vers la pratique[152]. En réalité, le problème était réel, comme le montre le compte-rendu par Wedding d'un voyage d'études de sidérurgistes allemands aux États-Unis en 1890[153], dans lequel l'auteur soulignait que « beaucoup de participants allemands ne maîtrisaient que très imparfaitement l'anglais » et auraient risqué de ne retirer que peu de profit du voyage sans les efforts de traduction faits par le président de l'association professionnelle allemande. Ceci explique la précision,

---

150 Citation extraite de Feldenkirchen, 1995. Sur le bilan de cet été 1893 et les changements positifs après le départ de Berliner, voir la lettre de Meysenburg à Siemens, 7 octobre 1893. À l'opposé des accusations de Berliner, on peut citer les compliments d'Alexander von Babo à propos des qualités de Meysenburg, alors même qu'il désapprouvait ses plans d'expansion. SAA, J-893b-9 (dossier Schwab).

151 Le candidat retenu par Meysenburg, Joseph Schlachs, était effectivement un jeune Américain dont le père exerçait des responsabilités techniques dans la compagnie de chemin de fer *Illinois Central*. Il y avait d'ailleurs fait son apprentissage comme mécanicien avant d'être engagé par la compagnie *Westinghouse Electric*. *Siemens & Halske* Allemagne à *Siemens & Halske America*, 24 septembre 1892. Réponse de Meysenburg datée du 22 octobre, *ibid.*

152 Gispen, 1989.

153 Wedding, Dr. Hermann, « Mitteilungen über das Eisenhüttenwesen in den Vereinigten Staaten von Nordamerika », in *Verhandlungen des Vereins zur Beförderung des Gewerbefleisses in Preussen*, 1er décembre 1890, p. 271-282.

souvent donnée dans les comptes-rendus de voyages d'études aux États-Unis, qu'il était possible de trouver partout des correspondants professionnels qui parlaient allemand[154], soient parce qu'ils étaient originaires d'Allemagne, immigrés récents ou descendant d'immigrants, soit parce que – surtout dans le cas des chimistes – ils avaient fait leur études en Allemagne ou à Zürich. Même dans les écoles de commerce, la maîtrise de l'anglais n'était pas toujours satisfaisante comme en témoigne la correspondance de Wilhelm Merton avec le maire de Francfort pour l'établissement d'une *Akademie für Sozial-und Handelswissenschaften* : évoquant l'exemple d'une traduction faite par un des enseignants de son école d'un prospectus de la *Zentrale für Bergwesen* :

> Nos amis américains nous l'ont renvoyée avec la remarque que beaucoup d'expressions employées avaient un sens tel que nous nous ridiculiserions si nous publiions le texte en l'état. [...] Les expressions en question étaient certes justes du point de vue de la langue, mais elles n'étaient pas adaptées à une circulaire commerciale. [...] Si nous avions ici un assistant qui manie l'anglais comme il est utilisé dans les revues spécialisées, qui pourrait traduire les expressions techniques de l'anglais en allemand et inversement, ce serait un gain non seulement pour notre académie, mais pour l'Allemagne tout entière[155].

Cette mauvaise connaissance de l'anglais pouvait certes poser des problèmes de recrutement à des entreprises comme *Bayer* : dans la correspondance, conduite en allemand, de Carl Duisberg avec le responsable de la filiale américaine, Muurling[156], ce dernier, lui-même d'origine hollandaise mais marié à une Anglaise, rappelait l'importance de la langue, non seulement pour les contacts avec les clients, mais aussi pour faciliter le travail en laboratoire avec les collègues américains – bien que ceux-ci, chimistes, aient souvent été familiarisés avec l'allemand. Pourtant, même dans ce cas le critère de la langue restait secondaire et Muurling lui-même se montrait prudent dans ses exigences : évoquant le directeur du nouveau département américain chez *Bayer*, il se contenta de préciser qu'« il [était] important de savoir si le Dr. Hess compren[ait] l'anglais. Naturellement, ce ne saurait être une *conditio sine qua non*, mais ce serait quand même mieux si il pouvait lire et parler anglais, si ce n'est couramment, du moins convenable-

---

[154] Ainsi, sur les dix-huit correspondants proposés à Duisberg pour son voyage aux États-Unis en 1896, douze parlaient allemand, et un – le rédacteur du magazine *Engineering and Mining News* – avait un secrétaire allemand. BA, 191-002, vol. 1, 9 mars 1896.

[155] Mémoire confidentiel de W. Merton, 31 décembre 1901, MG Archiven, Abteilung 15, Nr. 382, p. 11. Voir également W. Merton à Adicke, 2 janvier 1903, Archives *Metallgesellschaft*, Nr. 521, p. 3-4.

[156] Ivo Jan Reinhardt Muurling avait travaillé pour différentes entreprises en Inde et en Grande-Bretagne, avant d'être engagé en 1889 par *Bayer*. Voir Reimer, 1996, p. 67.

ment ». Il ne réclamait donc en aucun cas un bilinguisme[157] qui semble de toute façon avoir été peu répandu y compris chez les Germano-Américains, comme en témoigne la mauvaise expérience faite par la firme *Loewe* lors de la création en 1892 d'une société commune avec *Thomson-Houston International Electric Co.*, la *Union-Elektrizitätsgesellschaft* (UEG), dirigée par un Américain d'origine allemande, le Dr. Köhler. Sa mauvaise connaissance de l'allemand, qui accentuait une certaine rudesse, créa des tensions dans son équipe, au point qu'un véritable complot fut organisé par des collaborateurs ingénieurs lors d'une de ses absences aux États-Unis[158].

Dans le cas de *Bayer* enfin, le problème linguistique ne se posa jamais en termes d'origine nationale[159] : les Germano-Américains étaient intéressants parce qu'ils permettaient à la maison-mère de ne pas avoir à dégarnir ses rangs en Allemagne en envoyant des techniciens aux États-Unis. L'enjeu était donc de trouver sur place – comme c'était le cas en Russie – du personnel qualifié qui sache suffisamment l'allemand pour pouvoir suivre la formation à Leverkusen nécessaire à leur entrée dans l'entreprise[160]. Le problème était que la ressource des Germano-Américains ne pouvait que se raréfier, à cause d'une émigration vers les États-Unis de plus en plus faible et d'une assimilation progressive qui faisait oublier la langue d'origine parfois dès la seconde génération. C'est pourquoi il fallut quand même affronter le problème de l'apprentissage de l'anglais par les Allemands. Le témoignage du directeur de l'école Berlitz de Dresde est à cet égard révélateur du besoin ressenti mais aussi des limites de cet apprentissage : décrivant le zèle mais aussi l'épuisement des jeunes professionnels qui, après leur journée de travail venaient suivre des cours d'anglais, il se félicitait à l'idée qu'ils pourraient, lors d'un voyage en Angleterre ou aux États-Unis demander leur chemin ou se faire comprendre dans un hôtel[161] !

---

157 Lettre du 9 mai 1898. De même, dans une lettre du 6 août 1899, il demandait si les candidats aux postes de technico-commerciaux pour les États-Unis étaient « posés et énergiques, et s'ils [avaient] des notions d'anglais », sachant que cette dernière condition n'était pas toujours remplie.

158 AEG Archive, GS 353, « Paul Steinweh ehemaliger Fabrikdirektor der Fabriken Brunnenstrasse erzählt aus der UEG/AEG ».

159 C'est également le cas chez *Siemens*, où, à l'été 1892, un certain Ziegfeld, Germano-Américain employé par les établissements *Siemens* à Vienne se vit refuser sa mutation vers son pays d'origine, alors que *Siemens* venait d'y créer sa filiale, parce que ses prétentions étaient jugées trop élevées.

160 Cette absence d'intérêt pour l'origine de ses employés est soulignée par Reimer, 1996, p. 66-68.

161 Cité par Howatt, 1985, p. 192. Duisberg utilisa lui-même en 1901 pendant quelques mois les services de la Berlitz School pour améliorer son anglais et son français. Voir Flechtner, 1960, p. 178.

L'utilité des Germano-Américains a donc tenu surtout à leurs connaissances linguistiques et, à un degré moindre, à un rôle de passeurs culturels, mais sans que ces éléments aient jamais été décisifs. Surtout, leur rôle ne fut significatif qu'avant les années 1890, quand les sources d'information sur les États-Unis étaient encore peu abondantes et que les entreprises allemandes manquaient d'expérience dans les exportations et les investissements à l'étranger. Cela se remarque dans les récits de leurs débuts sur le marché américain. Ainsi, *Bayer*[162] eut comme principal agent Ernst Sehlbach, qui avait travaillé pour les deux précédents représentants de l'entreprise avant de s'installer à son compte. Ce fut la dégradation de l'état de santé de Sehlbach, ainsi que les rabais cachés qu'il avait consentis à des clients qui décidèrent *Bayer* à ouvrir sa propre filiale en 1895. Ce changement est emblématique de ceux que connurent la plupart des entreprises étudiées : ce à quoi on assiste à partir des années 1890 n'était pas un rejet des intermédiaires germano-américains, mais une évolution qui conduisait à remplacer des liens fondés sur les connaissances personnelles – souvent renforcées par une identité culturelle commune – par des recrutements purement professionnels indépendants de la nationalité.

II. Gérer directement le marché américain

Dès les années 1870 et de plus en plus à partir des années 1890, les entreprises allemandes acquirent une connaissance directe du marché américain, soit pour surveiller leur concurrence et s'inspirer de leurs innovations, soit pour gérer leurs propres filiales. Le développement de ces dernières – interdites dans le secteur bancaire – se fit très progressivement et surtout sans suivre de plan concerté. Dans les années 1870 en effet, des entreprises comme *Siemens* ou *Werner & Pfleiderer* cherchaient surtout à vendre leurs brevets à des compagnies américaines. C'est devant l'échec de ces tentatives et grâce à une familiarité plus grande avec les États-Unis que se précisa peu à peu l'idée de s'implanter sur place. De la même façon, la stagnation des ventes de ses produits conduisit *Bayer* à reprendre à son compte les activités de distribution qui avaient été confiées à des agents, sans que cela s'intègre dans une stratégie de présence renforcée aux États-Unis. Au contraire, *Bayer* se refusa à délocaliser une partie de sa production sur le territoire américain à cause des nombreux problèmes de contrefaçons de médicaments dans le pays. Cependant, une fois leur filiale américaine établie, les entreprises allemandes s'efforcèrent d'en suivre la gestion au plus près.

162 Le récit des débuts de *Bayer* aux États-Unis, qui remontent à 1864, est fait par le Dr. Hess dans la *Böttinger Chronik* (BA).

Que ce soit pour surveiller la concurrence ou pour gérer leur filiale, quel degré de connaissance directe pouvaient-elles espérer atteindre ?

A. Veille technologique et découverte d'un pays : les voyages d'études

Les États-Unis furent, dès le début des années 1870, le but de nombreux voyages d'études car ils étaient déjà considérés comme une source d'inspiration dans certains domaines industriels au point de faire l'objet d'une veille technologique attentive[163]. L'exemple d'Emil Rathenau est un des plus connus puisqu'après une tentative qui s'effondra lors de la *Gründerkrise* de 1873, la première étape que rappellent ses biographes[164] fut son voyage aux États-Unis pour visiter l'Exposition universelle de Philadelphie, où il découvrit le téléphone de Graham Bell. Son projet de développement d'un réseau téléphonique à Berlin se heurta cependant à la volonté des autorités de conserver ce domaine au monopole public[165]. C'est donc la découverte, à l'Exposition de Paris de 1881 de la lampe à incandescence de Thomas Edison, qui marqua pour Rathenau le véritable début de l'exploitation d'une invention américaine. Par la suite, même si la recherche au sein de l'entreprise *AEG* ne cessa de prendre de l'importance[166], la politique de diversification par achat de brevets américains fut poursuivie : une des grandes étapes du développement de l'entreprise – l'installation de réseaux de tramways dans différentes grandes villes européennes – fut permise par l'acquisition des brevets de la *Sprague Company*. Aussi, malgré l'échec en 1891 pour s'implanter sur le marché américain par le biais d'une participation dans la nouvelle *Edison General Electric Co.*, l'importance des États-Unis pour *AEG* resta intacte. C'est ce que montre le véritable voyage initiatique fait par le fils cadet et le préféré de son père, Erich Rathenau, quelques mois après son entrée dans la firme paternelle, à l'été 1895[167].

---

163 Voir chapitre 5.

164 Différents témoins de l'époque ont souligné que cette politique d'achat de brevets pour développer son entreprise était à l'opposé des conceptions industrielles de Werner von Siemens et que cette différence avait beaucoup joué dans l'hostilité entre les deux hommes. Voir par exemple le manuscrit des mémoires de Felix Deutsch, *Mein Leben*, Archives AEG, G 5 4222, p. 41 et suivantes, ainsi que Riedler, 1916, p. 55-62.

165 Pohl, 1988, p. 25-27.

166 Voir sur ce sujet les indications du livre d'Aloïs Riedler – dont un brevet fut lui-même exploité par *AEG*. Riedler, 1916, p. 104-109.

167 Il en tira l'année suivante une série d'articles pour l'*Elektronische Zeitschrift*. Voir le numéro spécial (8a) que lui consacre l'*AEG Zeitung*, le 15 février 1903, à l'occasion de sa disparition prématurée. Cela formait un contraste saisissant avec l'activité littéraire de son frère Walter qui, à la même époque, sous le pseudonyme transparent de W. Hartenau, écrivit *Die Resurrection Co.*, une satire du capitalisme américain.

La firme fondée par Ludwig Loewe représente l'autre exemple très souvent cité d'un développement basé dès l'origine systématiquement et quasi exclusivement sur le transfert de technologies américaines[168]. Ainsi, en 1870, lorsque Ludwig Loewe décida de passer du stade des activités commerçantes à celui de la fabrication, il commença par effectuer un voyage d'études aux États-Unis, destiné à le confirmer dans son projet d'une production standardisée de masse de machines à coudre, mais également à lui apprendre les conditions concrètes de production[169]. Cette expérience acquise lui permit en outre de servir de relais dans la diffusion du mode de production américain auprès d'entreprises comme *Siemens & Halske*, qui envoya un ouvrier expérimenté chez *Loewe* pendant quelques mois s'imprégner de ces méthodes, avant de lui confier la responsabilité de la « salle américaine » en 1872[170].

En 1895, deux ans après la transformation de la commandite en société par actions, ce fut l'ingénieur en chef chargé du département des machines-outils, Julius Pajeken, qui entreprit un voyage d'études de plusieurs mois aux États-Unis, en compagnie de plusieurs ingénieurs de la firme, afin d'en ramener les plans, les machines, et même les hommes nécessaires à la création d'une usine moderne et consacrée à la fabrication de machines-outils[171]. Le succès de ce deuxième transfert technologique semble avoir été total, puisque la réalisation de ces plans fut ainsi saluée par un rédacteur de la revue *American Machinist* : « *The best American tool shop is now in Germany and the American or english visitor feels very much like the Queen of Sheba after going round the works of King Solomon.* » C'est précisément cette réussite qui place l'entreprise *Loewe* à part : elle ne semble pas avoir prétendu à l'époque, à la différence même de Rathenau, à une quelconque originalité dans ses recherches industrielles, se contentant avec succès de reproduire le plus rapidement possible les progrès observés régulièrement de l'autre côté

168 Voir Fischer, 2002, p. 59-69.

169 Voir le livre écrit pour les soixante ans de l'entreprise sous la direction de Conrad Matschoss, *Ludwig Loewe & Co.* (Matschoss, 1919), p. 9. Il semble certain que le soin mis par les éditeurs à souligner les liens entre la firme et la technologie américaine s'explique dans le conteste de l'après-guerre, qui voit l'affirmation de l'économie américaine comme modèle. Voir Nolan, 1994. Il n'en reste pas moins que ces descriptions correspondent à une orientation réelle et très forte de l'entreprise et de son fondateur.

170 Elle contenait les machines américaines achetées par la firme entre 1871 et 1872. Voir Kocka, 1969b, p. 124-125.

171 *Idem*, p. 41 et 81. Comme pour le projet de *Bayer* à Leverkusen, une grande place avait été prévue pour les extensions futures. À noter que le recours à l'étranger pour ramener non seulement des machines mais également une main d'œuvre qualifiée pouvait déjà se faire au début du XIXe siècle. Ce fut le cas d'un des principaux entrepreneurs de la Ruhr, Friedrich Wilhelm Hartkort, qui fit appel en 1820 à des ingénieurs, des contremaîtres et des ouvriers qualifés anglais. Voir Matschoss, 1919.

de l'Atlantique. Il s'agissait donc moins de voyages d'études que d'un transfert systématique de technologies étrangères afin de tenir tête à la concurrence sur son marché national.

Pour la plupart des entreprises cependant, le voyage aux États-Unis avait pour but de s'informer, mais sans que le résultat de leurs observations modifie nécessairement de façon radicale leur politique de production, à la fois parce que l'industrie américaine ne constituait pas dans chaque secteur un modèle, mais aussi parce que ses modes de production pouvaient paraître inadaptés aux conditions allemandes[172].

Plus caractéristique des différentes entreprises qui envoyèrent leurs cadres observer l'industrie américaine, *Bayer* représente un exemple particulièrement riche pour cerner les différents buts de ces voyages d'étude. Duisberg lui-même réalisa quatre voyages, et il semble avoir encouragé ses employés comme ses partenaires industriels à se rendre compte par eux-mêmes des capacités de l'économie américaine et à diffuser leur témoignage auprès de leurs confrères allemands par le biais des publications : on retrouve ici l'importance qu'il accordait aux revues spécialisées pour la formation continue de ses ingénieurs et techniciens, et qui explique la création et le développement de la bibliothèque professionnelle Kekulé à Leverkusen[173]. Contrairement à *AEG* et à *Loewe*, qui étaient des firmes nouvelles, dépourvues de tradition de savoir-faire, et désireuses de s'implanter sur des secteurs dominés par l'industrie américaine – machines-outils et électricité – *Bayer* bénéficiait d'une histoire et de toute l'expérience de la chimie allemande du XIXe siècle, d'un niveau bien supérieur aux réalisations américaines. Toute idée d'imitation était donc exclue. Quels étaient alors les motifs de ces voyages ?

Duisberg effectua quatre voyages aux États-Unis, en 1896, 1903, 1908 et 1912. Chaque séjour durait environ deux mois, en mettant à part le voyage de 1912, dû à une invitation à parler devant le Congrès international pour la chimie appliquée, et se déroulait à un rythme impressionnant, comme le montre le projet de 1903, qui esquissait un trajet passant par Philadelphie, Washington, Charlotte et la Floride, Saint Louis, Chicago, Milwaukee, Cincinnati, Cleveland, Buffalo, les chutes du Niagara, Boston, Albany, New York et peut-être le Canada[174]. À chaque fois, Duisberg cherchait à se mettre en contact avec tous les

---

172 Voir chapitre 5.

173 Voir *Geschichte und Entwicklung der Farbenfabriken vorm. Friedrich Bayer & Co. Elberfeld in den ersten 50 Jahren*, dit *Böttinger Buch*, Munich, 1918, p. 533.

174 BA 191-002, vol. 1, Duisberg à Muurling, 3 février 1903. Dans le programme de voyage joint à la lettre de Duisberg à la direction du 8 avril 1903, on peut lire par exemple la liste des onze entreprises à visiter lors des quatre jours consacrés à la région des chutes du Niagara.

secteurs industriels qui touchaient à la chimie appliquée, tout en poursuivant trois buts distincts.

Le premier se rapprochait des objectifs d'un voyage de contrôle : en 1896, alors que *Bayer* inaugurait sa nouvelle politique de prise en charge directe de ses clients américains, Duisberg voulait se familiariser avec leurs demandes. En 1903, le voyage était destiné à se rendre compte sur place de la nécessité de bâtir une usine. Plus généralement, il s'agissait également de se forger un point de vue sur la situation de l'industrie chimique aux États-Unis, et le voyage de 1896 donna lieu à la rédaction d'une note de huit pages, *Die chemische Industrie Nordamerikas*, qui abordait successivement les ressources naturelles, les moyens de transport, l'énergie à vapeur, enfin la qualification des ouvriers et des chimistes.

Le deuxième but se rapprochait davantage de la veille technologique, puisque le séjour servait à examiner l'organisation de la production américaine afin de s'en inspirer. Il pouvait cependant recouper le premier objectif, puisque les usines visitées appartenaient le plus souvent à des fournisseurs ou à des clients. Les rapports décrivaient aussi bien l'aspect extérieur des bâtiments que la gestion de l'entreprise et les modes de fabrication, et en tiraient des conclusions pour la rationalisation de la production allemande. C'est ainsi que Duisberg conclut en 1903 :

> Si notre ami Carl [Hülsenbusch] est inquiet du fait que le nombre de nos employés n'a pas augmenté dans les proportions de la Badischen, il doit se consoler en considérant que le nombre d'employés ne permet pas de mesurer l'importance et la compétitivité d'une entreprise. [...] La principale conséquence de notre voyage aux États-Unis sera, espérons-le, de nous efforcer de toutes nos forces de diminuer encore le nombre d'employés là-bas, non seulement pour rentabiliser le prix du voyage, mais pour réaliser des économies bien plus importantes[175].

Ce deuxième but fut particulièrement important en 1896 car le voyage correspondait à la réorganisation de la production de *Bayer* en Allemagne, avec l'aménagement du nouveau site de Leverkusen. Le séjour américain fut donc utilisé par Duisberg pour confirmer les intuitions de son plan pour le nouveau complexe dont la responsabilité de l'élaboration lui revenait[176]. En 1903 également, les observations que Duisberg nota aux États-Unis sur l'organisation des trusts, en particulier celui de la *Standard Oil*, auquel il avait été introduit, le conduisirent, de

---

175 Duisberg à la direction, 14 mai 1903, p. 2-3.

176 Les objectifs de ce plan sont la rationalisation de la production par la constitution de grandes unités indépendantes, un vaste réseau de voies de communication entre les bâtiments, la prise en compte de l'expansion future et la réorganisation des fonctions parmi les employés. Voir Flechtner, 1960, p. 155 et la lettre envoyée par Duisberg à la direction sur son séjour à Boston, 20 juin 1896, in BA, 191-002, vol. 1.

retour en Allemagne, à développer l'idée d'un cartel de la chimie avec les grands concurrents de *Bayer*. Il développa ce thème dans son mémoire « *Über die Vereinigung der deutschen Farbenfabriken* » de janvier 1904 et il est remarquable de voir que son partisan le plus enthousiaste au début fut Gustav von Brüning, directeur des *Hoechster Farbwerke*[177], qui, quelques mois plus tard conclut finalement une alliance rivale avec la firme *Leopold Cassella & Co.* en s'inspirant également de l'exemple américain qu'il venait d'observer lors d'un voyage outre-Atlantique. Il paraît cependant nécessaire de nuancer les affirmations de Duisberg sur l'utilisation qu'il fit de l'expérience américaine pour développer ses propres projets. Dans ses mémoires[178], le directeur de *Bayer* insistait sur le fait que le voyage aux États-Unis de 1896 n'avait fait que confirmer les idées de son plan, et qu'il n'avait pas eu à en modifier la moindre ligne à son retour. À l'inverse, il présentait son idée de trust comme la simple conséquence de l'observation de l'évolution des structures industrielles aux États-Unis. Il était en fait logique qu'il revendique pour lui-même les progrès dans la rationalisation de la production, et qu'il se défende d'avoir voulu promouvoir la formation d'un trust autrement que comme réponse défensive à une évolution internationale, à un moment où la justification des cartels est l'objet d'un large débat en Allemagne[179].

Duisberg avait effectué son séjour de 1903 en compagnie de Friedrich Bayer et le chef ingénieur Girtler. Les archives de Bayer conservent cependant la trace d'autres voyages d'études aux États-Unis réalisés par des ingénieurs de l'entreprise, qui montrent que la pratique était encouragée par la direction et que les thèmes pouvaient ne pas être toujours étroitement spécialisés : le professeur Max Le Blanc, chimiste, rapporta ainsi les impressions de son voyage américain à l'occasion d'une réunion du *Naturwissenschaftlichen Verein zu Karlsruhe* en 1905[180] tandis qu'en 1910, le Dr. F. Quincke fit un exposé général sur la grande industrie aux États-Unis lors de l'assemblée générale du *Verein Deutscher Chemiker*[181]. Parmi ces voyages, un paraît particulièrement important, le « *Coaltar trip* » en 1912. Il se réalisa sous la direction du Dr. Edmund Kloepper, chef du département des brevets chez *Bayer* et membre du comité de direction depuis la nomination de Duisberg au

177 Flechtner, 1960, p. 188 et p. 205.

178 Duisberg, 1933, p. 86-88.

179 Voir chapitre 5.

180 BA, USA Allgemeine, 081-002, *Amerikanische Reiseeindrücke*, du professeur Max Le Blanc, publié dans le dix-huitième volume des *Verhandlungen des Naturwissenschaft-Vereins*.

181 BA Geschäftsreisen, 191/1.1, vol. 5. Le texte de cette présentation fut également publié, dans la revue de l'association, *Zeitschrift für angewandte Chemie*, 41, 1910.

poste de directeur général en 1912, mais il fut ouvert à de nombreux participants extérieurs, dont des ingénieurs et des juristes[182]. Ce voyage d'études fut effectué à l'occasion du VIIIe congrès international des chimistes, et donna lieu à une large information des milieux professionnels allemands : outre une conférence générale prononcée par le Dr. H. Friedmann – employé chez *Bayer* à Elberfeld – fin décembre 1912, et reprise en publication sous une forme moins critique[183], le voyage fournit matière à la publication d'un livre par Berthold Rassow sur les conseils de Duisberg. Ce dernier fit même financer une partie des frais d'impression par *Bayer*, à la condition cependant que l'ensemble soit imprimé sous forme de manuscrit : le but était de lui conserver un aspect confidentiel car certaines remarques pouvaient déplaire aux entreprises américaines visitées[184]. Le voyage d'études ne se comprenait donc pas seulement comme une pratique interne à l'entreprise ; il pouvait aussi rassembler les acteurs d'un secteur pour qui l'acquisition de connaissances devait servir non pas la compétition interne, mais les intérêts de la communauté économique nationale.

Le troisième but des voyages d'études tels qu'ils purent être pratiqués par Carl Duisberg concernait précisément ce mélange d'échanges scientifiques et d'affirmation patriotique. En effet, en 1903 comme en 1912, Duisberg fut amené à prendre la parole comme chimiste reconnu. En 1903, il fut sollicité par le responsable scientifique de la filiale *Bayer* à New York, Schweitzer, pour donner une conférence sur place à l'occasion du centenaire de la naissance de Liebig[185]. À cette occasion, il

---

182 Geschäftsreisen, 191/1.1, vol. 4, Kloeppel, octobre 1912.

183 Voir BA, 046-002, « Das industrielle Leben der Vereinigten Staaten von Amerika », Vortrag gehalten in der Chemischer Konferenz, 19 décembre 1912, par le Dr. H. Friedmann, et 081-002, « Über die Industrie von Amerika », texte publié du même auteur.

184 BA, 046-003, échange de lettres entre B. Rassow et la firme *Bayer*, 10, 18 et 22 janvier 1913. L'ouvrage s'intitulait *Amerikanische Reiseskizzen*. Long de cinquante sept pages, il comportait deux chapitres de considérations générales et les descriptions détaillées de trente-huit entreprises, rédigées par le spécialiste du secteur participant au voyage. Il fut tiré à quatre cents exemplaires. Le manuscrit contenu dans le dossier Geschäftsreisen 191/1-1, vol. 4, Kloeppel 1912 correspond au chapitre de présentation du voyage par ce dernier, p. 8 à 21.

185 Voir « Der Einfluss Liebigs auf die Entwicklung der chemischen Industrie. Vertrag gehalten im Chemist Club zu New York gelegentlich der vom New Yorker Bezirksverein veranstalteten Zentenenfeier des Geburtstags Liebig », 12 mai 1903, in *Abhandlungen, Vorträge und Reden aus den Jahren 1882-1921*, de Carl Duisberg, Berlin, Leipzig, 1923, p. 265-272. Le texte fut publié en 1903 dans le *Zeitschrift für angewandte Chemie* et en avril 1904 dans *The Popular Science monthly*. Cette seconde publication était importante, car de façon générale, les revues spécialisées de la *Society of chemical Industry*, l'*American Chemical Society*, et la *Londoner Society of Chemical Industry* refusèrent de publier le discours. Flechtner, 1960, p. 187.

reprit certaines critiques contenues dans sa note de 1896, en particulier sur les lacunes de la formation scientifique des chimistes américains, dont on trouve un petit écho dans des journaux comme *The Commercial Adviser* de New York, le *New York Daily Tribune* et le *Boston Paper* – ces deux derniers journaux reprenant quasiment le même article. En 1912, il fut de nouveau sollicité pour présenter un exposé général sur l'industrie chimique à l'occasion du VIIIe Congrès international pour la chimie appliquée. Comme le lui rappela alors Berthold Rassow, président du comité central allemand pour la préparation du Congrès, il s'agissait de confirmer la réputation de haute scientificité de la chimie allemande en n'hésitant pas à donner une conférence d'un haut niveau technique, à l'opposé des recommandations de Schweitzer en 1903, qui souhaitait que le discours de Duisberg pour le centenaire de la naissance de Liebig soient accessibles à un large public. Utilisées pour promouvoir la science nationale, ces prises de parole ne se limitaient cependant pas au domaine technique, et Duisberg fut amené à développer une vision plus générale de l'économie américaine. C'est ainsi qu'en 1903, à son retour des États-Unis, il forma le projet de rédiger un livre sur la question des syndicats américains, pour lequel il pria Schweitzer et Muurling de lui envoyer de la documentation[186]. Ce désir pouvait s'expliquer par la volonté de participer au débat sur le « danger américain »[187] : Duisberg, comme beaucoup de personnes pouvant revendiquer une connaissance au moins sectorielle de l'économie américaine, souhaitait alors prendre publiquement position sur les risques que la concurrence des États-Unis pouvait faire peser sur la prospérité du *Reich*. Il existait cependant une autre raison qui était l'habitude prise par les Européens effectuant pour différents motifs un voyage d'études aux États-Unis, de proposer une vision de ce pays en évaluant son degré d'étrangeté par rapport aux conditions européennes et ainsi, ses capacités de progression future : ceci fut rappelé avec une certaine ironie dans la présentation de l'entretien avec Duisberg que le quotidien *Austin Statesman* publia le 14 juin 1903 : « [...] comme tous les étrangers instruits (et de nombreux qui ne le sont pas) qui nous rendent visite, Dr. Duisberg fera part au monde de ses impressions à notre sujet sous la forme d'un livre à paraître prochainement. »

Il y eut en effet, tout au long de la période, le maintien d'un regard quasi ethnographique sur les États-Unis, malgré la familiarité croissante engendrée par des voyages de plus en plus fréquents. On constate ainsi certaines ressemblances entre les voyages d'études qui, comme le montre l'exemple de Duisberg, pouvaient être au moins en partie des

---

186 Voir les lettres de Duisberg à Muurling, 22 juin 1903, et de Schweitzer à Duisberg, 2 et 8 juillet 1903, BA, 046-001.

187 Voir chapitre 5.

voyages d'affaires et les voyages de découverte. Leurs parcours se ressemblent, de New York à Philadelphie, parfois allant jusqu'à la Floride, mais se concentrant dans la zone industrielle des grands lacs et revenant par Boston. Si la durée du voyage variait en fonction des besoins de chacun, on s'aperçoit que le séjour occupait souvent un mois et demi, ce qui impliquait des changements de ville tous les deux à trois jours[188]. Ces voyages comportaient une partie touristique non négligeable[189], qui transparait également dans les comptes-rendus : F. Quincke, lors de la présentation de son voyage devant la société pour la chimie appliquée, accompagna ses explications de présentation d'images du port de New York, de gratte-ciel de Chicago, d'une maison de Mormons, en plus de tableaux et de graphiques sur la situation de différents secteurs industriels américains. Le jugement formulé sur les États-Unis témoignait également de ce mélange des genres : à côté de remarques sur l'intensité de la concurrence américaine dans son secteur d'activité, l'ingénieur n'hésita pas à commenter le confort des wagons Pullman, ou à insister sur les défauts de certains aspects de la vie du voyageur[190]. Il s'agissait à la fois d'égayer son propos, d'en authentifier le caractère de témoignage direct, et de rappeler le dépaysement que continuait à présenter un séjour aux États-Unis.

Au-delà des différences de statut et des raisons du voyage, il est donc frappant de constater l'absence de banalisation du voyage professionnel outre-Atlantique, qui tenait d'abord à l'éloignement : les récits laissent souvent deviner une représentation de leurs auteurs comme pionniers vers ce Nouveau Monde. Ils avaient conscience d'être les témoins privilégiés de grandes transformations, et cette conviction ne pouvait qu'être renforcée par l'attitude de la presse américaine : les journaux locaux ne manquaient pas d'informer les habitants de leur ville que telle personnalité du monde économique allemand était de passage et résidait dans leur hôtel. Parfois, cette curiosité était motivée par une raison précise comme dans le cas de la visite d'Alfred Blinzig à Baltimore,

188 Ce rythme paraît plus rapide que celui relevé par Alexander Schmidt pour les représentants de la bourgeoisie wilhelminienne désireux de découvrir les États-Unis. D'après cet auteur, les voyages outre-Atlantique duraient facilement deux à trois mois. Schmidt, 1997, p. 72. La nécessité de ne pas s'absenter trop longtemps de son entreprise explique certainement cette différence.

189 Duisberg demanda en 1908 à ne consacrer que trois semaines aux visites d'inspection, de manière à garder cinq semaines de vacances sur place, étant accompagné de sa femme. BA, 191-002, octobre 1912. Ce mélange de travail et de loisirs se retrouve aussi dans le séjour parisien qu'il effectua en 1900 à l'occasion de l'exposition universelle.

190 Voir les plaintes de Kloeppel sur le service d'étage dans les hôtels et le paiement par chèques dans les restaurants, dans son compte-rendu du *Coaltar Trip*, BA, 191/1-1, p. 10.

venu pour parler avec les responsables de la compagnie ferroviaire *West Maryland* : les journalistes étaient naturellement intéressés de savoir si la *Deutsche Bank* accordait son soutien financier à la compagnie[191]. Blinzig soupçonna d'ailleurs les responsables de celle-ci d'avoir prévenu les journaux, car l'interview forcée fut faite dans leurs bureaux, et dans son récit, il ironisa sur le contenu de ses propos, réduits à des banalités sur le temps et la beauté du pays. En fait, l'entretien organisé par les journalistes locaux revenait souvent à demander aux visiteurs leur opinion sur la région et sur sa prospérité. Cela aboutissait à un exercice d'admiration flatteur pour les Américains, mais cela renforçait également la conviction des voyageurs allemands qu'ils avaient un rôle d'observateurs non négligeable, et ce d'autant plus que, pour les personnalités les plus importantes, les entretiens étaient reproduits, par l'intermédiaire d'agences de presse, dans de nombreux journaux[192].

On peut juger le maintien de cet exotisme américain en partie artificiel puisqu'il était nourri précisément par ceux qui étaient en contact de plus en plus régulier avec les États-Unis. Il est également possible d'analyser ces remarques sur la civilisation américaine qui parsemaient les rapports comme des signes de reconnaissance : l'auteur indiquait ainsi qu'il n'était pas seulement un professionnel, mais qu'il participait également à la culture générale de l'honnête homme de son temps. Cette attitude reflétait la position encore subordonnée de la culture technique par rapport aux humanités auxquelles on se référait implicitement en prétendant donner les caractérisations du peuple visité[193]. Enfin, la persistance de ces remarques ethnographiques rappelle que le voyage est un processus qui engage l'individu : ce dernier est amené à réaffirmer son identité face à ses interlocuteurs étrangers en les caractérisant. Peu importe de ce point de vue la banalité des remarques, elles montrent que les voyages d'études restaient des voyages de découverte pour ceux qui les entreprenaient, même régulièrement. En ceci, ces voyages différaient des voyages de contrôle entrepris pour surveiller les filiales : dans ce second cas, il s'agissait moins d'un voyage que d'un déplacement à l'intérieur des structures de l'entreprise, qui relevait de la gestion au même titre que la correspondance.

---

[191] DB, A-1351, Alfred Blinzig à la direction de la DB, 23 avril 1908 : « [...] je dois malheureusement annoncer que j'ai été découvert par les journalistes. »

[192] L'entretien de Duisberg avait été donné à l'origine à un journaliste de l'*Evening Post*. L'*Associated Press*, qui l'avait reçu avec les corrections de Duisberg, l'avait ensuite envoyé à ses correspondants, dont le *Galveston Daily News*, le *Buffalo Sunday News*, et l'*Austin Statesmann*. Voir la lettre de Schweitzer à Duisberg du 27 mai 1903

[193] Voir Crépon, 1996.

B. Un suivi de plus en plus régulier dans la gestion

1. La correspondance

Pour la *Deutsche Bank*, la correspondance[194] jouait un rôle essentiel pour s'informer sur ses divers placements et sur les futurs projets d'investissements. C'est à partir des années 1900 cependant qu'on note une augmentation considérable du nombre de ses correspondants. Cette augmentation s'explique par le regain d'intérêt pour les valeurs américaines à partir de 1902. En effet, même si la situation de la *Northern Pacific* s'était rapidement améliorée, la fin du XIXe siècle avait été marquée par une certaine méfiance à l'égard des grands mouvements de fusions qui s'opéraient à ce moment outre-Atlantique, accompagnés par une activité fébrile des valeurs industrielles à Wall Street. Celle-ci avait abouti à une crise boursière en 1900, alors qu'au même moment, la situation économique allemande traversait également un passage difficile, qui ne pouvait qu'éloigner encore la perspective de nouveaux engagements. En 1903, une amélioration économique générale, renforcée aux États-Unis par l'adoption en 1900 du *Currency Act* qui instaurait définitivement l'étalon-or, permit à la *Deutsche Bank* de s'intéresser de nouveau aux affaires américaines et c'est à ce moment qu'elle diversifia ses contacts pour investir dans de nouvelles affaires. Comme dans les années 1880-1890, la préférence alla aux compagnies ferroviaires[195] et plus largement aux compagnies de transport – les tramways électrifiés – et aux secteurs en amont comme le charbon. Pour contrôler ses nouveaux investissements, la banque comptait désormais sur un réseau d'information beaucoup plus large, entretenu par une correspondance particulièrement intense.

Dans les années 1890, Edward D. Adams avait été le correspondant principal de la *Deutsche Bank*. Son rôle consistait d'abord à tenir les investisseurs allemands correctement informés sur leurs placements par des comptes-rendus mensuels, précisés par une correspondance hebdomadaire voire quotidienne pour certaines affaires importantes. Cependant, ses informations ne se limitaient pas aux placements faits par la

[194] Pour une réflexion sur la correspondance comme objet pour l'histoire économique, voir Boyce, 2010, p. 1-26.

[195] On peut ainsi citer : en 1902, la *Chicago Rock Island Pacific Railway Company* ; en 1903, la *Missouri Pacific* ; en 1904, la *Baltimore & Ohio Railroad Company* ; en 1905, la *Cincinnati Hamilton Dayton Railway Company*, la *Southern Pacific Railroad Company* et la *Lake Shore & Michigan Southern Railroad Co.* ; en 1907, la *Saint Louis & San Francisco Railroad Company* ; en 1908, la *Carolina Clinchfield & Ohio Railway Company* ; en 1909, la *Toledo Railway & Light Company* ; en 1910, le *Missouri Kansas Texas Railroad* ; en 1912, la *Great Northern Railway Company* et la *Saint Paul & Northern Pacific* ; en 1913, la réorganisation de la *Saint Louis & San Francisco Railroad Company* (d'après Mira Wilkins).

Deutsche Bank, mais concernaient également les conditions générales de l'économie américaine. Ainsi, Edward D. Adams était amené à transmettre régulièrement ses impressions sur les différents jeux de pouvoir à Wall Street[196], car, comme représentant de la *Deutsche Bank*, il était présent dans de nombreux conseils d'administration, où se nouaient et se dénouaient les alliances. De façon plus surprenante, il envoyait aussi un certain nombre de statistiques officielles : au début de ses relations avec la *Deutsche Bank*, il s'était en effet enquis des besoins de ses interlocuteurs, leur demandant si les chiffres des importations et exportations américaines à six et à douze mois étaient correctement reçus à Berlin via les agences de presse. Or la réponse avait été que cela se faisait de façon « irrégulière et souvent lacunaire et que la banque serait reconnaissante si [il] pouvait envoyer par câble les faits et les chiffres d'une importance particulière ». De fait, pour l'année 1898, les télégrammes, codés ou non, paraissent avoir été envoyés tous les quinze jours[197].

À partir de 1908, la correspondance avec Speyer se développa beaucoup et fut encore enrichie par les relations qu'Alfred Blinzig entretenait avec Marston de la *Blair & Co.* à qui il demanda de faire des rapports sur leurs affaires communes « comme si Adams n'était pas à New York », permettant ainsi à la *Deutsche Bank* de bénéficier de plusieurs points de vue[198]. Cette diversification des interlocuteurs fut encore renforcée à partir de 1913, quand apparut dans les documents le nom de John H. M. C. Clement, de la banque *Mc Clement Bergmann*. C'est d'ailleurs cet établissement qui fut finalement choisi comme le successeur d'Adams en juillet 1914, après une période où certaines affaires, traitées avec eux, furent tenues cachées de celui qui était encore le représentant officiel de la *Deutsche Bank*[199].

Si les informations ainsi récoltées se recoupaient, il n'y avait pas véritablement de doublon : Adams était certes amené à donner des renseignements sur des opportunités industrielles[200], et à proposer de temps à autre des placements à ses interlocuteurs allemands, mais ceux-ci se tournaient principalement vers les banques d'affaires *Speyer* et *Blair &*

---

196 Voir le résumé proposé par le service des archives de la banque des vol. I à XV de la correspondance d'Adams, DB, A-1258 (Packet Amerika 19-25).

197 DB, Amerika Finanzen und Handel, vol. 1, 16 anvier 1897. Voir également chapitre 2.

198 DB, A-222 (note sans date, 1911). *Baltimore & Ohio.*

199 Il s'agit en particulier de l'achat, pour 100 000 dollars, d'actions de la *Wabash Pittsburg Co.* Voir lettre de Blinzig à Gwinner, 7 janvier 1914. DB, A-1258.

200 Le 26 février 1905, Adams prévint ainsi Gwinner du projet de construire six tunnels sous la rivière de l'Hudson, pour qu'il avertisse l'entreprise *Philipp Holzmann*, qui pourrait ainsi participer au lancement d'offre. Voir Gwinner à Riese, 27 mars 1905, DB, A-423 (A-1219).

Co. pour participer à de nouveaux investissements[201]. Ces deux banques avaient en effet la double particularité de ne pas être les principales sur la place new-yorkaise, mais d'être solidement insérées dans des réseaux – concurrents – qui leur permettaient des participations régulières à des affaires importantes : *Blair & Co.* étaient liés à Rockefeller, tandis que les Speyer étaient proches de Gould. Berlin bénéficiait donc de ces deux réseaux, mais devait aussi gérer un rapprochement qui n'avait rien de naturel : en témoignent les remarques acerbes faites par Edgar Marston à propos de l'ambition de « Jimmie », James Speyer, anxieux de remplacer *Kuhn, Loeb & Co.* à la direction de la *Missouri Pacific*, grâce à l'appui de Gould et « sans concertation préalable » avec la *Deutsche Bank* et ses partenaires[202].

Le second type de correspondance développée par la *Deutsche Bank* pour le marché américain était nourri par toutes les sollicitations en provenance d'une multitude d'intermédiaires : dès 1904, Paul Mankiewitz, répondant à une offre d'un certain Caspar de Hannovre, déclara : « [...] même la *Deutsche Bank* ne peut pas tout faire, et vous ne pouvez imaginer combien de propositions nous parviennent chaque jour. » Avec la destruction d'un grand nombre de dossiers, il est difficile de faire la chronologie précise de ces sollicitations venues des États-Unis. On en trouve des traces dès 1884, avec l'envoi d'un document sur les possibilités d'investissement dans l'Oregon par *Oldendorff, Harvey & Co.*, agents de multiples entreprises, dont les clients de la *Deutsche Bank* qu'étaient la *HAPAG* et la *Norddeutsche Lloyd*. Ce fait, ainsi que leur connaissance de Villard, explique sans doute la réponse circonstanciée que leur adressa Georg von Siemens, justifiant son refus par un gros mensonge sur la réticence des investisseurs allemands à l'égard des valeurs étrangères[203]. Les sollicitations semblent s'être faites plus nombreuses au début des années 1890, mais les documents conservés laissent penser que ce fut la crise de 1907 qui entraîna vraiment une multiplication des demandes de ce genre. Même si Berlin s'appuyait avant tout sur son réseau pour choisir ses investissements, ces différentes

---

201 La banque *Speyer* fut naturellement à l'origine de la participation allemande dans *Baltimore & Ohio*, puisque c'est elle qui avait réorganisé la compagnie ; elle s'occupa également des intérêts de la *Deutsche Bank* pour la *Saint Louis & San Francisco Co.*, ce qui n'empêcha pas Adams de suivre également ces affaires. *Blair & Co.* ont sans doute proposé plusieurs petites affaires, comme le 4 % *First Mortgage Bond Grand Trunk Railway*, la *Bordens Milk Co.* et le *Toledo Traction Consolidated First Mortgage* 6 %. Surtout, ils participèrent à l'investissement allemand dans la *Carolina Clinchfield & Ohio Railroad* et la *Carolina Clinchfield Coal Corporation*, ainsi que dans le *Western Maryland*, le *Missouri Pacific* et le *Denver & Rio Grande*.

202 Edgar L. Marston à Alfred Blinzig, 7 juin 1911, DB, A-222.

203 DB, A-1254, 30 octobre 1884.

publicités, sous forme de brochures générales ou sur une entreprise particulière, émanant de banques américaines ou de courtiers, étaient un moyen de repérer d'éventuelles affaires, et surtout de glaner des informations sur la situation économique générale ou sur un secteur industriel particulier. Naturellement, ces informations possédaient l'inconvénient majeur de présenter toujours sous une forme optimiste les évolutions : certains bulletins devinrent malgré tout indispensables à la *Deutsche Bank*, en particulier le *Babson Barometer*, dont l'influence était suffisamment importante pour que Blinzig envoie une lettre au responsable pour vanter les mérites de sa propre banque[204].

On possède encore pour certaines de ces banques les réponses de la *Deutsche Bank* qui expliquaient son refus et qui permettent de dessiner en creux un portrait de l'affaire américaine idéale. Celle-ci était de préférence un emprunt d'État, dans la tradition de l'investissement allemand aux États-Unis depuis les années 1850, tourné vers les prêts aux États et aux communautés locales. Dans le cas d'un investissement industriel, il devait rapporter de préférence plus de 4,5 % et ne pas être d'intérêt purement local[205].

La correspondance facilitait la multiplication des informations et surtout leur recoupement, mais elle devait aussi assurer le contrôle des différentes filiales. Sur ce point, un examen précis de ces échanges permet à la fois d'évaluer cette capacité de contrôle et, de façon plus générale, le degré de familiarité de la maison-mère avec le marché américain.

Metallgesellschaft présente un cas particulier, dans la mesure où son activité rendait vitale une communication quasi constante entre les firmes allemande et américaine, afin de contrôler l'évolution du marché.

---

204 De manière générale, on peut relever le nom de quelques établissements ayant fait affaire avec Berlin, comme *Lee Higginson & Co.* de Boston, ou *Heidelbach, Ickelheimer & Co*, NY., ainsi que des banques dont les envois semblent avoir été réguliers. Il s'agit de la banque germano-américaine *Knauth, Nachod & Kühne*, présente à New York et à Leipzig, de la banque d'Auguste Belmont, représentant des Rockefeller, qui publiait le *New York Weekly Financial Report*, de la banque *Middendorf, Williams & Co.*, qui se trouvait à Baltimore et dont l'intérêt pour la *Deutsche Bank* était certainement lié aux lignes ferroviaires *Baltimore & Ohio* et *Western Maryland*. Son bulletin était d'ailleurs surtout régional. Enfin, on trouve très fréquement à partir de 1910 le nom de *J. S. Bache & Co. Bankers*, qui éditaient une *Weekly Financial Review* que la renommée transforma rapidement en *The Bache Review*. Voir DB, Amerika Finanzen und Handel, vol. I à VI (1897-1914).

205 Voir par exemple la proposition faite par Samuel S. Eveland, banquier à Denver, de financer de opérations d'irrigation dans le Colorado pour permettre l'accroissement de la colonisation. DB, A-1254, 17 janvier et 5 février 1894. La réponse de Jacob Schiff à Gwinner en 1904 montre *a contrario* quels étaient les investissements recherchés : ils devaient être « d'un montant important, à un taux d'intérêt élevé, et être d'une durée limitée ». DB, A-465, 26 septembre 1904.

Les affaires se réglaient donc par câbles codés, selon les règles fixées par l'agrément signé entre les maisons de Francfort, Londres et New York, qui précisait dans ses premières lignes : « Les câbles doivent être échangés quotidiennement et donner toutes les informations sur les prix, les quantités, etc. L'*American Metal Co. Ld* s'engage à câbler ces informations simultanément à Londres et à Francfort » ; l'agrément détaillait ensuite le partage des coûts ainsi engendrés[206]. Les affaires faisaient également l'objet d'une correspondance abondante, alimentée aussi par l'envoi des comptes-rendus des conseils d'administration, ainsi que par les visites annuelles faites en Allemagne par les responsables de la filiale américaine. Une telle étroitesse des relations n'empêchait cependant nullement les tensions : en témoigne la réaction de New York à l'arrivée annoncée d'un représentant de Francfort, Bernstoff, pour diriger le développement des ventes de pyrites de *Metallgesellschaft* aux États-Unis, alors que toute une correspondance sur le thème devait prouver à la firme allemande que les possibilités d'extension dans ce domaine étaient pour le moment nécessairement limitées. Surtout, la volonté d'informations rapides se heurtait à des obstacles techniques. En septembre 1913, un échange nourri de correspondance essaya ainsi de régler les difficultés et les malentendus nés du décalage horaire : une commande de 500 tonnes de cuivre de Francfort n'avait pas été enregistrée par New York, bien que le câble américain avec la dernière offre de prix ait été transmis – selon la procédure habituelle après la fermeture des bureaux – au domicile d'un des directeurs, qui, après avoir demandé par téléphone des instructions, avait envoyé une réponse positive[207]. En réalité, le problème n'était pas seulement lié au décalage horaire, qui avait déjà été partiellement pris en compte par Francfort, lorsque cette maison s'était décidée à adapter les heures d'ouverture de ses bureaux au système anglais, à la demande même de New York[208] : les habitudes de vie jouaient également un rôle.

> En hiver, quand nos différents directeurs résident en ville, nous recevons les câbles lorsqu'ils ont été envoyés au domicile de l'un d'eux. En été, un tel système est impossible, car dans beaucoup d'endroits à la campagne, les câbles et les télégrammes ne sont délivrés qu'après une longue perte de temps, ou alors sont transmis par téléphone, mais souvent dans une forme si mutilée que cela ne peut servir[209].

Il fut finalement impossible aux deux parties d'imaginer un meilleur système, mais les récriminations sur le traitement accordé à

---

[206] Voir *Metallgesellschaft*, 119, a16, 6 juillet 1894.
[207] *Ibid.*, Francfort à New York, 1er Septembre 1910.
[208] *Ibid.*, New York à Francfort, 15 Septembre 1910.
[209] *Ibid.*, New York à Francfort, 29 Août 1913.

Metallgesellschaft ne cessèrent pas, comme en témoignent les discussions sur les modifications à apporter au contrat réglant les relations entre les différentes maisons[210]. *Hohner* fournit un autre exemple des limites imposées par la technologie de l'époque à une pratique des échanges internationaux qui recherchait toujours plus de rapidité. La taille de la poste à Trossingen, où se trouvait l'entreprise, se révéla vite bien insuffisante pour ses besoins, même si depuis 1904, une employée était préposée au courrier de *Hohner* à temps plein. Surtout, les clients ne tenaient pas suffisamment compte de l'adresse télégraphique officielle, « Matthohner », qu'ils transformaient en « Matth.Hohner » ou en « Hohner-Trossingen ». Comme il existait un certain nombre de Hohner, ouvriers, qui habitaient la ville, les télégrammes pouvaient être envoyés chez eux même s'il s'agissait manifestement d'une erreur. L'entreprise dut donc s'arranger directement avec ces gens pour qu'ils lui renvoient le courrier ainsi reçu par méprise[211].

Les limites dans l'utilisation de la correspondance pour échanger des informations ne tenaient pas seulement aux technologies de l'époque, comme le montre l'étude de la correspondance entre Carl Duisberg et Ivo Muurling, directeur de la filiale de New York. Les échanges apparaissent mensuels[212], composés de lettres de trois à quatre pages, au ton amical, avec une volonté de proximité. Cette correspondance devait d'abord relayer les courriers techniques des différents départements en synthétisant les problèmes d'intendance qu'étaient la nomination de nouveaux employés, et surtout les livraisons de produits par la maison-mère : régulièrement, Muurling se fit ainsi l'écho de plaintes de vendeurs et de clients sur les retards et les erreurs faites en Allemagne pour les livraisons[213], reprochant à Elberfeld de mal connaître les conditions américaines. Les réponses de Duisberg ne servaient pas seulement à expliquer des difficultés ponctuelles dans l'approvisionnement du côté allemand. Ses explications détaillées devaient également permettre à Muurling de considérer l'ensemble des activités de l'entreprise, et d'être rassuré sur sa proximité avec les décisions qui la concernait. La correspondance remplissait donc un rôle psychologique non négligeable dans

---

210 *Ibid.*, New York à Francfort, 31 Mars 1914 et 1er Avril 1914.

211 Hohner, B 35 II, 111, 1904.

212 C'était beaucoup moins fréquent que chez Hohner, où les échanges étaient très souvent bi hebdomadaires.

213 « Avec beaucoup de peine et d'esprit d'entreprise, nous avons créé un beau marché. Nos concurrents pour l'alizarine, *P. & C.* (*Pickhardt & Kuttroff*), ont été relégués à la deuxième place [...] et maintenant, nous devrions reculer ? Nous perdons des clients. Nous devons parfois payer des dommages et intérêts. Nous voyons le marché partir en fumée. Et pourquoi ? Parce que Elberfeld ne nous livre rien. Pour chaque envoi, nous devons envoyer un câble. Est-ce que Schmidt est endormi ou quoi ? », in BA, 9/A.1, tome 1, Muurling à Duisberg, 7 Octobre 1898.

le maintien de liens étroits avec la filiale, car elle était la preuve de l'existence d'une relation de confiance personnelle. C'est pourquoi la création en 1898 d'un département américain – jusqu'à cette date, les affaires américaines étaient traitées par le département pour l'empire britannique – avec à sa tête le Docteur Christian Hess, désormais principal interlocuteur de New York, à qui il devait rendre une visite d'inspection annuelle, ne ralentit pas véritablement les échanges entre Duisberg et Muurling.

Cependant, cette relation ne cessait pas un instant d'être une relation d'autorité : Duisberg supervisait ainsi les embauches de personnel, une question particulièrement délicate pour *Bayer* qui cherchait à développer son marché américain en recourant à des vendeurs ayant une réelle formation technique pour pouvoir faire aux clients démarchés des démonstrations de l'utilisation des nouveaux colorants. Malgré le désir de *Bayer* de recruter des Américains envoyés en stage à Elberfeld afin de ne pas se priver de ses propres employés, la firme, sur les postes techniques, dut souvent employer des Allemands. Duisberg jouait également un rôle d'arbitre dans la gestion des relations entre les employés des filiales américaines : un exemple caricatural est fourni par l'affaire de l'été 1911, lorsque les dirigeants d'Elberfeld apprirent qu'un des employés de la filiale, le Dr Becker, avait été suivi pendant plusieurs semaines par un détective privé, sur ordre de Muurling et Seebohm, qui le soupçonnaient d'infidélité au profit de la concurrence. L'accusation ne put être prouvée, or elle eut des conséquences graves pour *Bayer*, car Becker, offensé, quitta la compagnie en août 1911 suivi par plusieurs employés, et fonda l'entreprise *Becker Aniline*, qui prospéra[214]. Surtout, la direction d'Elberfeld restait seule responsable de la stratégie, qui allait à l'encontre des souhaits exprimés à plusieurs reprises par Muurling. En effet, *Bayer* était farouchement hostile à tout transfert technologique, ne considérant les États-Unis que sous l'angle de l'amélioration des profits de vente, et refusant, sauf nécessité, de développer des unités de production américaine. À l'opposé, vers 1909, la filiale américaine développa l'idée d'une plus grande autonomie pour elle, voire sa transformation en société anonyme indépendante, après regroupement avec d'autres filiales d'entreprises chimiques allemandes[215]. Le refus net exprimé par Duisberg en novembre 1909 n'empêcha pas le climat de se

---

214 Voir Carl Duisberg à Hermann Seebohm, 24 juillet 1911, BA, Nachlass Seebohm ; Reimer, 1996, p. 97-98. La correspondance de Duisberg montre cependant l'impuissance d'Elberfeld à modifier ce climat délétère dans la filiale américaine durant les années suivantes. Voir par exemple la lettre de Carl Duisberg à Hermann Seebohm, 24 décembre 1913, *ibid.*

215 *Ibid.*, lettre de Hermann Seebohm du 30 juillet 1909, réponses de Carl Duisberg les 11 août et 27 novembre 1909.

dégrader entre New York et Elberfeld jusqu'au 22 décembre 1910, date à laquelle la direction de *Bayer* adressa à Muurling une lettre d'avertissement[216].

La difficulté de *Bayer* tenait à ce que le désir de la direction d'obtenir les informations les plus précises sur le marché américain s'accompagnait de la volonté de faire appliquer les méthodes allemandes sur place. À partir de 1898, Elberfeld réduisit ainsi progressivement les pouvoirs de Muurling dans la fixation des prix, ce qui revenait à lui ôter sa principale marge de manœuvre pour s'imposer face à la concurrence. En 1904, l'établissement de la nouvelle unité de fabrication à Albany permit également à la direction de rappeler les règles très contraignantes qu'elle imposait à ses filiales : le protocole établi par la direction après des discussions avec Muurling, en déplacement en Allemagne à l'été 1904, précisait que :

> La correspondance technique entre Albany et Elberfeld se fera directement et que M. Muurling en recevra copie. [...] Sans accord de la direction à Elberfeld, rien ne doit être construit ou modifié à Albany. Sans notre accord écrit, aucun chimiste ni autre technicien ne doit être engagé. Comme pour toutes les filiales, nous devons recevoir d'Albany, tous les 14 jours, un rapport complet du directeur, de chaque chimiste et de chaque technicien[217].

La gestion du personnel était particulièrement surveillée et, d'après Duisberg, devait être fondée sur le travail d'équipe, la circulation des informations en interne, et la valorisation particulière des techniciens commerciaux[218]. Le problème soulevé par ces principes était qu'ils favorisaient le travail au sein de l'entreprise mais qu'ils ne pouvaient compenser pour les employés américains le refus d'augmenter les salaires au mérite comme cela était pratiqué aux États-Unis : beaucoup d'Américains formés à Leverkusen s'empressaient donc de se faire embaucher par la concurrence dès leur retour aux États-Unis.

Ainsi, l'abondance et la précision des informations en provenance de la filiale américaine n'empêchèrent pas une certaine déception causée par une divergence de stratégies. Pour Muurling, la filiale devait gagner en autonomie car, malgré le flux d'informations vers l'Allemagne, les décisions commerciales ne pouvaient se prendre qu'en baignant dans la culture des affaires locale, en nouant des relations plus ou moins informelles et surtout en partageant un état d'esprit commun avec ses clients.

---

216 « Vous semblez avoir complètement oublié que ce n'est pas vous mais nous qui sommes propriétaires de la filiale américaine. Que ce n'est pas vous, mais nous qui décidons en dernier ressort. » Elberfeld à la direction de New York, 22 décembre 1910, BA, Nachlass Muurling.

217 28 juin 1904, p. 4, BA, 191-002.

218 Voir Reimer, 1996, p. 90-94.

Duisberg avait une vision beaucoup plus rationnelle et cherchait au contraire à resserrer les liens entre les filiales et la maison-mère en estimant qu'il était nécessaire que toutes respectent une stratégie générale qui ne pouvait être définie que par le centre vers lequel toutes les informations convergeaient. Le directeur de *Bayer* ne réussit pas à convaincre Muurling de la nécessité d'appliquer strictement cette stratégie parce qu'il pensait que l'adhésion naîtrait spontanément des explications justifiant son bien-fondé. Or le problème de Muurling était de ne pas être associé à la prise de décision concernant le marché américain, alors même que celui-ci constituait son seul véritable horizon. Pour autant, malgré les multiples avertissements, mises en garde et autres rappels de Leverkusen, Muurling réussit à garder une certaine autonomie pour deux raisons : la distance engendrait nécessairement une dépendance de la maison-mère à l'égard des hommes présents sur place, et sa forte personnalité – comme le savait Duisberg – était un des atouts qui expliquaient les succès que pouvait connaître la filiale[219]. De la même façon pour la *HAPAG*, l'antagonisme des caractères entre Ballin et le directeur de la filiale new-yorkaise, Emil L. Boas, nourrit plusieurs conflits, mais il semble que c'est précisément l'indépendance de caractère de Boas qui permit à la filiale de prospérer, de l'avis même de Johannes Merck, un des directeurs de la *HAPAG* (1910-1915), dont les mémoires, écrits en 1920, sont un des rares documents sur les activités de la compagnie avant la première Guerre Mondiale[220].

2. Les voyages de contrôle aux États-Unis

Dans la plupart des fonds d'archives, on retrouve la trace de ces voyages, même si le cas de la *HAPAG* est un peu particulier : les voyages de contrôle n'y avaient pas véritablement pour but d'analyser le marché américain, mais de vérifier le fonctionnement de l'activité sur les lignes de la compagnie. Pour cela en revanche, toutes les énergies étaient mobilisées : outre les inspecteurs dûment mandatés, les employés allant aux États-Unis, des inspecteurs indépendants et même les voya-

---

[219] Thomas Reimer s'étonne à plusieurs reprises que Duisberg ait laissé en place Muurling alors que les méthodes « autocratiques » de ce dernier allaient à l'encontre de la gestion en équipe qu'il prônait à Leverkusen. Il y a effectivement contradiction si on considère uniquement l'aspect organisationel de la gestion de la filiale. La lecture de la correspondance permet de rappeler que Duisberg reconnaissait ce qu'apportait Muurling comme personne dans la connaissance et la pratique du marché américain.

[220] Johannes Merck, *Meine Erinnerungen an die Hamburg-Amerika Linie und an Albert Ballin, 1896-1918*, in Staatsarchiv Hamburg, Familien Archiv Merck, II 8 Konv. 2a, p. 13.

geurs, étaient invités à faire part de leurs appréciations[221]. Les rapports de ces voyages de contrôle sont le plus souvent factuels, et permettent surtout de se faire, comme les contemporains à qui ils étaient destinés, une idée précise de l'état des affaires supervisées. Cet aspect ne constitue pas l'objet de notre étude qui veut se concentrer sur le double but de ces voyages : vérifier les informations données par les correspondants aux États-Unis et resserrer les liens avec ces derniers.

Les activités du secteur bancaire ne contraignaient pas à des voyages de contrôle très fréquents, mais les archives de la *Deutsche Bank* conservent les rapports de certains d'entre eux, en particulier les deux voyages effectués par Alfred Blinzig. En 1903, le premier séjour aux États-Unis du fondé de pouvoir de la banque berlinoise était destiné à vérifier la solidité de la compagnie ferroviaire *Baltimore and Ohio*, dont les actions devaient être prochainement introduites à la bourse de Berlin, projet mené en commun avec James Speyer. Cette mission technique devait s'effectuer en collaboration avec Adams[222]. Le deuxième séjour, en 1908, comportait également un volet technique, puisqu'il avait d'abord pour but d'évaluer la situation technique, financière et boursière des différentes compagnies de chemins de fer dans lesquelles la *Deutsche Bank* avait des intérêts.

Ces vérifications de l'intérêt et de la solidité des investissements ne constituaient que l'un des objectifs de ces voyages. Il s'agissait également de compléter les liens épistolaires par des relations humaines : cela vaut pour les contacts avec Adams, et plus encore pour James Speyer ainsi que les représentants de *Blair & Co.* C'était enfin l'occasion d'assurer les uns et les autres des intentions de la *Deutsche Bank*, de dénouer certaines difficultés et de prendre la mesure des intentions et des problèmes des correspondants réguliers de la banque berlinoise. L'intérêt de ces voyages était donc d'apporter des réponses ponctuelles à certaines questions de la direction concernant des affaires en cours mais aussi de manifester aux intéressés le souci et la proximité de la *Deutsche Bank* pour ses affaires américaines[223]. On ne peut cependant parler de simple sociabilité : Blinzig avait également pour tâche de réaliser la synthèse entre les analyses des différents interlocuteurs de la banque, qui, souvent, se retrouvaient concurrents dans divers projets. Il n'était pas question pour la *Deutsche Bank* de jouer un autre rôle que celui de spectateur dans les batailles que se livraient encore au début du siècle les

---

[221] Voir le manuscrit hectographié et relié d'un habitant d'un voyageur originaire de Dresde, intitulé « Meine Amerikafahrt 1893 auf einem HAPAG Schiff », Staatsarchiv Hamburg, 621-1, 3241 ; *idem*, 1470, lettre de H. Fuchs à Ballin, 4 mars 1914 et son rapport du 17 juillet 1914. Voir également Seiler, 1991.

[222] Voir Arthur von Gwinner à Edward D. Adams, 31 0ctobre, in DB, A-1351.

[223] Voir ses lettres d'avril à juin 1908, *idem*.

géants de la finance américaine. Elle n'en avait pas les moyens et certainement aucun intérêt. Cependant, il était important pour elle de décrypter, grâce aux conversations menées sur place, les luttes de réseaux dans lesquels se trouvaient pris ses correspondants afin de ne pas en être victime : cela explique l'intérêt des voyages de contrôle entrepris même épisodiquement[224].

Au contraire, le troisième but que se fixait Blinzig, dresser un panorama de la situation générale des États-Unis, paraît avoir été trop ambitieux et il n'est pas sûr qu'il ait pu apporter là des informations plus nouvelles ou utiles que celles qui étaient régulièrement données non seulement par les correspondants américains, mais également par les brochures annuelles envoyées par les différents organismes de placement de titres américains. Si cet objectif fut fixé, c'est avant tout dans l'idée qu'il était possible au représentant de la *Deutsche Bank*, à travers ses différentes discussions, de prendre le pouls de l'opinion publique informée.

L'existence de filiales impliquait, par l'importance de l'engagement sur le marché américain qu'elles représentaient, des voyages de contrôle beaucoup plus réguliers, et comportant des objectifs plus précis. Dans le cas de *Bayer*, pour lequel on conserve un grand nombre de documents, un rythme de visite annuel voire semestriel de Christian Hess fut instauré en 1898, en rupture avec la pratique précédente, et en lien avec la création du département américain. Cette présence fut, à partir de 1907, renforcée par la visite, également semestrielle, de l'assistant de Hess, Arthur Mothwurf, afin de vérifier l'application des directives d'Elberfeld. À ces voyages s'ajoutèrent les quatre effectués par Duisberg durant cette même période de 1898 à 1913. Il ne fut d'ailleurs pas le seul membre de la direction à entreprendre des voyages aux États-Unis : en 1902, il convainquit Hülsenbusch de ne pas s'intéresser exclusivement à la Russie, mais de découvrir le marché américain, lors d'un voyage dont ce dernier semble être revenu enthousiaste[225]. Tous ces séjours avaient pour but de surveiller de près le fonctionnement de la filiale. Pour autant, Hess insista plusieurs fois sur le fait qu'il voulait pas empiéter sur l'autonomie des responsables new-yorkais, et Muurling, après avoir vivement protesté contre sa première visite, ne cessa de s'en féliciter à Duisberg. De fait, Hess parvint avec un certain succès à

[224] Lors de son voyage en 1908, alors qu'il cherchait à évaluer l'intérêt d'une participation aux affaires de Gould, Blinzig se fit confirmer l'hostilité de celui-ci envers le correspondant de la *Deutsche Bank*, Adams. A-1351 lettre du 21 avril 1908.

[225] Voir Duisberg à Muurling, 25 novembre 1902, p. 2, et la note de la direction sur la politique de prix et d'offres à suivre vis à vis des clients américains, d'après les observations d'Hülsenbusch, 15 décembre 1902, BA, 9/ A-1, vol. 1. Par ailleurs, Friedrich Bayer accompagna Duisberg lors du voyage de celui-ci en 1903.

maintenir l'équilibre : d'un côté, il représentait l'oeil de la direction, permettant en particulier aux différents employés dans les filiales de Boston, Philadelphie, Chicago et Charlotte, d'exprimer – surtout pour les techniciens – leur mécontentement face au traitement que leur faisait subir leur hiérarchie locale. De l'autre cependant, il put être amené à prendre la défense des idées de Muurling face à Duisberg : en 1910 par exemple, Hess défendit les efforts de Muurling pour gagner des parts de marché en recourant à la méthode, habituelle dans le secteur aux États-Unis, des pots de vin, alors que Duisberg voulait y renoncer pour pouvoir exiger des membres du cartel allemand le même respect des nouvelles règles de non-agression. Il est clair ici que la vision des responsables du marché américain s'opposait à la politique globale de la firme[226].

L'étroitesse du contrôle exercé par *Bayer* sur sa filiale a déjà été relevée. Les visites des responsables allemands se caractérisaient de fait par leur systématisme, avec un double objectif, surveiller les dépenses[227] et rationaliser l'organisation en appliquant les règles qui ont fait le succès de Leverkusen[228]. Les dossiers de Duisberg sont de ce point de vue particulièrement révélateurs : loin d'adopter une vue plus générale, laissant aux différents cadres le soin d'une inspection de détail, Duisberg ambitionnait de tout contrôler, du personnel à l'aspect des bureaux, en passant naturellement par la stratégie commerciale à adopter pour chaque produit. Certes, on ne retrouve dans sa correspondance que peu de remarques concernant le personnel, d'autant que certains éléments étaient donnés uniquement par oral[229]. Cependant, un document de travail que la direction lui envoya lors de son quatrième voyage américain en 1912 montre qu'il ne s'interdisait pas, lors de ses inspections, de descendre jusqu'au niveau individuel pour juger les qualités des employés de sa filiale américaine[230]. On trouve un autre exemple de

---

226 Voir Reimer, 1996, p. 134.

227 Carl Duisberg à la direction, BA 9/A-1 tome 1, 8 avril 1903, p. 2.

228 Le rapport établi par un des commerciaux du district de New York, en 1909 sur la tenue des livres sur le site d'Albany fournit une illustration de ces efforts de rationalisation. Voir *Bericht vom 27. Oktober 1909 des Herrn F. Nobbe über seine Amerika-Reise*, in BA, 191/1-1.

229 Lors de l'inspection de l'usine d'Albany en 1908, Duisberg informa ses correspondants en Allemagne qu'il leur donnerait des détails sur les responsables de la fabrique « oralement ». Voir Duisberg à la direction, 29 octobre 1908, BA 9/A-1 tome 2.

230 Ce document rassemblait en effet tous les renseignements réunis grâce aux rapports locaux et aux différents voyages sur les compétences professionnelles de chaque technicien ou commercial employé aux États-Unis : pour chaque nom, un commentaire sur ses qualités professionnelles était noté. Ainsi pour le district de Providence, on trouve : « Guilfoyle : vendeur convenable pour les petits clients mais inadapté pour les plus importants. Hamilton : même chose que Guilfoyle, on peut cependant

cette attention aux détails dans l'examen minutieux du fonctionnement des bureaux américains de *Bayer* : dans une lettre de Duisberg du 18 octobre 1908, c'est une page enthousiaste qui fut consacrée à la modestie de l'aménagement intérieur des bureaux new-yorkais de l'entreprise, par contraste avec le luxe excessif des nouveaux immeubles de la ville. Quant aux possibilités commerciales des différents produits – par exemple, en 1903, les produits photographiques, considérés comme un marché très prometteur – Duisberg s'étendit longuement dans sa correspondance au siège sur la nécessité de s'intéresser aux photographes amateurs en leur proposant comme développeur de l'Edinol en petits flacons, moins onéreux[231].

Pourtant, il y avait des sujets plus importants : Duisberg avait en effet l'occasion de vérifier les plaintes de Muurling sur les pertes de clientèle que causaient les retards de livraison de médicaments d'Allemagne. En effet, afin de contrôler la diffusion de ses médicaments, *Bayer* n'envoyait des échantillons qu'aux médecins qui en faisaient explicitement la demande. Or, au 1er janvier 1903, la firme introduisit sur le marché américain le Helmitol, la Theocin et le Mesotan, ce qui créa une forte demande chez les praticiens (6 000 en trois mois), qui ne put être honorée à temps, décourageant une grande partie de cette clientèle potentielle[232]. La présence de Duisberg sur place lui permettait donc de corroborer auprès de Leverkusen les affirmations de son directeur, et à celui-ci de faire valoir son point de vue, en profitant de ce contact personnel renouvelé avec la direction. De là d'ailleurs découlait l'importance de ces lettres bilan, qui devaient assurer Muurling de l'écho rencontré par ses remarques. Or dans les faits, les pratiques de *Bayer* ne furent pas réellement modifiées, et les dysfonctionnements dans les livraisons ne cessèrent pas.

Plus généralement, le bilan de ces voyages de contrôle apparaît mitigé au regard de la quantité et de la qualité de l'information qu'ils contribuaient à apporter à la direction. Dans le domaine des colorants, les réussites commerciales sont à mettre directement au crédit de Muurling, qui ne cessa d'élargir le cercle de sa clientèle, par des moyens que critiquait Duisberg. Pour la branche des médicaments, qui se trouvait directement sous l'autorité de la direction allemande en raison de l'absence de connaissances de Muurling dans le domaine, la direction ne parvint pas à trouver de solution satisfaisante pour que les résultats du marché américain correspondent à ses attentes.

---

attendre peut-être davantage de lui dans le futur », in BA, 9/A-1, tome 3, Leverkusen à Duisberg (New York), 30 juillet 1912, p. 2.

[231] Voir BA 9/A-1 tome 1, Duisberg à la direction, 22 juin 1903, p. 19.

[232] *Idem*, p. 8-9.

Conclusion

Les objectifs des entreprises allemandes ont évolué avec la progression de leurs connaissances sur le marché américain. Dans les années 1870 et 1880, portées par la vitalité de l'émigration allemande aux États-Unis, ces entreprises ont manifesté le désir de profiter elles aussi d'une prospérité américaine qui contrastait avec les difficultés rencontrées par l'économie allemande. Cependant, cette ambition s'est le plus souvent manifestée avec prudence, car les sources d'information restaient peu nombreuses : c'est dans ce contexte que les intermédiaires germano-américains ont pu jouer, un temps, un certain rôle.

Le changement constaté à partir des années 1890 est d'abord dû aux possibilités offertes par les flux plus importants d'information dont les Allemands peuvent désormais bénéficier grâce à des voyages plus courts et plus fréquents et le rôle croissant du télégraphe puis du téléphone. L'examen de ces instruments de contrôle que sont la correspondance et les voyages d'inspection montre que les entreprises allemandes à la fin du XIXe siècle, n'éprouvent plus guère de difficultés à suivre au plus près l'évolution de leurs intérêts américains. Ainsi, les progrès technologiques, qui assurent une information économique toujours plus rapide et moins chère, ont joué un rôle certain dans l'évolution des pratiques managériales en permettant d'une part de mettre en concurrence diverses sources d'information, d'autre part, de déléguer beaucoup moins de pouvoir de décision. Les exemples de *Hohner* et de *Metallgesellschaft* montrent même que les attentes nées de ces progrès aboutissent à éprouver leurs limites technologiques, en cherchant précisément à en exploiter toutes les possibilités.

On pourrait parler, dans le cadre des relations d'affaires entre l'Allemagne et les États-Unis d'un effet d'optique : la vitesse dans le rapprochement de ces deux économies, permise non seulement par les progrès des communications mais aussi par la croissance américaine, crée une illusion d'abolition des distances. Ainsi, les Allemands, déçus par les résultats de leurs agents américains, ont été encouragés à investir plus directement aux États-Unis : la multiplication des interlocuteurs, conséquence de la modernisation de l'économie américaine, paraissait garantir une diversité croissante des informations ou tout au moins des possibilités accrues de recoupements et de vérification, donc de maîtrise, alors même que l'obstacle des tarifs douaniers toujours plus élevés incitait certaines entreprises à délocaliser sur place leur production destinée au marché américain.

Ce n'est pas simplement l'espoir de pouvoir réaliser des économies qui explique ce désir de supprimer les médiations : ces dernières posent par nature un problème de pouvoir et d'autonomie, puisque les agents sur place devaient, pour être efficaces, être autorisés à prendre un certain nombre de décisions rapides en rapport avec les connaissances qu'ils recueillaient. Si cette suppression des médiations s'est révélée beaucoup plus difficile que ne laissait présager l'évolution de la technologie, c'est que les problèmes de distance auxquels les agents devaient remédier n'étaient pas seulement d'ordre physique, mais aussi culturel, une dimension inexistante pour les protagonistes allemands convaincus d'une familiarité croissante avec les États-Unis.

Leurs décisions paraissent en effet reposer sur un postulat : il n'existe guère de réalité anglo-saxonne clairement distincte de celle de l'Allemagne, et la spécificité américaine est elle-même de plus en plus remise en cause. Cela participe d'un mouvement général, car à la fin du XIXe siècle dans les différents pays industrialisés, l'identité nationale n'est guère l'objet des préoccupations face aux impératifs de bonne gestion des entreprises qui essaient de se construire en science. La littérature sur l'histoire du management a enregistré cette évolution, mais ce constat contraste fortement avec la perception de soi que l'industrie allemande développe à la même époque, et qui sera détaillée dans le chapitre 5. Il contraste aussi avec la réalité du terrain, comme le montre particulièrement l'exemple de *Bayer*. Certes, on pourrait considérer qu'il en va autrement de *Hohner* ou de *Metallgesellschaft*, mais on a vu que ces entreprises possédaient des atouts liés avant tout aux particularités de la structure familiale de leur entreprise. Même si *Bayer* est isolé dans notre échantillon, il apparaît plus représentatif dans la mesure où il ne dispose d'aucun avantage particulier dans le management du marché américain. Il montre en particulier que l'abondance d'informations ne peut remédier à la disjonction entre ceux qui sont sur le terrain et ceux qui prennent les décisions : seule l'immersion permet de prendre les décisions qui peuvent augmenter de façon significative le marché, en fidélisant les clients et en en conquérant de nouveaux. Les limites rencontrées tiennent donc moins à des caractéristiques particulières au marché américain, mais se retrouvent quel que soit le marché étranger.

De façon générale, on s'aperçoit que les États-Unis ont joué un rôle certain dans l'apprentissage des marchés d'« outre-mer » car ils étaient plus facilement accessibles – grâce aux intermédiaires étudiés. Au cours des années 1880, les entreprises allemandes ont ainsi accumulé une expérience qui, dans la décennie suivante, leur a permis de se développer en Amérique latine ou en Asie : la confiance comme les techniques acquises autorisent ces nouvelles conquêtes, rendues par ailleurs nécessaires par les limites du marché américain. Certes, les États-Unis restent très importants, mais ils absorbent moins d'exportations allemandes que les pays européens, et présentent désormais moins de perspectives de croissance rapide que les nouveaux marchés. Cela explique pourquoi, malgré le développement économique du pays et la richesse de l'information économique, le marché américain a eu tendance à être banalisé par les industriels allemands, qui, assurés désormais de leur savoir-faire, le considèrent au début du XXe siècle comme un élément d'une stratégie globale.

De ce point de vue, la situation de la *Deutsche Bank* présente des caractéristiques révélatrices : ses investissements aux États-Unis ne sont pas suffisamment importants, en volume comme en durée, pour lui permettre de participer pleinement aux grandes manœuvres financières qui se déroulent à New York. Cependant, la banque berlinoise est parfaitement consciente de cette limite, puisqu'elle se l'est elle-même imposée, dans la mesure où le marché américain ne constitue pas son objectif principal. Aussi, du moment où elle est à même d'utiliser les réseaux qu'elle a développés pour profiter des asymétries d'information, la *Deutsche Bank* accepte de rester un acteur extérieur : elle profite de l'afflux d'informations qui accompagnent les demandes américaines en capitaux pour décider de ses investissements en toute clarté, sans être en mesure de créer cette information. Au début du XXe siècle, les Allemands se satisfont d'un marché américain offrant diverses opportunités ; c'est ailleurs qu'ils cherchent désormais l'Eldorado.

CHAPITRE 2

Administration et milieux économiques : collaborer pour exporter

> L'immense avantage que les grandes villes américaines et australiennes possèdent sur les villes asiatiques et africaines pour les exportateurs allemands est qu'il n'est pas nécessaire d'étudier des goûts particuliers fondés sur une culture qui nous est totalement étrangère : les objets qui n'ont pas été forcément produits dans le but d'être exportés peuvent y être vendus[1].

Cette citation montre pourquoi, vers 1900, les entreprises de taille même modeste pouvaient penser qu'il leur serait aisé d'exporter à leur tour sur le marché américain : ses demandes paraissaient être les mêmes que celles de leur marché intérieur et ne pas exiger d'adaptation de leur production grâce à l'origine européenne commune qui, au-delà des océans, expliquait pour les Allemands des modes de consommation semblables. De plus, les conditions qui avaient encouragé les entreprises engagées aux États-Unis à intervenir plus directement dans la gestion de leurs intérêts avaient également fait naître dans l'ensemble des milieux industriels l'illusion que le marché américain n'était finalement qu'une extension du marché européen.

Cette illusion permettait à tout industriel allemand d'envisager la possibilité d'exporter sur ces marchés sans avoir à recourir à l'expertise des maisons de commerce hanséates, accusées de vendre indifféremment les produits allemands ou étrangers sur les marchés tiers. Il y était poussé par un discours économique qui, à partir des années 1890, prenant acte de la transformation de l'Allemagne en puissance industrielle, considéra les exportations vitales à l'équilibre économique et social du pays. À cet égard, on peut parler de « mystique exportatrice[2] » partagée par l'État et les milieux économiques. Pourtant, cette ambition offerte aux petites et moyennes entreprises n'était guère réalisable avec leurs seuls moyens, car il leur manquait non seulement les capacités de finan-

1 Kundt, 1904, p. 64.

2 Carron de La Carrière, 1998. L'expression traduit la conviction que la bonne santé économique d'un pays a pour mesure essentielle la croissance de ses exportations. Utilisée pour la France des années 1950, elle exprime aussi parfaitement le sentiment des milieux économiques allemands dans les dernières années du XIXe siècle. Par exemple Raché, 1899, p. 48.

cement mais aussi toute l'expertise commerciale. C'est pour cela que l'encouragement fait aux exportations directes alla de pair avec la demande d'une implication plus grande de l'État. Celui-ci offrait en effet la garantie de son impartialité et surtout une double expertise. Son appareil diplomatique assurait aux milieux économiques une bonne connaissance des marchés étrangers et laissait espérer la possibilité de peser sur les rapports commerciaux avec les autres pays. De plus, l'administration avait une tradition d'aide à l'économie[3] qui, après les années 1870, fut relue de façon positive par les tenants de l'École historique allemande, quand ces économistes engagèrent une réflexion sur la croissance inévitable du rôle économique de l'État comme marque de la modernité[4]. Pour autant, cette valorisation du savoir-faire administratif n'empêcha pas des tensions avec les milieux économiques, avec qui se posait le problème du partage des compétences.

Il était impossible de retracer concrètement les efforts des multiples firmes allemandes qui souhaitaient vendre des produits sur le marché américain. Le problème a donc été pris à l'envers et on a cherché à analyser la place que tinrent les États-Unis dans les réflexions sur le développement des exportations. Ils jouaient en effet un double rôle dans ces questions : d'une part, ils apparaissaient comme un marché particulièrement intéressant et accessible pour les aspirants exportateurs, en partie grâce aux expositions universelles, d'autre part, leurs propres méthodes d'exportation devinrent objet d'études à partir du moment, vers 1898, où ils prirent place parmi les nations concurrentes de l'Allemagne sur les marchés internationaux.

I. Les interlocuteurs

La concurrence entre l'administration et les milieux économiques pour la maîtrise de l'information économique se fit sur la base d'un accord fondamental sur la légitimité de l'aide apportée par l'État à son industrie pour l'exportation : le développement du commerce était en effet un des moyens classiques de favoriser son rayonnement internatio-

---

3 Sur l'influence relative et finalement temporaire de la pensée d'Adam Smith sur l'administration prussienne, voir Hentschel, 1975, p. 123-128 ; Priddat, 1992 ; Tribe, 1988 ; Langewiesche, 1988.

4 Dépassant le cadre de l'École historique allemande, la réflexion se retrouve dans les analyses de Werner Sombart qui, au tournant du siècle proposa une perspective téléologique de l'économie et de l'histoire, avec comme stade ultime le capitalisme tardif, « Spätkapitalismus ». Cette notion supposait qu'une même logique de modernité était à l'œuvre dans les efforts de rationalisation menés par les entreprises dans leurs relations entre elles et leurs marchés par le biais des ententes et des cartels, comme par l'État lui-même, appelé à rationaliser la vie économique nationale et internationale en collaboration avec les groupes de pression économiques.

nal, mais c'était aussi un devoir pressant pour un État qui venait de favoriser les intérêts des agrariens et de l'industrie lourde en s'orientant vers une politique protectionniste dommageable pour les milieux exportateurs. Comme arbitre des différents intérêts économiques et sociaux, l'État devait contrebalancer les avantages accordés aux uns par des mesures favorables aux autres, et ce d'autant que, en l'absence d'ancienneté de l'empire, sa capacité à assurer une certaine prospérité économique, ou, à tout le moins, une certaine stabilité, apparaissait comme le meilleur moyen de s'assurer l'adhésion de tous et de renforcer sa légitimité.

Pour autant, l'État et les exportateurs, malgré un but apparemment identique, obéissaient à deux priorités différentes car, pour l'État, l'encouragement apporté à ces exportations demeurait subordonné à la politique diplomatique du *Reich*. De ce point de vue, le marché américain possédait des atouts incontestables : malgré quelques épisodes comme le Venezuela en 1897 ou la première crise marocaine, les relations entre l'Allemagne et les États-Unis furent toujours correctes et formaient un contexte favorable au développement d'échanges commerciaux avec le soutien du personnel consulaire. Cela n'empêcha cependant pas l'apparition de tensions entre les milieux économiques et l'administration qui se focalisaient sur deux points : la concurrence américaine sur le marché allemand et les obstacles mis par les États-Unis à l'entrée sur leur marché[5]. C'est pourquoi il paraît nécessaire de présenter d'abord les principales caractéristiques des deux protagonistes.

A. L'administration

Même si plusieurs ministères étaient concernés par les questions liées aux relations économiques internationales, c'est bien d'un milieu extrêmement homogène dont il s'agit : l'ensemble des conseillers de l'administration centrale formaient en effet un groupe de près de 400 personnes, sélectionné grâce à de multiples filtres, sociaux, religieux et politiques, et surveillés de près par leur ministre, qui n'hésitait pas – parfois sans ménagement – à les rappeler à leur devoir de fidèles soutiens de l'empire[6]. Ces hauts fonctionnaires étaient conscients de leur appartenance à une élite dont les avantages – matériels – ne cessèrent d'être renforcés comme signe de reconnaissance de leur qualité de serviteurs de l'État. Cependant, au cours de la période, une certaine amertume se fit jour, due au fait que sur l'échelle des revenus, leur position se dégrada progressivement par rapport aux représentants de l'industrie ou aux professions libérales. Ce sentiment influença sans

---

[5] Voir chapitres 3 et 5.

[6] Voir Wehler, 1995, p. 1031.

doute leurs rapports avec les milieux économiques, mais certainement pas plus que la confiance que possédait l'administration de sa propre valeur, sentiment renforcé après le départ de Bismarck et la disparition de sa férule : à partir des années 1890, dans un contexte où le pouvoir des ministres pouvait être handicapé par la fragilité de leur position, et où la volonté de l'empereur se faisait davantage sentir sans perdre son caractère velléitaire, les hauts fonctionnaires se complurent dans l'image de gardiens de l'intérêt commun célébrée par Hegel, indépendants des intérêts de la noblesse agrarienne comme de la bourgeoisie industrielle et assurant continuité et efficacité de la politique du *Reich*[7].

Cette image de soi si flatteuse entraînait une forte dissymétrie dans les relations : alors que les industriels tournés vers l'exportation devaient nécessairement entrer en contact avec les représentants du ministère des Affaires étrangères, ces derniers n'entretenaient en général que des liens très lâches avec les milieux économiques. Cette situation fut naturellement très tôt et très vigoureusement dénoncée par les intéressés, qui en firent un argument essentiel pour réclamer la création d'institutions destinées à favoriser l'exportation qui soient dirigées par leurs pairs. Elle ne s'explique cependant pas seulement par le mode de recrutement du personnel diplomatique, mais aussi par la conception que l'administration diplomatique se faisait de son rôle.

L'appartenance à la noblesse comme condition nécessaire à l'obtention de postes de responsabilité dans l'administration fut stigmatisée par Albert Ballin[8] comme la cause principale de l'inadaptation du ministère aux réalités économiques modernes, au même titre qu'une formation centrée sur les connaissances en droit – surtout administratif – et en français, reprenant le schéma établi dès 1827 à la suite des recom-

7 Max Weber rendit ainsi compte des qualités et des limites de cette bureaucratie : « Après la démission de Bismarck, l'Allemagne fut gouvernée par des fonctionnaires. Or, si l'Allemagne conservait cette administration civile et militaire qui, par son intégrité, son éducation, sa conscience et son intelligence, était la plus élevée au monde, les affaires de l'État souffraient de l'absence d'une main politique. » Max Weber, *Gesammelte Politische Schriften*, p. 335, cité par Mommsen, 1995, p. 50.

8 Directeur de la *HAPAG*, ce dernier déclarait que « la Wilhelmstrasse 76 [est] un club auquel on ne peut appartenir que par la naissance ». Cité par Cecil, 1967, p. 123. Une telle affirmation faisait involontairement écho aux propos prêtés au chancelier Chlodwig von Hohenlohe, déclarant qu'il suffisait à un diplomate d'avoir un nom, un habit et de savoir garder le silence à propos. Voir Philippi, 1982, p. 53. La remarque de Ballin rejoignait surtout les déclarations de Gustav Stresemann devant le *Reichstag* qui expliquait l'efficacité des consuls américains par le fait que ces derniers, dépourvus des préjugés de la noblesse envers l'esprit d'entreprise de la bourgeoisie, pouvait plus efficacement se mettre au service de cette dernière. Voir Berg, 1990. La critique était cependant biaisée, car précisément, le corps consulaire allemand se caractérisait par un large recrutement bourgeois.

mandations de Wilhelm von Humboldt en 1809[9]. Ce cadre favorisait naturellement les enfants des familles nobles, dans lesquelles la pratique courante du français et le service de l'État dans la diplomatie ou dans l'armée étaient des traditions bien établies. Cet état des choses était d'autant moins susceptible d'être remis en cause que l'activité du ministère des Affaires étrangères était avant tout tournée vers les problèmes de la « grande politique », menée dans le secret des cabinets : le département politique (*Abteilung* I) ne rassemblait que quelques personnes[10], véritables initiés travaillant directement pour le secrétaire d'État, voire, sous Bismarck, pour le chancelier. Cette cooptation à l'intérieur de cercles très restreints, guère différente de ce qui s'observait dans les autres pays européens, n'empêcha pas un travail efficace, comme semble le montrer le jugement positif de plusieurs observateurs extérieurs[11]. Pour ces derniers, les problèmes diplomatiques rencontrés par le *Reich* vinrent avant tout du mépris de Guillaume II pour le jugement de ces professionnels. En revanche, le manque d'adéquation entre le personnel et les tâches qu'il avait à accomplir était réel pour le département chargé de la politique commerciale (*Abteilung* II) : dénué du prestige de son aîné, il n'en recrutait pas moins sur les mêmes bases, et les quelques roturiers acceptés dans le service présentaient le même profil purement juridique.

La difficulté venait donc surtout du statut toujours secondaire des questions économiques par rapport à la grande politique[12] et à la méfiance qu'éprouvaient des fonctionnaires imprégnés de l'idée de service de l'État envers des milieux économiques toujours soupçonnés de faire

---

9 La sélection se faisait en deux temps : la voie normale imposait en effet de passer au préalable l'examen de droit sanctionnant trois ans d'études (*Referendar-Examen*), suivi de deux ans de stage dans l'administration diplomatique, puis d'un examen final. Ce dernier comportait une partie écrite composée de trois devoirs à rédiger en l'espace de quinze mois chez soi et portant sur l'histoire contemporaine (en français), le droit international (à partir de documents du ministère) et les sciences politiques. La partie orale comprenait des épreuves en histoire contemporaine (en français), géographie, droit international, administratif (également en français), civil (pour les textes concernant les rapports avec l'étranger), et commercial, ainsi que l'économie. Voir Philippi, 1982, p. 52 et 54.

10 Il comprenait en effet un directeur, six conseillers (*vortragende Räte*), parmi lesquels quatre diplomates et quatre auxiliaires permanents.

11 Le diplomate Harold Nicolson, évoquant ses homologues allemands, parla d'une « fine profession » et Jules Cambon salua l'esprit de corps dont faisait preuve avant 1914 la diplomatie européenne, à l'intérieur de laquelle les Allemands tenaient toute leur place. Voir Hampe, 1995.

12 En ce sens, l'analyse du fondateur du *Weltwirtschaftliches Institut* de Kiel présentait plus un programme qu'un état des faits lorsqu'il écrivait : « La "grande politique" est aujourd'hui au service de la politique économique [...] et a d'abord pour but la création et le maintien de marchés pour l'exportation », in Harms, 1911, p. 9.

passer leurs intérêts devant ceux de l'Empire. Cette assurance de l'inaltérabilité de leur devoir explique les traits conservateurs de la formation des fonctionnaires[13] de la *Wilhelmstrasse*, aussi bien en matière économique que linguistique. Il est en effet significatif de constater le manque de sensibilité à l'importance grandissante des langues nationales[14] qui s'exprima par un attachement au français comme la seule langue diplomatique jusqu'en 1914. Cela se concevait dans le cadre des échanges entre diplomates, mais c'était se priver d'un contact réel avec le pays dont on était pourtant censé étudier les évolutions politiques et économiques : ainsi, lorsqu'il fallut traiter la question d'un nouveau traité commercial avec les États-Unis en 1897, le nouveau secrétaire d'État aux Affaires étrangères, Bernhard von Bülow, apprit que seul le conseiller Johannes connaissait un peu la situation américaine[15]. Certes, au niveau des ambassadeurs, il était possible de trouver des profils exceptionnels comme le comte Bernstorff, ambassadeur à Washington à partir de 1908. Il avait reçu une éducation anglaise dans son enfance quand son père était ambassadeur à Londres et il avait épousé une Germano-Américaine, sachant que ce dernier point lui valut une certaine méfiance de la part des milieux pangermanistes. Plus révélatrices de la situation générale apparaissent les plaintes de l'ambassadeur allemand en Grande-Bretagne, le comte Wolff-Metternich : ce dernier souligna en effet à plusieurs reprises de la connaissance souvent superficielle de l'anglais chez les jeunes attachés en poste à Londres.

S'agissant des questions de politique commerciale, et pour entrer en relation avec les milieux économiques allemands, le ministère des Affaires étrangères travaillait en collaboration étroite avec l'administration économique. Cependant, dans l'Allemagne du *Kaiserreich*, le soutien de l'État à l'économie ne s'était pas concrétisé par la création d'un ministère de l'Économie fédéral, et les industriels devaient se contenter d'avoir comme interlocuteur à ce niveau le ministère de l'Intérieur, dont les structures évoluèrent remarquablement lentement au regard du dynamisme de l'économie nationale. Après l'échec de Bismarck pour instaurer un conseil économique en 1880 qui aurait permis la présence d'une véritable expertise économique au sommet de

---

13 Sur la formation juridique des hauts fonctionnaires, voir Vincent, 2006.

14 Voir Cabanel, 1997, p. 23-29 et Thiesse, 1999, p. 67-81. Voir Philippi, 1982, p. 52. Il est possible d'avoir une idée de la connaissance de l'anglais chez les principaux fonctionnaires du département politique au ministère des Affaires étrangères dans les années 1870 à partir de la liste des journaux qu'ils recevaient régulièrement : sur les cinq, deux ne lisent que la presse de langue allemande, et seul un lit plusieurs journaux anglais. Voir Hampe, 1995, p. 178.

15 Voir Pommerin, 1986a, p. 194.

l'État, l'organigramme du ministère de l'Intérieur ne se modifia que par ajustements discrets pour mieux prendre en compte des questions économiques. En 1890 seulement fut créé le département III, divisé en deux : la section III A s'occupait entre autres des affaires bancaires et boursières, des brevets et des expositions internationales, tandis que la section III B – transformée en 1900 en département IV – se consacrait principalement à la politique commerciale. C'est ce dernier qui prit de plus en plus en charge les principales questions économiques – dont les affaires financières à partir de 1902 – au point que son directeur reçut le titre de sous-secrétaire d'État deux ans plus tard dans un élan réformateur salué par les milieux économiques concernés[16]. La modestie de ces changements s'explique à la fois par le conservatisme de l'administration du ministère de l'Intérieur et par le caractère fédéral de l'Empire, qui rendait en partie inutile une croissance de l'administration centrale au même rythme que le développement de l'économie. Les milieux économiques bénéficiaient en effet des liens tissés depuis des décennies avec les ministères du commerce dans chaque État ; même si certains d'eux, comme la Bavière, supprimèrent cette administration, d'autres continuèrent à avoir une action efficace. Le ministère du commerce prussien représente par ailleurs un cas particulier, puisqu'il ne cessa de gagner en importance : en relation étroite avec le ministère de l'Intérieur de l'Empire, il était à plusieurs égards davantage une excroissance de celui-ci qu'une administration autonome[17].

Entre les trois administrations, les dossiers laissent apparaître peu de réelles divergences dans les analyses, même si les domaines de compétence n'étaient pas toujours clairement définis. Les différends portaient avant tout sur des questions de prestige et d'autorité. Les Affaires étrangères voulaient garder la haute main sur les consuls qui ne devaient pas se transformer en simples prestataires de services pour les autres ministères et le ministère acceptait difficilement les conseils et surtout les experts présentés par les ministères économiques ; à l'inverse, le ministère de l'Intérieur à partir de 1881 obtint de se voir transmettre directement par les consuls tout ce qui relevait des problèmes agricoles[18]. Par ailleurs, il rappela régulièrement aux autres administrations que les contacts entre les administrations consulaires et

16 Voir Jeserich, Pohl, Unruh, 1984, p. 210 -214.

17 Sur la dilution progressive de la Prusse à l'intérieur du *Reich*, voir Mommsen, 1995 ; Morsey, 1984, p. 181.

18 Voir la correspondance entre les deux ministères 11 avril 1883, dans AA, R-901, dossier 13699.

les milieux économiques devaient passer par lui et non pas se faire directement[19].

Les conflits restèrent cependant peu fréquents, et une des raisons en était un esprit de corps renforcé par les critiques multiples adressées à l'administration par les différents groupes d'intérêt économiques. La véritable rivalité se développa en effet entre ces deux pôles. Jusque dans les années 1880, l'État avait pu gérer l'importance et la complexité croissantes de l'économie nationale sans recourir à une réforme profonde de ses structures fédérales, précisément grâce à l'existence de ces nombreuses organisations économiques qu'étaient les chambres d'industrie et de commerce ou les sociétés d'encouragement à l'industrie. À partir des années 1880, l'Allemagne connut une croissance qui entraînait inévitablement des restructurations du champ économique et remettait ainsi en cause ce binôme hérité des débuts de l'industrialisation. Dès lors, la multiplicité, la diversité et l'autonomie de plus en plus grande des différentes associations représentant des intérêts économiques, rendaient nécessairement plus compliqué le dialogue avec l'administration.

B. Les associations économiques

Le tableau qui en est dressé ici reprend des éléments connus. Il a cependant paru nécessaire de procéder à ce rappel car leur importance est essentielle dans le dispositif mis en place par l'administration. Contrairement en effet à ce qui se passait aux États-Unis, le ministère des Affaires étrangères comme celui de l'Intérieur se refusaient à publier les informations les plus précises que leur apportaient les consuls sur les marchés étrangers convoités par les entreprises allemandes. Au contraire, ces renseignements étaient donnés confidentiellement aux intéressés, reconnus comme tels par l'État. Il s'agissait des chambres de commerce, des grandes associations industrielles ainsi que des différentes associations professionnelles. Un des principales revendications des partisans d'un développement des exportations directes fut donc que tout entrepreneur puisse accéder directement à ces informations, sans passer par l'administration mais sans non plus avoir à être membre

19 Voir AA, R-901, dossiers 18222 et 18223, *Ausstellungen in den Vereinigten Staaten*. Le ministère de l'intérieur refuse en particulier les contacts directs entre les consulats et la *ständige Ausstellungskommission für die Deutsche Industrie*, malgré le caractère semi-officiel de celle-ci (fondée le 1er janvier 1907, sous l'égide du *CVDI*, du *BdI*, de la *Centralstelle für die Vorbereitung von Handelsverträgen*, du *Verein zur Wahrung der Interessen der Chemischen Industrie Deutschlands*, du *Verband Deutscher Elektrotechniker*, de la *Vereinigung Deutscher Elektrizitätsfirmen* et du *Verein Deutscher Ingenieure*, elle avait pour but de rassembler toutes les informations disponibles sur les expositions afin qu'elles puissent être utilisées par les milieux économiques allemands).

d'une de ces associations. La raison n'était pas que beaucoup de ces industriels se situaient en dehors de ces structures, bien au contraire, mais ils estimaient que leurs intérêts pouvaient dépasser ce que l'État jugeait bon de reconnaître comme tel, et qu'ils n'avaient pas à recueillir des informations filtrées par ces différentes associations. Pour l'administration, qui justifiait ses procédés par l'argument – faible – de l'espionnage étranger, c'était surtout le moyen d'avoir face à soi des interlocuteurs fiables car institutionnels.

Les associations économiques représentaient une nébuleuse dense puisqu'elles étaient organisées de façon géographique et sectorielle, mais elles se distinguaient aussi les unes des autres par leurs rapports avec les pouvoirs publics. L'historiographie distingue ainsi nettement d'une part les institutions (semi) officielles, qui apparurent le plus souvent lors des débuts de l'industrialisation et qui durent s'adapter en se donnant un nouveau rôle, d'autre part les organisations purement privées, qui avaient une fonction de lobbying, mais qui avaient également tendance à s'institutionnaliser.

Au premier rang de ces organisations, les chambres de commerce et d'industrie et le *Deutscher Handelstag* paraissaient devoir être les interlocuteurs privilégiés de l'administration[20], puisqu'elles rassemblaient l'ensemble des activités économiques et que le but avoué qui présida à la création du *DHT* fut précisément de permettre aux milieux économiques de parler d'une seule voix à l'administration. Or, l'examen des avis du *DHT* et des chambres de commerce sur différents sujets d'actualité montre la rareté des remarques dans les marges des documents envoyés aux ministères concernés et une absence de suite dans les dossiers qui laisse penser que, si leur prise de position fut enregistrée, elle n'a guère servi de document de travail pour l'administration. Une telle impuissance s'explique sans doute par la nécessité pour le *DHT*, précisément parce qu'il prétendait faire parler les différents milieux économiques d'une seule voix, de trouver un consensus interne pour voter ses résolutions. Après le tournant protectionniste, ce consensus fut de plus en plus difficile à atteindre, et les tensions entre les différentes chambres de commerce s'accrurent tout au long de la période. Le principal antagonisme opposait en effet les milieux industriels tournés vers l'exportation et les représentants des intermédiaires commerciaux, inquiets devant les différents projets destinés à favoriser les exportations directes : les prises de position de la chambre de

[20] Voir Henning, 1987, p. 35-49. L'obligation faite aux consuls d'effectuer un stage dans une chambre de commerce ou d'industrie renforçait encore cette proximité avec l'administration. Voir König, Bernhard W. von, « Die Konsularische Berichterstattung und der amtliche Nachrichtendienst », *Bank-Archiv*, vol. X, 1911, p. 293.

commerce de Hambourg dans ses rapports annuels illustrent de façon quasi caricaturale cette opposition en rappelant régulièrement que les informations nécessaires à une bonne évaluation du marché étranger et à la solvabilité des clients ne pouvaient s'obtenir que par une étude personnelle et un contact permanent et non par la consultation de rapports consulaires ou de journaux spécialisés[21].

De façon générale, les chambres de commerce apparaissaient peu dans les grands débats qui agitaient les milieux économiques pendant l'empire ; en revanche, leur action au niveau local et régional restait essentiel, tant dans l'organisation d'expositions que dans l'octroi de bourses, d'aides à la formation ou aux voyages d'études. Leur position officielle faisait également des chambres de commerce les interlocutrices des autorités locales ainsi que des consuls américains sur place, et l'endroit où était centralisée l'information sur les conditions d'exportation, même si le ministère des Affaires étrangères dut prendre également en compte les grandes organisations industrielles qui se développèrent à partir des années 1880[22].

À côté des chambres de commerce, on trouve des institutions semi-officielles comme la *Zentralstelle für Gewerbe und Handel* du Wurtemberg, marquée par la figure tutélaire de Steinbeis ou le *Verein zur Beförderung des Gewerbefleisses in Preussen.* Acteurs principaux de l'industrialisation des différents États allemands, ces associations connurent une crise dès les années 1850-1860 : l'association prussienne par exemple dut alors se redéfinir d'une part par rapport aux organisations professionnelles à qui elle avait abandonné le suivi proprement technique des progrès de la branche, d'autre part par rapport à l'État. Ce dernier se désengagea en effet progressivement puisque le nombre de fonctionnaires diminua au sein des membres, mais, paradoxalement, cette évolution aboutit à l'institutionnalisation accrue de l'association. Elle n'était plus une sorte de club de rencontre entre industriels et fonctionnaires dévoués au processus de modernisation qui y tissaient ainsi des relations personnelles pour faire avancer leurs projets ; de plus en plus de membres étaient désormais des associations professionnelles qui trouvaient là une organisation relativement neutre

---

21 Voir *Hamburg's Handel*, 1904, p. 7 et 8, 1910, p. 56-57.

22 L'opposition entre les chambres de commerce et les associations économiques ne doit pas être exagérée, car leur rôle était complémentaire et les milieux économiques se retrouvaient dans les unes et les autres. Cependant, face à l'efficacité particulière du lobbying des associations professionnelles, les chambres de commerce durent réfléchir à leur rôle et furent conduites à demander à l'État à ne plus avoir un simple rôle de courroie de transmission mais bien de conseillers, une demande partiellement entendue avec la réforme de 1897.

au sein de laquelle informations et discussions générales pouvaient se développer.

Le second type d'organisations, non liées à l'État, regroupait les associations professionnelles conçues comme de véritables groupes de pression qui, ne représentant qu'un type de secteur industriel, étaient capables de réagir rapidement et de défendre vigoureusement les intérêts de leurs membres contre des politiques jugées défavorables. La plus emblématique de ces associations, et la plus ancienne, était le *Centralverband Deutscher Industriellen*, créé à la suite de la crise de 1873. À l'origine groupe de pression en faveur du protectionnisme, la force du CVDI résidait d'abord dans son identification aux intérêts particuliers de l'industrie lourde, qui fit de lui un groupe de pression efficace, même si cette efficacité ne doit pas être surestimée, car sa taille rendait inévitable des tensions internes entre différents groupes d'intérêt[23]. Sa puissance explique en tout cas la constitution de groupes opposés, comme le *Bund der Industriellen*, fondé en 1895, qui chercha à rassembler les petites et moyennes entreprises. Par la suite, et surtout à partir de 1899, les associations ne cessèrent de se multiplier, chaque secteur éprouvant le besoin de posséder son organisation professionnelle, avec sa hiérarchie, ses sections régionales et ses journaux : en 1908, pas moins de 522 groupes de ce type étaient recensés[24]. Un tel fonctionnement permettait aux membres de se tenir au courant de façon précise des questions en rapport avec leur industrie, et de réagir collectivement à tout problème, même si on ne peut parler de néo-corporatisme. Il permettait également de fournir à bon nombre d'entre eux une fonction et par là un titre qui renforçait leur honorabilité au niveau local et dans les instances interprofessionnelles comme les chambres de commerce.

Beaucoup d'associations n'étaient donc affiliées à des structures plus larges, comme le *BdI*[25] ou plus tard, le *Hansabund* qu'afin de profiter de leur poids auprès des interlocuteurs politiques nationaux[26]. Même les dirigeants du *BdI* cherchèrent à plusieurs reprises à former une alliance avec le *CVDI* afin de profiter de l'influence de celui-ci auprès de

---

23 Voir Fischer, 1972, p. 194-213.

24 Voir Ullmann, 1997, p. 299-309.

25 Helga Nussbaum donne ainsi la liste de toutes les associations rattachées au *BdI* : elles sont 22 en 1903, mais 122 en 1913, sans compter quinze chambres de commerce. Nussbaum, Helga, *Unternehmer gegen Monopole*, Berlin-Est, Akademie-Verlag, 1966. Voir également Ullmann, 1991, p. 91-106.

26 De nombreuses associations ne s'affilièrent cependant pas à une des grandes fédérations et la représentation professionnelle de certains secteurs comme l'artisanat et le commerce de détail en particulier demeura éparpillée jusqu'en 1914. Voir Winckler, 1979, p. 83-98.

l'administration, ces diverses tentatives échouant cependant à cause de la divergence des intérêts[27]. Ces efforts montrent que le monde économique cherchait à disposer d'une structure à la fois indépendante et unitaire pour exercer une pression efficace sur l'État. De ce point de vue, même la réussite du *CVDI* était insuffisante. Certes, l'association se transforma assez rapidement en une organisation assimilée à un véritable « ministère privé de l'industrie », caractère renforcé par la présence à sa tête de nombreux anciens fonctionnaires, alors que les industriels dominaient très largement aux débuts de l'organisation[28]. Pourtant, les tentatives de l'association pour prendre en compte d'autres secteurs industriels, tout en privilégiant les intérêts de l'industrie lourde, et pour créer un front uni échouèrent régulièrement, d'autant que, face à cette aspiration, l'attitude de l'administration était très réservée. Un partenaire unique était pour elle une bonne chose quand il s'agissait du *Handelstag*, qui pouvait toujours être utilisé comme une courroie de transmission. Les nouvelles associations, avec leur lobbying agressif, présentaient au contraire le danger d'un front uni hostile aux choix économiques, politiquement stratégiques, du gouvernement, même dans le cas du *CVDI*. Le pouvoir politique s'appuya donc sur ces structures avec lesquelles il partageait la plupart des informations économiques reçues de ses représentations à l'étranger, mais sans leur reconnaître de rôle officiel. Il eut au contraire tendance à tirer parti des dissensions entre les différents intérêts industriels, en particulier pour mener à bien sa politique commerciale[29].

Ces dissensions opposaient l'industrie lourde et les industries de produits finis, mais aussi le commerce international, surtout représenté par les maisons de Hambourg, à une grande partie des milieux industriels. Dans les années 1890, le commerçant hambourgeois était accusé de ne plus être adapté au monde économique moderne[30], dans lequel l'effort d'exportation était réclamé de chaque industriel comme un devoir national. Il fondait en effet son activité sur un réseau de fournisseurs, et négligeait ainsi de promouvoir des entreprises nouvelles. De plus, on lui reprochait de représenter aussi bien les produits étrangers que les pro-

---

27 Voir, Ullmann, 1976.

28 Voir Kaelble, 1967.

29 C'est ce que montre par exemple la polémique à propos de l'accord germano-américain sur les brevets de 1909. Cet accord autorisait le propriétaire d'un brevet à conserver tous ses droits d'exclusivité même s'il ne les utilisait pas. Un tel dispositif, désavantageux pour de larges secteurs de l'industrie allemande, avait été taillé sur mesure pour l'industrie chimique, et en particulier pour les brevets de médicaments déposés aux États-Unis. Ce gain devait être contrebalancé par le retrait du *CVDI* du *Hansabund* en échange de la promesse faite par l'administration d'élever certains droits douaniers.

30 Voir l'analyse de Patrick Verley (Verley, 1997a), p. 238 et 270.

duits allemands et d'avoir un esprit « cosmopolite » au point que, installé à l'étranger, il n'hésitait pas à abandonner sa nationalité. Or, parallèlement, son expertise était mise en cause. Certaines de ses informations étaient devenues inutiles, comme savoir quel était le premier bateau à partir, puisque désormais les bateaux ne partaient plus en fonction du plein de chargement mais selon un horaire précis. De plus, ces maisons de commerce ne pratiquaient pas réellement la prospection des marchés et des besoins des clients, alors que les consuls s'efforçaient de plus en plus, dans leurs rapports, de cerner le plus précisément les goûts des marchés locaux. Face à ces critiques, la défense des maisons de commerce était faible, s'agissant de marchés comme celui des États-Unis. Pourtant, elles ne pouvaient se permettre de se laisser cantonner aux contrées les plus exotiques où leur savoir-faire restait incontestable, car le manque à gagner aurait été bien trop grand. Leur principal argument résidait donc dans le coût que supposait l'effort d'exporter directement pour les petites entreprises. Sur ce point, elles étaient soutenues par les agents consulaires et l'administration, peu soucieux d'avoir à porter à bout de bras des entreprises incapables de concrétiser leurs ambitions.

Toutes les associations économiques, petites ou grandes, se justifiaient par leur pratique du lobbying, en interpellant l'État sur les thèmes privilégiés par les milieux économiques, dont l'exploitation leur permettait de jouir des feux de l'actualité et de l'intérêt renouvelé de leurs membres. Sur certaines questions importantes cependant, des alliances se nouaient entre secteurs pour défendre leur position, donnant naissance à des associations *ad hoc.* C'est le cas par exemple de la *Centralstelle zur Vorbereitung der Handelsverträge* qui contribua de façon importante au débat sur la puissance de l'économie américaine autour de 1900. Cette structure avait été fondée le 23 août 1897 sous l'impulsion de l'industrie chimique, avec l'appui de l'industrie de construction mécanique ainsi que des brasseurs berlinois libre-échangistes pour s'opposer à la politique trop protectionniste que le gouvernement menaçait de concéder à l'industrie lourde et aux milieux agrariens. Les négociations commerciales engagées avec les États-Unis[31] leur offrirent la possibilité de faire œuvre concrète. Le moyen en fut les *Schriften der Centralstelle zur Vorbereitung der Handelsverträge*, destinés à mettre les futurs négociateurs mais également les industriels intéressés en possession de toutes les statistiques sur l'importance relative des secteurs allemands concernés par des exportations vers les États-Unis, leur situation par rapport à leurs concurrents européens sur ce marché,

---

31 Les relations commerciales entre les deux pays se caractérisaient en effet par un vide juridique depuis la fondation du *Reich* qui donna lieu à de multiples interprétations. Voir Pommerin, 1986a.

ainsi qu'un historique détaillé de la politique protectionniste américaine, qui devait permettre de mieux cerner les enjeux pour les Américains.

Cette efficacité du lobbying n'empêcha cependant pas certains milieux économiques d'être insatisfaits d'un système qui reposait sur une série d'intermédiaires pour influencer les décisions politiques. Carl Duisberg s'en faisait l'écho, quand il regrettait, en 1910, qu'il n'y ait pas davantage d'industriels pour participer directement à la prise de décision politique en se faisant élire député, à un moment où le rôle du *Reichstag* se développait. Il dénonçait la surreprésentation des fonctionnaires parmi les élus parlementaires, les seuls à avoir du temps libre sans devoir se soucier des conséquences sur leurs revenus. Cette critique englobait d'ailleurs les responsables des associations professionnelles, désormais coupés de la pratique, et exposés à la surenchère que se livraient les partis pour grossir la législation. Pourtant, son collègue Böttinger avait refusé de se présenter au siège qu'on lui présentait[32], et Duisberg lui-même considérait qu'il était impossible à un industriel de concilier ses activités avec un mandat qui l'obligerait à siéger à Berlin[33]. Les arguments exposés montrent donc que les élites économiques n'étaient pas prêtes à troquer leur pouvoir pour celui, plus fragile et incertain, du Parlement, et prouvent *a contrario* les avantages du lobbying.

II. Les expositions universelles : réussite et limites d'une politique économique de prestige à l'étranger

Pour aider l'économie allemande à exporter aux États-Unis et à s'informer sur les progrès de sa rivale américaine, l'État utilisa de façon privilégiée les expositions universelles[34] car elles présentaient le grand avantage de réconcilier la diplomatie comme exercice d'influence internationale et les besoins de l'économie nationale[35].

---

32 Voir BA, Nachlass Böttinger, vol. 2, lettre du 30 mars 1903 à Friedrich Bayer. Par ailleurs, certains de ses membres éminents, comme Krupp, disposaient d'un accès direct au pouvoir politique, qu'ils utilisaient tout autant pour leurs propres intérêts que pour faire avancer les thèmes du *CVDI*. La remarque vaut tout autant pour Ballin et le *BdI*.

33 Discours de Duisberg à l'occasion du premier anniversaire de la fondation du *Hansabund*, 15 juin 1910, paru dans *Die Chemische Industrie*, Nr 14, 1910, « Industrie und Hansabund »), in BA : UNT 600. *Abhandlungen, Vorträge und Reden aus den Jahren 1882-1921 von Carl Duisberg*, Berlin – Leipzig, 1923, p. 687-693.

34 Voir Fuchs, 1999.

35 L'État n'a pas complètement ignoré les expositions professionnelles qui, comme ailleurs en Europe, se multiplièrent sur le sol américain durant notre période. Son soutien se résuma cependant à mettre en garde contre les projets aventureux ou, au contraire, à signaler telle ou telle manifestation soit pour y participer, soit, le plus

Les expositions étaient depuis l'origine un lieu d'affrontement pacifique entre les nations, mais également d'émulation entre industriels, appelés à présenter périodiquement leurs dernières inventions afin que le public puisse mesurer les progrès accomplis. Cependant, alors que les milieux économiques n'hésitaient pas à assumer les frais d'une représentation aux expositions organisées en Europe[36], la participation aux manifestations organisées sur le sol américain dut toujours être fortement encouragée par l'administration. Le coût du transport outre-Atlantique des objets à exposer n'était pas seul en cause : la politique protectionniste menée par le pays et l'existence de maisons d'importation new-yorkaises expérimentées conduisaient à penser que ces manifestations n'étaient pas rentables même pour l'entreprise qui souhaitait exporter sur le marché américain. En revanche, pour l'administration du *Reich*, après l'échec de Philadelphie, les Expositions de Chicago et de Saint Louis furent considérées, pour des raisons différentes, comme des rendez-vous diplomatiques essentiels, presque indépendamment de l'écho qu'elles pouvaient rencontrer dans les autres pays européens. Elles sont donc un lieu d'observation privilégié du passage d'un certain amateurisme à un savoir-faire universellement reconnu dans l'organisation de la vitrine de l'économie allemande.

A. L'acquisition d'un savoir-faire : l'organisation des expositions universelles et les commissaires généraux

1. Philadelphie

La participation allemande à la première exposition universelle organisée par les États-Unis se conclut sur un échec retentissant[37]. Les raisons en étaient multiples, à commencer par un contexte défavorable : trois ans auparavant s'était tenue une exposition à Vienne où les industriels allemands s'étaient retrouvés en nombre aussi bien à cause de la proximité géographique que de l'importance du marché que représentait pour eux l'empire austro-hongrois. Or cette exposition fut sérieusement handicapée par le krach de septembre 1873, dont les conséquences se faisaient encore sentir en 1876 ; les entreprises allemandes étaient donc fragilisées. De plus, la plupart n'avaient pas d'intérêts majeurs à

---

souvent, pour s'informer des progrès de sa branche. AA, R-901, dossiers 18222 et 18223.

36 Les expositions universelles firent au début l'objet d'un véritable engouement, comme le montrent les études sur l'activité de Ferdinand von Steinbeis. Voir par exemple *Hundert Jahre Staatliche Gewerbeförderung in Württemberg. 1848-1948*, 1949 et Bonz, 1994. Encore dans les années 1880, elles étaient considérées comme un utile complément aux expositions spécialisées à l'échelle régionale.

37 Voir également chapitre 5.

défendre outre-Atlantique : c'était un marché mal connu et déjà soumis au protectionnisme. Cette réticence des milieux économiques n'était que partiellement compensée par l'engagement de l'administration du *Reich*, même si l'Allemagne fut parmi les premiers pays à répondre positivement à l'invitation – la décision fut en effet prise dès le mois de février 1874. Le gouvernement considérait en effet que la participation était indispensable malgré les incertitudes économiques car il s'agissait seulement de la deuxième exposition universelle à laquelle l'Allemagne unifiée se présentait après Vienne[38].

Cette volonté de marquer le rang de la nouvelle puissance allemande restait cependant relative puisqu'elle n'était étayée ni par une mobilisation financière réelle – le budget était inférieur de moitié à celui consacré à la manifestation viennoise, ce qui revenait à faire supporter aux exposants toutes les charges – ni par une véritable réflexion sur les buts qui devaient justifier cette représentation de l'industrie nationale. Les perspectives offertes par l'administration pour entraîner l'adhésion des milieux économiques frappent par leur modestie : il ne s'agissait pas de conquérir de nouveaux marchés aux États-Unis mêmes, mais uniquement pour les industriels déjà implantés, de fidéliser une clientèle américaine connue pour sa versatilité et abandonnant facilement les entreprises qui ne la courtisaient pas en permanence. Quant aux autres, leurs espoirs de conquête devaient être dirigés vers la conclusion d'affaires avec les représentants de commerce des Antilles et d'Asie de l'Est[39]. Cette prudence se retrouve dans l'analyse faite des points forts de la représentation allemande : les produits industriels allemands « *bad and cheap* », si violemment critiqués par les commentateurs sur place, étaient ainsi considérés avant l'exposition comme une arme commerciale efficace par certains diplomates, qui ne nourrissaient pas d'inquiétude quant aux conséquences possibles pour l'image nationale. Un diplomate allemand en poste à Londres justifiait ainsi cette politique par sa discussion avec le directeur du *South Kensington Museum* : celui-ci, expert dans les arts appliqués, considérait que les prix bas pratiqués par les Allemands étaient une stratégie profitable pour compenser la qualité inférieure de leur production[40]. La raison de ce froid réalisme était que l'exposition universelle restait davantage considérée comme une gigantesque foire commerciale que comme le lieu de l'affrontement pacifique entre nations. Certes, le prestige national était en jeu, mais il n'y avait pas de représentation par pays, et donc de rivalité directe entre économies. Il y avait pourtant là une certaine myopie de la part de l'administration allemande car cette vision de l'exposition était déjà en

---

38 Voir AA, R-901, dossier 12124.

39 AA, R-901, dossier 12124, lettres de Schlözer à Berlin, 15 et 24 avril 1875.

40 AA R-901, dossier 12125, rapport de Londres, 16 juillet 1875.

partie dépassée au regard de la signification que revêtait aux yeux des Américains la manifestation de Philadelphie. Ces derniers avaient multiplié leurs efforts non pour développer des exportations dont le pays n'avait guère besoin, mais pour célébrer dignement aux yeux du monde l'anniversaire du centenaire de l'Indépendance.

À cette absence de compréhension pour les nouveaux enjeux des expositions universelles s'ajouta le manque d'expérience d'une administration qui pensa que la présence locale d'une communauté germano-américaine importante suffisait pour organiser la représentation allemande. On s'inspira du système des consuls honoraires pour désigner le résident permanent chargé, avec le consul, de négocier avec les organisateurs de l'exposition les emplacements réservés à l'Allemagne dans les différents pavillons. Le portrait idéal de cet homme, retracé à travers la correspondance administrative qui examina les différents candidats, était identique à celui du parfait consul : ce devait être un homme d'affaires riche, à défaut un avocat, qui devait grâce à sa profession et à son statut social posséder un vaste réseau de relations. Il était donc forcément déjà d'un certain âge, mais s'il était à la retraite, il devait avoir conservé suffisamment d'activités. C'était une notabilité locale qui faisait l'unanimité dans sa ville, en particulier par sa participation aux œuvres philanthropiques de la communauté germano-américaine. Cependant, comme le consul, son influence s'étendait nécessairement au-delà du cercle des Germano-Américains, et il devait être sur un pied d'intimité avec les notables chargés de mettre en place l'exposition. C'était donc un homme de réseaux et non un administrateur. Comme dans le cas du consul honoraire, la difficulté résidait dans le fait qu'un homme dont les activités multiples garantissaient ce vaste réseau de connaissances et d'obligés était un homme peu disponible pour défendre convenablement les intérêts allemands. Ce problème conduisit d'ailleurs la chancellerie à pousser le nom du consul allemand de Boston à la place de celui de Philadelphie, en alléguant que ce dernier, souvent pris par des voyages d'affaires, ne pourrait pas répondre aux besoins des industriels qui voudraient exploiter les opportunités créées par l'exposition après la fin de celle-ci. L'obstacle fut cependant vite levé et le consul de Philadelphie proposa le nom de deux Germano-Américains de sa ville susceptibles de le seconder efficacement, avant de former une équipe apparemment idéale puisqu'elle réunissait les trois personnalités les plus marquantes de la communauté germanique locale[41]. Aussi, malgré le peu

[41] Il s'agissait de John Lankenau, qui avait dirigé une firme d'importateurs de produits manufacturés et qui, bien qu'à la retraite, restait une des principales sources du consul dans les milieux d'affaires locaux, auxquels le rattachait également sa parenté avec le chef de la banque *Drexel & Co*. De plus, sa fonction de président de l'hôpital germano-américain de la ville plaidait en sa faveur. Meyer proposa ensuite Alfred Kersenberg : âgé de 55 ans, ce dernier s'était longtemps occupé d'une raffinerie de

d'empressement de l'un des trois – Alfred Kersenberg – à s'engager vraiment, ce dispositif, mis en place sans grande difficulté, fonctionna sans heurt jusqu'à l'inauguration de l'exposition.

Cette ouverture révéla la faiblesse d'une partie de l'exposition allemande, en particulier dans le domaine des arts appliqués, dont les objets étaient trop souvent de mauvaises copies de productions étrangères, ou marquées par un patriotisme outrancier et hors de propos. L'attaque fut lancée par les journaux américains germanophones : à une époque où les liens avec l'Allemagne étaient encore étroits, nombreux étaient les Germano-Américains d'immigration récente, qui voulaient mêler à la fierté de célébrer le centenaire de leur nouvelle patrie[42] celle de célébrer les accomplissements d'une Allemagne unie âgée seulement de cinq ans[43]. Cette attente n'avait pas été perçue par l'administration pour qui les Germano-Américains, s'ils constituaient des relais commodes, n'apparaissaient pas encore comme une catégorie distincte à courtiser particulièrement.

À ce premier problème se superposa celui de la représentation allemande, dès l'arrivée du jury allemand, conduit par Franz Reuleaux. Là encore, la presse germanophone attisa les passions en affirmant que Reuleaux avait demandé l'examen des comptes laissés par le trio de résidents permanents. Même si ce fut démenti par la délégation, le mécontentement provoqué par la prestation du *Reich* à l'exposition conduisit rapidement le gouvernement, par le biais de son ambassadeur à confier à Reuleaux les véritables responsabilités en le nommant commissaire général, selon un accord accepté par le consul de Philadelphie Meyer et John Lankenau[44].

---

sucre, mais s'était retiré des affaires depuis quelques années à Düsseldorf. Il était cependant tout prêt à se réinstaller pour la période à Philadelphie et il présentait sur Lankenau l'avantage d'avoir été présenté au Kronprinz à Versailles comme délégué des Allemands de Philadelphie en 1871 et d'avoir un beau-frère comte au ministère des Affaires étrangères. Berlin décida finalement de retenir les deux hommes pour le poste. Cependant, devant l'intérêt mal assuré de Kersenberg, Meyer proposa en renfort Gustav Remak, avocat connu à Philadelphie et surtout, grâce à ses relations en dehors de la communauté germano-américaine, désigné commissaire du parc de l'exposition. Les trois hommes se recommandaient donc à des titres divers et complémentaires, ce qui décida finalement l'administration à les retenir tous les trois. AA, R-901, dossier 12124, lettres de Meyer à l'ambassade et à Berlin, 14 mars 1874, 26 août 1874, 24 octobre 1874.

42 Sur l'exception que constituaient les socialistes allemands installés aux États-Unis, qui organisèrent au contraire des contre-manifestations, voir Poore, 1986, p. 192-203.

43 De 1864 à 1873 se produit une seconde vague d'immigration allemande, constituée par un rattrapage de la part de migrants qui avaient retardé leur départ à cause de la guerre civile américaine et qui s'ajoute aux convois habituels. Doerries, 1987, p. 115-134.

44 AA, R-901, dossier 12126, lettre de l'ambassadeur à Berlin, 14 juin 1876.

Face à la troïka locale, la légitimité du nouveau commissaire paraissait incontestable, en raison de l'expérience inestimable qu'il avait acquise dans le domaine des expositions universelles, puisqu'il avait déjà fait partie du jury allemand lors de l'Exposition de Paris de 1867. De plus, en 1876, âgé de 47 ans, il était déjà depuis douze ans directeur de la *Gewerbeakademie* de Berlin, et connu internationalement pour ses travaux sur la cinématique[45] : ses titres étaient donc ceux d'un ingénieur et d'un membre reconnu de jurys internationaux. S'il y eut malgré cela une « Affaire Reuleaux », ce n'est pas tant à cause de la teneur des critiques faites par le commissaire – elles avaient été exprimées par d'autres – que parce qu'il utilisait son titre de représentant du *Reich* pour mettre en avant et légitimer les intérêts de certains milieux économiques.

Cette polémique fut violente sur le moment, et les critiques de Reuleaux alimentèrent de nombreux débats de l'époque sur les réformes à engager pour sortir le tout jeune Empire de sa première crise économique[46]. Le plus frappant est le décalage entre l'impression de crise profonde qui dominait les commentaires allemands sur la production nationale et la chaleur du *satisfecit* que ces mêmes commentateurs octroyèrent à cette production présentée trois ans plus tard à Melbourne puis à Sidney[47]. Franz Reuleaux fut alors le premier à souligner les progrès de l'industrie allemande en matière de qualité : le bilan était proclamé triomphal dans tous les domaines des arts appliqués, si décriés à Philadelphie. L'explication de ce contraste semble moins relever du miracle technologique que des stratégies politiques : pour le gouvernement allemand, les expositions australiennes revêtaient une importance plus géopolitique que commerciale, et une bonne représentation allemande était considérée comme un argument à faire valoir dans les débats sur une colonisation allemande dans le Pacifique[48]. L'image négative de Philadelphie fut donc littéralement recréée dans les mémoires pour les besoins de la mobilisation nationale à l'occasion de l'Exposition de Chicago au moment où le gouvernement et l'administration voyaient désormais dans ces manifestations le véritable champ de bataille moderne où chaque pays devait rechercher la victoire.

---

45 Voir chapitre 5.

46 Voir chapitre 5.

47 Voir « Die Ausstellung in Melbourne und der deutsche Export nach Ostasien, Australien und der Südsee nach der Denkschrift des Reichskanzlers », *Schmollers Jahrbücher*, vol. 6, 1882, p. 313-326.

48 Voir Kennedy, 1974.

2. Chicago

La rupture que présenta l'Exposition universelle de Chicago pour les Allemands par rapport à Philadelphie doit être relativisée car au long des années 1880, les entreprises allemandes eurent l'occasion d'exposer aux États-Unis. Ainsi, en 1883, 300 exposants allemands, venus en particulier de Düsseldorf, Munich et Stuttgart, présentèrent leurs productions à l'Exposition internationale de Boston, dans la section des arts appliqués ; comme à Sidney, les réalisations allemandes dans ce domaine, si critiquées en 1876 par Reuleaux, rencontrèrent un réel succès[49]. De plus, quand la Nouvelle Orléans voulut organiser une exposition internationale pour célébrer l'année 1784, qui vit six balles de coton être expédiées du port américain vers Liverpool, et valoriser sa position de port d'entrée vers les marchés d'Amérique latine, un certain nombre d'entreprises allemandes, parmi lesquelles des filateurs de Saxe, se déclarèrent intéressées.

Toutefois, comme dans le cas de Boston, les autorités de Berlin refusèrent toute participation officielle : cette position correspondait à une politique générale qui consistait à rejeter toute implication dans des manifestations autres que les expositions universelles. À cela s'ajouta la crainte exprimée dans certains journaux, qu'une sous-représentation de l'Allemagne ne nuise à l'image de l'économie allemande, alors même qu'elle ne cessait de progresser et de développer des marchés, en particulier en Amérique latine[50].

Il semble donc que le souvenir de Philadelphie ait été ravivé dans les mémoires pour les besoins de la mobilisation nationale lors de l'Exposition universelle de Chicago[51]. Désormais, le gouvernement et l'administration voyaient dans ces manifestations un champ de bataille où chaque pays devait remporter la victoire. Cette prise de conscience est due en particulier à l'écho rencontré par l'Exposition de Paris en 1889, qui fut l'aboutissement d'un mouvement décelable dès 1878, dans lequel la logique industrielle et progressiste de la présentation par

---

[49] « Les villes de Düsseldorf, de Munich et de Stuttgart ont envoyé chacune de très intéressants spécimens de leur industrie », *L'Indépendance belge*, 27 septembre 1883. AA, R-901, Expositions aux États-Unis, dossier 12127. Plusieurs articles de journaux américains renferment des éloges sur les objets allemands exposés, comme les bronzes de Berlin, « qui, depuis dix ans ont acquis une réputation internationale ».

[50] AA, R-901, dossier 12128, *Berliner Börsen Zeitung*, n° 450, 25 septembre 1884.

[51] Le caractère assez artificiel de ce souvenir est démontré *a contrario* par l'échec du consul allemand à la Nouvelle Orléans alors même que son argumentation en faveur d'une participation allemande officielle à l'exposition de 1885 se fondait sur la nécessité d'effacer les mauvaises impressions créées par Philadelphie. AA, R-901, dossier 12128, lettre du 7 mai 1884, consulat allemand à la Nouvelle Orléans à la Chancellerie.

bâtiments thématiques cédait le pas aux fastes patriotiques des pavillons nationaux[52]. Or l'Allemagne – comme le Royaume-Uni – avait refusé de participer à l'anniversaire de la Révolution honnie, sans pouvoir empêcher la France d'affirmer à cette occasion son rôle de nation phare. L'Allemagne ne vint donc pas à Chicago combattre les États-Unis mais la France, et ce fut l'assurance de la participation de cette dernière qui convainquit le *Reich* de répondre positivement à l'invitation faite[53]. Le souvenir de Philadelphie avait donc surtout pour but de nourrir la combativité des milieux économiques allemands, et si, dans un premier temps, cet argument fut utilisé par certains industriels pour refuser de participer à toute nouvelle exposition aux États-Unis, il fut vite retourné au profit de la cause nationale et utilisé comme un stimulant par les organisateurs allemands, convaincus de la nécessité de corriger la mauvaise image de l'industrie nationale outre-Atlantique.

La conjoncture économique allemande, qui depuis 1890 montrait un net fléchissement, n'encourageait certes pas une telle participation et les réticences étaient grandes à engager des frais élevés pour un gain immédiat jugé nul. Certains milieux industriels estimaient cependant que la participation à une exposition universelle d'envergure comme celle promise par les Américains était non seulement nécessaire après une aussi longue absence allemande[54], mais pouvait également permettre d'espérer des perspectives à moyen terme plus favorables. Cette ambiguïté se reflète dans les analyses opposées qui furent faites du nouveau tarif McKinley[55] : tous les milieux économiques s'accordaient naturellement pour déplorer ce mur protectionniste mais tandis que les uns considéraient qu'il n'y avait plus rien à attendre d'un marché américain définitivement hors d'atteinte, d'autres estimaient que l'exposition devait être précisément l'occasion d'analyser la demande américaine afin de mieux voir ce qui pouvait être encore importé, avec l'espoir que cette politique serait bientôt amendée, sous l'effet précisément d'une demande tonifiée par l'exposition. Cet optimisme était nourri par les

52 Ory, 1989, p. 81-83. Sur les efforts conjoints des commissaires anglais et allemand pour obtenir des organisateurs davantage d'espace d'exposition, voir AA, R-901, dossier 293, *New York Journal* et *New York Tribune*, été 1892.

53 AA, R-901, dossier 288, note du ministère de l'Intérieur, 27 février 1891.

54 Il est révélateur de constater l'adhésion de la chambre de commerce de Hambourg à l'idée d'une participation allemande, malgré l'inquiétude constante des maisons d'exportation de voir ces manifestations donner l'occasion à leurs clients allemands et étrangers de nouer des contacts directs. Voir *Hamburg's Handel*, 1892, p. 20.

55 Voir chapitre 5.

statistiques du commerce germano-américain qui montraient une progression des exportations allemandes[56].

L'engagement de l'État était donc décisif pour transformer une participation hésitante en succès national, et sa mobilisation fut à la fois financière et politique. Le budget fut dès le début généreux, représentant plus de deux fois celui de Philadelphie, et son doublement fut facilement acquis par un vote au *Reichstag*, de même que l'augmentation demandée par le commissaire général pour agrandir les plans du pavillon allemand : ce fut au total un investissement de 3,6 millions de marks. Cet apport était essentiel pour convaincre les industriels de participer, mais, utilisé pour une bonne part dans les travaux de représentation qu'étaient la Maison et le Village allemands, il ne les dispensait pas d'un investissement propre conséquent. L'effort consenti par les différents milieux économiques s'explique donc aussi par l'écho que rencontra chez eux cet appel au patriotisme, et de ce point de vue, la part personnelle prise par l'empereur pour mobiliser les énergies joua un rôle important. La popularité qui l'entourait dans ces premières années de pouvoir personnel n'avait pas encore été entamée par les suspicions que ses déclarations n'étaient souvent que simples rodomontades et que ses actions restaient efficaces : c'est lui qui convainquit les industriels du textile de Crefeld de participer malgré les incertitudes économiques et la crainte engendrée par la concurrence des industries lyonnaises ; c'est également lui qui insista sur l'aspect symbolique de la représentation allemande en encourageant le roi de Bavière à prêter certains objets précieux de son château de Linderhof pour le pavillon allemand ; c'est lui enfin qui rendit crédible l'appel au « devoir patriotique » et au « *Kulturaufgabe* », thème pourtant déjà marqué par l'expérience très mitigée de l'Exposition de Vienne[57].

C'est donc la Nation allemande qui parvint à se mettre en scène en 1893 : elle présenta ses secteurs publics, les postes, les chemins de fer ou l'éducation, mais surtout sa politique sociale : les réalisations en

---

56 L'argument fut utilisé par von Boetticher, représentant du chancelier, lors d'une session du *Bundesrat* : il souligna que l'Allemagne se situait en deuxième position des pays commerçant avec les États-Unis, derrière la Grande Bretagne, en réalisant 12,5 % des importations américaines (23,6 % pour la Grande Bretagne) et 9,9 % des exportations (52,5 % pour la Grande Bretagne). Les industries les plus désireuses de s'engager étaient celles des tapis, du cuir, du verre, de la porcelaine, des instruments divers, mais aussi de la chimie et du cuivre. AA, R-901, dossier 288, session du *Bundesrat*, 23 avril 1891 qui donna à cette occasion son accord à une participation officielle.

57 Guillaume II semble d'ailleurs avoir été si intéressé par le projet qu'il aurait hésité un certain temps à se rendre lui-même à l'exposition. AA, R-901, dossier 291, *Vossische Zeitung* 23 février 1892.

matière d'assurances pour les accidents ou la maladie des ouvriers[58], furent exposées par des professionnels qui entendaient profiter de cette audience internationale pour imposer à l'étranger mais aussi en Allemagne même la réussite de leur travail. De fait, cette partie de l'exposition allemande rencontra un franc succès qui se traduisit par la demande que firent plusieurs universités américaines d'acheter des parties de l'exposition. L'art enfin, symbole du génie allemand, bénéficia de la sollicitude des plus hautes autorités de l'État : un commissaire particulier, le peintre de marine Schnars-Alquist, chargé de sélectionner les œuvres les plus susceptibles de plaire au marché américain et de vaincre le concurrent français fut nommé pour l'occasion. En réalité, il ne semble avoir eu ni les compétences ni l'autorité nécessaires pour influencer le jeu des coteries en Allemagne lors de la sélection des œuvres contemporaines. De plus, le système de prêts d'œuvres de premier plan, s'il assurait une représentation prestigieuse, avait l'inconvénient d'interdire toute influence durable de ces tableaux aux États-Unis : seul leur achat pour de grandes collections privées aurait pu en effet leur permettre d'influencer sur le moyen terme le goût des Américains[59]. Cette section fut ainsi le seul échec allemand de l'exposition.

Exception faite de ce dernier, la réussite allemande en 1893 fut bien celle de l'administration allemande à travers un de ses hommes, qui, contrairement à Philadelphie, fut désigné commissaire un ou deux mois après la prise de décision de participer. Fonctionnaire, ce qui devait assurer sa neutralité, mais possédant déjà une expérience qui garantissait sa compétence aux yeux des différentes parties[60], il réussit à faire fonctionner ensemble les rouages administratifs et le réseau des associations professionnelles ou d'encouragement à l'industrie. Adolf Wermuth était à la fois un interlocuteur de choix pour les Américains, qui, parmi les organisateurs, étaient loin d'avoir toujours le savoir-faire nécessaire, et un homme capable de conseiller les milieux économiques allemands sur l'exercice particulier que représentait une exposition universelle. Son

---

58 Sur l'action du bureau des assurances d'Empire, créé en 1884, dans la participation aux expositions internationales, qui ne cesse de se développer par la suite, et qui contribue grâce en particulier aux expositions internationales, voir Kott, 1995, p. 170.

59 Tel est le jugement rétrospectif que livra le président de la section Art de l'Exposition de Saint Louis au consul allemand. AA, R-901, dossier 502, Saint Louis, 10 juin 1902.

60 Jeune encore (il est né en 1855), il avait déjà été commissaire général à l'Exposition universelle de Melbourne de 1888, où se trouvait également Franz Reuleaux, et qui fut un terrain d'expérience pour plusieurs responsables allemands. Son engagement au moment de l'Exposition de Chicago joua certainement un rôle dans sa nomination à la tête du département IV du ministère de l'Intérieur, pour lequel il obtint en 1904 le titre de sous-secrétaire d'État.

impartialité fut utilisée par les industriels concernés pour avoir une autre source d'information sur le marché américain que celle, traditionnelle, constituée par les maisons d'importation allemandes situées à New York. Ces dernières avaient en effet une position assez ambiguë : la présence de leurs clients à Chicago était certes une publicité bien venue qui pouvait déboucher sur un accroissement de leur marché. D'un autre côté, ces maisons craignaient que ne s'établissent à l'occasion de l'exposition des contacts directs entre fournisseurs allemands et clients américains, qui rendraient inutile leur médiation. On observa donc deux attitudes : les unes déconseillaient à leurs clients d'engager les lourdes dépenses nécessaires à une participation dont les résultats étaient très incertains ; d'autres au contraire, les encouragèrent en leur donnant des conseils et en faisant miroiter les perspectives des marchés d'Amérique latine, montrant ainsi tout l'intérêt de leur expertise. Dans tous les cas cependant, Wermuth fut sollicité pour donner son avis sur les produits qui, après l'entrée en vigueur des nouveaux tarifs douaniers, étaient encore susceptibles d'être importés de façon avantageuse sur le marché américain.

L'autorité de Wermuth se consolida au long de la tournée qu'il fit en Allemagne pour persuader les différents intérêts économiques de l'intérêt de la manifestation de Chicago[61]. Elle lui permit de convaincre maintes petites et moyennes entreprises de ne pas exposer individuellement, mais de rapprocher leurs compétences et de préférer une représentation commune, thématique, dont l'effet d'ensemble serait beaucoup plus impressionnant. Dans le même esprit, il exerça une grande influence pour que, malgré les désirs officiels de présenter un tableau complet de l'économie allemande, seules soient retenues les activités qui avaient de réelles chances de remporter des prix, laissant des sections entières sous-représentées voire absentes[62]. La rapidité avec laquelle il

---

61 Ses interventions se déroulaient selon le plan suivant : 1) l'exposition sera un événement considérable auquel toutes les nations de quelque importance veulent participer ; 2) Histoire et géographie économique de Chicago : un tiers des habitants est d'origine allemande, c'est un nœud de communications essentiel ; 3) La participation n'est pas un obstacle aux bonnes relations avec les maisons d'import-export à New York, elle doit servir à élargir les perspectives ; 4) Description du financement et du plan général de l'exposition ; 5) Les objets allemands seront montrés dans des stands séparés, y compris dans les pavillons thématiques, donc non soumis à la concurrence directe des autres pays ; 6) des efforts seront faits pour diminuer le coût des transports. Un exemple de ces exposés est donné dans les *Verhandlungen des Vereins zur Beförderung des Gewerbefleisses in Preussen*, qui retranscrivent celui tenu le 2 novembre 1891, p. 222 à 234.

62 Il y eut au total vingt-neuf expositions collectives, dont certaines trouvèrent place dans la « Maison allemande », comme l'imprimerie ou l'art religieux, particulièrement soigné en raison de l'importance du marché américain. Cet effort pour rassembler les petites entreprises correspondait à une analyse de l'échec subi à Philadelphie

devint le centre des préparatifs pour l'exposition est indiquée par le nombre de personnes qui se réclamèrent de lui ou qui s'adressaient directement à lui pour obtenir des espaces d'exposition, menaçant de court-circuiter le consul.

Si Wermuth réussit à fédérer les bonnes volontés autour de l'idée de participation, ce n'est cependant pas simplement parce qu'il était l'homme d'une administration centrale poussée par la volonté impériale : la réussite allemande à Chicago fut aussi due à la mobilisation des chambres de commerce, des différentes associations professionnelles et des associations d'encouragement à l'industrie dont l'action permit au commissaire général de convaincre les milieux économiques. Grâce à elles en effet, les industriels n'avaient pas l'impression de prendre simplement un risque individuel, mais de participer à un mouvement général. De plus, on observe dans les archives qu'avec la proximité grandissante de l'ouverture de l'exposition, les critiques se multiplièrent, dans un climat de tension croissante, non seulement envers Schnars-Alquist, mais aussi contre Wermuth, qui ne pouvait prétendre satisfaire tous les participants à la délégation allemande.

Cette montée des critiques à la veille de l'exposition rendit encore plus éclatante la victoire remportée, qui conduisit l'administration consulaire à fonder de grands espoirs sur les perspectives à court terme qu'offrait le marché américain, malgré la présence de barrières douanières. L'attitude du consul général Bünz montre le degré d'assurance atteint par les fonctionnaires en charge de la manifestation, qui, forts de la justesse de leurs analyses, ne se privèrent pas d'envoyer quelques piques à l'adresse des milieux économiques et des chambres de commerce, accusés de manquer d'esprit d'initiative dans la conquête de nouveaux marchés[63]. On retrouve cette autosatisfaction dans l'introduction du long rapport de l'ambassadeur allemand à Washington[64]. Rédigé dans l'enthousiasme du succès, il forme un contraste saisissant avec la faiblesse des retombées économiques dont purent profiter les industriels qui avaient participé à l'événement. La réussite de l'Exposition de Chicago était effectivement due pour une large part au savoir-faire grandissant de l'administration, mais celle-ci avait réussi à

à cause de la présence dispersée de trop nombreuses entreprises de taille insuffisante pour ce type de manifestation. AA, R-901, dossier 293, mémoire présenté par la chancellerie au *Reichstag* le 27 novembre 1892. L'Allemagne remporta au total plus du quart des prix.

63 AA, R-901, dossier 7587, Technischer Attaché in Chicago, lettre du consulat de New York, 28 juin 1893, p. 17. Cette phase fut cependant de courte durée, à cause du durcissement de la politique douanière américaine.

64 AA, R-901, dossier 298, lettre de l'ambassade à la chancellerie, 30 juin 1893.

susciter un succès politique, bien plus qu'économique, et cela pesa sur l'exposition qui devait être organisée, onze ans plus tard, à Saint Louis.

3. *Saint Louis*

À l'inverse de ce qui s'était passé pour Chicago, la participation à la troisième grande exposition universelle organisée aux États-Unis fut marquée par la persistance des réticences. Les milieux économiques, en Allemagne comme ailleurs, se montraient de plus en plus réservés à l'égard de ces manifestations démesurées, et préféraient les expositions internationales spécialisées. De façon plus étonnante, on retrouve ce scepticisme dans une partie de l'administration et les ministères économiques – l'Intérieur et le commerce prussien – manifestèrent clairement leur opposition à une représentation officielle de l'Allemagne à Saint Louis. Cette exposition devait mettre plus particulièrement en valeur les arts appliqués, or ces derniers avaient déjà été fortement encouragés par les pouvoirs publics dans les années précédentes à participer à plusieurs expositions internationales : outre la grande Exposition universelle de Paris en 1900, le *Reich* avait en effet fait un effort réel pour être honorablement présent lors des expositions spécialisées de Turin en 1902 mais aussi de Saint-Pétersbourg et de Düsseldorf. Il paraissait donc difficile de préparer une nouvelle exposition de qualité en si peu de temps, d'autant qu'une nouvelle exposition spécialisée à Munich en 1904 était déjà prévue.

Outre ce thème de l'« *Ausstellungsmüdigkeit* » que l'on trouvait déjà dans les années 1880, les différents rapports administratifs s'interrogeaient, comme les entreprises, sur l'utilité commerciale de l'Exposition de Saint Louis. Elle paraissait loin d'être évidente, d'après les deux mémoires diplomatiques envoyés des États-Unis. Le premier fut rédigé par le consul allemand sur place, F. C. Rieloff : bien que venant de s'installer, et manquant de contacts dans la ville, l'efficacité dont il fit preuve pour dresser rapidement un bilan de la situation de l'art allemand à l'intention du ministère prussien de l'instruction publique fut fort appréciée[65]. À cette analyse s'ajouta le mémoire rédigé par l'ambassade de Washington, fait avec l'aide du consulat de Philadelphie et naturellement de celle du consulat général de New York[66] : ce second

65 AA, R-901, dossier 501, consulat allemand de Saint Louis à AA, 10 juin 1902. Rieloff avait réussi en particulier à établir un bilan sans concession du marché de l'art allemand aux États-Unis, ainsi que la liste des tendances et des produits les plus susceptibles d'être appréciés, comme les mosaïques, les décorations murales, les peintures sur verre.

66 *Ibid.*, lettre de l'ambassade (signée A. von Quadt) au chancelier Bülow, à propos du questionnaire du ministère prussien de l'Instruction publique et des Beaux-Arts, 17 octobre 1902.

rapport était complémentaire dans la mesure où il était surtout constitué d'un fort appareil statistique montrant les importations comparées d'objets artistiques des quatre principaux pays européens, la Grande-Bretagne, la France, l'Italie et l'Allemagne. Les conclusions étaient assez pessimistes dans les deux cas : sur le plan des importations, les variations générales observées s'expliquaient par la modification des tarifs douaniers, qui conduisaient à une hausse des ventes l'année précédant leur application, et une baisse proportionnelle l'année suivante. Les auteurs n'excluaient pas une certaine influence des Expositions de Philadelphie et de Chicago sur l'accroissement des importations, mais elle était impossible à quantifier, de courte durée, et désormais inenvisageable. Les droits douaniers américains exorbitants avaient ces derniers temps conduit à un recul des importations des produits artistiques aux États-Unis : les illusions qu'on pouvait encore nourrir en 1893 sur une possible évolution du tarif douanier s'étaient désormais évanouies.

Sur l'influence allemande même, les avis étaient tout aussi dégrisants : il ne fallait pas se faire trop d'illusions sur les capacités de l'art allemand à supplanter les Français sur le marché américain, car les marchés anglo-saxons se montraient réticents face aux nouvelles tendances des arts appliqués allemands, et ignoraient tout de l'art allemand contemporain. De plus, la fréquentation de l'exposition par les grands collectionneurs et les acheteurs potentiels était douteuse, car Saint Louis n'était pas une ville très intéressante à visiter, et avait la réputation d'être désagréable l'été. Enfin, l'élément francophone dominait encore la vie culturelle voire économique de la ville à l'inverse des Germano-Américains.

Les avantages d'une participation officielle paraissaient donc inexistants, alors que les coûts ne manqueraient pas de peser lourdement sur le budget et le ministère de l'Intérieur multiplia les objections financières. Même si les envois allemands étaient plus restreints que pour l'exposition parisienne, car Saint Louis était plus spécialisé, le budget nécessaire à une représentation honorable devait quand même s'élever à 1 ou 2 millions de marks. Or les finances du *Reich* se trouvaient dans un état difficile[67], et le poids du budget pour l'exposition parisienne – 5 millions de marks – se faisait encore sentir.

Administration et milieux économiques se retrouvèrent dans un premier temps pour considérer que, après les gros efforts consentis à Chicago et à Paris au nom du prestige national, les expositions univer-

[67] *Ibid.*, 2 octobre 1902, p. 6. Cependant, dès le mois de janvier 1903, le budget prévisionnel s'élevait à 2,5-3 millions de marks, preuve de l'importance accordée à l'événement.

selles devaient désormais avoir une utilité économique et commerciale réelle pour justifier une participation.

La participation allemande à l'Exposition de Saint Louis s'inscrit donc avant tout dans une stratégie politique de tentative de rapprochement germano-américain[68], mais les considérations stratégiques qui nourrissaient les réflexions du ministère des Affaires étrangères et de l'empereur ne pouvaient servir d'argumentaire pour obtenir la participation des différents secteurs sollicités. Aussi, lors de sa tournée en Allemagne, le commissaire allemand à l'exposition, Theodor Lewald, fut donc obligé de recourir malgré tout à divers arguments économiques, au prix de quelques contorsions. Il revint en particulier sur la déception que les industriels avaient connue après l'Exposition de Chicago, en l'expliquant par la conjoncture : l'exposition se déroulait au moment où les États-Unis traversaient une des pires crises économiques de leur histoire. Or, dans les années qui avaient précédé l'Exposition de Saint Louis, ces mêmes États-Unis avaient connu un fantastique enrichissement dont chaque Américain avait pu profiter : des classes moyennes jusqu'au sommet de la société, toute la gamme des productions allemandes pouvait donc espérer trouver preneur. En réalité, ce furent surtout les efforts financiers du gouvernement et les pressions exercées à travers les associations professionnelles qui décidèrent un certain nombre d'entreprises à participer, tandis que d'autres persistèrent dans leur refus. Dans certains secteurs comme l'éducation, la pression officielle était naturellement décisive et les écoles commerciales techniques et supérieures qui avaient d'abord refusé car elles avaient déjà eu l'occasion de démontrer leur savoir-faire à Düsseldorf en 1902 cédèrent devant l'insistance du ministère des Affaires étrangères. En revanche, l'industrie de l'acier et celle des machines, également présentes avec succès à l'exposition de Düsseldorf, maintinrent leur refus, exception faire de quelques entreprises qui avaient des intérêts particuliers aux États-Unis. La plupart des firmes ne voyaient en fait aucun avantage à venir concurrencer sur leur terrain leurs principaux rivaux internationaux, même si, sans doute par amour-propre, les industriels allemands justifièrent leur refus en recourant à la dénonciation traditionnelle du protectionnisme américain[69].

Dans le mémoire du ministère de l'Intérieur destiné à justifier devant le Parlement la participation de l'Allemagne les raisons économiques furent également mises en avant alors qu'il s'agissait d'un acte politique. Cette position s'explique sans doute par le caractère officiel du document : il devait non seulement légitimer aux yeux du Parlement

---

[68] Voir chapitre 5.

[69] AA, R-901, dossier 503, *Kölnische Zeitung*, février 1903.

l'importance d'un budget qui aurait paru disproportionné s'il s'était agi d'une simple entreprise de propagande, et il devait confirmer aux secteurs concernés que leur engagement correspondait réellement à un intérêt économique qui sera défendu par le *Reich*.

L'examen de la prise de décision comme de sa réalisation montre le degré d'efficacité atteint par l'administration pour ce type d'opération. Les expositions étaient de manière générale devenues une affaire de professionnels, qui se retrouvaient d'un événement à l'autre – en ayant souvent progressé dans la hiérarchie – et partageaient de ce fait les mêmes expériences et les mêmes analyses sur la façon de conduire ces projets. C'était déjà le cas avec Reuleaux et, dans une moindre mesure, avec Wermuth. Theodor Lewald lui-même, haut fonctionnaire au ministère de l'Intérieur prussien, fit une véritable carrière au sein des représentations allemandes lors des expositions universelles successives, à commencer par celle de Chicago[70]. C'était également le cas chez les Américains puisque le directeur de l'Exposition de Saint Louis, F. J. B. Skiff, exerçait déjà des responsabilités à Chicago en 1893 et à Paris en 1900[71]. Cela facilitait naturellement la tâche des commissaires nationaux : ils connaissaient parfois déjà leurs interlocuteurs ou partageaient au moins des références communes. Cette existence d'une sorte de communauté internationale d'experts des expositions, avec sa sociabilité propre[72], explique que Lewald se soit vu reconnaître par les observateurs tant américains qu'étrangers le statut de second personnage de l'Exposition universelle de Saint Louis, juste derrière le directeur Skiff.

Au sein même de la délégation allemande, des jeunes fonctionnaires trouvaient également l'occasion de faire leurs premières armes dans une manifestation internationale. C'est le cas du comte von Limburg-Stirum, âgé de 31 ans à l'époque, qui, à Saint Louis, avait le titre de commissaire pour le département éducation. Remarqué, il eut droit à des articles flatteurs parus dans la presse allemande qui permettaient d'espérer des

---

70 Il était alors troisième commissaire général. En 1900 à Paris, il avait le rang de deuxième commissaire général, avant d'atteindre le sommet de la hiérarchie à Saint Louis. AA, R-901, Saint Louis, dossier 511, *The National Exhibits*.

71 Directeur du musée Field de Chicago depuis 1893, il était lors de l'exposition vice-directeur général, responsable du département des mines et commissaire pour l'état du Colorado. En 1900 à Paris, il était membre principal de la délégation américaine. AA, Saint Louis, dossier 503, *Frankfurter Zeitung*, 10 septembre 1902. On retrouve également ce phénomène chez les Français, les Anglais continuant de préférer le noble amateurisme. De manière générale cependant, on était loin des liens de sociabilité locaux si importants à Philadelphie.

72 Cette sociabilité est bien illustrée dans les dossiers sur l'Exposition de Saint Louis, où plusieurs documents montrent les soirées organisées tour à tour par chaque délégation pour impressionner ses rivales et les toasts qui y étaient portés pour se féliciter les uns les autres de l'excellence de leur représentation.

retombées favorables pour la suite de la carrière. Enfin, en Allemagne, certains interlocuteurs de Lewald avaient également acquis un savoir-faire remarquable dans l'organisation des expositions, dont le commissaire put tirer le meilleur parti : il s'agissait aussi bien des associations professionnelles rompues à l'exercice comme le *Deutscher Buchgewerbeverein*, qui était présent à Chicago, à Paris et à Turin en 1902, que des entreprises de taille internationale, habiles à organiser leur publicité, comme les deux rivales, la *HAPAG* et la *Norddeutscher Loyd*[73].

Le cas particulier que présentait l'art montre cependant que ce professionnalisme ne pouvait toujours résoudre le conflit latent entre les objectifs économiques et politiques. Les différents rapports insistèrent sur les aspects économiques de la participation artistique, mais l'art demeura avant tout une vitrine de la nation, et par là le champ d'intervention privilégié du pouvoir politique, en partie manipulé par des intérêts corporatistes voire personnels. Habituellement, l'organisation de la représentation artistique était confiée à la *Allgemeine Kunstgenossenschaft*, qui avait été présente lors des Expositions de Philadelphie, Chicago et Paris[74]. Or, lors de cette dernière manifestation, les critiques avaient vivement critiqué la qualité des œuvres présentées. Le commissaire général, soutenu par différents *Länder*, et des instances comme le ministère prussien de l'instruction publique et des Beaux-Arts, proposa donc en avril 1903 que le choix des œuvres soit fait par une commission à créer, dans laquelle différents experts comme les directeurs de musée entoureraient le président de la *Kunstgenossenschaft*. La polémique prit rapidement de l'ampleur, car enjeux corporatistes, politiques et esthétiques se mêlaient. Les adversaires de la réforme, appuyés par Anton von Werner, l'influent directeur de l'École royale des Beaux-Arts de Prusse qui avait l'oreille de l'empereur, estimaient que la dispute tenait aux prétentions exagérées de la Sécession. Leurs opposants défendaient l'art sécessionniste, mais critiquaient surtout un art officiel totalement dépassé, symbolisé par Anton von Werner « au goût prussien »[75]. Derrière cette querelle esthétique fondée sur les préférences supposées des Américains, se trouve une opposition politique entre un art favorisé par les instances gouvernementales de Berlin sous l'influence de l'empereur et celui qui fleuris-

---

73 AA, R-901, dossier 507, *Hamburgischer Korrespondent*, 3 février 1904 et dossier 509, lettre de A. Ballin à l'ambassadeur de Prusse à Hambourg, 7 juin 1904.

74 Fondée en 1856, elle fut dotée à partir de 1886 d'un budget annuel de 20 000 marks pour aider à financer la présence de l'art allemand dans les grandes expositions internationales. AA, R-901, Saint Louis, dossier 506, *Weser Zeitung*, 31 décembre 1903.

75 AA, R-901, Saint Louis, dossiers 505 et 506, passim. Le débat fut suffisamment important pour occuper durant deux jours le *Reichstag*, les 15 et 16 février 1904. Voir dossier 508.

sait dans le sud de l'Allemagne, le Wurtemberg ou la Bavière. Les réticences que certaines branches industrielles de ces régions traditionnellement réticentes à l'influence de Berlin manifestaient à une participation à l'Exposition de Saint Louis, doivent aussi être considérées sous cet aspect. L'« *Ausstellungsmüdigkeit* » souvent invoquée cachait parfois certaines réserves à participer à ces entreprises de glorification de l'empire considéré comme une extension de la Prusse : un exemple de cette hostilité à ce qui était considéré comme une représentation prussienne de l'Allemagne se trouve dans les reproches faits au choix du château de Charlottenburg pour servir de modèle au pavillon allemand. Ce n'était pas le recours à une architecture historiquement datée qui suscita la critique, car les Anglais avaient choisi le palais de Kensington et les Français le grand Trianon, mais bien que ce choix ait été imposé par Guillaume II[76].

Les tensions que l'on observe en 1904 n'opposaient donc pas simplement une vision politique défendue par l'administration et des intérêts économiques défendus par les entreprises, mais, selon les interlocuteurs, des conceptions différentes de ce que devaient être les intérêts politiques et économiques.

B. Les bénéfices de ces expositions pour les entreprises

1. La marque allemande

On a vu que l'étiquette infamante du *billig und schlecht* avait surtout désigné une étape de l'industrie allemande qui avait su en tirer le meilleur parti pour conquérir des marchés étrangers. Au cours des années 1880 cependant, différents secteurs affichèrent de nouvelles ambitions, qui se concrétisèrent lors de l'Exposition universelle de Chicago. Sans vouloir brider ces aspirations, les commissaires allemands étaient attentifs aux exigences propres des expositions. Ce mélange de compétition entre entreprises et de rivalité entre nations conduisit à privilégier de plus en plus un mode d'exposition par grands ensembles, beaucoup plus spectaculaires. Traditionnellement en effet, les entreprises appartenant au même secteur et au même pays exposaient leurs productions les unes à côté des autres, ce qui produisait un effet répétitif et fianalement lassant. Encouragés par les organisateurs des expositions qui cherchaient à attirer le public des visiteurs dans un contexte de transformation des expositions en parcs d'attraction[77], et

---

[76] AA, R-901, dossier 504, *Münchener Neueste Nachrichten*, 21 avril 1903, et dossier 506, mémoire du ministère de l'Intérieur de Prusse.

[77] Voir les commentaires du conseiller de légation Robert Scheller sur la « vulgarité » d'un public qu'il qualifia de « mob », et de spectacles dignes de fêtes foraines. AA, R-901, dossier 510, 13 mai 1904.

mus par leur propre expérience de ces présentations maladroites, les commissaires généraux encourageaient les industriels à exposer en groupes, et si possible, à monter des stands thématiques. C'était une incontestable réussite à en juger par les commentaires de la presse américaine, et l'industrie allemande disposait ainsi d'une image aussi flatteuse que claire sur ces réalisations, publicité que n'aurait pu s'offrir une seule entreprise.

Cependant, cette valorisation de la marque « Allemagne » avait ses limites dans le cadre même du système où elle se développait[78]. En effet, les entreprises allemandes ne pouvaient prétendre récolter autant de médailles qu'elles l'auraient souhaité, car dans les stands collectifs, chacune ne participait que par quelques objets qui ne pouvaient suffire à donner une idée précise de la production de la firme concernée. Cela les empêchait donc de recevoir un Grand Prix, argument commercial pourtant considérable, qui permettait d'espérer un accroissement conséquent des ventes : on en trouve un exemple dans la joie exprimée par les directeurs de l'entreprise de fours de boulangerie industrielle *Werner & Pfleiderer* qui félicitèrent très chaleureusement leurs représentants aux États-Unis pour leur succès et les trois grands prix remportés à Saint Louis[79]. Le problème était d'autant plus aigu qu'il ne concernait pas seulement les jurys de l'exposition[80] mais aussi les clients potentiels qu'étaient en particulier les grossistes et les grandes maisons d'importation : eux non plus ne disposaient pas d'éléments suffisants pour juger sur pièce de l'intérêt qu'offrait la production d'une entreprise.

En réalité, la logique des officiels allemands était de récolter le plus de prix possible : Les recommandations de Reuleaux au moment de Philadelphie soulignaient l'importance de ne présenter que le meilleur de la production et non le tout-venant. À sa suite, les différents commissaires allemands mirent l'accent sur l'excellence des produits présentés.

78 L'analyse fut faite par l'attaché commercial auprès du consulat général de New York : l'exposition allemande était basée sur une impression d'ensemble, or cela paraissait particulièrement peu adapté aux Américains qui, d'après Waetzoldt, se montraient extrêmement normés dans leurs choix. AA, R-901, Saint Louis, dossier 511, rapport du 10 octobre 1904.

79 WABW, B 11, dossier 377, lettre de Hermann Werner, à Emil Stähle et Gustav Kübler, 30 octobre 1904.

80 La déception des commentateurs allemands à Chicago et à Saint Louis devant le nombre de médailles obtenues par rapport à la France ne s'explique pas seulement par ce choix de présentation. Il semble aussi que, dans leur enthousiasme patriotique, ces commentateurs aient eu tendance à sous-estimer l'effet produit par la représentation française, le poids de la réputation de certaines industries dans les arts appliqués, enfin le savoir-faire d'une administration et d'industriels français systématiquement présents dans les expositions et qui savaient emporter l'adhésion de jurys où ils étaient très présents. AA, R-901, Saint Louis, dossier 512, rapport du consulat allemand de Saint Louis, 29 septembre 1904, p. 3 à 6.

Cette stratégie se justifiait dans la mesure où les prix de l'ensemble des produits allemands devenaient progressivement moins compétitifs sur les marchés internationaux, détrônés par des pays où la main-d'œuvre était meilleur marché. Il était donc de plus en plus important d'obtenir la reconnaissance nationale de la qualité de la production allemande et sur ce point, l'utilité des expositions universelles, même si elle n'était pas immédiate, resta suffisamment établie tout au long de la période[81] pour que, malgré un contexte incertain, différentes voix se fassent encore entendre pour demander la participation officielle de l'Allemagne à l'exposition prévue à San Francisco en 1915. Cependant, les déceptions des exposants à Chicago montrent les limites de ce raisonnement, car en période de crise économique, les objets les plus coûteux, que ce soient des meubles, des objets de décoration ou des peintures trouvaient peu d'acheteurs. En revanche, les articles bon marché faisaient toujours recette, et ce d'autant plus qu'une large partie du public était constituée de gens aux revenus moyens. Cette utilisation de l'exposition comme grand magasin ne pouvait que rencontrer l'hostilité des officiels des différents pays qui se cotoyaient et se mesuraient d'un événement à l'autre, car elle risquait de brouiller l'image de la représentation nationale. À l'inverse, les petites entreprises spécialisées dans les produits de qualité courante destinés à l'exportation ne tiraient pas grand avantage de cette représentation prestigieuse, alors même que l'ambassadeur allemand en 1893 avait montré que, dans le cas de l'Italie comme dans celui du Japon, c'était les objets de qualité médiocre mais caractéristiques de l'artisanat du pays – même s'ils étaient produits de façon industrielle – qui remportaient un franc succès auprès des visiteurs[82].

Cet écart montre comment le professionnalisme croissant des responsables des expositions pouvait aboutir à développer une logique de concours qui trouvait en elle-même sa propre justification, au détriment des objectifs économiques nationaux qu'ils étaient supposés servir.

2. *Information et publicité : le rôle des catalogues*

L'engagement financier du *Reich* ne servait pas directement aux industriels pour couvrir leurs principaux postes de dépenses qu'étaient les frais de transport ou d'assurances. Ces sommes étaient utilisées avant tout pour financer l'information, maître-mot de ces expositions, dans son double aspect de prestige et de nécessité économique. L'infor-

---

81 Voir la satisfaction des milieux économiques allemands devant les résultats économiques obtenus à l'Exposition universelle de Bruxelles en 1910. Dr. Hans Heimann, « Zur Organisation des deutschen Ausstellungswesens », in *Verhandlungen des Vereins zur Förderung des Gewerbefleisses in Preussen*, 1912, p. 94.

82 AA, R-901, Chicago, dossier 298, rapport de l'ambassade d'Allemagne à Washington, 30 juin 1893, p. 108 et 111.

mation, c'était en effet manifester envers les autres le prestige de l'économie allemande en louant un espace d'exposition, dont les dimensions avaient été négociées préalablement par les représentants du gouvernement, et en finançant l'édition du catalogue des exposants allemands. L'information était aussi celle récoltée sur les autres participants afin d'aider au développement ultérieur de l'économie nationale. C'est dans cette catégorie qu'on peut ranger les différents échanges épistolaires entre Washington et Berlin pour rembourser toutes les dépenses engagées par les différents experts membres du jury allemand, chargés d'acheter toutes les brochures, catalogues, plans, et autres documents ou objets susceptibles d'éclairer les ingénieurs et les industriels allemands sur les progrès réalisés par leurs concurrents[83].

Il existait cependant un décalage sensible entre les ambitions affichées et la réalité, comme en témoignent surtout les retards accumulés pour la publication des différents rapports commandés par l'administration. En 1881, Hermann Grothe rappelait que le rapport officiel de la représentation allemande à Vienne n'était pas encore paru, et qu'il n'en était même pas prévu pour l'Exposition de Philadelphie[84]. Or, il soulignait l'importance de ces informations dans un contexte de publications provoquées par l'exposition certes pléthoriques, mais guère utilisables d'un point de vue scientifique, car trop souvent tournées vers l'anecdotique, le sensationnel ou la simple réclame[85]. Cette lenteur des publications officielles était cependant partiellement compensée par l'existence de plusieurs entreprises privées. Grothe lui-même avait dirigé un ouvrage ambitieux sur l'industrie américaine à partir de l'Exposition de Philadelphie, paru dès 1877, et destiné aussi bien à détailler les progrès réalisés outre-Atlantique qu'à fournir des arguments

---

83 Voir par exemple la demande – acceptée – faite par un membre du jury allemand, Gustav Herrmann, professeur à l'école polytechnique de Aix et désireux de se documenter sur les nouvelles machines-outils américaines en gros progrès. AA, R-901, dossier 12126, lettre du ministère du commerce, de l'industrie et des travaux publics au ministère des Affaires étrangères, 30 mai 1876.

84 L'ambassade américaine à Berlin, qui demandait une copie du rapport des commissaires allemands sur le système douanier américain en octobre 1880, s'est vue répondre que le rapport n'avait pas paru. AA, R-901, dossier 12127, 27 octobre 1880. Le même dossier montre la difficulté pour le gouvernement allemand de récupérer ces rapports avec le cas du professeur américain Hayt, chargé de rédiger d'une expertise sur le système éducatif américain à l'occasion de l'Exposition de 1876, qui ne rend son rapport qu'en 1882. *Idem*, lettres de juillet 1878, 31 juillet 1880, 22 mai 1882.

85 Hermann Grothe, « Bericht über Ausstellungen und Ansichten über eine Weltausstellung in Berlin », in *Verhandlungen des Vereins zur Beförderung des Gewerbefleisses in Preussen*, 1881, p. 138.

au camp protectionniste dont il est un des principaux représentants[86]. Par le prestige des auteurs – dont la moitié faisait partie du jury allemand[87] – par le soin de l'édition, avec son format *in quarto*, l'abondance des illustrations, les annexes, ce livre se révélait d'une qualité et d'un intérêt supérieurs au catalogue officiel.

À quoi servaient ces publications ? L'utilisation scientifique disparut assez tôt au cours de notre période, suivant ainsi le déclin des expositions universelles comme rendez-vous scientifique. En 1876, l'ingénieur Blum insistait encore sur les efforts faits par l'Association des ingénieurs (*VDI*) pour assurer des comptes-rendus d'expositions sur le modèle autrichien. Quelques années plus tard, un autre ingénieur, Aloïs Riedler, considérait au contraire que les nouveautés apparaissaient trop vite pour suivre le rythme des expositions universelles. La multiplication des revues scientifiques, techniques et professionnelles rendait de plus en plus superflu cet objet encombrant qu'était le catalogue officiel, dont la parution était toujours lente et où seuls quelques articles intéressaient chaque spécialiste. Cependant, l'intérêt des catalogues comme support publicitaire pour les industriels exposants se maintint tout au long de la période. L'Exposition de Saint Louis le démontre : des caisses contenant chacune 225 exemplaires de l'édition anglaise du catalogue officiel de la participation allemande furent mis par le commissaire Lewald à la disposition des différents consulats allemands aux États-Unis, à charge pour ces derniers de les envoyer gratuitement aux entreprises et revues techniques américaines qui en feraient la demande, avec l'espoir que ces envois suscitent d'autres demandes pour recevoir le catalogue. L'intérêt de cette stratégie ne fut pas reconnu par tous : le consul général Bünz accueillit avec enthousiasme cet effort, mais d'autres consulats se montrèrent nettement plus réservés, chicanant sur le coût que représentait pour eux l'envoi gratuit de ces exemplaires. Au final, il semble bien que les efforts de la plupart des consuls ne soient pas allés plus loin que l'envoi indiscriminé de ce catalogue aux autorités de leur ville ainsi qu'aux principales institutions et entreprises[88]. En témoigne la lettre du consul allemand à Atlanta, qui joint à sa lettre du

86 Hermann Grothe, *Die Industrie Amerika's. Ihre Geschichte, Entwicklung und Lage unter besonderer Berücksichtigung der Volkswirtschaft und Handelspolitik, der Erfindungen und Fortschritte des Maschinenwesens, etc.*, Berlin, 1877. Voir chapitre 5.

87 Voir la liste du jury publiée par le *Deutscher Reichs-Anzeiger* du 13 mai 1876, AA, R-901, dossier 12126.

88 AA, R-901, Saint Louis, dossier 513. Voir également la lettre enthousiaste du 19 juin 1905 du Consul général Bünz au chancelier Bülow, et, à l'opposé, la lettre du consulat de la Nouvelle Orléans au chancelier, 20 juin 1905, qui se contenta de réclamer que les frais d'envoi (42,60 marks) soient à la charge du budget pour l'Exposition de Saint Louis.

29 septembre comme preuve de son efficacité les lettres le remerciant de l'envoi du catalogue écrites par le maire d'Atlanta et le secrétaire général de la chambre de commerce de la ville, dont l'assemblée avait voté ses remerciements au consul allemand « pour sa promotion du commerce entre l'Allemagne et les États-Unis ». On est dans le registre des mondanités plus que de l'efficacité strictement commerciale.

Au final, l'effort du gouvernement était bien réel, même si il ne fut pas toujours bien relayé, et les Allemands devinrent dans ce domaine aussi des maîtres, en particulier auprès des Américains[89], après s'être considérés eux-mêmes les élèves des Autrichiens au début des années 1880 : une note du département au commerce américain en 1909, destinée à ses propres industriels, donnait précisément le catalogue allemand édité à l'occasion de l'Exposition internationale de Buenos Aires en modèle, critiquant seulement le fait qu'il n'ait pas été gratuit, ce qui limitait sa diffusion dans le grand public. La pertinence de cette critique est d'ailleurs discutable, car les Allemands ne cherchaient à s'adresser qu'aux professionnels. En revanche, les représentants de l'administration du *Reich* étaient conscients que l'impression favorable produite par le catalogue était éphémère si elle n'était pas relayée par l'établissement de contacts directs des industriels allemands avec la réalité du marché américain grâce à des voyages répétés[90] et par la diffusion des catalogues des firmes elles-mêmes.

3. *Les aides aux voyages d'études*

Les expositions étaient traditionnellement pour l'administration un moyen privilégié de contribuer au transfert de connaissances et de technologie en permettant à des ingénieurs, des techniciens mais aussi des économistes, d'entreprendre le voyage. Le déclin de l'aspect scientifique des expositions ne retentit pas sur cette pratique, car l'exposition était tout autant un prétexte pour parcourir le pays hôte et rendre compte, dans un rapport, des progrès constatés.

L'ancienneté de la pratique explique que l'Exposition de Philadelphie ait été, de ce point de vue, une réussite aussi grande pour les Allemands que les Expositions universelles ultérieures organisées sur le sol américain. Les administrations multiplièrent les recommandations pour leurs experts[91] car c'était l'occasion de découvrir un pays dont

---

89 Voir « Amerikanische Lehren für Aussteller », *Verhandlungen des Vereins zur Beförderung des Gewerbefleisses in Preussen*, 1911, p. 522.

90 AA, R-901, Chicago, dossier 298, rapport de l'ambassadeur allemand à Washington, 30 juin 1898, p. 26.

91 Il semble exister un véritable *cursus honorum* dans les missions : celles-ci avaient d'abord pour but les États allemands, puis, si les comptes-rendus donnaient satisfaction, elles étaient étendues aux pays européens et à l'Amérique. Il s'agissait cepen-

on commençait à parler sur le plan économique, au moins en ce qui concernait les infrastructures et l'agriculture. Le ministère du commerce de Prusse envoya ainsi une requête au nom de deux architectes des travaux publics du district de Königsberg dont le voyage à Philadelphie devait permettre de constater les progrès techniques accomplis « dans le domaine des canaux, des écluses et de la régulation du courant ». D'autres architectes devaient en profiter pour visiter les différents ports américains et étudier « les aménagements d'entrepôts, l'éclairage des côtes, les mesures de sauvetage, etc. », lors d'un voyage de huit à dix semaines[92]. À chaque fois, les autorités allemandes présentes localement étaient priées de fournir toutes les lettres de recommandation nécessaires pour introduire les voyageurs dans les cercles professionnels et mondains qui pouvaient leur être utiles.

Les industriels ne dépendaient naturellement pas de ces missions officielles pour se rendre sur place et constater les progrès accomplis par les différentes nations : l'exemple le plus connu de voyage réussi reste celui de Rathenau, qui découvrit à l'Exposition de Philadelphie l'invention de Graham Bell. Cependant, pour un certain nombre de jeunes ingénieurs, l'aide d'organisations publiques se révéla précieuse pour se forger une véritable expérience des États-Unis. La *Centralstelle für Gewerbe und Handel* joua ainsi un rôle essentiel à ce moment, comme elle l'avait fait lors de la première Exposition universelle de Londres en 1851. Ce soutien bénéficia par exemple à Hermann Werner, alors jeune ingénieur, et futur fondateur de l'entreprise de boulangerie industrielle *Werner & Pfleiderer*. Son séjour, organisé en 1876, fut particulièrement profitable car, loin de se contenter comme tant d'autres d'un tour d'horizon de quelques semaines à partir de l'exposition, il demeura un an sur place, apprenant à connaître les différentes machines américaines[93]. À la différence d'Emil Rathenau, l'exposition fut l'opportunité qui provoqua son séjour, mais le profit tiré de ce dernier n'était pas directement lié à cette manifestation. L'intérêt de ces voyages ne fut cependant pas toujours aussi probant et on trouve dans les dossiers sur les expositions de nombreuses demandes de recommandation par des personnes, soutenues ou non dans leur requête par un ministère, dont le projet d'études paraît faible. C'est ainsi que le ministère pour l'Agriculture demanda aux Affaires étrangères de recommander à l'ambassade allemande de Washington, au consulat général de New

dant de jeunes fonctionnaires qui n'avaient pas toujours atteint les trente ans, et encore souvent célibataires. Voir le parcours de Haller, AA, R-901, dossier 7587, lettre de l'ambassade de Prusse au Wurtemberg, 27 juillet 1893.

92 *Ibid.*, Handelsministerium à l'AA, 24 juin 1876.

93 WABW, B 11, dossier 377, Gründung von *Werner & Pfleiderer*, Saginaw – Michigan USA. Pohl, 1988, p. 25.

York, au consul allemand de Philadelphie et au commissaire principal allemand de Philadelphie le propriétaire (*Rittergutbesitzer*) von Zacha-Strelitz, dont la situation sociale, tout autant que les connaissances en matière d'agriculture, étaient supposées permettre la collecte d'informations intéressantes pour la rédaction d'un rapport[94]. Cette étude, si elle fut achevée, ne laissa en fait guère de traces.

À l'occasion de l'Exposition de Saint Louis, les ministères avaient prévu des budgets pour faire partir leurs fonctionnaires. Le ministère de l'instruction publique prussien en particulier disposait d'un fonds de 50 000 marks dont 20 000 étaient destinés à payer le voyage de huit professeurs appartenant aux Écoles techniques de Berlin, de Hanovre et d'Aix-la-Chapelle. Des membres de l'office des brevets, des fonctionnaires du ministère prussien des travaux publics, de la poste, du ministère du commerce et de l'industrie, du ministère de l'agriculture du Wurtemberg furent également annoncés au ministère des Affaires étrangères pour que celui-ci les munisse d'une lettre d'introduction auprès des autorités allemandes sur place et surtout auprès du commissaire général. Il ne s'agissait à chaque fois que de trois à cinq individus au plus, mais pour qui il était presque toujours précisé qu'ils devaient mettre à profit ce voyage pour, au-delà de l'exposition, se faire une idée des conditions américaines en parcourant une partie du pays[95]. Les particuliers étaient encouragés à faire le voyage par les articles de journaux qui soulignaient l'intérêt de l'exposition, et encourageaient chacun à être son propre expert en formant son jugement à partir de ses besoins propres[96].

Quelle était l'efficacité de ces voyages d'études ? Les dossiers du ministère des Affaires étrangères ne contiennent pas les comptes-rendus, qui relevaient de chaque administration concernée. Seul, un jugement lapidaire émis par l'ambassadeur allemand dans son compte-rendu de l'Exposition de Chicago laisse entrevoir une réalité peu flatteuse[97] : d'après lui, non seulement les congrès organisés dans le cadre de la manifestation ne rencontraient qu'indifférence de la part de la foule des visiteurs, mais les moins intéressés de tous à ces rencontres étaient précisément les participants représentant des différents pays, qui ne songeaient « qu'à se divertir ». Si l'exagération ne fait pas de doute,

---

94 AA, R-901, dossier 12126, *Ministerium für landwirtschaftlichen Angelegenheiten* à l'AA, 10 mars 1876.

95 AA, R-901, Saint Louis, dossier 509, ministère de l'Instruction à AA, 19 mai 1904 ; dossier 510, Intérieur à AA, 6 juin 1904, Travaux publics à AA, 6 juin 1904, 5 juillet 1904, 8 juillet 1904, 20 juillet 1904.

96 AA, R-901, Saint Louis, dossier 507, *Allgemeine Zeitung*, 21 février 1904.

97 AA, R-901, Chicago, dossier 298, ambassade allemande à Washington, 30 juin 1893, p. 119.

comme le montre la participation de Max Weber aux congrès organisés à Saint Louis, il semble bien que pour certains voyageurs au moins, la visite de l'exposition et de différentes villes américaines n'ait donné lieu qu'à un rapport convenu. On trouve certes régulièrement des travaux sérieux qui, pour un secteur donné, énuméraient les spécificités des produits des différents pays, distribuant éloges et critiques. Cependant, ces réflexions concernaient autant la France ou l'Angleterre, rivaux traditionnels, que les États-Unis, et elles restaient souvent assez superficielles car elles dépendaient de la qualité des produits exposés, sans être toujours éclairées par une véritable connaissance du pays. On s'aperçoit donc que ne tiraient réellement parti de ces voyages d'études lors des expositions que ceux qui avaient la possibilité, car ils faisaient partie de la communauté des professionnels des expositions à titre de membres de jurys en particulier, de revenir dans le pays. Ce sont eux qui pouvaient ainsi mesurer les progrès réalisés dans le cadre des expositions mais aussi dans le pays[98].

Les trois expositions universelles américaines organisées entre les années 1876 et 1914 ont revêtu une importance certaine pour les Allemands, mais cet intérêt n'est pas allé croissant, parallèlement à l'importance de plus en plus grande de l'économie américaine. Les Allemands ont en effet évalué cet intérêt moins par rapport aux bénéfices possibles sur le marché américain que pour des raisons de prestige international. Or celui-ci était lié avant tout aux rivalités européennes. C'est moins en raison du soi-disant échec de Philadelphie en 1876 que par rapport à l'absence du *Reich* lors de la grande exposition parisienne de 1889, que les Allemands décidèrent de faire de l'Exposition de Chicago un enjeu national. À l'inverse, c'est parce que leur représentation à l'Exposition de Paris en 1900 avait été réussie que Saint Louis ne revêtit pas la même importance aux yeux d'une partie de l'administration et des milieux économiques. Même du point de vue économique, les arguments utilisés par les commissaires évoquaient régulièrement tout autant les marchés asiatiques et latino-américains que celui des États-Unis, sachant que dans tous les cas les réussites commerciales furent modestes. On ne saurait affirmer pour autant que les milieux économiques furent dupés. Ils ont aussi voulu participer à cette œuvre patriotique et purent en tirer des bénéfices ponctuels mais réels. Mais tous étaient persuadés que l'enjeu était avant tout européen, tant en ce qui concernait la rivalité politique avec la France ou l'Angleterre, que pour les exportations allemandes, qui se dirigeaient principalement vers les autres pays du Vieux Continent.

---

98 Voir les ingénieurs Wedding, Reuleaux et Riedler, chapitre 5.

III. Les illusions d'une collaboration entre milieux économiques et État

Les exportateurs avaient trois exigences à satisfaire : provoquer des commandes, grâce à la connaissance des marchés étrangers ; assurer leur livraison, en réglant les problèmes de douane et de transport ; obtenir leur règlement, en s'assurant de voies de recours en cas de litige. Sur tous ces points, l'administration s'efforça de fournir une réponse : ses publications, basées sur les rapports des consuls, donnaient de multiples informations. Au nombre de celles-ci, on compte les renseignements sur les productions locales et le dynamisme des différents secteurs économiques, mais aussi des indications sur les modalités administratives comme les exigences des douanes, ainsi que les règles de paiement et de livraison en usage dans le pays.

L'ampleur et la qualité de ces informations sont le résultat progressif d'une évolution du système consulaire sous la pression des milieux économiques. Ces derniers cependant ont continué à manifester leur insatisfaction, reprochant à l'administration de se satisfaire de tableaux généraux de l'économie là où il aurait fallu un engagement actif pour trouver et développer de nouveaux marchés. De son côté, l'administration revendiquait l'utilité de ces bilans économiques pour mener à bien sa politique commerciale, et estimait qu'elle n'avait pas à se substituer aux efforts des entrepreneurs, ni à les favoriser au détriment du commerce[99]. Pourtant, malgré ces positions tranchées, chaque partie a pu croire, à différents moments, avoir trouvé la solution, s'illusionnant sur sa capacité à influencer l'autre.

Le marché américain était un des enjeux de ce débat, mais il n'est guère possible de l'isoler du contexte général. Il s'intègre au contraire dans les discussions qui se développèrent dans les années 1880 autour des chambres de commerce à l'étranger et de la professionnalisation des consuls : les arguments forgés alors furent ensuite réutilisés tout au long de la période, comme les éléments de base d'un discours sur les formes et les conséquences de la mondialisation marchande.

A. Les illusions des milieux économiques

1. La professionnalisation des consuls

C'est au début des années 1880 que se situe une première vague de revendications des milieux économiques allemands pour une meilleure défense de leurs intérêts à l'étranger par le *Reich*. Dans le contexte de morosité économique qui marquait encore l'Allemagne, les exportations

[99] König, *op. cit.*, 1911, p. 315.

prirent progressivement une grande importance, car elles devaient permettre aux entreprises de ne pas dépendre uniquement de la situation de leur marché intérieur. À ce moment, la discussion tourna autour de la réforme entreprise par le gouvernement pour professionnaliser son réseau consulaire, profitant du remaniement rendu nécessaire par l'unification des États allemands.

Dès 1867, le *Norddeutscher Bund* avait entrepris de nommer des consuls professionnels dans les villes qui représentaient une importance stratégique pour le commerce allemand, suivant en cela l'exemple d'autres puissances européennes. Avec la création du *Reich*, le mouvement fut poursuivi sans pourtant être accéléré, et, en bien des endroits, les consuls honoraires subsistèrent : la nouvelle administration avait en effet opté pour un système mixte de représentation, estimant que transformer tous les postes pour y placer des consuls professionnels serait d'un coût trop élevé pour le budget de l'État, alors même que les circonstances étaient loin de toujours justifier une telle transformation, et ce raisonnement pragmatique fut maintenu tout au long de la période, malgré les réclamations toujours plus vives des milieux exportateurs et des Allemands expatriés. Malgré leur lobbying actif, le ministère des Affaires étrangères fut toujours plus sensible aux arguments politiques – parmi lesquels la présence d'une représentation d'une autre puissance européenne – que purement économiques, pour décider l'envoi d'un consul professionnel dans tel ou tel endroit.

Le réseau consulaire allemand aux États-Unis permet de comprendre la logique administrative du système mixte : de 1880 à 1900, le nombre de consulats professionnels demeura stable, et ne représenta que 40 % du nombre de consulats honoraires. Dans les années 1904-1906 on note que pour la première fois un nombre de consulats professionnels (13) supérieur à celui des consulats honoraires (12). Ce changement ne marquait cependant pas le passage à un système professionnalisé, mais correspondait à un renforcement général du réseau consulaire allemand aux États-Unis. Celui-ci possédait désormais une structure professionnelle plus développée, avec à sa tête le consulat général de New York – instance de contrôle et non autorité supérieure – et toujours relayée par des consuls honoraires dans des endroits jugés secondaires. En 1914 d'ailleurs, les consulats honoraires redevinrent majoritaires, avec un total de 15 postes : cela s'explique par la facilité et la souplesse plus grandes qu'offrait la création de consulats honoraires dans des centres économiques émergents, ce qui était particulièrement important dans le contexte américain à la géographie économique en évolution constante.

Sur le thème de la professionnalisation des consuls se greffa rapidement celui, nouveau, des chambres de commerce à l'étranger, nourri par les remarques sur le manque de compétence en matière économique et commerciale du nouveau personnel consulaire. Les milieux économiques se voyaient en effet confrontés à un dilemme. D'un côté, ils souhaitaient naturellement que des personnels diplomatiques remplacent les anciens consuls honoraires, car les tâches toujours plus nombreuses assignées au consul ne pouvaient être accomplies de façon efficace que par un fonctionnaire désigné pour ce poste, et non par un homme d'affaires qui ne pouvait négliger sa propre entreprise pour assurer ses fonctions consulaires[100]. Surtout, on était sûr que les conseils d'un consul diplomate ne seraient pas biaisés par la considération de ses propres intérêts, alors qu'il était difficile à un commerçant nommé consul honoraire de ne pas favoriser sa propre maison ou celles de ses amis lorsque, par exemple, des exportateurs allemands lui demandaient une liste d'interlocuteurs commerciaux[101].

Pour autant, la professionnalisation comportait de sérieux désavantages, dont le principal tenait précisément à la formation de diplomate : le nouveau consul, par son milieu et surtout ses études[102], n'était aucunement préparé à saisir les réalités économiques du pays dans lequel il avait été nommé, ni les besoins spécifiques des représentants de telle ou telle branche de l'industrie allemande[103]. Nombreuses sont les anecdotes qui illustrent cruellement ce fait, comme celle rapportée par le député Karl Blell[104], à qui un consul aurait déclaré :

> Quand vous êtes venu ce matin, je me suis tout de suite dit, voilà un commerçant allemand qui vient te demander des renseignements commerciaux et j'ai eu vraiment peur. Comprenez donc, mon père est propriétaire terrien, j'ai étudié le droit, et je n'entends strictement rien aux affaires commerciales.

De fait, l'examen d'entrée au ministère des Affaires étrangères ne distinguait pas entre ceux qui s'orientaient vers un poste d'ambassadeur et ceux qui choisissaient la voie consulaire. La différence tenait à la présence plus importante de roturiers dans cette seconde voie, surtout

---

[100] Voir Berg, 1995, p. 40.

[101] Cette justification est par exemple donnée par Grothe, 1884, p. 325. L'auteur renvoie au livre d'Arnold Steinmann-Bücher, *Anträge zur Reform des Consulatswesens, Verhandlungen des Centralverbands deutscher Industrieller*, 1883.

[102] Séance du *Reichstag* du 16 février 1900, compte-rendu sténographié, vol. 169, p. 4183.

[103] Une autre raison avancée était la lourdeur croissante des tâches économiques du consul, qui devait également guider les intérêts de son pays lors des négociations des traités commerciaux, et orienter au mieux l'émigration et surtout les capitaux allemands dans sa région. AA, R-901, dossier 7740, deuxième supplément à l'*Allgemeine Zeitung*, le 16 février 1886.

[104] Né en 1838, il avait eu une expérience de vendeur aux États-Unis puis avait créé une entreprise d'exportation de draps dans le Brandebourg, région dont il était devenu président de la chambre de commerce.

aux postes élevés, comme le consulat général de New York. Le peu d'importance donné à ce problème par l'administration se mesure au fait qu'au cours des décennies 1880 et 1890, la possibilité théorique d'accomplir son stage administratif de deux ans dans une autre structure que le ministère des Affaires étrangères – en particulier dans une chambre de commerce – était contredite par la pratique. Il paraissait en effet souhaitable d'utiliser ce temps à mieux connaître le candidat en le faisant travailler dans sa future administration[105]. Il ne faudrait cependant pas simplifier excessivement la discussion : certains commentateurs comme Paul Raché, profondément critiques à l'égard du système, relativisaient eux-mêmes l'importance de cette question car un stage d'un an dans une maison d'import-export ou dans l'administration d'une grande chambre de commerce n'était pas, à leurs yeux, une garantie suffisante de la qualité des futurs services que le consul était susceptible de rendre aux milieux économiques intéressés. En réalité, Paul Raché était favorable à une redéfinition complète du poste de consul, en renversant l'ordre des priorités. Le consul serait une sorte de super attaché commercial qui pourrait même ne pas avoir fréquenté l'université mais une « *Exportakademie* » à créer ou une école de commerce. On lui adjoindrait un assesseur pour les questions juridiques. Seule concession au système mis en place dans les années 1880 : le consul devrait être un fonctionnaire car seul ce statut garantit son impartialité.

Cette floraison de critiques et de propositions est caractéristique des temps de réforme, où les changements amorcés encouragent forcément des remises en cause plus générales et des projets alternatifs jugés plus ambitieux et plus efficaces. Cependant, on note que les réformes radicales prônées par un Paul Raché s'appuyaient essentiellement sur les qualités propres de l'homme à qui le poste était confié, suivant le modèle anglais de l'homme de valeur, à juger indépendamment de son cursus. Il ne corrigeait donc pas la faiblesse fondamentale du système consulaire qui tenait à ce que toute son efficacité reposait sur la personnalité du consul. Qu'on en juge par le portrait idéal tracé par la revue *Die Industrie* : après avoir effectué lors de sa formation un stage au bureau de statistiques ou au ministère du commerce, et avant de rejoindre son poste, il devait rendre visite aux différents industriels allemands qui avaient des intérêts dans la région où il avait été nommé, afin de s'informer de leurs besoins. Il devait ensuite occuper son voyage vers son poste avec la lecture de toutes les informations économiques sur sa future région. Sur place, il devait sans cesse actualiser ses connaissances en s'abonnant aux différents journaux et revues locaux, tout en conservant à leur égard un esprit critique. Il devait ensuite creuser les questions soulevées par ces lectures en questionnant les gens

---

105 Berg, 1995, p. 120.

spécialisés, à commencer par les Allemands résidant sur place, et, à défaut, les gens du pays[106]. Enfin, ses vacances en Allemagne devaient être consacrées à des discussions avec les industriels et les commerçants en relations d'affaires avec sa région.

Ce portrait montre qu'au-delà des critiques sur la formation insuffisamment économique des consuls, c'était le principe même d'un interlocuteur unique, représentant de l'administration, qui était remis en cause, car il représentait, par rapport au consul honoraire, une perte d'autonomie vis-à-vis de l'État pour les exportateurs. C'est pourquoi ces derniers pensèrent trouver une solution de rééquilibre dans la création d'une association regroupant les intérêts économiques allemands locaux, qui aurait pour vocation d'assister le consul mais aussi de renseigner directement leurs homologues demeurés en Allemagne. Ainsi se développa une discussion qui occupa les protagonistes pendant vingt ans, le débat étant constamment alimenté par des exemples étrangers. Le problème se posait en effet dans les mêmes termes dans les différents pays industrialisés, ce qui donnait aux tenants de la création de chambres de commerce à l'étranger un moyen de pression extrêmement efficace sur les administrations avec qui ils négociaient. Ainsi, en novembre 1888, malgré la solidarité administrative observée avec les Affaires étrangères, le ministère de l'Intérieur fut conduit à demander à celui-ci une nouvelle mise au point, car l'Assemblée fédérale suisse, après bien des hésitations, s'était finalement déclarée favorable au projet de chambres de commerce à l'étranger, une décision jugée significative par l'Intérieur, qui rappela l'importance des exportations dans l'économie suisse.

C'est en réalité la France[107] qui donna le mouvement au débat européen, depuis le 17 mai 1880, quand l'ambassadeur allemand en poste à Paris envoya le numéro du *Journal Officiel* du jour annonçant le projet du ministre du commerce Hérisson de créer des chambres de commerce à l'étranger pour dynamiser les exportations et obtenir de meilleures informations sur les marchés étrangers. En 1884, trois furent créées, à Lima, Montevideo et la Nouvelle Orléans[108]. En 1885, les documents

---

106 *Die Industrie, zugleich Deutsche-Konsulats Zeitung*, 10 novembre 1888, in AA, R-901, dossier 7742.

107 Paul Raché citait comme premier exemple la chambre de commerce ouverte par l'Autriche à Constantinople en 1870, mais ce cas n'avait pas eu d'importance réelle pour la réflexion allemande.

108 Il s'agissait en réalité d'organisations différentes : à Montevideo, la chambre de commerce, fondée en 1882, correspondait effectivement au projet et était présidée par le consul. En revanche, la « chambre consultative des intérêts français » créée à la Nouvelle Orléans dès 1878 à la demande de chambres de commerce françaises, était une organisation purement privée.

allemands mentionnaient désormais l'existence de 17 chambres de commerce françaises à l'étranger. Les jugements portés sur leur efficacité étaient assez contradictoires, mais en 1886 par exemple, l'activité de la toute récente chambre de commerce à Milan fut saluée : son action aurait permis, outre un développement de certaines exportations, l'ouverture rapide de négociations entre Rome et Paris pour la protection des marques et des inventions françaises en Italie[109]. Ces exemples suffirent à fournir les deux arguments utilisés par les tenants de ce nouveau système : les chambres de commerce à l'étranger devaient aider individuellement les exportateurs nationaux en les mettant en contact avec des importateurs potentiels et en leur indiquant les produits à privilégier ainsi que les conditions d'exportation. Elles devaient également développer un partenariat privilégié avec l'administration et le gouvernement afin de peser dans les négociations de traités commerciaux. Elles étaient en effet censées connaître plus précisément les secteurs et les produits à défendre en priorité et, grâce à cette expertise, elles paraissaient aux exportateurs être le meilleur instrument de pression sur la diplomatie.

Privilégié, le modèle français fut l'objet d'observations directes, comme l'illustrent les rapports du consul du *Reich* à Odessa sur l'activité de la chambre de commerce qui venait d'y être créée. Ce modèle fut aussi observé de façon indirecte, à travers les coupures de presse et les documents rassemblés par les fonctionnaires de la *Wilhelmstrasse*, qui indiquaient le jugement porté dans les autres pays européens sur les réalisations françaises. Ce second aspect était essentiel, car le développement rapide des chambres françaises conduisit l'Autriche-Hongrie et la Grande-Bretagne entre autres[110] à établir dès la fin des années 1880 un réseau de chambres de commerce à l'étranger. Aussi, même si dès 1890, la conclusion du traité germano-ottoman aux dépens des intérêts français pourtant représentés par une chambre de commerce à Constantinople sembla montrer les limites de l'efficacité de la formule[111], la pression de ses partisans était suffisamment forte pour

---

109 AA, R-901, dossier 7740, *Allgemeine Zeitung*, 26 août 1886 et *Berliner Politische Nachrichten*, 27 août 1886.

110 Il existait des chambres de commerce anglaises et autrichiennes à Constantinople et à Paris. Les Italiens s'étaient également organisés dans ces villes ainsi qu'à New York. Les Espagnols étaient présents à New York et surtout à Londres, où leur activité semble avoir été particulièrement importante. Voir la notice descriptive envoyée par le ministère de l'Intérieur aux Affaires étrangères le 13 mai 1889 et le bilan de l'activité espagnole à Londres, décrit dans une lettre de l'ambassade allemande du 18 avril 1887, AA, R-901, dossiers 7741 et 7743.

111 *Weser Zeitung*, 9 octobre 1890, AA, R-901, dossier 7744.

permettre la création en 1894 de la première chambre de commerce allemande à Bruxelles, sous la forme d'une association privée[112].

On retrouve dans la liste de ces partisans les différents groupes d'exportateurs : tout d'abord, les chambres de commerce de Stuttgart, de Berlin, et surtout de Mannheim, auxquelles il faut ajouter l'association industrielle de Saxe (*Sächsischer Industrieverein*), avec sa revue, le *Zeitschrift für die gesamte Textilindustrie*. Venaient ensuite les associations spécialisées dans la question des exportations, l'association centrale pour la géographie commerciale et le soutien aux intérêts allemands à l'étranger (*Centralverein für Handelsgeographie und Förderung Deutscher Interessen im Auslande*[113]), avec la *Deutsche Exportbank* qui lui était liée, le *Handelsmuseum*, et le *Centralstelle für die Vorbereitung von Handelverträgen*. Enfin, on trouvait un certain nombre de personnalités, souvent à la tête de journaux spécialisés : Alexander Dorn et son *Volkswirtschaftliche Wochenschrift*, Robert Jannasch, qui dirige la revue *Export*, et qui, avec Wilhelm Roscher, a écrit *Kolonien, Kolonialpolitik und Auswanderung*, Leipzig, 1885, régulièrement cité ; Hugo Böttger et sa revue *Der Weltmarkt. Zeitschrift für Deutschlands Industrie, Innen- und Aussenhandel*, primée dans différentes expositions internationales ; et le député national libéral Münch-Ferber.

À l'opposé, deux groupes se montrèrent hostiles à ces projets. Il s'agissait d'abord des villes hanséates qui pouvaient s'appuyer sur leurs propres réseaux d'information, développés grâce à une longue tradition commerciale : très favorables à la professionnalisation des consuls, elles craignaient en revanche que l'établissement de chambres de commerce à l'étranger n'attise l'animosité des milieux économiques locaux, tenus à l'écart de ce groupe de commerçants ainsi privilégiés[114]. L'autre groupe était constitué des grandes entreprises, qui avaient les moyens d'envoyer leurs experts et leurs représentants à l'étranger pour développer de nouveaux marchés et suivre l'accueil réservé à leurs produits.

---

112 AA, R-901, dossier 7745, mars 1894.

113 Cette association fut créée par le Dr. Jannasch avec pour but premier de remédier à l'émigration allemande, d'une part en redirigeant ces flux migratoires vers des colonies économiques allemandes, par exemple au Brésil, d'autre part, en stimulant l'économie allemande grâce à l'augmentation des exportations. L'association faisait paraître deux revues pour diffuser ses idées. L'une était plutôt scientifique, les *Geographische Nachrichten für Welthandel und Volkswirtschaft*, l'autre avait un rôle plus pratique, l'hebdomadaire *Export*, dont on trouve un certain nombre d'extraits dans les dossiers du ministère des Affaires étrangères.

114 Voir AA, R-901, dossier 7744, article du *Hannoverscher Kurier*, 23 juin 1892.

Ces deux groupes insistèrent sur un autre modèle, plutôt anglais, même si des références à la France étaient également faites[115]. Ils mettaient en avant le nécessaire amateurisme des fabricants allemands qui s'efforçaient, par leurs propres moyens, de prendre pied sur des marchés étrangers. Leur manque de connaissances et de moyens ne leur permettait que de faire une ou deux tentatives, ce qui ne pouvait conduire qu'exceptionnellement à des résultats, car ils n'avaient pas la possibilité d'apprendre de leurs échecs. Le modèle anglais était celui de la spécialisation des tâches, qui allait, pour ses promoteurs, dans le sens de la rationalisation du travail, un mot d'ordre employé dès les années 1870 dans l'industrie, et qui était ici utilisé au profit des maisons d'import-export[116].

Les villes hanséates défendirent particulièrement leur expertise qui se développait en trois volets : leur connaissance des conditions d'exportation dans les différents pays – les règlements douaniers en particulier – leur professionnalisme dans la préparation matérielle des livraisons – surtout l'empaquetage[117] – et leur flux continu d'informations pour faire connaître les besoins des marchés exportateurs. Les avocats des intérêts hanséatiques se montrèrent donc particulièrement critiques face aux instruments destinés à aider les fabricants à exporter directement comme la publication d'annuaires pour l'exportation. À leurs yeux, ce ne pouvait être que des leurres qui entretenaient les fabricants dans l'illusion qu'ils pouvaient assurer eux-mêmes leurs ventes à l'étranger.

En réalité, ce « modèle anglais », que l'on retrouvait dans d'autres pays, correspondait à une vision du commerce international qui, dans les années 1880, commençait à être dépassé à cause des changements dans la structure des productions industrielles. À l'échelle nationale, les entreprises apprenaient, sous l'aiguillon d'une concurrence de plus en plus intense, à porter davantage d'attention à leurs produits par l'innovation et le développement de différentes gammes de produits, ainsi qu'à mettre en valeur ces innovations par la publicité. Dans les années 1880, cette évolution ne touchait cependant pas la grande majo-

115 Voir « Deutsche Seeschiffahrt und Deutscher Export », in *Schmollers Jahrbücher*, vol. 5, 1881, p. 333-345.

116 Voir le mémoire présenté le 27 mai 1881 devant le *Reichstag* par le chancelier Bismarck. Ces propositions n'étaient en aucun cas spécifiquement allemandes : elles reflétaient les efforts internationaux entrepris au même moment dans les différents pays industrialisés. Le secrétaire d'État américain James G. Blaine encouragea la même année son gouvernement à subventionner des lignes de vapeurs et demanda aux commerçants comme aux fabricants de prêter d'avantage d'attention à la question de l'emballage. Voir Pletcher, 1998, p. 19.

117 C'est en effet un reproche qui revenait régulièrement dans les rapports consulaires et dans les écrits qui soulignaient les défauts des exportateurs allemands ; voir par exemple Tuch, 1883, p. 84-175, en particulier p. 105-107.

rité des petits fabricants, car cela impliquait un coût de l'information (comprenant la surveillance des concurrents, l'analyse des demandes du marché, l'arbitrage entre les différents investissements à réaliser) qui restait élevé sur le marché national et qui était prohibitif sur les marchés internationaux. Face à cela, si les maisons hanséates et berlinoises ne pouvaient pas fournir l'expertise nécessaire sur les demandes du marché pour chaque produit, elles étaient en mesure de donner les informations minimales sur les gammes de prix et les qualités demandées, ce qui était suffisant pour la plupart de ces petites et moyennes entreprises. On ne peut donc nullement parler d'un combat d'arrière-garde de la part des milieux exportateurs[118].

Les multiples réserves formulées par Brême et surtout Hambourg lors des assemblées du *Handelstag*, obligèrent cette organisation à adopter une neutralité bienveillante dans le débat. En revanche, il est plus difficile de repérer les positions des grandes entreprises : on peut seulement remarquer que leurs sources ne font pas état d'une participation à ces discussions, mais que c'est vraisemblablement sous leur influence que le CVDI, malgré des positions initiales assez favorables, dut observer lui aussi une certaine réserve.

Finalement, la création de la Chambre de commerce allemande à Bruxelles fut décevante pour plusieurs raisons : elle ne fut pas suivie d'autres fondations – à l'exception de l'éphémère chambre de commerce allemande à Bucarest, créée en 1902 – ses activités périclitèrent rapidement, et surtout, son existence fut le résultat d'une décision prise par les commerçants allemands de l'endroit, indépendamment de toute aide administrative. Or, dans cette querelle de compétences entre les milieux économiques et l'administration, il n'y avait de la part des premiers aucune volonté d'indépendance, mais le désir d'être reconnus comme des partenaires indispensables, et non les simples bénéficiaires d'informations préalablement sélectionnées. Dans les projets allemands conçus sur le modèle français, le consul jouait un rôle essentiel, même si les limites respectives de son pouvoir et de celui de l'assemblée des commerçants semblaient parfois floues. Sa présence était jugée indispensable, d'abord parce qu'elle garantissait l'existence d'un lien avec les autorités allemandes, essentiel pour pouvoir espérer peser sur les décisions de celles-ci, en matière d'accords internationaux notamment, ensuite parce que cette présence du consul était une garantie du sérieux de la chambre de commerce aussi bien pour les Allemands que pour les commerçants locaux, enfin parce que sa fonction en faisait le point de ralliement naturel de la communauté expatriée.

118 Sur les informations données par les informateurs commerciaux voir Popp, 2002, p. 19-39.

Ce dernier élément était particulièrement important aux yeux des exportateurs du *Reich*, car une remobilisation réussie du patriotisme de ces expatriés d'origine allemande leur permettait d'espérer pour leurs produits un marché privilégié[119]. Ce souhait dépassait largement le thème du *Deutschtum im Ausland* promu par les milieux pangermanistes au début du XXe siècle en partie comme ersatz à l'absence d'empire colonial comparable aux réalisations françaises et anglaises. Alimenté par le renouveau nationaliste de la fin du XIXe siècle, cet espoir se fondait aussi sur l'expérience d'entreprises familiales, qui, par le biais des émigrants, avaient conquis des marchés étrangers : l'entreprise d'harmonicas *Hohner* au début des années était ainsi parvenu à s'implanter aux États-Unis dans les années 1860 grâce aux habitants de Trossingen qui émigraient en emportant avec eux des harmonicas, puis, une fois installés, en commandaient pour eux et leur entourage à l'occasion des fêtes[120]. Or, le discours prononcé par le Secrétaire d'État aux Affaires étrangères Bülow au *Reichstag* pour refuser la création de chambres de commerce à l'étranger[121] montre que ces idées n'étaient toujours pas partagées dans les milieux diplomatiques comme le prouve également le scepticisme de l'ambassadeur allemand aux États-Unis, le comte Bernstorff[122], malgré l'écho qu'elles rencontraient dans l'entourage de l'empereur[123]. Bülow reprit en effet l'argument, pourtant démodé par rapport aux années 1870, selon lequel des hommes qui avaient accepté de renoncer à leur nationalité ne sauraient être de bons défenseurs des intérêts de l'Allemagne dans leur nouvelle patrie. Cette critique dissimulait en fait une méfiance – voire un mépris – du fonctionnaire, serviteur de l'État, à l'égard de milieux économiques toujours soupçonnés de faire passer leurs intérêts propres avant ceux de la patrie. Car tel était finalement le fondement du refus fermement opposé au projet de chambres de commerce : seul l'État pouvait prendre en charge les intérêts de la communauté nationale vis-à-vis de l'extérieur, et les milieux économiques ne pouvaient en aucun cas prétendre à une quelconque forme de collaboration, car il n'y avait aucune égalité entre les parties.

---

119 Voir AA, R-901, dossier 7744, article du *National Zeitung*, 13 septembre 1892.

120 Voir Berghoff, 1997.

121 AA, R-901, dossier 7747, 28 février 1900.

122 Pour une opinion discordante, voir le consul Oswald Lohan, *Das Deutschtum in den Vereinigten Staaten*, Berlin et New York, 1913, qui estimait que la troisième position des États-Unis parmi les pays importateurs de biens allemands (derrière la Grande-Bretagne et l'Autriche-Hongrie), était due à l'importance de la communauté germano-américaine.

123 Voir Doerries, 1989.

Le discours de Bülow se place à un tournant dans les débats, même si ceux-ci se poursuivirent jusque vers 1905 : la création de la chambre de commerce allemande de Bruxelles ne donna pas les résultats espérés et le modèle français perdit de son aura, au vu des rapports publiés par ces chambres, guère plus intéressants que les rapports consulaires. Surtout, une affaire d'espionnage[124] à Bruxelles en 1899 sembla montrer que le projet de collaboration entre diplomates et milieux exportateurs était forcément illusoire étant donné le rapport de force : alors que les seconds avaient besoin du soutien des représentants de l'État, ces derniers pouvaient toujours être tentés d'utiliser ces structures pour mener à bien leurs propres buts, politiques.

2. *La* Reichshandelsstelle

À la fin des années 1890, les projets de chambres de commerce à l'étranger cédèrent le pas à un autre thème, la *Reichshandelsstelle*. Il n'était pas récent, puisque les auteurs faisaient remonter le projet à la création d'un *Exportmusterlager* à Stuttgart en 1883, sur le modèle du musée commercial de Bruxelles l'année précédente. La véritable impulsion vint cependant dans les toutes dernières années du siècle d'un modèle américain, le Musée commercial de Philadelphie. C'est la première fois que les Américains étaient cités en modèle[125] pour la promotion des exportations, dans le contexte très particulier du « danger américain », un mot d'ordre qui se répandit en Europe au tournant du siècle. Leur exemple ne fit cependant que s'ajouter aux références traditionnelles qu'étaient les rivaux européens et servit à légitimer les revendications des milieux économiques favorables au développement des exportations directes, grâce à un schéma rhétorique qui alliait une conception évolutionniste des institutions à l'idée de rattrapage[126].

La *Reichshandelsstelle* fut théorisée par le secrétaire général du *Bund der Industriellen*, Wilhelm Wendlandt, comme la troisième et ultime étape d'une évolution commencée avec les expositions temporaires et poursuivie avec les expositions permanentes. À la différence de ces deux formes, considérées comme passives car elles « attendaient » les clients, la *Reichshandelsstelle* se voulait active, en prenant l'initiative de diffuser l'information auprès des industriels susceptibles d'être intéres-

---

[124] AA, R-901, dossier 7747, *Kreuzzeitung*, 30 mai 1899. La chambre de commerce française de Bruxelles servit malgré elle de couverture à un espion envoyé par le ministère de la guerre et couvert par l'ambassadeur, qui prétendait exercer un droit de regard sur la chambre, grâce à son titre de président d'honneur.

[125] En revanche, le marché américain n'était pas visé particulièrement par ce projet, car les régions concernées étaient d'abord celles qui n'étaient pas couvertes par un consul professionnel. Voir Raché, 1899.

[126] Ce schéma se retrouve à plusieurs reprises dans le chapitre 5 sur l'industrie.

sés. Fidèles à la pensée dominante de l'époque qui voyait dans la constitution de grands ensembles, que ce soit dans le domaine économique ou politique, le signe d'un progrès nécessaire et inévitable, les partisans de cette formule considéraient qu'il fallait centraliser les nombreuses institutions qui, dans les différents états allemands et dans les grandes villes[127], se chargeaient de fournir les renseignements utiles aux exportateurs.

L'historien Hans-Peter Ullmann a décrit en détail le jeu à trois qui s'engagea autour de ce projet : les milieux économiques représentés par le *BdI* et le *CVDI* y voyaient un moyen de s'unir pour mieux contrebalancer l'influence de l'administration dans ce domaine, alors que celle-ci hésitait à montrer son hostilité à un projet auquel elle préférait pourtant largement des mesures limitées dans le temps, plus faciles à contrôler. Il évoque l'existence d'exemples étrangers[128], mais nous voudrions insister davantage sur le fait que ce furent eux, au moins autant que les équilibres politiques et économiques internes au *Reich*, qui expliquent l'engouement pour cette formule.

Deux origines sont données à l'intérêt allemand pour l'institution américaine. La lettre de l'ambassadeur d'Allemagne à Washington, Freiherr von Thielmann, du 18 juin 1897 à la corporation des marchands de Berlin (*die Ältesten der Berliner Kaufmannschaft*) est la première source officielle qui ait fait allusion aux avantages du Musée commercial de Philadelphie et suggéré qu'une telle institution pourrait être créée en Allemagne, associée à une exposition commerciale permanente (*Musterlager*) déjà existante. Plus largement, les milieux diplomatiques allemands en poste aux États-Unis contribuèrent largement à la réputation du musée commercial de Philadelphie. Ainsi, en 1899, alors que les milieux allemands réagissaient avec méfiance à l'invitation lancée par le Musée pour le congrès international sur le commerce qu'il organisait, les déclarations très positives des consuls de Chicago et de Philadelphie sur cette initiative ainsi que les propos de l'ambassadeur allemand convainquirent finalement certains de participer à ce rassemblement de plusieurs centaines de délégués, qui constitua le point d'orgue de l'activité du Musée. Cependant, Wendlandt, dirigeant du *BdI*, indiqua une seconde origine à l'intérêt que les Allemands portèrent à cette institution, l'activité même de ses fondateurs américains qui s'étaient intéressés à l'Allemagne au cours de tournées dans les principaux pays européens pour rassembler des exemplaires de leurs différentes productions industrielles afin d'enrichir les collections de leur musée, créée à

---

[127] Il y eut deux vagues de création, l'une à la suite de Stuttgart, à Berlin et à Francfort sur le Main, l'autre, au début des années 1890, bien plus importante.

[128] Ullmann, 1991, p. 176.

partir de nombreux objets achetés à l'Exposition universelle de Chicago, en 1894. C'est ce qui aurait poussé le *Bund der Industriellen* à demander au ministère de l'Intérieur, au secrétaire d'État au Trésor et au ministère prussien du commerce la création d'un organisme semblable.

Dans tous les cas, l'importance prise par le Musée commercial de Philadelphie[129] se remarque par la fréquence de ses descriptions dans les ouvrages sur l'économie américaine, au point que durant quelques années autour de 1900, cela était devenu un lieu commun à l'instar des abattoirs de Chicago. Le fait est d'autant plus surprenant qu'actuellement, cette réalisation est enveloppée d'une large ignorance ou étudiée pour des raisons très différentes de celles qui attirèrent la curiosité des Allemands[130]. Les historiens américains ont surtout mis en valeur l'exposition permanente d'objets du monde entier, destinés à renseigner les fabricants américains sur les réalisations de leurs concurrents étrangers. Ils ont souligné la valeur culturelle et politique de cette exposition pédagogique, qui était aussi ouverte aux enfants des écoles : pour eux, il s'agissait d'un « apprentissage à l'empire » dans le contexte culturel et politique du nouvel impérialisme américain[131]. Or, pour les Allemands, cet aspect du musée commercial n'avait guère de valeur : bien des villes allemandes avaient fondé, parfois depuis des décennies, des musées industriels de ce type, et les défauts en étaient connus : les objets présentés étaient très vite obsolètes et leur remplacement, nécessaire pour que l'exposition conserve son actualité et donc son utilité, entrainait des frais trop élevés pour pouvoir être envisagé de façon régulière. En revanche, les observateurs allemands étaient fascinés par la partie bureau d'information du Musée commercial. Celui-ci possédait en effet un système de fichier, souvent décrit sur des pages entières[132], qui devait aider les exportateurs américains à trouver les marchés les plus prometteurs et à leur donner tous les renseignements nécessaires – sur les douanes, les systèmes de crédit, les interlocuteurs possibles – afin de développer leur commerce. Le système de fichier était déjà utilisé en

129 « [C'est] le couronnement des institutions [pour la promotion des exportations] et peut-être la création la plus magnifique de l'esprit d'entreprise américain », Borgius, 1899, p. 97. L'auteur était chef de service à la *Centralstelle für die Vorbereitung von Handelsverträgen*.

130 Voir Conn, 1998, p. 115-150.

131 Voir Marin, 2006a, p. 333-347.

132 Voir en particulier Wendlandt, 1900, mais aussi Paul Raché qui décrivit l'activité des 400 employés de la bibliothèque, occupés à dépouiller revues et livres parus dans le monde entier afin d'en extraire les articles pouvant être utiles aux exportateurs américains. Ces articles étaient ensuite catalogués deux fois, d'une part dans le classement par pays, d'autre part dans le classement par secteur industriel. On retrouve le même exemple de fiche sur une firme argentine reproduit dans son ouvrage et celui de Wilhelm Wendlandt.

Allemagne, mais il présentait plusieurs différences. Ces fichiers appartenaient à des chambres de commerce ou à des associations professionnelles, qui en réservaient donc l'usage à leurs membres. De plus, ils étaient dispersés et ne pouvaient donc prétendre avoir la même importance que ceux de Philadelphie. Enfin, ils n'étaient utilisables qu'à condition de venir sur place : les chambres de commerce et les associations professionnelles ne semblaient pas posséder de service de renseignement par correspondance, ce qui était aussi un atout de l'Office national pour le Commerce extérieur français. Les publications du Musée commercial furent en revanche peu évoquées. Pourtant, on trouvait des guides pour commercer avec différents pays dans le monde, écrits par des auteurs qui avaient forcément vécu ou commercé avec le pays qu'ils décrivaient : les auteurs allemands ne précisaient d'ailleurs pas que les conseils donnés faisaient étrangement écho à ce que disaient leurs propres consuls aux petites firmes désireuses d'exporter : il était nécessaire de se rendre en personne dans le pays, et il était le plus souvent préférable de passer par l'intermédiaire des maisons de commerce bien établies. Même le gigantesque réseau de correspondants à travers le monde n'était pas souvent évoqué. La raison en est simple : les milieux économiques allemands disposaient d'une information abondante et détaillée sur les différents pays. Ce qu'ils demandaient, c'était à être mis en relation avec des clients. C'est pourquoi ils insistaient sur deux points, la mise à disposition des services consulaires et le service de renseignements par correspondance. Le Musée, malgré son statut privé – il avait été fondé par William P. Wilson, ancien professeur de botanique à l'université de Pennsylvanie – pouvait en effet entretenir des relations directes avec les consuls américains en poste à l'étranger, sans avoir à passer par l'administration. Cela avait même reçu le soutien officiel du président McKinley, qui avait encouragé le département d'État à faciliter ces rapports[133]. L'autre point concernait la correspondance avec un service par abonnement mais également ouvert à tous les industriels qui ne pouvaient se déplacer à Philadelphie pour consulter gratuitement le fichier. C'était à la fois une différence essentielle par rapport aux réalisations allemandes, qui étaient à chaque fois réservées aux industriels de la ville ou de l'État, et une solution pour financer l'institution envisagée, en faisant payer les utilisateurs.

L'utilisation du modèle américain aurait pu être handicapée par le statut privé du musée, étant donné les demandes d'appui présentées pour ce projet à l'administration centrale. De fait, cet aspect fut rarement

[133] McKinley vint à l'occasion d'une conférence de quatre jours organisée par le musée en juin 1897. Son discours insista sur l'idée que l'application de méthodes scientifiques pouvait rationaliser le commerce et éliminer à terme les cycles économiques, à un moment où les États-Unis connaissaient une dépression.

mentionné. Paul Raché se distingua encore une fois, en considérant le statut privé comme un élément favorable car allant dans le sens des demandes de l'administration, telles qu'elles avaient été formulées par le représentant du ministère prussien de commerce à l'assemblée annuelle du *Bund der Industriellen* en 1898. D'après ce dernier, l'institution à créer ne pouvait être publique, mais privée avec un soutien officiel. Paul Raché opposait d'ailleurs le succès de l'institution privée de Philadelphie à la bureaucratie paralysante du musée commercial de Vienne, institution publique. Cette remarque ne se retrouve pas ailleurs car l'argument était excessivement faible : l'autre exemple le plus souvent analysé de façon positive à côté de celui de Philadelphie était en effet l'Office national du commerce extérieur français, un organisme public créé le 4 mars 1898 sous l'impulsion de la chambre de commerce de Paris. À cet office étaient rattachés des conseillers du commerce extérieur choisis par le ministre du commerce sur des critères de notoriété et de dynamisme avéré, parmi les industriels et les commerçants français établis en France, dans les colonies ou à l'étranger[134].

Moins qu'un bilan techniquement argumenté des avantages des différentes formules, on s'aperçoit en réalité que l'argument principal des partisans d'une *Reichshandelsstelle* était l'imitation des concurrents et Paul Raché l'exprima de façon particulièrement claire : le seul fait qu'une telle institution existe en France, en Angleterre, en Belgique et aux États-Unis suffisait à la justifier en Allemagne. La rédaction de l'*Export-Revue* ne disait pas autre chose : « [...] quand un pays commence, les autres doivent suivre, sinon ils se retrouvent à la traîne. L'impulsion vient aujourd'hui d'Amérique [...]. C'est un signe des temps. On doit faire avec ou renoncer à l'exportation[135]. » Cette logique se révéla en réalité largement insuffisante face aux oppositions du grand commerce, des réticences de l'administration et du désintérêt progressif d'une partie de l'industrie, engagée dans d'autres combats. La cause apparaissait d'autant plus perdue que, progressivement, la médiocrité des résultats fut reconnue. Ce fut particulièrement vrai pour Philadelphie : en 1908, les grands industriels qui avaient financé les débuts du musée commercial s'étaient retirés, laissant l'institution avec des moyens diminués. Aussi l'information avait-elle perdu en qualité : certains clients recommandés avaient fait faillite, les renseignements étaient critiqués comme trop généraux et théoriques. Comme, par ailleurs, l'appréciation de cette institution avait été largement dépendante des succès américains à l'exportation du tournant du siècle, le retournement rapide de situation, qui prouvait aux Allemands que la concurrence des États-Unis devait être relativisée, contribua à délaisser l'argument

[134] Barbier de Crozes, 1999.

[135] *Die Organisation des Exports*, 1904, p. 53.

américain tout autant que la désaffection progressive des Américains eux-mêmes pour l'institution de Philadelphie[136].

Par rapport aux analyses de Hans-Peter Ullmann, il apparaît ainsi que le cycle de vie de cette discussion devait au moins autant au contexte mondialisé, à travers l'évolution du jugement porté sur les exemples des rivaux étrangers, qu'aux luttes économico-politiques internes à l'Allemagne, mais qui ne lui étaient en aucun cas réservées.

B. Les illusions de l'administration : les attachés commerciaux

Le projet de créer des postes d'attachés commerciaux est dû à l'enthousiasme des milieux consulaires face à l'ampleur inattendue de la réussite allemande à l'Exposition de Chicago. Le but était de développer le marché américain pour les entreprises nationales, mais l'enthousiasme qui est à l'origine de cette proposition tenait surtout au sentiment de réussite qui animait l'Allemagne face à ses principaux rivaux, la Grande-Bretagne et la France. Les rapports de l'ambassadeur comme du consul sur place décrivaient complaisamment « le monde stupéfait devant les accomplissements de l'industrie allemande dans presque tous les domaines », et ignoraient totalement le contexte économique du moment : la crise financière américaine n'était pas évoquée, pas plus d'ailleurs que le léger répit dans la politique protectionniste que laissait espérer l'arrivée d'un président démocrate au pouvoir[137]. Leurs arguments se fondaient uniquement sur le dynamisme de l'industrie allemande et sur la rapidité dont celle-ci devait faire preuve pour saisir l'occasion, mettant en garde contre le caractère fugitif des impressions, qui ne pouvaient avoir d'influence que si elles étaient relayées par un travail sur le terrain. Le consul traça ainsi les grandes lignes d'une offensive commerciale de grande ampleur en évoquant la possibilité offerte de prendre le pas sur les concurrents anglais et français, aussi bien dans des domaines où les Allemands s'illustraient déjà, comme l'industrie du jouet, l'industrie technique et de la chimie, que dans des branches où les Français tenaient traditionnellement la première place, les Beaux-Arts et les arts appliqués. La réussite d'un projet aussi ambitieux impliquait cependant aux yeux des diplomates concernés que les

---

136 Voir Schanz, 1908a.

137 Cleveland prit ses fonctions en mars 1893 : la crise qui éclata à ce moment était d'abord financière, avec une forte baisse des réserves fédérales en or, qui entraîna un très fort mouvement de panique et causa la faillite de nombreuses banques et compagnies de chemins de fer. À ceci s'ajouta une mauvaise récolte de maïs pour 1894, alors que les exportations de blé vers l'Europe tendaient à diminuer. Dans ce contexte, qui vit la multiplication des grèves et des marches de chômeurs, les démocrates au Congrès ne réussirent pas à faire passer une loi abaissant significativement les droits douaniers.

firmes ne dispersent pas leurs efforts en cherchant chacune à envoyer sur place des commis voyageurs afin de capitaliser le succès rencontré à l'exposition : seul un expert, attaché au consulat allemand de Chicago, et jouant le rôle de représentant de l'industrie nationale, pourrait assurer une coordination efficace. Cette confiance dans les capacités d'agents appointés par l'administration à galvaniser les énergies économiques au profit de l'intérêt national trouvait naturellement son origine dans la réussite du commissaire à l'exposition, Wermuth : c'est avec une certaine condescendance que le consul souligna l'absence d'initiative des milieux industriels et rappela les nombreuses réticences à participer à l'événement. Pour autant, les propos du consul montrent que les subtilités élaborées par l'administration pour préciser les limites de son rôle et sur sa neutralité n'étaient pas si évidentes à l'origine pour ses propres agents, puisque ces derniers comparaient eux-mêmes leur rôle à celui des commis-voyageurs.

Le projet était une initiative des autorités consulaires car celles-ci, professionnelles depuis peu, voyaient là un moyen d'affirmer l'importance de leur rôle, toujours considéré comme secondaire par rapport aux questions purement diplomatiques qui relevaient de l'ambassade. Ils avaient, semble-t-il, un modèle étranger, celui des Britanniques qui disposaient d'attachés commerciaux à Paris (pour la France, la Belgique et la Suisse), à Berlin (pour l'Allemagne, la Hollande et la Scandinavie), à Saint-Pétersbourg (pour la Russie) et à Madrid (pour l'Espagne et le Portugal). C'est ce que signala Paul Raché, mais ce modèle n'est pas évoqué dans les documents administratifs consultés.

Face à cet enthousiasme, l'administration centrale, par ailleurs toujours hostile à de nouvelles dépenses et à des solutions qui ne tenaient pas compte des organigrammes administratifs, se montra réticente. Le ministère des Affaires étrangères souleva d'abord des problèmes techniques : quel devait être le statut de cet expert, choisi au sein d'une administration technique régionale et comme tel, susceptible d'être rappelé par elle en cas de besoin ; quel devait être le montant de ses revenus par rapport à des postes présentés comme équivalents ; quelle devait être la nouvelle hiérarchie à l'intérieur du consulat. Au-delà cependant, le ministère s'inquiétait de voir la responsabilité du *Reich* éventuellement engagée dans des affaires privées entre firmes. C'est pourquoi le consul Bünz multiplia les assurances. Il relativisa d'abord la nouveauté du poste en soulignant que les tâches du nouvel attaché reprenaient une des missions traditionnelles confiées au consulat, qui devait aider dans la mesure de ses moyens les entreprises nationales à trouver des marchés locaux pour leurs produits. De plus, le statut de cet attaché technique devait être un simple décalque de celui réservé aux attachés agricoles ou militaires auprès des ambassades, et il devait être limité dans le temps. Surtout, Bünz chercha à montrer qu'il était possible au nouvel attaché commercial de conserver toute sa neutralité à l'égard des milieux économiques sur deux points : d'une part, dans la logique de la participation allemande à l'exposition universelle qui avait représenté une grande réclame pour l'ensemble de l'industrie nationale, le service que rendrait le consulat serait indépendant de telle ou telle firme particulière. D'autre part, l'impartialité du futur attaché serait en partie garantie par les contacts qu'il devrait s'efforcer de nouer avec les grandes maisons de commerce. Son rôle ne serait donc pas d'aider les entreprises allemandes à se passer des services de ces dernières – une des principales sources d'information des consuls – mais bien plutôt de faire prendre conscience à l'industrie allemande de l'orientation que devait prendre ses exportations.

Cette prudence a semblé satisfaire une administration centrale qui, après l'exposition, paraissait prête à quelques innovations, du moment que l'investissement et la prise de risque restaient très modestes. En réalité, malgré l'adoption d'un profil bas, Bünz nourrissait de grands espoirs sur le rôle du futur attaché comme relais des milieux industriels désireux d'obtenir des informations précises sur leur domaine. Il devait ainsi prospecter pour le compte de l'ensemble de l'économie allemande de nouveaux marchés aux États-Unis en examinant les conditions dans lesquelles l'industrie nationale était susceptible de satisfaire les besoins américains en produits étrangers à l'intérieur du district couvert par le consulat de Chicago[138], tout en rendant compte des importations faites par autres nations. C'est ce programme auquel adhéra avec enthousiasme le fonctionnaire choisi par le consul, Carl Haller, inspecteur des mines du royaume du Wurtemberg, spécialiste des machines, parlant anglais, bon connaisseur des États-Unis et membre de la délégation allemande à l'exposition[139]. Homme jeune[140], il se sentait manifestement capable d'endosser un rôle qui était un mélange relativement instable de fonctions consulaires traditionnelles, de missions remplies normalement

---

138 Celui-ci comprenait les États de l'Illinois, du Wisconsin, de l'Iowa, du Minnesota, du Nebraska, du Nord Dakota, du Sud Dakota et du Wyoming.

139 AA, R-901, Chicago, dossier 300, ministère des Affaires étrangères au ministère de l'Intérieur prussien, 22 décembre 1893 et dossier 298, rapport de l'ambassadeur 30 juin 1893, p. 22.

140 Carl Haller était né en 1860 dans le Wurtemberg : il avait accédé au même poste que son père, et dès 1886, avait été chargé de missions d'observations dans les États allemands voisins. Ses voyages se sont rapidement étendus à l'Europe, vers la Belgique et la Grande-Bretagne, puis aux États-Unis où en 1889, il devint ingénieur au *Pacific Rolling Mill* à San Francisco, avant de retourner au ministère de l'Intérieur du Wurtemberg, qui lui permit de trouver une place dans la délégation allemande à Chicago.

lors de voyages d'études par des spécialistes, et de tâches de commis-voyageur[141]. Il annonça ainsi dans ses premières lettres son intention de dresser un état des lieux de la situation de l'industrie allemande aux États-Unis dans le domaine de la construction mécanique en se rendant dans les principales entreprises des grandes villes de la région (Chicago, Milwaukee, St Paul, Minneapolis, Omaha, Duluth, etc.) : les notes prises sur le fonctionnement de ces firmes et leurs innovations techniques devaient faire l'objet de rapports chaque quinzaine. Ces voyages devaient être également l'occasion pour lui d'intervenir dans des clubs ou des associations professionnelles pour des conférences sur les réalisations de l'industrie allemande. Envers les industriels allemands, Haller comptait poursuivre le travail entrepris lors de l'Exposition de Chicago, consistant à les renseigner précisément sur les conditions douanières, mais aussi sur les modes d'étiquetage, d'emballage, et autres renseignements pratiques.

La lettre circulaire adressée par le consul aux différentes associations professionnelles intéressées manifestait la même confiance dans les possibilités apparemment illimitées de l'activité du nouvel attaché : les destinataires étaient priés d'envoyer toutes les informations utiles qui permettraient aux firmes américaines intéressées de se mettre en contact rapidement avec leurs interlocuteurs allemands. Il s'agissait de fournir non seulement des annuaires et des revues professionnelles, mais également des catalogues voire des modèles, ainsi que tous les renseignements possibles sur les quantités et les délais de livraison. Outre cet appel général aux milieux industriels, le consulat adressa une lettre circulaire destinée à convaincre plus particulièrement les grandes firmes d'envoyer leur catalogue afin d'aider à la mise en place de ce service malgré les liens directs qu'elles pouvaient entretenir avec le marché américain. Leur geste devait encourager les entreprises de moindre importance à faire de même.

Très vite, l'administration centrale exprima sa réprobation face à des méthodes dont elle n'avait pas l'habitude : étaient critiquées les relations directes établies avec certaines entreprises, au lieu de passer uniquement par les interlocuteurs officiels qu'étaient les chambres de commerce et les associations, ainsi que le procédé de la lettre circulaire, susceptible de trouver des échos dans la presse, au lieu de la communication confidentielle. Les buts proclamés rencontraient également la méfiance de l'administration, qui rappela le rôle traditionnel et à ses yeux essentiel

[141] Une note du ministère des Affaires étrangères français, datée du 26 janvier 1895 et présentant de façon positive les activités de la nouvelle « section commerciale du consulat d'Allemagne à Chicago », soulignait que ses attributions « relèvent à la fois de celles d'un « attaché commercial » et de celles d'un « agent commercial ». Archives nationales, F/12/9135.

du personnel consulaire : rassembler dans des rapports toutes les informations relevant de l'économie politique pour guider l'action de l'État et, éventuellement, servir aux entreprises nationales. Dans les milieux économiques mêmes, le contraste était important entre les grandes entreprises qui manifestaient clairement leur manque d'intérêt vis-à-vis de cette innovation, et l'enthousiasme qui transparaissait dans les réponses des associations rassemblant les petites et moyennes entreprises par secteur[142]. C'est sur ces dernières que s'appuya Haller pour justifier son optimisme, qui le conduisit à se multiplier : les premiers mois de sa prise de fonction le virent faire la publicité du nouveau département commercial auprès des milieux économiques américains, s'efforcer de mettre en contact des entreprises des deux côtés de l'Atlantique sur des contrats précis, rassembler des informations générales sur la vie économique locale pour, dès l'année suivante, se rendre en Allemagne exposer devant différentes associations professionnelles ses premières conclusions. Cette tournée de conférences marqua l'apogée de la notoriété de Haller : il parla devant le cercle de Wurtemberg de l'association des ingénieurs allemands (*VDI*) sur « la convention nationale des fabricants américains à Cincinnati », puis devant l'association des arts appliqués et surtout la prestigieuse Association d'encouragement à l'industrie en Prusse (*Verein zur Beförderung des Gewerbefleisses in Preussen*) des « moyens d'encourager notre exportation ». C'est cette association qui publia rapidement le texte de ses interventions dans sa revue, parallèlement à une publication sous forme de volume dans la collection des questions économiques contemporaines[143].

Cette réussite s'avéra cependant très éphémère, même si Haller poursuivit encore quelques temps son activité au consulat de Chicago. L'examen du décalage des cycles économiques de part et d'autre de l'Atlantique fournit une première explication : l'Allemagne, comme les autres pays européens, avait été touchée plus tôt par le retournement de la conjoncture du début de la décennie, mais en 1895 l'amélioration se faisait déjà sentir, alors que la morosité prédominait encore sur le marché américain. Par conséquent, au moment où le département commercial du consulat de Chicago cherchait encore son rythme, le besoin de trouver des débouchés extérieurs à la production allemande se faisait

---

142 Voir en particulier la lettre de *Bayer*, 1er mai 1894, envoyée d'ailleurs directement au ministère de l'Intérieur, Bötticher. Cette réserve contrastait avec le *Verein deutscher Wollkrämmer und Kammgarnspinner* ; *Verein deutscher Maschinenbauanstalten* ; *die Fabrikanten farbiger Thonplatten und Mosaïcaarbeiten* ; *der Bayerische Kunstgewerbeverein* ; *die Schwarzwälder-Wanduhren Fabrikanten* ; *die deutsche Gesellschaft der Mechaniker und Optiker*.

143 Voir Haller, 1895.

moins pressant. À ceci s'ajouta l'effet provoqué par l'adoption du nouveau tarif douanier dit Dingley après la victoire du républicain McKinley en 1896, qui souleva l'indignation en Allemagne[144]. Une deuxième raison de cet échec tenait à la présence du département commercial à Chicago : même si les axes de circulation de la région, qui permettaient d'établir des relations avec le Canada mais aussi avec l'Amérique latine paraissaient prometteurs, le choix s'était fait avant tout à cause de la personnalité du consul sur place, par opposition à son collègue de New York, hostile à l'innovation. Or, les industriels allemands s'étaient rapidement détournés d'une place qui n'offrait qu'un intérêt secondaire et préféraient continuer à utiliser les services des grandes maisons d'importation new-yorkaises malgré des dissensions régulières. Enfin, le recrutement de l'attaché lui-même s'était révélé insatisfaisant : Carl Haller se rendit coupable d'avoir mené des activités commerciales parallèlement à ses fonctions d'attaché[145], confirmant toutes les craintes de collusion exprimées par l'administration et certains milieux économiques.

Pour autant, la fin du contrat de Carl Haller en 1898, loin de signifier l'échec de la tentative des milieux consulaires pour servir d'intermédiaires aux intérêts économiques allemands, correspondit à une réforme du système, effective dès l'année suivante, qui prévoyait la création de postes d'attachés commerciaux non seulement aux États-Unis mais aussi en Amérique latine et en Turquie. En 1911, il y avait quatorze attachés commerciaux, dont trois aux États-Unis (deux à New York et un à Chicago), ainsi qu'à Mexico, Rio de Janeiro et Lima en Amérique latine, Saint-Pétersbourg, Bucarest et Constantinople en Europe, Shanghai et Yokohama en Extrême-Orient, Calcutta, Johannesburg et Sydney dans l'empire britannique. La compétition entre pays joua sans doute un rôle important mais il faudrait y ajouter la pression exercée par les milieux industriels allemands eux-mêmes qui continuaient à ce moment à nourrir la polémique autour des chambres de commerce à l'étranger.

Le recrutement était désormais soumis à des règles précises, comme le montre l'exemple américain, afin de s'assurer que ces attachés se

---

[144] Voir chapitre 5.

[145] Il aurait, avec une autre personne, monté à Chicago une agence d'importation pour acquérir et exploiter des brevets allemands et représenter des propriétaires de brevets allemands. Il est possible qu'il se soit agi des suites du bureau de représentation de la commission [allemande] des machines, créé par Haller pour les besoins de l'exposition, et qu'il annonçait en mai 1894 vouloir confier à son collaborateur John Müller. AA, R-901, dossier 7587, lettre de Haller 2 mai 1894 et dossier 7588, 18 mai 1898, lettre du secrétaire d'État à l'Intérieur. Haller se vit refuser sa nomination à l'office des brevets impérial, et réintégra apparemment son administration d'origine.

soumettraient aux exigences de l'administration. Choisis dans le corps des inspecteurs de l'industrie, les neuf hommes présentés pour le poste d'attaché commercial à New York en 1899 étaient un peu plus âgés que Haller – ils avaient en moyenne une quarantaine d'années – et avaient souvent eu une expérience dans le privé – dans un cas à la tête d'une entreprise – enfin ils n'avaient pas reçu une formation juridique. Quatre parlaient anglais, mais seulement deux connaissaient les États-Unis et c'est parmi ces derniers que fut finalement choisi le nouvel attaché commercial, Waetzoldt. Les raisons de cette sélection ne manquaient pas : à 41 ans, il avait acquis la maturité requise, tout en étant encore assez jeune pour demeurer en place plusieurs années à un poste particulièrement exigeant. Il était ingénieur – et à ce titre membre de l'association des ingénieurs allemands, ce qu'il fera valoir lors de polémiques avec ce milieu – il avait été employé par un organisme de contrôle des chaudières, qui lui avait donné l'occasion de faire plusieurs séjours aux États-Unis. Grâce à son poste d'inspecteur, il pouvait également se prévaloir d'une connaissance réelle des mécanismes de l'administration.

Le principal atout de Waetzoldt fut son respect de la culture administrative du rapport : dès sa lettre de prise de fonction, il précisait que sa tâche principale n'était pas de fournir des renseignements ponctuels à toute entreprise qui en ferait la demande, mais d'examiner les conditions des échanges entre l'Allemagne et les États-Unis et la concurrence américaine dans le monde à travers des rapports mensuels et annuels. Pendant les quinze ans passés comme attaché commercial, il se fit particulièrement apprécier par la qualité de ses comptes-rendus, à la fois longs et précis, qui dépeignaient aussi clairement la situation outre-Atlantique que les problèmes et les défauts des exportateurs allemands et plus généralement de ses concitoyens partis en voyage d'études. Son collaborateur en revanche, qui ne semble pas être passé par l'administration, eut davantage tendance à considérer ces rapports comme un exercice formel qui empêchait d'assurer un service de renseignements plus complet pour les entreprises.

Si le ministère des Affaires étrangères se résolut à introduire dans les organigrammes consulaires des attachés issus des milieux économiques, c'est en omettant soigneusement de leur donner le statut de fonctionnaire du *Reich* : il ne s'agissait que de contrats, à renouveler tous les cinq ans. Cette période présentait le double défaut d'être jugée trop courte par les industriels exportateurs qui mettaient en doute la capacité à développer une expertise sur la région en si peu de temps[146], alors que

[146] AA, R-901, dossier 3347 : l'argument n'était pas le seul fait de milieux hostiles à l'institution elle-même ; il était partagé par la plupart des chambres de commerce.

les administrations d'origine, trouvant que cela les contraignait à dérégler le système d'avancement à cause du poste gelé, rechignaient à accorder une prolongation. En 1904, par exemple, Waetzoldt, devenu l'homme indispensable au consulat général de New York vit sa présence à la direction du département du commerce remis en cause par le problème de sa réintégration dans son corps d'origine à la demande du ministère du commerce de Prusse. C'est le consul Bünz qui plaida alors passionnément pour son recrutement dans l'administration du ministère des Affaires étrangères, demande finalement acceptée[147]. Au début des années 1910, un mémoire interne montre qu'une évolution s'était produite, conduisant l'administration à accepter l'idée de verser une certaine retraite à ses anciens attachés commerciaux. Ces derniers étaient d'ailleurs mieux protégés que leurs homologues pour l'agriculture, puisqu'ils bénéficiaient au moins de contrats, alors que les autres étaient révocables à tout moment. Le second problème administratif lié à ces postes d'attachés concernait le montant des salaires, nettement inférieurs à ceux du privé : l'attaché commercial Leonhardt fut le plus sensible à cette inégalité, car dans le partage des tâches, il semble qu'il ait été surtout sollicité pour développer le réseau de sociabilité professionnelle en se liant avec les principales figures des milieux économiques new-yorkais : il ne pouvait par conséquent que constater la différence de niveau de vie, qu'il présenta sous la forme de frais professionnels. Ces exigences ne pouvaient être cependant acceptées, et causèrent finalement la démission de Leonhardt. L'administration montrait ainsi ses difficultés à modifier ses structures pour y faire entrer des corps étrangers, ce qui rejoint la remarque des consuls américains, frappés par la stricte séparation qui régnait en Allemagne entre les milieux diplomatiques et les milieux d'affaires[148].

Les attachés commerciaux cultivèrent des rapports contrastés avec les milieux industriels allemands, ce qui reflète encore une fois l'opposition entre industriels désireux d'exporter et milieux du grand commerce international. Les chambres de commerce des villes hanséates non seulement n'avaient rien à apprendre des attachés commerciaux – l'inverse n'était pas vrai, et plusieurs auraient aimé se rendre sur place pour compléter leurs informations – mais elles voyaient d'un œil méfiant, malgré toutes les assurances officielles, ces tentatives pour

[147] AA, R-901, dossier 7590, lettre du consul de New York, 10 octobre 1904. La réputation de Waetzoldt se mesure également à des déclarations le saluant comme « [...] the most efficient trade expert Germany ever had in the United States », Heinrich Charles, *Commercial Relations*, p. 2, cité par R. Pommerin, 1986a.

[148] C'était d'ailleurs un argument utilisé par l'ambassadeur en poste à Berlin pour estimer qu'il faudrait créer des postes d'attachés commerciaux dans les consulats américains en Allemagne. AA, R-901, dossier 4674, « Promotion of Trade Interests », p. 52 -56.

rendre les industriels exportateurs plus indépendants du système commercial qu'elles contrôlaient. Leurs critiques restèrent cependant sans effet, et l'on vit au contraire dans les dossiers du ministère des Affaires étrangères croître l'influence de Waetzoldt dont les analyses étaient devenues progressivement articles de foi pour ses interlocuteurs de Berlin – sans pour autant que ses revendications soient obligatoirement satisfaites. Pourtant, Waetzoldt lui-même se montrait prudent et s'employa à décourager des initiatives qui, sans avoir toutes les chances de réussir, pouvaient menacer la position des maisons de commerce installées à New York, déjà affaiblies par le développement des exportations directes. C'est ainsi qu'il se prononça contre un projet d'exposition permanente de produits allemands à New York, en mettant en avant non seulement les problèmes de financement qu'une telle entreprise rencontrerait nécessairement, mais aussi l'absence d'expertise comparable à celle des maisons d'import-export[149]. En ceci, il se situait d'ailleurs à contre-courant des analyses qui tendaient au même moment à valoriser ce système, largement développé par les Belges, mais aussi les Italiens, le Français ou les Anglais, comme un moyen de diminuer le nombre de voyageurs de commerce, à qui on reprochait de ne pouvoir présenter qu'un nombre restreint d'articles, appartenant à quelques firmes d'un même secteur ou de secteurs proches[150].

Au contraire, les milieux industriels réservèrent en général un accueil très favorable aux tournées allemandes des attachés commerciaux et ce jugement ne se démentit pas de 1900, date du premier voyage de Waetzoldt en Allemagne, au début des années 1910. L'enthousiasme de la plupart des chambres de commerce pour la présence des attachés commerciaux s'explique assez facilement par le surcroît de légitimité que pareille visite leur donnait : c'était un événement qui prenait place dans le calendrier de manifestations qu'elles organisaient, et qui, à l'heure du bilan annuel, apportait la preuve de leurs efforts pour soutenir les velléités exportatrices de leurs membres. On pourrait de ce point de vue esquisser un parallèle avec les multiples volumes des publications officielles qui n'étaient pas simplement une ressource documentaire, mais servaient aussi à garnir les rayonnages d'une bibliothèque dont on pouvait annoncer avec fierté le nombre d'ouvrages dans les plaquettes.

Le but de ces voyages, pris sur les temps de congés, était double : visiter des entreprises et rencontrer des industriels afin de faire le point sur les évolutions techniques de l'économie nationale, ce qui devait permettre de mieux juger les marchés susceptibles de l'intéresser et d'évaluer ses possibilités face à ses principaux concurrents internatio-

---

[149] AA, R-901, dossier 2529, 11 juin 1913.

[150] Voir Huber, 1909.

naux ; dispenser, lors de conférences et surtout lors d'entretiens individuels dans le cadre des chambres de commerce, les conseils permettant de favoriser les exportations. Ces tâches n'étaient pas nouvelles et incombaient initialement au consul, mais les compétences qu'elles impliquaient les réservaient en fait à l'attaché commercial. Le succès se mesure aux lettres envoyées régulièrement par les chambres de commerce au ministère des Affaires étrangères pour mettre leur ville sur la liste des lieux visités, ou pour réclamer un allongement du séjour de l'attaché. De telles demandes ne pouvaient que rassurer l'administration sur le bien-fondé de son organisation.

Pourtant, certaines déceptions se firent aussi jour : du côté des milieux économiques, les critiques adressées aux consuls revenaient, qui prouvaient que l'originalité des attachés commerciaux n'avait pas toujours convaincu. Plus préoccupant, les attachés eux-mêmes jetaient le doute sur l'utilité réelle de ces déplacements. Les membres des chambres de commerce qui réclamaient à cor et à cri le passage d'un attaché ne se donnaient pas toujours la peine de venir, et les raisons invoquées n'étaient guère flatteuses pour leurs auteurs : le samedi soir ou le dimanche, il n'était pas question de travailler, ou bien les chefs d'entreprise, trop pris par leur activité, auraient aimé que l'attaché se déplace jusqu'à leur firme. Ceux qui assistaient aux conférences se présentaient trop souvent sans avoir auparavant pris la peine de se documenter grâce aux différentes publications officielles. Celles-ci étaient d'ailleurs l'objet d'une polémique, car les milieux économiques se plaignaient de leur caractère jugé trop général et de leur publication trop tardive, tandis que Waetzoldt, sans nier ces problèmes, insistait sur le fait que ces textes n'étaient tout simplement pas lus, la grande majorité des industriels se contentant pour toute lecture de leurs journaux quotidiens et de leur presse professionnelle[151]. Plus grave, un nombre non négligeable de visiteurs posaient des questions hors sujet, soit sur la valeur de telle ou telle action américaine de société minière, soit pour émigrer aux États-Unis, mais aussi au Canada, car ils ignoraient le rôle de l'attaché commercial, au point que certains s'attendaient à avoir comme interlocuteur un Américain doté du statut de *special agent* sur le modèle américain[152]. Les critiques des attachés commerciaux étaient d'autant plus vives qu'entre 1898 et 1912, leur savoir-faire n'avait cessé de s'affiner. Ces déboires n'empêchèrent cependant pas les attachés de réaffirmer l'utilité de leurs tournées en Allemagne, car elles étaient jugées essentielles par l'administration centrale, mais à condition de les faire précéder d'une préparation dans les chambres de commerce.

---

151 AA, R-901, dossier 3348.

152 Voir chapitre 3.

En définitive, le succès des attachés commerciaux fut surtout consacré par la réaction des pays concurrents : la France créa en effet des postes similaires neuf ans plus tard (loi du 7 décembre 1908). Certes, les auteurs français ne relevaient pas le modèle allemand, et indiquèrent simplement que les postes d'attachés commerciaux avaient été créés sur le modèle des attachés militaires et navals[153]. Pourtant, il ne fait guère de doute que cela s'intégrait aussi dans le processus d'émulation entre les principaux pays concurrents sur les marchés internationaux, à un moment où l'Office national du commerce extérieur français continuait à intéresser les milieux économiques favorables à une agence nationale pour la promotion des exportations.

C. Information et propagande

1. Les Exportzeitschriften *: la lutte contre les Anglo-Saxons*

Si l'État fut contraint de prendre en considération la demande d'information des multiples entreprises tentées par l'aventure de l'exportation, à plus forte raison, le marché, bien plus réactif que les structures administratives, ne pouvait que tenter de proposer des réponses à ces nouveaux besoins. Dans la mesure cependant où il s'agissait d'affaires relevant de l'international, et par conséquent, dépassant les possibilités de la plupart des entreprises intéressées par ces projets, leurs initiateurs furent rapidement amenés à rechercher le soutien, moral ou financier, de l'État. Ces démarches commerciales se heurtèrent à la prudence voire au scepticisme de l'administration, mais leurs partisans possédaient un argument de poids lorsqu'ils rappelaient, à leur tour, qu'ils ne faisaient que suivre les pratiques anglaises et américaines. La nouveauté tient à ce qu'ils transformèrent ce thème de l'imitation et du rattrapage en argument relevant de la géopolitique, et ce dans le domaine de l'information commerciale. Cela revenait à provoquer le mélange des genres que redoutait précisément l'administration.

C'est Bismarck, qui, en 1884, exigea la mise en place de rapports consulaires annuels destinés d'une part à présenter l'évolution générale d'un pays à travers ses différents districts, afin de fournir des arguments au moment de la renégociation des traités commerciaux[154], mais aussi pour donner aux entreprises allemandes des renseignements précis sur le marché qui les intéressait. Plus que d'une innovation, il s'agissait d'une systématisation de pratiques qui remontaient au XVIIIe siècle[155] par l'établissement de normes de plus en plus précises. En 1899, la forme de

153 Ricard, 1997, p. 105.

154 Voir Berg, 1995, p. 158.

155 Voir Belissa, 2008 ; Müller, 2007.

ces rapports fut codifiée en 7 parties : 1) conditions commerciales (importations et exportations, douanes, etc.) ; 2) agriculture ; 3) pêche ; 4) industries minières ; 5) industrie ; 6) finances ; 7) transports. Ce plan montre que les rapports pouvaient être plus intéressants pour un économiste que pour un entrepreneur. Cependant, dans le détail de la partie sur l'industrie ainsi que dans la première partie sur les relations commerciales se trouvaient assez fréquemment des développements détaillés sur les produits recherchés par le marché local.

La qualité de ces rapports fut reconnue très rapidement à l'étranger, comme le montraient les louanges de la revue *L'Économiste Français* de 1884, qui cita en modèle le rapport rédigé par le consul allemand de Mexico. De larges extraits de ces rapports étaient publiés dans le *Deutsche Handelsarchiv*, sélectionnés par deux conseillers du ministère de l'Intérieur et un conseiller du ministère des Affaires étrangères. Le rythme de la publication était mensuel, mais le principal problème résidait dans la lenteur avec laquelle les rapports étaient publiés, souvent un an après leur rédaction. La justification de cette lenteur était la nécessité de ne donner que des informations parfaitement vérifiées, car il s'agissait aussi d'un instrument scientifique pour les économistes. Néanmoins, consciente du handicap que cela représentait pour les entrepreneurs désireux d'exporter, l'administration s'efforça progressivement de diversifier ses publications en adoptant pour certaines un rythme hebdomadaire voire quotidien. Loin d'être une caractéristique allemande, cette stratégie de publication reflétait fidèlement ce qui se passait à la même époque en France ou en Angleterre.

Parallèlement à ces informations officielles se développèrent durant ces mêmes années 1880 des *Exportzeitschriften*, fondés par des éditeurs ou par des hommes d'affaires, et destinés à donner des nouvelles et surtout des conseils pour se développer sur les marchés étrangers, le tout sur un ton beaucoup plus direct que la langue diplomatique. Des revues comme le *Weltmarkt*, fondé en 1886, ou le *Bürgels Industrie und Handelsblatt*, fondé en 1893, étaient destinées à encourager les exportations allemandes en donnant des renseignements sur les différents marchés étrangers qui reprenaient et complétaient les indications fournies par les publications officielles. Cependant, ces informations restaient à l'usage exclusif des exportateurs allemands, contrairement à leurs homologues anglais et américains.

Comme pour les discussions autour de la *Reichshandelsstelle* ou les attachés commerciaux, le changement intervint à la fin des années 1890, dans le contexte de rivalités internationales exacerbées et de la croissance des exportations industrielles américaines. À ce moment, plusieurs analyses faites aussi bien par des diplomates que par les milieux exportateurs montrèrent qu'une des forces de l'exportation anglaise ou américaine résidait dans sa presse spécialisée, accessible au plus grand nombre de clients potentiels grâce à l'utilisation de la langue anglaise qui était la langue du commerce. Ces revues étaient lues dans le monde entier car un de leurs principaux services était la diffusion d'annonces de firmes à destination des clients potentiels. À côté de cette activité publicitaire, ces journaux justifiaient leur existence par des articles d'analyses et de conseils pour les exportateurs en s'appuyant largement sur la littérature consulaire.

C'est sur ce point que l'exemple américain fut mis en valeur par la rédaction de l'*Export-Revue*. Cette dernière ne critiquait pas tant les rapports des consuls que l'utilisation qui en était faite en la comparant avec les procédés américains. En ceci, elle se démarquait d'auteurs comme Wendlandt qui énuméraient toutes les publications diplomatiques américaines et soulignaient l'abondance des publications officielles dont ils faisaient une large utilisation dans leurs ouvrages. L'*Export-Revue* souligna au contraire que le ministère de l'Intérieur allemand avait développé des publications semblables aux « *Daily Consular Reports* » et aux « *Special Consular Reports* ». Cependant, là où les Américains cherchaient la plus grande publicité possible pour ces rapports en les diffusant dans la presse, l'administration allemande s'y refusait en avançant plusieurs objections auxquelles l'ouvrage s'efforça de répondre. La première était qu'une publication dans la presse bénéficierait à la concurrence étrangère, alors que les Américains et les Anglais avaient compris depuis longtemps que la lecture des jugements de leurs consuls sur la conjoncture des différents marchés ne représentait qu'un inconvénient mineur. À l'inverse, la diffusion dans la presse des rapports des consuls pouvait permettre au gouvernement et à l'administration de mettre en valeur leurs actions et de couper ainsi l'herbe sous les pieds de la critique. Une autre raison pour laquelle l'administration favorisait une diffusion sélective des informations était l'idée que cela permettait de relativiser le contenu du rapport et, au besoin, de minorer la responsabilité du personnel consulaire qui l'avait rédigé. Les *vertraulichen Mitteilungen* n'étaient donc adressées qu'aux chambres de commerce et aux associations professionnelles concernées. Pour la rédaction de l'*Export-Revue*, la conséquence était évidente : certains fabricants intéressés par les informations que contenaient ces publications ignoraient en réalité jusqu'à leur existence et n'avaient donc pas l'idée de se renseigner. Ce reproche paraît cependant fragile, permettant d'exonérer à bon compte les entrepreneurs du reproche de paresse que leur adressaient les attachés commerciaux. Plus pertinente semble être une autre remarque, selon laquelle la façon de faire de l'administration supposait que les intérêts économiques étaient clairement définis. Or, la logique par branche se révélait trop superficielle et grossière, car les intérêts des entrepreneurs dépassaient souvent leur seul secteur.

Furent alors créées un certain nombre de revues qui, outre leur édition allemande, proposaient des éditions en anglais, et, parfois, de surcroît en français et en espagnol[156]. La multiplication de ces éditions résultait en grande partie d'un artifice de traduction, et les différentes éditions anglaises ne se distinguaient réellement que par leur en-tête. Il est possible que les industriels allemands aient tenu compte de ces différences pour acheter de l'espace publicitaire dans telle ou telle édition, mais on note que la plupart des annonces se retrouvaient dans toutes les éditions. Les maisons d'édition voyaient dans ces revues un marché intéressant, puisque, si les numéros étaient d'abord distribués gratuitement, ils étaient ensuite vendus par abonnement, ce dernier donnant droit à l'insertion d'encarts publicitaires. Pour que l'entreprise soit rentable, il fallait cependant offrir aux lecteurs un contenu suffisamment consistant, à la fois pour alimenter le besoin d'informations des lecteurs, et pour donner un aspect respectable à la publication qui satisfasse les annonceurs. Or, la plupart des maisons d'édition concernées ne disposaient que de moyens limités par rapport à l'ambition du projet, comme le montrent les approximations de la traduction des différentes éditions de l'*Export Trade Journal*. L'usage d'éventuels correspondants à l'étranger paraissait exclu, mais il était possible de faire appel aux informations fournies par les entreprises pour la rédaction d'articles – largement publicitaires – sur leur secteur d'activité, ainsi qu'aux abondantes ressources que constituaient les rapports de consuls. On vit donc se multiplier les lettres au ministère des Affaires étrangères d'éditeurs qui recherchaient l'appui de l'administration à la fois pour que les consuls favorisent la diffusion de leur revue en mettant à leur disposition leur carnet d'adresse de firmes liées au commerce allemand, et pour avoir un accès privilégié aux rapports consulaires[157].

---

156 Les différentes éditions de l'*Export Trade Journal*, fondé en 1897, ne se définissaient cependant pas par la langue mais selon un critère géographique : l'édition I, en anglais, était destinée à l'Australie et à la région du Pacifique, l'édition II était tournée vers l'Afrique, l'édition III était en langue espagnole pour toucher l'Amérique latine, l'édition IV, en portugais, était à destination du Brésil et des colonies portugaises, l'édition V, en espagnol, visait l'Amérique centrale et l'Espagne, l'édition VI, en anglais, était tournée vers l'Inde et Singapour, l'édition VII, également anglophone, était envoyée au Japon, à la Chine et aux Philippines, enfin l'édition VIII, en français, touchait des régions sous influence française comme l'Afrique du Nord ou le Cambodge, mais aussi les Balkans et la Turquie.

157 Les éditeurs s'adressaient parfois directement à un consul pour demander des renseignements, comme par exemple Robert Tessmer, éditeur de *Kraft. Exportzeitschrift* (anciennement *Dampf. Organ für die Interessen der Dampf-Industrie*) qui écrit le 2 février 1900 au consul allemand au Caire. Ils pouvaient aussi choisir de demander un appui au ministère des Affaires étrangères, comme August

La réponse de l'administration consista systématiquement à renvoyer à ses propres publications, soulignant que les informations qu'elle avait sélectionnées pour être publiées méritaient la diffusion la plus large possible. Cette attitude prudente s'explique aussi par la crainte d'appuyer une entreprise dont on ne pouvait connaître à l'avance la réussite : même si les rapports de police permettaient de vérifier la solidité financière des éditeurs, et plus généralement, leur crédibilité du point de vue commercial et politique, il restait difficile de juger sur quelques numéros. Rien ne devait donc laisser penser que ces revues possédaient un appui officiel.

Au demeurant, si tout le monde s'accordait sur l'importance de la presse dans la vie moderne, il s'agissait avant tout de la presse quotidienne : Waetzoldt avait déjà souligné ce point, en constatant que les entrepreneurs ne lisaient plus guère que leurs journaux et attendaient que l'information parvienne à eux sous cette forme au lieu d'avoir à aller la chercher en bibliothèque, dans des publications spécialisées.

En réalité, ces entreprises commerciales n'auraient pas constitué un problème si elles n'avaient pas légitimé leur action par une analyse politique de la concurrence économique internationale. Elles s'étaient en effet dès le début définies par rapport à un double modèle anglais : il fallait convaincre les Allemands de l'étranger de se comporter comme les sujets de l'empire britannique et de se faire les ambassadeurs convaincus de la culture de leur ancienne patrie en privilégiant l'achat de ses produits. Dans le même temps, les entreprises allemandes devaient se faire connaître au-delà des réseaux habituels constitués par ces Allemands expatriés et à la tête de maisons d'importation. Or, pour toucher ces détaillants, il fallait jusque-là nécessairement passer par les revues anglo-saxonnes, ce qui, d'après les Allemands, constituait un désavantage de taille : alors qu'ils visaient des marchés anglophones, ils étaient nécessairement comparés aux entreprises anglo-saxonnes concurrentes qui se présentaient dans les mêmes revues. En réalité, il n'est pas du tout certain que les firmes allemandes aient été systématiquement désavantagées dans ces publications : une entreprise comme Hohner avait utilisé avec succès ce moyen pour développer ses exportations directes sur le marché américain. Le problème était que l'accusation lancée n'était pas seulement un prétexte pour disqualifier une concurrence établie. Elle était liée à un autre reproche, selon lequel les Anglais et les Américains profitaient de la faible diffusion des journaux spécialisés allemands pour mener des campagnes de diffamation contre les produits allemands, afin de cultiver les préjugés à leur encontre. Ce

---

Berens, éditeur du *Courrier Turc*, 7 mai 1900 ou écrire une lettre adressée à l'empereur, comme le fait la direction de la *Deutsche Export-Revue* en juillet 1901. AA, Dossier 8693.

reproche, qui s'appuyait sur la campagne anglaise du *Made in Germany*[158], était cependant dirigé plus particulièrement contre les Américains, dont l'expansion commerciale en Amérique latine ne donnait pas les résultats espérés et qui utilisaient ce moyen pour discréditer leurs concurrents allemands. Ainsi se développa au tournant du siècle l'idée d'une alliance anglo-saxonne, thème inconnu dans la décennie précédente.

On assiste ainsi à un mélange instable entre la volonté de toucher une audience internationale et la persistance d'un discours nationaliste ouvertement assumé : certaines revues justifiaient ainsi leur existence dans l'éditorial de leur premier numéro en déclarant vouloir combattre les préjugés à l'encontre des produits allemands véhiculés par la presse anglo-saxonne par pure animosité. Dans ces conditions, il était inévitable qu'un incident se produisît : la cause en fut une série d'articles sur la Grande-Bretagne publiés dans le numéro de janvier 1898 de l'*Export Trade Journal*, revue créée seulement l'année précédente mais avec de grandes ambitions comme en témoignaient ses éditions en anglais, français, espagnol et portugais. Le ton belliqueux transparaissait nettement dans un titre comme « Old England'Struggle against the Vigorous German Industry », mais paraissait d'autant plus paradoxal que la publication en anglais souhaitait s'adresser aux clients anglo-saxons potentiels qui se trouvaient en Australie, Nouvelle-Zélande, mais également en Inde[159]. Les réactions ne tardèrent guère, qui provinrent à la fois de la presse anglo-saxonne, prompte à dénoncer le danger que représentait un nationalisme allemand aussi exacerbé, que des milieux allemands à l'étranger, très inquiets des répercutions que pouvaient avoir dans leur clientèle locale des propos aussi exagérés[160]. Le ministère des Affaires étrangères, alerté par le consul allemand à Auckland, essaya dès lors de prévenir ce type d'incidents en envoyant une note aux différents consulats pour leur demander de surveiller la publication d'articles négatifs sur la concurrence étrangère dans les périodiques allemands tournés vers l'exportation. Plusieurs articles manifestement inspirés par l'administration parurent dans la presse nationale, critiquant le *Geschäftspatriotismus* comme une attitude maladroite et finalement nuisible aux intérêts commerciaux de l'Allemagne[161].

---

158 Voir la discussion dans Medley, 1896 et, pour l'analyse historique, Pollard, 1987, p. 183-195.

159 Voir AA, R-901, dossier 8690.

160 Voir AA, R-901, dossier 8691.

161 Un article de la *Weser Zeitung* du 27 mai 1898 ainsi qu'un autre paru dans le *Berliner Tageblatt* du 15 juillet 1898 se montraient particulièrement critiques, évoquant la perte de nombreux clients anglo-saxons, blessés dans leur fierté nationale. *Ibid.*

Les sources administratives sont lacunaires et il faudrait pouvoir lire cette presse dans le détail pour voir les attaques portées contre les Américains, dans un contexte où le spectre du « danger américain » était régulièrement agité. Cette présence marginale dans les dossiers montre la position ambiguë des États-Unis à l'époque. C'est le succès de leurs exportations qui expliquait leur évocation comme les adversaires des Allemands au même titre que les Anglais, tandis que la communauté de langue les désignait comme les héritiers naturels de ces derniers dans la hiérarchie des nations commerçantes. En même temps, leurs réalisations restaient modestes et leur menace ne se concrétisa guère. Même la presse professionnelle donnée en exemple était anglaise : la *Commercial Intelligence* et le *British Trade Journal* étaient appréciés pour leurs informations plus précises que les pages commerciales des journaux quotidiens, mais on saluait aussi l'existence de revues plus spécialisées comme *the British and South African Export Gazette*. C'est cette presse qui constituait en réalité la référence commune aux Américains et aux Allemands.

2. *Donner à l'information américaine des sources allemandes : financement de journaux et agences de presse*

La réticence de l'administration à l'égard des tentatives pour promouvoir sur les marchés anglo-saxons la production allemande ne doit pas cacher que, face à des interlocuteurs considérés plus fiables, comme les grandes associations industrielles ou des entreprises comme la *Deutsche Bank*, le discours fut nettement plus encourageant.

Influencer l'opinion en faveur de différents thèmes politiques ou économiques grâce à la presse était une pratique courante en Allemagne comme dans les autres pays industrialisés. Toute grande ambassade disposait de fonds spéciaux destinés à des journalistes peu scrupuleux, chargés de présenter sous leur plume l'analyse des autorités qui les rétribuaient. Néanmoins, l'exercice se révélait forcément délicat, car il s'agissait de manipuler une opinion étrangère, par définition hostile à des pressions extérieures. Dans le cas des États-Unis cependant, les Allemands considéraient que la tâche devait être facilitée par la corruption ambiante : un des lieux communs les plus éculés des récits de voyage allemands était en effet la basse qualité et la vénalité d'une presse vendue au plus offrant, thème d'autant plus aisé à développer qu'il n'y avait pour les auteurs allemands qu'à reprendre des critiques venues des milieux réformateurs américains[162]. À partir du tournant du siècle, les efforts déployés par le ministère des Affaires étrangères et par son ambassade à Washington furent donc importants et constants,

[162] Voir Doerries, 1989, p. 15-16 ; AA, R-901, dossier 767.

soutenus par les milieux pangermanistes. L'ambassadeur Speck von Sternburg considérait en 1906 que « son travail le plus important consistait à combattre les provocations anglaises et françaises » et il obtenait pour ce faire chaque année la somme de 20 000 marks. Le nouvel ambassadeur à partir de 1908, le comte Bernstorff, fit publier dans le numéro d'août 1909 de la *North American Review* un article qui était en réalité la transcription d'un document de l'office de la Marine justifiant la politique navale du *Reich*. Cependant, il se montra en général nettement plus réticent, non pas sur le principe même, mais sur les ambitions affichées, qu'il jugeait exagérées et propres à aboutir à l'effet inverse, une attitude prudente qui lui valut rapidement une réputation détestable dans les journaux pangermanistes.

En 1906, les milieux économiques, encouragés par l'administration du ministère des Affaires étrangères, jugèrent nécessaire de financer une campagne de propagande aux États-Unis pour influencer les débats du moment sur la future politique douanière. Il n'était certes pas question de peser sur les élections présidentielles de 1908, qui de toute façon semblaient gagnées d'avance par l'héritier désigné de Théodore Roosevelt, William Taft, mais de préparer le terrain pour le futur débat au Congrès sur la baisse des droits douaniers, promis par Taft. Ce fut en réalité une déception, car le nouveau président ne fut pas en mesure de résister aux pressions des Républicains conservateurs, qui, après maints atermoiements, réussirent, sous la conduite du sénateur Nelson Wilmarth Aldrich de Rhode Island, le tour de force d'augmenter encore ces droits dans le tarif Payne-Aldrich signé le 5 août 1909.

La création d'un Comité pour la propagande américaine se fit en 1906 lors d'une réunion à laquelle participaient notamment Arthur Salomonssohn, vice-président du *Centralverband des Deutschen Bank- und Bankiergewerbes*, un groupe de pression fondé en 1901 pour expliquer aux cercles politiques les besoins spécifiques des milieux bancaires et immédiatement doté d'une revue, le *Bank-Archiv*, et le responsable des États-Unis au ministère des Affaires étrangères, le conseiller Lehmann. Ce dernier insista beaucoup pour que les entreprises prennent au sérieux cet effort de propagande par des contributions significatives. La *Deutsche Bank* participa ainsi pour 3 000 marks, mais bien des contributions furent plus élevées et le total s'éleva à plus de 200 000 marks[163]. Malgré ces efforts, dont témoigne une correspondance strictement confidentielle où,

[163] Les contributions de la *HAPAG* et de la *Norddeutsche Lloyd* couvraient à elles deux près de la moitié de ce chiffre, puisqu'elles offraient ensemble 100 000 marks. Venaient ensuite les banques berlinoises avec 30 000 marks, L'industrie de l'acier de Rhénanie-Westfalie pour 36 000 marks, les industries électrotechnique et chimique pour 30 000 marks, et enfin les industries textile et de porcelaine, avec 11 000 marks. Archives DB, A-136, lettre de Salomonsohn 23 avril 1908.

pour plus de sécurité, beaucoup de remarques étaient manuscrites, en marge des lettres, les désillusions s'accumulèrent. Dès 1908, la situation paraissait peu satisfaisante : les sommes récoltées, provenant d'entreprises en grande partie liées aux secteurs de l'exportation, avaient été apparemment mal utilisées au gré des donateurs. Les banques acceptèrent toutefois, à la suite d'une réunion du comité, de verser une nouvelle cotisation, équivalent à 60 % de leur participation précédente, et l'industrie électrotechnique, représentée par Rathenau, se montra également disposée à laisser une chance au comité. En revanche, l'industrie sidérurgique se retira, arguant de ce que désormais les problèmes douaniers ne l'intéressaient plus. Quelques temps plus tard, le comité entrait en sommeil.

Pourtant, l'idée d'influencer l'opinion publique américaine subsista, nourrie par les préoccupations de plus en plus grandes de certains milieux bancaires sur la détérioration de l'image de l'Allemagne aux États-Unis, dont les Anglais étaient tenus pour responsables. Aussi, lorsqu'à l'été 1910, le professeur d'économie de l'université de Freiburg, Schulze-Gaevernitz, envoya un mémoire confidentiel sur la gravité de la situation et les moyens d'y remédier en développant une campagne indirecte de relations publiques, il trouva des oreilles complaisantes[164]. Sa thèse était la suivante : face aux attaques répétées des Anglais, qui menaçaient de plus en plus de déclencher prochainement une guerre contre l'Allemagne, il était indispensable que le *Reich* puisse avoir accès à un marché financier pour ses emprunts de guerre. Or la seule possibilité résidait dans les États-Unis, dont il fallait dès lors rechercher la neutralité bienveillante. Pour cela, il fallait utiliser la presse, instrument essentiel de la formation de l'opinion publique dans un État démocratique, et que les Anglais avaient su, par l'argent, orienter à leur profit pour redresser la réputation de l'Allemagne. À la *Deutsche Bank*, un des destinataires du mémoire, on trouve en marge de celui-ci la mention « direction. Cela mérite d'être encouragé ». Gwinner en particulier en était si convaincu qu'il proposa que la banque participe pour 3 000 marks, lui-même offrant la somme de 1 000 marks. Six autres membres de la direction se déclarèrent d'accord, pour des sommes cependant nettement plus modiques, puisqu'il y eut cinq contributions pour un montant de 100 marks, et une pour un montant de 400 marks.

Cet argent permit à Schulze-Gaevernitz d'envoyer aux États-Unis un homme, Th. Zollmann, qui, d'après le compte-rendu de son activité, s'efforça d'agir dans trois directions. D'une part, il réussit à s'introduire dans les milieux de l'*Associated Press*, afin de proposer des articles parmi tous ceux qui alimentaient les grands quotidiens nationaux

[164] DB, A-136.

jusqu'aux feuilles locales. Qualifiant lui-même ces contributions de « petites », il considérait que cette direction ne devait être poursuivie qu'avec beaucoup de prudence, rejoignant ainsi involontairement le jugement de l'ambassadeur Bernstorff. D'autre part, Zollmann s'employa à répondre à la demande des milieux législatifs et des lobbies préoccupés par des questions comme celle des assurances sociales et qui réclamaient des informations sur ce qui se faisait en Allemagne. Il espérait ainsi favoriser une image plus positive du *Reich*, un pari apparemment d'autant plus sûr que les réalisations sociales de ce dernier avaient toujours été saluées dans les expositions internationales, et en particulier aux États-Unis, à l'heure où les idées progressistes ne cessaient de gagner en popularité. Enfin, il chercha, dans toutes les villes fréquentées, à faire part aux journalistes de la presse locale de ses analyses sur les relations germano-américaines et suggéra que les Allemands en voyage aux États-Unis s'astreignent systématiquement à cet exercice, en mettant à profit les réseaux germano-américains. Les dossiers de la *Deutsche Bank* ne comportent rien sur les échos que rencontrèrent ces initiatives et ne conservent qu'un échange, entre Zollmann et H. Fuchs, un des directeurs de la banque, au sujet de collusions d'intérêts entre l'*Associated Press* et *Reuters*: la preuve avancée était la parution, dans un journal financier londonien, d'un câble de New York qui reprenait en fait les « faussetés forgées à Londres contre les finances allemandes ». Il était dit en substance que le monde de la finance new-yorkais n'avait pas l'intention de prendre part à la souscription pour les emprunts prussien et allemand, alors que personne n'y avait songé : « […] vous avez ici un exemple de la manière dont les Anglais fournissent à l'opinion publique internationale de fausses nouvelles dirigées contre les Allemands » (Fuchs)[165].

Le détail des actions de Zollmann ne doit pas cacher la faiblesse des réalisations. Aussi, quand, en 1913, les milieux financiers allemands éprouvèrent de nouveau le besoin de corriger l'image de l'Allemagne aux États-Unis, ils firent appel à leurs partenaires new-yorkais. Ils se sentaient en effet, à un moment où les difficultés économiques se développaient, particulièrement vulnérables aux attaques anglaises, qui multipliaient les insinuations sur le manque de solidité des finances allemandes : à partir d'avril 1913, la conjoncture économique s'était brutalement retournée : après quatre ans et demi de très forte croissance, l'Allemagne, avec les autres pays industrialisés, était entrée dans une période de dépression marquée ; or, pour elle, le problème était d'abord d'ordre financier, car la forte croissance industrielle n'avait pas été accompagnée d'un développement comparable du capital national, dont l'insuffisance se faisait désormais fortement sentir. Les banquiers allemands devaient donc faire

165 *Ibid.*, lettre du 25 mars 1912.

face chez eux à des critiques sur l'emploi de capitaux nationaux pour des opérations extérieures, alors même que le marché financier intérieur se révélait insuffisant pour les besoins de l'industrie nationale et que la détention de capitaux étrangers à court terme par les Allemands, dans un contexte international tendu, semblait faire peser une menace sur l'économie nationale si les adversaires du *Reich* décidaient de les retirer brusquement[166]. C'est pourquoi il était particulièrement important de s'assurer la bienveillance de la place américaine grâce à une campagne de relations publiques menée d'abord auprès des partenaires les plus proches. Ceux-ci n'étaient cependant pas disposés à être les simples porte-paroles de leurs partenaires allemands : ainsi, lorsque le directeur de la *Deutsche Bank*, Arthur von Gwinner, se plaignit de l'orientation d'articles concernant les faiblesses de l'économie allemande publiés dans la presse américaine à son beau-frère James Speyer, ce dernier défendit le point de vue anglo-saxon[167]. Pour autant, les correspondants américains des banques allemandes n'étaient pas hostiles à une campagne pour la promotion de l'économie du *Reich*. Ainsi, en échange de l'aide de Karl Helfferich, de la *Deutsche Bank*, pour son projet de banque fédérale américaine[168], Paul Warburg lui proposa de faire paraître sous forme

---

166 Voir Seidenzahl, 1970, p. 248. Sur le nationalisme financier qui se développa en Allemagne – comme en France – au début des années 1910, voir Poidevin, 1998, p. 543-546. Il rappelle en particulier le débat au *Reichstag* en février 1911, qui vit « le chef de file des conservateurs Kanitz dénoncer l'inondation du marché allemand par les valeurs étrangères ».

167 « *I had noticed the articles in the Sun about Germany, but I do not think there is any animus behind them [...]. While I and others, who are familiar with German affairs, know that nothing serious is going to happen, you must admit that the commercial and industrial expansion has been carried on largely with borrowed capital, borrowed not only from German banks, but also directly or indirectly with French and English moneys. Of course, when these funds were withdrawn through political affairs, and money hardened, Germany was bound to feel a tightening of the rates, and at the last quaterly settlement money was higher in Germany than anywhere else, so far as I know (I leave Austria out, because surely Germany does not want to compare itself with Austria). Furthermore, it is a well known fact that the last German loan was not a success, and the tremendous extra tax on capital for new armements has disturbed things a great deal. So it comes that while it is true that money is scarce everywhere, and commands much higher rates than formerly, the condition of the money market in Germany has been aggravated.* » De même en post-scriptum, James Speyer ajouta : « *There probably has been or is too much prosperity in Germany, and, of course, we know that things are fundamentally sound, but if there really had been a big war, it might have led to unpleasant financial conditions.* » Archives DB, A-1253, NY, 14 avril 1913.

168 Archives DB, A-1257, lettre de Paul Warburg, 13 octobre 1913. Paul Warburg avait demandé à Karl Helfferich une lettre sur son opinion concernant les propositions adverses faites par le sénateur Robert Owen et l'avocat Samuel Untermeyer dans un article publié par la *North American Review*. Cette lettre, avec les opinions d'autres personnalités bancaires européennes, devait être utilisée pour un entretien, informel

d'articles des extraits de son dernier livre *Deutschlands Volkswohlstand* dans la presse américaine : ce texte correspondait à un chapitre d'un grand ouvrage intitulé *La Culture Sociale et la Prospérité nationale de l'Allemagne durant les 25 premières années du règne de l'empereur Guillaume II*, publié en l'honneur du jubilé impérial. C'était donc une parfaite œuvre de propagande, un hymne aux réalisations de l'économie allemande, grâce entre autres à une série de chiffres sur le revenu national et la fortune totale du pays, comparés à ceux de la France, de la Grande-Bretagne et des États-Unis.

Les milieux bancaires n'étaient pas les seuls à se préoccuper de leur image : le *BdI* se désolait également des conséquences d'une dégradation de la réputation internationale de l'Allemagne sur les exportations car l'image allemande à l'étranger, et tout particulièrement en Amérique latine, ne pouvait qu'influer sur la qualité et le développement des relations commerciales avec les différents marchés étrangers. Pour que les gens aient envie d'acheter, pensait-on, il ne suffisait pas de les persuader de l'excellence du produit – toujours sujette à discussion – il fallait également qu'ils ne nourrissent pas de sentiment d'hostilité envers le pays d'origine. La menace était-elle si réelle ? Même en France, la campagne de boycott lancée dans la presse nationaliste n'eut aucune influence sur les ventes de produits allemands dans le pays, qui continuèrent à progresser[169]. Aussi, même si les milieux économiques allemands s'inquiétèrent de ce problème car cela s'ajoutait aux tracasseries douanières qui se multipliaient depuis 1910, l'argument évoqué par le *BdI* ne déboucha guère sur des actions concrètes, et renvoyait surtout au thème politique contemporain sur l'isolement de l'Allemagne.

Parallèlement à ces tentatives se développa l'idée, à partir de 1912, de créer une nouvelle agence de presse allemande qui concurrencerait réellement Reuters et Havas, et permettrait de mieux représenter les intérêts allemands dans le monde de l'information. L'agence Wolff, pourtant développée dans ce but[170], était critiquée pour avoir accepté des accords de cartel avec ses concurrents anglais et français, qui la cantonnait à certaines régions du monde, principalement l'Europe centrale, aux dépens en particulier de l'Orient[171]. Les Allemands n'étaient cependant pas aussi vulnérables qu'ils le prétendaient : leurs efforts antérieurs, dirigés principalement vers l'Amérique latine, avaient même fini par inquiéter les responsables de Havas qui, à partir de 1912, constataient

---

et confidentiel, de Paul Warburg avec le président Woodrow Wilson. Voir également chapitre 5.

169 Poidevin, 1998, p. 767.

170 Pommerin, 1986b, p. 520-531.

171 Sur l'importance de Reuters pour les intérêts anglais en Chine, voir Fuchs, 1919, p. 55.

avec inquiétude que les journaux des capitales du Brésil et de l'Argentine recevaient, sans presque rien débourser, de plus en plus de services de nouvelles grâce aux agences de presse allemandes[172]. Leurs craintes étaient d'autant plus vives que se multipliaient à ce moment les créations de compagnies de télégraphe pour construire de nouveaux câbles reliant l'Amérique latine et l'Europe. Tranchant avec ses réticences face aux *Exportzeitschriften*, l'administration montra une attitude volontariste[173] et proposa de créer, en s'appuyant sur la grande industrie, les banques et le grand commerce, une société au capital de 1,5 million de marks, appelée *Deutscher Überseedienst*. Le ministère des Affaires étrangères s'engagea même à verser 25 000 marks par an sur ses fonds secrets, mais le financement devait venir essentiellement de 300 entreprises qui devaient réunir 1 million de marks par an. Le but était de donner des nouvelles de l'étranger aux clients allemands de l'agence, mais aussi de fournir des nouvelles de l'Allemagne aux clients étrangers et de développer une propagande favorable au *Reich*, en utilisant aussi des publications en cinq langues, en particulier à destination de l'Amérique latine[174]. Les représentants des milieux économiques semblent avoir été inquiets de voir l'administration diplomatique utiliser à son compte le projet et des hommes comme Felix Deutsch, qui considéraient que les consuls et les ambassadeurs devaient être impliqués dans le choix des agents locaux de l'agence afin qu'il y ait coordination des efforts[175], paraissent avoir été minoritaires. Cette collaboration porta finalement ses fruits, puisque la société fut fondée en février 1914, mais la guerre lui porta rapidement un coup, avec la suppression de nombreux câbles allemands par la marine anglaise et le primat donné à la propagande politique.

---

172 Sur les modifications obtenues par les Allemands à l'accord de 1898 entre les grandes agences de presse, qui permettaient à toute agence émettrice dont une dépêche n'était pas retenue par l'agence réceptrice de l'adresser à qui que ce soit, sur le territoire de celle-ci, dans une limite de 20 % du volume total, voir Palmer, 1983, p. 137 et 241.

173 La création de l'*Internationale Telegraphen-Agentur*, en décembre 1906, est un exemple révélateur de ce problème. En effet, elle visait essentiellement la Russie, qui était couverte par une agence officielle, sur laquelle veillait jalousement le gouvernement. Le ministère des Affaires étrangères de Berlin refusa donc tout soutien à l'agence allemande, bien que son propriétaire eût essayé de présenter favorablement son affaire comme une riposte aux nouvelles diffusées sous influence anglaise. Finalement, l'agence disparut. Cependant, l'administration soutint d'autres projets, comme la *Kabelgramm-Gesellschaft*, fondée en 1906, qui ne connurent guère plus de succès.

174 Oppelt, 2002, p. 112.

175 Archives AEG, G5 4222, *Mein Leben* de Felix Deutsch (non publié ; sans date). « *Transoceana* » notes écrites pendant la guerre.

La différence d'attitude de la part de l'administration face aux *Exportzeitschriften* et aux projets de propagande peut se comprendre par la moindre importance que revêtait à ses yeux la création de revues commerciales, par rapport à la nécessité d'améliorer l'image de l'Allemagne aux États-Unis. Mais elle s'expliquait aussi par la qualité de ses interlocuteurs. Dans le premier cas, l'administration avait à faire à des hommes d'affaires de faible envergure, qu'elle ne connaissait pas, et dont le succès dépendait largement de sa bonne volonté. Dans le second cas, c'est l'administration au contraire qui se retrouvait en position de demandeuse face à des entrepreneurs et à des banquiers de premier plan, qui bénéficiaient de contacts directs aux États-Unis et des moyens pour mener à bien leurs stratégies. De plus, les projets agités utilisaient des instruments familiers à la diplomatie qui se servait déjà de la presse étrangère pour les questions politiques et militaires. Pourtant, ces conditions favorables ne suffirent pas à assurer le succès de ces plans de propagande : la première raison tient à une mauvaise appréciation de l'opinion publique américaine, ainsi que des causes de la dégradation de l'image allemande. La seconde raison renvoie à la méfiance entre milieux économiques et administration, chacun redoutant de se voir instrumentaliser par l'autre.

Conclusion

Les frictions constantes entre l'administration et les milieux économiques eurent comme conséquence d'améliorer la quantité et la qualité des informations données sur les marchés étrangers. Ce débat national n'avait cependant de sens que par rapport aux références étrangères. C'était les réussites des autres pays dans la compétition internationale qui légitimaient les attentes et les revendications des milieux économiques et qui obligeaient l'administration à des réponses, même partielles. Les références évoquées suivirent fidèlement l'évolution du commerce international : dans les années 1880, la France et la Grande-Bretagne constituaient les modèles privilégiés[176], tandis qu'à partir des années 1890, les exemples s'élargirent à l'ensemble du continent européen ainsi qu'aux États-Unis. Cependant, les réflexions allemandes au sujet des efforts américains pour promouvoir les exportations restèrent secondaires jusqu'en 1914 pour deux raisons : l'arrivée tardive des Américains dans la bataille pour les marchés mondiaux impliquait qu'ils étaient amenés à copier les Européens, non seulement les Anglais et les Français, mais aussi les Allemands, en particulier en ce qui concernait le

[176] Il serait cependant intéressant d'étudier de plus près l'utilisation faire de la référence belge, qui revient très régulièrement tout au long de la période.

professionnalisme du service consulaire[177]. Surtout, mise à part la période entre 1898 et 1904, la présence des États-Unis dans le commerce international resta surtout marquée par la vente de produits agricoles et de matières premières. Ceci explique que les quelques traits originaux de la culture commerciale américaine n'aient pas rencontré davantage d'échos. Les industriels américains possédaient en effet un savoir-faire dû à la dispersion de leurs marchés sur un vaste territoire : ils avaient appris à atteindre une nouvelle clientèle grâce à des catalogues suffisamment précis pour inciter à l'achat sans l'intermédiaire du commerçant. Là où les Anglais hésitaient à montrer leurs produits par crainte de révéler des secrets de fabrique, et où les Allemands faisaient preuve d'un amateurisme durement condamné par les experts – il leur était reproché de nombreuses inexactitudes dans les traductions, les conversions de poids, de mesures et de prix, ainsi qu'un certain manque d'élégance générale qui leur attirait le reproche de pingrerie[178] – les Américains acceptaient de décrire précisément les produits et n'hésitaient pas à donner tous les prix nécessaires à la commande. Or, malgré les multiples recommandations faites aux exportateurs allemands pour réformer leurs pratiques sur ce point, l'exemple américain fut très rarement cité.

L'examen des différentes sources administratives ne laisse deviner que les traces de l'intérêt éprouvé par les exportateurs allemands pour le marché américain et les moyens à leur disposition pour y parvenir. C'est donc en creux, à travers les débats généraux sur la promotion des exportations, que l'on peut tâcher de comprendre la difficulté à laquelle ils se heurtaient. Contrairement à ce que postulaient les différentes critiques émises tout au long de la période, le problème, dès 1900, était beaucoup moins la quantité et même la rapidité avec laquelle on obtenait les informations, que l'utilisation de ces dernières, et le marché américain en fournit un exemple frappant. Les informations le concernant étaient innombrables, et venaient à la fois du côté allemand, dans les comptes-rendus des trois expositions universelles ainsi que dans les différents types de rapports consulaires, que du côté américain, avec les multiples expositions spécialisées dont les bilans étaient rapportés dans la presse professionnelle, les annuaires et les journaux d'annonces, ainsi que les documents officiels. Tous ces écrits permettaient à l'apprenti exportateur allemand de se faire une idée précise des besoins locaux et de trouver les adresses de clients potentiels. Il pouvait également compter sur un réseau dense de consuls à travers le pays ainsi que sur la présence de deux puis trois attachés commerciaux pour la mise en relation avec certains de ces clients de même que des conseils pour

177 Voir Paterson, 1966, p. 77-97.

178 *Die Organisation des Exports*, 1904.

acheminer les produits et surmonter les obstacles douaniers. Les analyses contemporaines insistèrent sur les lacunes de ces informations, et en particulier sur le fait que la teneur des documents officiels était plus économique que commerciale, mais les petites entreprises se heurtaient surtout au problème du traitement de cette information surabondante, une réalité bien trop peu relevée même si certains commentateurs évoquèrent parfois ce point en observant que « l'homme moderne ne peut plus trouver le temps de lire ».

Il y avait donc un écart entre le discours général qui faisait des exportations l'horizon d'attente naturel de l'ensemble de l'industrie allemande et la réalité qui transparaît dans les ébauches de bilan que l'on trouve au gré des rapports officiels et des ouvrages. C'est cet écart que reconnaissaient tous ceux qui soulignaient que les entreprises qui ne pouvaient prospecter directement les marchés étrangers et devaient s'appuyer uniquement sur les informations écrites devaient renoncer aux exportations directes.

CHAPITRE 3

L'obligation de réciprocité : informer les Américains sur le marché allemand

Les Allemands, comme leurs rivaux, considéraient le commerce extérieur du point de vue des exportations, pour la promotion desquelles un certain nombre d'instruments avaient été progressivement mis au point. Toute contrepartie sous forme d'importations restait potentiellement considérée comme un échec dans la guerre économique que les nations industrialisées se livraient dans le monde entier. De même, les voyages d'études étaient largement perçus comme un moyen de trouver les secrets de la réussite du concurrent. C'est pourquoi les visites des Américains étaient l'objet de réticences qui s'appuyaient sur la nécessité du secret industriel. Certes, on était loin de la situation qui prévalait avant 1842[1], mais la notion restait essentielle. Simplement, elle revêtait une signification différente pour les grandes entreprises dont les inventions étaient le plus souvent protégées par des brevets, et les firmes de taille plus modeste, dont la réussite était davantage liée à certains savoir-faire et à des procédés protégés seulement par l'opacité entourant le processus de fabrication.

La menace américaine concernait à la fois l'espionnage et les efforts de conquête du marché allemand. Les réactions qu'elle suscita à partir des années 1900 furent souvent passionnées, mais il serait faux d'y lire une caractéristique allemande. Les années 1880 et 1890 avaient vu en Grande-Bretagne différentes vagues de « panique hystérique »[2], de faible durée, et après 1900 les milieux économiques français se mobilisèrent à plusieurs reprises contre le danger allemand. En réalité, ces différents pays se heurtaient au même dilemme : comment participer à un marché dans lequel l'information économique prenait une place de plus en plus grande sans pour autant avoir l'impression de mettre en danger ses intérêts ? Ce fut l'objet des différents débats sur la présence américaine en Allemagne qui agitèrent les milieux économiques entre 1900 et 1914. Les réponses varièrent selon l'implication plus ou moins

---

1 La dernière des lois qui interdisaient l'émigration de Grande-Bretagne des ouvriers qualifiés et l'exportation de la plupart des machines fut rappelée en 1842. Crouzet, 2000, p. 196.

2 Voir Berghoff, Möller, 1993, p. 353-386.

grande des entreprises dans les échanges internationaux, éclairant les difficultés particulières de celles qui se situaient à la marge de ces échanges.

I. La peur de l'espionnage

Au tournant des années 1910, une polémique se développa contre des agents américains accusés d'espionner les secrets de fabrication des industriels allemands : étaient surtout concernées les petites entreprises qui exportaient des biens de consommation vers les États-Unis, le plus souvent par l'intermédiaire de maisons de commerce. Le phénomène fut relativement bref mais il est bien documenté dans les archives du ministère des Affaires étrangères et du ministère de l'Intérieur car les affaires prenaient rapidement des proportions souvent considérables, mettant en jeu les différents niveaux du monde économique : la petite entreprise qui s'estimait victime d'un agent américain s'adressait à sa chambre de commerce mais aussi à la section régionale de l'association professionnelle à laquelle l'industriel appartenait ; ces deux instances se tournaient alors, de façon concertée ou non, vers le ministère de l'Intérieur de l'État dans lequel se déroulait l'affaire, lequel n'avait d'autre choix que de demander conseil à Berlin. La dernière étape était franchie par le ministère des Affaires étrangères du *Reich*, qui réclamait des explications à ses agents aux États-Unis.

L'étude détaillée de cette polémique a trois avantages. Elle permet d'envisager sous un autre aspect ces petites et moyennes entreprises allemandes lancées dans l'exportation, soit directement, comme cela a été vu dans le chapitre précédent, soit par le biais de maisons de commerce. Elle illustre également les relations entre les différents acteurs du monde économique face au « danger américain ». Enfin, l'étude doit montrer que l'ampleur de la polémique est liée aux menaces que le processus de mondialisation pouvait faire peser sur les liens de solidarité qui avaient assuré le succès de ces firmes.

A. Les « espions » : **Confidential** *et* **Special Agents**

Les soupçons d'espionnage américain remontaient au début du siècle et correspondaient à une amélioration de la qualité des produits industriels allemands[3] : dans les années 1870 et 1880, ce furent en effet plutôt les Allemands qui, en Grande-Bretagne comme aux États-Unis étaient soupçonnés d'espionnage industriel. Au contraire, lors de l'Exposition de Saint Louis, certains industriels allemands s'étaient alarmés de questionnaires que l'administration américaine leur demandait de rem-

[3] Voir chapitre 5.

plir concernant la nature de leurs produits : les questions concernaient les statistiques de production et la marche générale de l'entreprise. À l'époque, le commissaire allemand Lewald avait dû faire une mise au point sur le caractère inoffensif de ces questionnaires et la nécessité d'y répondre si les firmes allemandes voulaient concourir à un prix. En effet, les règles des concours de l'exposition indiquaient que ce n'était pas simplement un objet mais une firme qui était jugée, en prenant en compte des éléments comme l'ampleur de ses activités ou son ancienneté. Lewald indiquait d'ailleurs que les firmes américaines avaient reçu les mêmes questionnaires, mais qu'ayant davantage l'habitude de la transparence, elles n'y avaient vu aucun inconvénient[4].

Les accusations portées à partir de 1906 étaient cependant particulières, car elles mettaient en cause des agents de l'administration américaine qui avaient une fonction d'enquêteur à l'étranger pour le compte des services douaniers de leur pays. Enquêter sur cette polémique oblige donc dans un premier temps à examiner les raisons qui ont conduit à créer ces postes, avant d'établir la chronologie des plaintes allemandes entre 1907 et 1911.

Dès le tournant du siècle, des consuls comme Frank H. Mason, en poste à Francfort-sur-le-Main avant d'être nommé consul général à Berlin, avaient attiré l'attention des commentateurs allemands des réalités américaines, en particulier au moment du débat sur le « danger américain »[5]. Ces derniers utilisaient en effet abondamment la documentation officielle de toute sorte que l'administration américaine mettait libéralement à la disposition de tous les voyageurs désireux, une fois revenus chez eux, de faire partager à leurs compatriotes grâce à un livre les considérations que leur avait inspirées l'étude de la réussite américaine. Les documents consulaires des représentants des États-Unis offraient l'avantage de présenter une analyse déjà élaborée de la concurrence américaine, vue sous l'angle de la pénétration du marché allemand par ses rivaux d'outre-Atlantique[6]. Utile pour les milieux économiques allemands, la pertinence de certains rapports consulaires les inquiétait en même temps, car ils étaient naturellement peu soucieux de voir expliquées aussi clairement à leurs concurrents les faiblesses et les forces de leur production et de leurs méthodes de vente, ainsi que les possibilités

4 AA, R-901, dossier 511, *Leipziger Tageblatt*.

5 Voir Moltke, 1903 ; Knebel-Doeberitz, 1904.

6 De manière générale, les publications américaines étaient très appréciées des bibliothèques des chambres de commerce, comme le montrent les demandes régulières qu'envoie celle de Hambourg au consul américain de la ville afin de compléter ses collections. Voir 743-6, *National Archiv*, Washington, par exemple vol. 31 : 15 mars 1897, vol. 32 : 29 août 1899, vol. 34 : 18 novembre 1902 et 16 juin 1903, vol. 35, 2 août 1905.

que leur marché national pouvait offrir à des producteurs étrangers. Comme la rédaction de tels rapports entrait dans le rôle traditionnel des consuls, cela ne donna cependant lieu qu'à quelques développements supplémentaires sur le système consulaire américain, proclamé particulièrement efficace – alors qu'il était critiqué aux États-Unis au même moment – et considéré comme un des nombreux éléments d'explication de l'offensive des exportations américaines en Europe. Lors de l'enquête organisée par Washington en 1904 pour évaluer la nécessité de créer des postes d'attachés commerciaux, les agents consulaires se plaignirent d'ailleurs des difficultés de plus en plus grandes qu'ils rencontraient à récolter des informations autres que celles, strictement officielles, fournies par les administrations allemandes.

Les relations entre industriels allemands et consuls américains étaient un sujet de préoccupation pour ces derniers, comme le montrent leurs réponses à l'enquête qui leur fut adressée : tous soulignaient la séparation stricte entre milieux d'affaires et milieux diplomatiques, mais les conclusions tirées pouvaient être opposées. Pour certains, le fossé qui séparait les deux univers rendait la création de postes d'attachés commerciaux nécessaire, car seules des personnes appartenant de plein pied au monde économique pouvait tisser des liens avec les réseaux locaux sans paraître déroger à leurs fonctions diplomatiques. Pour d'autres au contraire, c'était précisément le prestige attaché par les Allemands à la fonction diplomatique qui permettait aux consuls d'avoir l'autorité nécessaire pour accomplir les tâches que l'on prévoyait d'attribuer à ces attachés. Cette discordance montre en tout cas que l'arrivée des agents commerciaux fut d'abord une cause de discorde à l'intérieur du milieu consulaire américain, avant même de déchaîner les passions dans les milieux économiques allemands[7].

En réalité, la qualité des relations dépendait surtout des interlocuteurs. Edward H. Ozmun, consul à Stuttgart, reconnaissait l'existence de difficultés, liées non seulement à l'insuffisance du statut diplomatique des consuls aux yeux des Allemands, mais aussi à la rivalité croissante entre les États-Unis et l'Allemagne. Personnellement cependant, il avait pu, à l'intérieur de son district, tirer profit des bonnes dispositions de certains entrepreneurs allemands qui, ayant trouvé aux États-Unis un marché important, avaient également tout intérêt à entretenir ces relations. Ainsi l'entreprise *Hohner* fut-elle amenée à entretenir une correspondance régulière avec le consul de Stuttgart, dressant à son intention et pour les besoins de la rédaction de son rapport annuel ainsi

[7] AA, R-901, dossier 4674, *Promotion of Trade Interests*, p. 72-74.

que de ses compléments mensuels un état de l'activité de son secteur[8]. Cette correspondance permettait à l'industriel allemand d'une part de se faire valoir auprès du consul en lui mentionnant par exemple la récente médaille d'or obtenue à l'Exposition de Saint Louis. D'autre part, en attirant son attention sur des points comme ses difficultés à recouvrer certaines créances auprès de clients américains, il pouvait espérer orienter les conseils donnés dans les rapports consulaires aux importateurs américains de produits allemands[9].

La menace ressentie par les Allemands à partir de 1907 vint en réalité d'une autre institution, typiquement américaine, les *Confidential* et les *Special Agents*. Ceux-ci étaient avant tout des agents des douanes, une administration qui, aux États-Unis, n'avait cessé de voir ses pouvoirs élargis tout au long du XIXe siècle. Ils étaient chargés de vérifier l'honnêteté des déclarations faites par les exportateurs sur la valeur réelle de leurs marchandises afin de prévenir tout cas de *dumping*. Cette tâche était déjà celle des consuls chargés de valider les déclarations des exportateurs allemands avant de leur délivrer le certificat pour exporter, mais l'opération était devenue encore plus importante après la mise en place des deux derniers tarifs douaniers, en particulier celui de Dingley de 1897. Dans le cadre d'un système américain qui privilégiait les droits *ad valorem*, la complexité croissante de la nomenclature tarifaire rendait de plus en plus difficile la détermination précise des prix de marché des produits importés, et conduisait à renforcer les contrôles des déclarations faites par les importateurs par une surveillance sur place.

En 1906 fut publiée la liste des cinq districts placés sous l'autorité du *Special Agent* dont le siège se trouvait à Paris[10] : le découpage était fait de telle sorte que l'Allemagne se retrouvait divisée en trois secteurs différents, mesure qui témoignait de l'importance du pays pour les administrations américaines concernées. Finalement, trois *Confidential Agents of the Treasury Department* furent désignés en 1907 pour exer-

8 Hohner, B 35 II, 110, lettre de Hohner au consulat américain de Stuttgart, 1er novembre 1904, 12 février 1907. Réponse du consul datée du 3 novembre 1904 dans le dossier 385.

9 Ces relations courtoises ne donnaient cependant lieu à aucune forme d'intimité particulière, et les dirigeants de *Hohner* étaient obligés de faire antichambre comme d'autres industriels. Hohner, B 35 II, 382, lettre de Trossingen à New York, 30 mai 1910, p. 13.

10 Innern, R-1501, dossier 3181/2, Treasury Decisions, vol. 11, 18 janvier 1906. Le premier district comprenait la Grande-Bretagne, le deuxième, la France, l'Espagne et l'Italie, le troisième, la Suisse et Plauen en Allemagne (quartier général à St Gall), le quatrième, la Hollande, la Belgique et « cette partie de l'Allemagne à l'ouest d'une ligne imaginaire de Brême à la frontière nord de la Suisse, avec son quartier général à Cologne ». Le dernier secteur comprenait le reste de l'Allemagne et devait être dirigé de Munich.

cer leur activité au moins en partie en Allemagne : Oscar Gottschalk à Cologne, dont le nom apparaît le plus souvent, car il était responsable de l'Allemagne du sud et de l'ouest, où se trouvaient beaucoup des PME visées, Frederick Aschenbach à Berlin, et Carl Kaufmann à Plauen, ce dernier résidant cependant à St. Gall en Suisse. La nature exacte des agents était entourée d'un flou qui se retrouve dans les documents allemands des premières années, rangés dans le dossier « Attachés commerciaux des États-Unis ». Waetzoldt lui-même dans son premier rapport ne faisait pas clairement la distinction entre *Special* et *Confidential Agents*[11], se contentant de noter que le plus important de ces agents, Aschenbach, remplissait cette double fonction. En revanche, il put, sur ce dernier, donner à Berlin des renseignements qui incitaient d'emblée à une certaine méfiance. L'intéressé était à ce poste aux États-Unis depuis huit ans, et depuis trois ans il s'était spécialisé dans le règlement de litiges douaniers dans le domaine de la céramique. Les avis recueillis auprès des firmes allemandes et étrangères ou de leurs avocats avaient conduit Waetzoldt, malgré sa prudence, à dresser le portrait d'un homme qui n'hésitait pas à désavantager les importateurs, même si la présence ces derniers temps de chefs plus libéraux l'avait poussé à faire montre de davantage d'impartialité.

Malgré ces confusions, il était certain dès le début que ces agents étaient tous régis par le texte du traité commercial germano-américain de 1907 entre l'Allemagne et les États-Unis, auxquels ils se réfèrent d'ailleurs volontiers pour demander l'aide des chambres de commerce sous forme de lettres de recommandation. Ce texte fixait les limites des agents américains, précisément pour protéger les droits de l'industriel allemand à préserver ses secrets de fabrication. Une telle mesure avait paru nécessaire à la suite de l'affaire Portello en 1904, un agent qui avait abusé de son titre pour tenter d'extorquer des informations. Le traité stipulait ainsi qu'après s'être inscrit auprès ministère des Affaires étrangères, les agents américains devaient se faire enregistrer auprès des chambres de commerce du district dans lequel ils allaient mener leurs investigations. Or, immédiatement, cette procédure rencontra des difficultés, car les chambres de commerce s'inquiétèrent du caractère très

---

[11] Les *Confidential Agents* résidaient dans le pays qu'ils supervisaient alors que les *Special Agents* étaient envoyés par l'administration américaine en cas de problème particulier. De plus, ces derniers ne travaillaient pas seulement pour l'administration douanière, mais également pour la *Tariff Commission*, le *Comittee of Ways and Means*, le Sénat, le *Department of State* et son *Bureau of Manufactures*. Dans les deux cas cependant, ces agents étaient considérés par les autorités allemandes comme des personnes privées, et non comme des fonctionnaires. Ces précisions ne furent données par Waetzoldt que dans un rapport de 1910. Voir Innern, R-1501, dossier 3183, Waetzoldt à AA, 10 avril 1910. C'est ce rapport qui servit désormais de base aux réflexions de l'administration allemande sur le problème.

général de la mission de ces agents. C'est que, pour pouvoir contrôler les déclarations faites aux douanes américaines, ces derniers furent très vite conduits à mener un véritable travail d'enquête qui, comme tel, impliquait que les industriels soient *a priori* tenus pour suspects, et que leurs déclarations fassent l'objet de vérifications par contre-expertise et interrogatoire de concurrents. De plus, certains agents donnèrent dès le début une signification extensive à leur mission qui les conduisit à se renseigner à la manière des attachés commerciaux sur les conditions économiques générales des entreprises visitées, mais en usant – et parfois en abusant – de l'autorité que leur conférait leur statut d'agents des douanes. C'est ainsi que la Chambre de Commerce de Leipzig, relayée par le gouvernement de Saxe, s'informa dans un premier temps de la possibilité de restreindre Aschenbach à des enquêtes précisément motivées, l'empêchant de se livrer à des recherches générales au prétexte qu'elles prendraient trop de temps aux industriels ainsi sollicités[12].

Dès cette première année, des plaintes remontèrent jusqu'au ministère des Affaires étrangères à Berlin. Cependant, les agents nouvellement nommés n'étaient pas seuls en cause : un certain nombre de récriminations portaient aussi sur le comportement des consuls eux-mêmes, comme si c'était l'attitude générale des représentants américains qui s'était trouvée modifiée par la volonté nouvelle de leur administration de surveiller plus étroitement les importateurs étrangers mais aussi d'être plus agressif dans l'étude des modes de production de la concurrence[13]. L'affaire soulevée en décembre 1907 par l'association des tisserands de Saxe-Thuringe, qui s'offusquait d'une lettre du consulat américain de Coburg posant des questions sur les salaires pratiqués et les machines utilisées, illustre ce fait. L'année suivante, les affaires qui concernaient les consuls américains se multiplièrent : le 14 septembre 1908, le gouvernement de Saxe se fit l'écho d'un questionnaire envoyé à un fabricant de porcelaine, dont les réponses risquaient d'après lui de servir non seulement ses concurrents américains mais également le parti qui, à Washington, souhaitait relever encore les droits de douane. Le même mois, la chambre de commerce de Mannheim envoya au ministère de l'Intérieur à Berlin un questionnaire adressé par le gouvernement américain à son consul pour obtenir un rapport complet sur la situation industrielle de son district. En octobre, ce fut une entreprise de papier

---

12 AA, R-901, dossier 4674. Le gouvernement de Saxe et la Chambre de commerce de Leipzig acceptèrent finalement la nomination de l'agent américain.

13 Les consuls paraissent en effet avoir été soumis à de fortes pressions par l'administration douanière américaine qui leur reprochait de ne pas voir que les industriels allemands sous-estimaient presque systématiquement la valeur de leurs produits. Il semble que, sous l'aiguillon de la concurrence des nouveaux agents, certains consuls aient considérablement durci leurs exigences.

qui s'adressa directement au ministère de l'Intérieur pour se plaindre du consulat général américain de Francfort. En même temps, les chambres de commerce bavaroises reçurent la consigne officielle de refuser de répondre au questionnaire envoyé par le consul de l'endroit, qui s'enquérait non seulement des conditions socio-économiques des ouvriers, dans le cadre de l'étude des coûts de production, mais demandait également des renseignements sur l'évolution industrielle et technique des secteurs concernés, ainsi que les échanges auxquels ils participaient, comme l'achat de matières premières et les exportations.

En regard de cette accumulation d'affaires, l'année 1909 apparaît comme une accalmie très provisoire : les dossiers ne mentionnent qu'une affaire importante, qui agita les milieux économiques de Chemnitz, et qui, de nouveau, mit principalement en cause le consul. L'objet de l'ire était le plan que ce dernier, Thomas Norton, proposait pour établir de façon incontestable la valeur marchande des produits exportés vers les États-Unis : il s'agissait d'élaborer une collection de base d'une centaine de types de bas avec pour chacun, un prix de marché établi. Un exemplaire de cette collection devait être envoyé à New York, un autre à Chicago, pour être validé par des experts. Sur cette base, l'exportateur allemand pourrait établir sa facture, avec une colonne spéciale réservée aux suppléments de prix pour les produits améliorés par rapport au modèle correspondant dans la collection[14]. L'affaire témoigne d'abord des changements que la nomination d'agents spéciaux avait produits dans l'administration consulaire américaine : leur apparition avait, dans certains cas, accru le zèle des consuls, confrontés à une mise en cause implicite de leurs pratiques jugées trop laxistes, une évolution qui fut à son tour utilisée par certains hommes politiques allemands. Ainsi, Gustav Stresemann, alors député de Saxe, affecta, dans un discours au *Reichstag* le 31 mars 1909, de donner en exemple l'« assiduité et l'intelligence... l'habileté (« *smartness* ») des consuls américains en Allemagne », pour réclamer un engagement plus grand des organes diplomatiques allemands en faveur des exportateurs[15]. L'épisode montre aussi de façon exemplaire que la nouvelle politique de rationalisation des tarifs douaniers grâce à l'évaluation scientifique des prix du marché n'était considérée par les petits importateurs – ici l'association des industriels de la bonneterie (*Wirkwaren-Fabrikanten Vereinigung*) – que comme une complexification supplémentaire et inutile d'une procédure déjà lourde et tatillonne, qui avait pour but réel de les obliger à révéler leurs secrets industriels. La véritable critique n'était cependant pas explicitement formulée : il s'agissait de la revendication du droit de chaque fabricant à mener sa popre politique commer-

---

14 Innern, R-1501, dossier 3183, 8 avril 1909.

15 Berg, 1990.

ciale, consentant des rabais plus ou moins importants selon le client et la conjoncture du secteur, en essayant toujours de mener ces négociations secrètes pour ne pas avoir à baisser de façon trop importante ses prix.

L'année 1910 présenta un visage contrasté : dans les dossiers administratifs, la situation paraît toujours calme, et, encore en juin 1911[16], le ministère de l'Intérieur prussien peut considérer que le problème de l'espionnage américain était en voie d'apaisement. C'est ce que montre *a contrario* à la fin de 1910 l'affaire Paul Raabe, du nom d'un journaliste et éditeur de Chemnitz qui se rendit à cette époque à Berlin pour y rencontrer des responsables du ministère des Affaires étrangères et qui constitue un bon exemple de la panique qui avait sévi dans certains milieux économiques. Son but était de dénoncer les agissements du fameux consul Norton, qui recueillait des informations précises sur les coûts de fabrication auprès des petits fabricants sous-traitants des régions minières reculées, leurrés par l'attention dont ils faisaient soudain l'objet de la part de cet important personnage. L'accusation de Raabe était aussi violente que maladroite[17], et il ne fut guère difficile pour les trois conseillers du ministère des Affaires étrangères qui acceptèrent de le recevoir de le convaincre qu'une campagne dans les journaux sur ce thème ne pourrait que tourner à sa confusion. Cet épisode semble donc confirmer que si le thème de l'espionnage américain était loin d'avoir disparu en 1910, l'administration était désormais en mesure d'en contrôler les éventuels débordements.

Ses efforts pour dédramatiser ces affaires vis-à-vis de l'opinion se déroulèrent parallèlement à un échange intensif de correspondance entre le consulat général allemand à New York et les ministères des Affaires étrangères et de l'Intérieur à Berlin. Ce fut l'occasion d'une explication générale sur les motivations de l'administration américaine, et sur les limites à apporter aux agissements des agents. Les attachés commerciaux allemands s'efforcèrent à la fois de déterminer clairement pour chacun des cas qui leur étaient présentés si ils pouvaient faire l'objet d'une réclamation devant les tribunaux américains et, de manière plus générale, d'indiquer un mode de conduite valable pour l'ensemble des industriels allemands confrontés aux *Confidential Agents*. Ces explications permirent à Berlin de se rassurer et de se fixer une ligne de conduite, mais on perçoit une différence d'appréciation entre l'administration centrale, dont le principal souci semble avoir été de ne pas laisser se développer une campagne générale hostile aux agents américains et le consulat général de New York : ce dernier, sous la

---

16 AA, R-901, dossier 4675, note du ministère de l'Intérieur du 19 juin 1911.

17 Les accusations prirent même la forme d'attaques *ad hominem*, l'auteur se complaisant dans la description de la pingrerie du personnage, de sa mauvaise haleine – Innern, R-1501, dossier 3183, Paul Raabe à Innern, 24 novembre 1910

plume de Waetzoldt, reconnaissait l'existence de certaines pratiques litigieuses contre lesquelles il estimait que les industriels allemands avaient le droit de se protéger.

Après cette période d'accalmie, le thème de l'espionnage américain rebondit à partir d'août et septembre 1911, mais dès le début de l'été, les plaintes se multiplièrent. En juin 1911, l'entreprise *Bunt-und Metall-papierfabrik Wilhelm Stern & Co.* alerta sa chambre de commerce, en se plaignant des questions de Gottschalk sur les prix de marché pratiqués[18]. Cet agent faisait en effet preuve d'un zèle particulier pour faire appliquer les nouvelles consignes de l'administration douanière et connaître avec précision les coûts de production des entreprises exportatrices dans son district. D'autres entreprises, comme les *Vereinigte Pinsel-Fabriken* se plaignirent d'avoir reçu des menaces d'agents américains devant leur refus de répondre. Saisie, la chambre de commerce de Nuremberg se tourna vers le gouvernement bavarois qui la soutient dans ses démarches pour demander qu'une plainte soit déposée aux États-Unis par le gouvernement allemand contre les agents américains en cause. Face à cet afflux de plaintes, le ministère des Affaires étrangères et le consulat allemand à New York restèrent fidèles à leur ligne de conduite[19] et s'efforcèrent de dissocier les cas, acceptant de signaler au gouvernement américain les écarts de conduite de deux agents, Veditz et Stewart, mais rappelant aux *Vereinigte Pinsel-Fabriken* que les buts poursuivis par les douanes américaines pour établir un tarif scientifique ne pouvait qu'être à l'avantage des importateurs allemands. En réalité, le déclencheur de la crise ne fut pas ces petites affaires, mais bien la découverte et la dénonciation de pratiques frauduleuses organisées par les fabricants en coutellerie de Solingen à l'automne 1911. Ce cas jetait en effet une lumière crue sur des agissements que les exportateurs s'étaient longtemps efforcés de laisser dans l'ombre puisque ces industriels furent poursuivis par les douanes américaines pour fausses déclarations sur la valeur réelle des marchandises importées sur le sol des États-Unis. L'affaire, dévoilée par le *Special Agent* Diehl, était particulièrement grave, non seulement parce que les preuves réunies étaient accablantes, mais parce que l'enquête avait pu être menée à son terme grâce à des délations qui firent

[18] Innern, R-1501, dossier 3183, lettre du *Staatsministerium* de Bavière au ministère de l'Intérieur à Berlin, 10 juillet 1911 ; *ibid.*, 22 août 1911, Lehmann à Innern. AA, dossier 4675, lettre de la *Vereinigung für die Zollfragen der Papier verarbeitenden Industrie und des Papierhandels* au ministère des Affaires étrangères à Berlin, 29 juin 1911 ; *ibid.*, 22 août 1911, Lehmann à l'ambassade allemande aux États-Unis.

[19] Le ministère prussien de l'industrie et du commerce estima également que les agents américains se livraient parfois à du chantage pour obtenir des secrets de fabrication, mais qu'il fallait néanmoins coopérer, dans la mesure du possible, avec eux. Innern, R-1501, dossier 3183, *Preussisches Ministerium für Handel- und Gewerbe* à AA, 5 août 1911.

grand bruit et entachèrent la réputation de Solingen. Au début de 1912, l'affaire avait laissé des traces et plusieurs journaux mirent en garde contre les agents américains[20]. Pourtant, c'est la dernière grande affaire avant la guerre. Si ponctuellement, des difficultés surgirent, elles restèrent le fait d'entreprises isolées dont les cas furent traités par le consulat allemand de New York. Cet apaisement est sans doute à mettre en partie au compte des espoirs soulevés par la nouvelle politique douanière des États-Unis, ainsi que d'une plus grande prudence du côté des exportateurs.

B. Qui s'inquiète ?

Toute l'industrie allemande était concernée par la crainte de l'espionnage industriel, mais seule une petite partie participa à la polémique de ces années 1907 à 1912. Ces entreprises se situaient principalement dans quelques régions, la Bavière, autour de Nuremberg en particulier, le Bade et la Saxe, avec le fameux consul américain à Chemnitz, Norton. Ce dernier devint d'ailleurs la bête noire de la chambre de commerce de la ville, qui, dans l'espoir de trouver un puissant relais à ses doléances, fit parvenir indirectement à *Bayer* l'information strictement confidentielle selon laquelle ce consul avait été chargé par son gouvernement d'enquêter sur l'industrie chimique allemande afin de développer ce secteur aux États-Unis[21]. Dans ces régions s'étaient développés des réseaux de petites et moyennes entreprises fabriquant des objets de porcelaine, du textile – draps ou articles de mode comme des vêtements ou des bas – de la petite métallurgie comme la coutellerie, des machines à coudre ou des pianos, des articles de papeterie de qualité supérieure, des jouets ou de petits objets comme des corbeilles. Cela représentait autant de produits estampillés « allemands » pour lesquels les entreprises avaient progressivement fait un effort de qualité, réussissant parfois à créer des spécialités comme la coutellerie de Solingen, même si certaines continuaient à exploiter le créneau des productions bon marché. Ces structures, qui fonctionnaient souvent grâce à des réseaux de sous-traitants, connaissaient mal le marché américain et utilisaient le plus souvent les services de maisons de commerce américaines. Ce sont ces dernières qui relayèrent leur lutte auprès de l'administration américaine et qui surtout avaient la capacité à entreprendre une action devant les tribunaux américains en dernière extrémité. Dans le cas de Solingen par exemple, les différentes maisons de commerce qui vendaient aux États-Unis les produits incriminés se liguèrent pour contre-attaquer face aux accusations de fraude. Surtout, ces maisons s'employèrent à conseiller les autorités consulaires alle-

---

20 Voir *Industrie Spionage. Eine Rundfrage der Leipziger Neuesten Nachrichten*, 1910.

21 BA, 046-004-002, *Deutsche Chemische Gesellschaft*, 26 juin 1911. Il n'y eut cependant pas de réponse du côté de *Bayer*.

mandes en poste aux États-Unis, dont elles étaient une des principales sources d'information, sur les recommandations à donner aux industriels allemands face aux agents des douanes. Un exemple de cette solidarité d'affaires est donné par la *Durhow & Hearne Manufacturing Company*, importateur américain de machines textiles allemandes, qui eut beaucoup de difficultés avec les douanes de son pays pour importer les produits de la fabrique de machines à coudre *H. Grossmann* implantée à Dresde. Cet importateur américain suggéra à l'attaché commercial allemand Leonhardt qu'une circulaire soit établie en Allemagne pour inviter les fabricants à n'avoir que des relations écrites avec les agents[22].

Cependant, le principal relais de l'inquiétude des petites et moyennes entreprises restait local, avec les associations professionnelles, les chambres de commerce et la presse locale et professionnelle, trois acteurs dont l'intervention était demandée simultanément et pour qui ces affaires étaient l'occasion d'une certaine mise en concurrence. Les chambres de commerce étaient sollicitées par les entreprises, qui, ayant refusé de répondre aux questions posées par les agents américains, se tournaient immédiatement vers elles, afin de se mettre à l'abri de représailles redoutées de la part de l'administration douanière. Cette peur fut d'ailleurs utilisée par les agents consulaires pour encourager les réponses : ainsi, la première affaire d'« espionnage américain », en 1907, fut motivée par deux lettres d'industriels, dont le second, ayant refusé de répondre, avait reçu une réponse du consul américain indiquant qu'il transmettait le refus de cet industriel à Washington. En faisant appel à la chambre de commerce, les entrepreneurs respectaient l'accord germano-américain qui voulait que celle-ci supervise l'activité de ces agents, mais ils pouvaient surtout espérer que grâce à la solidarité locale, leur attitude serait adoptée par l'ensemble des industriels du lieu, les protégeant de l'isolement dans leur face-à-face avec les représentants de l'administration américaine. Du côté des chambres de commerce, c'était l'occasion de réaffirmer leur rôle de porte-voix des milieux économiques locaux, menacé par la concurrence des associations professionnelles locales et surtout nationales et par l'hétérogénéité des intérêts représentés. Elles utilisèrent donc effectivement l'accord de 1907 pour affirmer que les agents américains ne devaient pas seulement leur demander d'être accrédités, mais devaient également passer par elles pour toutes leurs demandes de renseignement, les chambres de commerce se chargeant de leur transmettre les réponses écrites des entreprises. En réalité, même l'administration allemande refusa une interprétation aussi restrictive des textes germano-américains, mais cela n'empêcha pas la demande d'être réitérée à plusieurs reprises. La

[22] Innern, R-1501, dossier 3183, 9 février 1910, rapport de l'attaché commercial Leonhardt. Voir sur le même sujet AA, R-901, dossier 4675.

menace américaine était donc un moyen commode de recréer un sentiment de communauté d'intérêts mais il ne réussit qu'en partie : soit dissensions, soit commodité personnelle, certaines entreprises choisirent de faire cavalier seul : les *Vereinigte Pinsel-Fabriken* collaborèrent immédiatement avec l'agent Gottschalk non seulement en lui donnant les renseignements demandés sur les prix de marché mais en l'autorisant à poser les mêmes questions à d'autres firmes. Cette autorisation, peut-être destinée à des sous-traitants ou à des firmes alliées, fut rapidement et vivement désavouée par la chambre de commerce, à Nuremberg, qui rappela, dans sa lettre au gouvernement bavarois, qu'une telle décision relevait de sa seule autorité.

Quelque utile que pouvait paraître l'appui de la chambre de commerce, il fut systématiquement complété par le recours aux associations professionnelles : celles-ci pouvaient d'ailleurs adopter une attitude opposée, comme dans le cas de Solingen. Alors que la chambre de commerce refusait un accord général avec les douanes américaines sur l'évaluation des produits de Solingen, l'association des fabricants y était favorable, prenant comme modèle ce qui s'était passé pour la porcelaine de Limoges, dans l'espoir de se mettre à l'abri de hausses de tarif soudaines. Le plus souvent cependant, les associations professionnelles rivalisèrent d'hostilité envers les agents américains avec les chambres de commerce car c'est pour cela qu'on les sollicitait. Ce fut le cas, au début de l'été 1911, de la fabrique de papier métallisé et de couleur (*Bunt-und Metallpapierfabrik Wilhelm Stern & Co.*) qui s'inquiétait des demandes de l'agent américain Gottschalk sur les prix de marché de ses différents produits. L'entreprise alerta immédiatement son association professionnelle et sa chambre de commerce, laquelle gagna à sa cause le gouvernement bavarois[23]. Les dirigeants de l'association s'empressèrent alors d'alerter à leur tour l'administration en dramatisant quelque peu le récit des événements. Le texte même de la lettre offre une présentation des événements qui n'est pas sans rappeler des récits de détectives et permettait de mettre en valeur l'habileté de l'entrepreneur à déjouer les desseins de l'agent américain[24]. Le contraste est sensible avec le récit de la chambre de commerce de Nuremberg, qui insistait surtout sur la légitimité de la prudence de l'entrepreneur, soucieux d'obtenir des garanties sur son interlocuteur. L'opposition entre ces deux styles montre que la panique suscitée par les soupçons d'espionnage, bien qu'enracinée dans la réticence traditionnelle à divulguer des informa-

---

[23] Innern, R-1501, dossier 3183, *Vereinigung für die Zollfragen der Papier verarbeitenden Industrie und des Papierhandels*, 28 juin 1911. Chambre de Commerce de Nuremberg, 30 juin 1911 et 4 juillet 1911, Staatsministerium de Bavière, 10 juillet 1911.

[24] *Ibid.*

tions, trouvait aussi son inspiration dans la mode de l'époque pour les agences de renseignements, véritables bureaux de détectives aux méthodes parfois contestables. Certaines associations trouvaient dans ces affaires l'occasion de se manifester auprès des autorités administratives et de se rendre utiles à leurs adhérents, et leur zèle fut parfois inversement proportionnel à leur importance, mais cela ne doit pas cacher l'ampleur du phénomène. À côté de la *Freie Vereinigung der Pianofortefabrikanten und Verwandten Berufsgenossen* de Berlin ou du *Tuchfabrikanten Verein* à Aix, on trouve en effet le *Verband Sächsisch-Thüringischer Webereien* ou le *Verein zur Wahrung der Interesse der Chemischen Industrie Deutschlands*. En fait, les petites associations, bien qu'agissant en leur nom propre dans ces affaires, n'étaient pas pour autant isolées et rencontraient vraisemblablement le soutien des responsables des grandes organisations économiques auxquelles elles se rattachaient, même si les dossiers administratifs n'ont guère gardé de trace d'une intervention directe de leur part, si ce n'est une intervention de *Wendlandt*, du *BdI* : il intervint en effet à l'automne 1907 pour demander qu'on limite étroitement les pouvoirs de l'agent américain, mais c'était en tant que *Syndicus* de la Chambre de commerce de Leipzig. Étant donné les affaires ultérieures dans la région, on peut supposer que l'auteur en avril 1902 de l'article « A German View of the American Peril » paru dans la *North American Review* était resté sensible à ce problème[25].

À la chambre de commerce et à l'association professionnelle s'ajoutait la presse, comme le montre l'exemple d'un fabricant de draps, Gustav Avellis, à Forst (Lausitz). Après la visite des agents américains, il s'était non seulement adressé à l'administration locale et à son association, mais il avait également jugé nécessaire de faire paraître une annonce dans le journal quotidien de sa ville[26]. De leur côté, les éditeurs pouvaient participer à des campagnes contre les agents américains : le responsable de la *Chemnitzer Allgemeine Zeitung* publia ainsi plusieurs éditoriaux contre le consul américain Norton avant même que la chambre de commerce de Chemnitz n'écrive sur ce thème au *Verein zur Wahrung der Interesse der Chemischen Industrie Deutschlands*. Ce fut cependant cette dernière association, en raison de son importance nationale, qui réussit à attirer l'attention de l'administration[27].

---

[25] AA, R-901, dossier 4674, 29 octobre 1907. Lettre du ministère des Affaires étrangères de Saxe envoyant copie de la lettre de la chambre de commerce de Leipzig.

[26] Innern, R-1501, dossier 3183, 5 août 1911, *Preussische Handel und Gewerbe Ministerium* à AA.

[27] *Ibid.*, 14 juillet 1911, lettre de l'ambassadeur de Saxe au ministère de l'Intérieur du Reich, envoyant le dossier composé de deux articles publiés les 24 novembre et 7 décembre 1910.

L'intérêt de la presse locale à se faire l'écho des inquiétudes concernant l'espionnage américain était réel. L'entrepreneur était un annonceur potentiel, surtout s'il avait partie liée avec les autorités économiques comme les chambres de commerce et les associations, sources privilégiées pour les annonces et les encarts à publier. À ce lien économique s'ajoutait l'intérêt professionnel : c'était autant de nouvelles sensationnelles – annoncées par des gros titres dramatiques – qui tranchaient avec une actualité plus plate, et permettaient au journal de se valoriser en remplissant son rôle de veilleur. En Saxe, le *Reichenbacher Tageblatt* titra « Achtung Fabrikanten » pour dénoncer deux agents américains « à l'apparence très assurée, arborant de grandes connaissances techniques et un air sucré », une affaire reprise par le *Vogtl. Anzeiger*[28]. La menace de la presse fut d'ailleurs avancée par Paul Raabe pour justifier ses demandes d'entrevue avec des fonctionnaires du ministère des Affaires étrangères. La presse locale n'était cependant pas seule en cause, et les motifs de son intérêt se retrouvaient dans la presse nationale, surtout lorsqu'elle était liée aux associations professionnelles. Cela s'observa lors de la vague de panique qui accompagna les révélations de l'affaire de Solingen en 1911, durant laquelle les grands journaux économiques jouèrent un rôle non négligeable dans la propagation de l'affolement. La Deutsche Industrie Zeitung dramatisa à plaisir avec l'avertissement adressé à ses lecteurs en gros caractères « Attention ! Fermez vos portes ! » et un article sur « l'espionnage de l'industrie allemande » parut dans le journal *Export*, qui se fit complaisamment l'écho de la colère l'association des employeurs de la région industrielle de Solingen. Le journal dénonça ainsi l'ambition américaine de rendre son économie auto-suffisante pour tous les produits et condamna de façon générale à la fois un impérialisme forcené et un manque de courage qui conduisait les Américains à refuser de prendre les risques de leur politique, entre autres en créant une marine de commerce[29]. Les journaux germanophones américains relevèrent d'ailleurs l'importance de la campagne de presse qui se développait en Allemagne, et, le *New Yorker Staatszeitung* du 7 octobre 1911 cita longuement les *Neueste Nachrichten* de Chemnitz ainsi qu'un nouvel article paru dans le numéro du journal *Export* daté du 15 septembre 1911.

La superposition de l'échelle locale et de l'échelle régionale permet de comprendre le retentissement de ces affaires. Celles-ci trouvaient un écho d'autant plus grand qu'elles concernaient de petites régions à l'intérieur desquelles les différents acteurs du drame avaient tous à

[28] AA, R-901, dossier 1311/7 : c'est le ministère des Affaires étrangères de Saxe qui envoie ces deux articles à Berlin. 6 février 1912.

[29] Innern, R-1501, dossier 3183, *Export*, 19 août 1911, *Deutsche Industrie Zeitung*, 2 septembre 1911.

gagner à se mettre en avant et à dénoncer le plus vigoureusement possible le danger qui était supposé menacer. Ce faisant, il y avait contamination entre régions par le biais des associations qui cherchaient à monter des dossiers, de la presse qui reprenait des affaires publiées ailleurs, voire de l'administration de chaque État qui cherchait à repérer des cas semblables. Ces différents acteurs attendaient avant tout de l'administration du *Reich* qu'elle donne des directives officielles qui enlèvent aux firmes la responsabilité de refuser de répondre aux agents américains individuellement, au risque de s'exposer à des représailles de l'administration douanière américaine, d'autant que les petites chambres de commerce elles-mêmes pouvaient craindre que leurs avertissements ne pèsent pas suffisamment lourd face au prestige de l'envoyé américain. C'était la crainte exprimée par la chambre de commerce de Villingen, qui avait fait paraître une notice anonyme dans les publications officielles de son district, mais qui souhaitait que les affaires soient réglées par voie diplomatique[30]. La principale demande des entrepreneurs comme des représentations locales était donc de pouvoir exhiber à leurs interlocuteurs une circulaire ou n'importe quel papier officiel leur enjoignant de ne pas répondre à des agents étrangers.

Dans cette agitation, le point de vue de l'administration centrale fut longtemps assez distancié et strictement juridique. Sans nier la réalité d'un « espionnage » américain, elle considérait que le phénomène était interne au monde économique, autrement dit que les entrepreneurs, placés dans une situation de concurrence même internationale, devaient être capables, comme leurs homologues américains, de protéger leurs intérêts. La tâche de l'administration se limitait donc à détruire les arguments du chantage des agents américains, en rappelant les limites de leurs fonctions, et à défendre les entreprises injustement condamnées par l'administration douanière américaine. Cette position prudente s'expliquait par la peur de s'engager sur un terrain dangereux à deux titres. Une prise de position officielle sur la question aurait pu avoir des conséquences diplomatiques désagréables et elle aurait pu aboutir à l'effet inverse de celui souhaité, en alimentant la peur des milieux d'affaires.

Pourtant, Waetzoldt dans son rapport de 1910 défendit l'idée d'une circulaire adressée aux organismes responsables pour que les industriels comprennent dans quel cas il valait mieux répondre, et pour que les chambres de commerce ne délivrent de lettre de recommandation aux agents américains que si ces derniers exposaient leur but précis et montrent les formulaires qu'ils comptaient utiliser. De manière générale, le conseil donné était d'essayer de formaliser autant que faire se pouvait

30 AA, R-901, dossier 1311/7, 16 février 1912, Karlsruhe.

les relations entre agents américains et entrepreneurs, en particulier en favorisant l'utilisation de questionnaires écrits, facilement utilisables comme preuve en cas de litige portant sur « l'espionnage ». En effet, même si beaucoup de plaintes d'industriels allemands sur ce thème étaient rejetées par le consulat général de New York, les agents consulaires allemands ne prétendaient pas se situer au-dessus du débat. Interrogé par son administration au sujet d'une mise au point faite par le consul général américain de Hambourg, le consul allemand de Chicago souligna que les méthodes que s'autorisait l'administration douanière américaine avec l'accord des autorités allemandes ne pourraient être utilisées à l'égard des entreprises américaines. Surtout, il réfuta l'argument selon lequel les informations ainsi récoltées en Allemagne par les Américains étaient, aux États-Unis, directement disponibles pour tous grâce aux enquêtes publiques qui paraissaient régulièrement. Pour le consul, ces informations, publiées tous les dix ans, étaient vieillies et peu utilisables, d'autant qu'elles n'étaient que des résumés régionaux et par secteur, offrant une image trop générale pour être vraiment exploitable[31]. De son côté, Waetzoldt dénonça le chantage aux représailles douanières que pratiquaient systématiquement les agents et souligna que certaines questions ne visaient qu'à permettre aux secteurs industriels américains concernés – comme les facteurs de piano – de gagner en compétitivité sur leurs concurrents allemands[32].

Malgré ces recommandations venues des milieux consulaires en poste aux États-Unis, le ministère des Affaires étrangères et celui de l'Intérieur ne parvinrent pas à s'entendre pour prévenir les intéressés même par la voie officieuse, la seule envisagée jusqu'en 1912. À l'Intérieur, on souhaitait utiliser les tournées faites en Allemagne par les attachés commerciaux en poste aux États-Unis pour expliquer aux industriels quelle devait être leur attitude, mais les Affaires étrangères s'y refusaient, ne voulant pas prendre le risque que ses attachés soient amenés à porter un jugement sur des fonctionnaires américains qui aurait risqué d'être diffusé dans la presse[33]. De son côté, son homologue de l'Intérieur rejetait l'idée de diffuser une circulaire confidentielle auprès des chambres de commerce. Les deux craignaient des fuites dans la presse et refusaient par conséquent l'idée d'utiliser leurs propres

---

31 AA, R-901, dossier 13311/7, Consul de Chicago à la chancellerie, 15 janvier 1912. Dans le texte envoyé en annexe, le consul détaillait le questionnaire envoyé par le consulat américain de Hambourg en relevant toutes les questions liées au secret professionnel.

32 AA, 1311/7, lettre de Waetzoldt, 29 décembre 1911. Voir également la lettre du consul à Chicago, 15 janvier 1912.

33 Innern, R-1501, dossier 3183, 16 août 1910, réponse AA (Lehmann) au ministère de l'Intérieur qui demandait que le Dr. Quandt, lors de son voyage en Allemagne, donne les renseignements nécessaires.

canaux pour faire passer le message, car cela risquait de nuire à la réputation de ces corps intermédiaires. Le débat tourna donc court à plusieurs reprises et seules des consignes ponctuelles furent transmises aux milieux économiques à qui elles pouvaient sembler contradictoires. Il leur était conseillé de faire preuve de prudence, de s'assurer que les demandes n'outrepassaient pas les limites de ce qui était nécessaire, mais en même temps de répondre quand cela mettait en jeu l'établissement des droits de douane. Les entrepreneurs étaient donc priés d'assumer seuls leurs responsabilités. La crise de 1911 obligea cependant l'administration à sortir de sa réserve en constatant les dégâts provoqués dans la presse par l'affaire de Solingen. Dès juillet 1911, des recommandations furent envoyées par télégramme à certaines chambres de commerce et surtout, en 1912, un projet de circulaire fut mis au point[34].

La lenteur de l'administration à réagir ne s'explique pas seulement par la crainte d'aggraver la situation en prenant position publiquement. Il s'y ajoute probablement une certaine sous-estimation, voire un dédain pour les peurs manifestées par les dirigeants des petites et moyennes entreprises à l'égard des agents américains, qui manifestaient soit par leur refus de tout contact, soit, pour les non exportateurs, leur fierté naïve d'être approchés par ces personnages, leur embarras face à la mondialisation moderne. L'administration centrale fit consciencieusement son travail, demandant régulièrement des mises au point sur le statut des agents américains ou sur l'état des affaires au consulat de New York, mais sans vouloir y accorder la même importance que ses interlocuteurs. Un élément a certainement joué un rôle important dans l'attitude de l'administration allemande, l'absence de polémiques semblables chez les pays voisins, contrairement à ce qui s'était passé au début du siècle pour le « danger américain ». Ainsi, répondant à une demande de l'administration, le consulat allemand en Angleterre confirma que les mesures de contrôle des Américains n'avaient pas entraîné de protestation de la part des industriels anglais. En France, son collègue affirma qu'on avait pu observer des cas de comportement arbitraire, mais que pour autant, aucune campagne contre les agents américains ne s'était développée[35].

---

34 Voir le rappel qui en fut fait par le *Tuchfabrikanten Verein* d'Aix, le 19 août 1911, dans sa lettre au ministère de l'Intérieur de Berlin, et la note en marge de Delbrück sur la nécessité finalement de diffuser – avec prudence – une information officielle sur le sujet. Innern, R-1501, dossier 3183, p. 133. AA, R-901, dossier 1311/7.

35 Les critiques françaises s'étaient concentrées depuis 1906 sur « l'invasion allemande », thème de nombreuses publications dans la deuxième moitié de 1912. Voir Poidevin, 1998, p. 511 et 727.

C. Pourquoi les Allemands ont-ils peur des agents américains ?

L'accusation d'espionnage, sans être totalement infondée, reste très insuffisante pour expliquer l'ampleur prise par la campagne contre la menace américaine. Il y avait, sous-jacentes, deux autres accusations qui touchaient directement à la vie économique de ces petites entreprises, l'ingérence dans la gestion des prix et la destruction des solidarités entre les différents acteurs de la production, ouvriers, sous-traitants, négociants.

La question des prix se posa principalement à partir de 1910-1911, lorsque la politique tarifaire américaine connut des modifications qui entrainèrent un durcissement des contrôles. Les agents spéciaux américains ne devaient plus simplement comparer la valeur marchande déclarée aux douanes américaines des produits allemands exportés par rapport aux prix du marché pratiqués en Allemagne ; ils étaient désormais tenus d'aider leur administration à établir un droit de douane « scientifique » basé sur le coût de revient de ces produits[36]. Cela impliquait donc de demander aux fabricants de détailler de manière précise les différents coûts de fabrication. Ce fut d'ailleurs en 1910 que le président de la commission des tarifs fédérale, le professeur Henry C. Emery, vint en voyage d'études en Allemagne accompagné de plusieurs membres de la commission, pour examiner les conditions économiques autrichiennes et allemandes. Signe des temps, le journal *Export*, qui rapportait ces faits, l'accusa d'avoir eu en réalité une mission d'espionnage.

Cette réorientation des douanes américaines au printemps 1910 trouve un écho important dans les archives de *Hohner*. Le cas est intéressant parce qu'il est atypique, et permet ainsi de comprendre en creux le comportement des autres entreprises. Hans Hohner, responsable du marché américain, mit en garde à cette époque ses frères en charge de l'entreprise à Trossingen contre les éventuels excès de zèle des nouveaux fonctionnaires engagés. Rapportant l'atmosphère de suspicion qui régnait désormais dans l'administration des douanes où, département par département, les autorités avaient décidé une enquête systématique sur les prix de marché des produits importés, il annonça l'arrivée prochaine d'un agent sur place, les rapports précédents ayant été considérés insuffisants. Lui-même avait pris les devants en s'assurant d'ores et déjà du témoignage à décharge de certains de ses clients, et il rappela l'importance de signaler au consul les rabais accordés aux gros clients, sans les gonfler, ainsi que la nécessité de le convaincre que les différences de prix selon les marchés correspondaient bien à des différences entre les produits[37]. Ce souci de transparence était purement stratégique

[36] Innern, R-1501, dossier 3181/2, *Export*, art. cit.

[37] Hohner, B 35 II, 440, Hans Hohner à Trossingen, 4 avril et 9 mai 1910.

comme le montre le conseil que le même Hans Hohner donna en 1913 pour la visite de l'acheteur de la maison de vente par correspondance *Sears :* il fallait lui en montrer le moins possible afin qu'il ne puisse pas en déduire les coûts de fabrication[38].

Ces précautions portèrent en tout cas très vite leurs fruits puisque Trossingen put annoncer que la visite de Gottschalk s'était beaucoup mieux passée que prévu, précisément parce que les responsables de *Hohner* avaient choisi de communiquer très ouvertement, en présentant à Gottschalk plus de modèles et de livres de compte qu'il ne pouvait ou ne voulait en vérifier[39]. On est là à l'opposé de l'attitude de défiance et de fermeture adoptée par bon nombre d'industriels allemands, qui ne parvenaient qu'à alimenter les soupçons d'une administration douanière américaine déjà très prévenue. Sans doute faut-il y voir l'influence de la représentation aux États-Unis de *Hohner* qui sut dispenser les bons conseils, mais cette explication ne suffit pas, car un certain nombre des industriels allemands visés par les contrôles pouvaient obtenir les mêmes informations de la part des maisons d'importation américaines avec lesquelles ils étaient en affaire. Une autre raison réside dans la différence entre les politiques de prix : *Hohner* travaillait directement avec ses clients, à qui il consentait des rabais ciblés, mais en maintenant dans l'ensemble des prix élevés. Il semble qu'à l'inverse, beaucoup d'industriels allemands désireux d'exporter aux États-Unis aient cherché plus systématiquement à sous-évaluer leurs marchandises pour ne pas offrir des produits à des prix trop élevés et donc défavorables par rapport à leurs concurrents américains et étrangers, également représentés dans les maisons d'importation new-yorkaises. Pour eux, les taxes douanières représentaient l'obstacle principal à cette politique de prix bas et le Dr. Schuchart, envoyé par le *CVDI* aux États-Unis au printemps 1913, dut rapidement reconnaître que la plupart des affaires douanières mettant en cause des fabricants allemands étaient justifiées.

Une dernière raison peut être avancée, qui concerne la tenue des livres de compte : la précision des questionnaires américains pour évaluer les coûts de production renvoyait aux progrès faits à la fin du XIXe siècle en matière de comptabilité. Ces avancées n'avaient pas été moins grandes en Allemagne qu'aux États-Unis, et la rationalisation des procédures de gestion de l'entreprise y avait même été poussée à un degré plus élevé qu'outre-Atlantique. Mais ce mouvement était loin de concerner toutes les entreprises : les plus petites en particulier étaient tout simplement incapables de répondre de façon aussi précise aux

---

38 Voir Berghoff, 1997, p. 149.

39 Trossingen à Hans Hohner, New York, 30 mai 1910, Hohner, B 35 II Bu 382, p. 130.

questions qui leur étaient posées, ce qui ne pouvait que les inciter à une attitude défensive[40].

L'autre grande accusation portée contre les agents américains, surtout à la suite de l'affaire de Solingen, était la menace qu'ils faisaient peser sur les différentes solidarités économiques. La première de celles-ci unissait théoriquement les entreprises exportatrices entre elles au nom de l'intérêt – et de l'ennemi – communs. Or il existait nécessairement entre elles des différences que les agents des douanes essayèrent d'exploiter. Ils justifièrent ainsi l'ouverture d'un bureau à Plauen en expliquant que les entreprises qui ne possédaient pas de succursales propres à New York se trouvaient lésées par rapport à celles qui en possédaient. D'après eux, ces dernières pouvaient de ce fait y envoyer des produits à prix sacrifiés au titre de marchandises en consignation, ce que ne pouvaient faire les maisons d'importation américaines, qui se fournissaient auprès des firmes sans succursales. Les agents proposaient donc leur collaboration pour évaluer les coûts de production des marchandises selon les nouvelles règles qui permettraient qu'une même taxe soit appliquée aux produits de valeur identique. Les responsables de l'association des fabricants de Plauen refusèrent cependant l'arrangement, en estimant que les inconvénients liés au contrôle américain des méthodes de fabrication seraient infiniment plus lourds que ceux entraînés par cette différence de situation entre entreprises[41].

En revanche, l'administration des douanes américaines parvint à faire voler en éclats la solidarité des entrepreneurs de Solingen, nuisant considérablement à leur réputation. En effet, quand le scandale éclata, entraînant une baisse des exportations, la plupart des industriels, mis devant le fait accompli, préférèrent négocier avec les douanes, même quand leur situation légale n'était pas si défavorable. Ce faisant, certains précédèrent les autres et échappèrent aux poursuites en devenant témoins à charge contre la concurrence : une firme n'hésita pas à mettre à la disposition des autorités américaines un employé expérimenté pour contrôler les factures. Enfin, l'administration des douanes, en invitant à New York le président de l'association des fabricants de Solingen attisa encore les soupçons, car certains pensaient qu'il pouvait être utilisé comme expert voire comme témoin à charge pour briser les résistances d'un dernier groupe d'importateurs qui, avec leur avocat, voulaient que l'administration admette qu'il ne s'agissait pas d'une intention de nuire mais d'une mauvaise interprétation du droit douanier américain due à sa complexité. Le système mis en place par les Américains contrariait donc

---

40 Pour une analyse française de ce problème voir Daviet, 1996, p. 263-268.

41 *Vogl. Anzeiger* et *Reichenbacher Tageblatt*, art. cit, AA, R-901, dossier 1311/7, 6 février 1912.

– et tel était son but – les petits arrangements entre industriels et maisons d'importation new-yorkaises ; il menaçait aussi la solidarité nationale des milieux économiques allemands face aux représentants d'une économie concurrente, ainsi que les équilibres de la vie économique régionale.

Les solidarités entre entreprises exportatrices et sous-traitantes furent les premières à montrer leur fragilité. Dans l'affaire de Solingen par exemple, l'agent Diehl n'eut pas besoin de recourir à des menaces ou à des intimidations : il obtint les informations concernant les coûts de fabrication réels grâce à des fabricants qui n'exportaient pas, et qui coopérèrent soit par jalousie, soit par fierté de traiter avec « le monsieur américain »[42]. Paul Raabe, pour alerter le ministère des Affaires étrangères, insista sur l'impression que causait l'arrivée du consul américain en personne dans de petites entreprises dont les propriétaires n'avaient pas l'habitude de tels entretiens. Les consuls savaient d'ailleurs jouer de ce prestige diplomatique pour obtenir des informations et le statut ambigu des *Special Agents*, considérés officiellement en Allemagne comme des personnes privées mais travaillant pour l'administration, ne leur ôtait guère de prestige aux yeux de nombre de petits entrepreneurs, dont les relations avec leur administration nationale étaient déjà empreintes de déférence. Tout aussi puissant, mais moins avouable était le ressort de la jalousie : ces discussions étaient un moyen de se venger des donneurs d'ordre car les solidarités de ces micro régions industrielles, basées avant tout sur des liens de dépendance, cachaient de fortes tensions. Ce désir de revanche s'exprima d'autant plus volontiers que ces entrepreneurs, parfois de gros artisans, moins directement exposés aux problèmes liés à l'exportation, ne pouvaient pas toujours mesurer l'importance éventuelle de leurs informations. Le sentiment d'être dépassé par les événements et la volonté de se montrer à la hauteur expliquent alors que, malgré ces méconnaissances, certains aient accepté de collaborer.

À la base de la hiérarchie économique, outre les sous-traitants, les organisations ouvrières utilisèrent également les demandes des agents américains pour pousser leurs propres revendications. Certains chefs d'entreprise dénoncèrent cette collusion, qui avait permis à l'administration des douanes américaines de connaître les salaires grâce aux contrats signés avec les organisations ouvrières, que celles-ci avaient rendus publics. Ils condamnaient ces tentatives comme des manœuvres destinées à dresser les employés contre leur patron en s'appuyant sur des « meneurs » sociaux-démocrates. S'y ajoutait, là aussi, la peur de propos inconsidérés, motivés par le désir de mettre en valeur son savoir-faire,

[42] AA, R-901, dossier 1311/7, lettre de Waetzoldt, 19 janvier 1912.

qui avait permis à certains agents, en visite chez les ouvriers à domicile, de découvrir des secrets de fabrication. Enfin, les entrepreneurs comme ceux de Soligen déclaraient craindre que ces contacts n'aboutissent dans certains cas à débaucher leurs ouvriers les plus talentueux, thème utilisé assez couramment : le voyage d'études de la commission des tarifs fédérale en 1910 avait déjà été accusé de couvrir des tentatives semblables[43].

La polémique a deux causes. Elle révèle la fragilité des entreprises et des institutions concernées, soit parce qu'elles étaient prises dans un système de rivalités exacerbées, soit parce que leur degré d'organisation ne leur permettait pas de répondre aux nouvelles exigences que représentaient les agents américains. Mais la polémique autour de l'espionnage américain montre aussi les véritables difficultés liées à la mondialisation. Ces dernières ne tenaient pas tellement à la difficulté d'exporter : en ce sens, les débats analysés dans le chapitre précédent n'abordent pas le cœur du problème, car les entreprises de Solingen par exemple, qui continuaient à passer par l'intermédiaire des maisons de commerce, participaient pleinement au mouvement d'exportations, plus que la petite entreprise qui s'essayait à quelques ventes directes à l'étranger. Le véritable enjeu paraît être l'ouverture à l'information : les entrepreneurs étaient désormais confrontés à la nécessité de s'insérer dans un réseau d'échanges qui était moins un échange de marchandises qu'un échange d'informations.

II. Accepter la présence américaine en Allemagne

Les relations commerciales entre l'Allemagne et les États-Unis commencèrent à se modifier à partir des années 1900. Il s'agissait moins des flux de marchandises entre les deux pays que de la conséquence de deux changements : l'Allemagne était devenue un pays industriel mature dont les réalisations devaient être étudiées avec attention, et les États-Unis s'étaient aperçus qu'en période de mauvaise conjoncture, il leur était nécessaire de pouvoir développer plus systématiquement leurs exportations sur les marchés européens dont le marché allemand. Cette double attention à son égard posait cependant des difficultés à l'Allemagne qui devait apprendre à gérer ce nouveau statut de modèle et accepter comme légitime une présence économique américaine durable. Cela impliquait d'abandonner un discours fondé sur les métaphores militaires et les allusions géopolitiques au profit d'une réflexion sur les échanges économiques. L'administration s'y montra assez réticente, car cela l'obligeait à accepter de ne pas pouvoir intervenir dans certaines

---

43 Affaire Gustav Avellis, *Tuchfabrik*, Forst. Innern, R-1501, dossier 3181/2, 5 août 1911 et dossier 3183, *Export*, 19 août 1911.

initiatives qui touchaient pourtant à la diplomatie. Les milieux économiques peu ouverts aux relations internationales étaient également hostiles à ces évolutions, et ce furent les grandes entreprises qui constituèrent le véritable moteur de ces tentatives de changements.

A. Les voyages d'études et la nécessité de la réciprocité

À la fin du XIXe siècle, les voyages d'études de part et d'autre de l'Atlantique eurent tendance à se multiplier, avec cependant un léger décalage chronologique. À partir des années 1890, les Américains virent arriver des cohortes de jeunes diplômés ou de professionnels confirmés allemands désireux de constater sur place les progrès du Nouveau Monde, tandis que les visites en Allemagne se développèrent surtout après 1900 et dans les années 1910. Il ne s'agissait en effet pas d'une nouveauté : on relève la présence d'une délégation d'ingénieurs américains en Allemagne en 1878, et Rudolf Meyer nota, au début des années 1880, que les officiels américains avaient l'habitude d'effectuer des voyages d'études en Europe. Le changement tenait à ce que les voyages d'ingénieurs et d'industriels se multiplièrent et que l'Allemagne devint un but privilégié, en raison de sa réussite économique. Or, si les visiteurs allemands bénéficiaient le plus souvent d'un très bon accueil de la part d'industriels américains fiers de montrer leur réussite et convaincus de la valeur de cette publicité, la réciproque était loin d'être vraie. Cette différence peut être interprétée comme un choc des cultures à condition de prendre en compte deux remarques. Même si les Américains soulignaient l'hospitalité plus grande des Anglais, ces réticences à accueillir des professionnels en voyages d'études se retrouvaient dans la plupart des pays européens, et non uniquement en Allemagne. À l'inverse, les Américains étaient aussi sensibles que les Européens sur la nécessité de préserver leurs secrets industriels. La différence portait sur la conscience qu'ils avaient des bénéfices d'une politique de relations publiques qui passait par cette ouverture encadrée de leurs entreprises aux visiteurs étrangers.

L'étude de cette question doit avoir comme préalable l'examen de la situation dans les grandes entreprises allemandes ouvertes à l'international, car elles observaient une politique semblable à celles de leurs homologues américaines, et n'étaient donc pas concernées par les débats qui se développèrent dans les années 1910. Elles constituaient au contraire un contre-exemple idéal, auquel se référaient implicitement les partisans d'une ouverture plus grande des entreprises allemandes. *AEG* ou *Bayer* se caractérisaient ainsi par un va-et-vient continu de visiteurs dans leurs usines. Comme les archives ne permettent pas d'isoler les cas américains, il a paru nécessaire de dresser une courte typologie des différentes visites, qui concernait à la fois les ingénieurs allemands et étrangers et qui montre les différents avantages que ces entreprises pouvaient retirer de ces échanges.

AEG comme *Bayer* ont utilisé la visite de leurs locaux comme un argument publicitaire qui leur permettait d'entretenir leur renommée en confortant leur rôle de modèles internationalement reconnus dans leur secteur et cette fonction de publicité trouve encore un écho des années plus tard dans les livres anniversaires des entreprises : *AEG* conserve ainsi la mémoire de la déclaration faite en 1899 par le secrétaire général de l'industrie mécanique anglaise dans un rapport officiel, sur la perfection des usines *AEG*, visitées lors d'un voyage d'études en Allemagne[44]. Chez *Bayer*, les visiteurs – étudiants, ingénieurs généralistes allemands ou étrangers – étaient accompagnés le long d'un circuit qui permettait à la fois de mettre en valeur les réalisations et de les tenir à l'écart des laboratoires où étaient préservés les secrets de fabrication de l'entreprise. De la même façon, *AEG* acceptait de répondre aux multiples sollicitations de visiteurs[45], tous attirés par la renommée de l'entreprise, en leur réservant le même accueil stéréotypé que dans les établissements de Leverkusen. Outre la publicité, cette politique de relations publiques offrait l'avantage de faciliter les liens avec les entreprises étrangères et de créer des flux d'échanges réguliers : ainsi, Duisberg[46] n'hésitait pas à rédiger de nombreuses lettres de recommandation à l'intention du chef de sa filiale américaine pour que ce dernier introduise dans les milieux industriels locaux tel ou tel jeune ingénieur de *Bayer* mais aussi d'entreprises allemandes alliées. Pour

---

44 *50 Jahre AEG*, p. 128.

45 *AEG Zeitung*, n° 1, 1er juillet 1905.

46 Il prépara lui-même soigneusement ses quatre voyages aux États-Unis en demandant de nombreuses lettres de recommandation, aussi bien à ses correspondants américains qu'à des connaissances européennes. Ainsi, le professeur Lunge, du laboratoire chimique technique de Polytechnikum de Zürich, fournit une vingtaine de recommandations en 1896 comme en 1903. Il s'agissait principalement de personnalités scientifiques, collègues ou anciens élèves. Une petite moitié des noms donnés en 1896 se retrouve en 1903 : c'était des amis de Lunge, comme le professeur de chimie Chandler de New York, qui devait présenter à Duisberg le nouveau *Columbia College*, et qui joua un rôle important comme expert dans les procès engagés par *Bayer* contre les contrefacteurs de ses produits. On trouve également Samuel Cabot, de Boston, qui devait montrer les entreprises de sa ville, et Hermann Frasch, membre du conseil de surveillance de la *Standard Oil*, qui était chargé de faire visiter à Duisberg la grande raffinerie de Whiting, près de Chicago : ces hommes étaient les maillons essentiels d'une chaîne de recommandations, puisque Lunge leur demandait dans ses lettres de présenter Duisberg à leurs propres connaissances. À ceci s'ajoutaient les lettres d'introduction fournies par le ministère des Affaires étrangères pour ses différents consuls en poste aux États-Unis, ainsi que celle donnée par Emil Schrödter, du *Verein Deutscher Eisenhüttenleute* à Düsseldorf, pour un des responsables de la revue métallurgique *The Iron Age*, le Dr. Raymond. Voir BA, 191-002, vol. 1

autant, cette ouverture au public ne doit pas être analysée seulement en termes de profits : il s'y mêlait, comme aux États-Unis, le désir du dirigeant de l'entreprise de montrer sa réussite. Son biographe insiste sur la fierté qu'éprouvait Carl Duisberg à l'égard de Leverkusen, qui le poussa, pendant de longues années, à faire lui-même les honneurs de son usine aux nombreux visiteurs qui s'y rendaient : « professeurs, souvent avec leurs élèves, associations scientifiques, représentants de ministères, y compris un prince de la famille impériale »[47].

Fréquentes, ces visites ne se voulaient cependant pas banalisées, et les entreprises rappelaient à l'ordre les visiteurs désinvoltes qui ne s'étaient pas donnés la peine de se munir de plusieurs lettres de recommandation, destinées à la fois à reconnaître l'importance de l'entreprise visitée, à authentifier l'identité du porteur et à légitimer sa requête. Ces précautions étaient naturellement aussi destinées à dévoiler les tentatives d'espionnage, même si dans le cas de ces grandes entreprises, la menace était aussi réelle à l'étranger que dans leurs usines allemandes[48].

Ces visites ne servaient pas seulement le prestige de l'entreprise, mais pouvaient également remplir un rôle pédagogique. *AEG* attachait la plus grande importance à cet aspect, considérant que l'électricité, nouveau produit, demandait des solutions originales : il fallait attirer les jeunes élèves-ingénieurs, et nombreuses furent les écoles d'ingénieurs, en Allemagne comme à l'étranger, qui commandèrent les manuels publiés par *AEG* montrant, pour chaque domaine, les avantages de l'utilisation de l'électricité et les applications les plus récentes. Il fallait aussi convaincre les clients – surtout des entreprises – de l'intérêt de cette nouvelle énergie et de sa facilité d'utilisation, le plus sûr moyen d'assurer la croissance future du marché[49]. La firme d'Emil Rathenau encouragea donc les ingénieurs appartenant à des entreprises susceptibles de devenir clientes à visiter ses installations pour leur montrer l'intérêt des installations électriques et s'enquérir de leurs besoins particuliers. Des spécialistes venaient ainsi apprendre la technique du chauffage électrique mais aussi les méthodes pour promouvoir ce mode de chauffage auprès des professionnels afin d'augmenter leurs propres chiffres de vente, et indirectement, celui de leur fournisseur, *AEG* : c'est la raison de la création des départements J dans l'organigramme de l'entreprise, qui avaient pour but, dans chaque secteur industriel, d'adapter des solutions sur mesure aux entreprises qui le demandaient.

---

47 Cet aspect presque mondain n'apparut que dans un second temps et les premiers visiteurs furent des confrères, comme l'américain Schoellkopf, propriétaire de la fabrique *Schoellkopf Anilin Co.* à Buffalo, qui résuma son jugement par ses mots « la plus parfaite de toutes ». Flechtner, 1960, p. 163.

48 Archives AEG, K-801, lettre du *managing director* H. C. Levis, de la *British Thomson Houston Co. Ltd* à Emil Rathenau, 30 mai 1904.

49 *50 Jahre AEG*, *op. cit.*, p. 130.

Enfin, *AEG* utilisa également la visite de ses installations dans un but scientifique, en particulier dans le cadre d'alliances avec certains de ses rivaux, qui incluaient un partage de l'information. Toute une catégorie de visiteurs, visible dans les archives de l'entreprise, était constituée par les ingénieurs de firmes liées à *AEG*. C'était le cas par exemple de la *General Electric Company*[50]. Il s'agissait quasiment de visites en interne, qui remplissaient trois fonctions complémentaires. Des ingénieurs venaient poursuivre sur place des discussions techniques, comme par exemple des tests de laboratoire afin de vérifier les qualités de nouveaux produits développés par *AEG* comme les lampes au tungstène, ou les lampes au tantale dont les brevets avaient été acquis par *GEC*[51]. Certains responsables de département faisaient le voyage pour rencontrer leurs homologues allemands et discuter avec eux des divers progrès réalisés par chacune des deux parties[52]. Ces visites étaient aussi l'occasion pour les dirigeants allemands d'avoir une vision plus précise de la situation technique et commerciale du partenaire, grâce aux entretiens qu'ils avaient avec les délégations invitées dans un but à la fois scientifique et de prestige[53].

Les avantages, publicitaires, pédagogiques et scientifiques tirés par les entreprises étaient tous liés à la réciprocité qu'engendraient ces visites. Or, si cette logique était bien comprise des grandes entreprises, à l'échelle de l'industrie allemande, il semble que cette réciprocité dans les échanges n'ait guère existé. C'est cet état des choses que dénonça l'attaché commercial au consulat de New York, Waetzoldt, qui se faisait l'écho de certains milieux économiques américains et décida en 1909 de provoquer une prise de conscience en alertant ses interlocuteurs de Berlin. Le prétexte était le refus – au demeurant obscur – du *Verein Deutscher Maschinenbauanstalten* de Düsseldorf de recevoir un groupe d'étudiants sous la houlette du *Bureau of University Travel* de Boston à l'été 1909[54]. Dans un rapport de dix pages, l'attaché commercial se livra à un réquisitoire contre l'attitude de ses compatriotes vis-à-vis des Américains et lia deux problèmes : la réticence de beaucoup d'indus-

---

50 Cette entreprise était née de la fusion du groupe *Edison* avec son rival *Thomson Houston* en 1892, à laquelle Rathenau s'était opposé. En 1904, la fusion d'*AEG* et de la *Union Elektrizitätsgesellschaft*, société qui exploitait les brevets de la *GEC*, amena un rapprochement entre la firme américaine et la firme allemande, avec partage des marchés et exploitation commune de certains domaines comme les turbines. Voir Pohl, 1988, p. 98 et 167.

51 Voir la lettre de recommandation de C. A. Griffin à Emil Rathenau, 14 avril 1906. Lettre d'Emil Rathenau à C. A. Griffin, 15 août 1906. AEG, G 5 353.

52 Voir H. W. Hillman, chargé à la *GEC* des lampes à arc et des appareils de chauffage. Le président de la *GEC* Charles A. Coffin à Rathenau, 7 avril 1906.

53 *AEG Zeitung*, n° 12, 1901.

54 AA, R-901, dossier 3578, lettre de Waetzoldt à Berlin, 2 août 1909.

triels allemands à ouvrir leurs portes aux visiteurs étrangers et la mauvaise qualité des voyages d'études aux États-Unis. Cette double critique renvoyait à une conception des voyages d'études comme instrument d'apprentissage, soumis à des règles de courtoisie à la fois professionnelles et scientifiques. Cela supposait l'existence d'une communauté scientifique, au sein de laquelle le savoir devait être partagé afin de faire progresser la science et ses applications techniques : Waetzoldt en était lui-même un exemple, lui qui était à la fois membre du *Verein Deutscher Ingenieure* et de l'*American Society of Mechanical Engineers*.

Pour convaincre l'administration, Waetzoldt insista sur l'enjeu de sa critique : mal accueillis par les Allemands et recevant des visiteurs mal préparés, les Américains devenaient de plus en plus méfiants et acceptaient plus difficilement de faire visiter leur entreprise. Inversement, le nombre d'Allemands partis pour un voyage d'études aux États-Unis avait tendance à baisser. C'était donc l'ensemble des échanges qui était mis en péril, d'autant que la situation actuelle décrédibilisait les auteurs des lettres de recommandation, ainsi que les futurs voyageurs. Son avertissement paraît avoir été entendu par l'administration, qui envoya des copies de son rapport aux administrations des différents États allemands ainsi qu'aux deux grandes organisations industrielles[55]. Encouragé par cet accueil – il indiqua avoir reçu plusieurs demandes pour publier des extraits de son rapport[56] – Waetzoldt projeta alors de rédiger une brochure qui permettrait aux jeunes ingénieurs dans chaque secteur de connaître les entreprises américaines qu'ils pourraient visiter avec profit, plutôt que d'obéir à un schéma de voyage préétabli. Cependant, il dut finalement renoncer à son ambition[57] car il lui aurait fallu, pour rassembler les éléments nécessaires, entreprendre un voyage à travers les États-Unis et l'Allemagne, afin de mettre à jour ses connaissances techniques et récolter les informations nécessaires à son projet. Il se résigna donc à réécrire simplement les conseils généraux à l'intention des candidats à un voyage d'études aux États-Unis : le ton et l'arrangement, plus didactique, des thèmes furent les seuls véritables changements apportés. Waetzoldt insista sur la nécessité de préparer le voyage, en se faisant une idée claire de son objectif, en lisant la presse spécialisée américaine et en travaillant son anglais. Ce point était particulièrement développé, et montrait que beaucoup de ces voyageurs allemands ne possédaient pas un vocabulaire technique suffisant et se montraient incapables de formuler des questions précises en anglais. Enfin, les recommandations touchaient également les lettres de recom-

---

55 *Ibid.*, ministère de l'Intérieur, 25 novembre 1909.

56 *Ibid.*, lettre de Waetzoldt du 6 avril 1910.

57 *Ibid.*, lettre de Waetzoldt du 10 février 1912.

mandation dont il soulignait l'importance. Elles ne devaient pas être demandées simplement au consulat de New York et devaient donner des renseignements sur le visiteur. Enfin, celui-ci devait faire attention à son comportement à l'intérieur de l'entreprise visitée et, une fois rentré, veiller à la réciprocité des échanges. Le but était d'éviter que des jeunes gens inexpérimentés se contentent de visiter quelques entreprises très connues, à seule fin de pouvoir indiquer sur leur *curriculum vitae* la mention « voyage d'études américain ». Pour Waetzoldt, ce n'était qu'après avoir travaillé un certain temps dans une entreprise allemande qu'il convenait de faire le voyage, car c'était seulement dans ces conditions que l'on possédait des éléments de comparaison qui permettaient à la fois de retirer un bénéfice du séjour aux États-Unis et d'être considéré comme un interlocuteur valable par les industriels américains.

Le résultat de ces efforts paraît ambigu : certes, l'administration fut sensible à son argumentaire qu'elle contribua à diffuser. Cependant, les habitudes ne pouvaient être aisément modifiées et cette même administration, grâce à la pression du ministère du commerce exercée sur Lehmann, responsable des États-Unis au ministère des Affaires étrangères, insista pour que Waetzoldt supervise le voyage d'études qu'un groupe d'étudiants de l'école de commerce de Cologne devait entreprendre en août 1910, alors qu'il présentait les caractéristiques dénoncées dans son rapport : ne durant qu'un peu plus d'un mois, parcourant le pays et se cantonnant largement aux entreprises les plus connues, sans égard pour les besoins précis des étudiant[58]. Seule consolation, le directeur des études de l'école de commerce, qui avait été autorisé à correspondre directement avec lui, accepta de tenir compte de ses suggestions dans la planification du voyage[59]. Waetzoldt s'employa donc à indiquer des entreprises plus en rapport avec les études des visiteurs : pour Philadelphie, il proposa ainsi de remplacer la sempiternelle visite des *Baldwin Locomotive Works* par celle d'usines textile et par celle du célèbre grand magasin *Wanamaker*. Deux idées guidaient en effet ses conseils : éviter des redondances dans les visites en n'ayant pas au programme plusieurs entreprises de sidérurgie par exemple ; favoriser les entreprises appartenant au secteur de l'industrie légère mais aussi du commerce (il conseilla, pour Chicago, de visiter non seulement un grand

58 *Ibid.*, lettre manuscrite de Waetzoldt du 29 janvier 1910.

59 Sa présentation des étudiants cherchait à montrer qu'il avait déjà pris en compte certaines remarques de Waetzoldt. Il insistait sur leur âge, 22 ans, plus élevé que des étudiants à l'université, leur familiarité avec la pratique grâce à des stages et le fait qu'ils avaient obligation de préparer le voyage par des lectures sur les conditions géographiques et économiques du pays. *Ibid.*, professeur Eckert, lettre à Waetzoldt du 1er avril 1910.

magasin mais aussi un commerce de gros spécialisé dans les outils, notamment)[60].

Les efforts déployés pour améliorer la qualité des voyages d'études aux États-Unis allaient de pair avec ceux destinés à convaincre les Allemands de s'ouvrir davantage à leurs visiteurs américains. Les déceptions engendrées par des voyages mal préparés étaient en effet utilisées comme prétexte par certains pour dénoncer le manque d'ouverture réel des Américains : une association de Mannheim se plaignit ainsi que ces derniers cherchaient à impressionner les Allemands, à les « bluffer » bien plus qu'à leur rendre service (*sic*). De la même façon, lors de la discussion qui suivit le compte-rendu du VIIe Congrès de chimie appliquée qui s'était déroulé à l'automne 1912 à New York, des participants regrettèrent d'avoir cherché à visiter certaines entreprises et d'avoir trouvé porte close. Ils jugeaient ainsi fausse la réputation d'ouverture des Américains[61].

Une telle méfiance ne faisait certes pas l'unanimité, comme le prouva l'invitation lancée aux principales associations américaines d'ingénieurs en 1910 à l'occasion d'un congrès international sur l'industrie minière à Düsseldorf[62]. Pour autant, les manifestations d'hostilité étaient suffisamment fréquentes pour que Waetzoldt en vînt à accorder une importance considérable à l'organisation de la visite de la délégation de l'association américaine des ingénieurs en 1913. L'enjeu scientifique était inexistant, mais il s'agissait de donner enfin un gage de bonne volonté aux Américains qui critiquaient de plus en plus cette absence de réciprocité. C'est ce que montra en particulier la publication d'une circulaire signée du secrétaire de l'*American Foundrymen's Association*, Richard Moldenke et adressée à cinquante-deux associations. Le texte recommandait que l'entrée des usines américaines ne soit autorisée aux visiteurs étrangers qu'à une triple condition : la visite devait avoir comme but l'étude, le visiteur devait prouver par des lettres d'introduction sa légitimité, et donner l'assurance que les entreprises étrangères qui envoyaient ainsi leurs ingénieurs recevraient à leur tour des visiteurs[63].

L'inquiétude sur les conditions de réception des Allemands était fondée sur les problèmes qui avaient entouré la visite d'une importante délégation de la chambre de commerce de Boston. Celle-ci préparait pour 1912 le congrès international des chambres de commerce et la

---

60 *Ibid.*, lettre de Waetzoldt au professeur Eckert, 21 avril 1910.

61 Voir *Verhandlungen des Vereins zur Beförderung des Gewerbefleisses in Preussen*, 4 novembre 1912, p. 143-144. Cependant certains participants allemands réfutèrent cette critique en rappelant l'opacité des entreprises allemandes.

62 AA, R-901, dossier 3578, rapport de Waetzoldt 30 octobre 1911.

63 *Ibid.*, Waetzoldt à Berlin, 20 février 1913.

délégation avait pour mission de rencontrer ses futurs invités à l'occasion d'un tour d'Europe comprenant l'Angleterre, la France, la Belgique, la Hollande, l'Allemagne, l'Autriche-Hongrie et la Suisse. Or les réactions à cette visite avaient été très contrastées. D'un côté, les autorités de Breslau demandèrent au ministère des Affaires étrangères d'influencer les plans de voyage des visiteurs étrangers de sorte qu'ils ne négligent pas leur région[64], de l'autre, le ministère prussien du commerce se fit l'écho des inquiétudes de plusieurs chambres de commerce, suspectant les Américains de vouloir regarder de trop près leurs installations industrielles, sur fond de campagne de presse assez hostile[65]. Ce ministère était d'ailleurs embarrassé car il se trouvait pris entre la chambre de commerce de Berlin, qui prétextait des nombreuses absences provoquées par la période des vacances estivales pour refuser de recevoir la délégation américaine, et l'association professionnelle *die Ältesten der Kaufmannschaft* de Berlin, très désireuse au contraire de faire bonne figure aux visiteurs dans la perspective du congrès de 1912. L'administration souhaitait donc que l'on considère la visite comme une affaire strictement privée afin de ne pas avoir à trancher entre ces deux attitudes. Face à ces réticences, Waetzoldt aurait pu se contenter de rassurer, en expliquant qu'il s'agissait avant tout d'un voyage d'agrément, qui se donnait l'étude des conditions économiques comme prétexte ; mais il insista de nouveau sur la dégradation de l'image des Allemands aux États-Unis – dans un contexte rendu encore plus défavorable par la condamnation récente, en Angleterre, de deux Allemands pour espionnage industriel[66] – et le devoir de réciprocité qui s'imposait à ses compatriotes. Ce dernier point était d'autant plus important que le second attaché commercial au consulat de New York, Leonhardt, encourageait la délégation allemande au congrès de 1912 à profiter du voyage pour visiter de façon approfondie les États-Unis[67].

64 AA, R-901, dossier 3583, lettre du 25 avril 1911. Étaient évoquées non seulement la visite de la chambre de commerce de Boston, mais aussi une importante délégation (plusieurs centaines) de professeurs d'écoles et d'université américains. La réponse du ministère fut que cela ne relevait pas de sa compétence.

65 *Ibid.*, lettre du 17 mai 1911.

66 *Ibid.*, lettre de Waetzoldt du 21 avril 1911.

67 AA, R-901, dossier 3578, lettre de Leonhardt, 2 septembre 1911. Les délégués allemands participèrent effectivement à un « American Tour » arrangé par leur hôtes du 30 septembre au 18 octobre 1912, qui leur permit de visiter dans une dizaine de centres économiques de la côte est au *Middle West* les entreprises américaines les plus connues. Gustav Stresemann, qui faisait partie de la délégation, retira de ses impressions la matière de plusieurs articles, qui montrent le peu de profit qui pouvait être retiré de pareils voyages organisés. On retrouve en effet les mêmes lieux communs sur les Américains amoureux des chiffres, sur l'industrie de masse et ses défauts. Plus intéressante – mais largement partagée – était la conviction de Stresemann que la prépondérance dans le commerce mondial se jouait entre la

Waetzoldt envoya donc dès la fin du mois d'août 1911 un rapport de sept pages détaillant les arguments en faveur d'une invitation des ingénieurs américains par leurs homologues allemands. Il insistait sur la double dette contractée par ces derniers : non seulement ils bénéficiaient depuis plus d'une décennie d'un excellent accueil dans les entreprises américaines[68], mais récemment, la société américaine des ingénieurs en mécanique avait invité les membres de l'association des ingénieurs allemands et de l'association des sidérurgistes allemands présents aux États-Unis à son assemblée générale. Surtout, les Américains se proposaient d'inviter les deux associations allemandes en 1915, à l'occasion de l'Exposition universelle de San Francisco et de l'ouverture du Canal de Panama. Au cours de cette visite, les membres les plus éminents de ces associations devaient être nommés membres d'honneur de la société américaine des ingénieurs en mécanique. Le seul remerciement adéquat paraissait donc être une invitation officielle adressée à l'association américaine.

Waetzoldt bâtit son argumentation en soulignant que l'Allemagne était devenue une destination obligée pour les ingénieurs étrangers grâce à ses progrès technologiques : il indiquait en effet que l'association des ingénieurs américains qui avait visité la Grande-Bretagne en 1910 avait été un peu déçue – même s'ils furent reçus par le roi – car l'industrie anglaise était déjà connue et surtout, il y avait désormais peu de nouveautés. Or plutôt que de subir ce fait, le pays devait en considérer les avantages économiques : la technologie allemande serait d'autant plus recherchée que sa réputation, portée par les visiteurs étrangers, serait grande. C'est ce qu'avaient parfaitement compris les Américains : la visite de leurs gigantesques usines avait permis de diffuser l'idée d'une technologie américaine particulièrement moderne, qui ne correspondait que partiellement à la réalité[69]. Le récent voyage de la délégation de la chambre de commerce de Boston était d'ailleurs invoqué pour montrer le bénéfice d'une telle publicité. Waetzoldt suggérait l'année 1913 pour la visite américaine, car l'association des ingénieurs allemands devait se réunir en assemblée générale cette année-là à Hambourg et il se proposait de venir en Allemagne à ses frais (ce fut souligné par l'administration) plaider cette cause auprès des milieux industriels.

Les réactions à cette proposition furent positives, avec quelques exceptions. Du côté de l'administration, le consul général allemand par intérim à New York, Kart Ziegler, montra une certaine pusillanimité, et conseilla de laisser les Américains envoyer d'abord leur invitation pour

---

Grande-Bretagne et l'Allemagne, les États-Unis étant destinés à rester à la troisième place. Voir Berg, 1990.

68 AA, R-901, dossier 3583, lettre de Waetzoldt, 28 août 1911.

69 Voir chapitre 5.

1915 pour que l'invitation allemande apparaisse comme une simple réponse à cette initiative américaine. Il invoquait à la fois des raisons de fierté nationale mais aussi la crainte des réactions de certains courants de l'opinion publique et des partis si le premier pas était fait par les Allemands. Ses objections furent cependant contredites par l'ambassadeur allemand à Washington, qui appuya chaleureusement Waetzoldt et elles ne furent pas retenues par Berlin[70]. L'administration ne s'engagea pas pour autant dans le projet, et c'est à titre strictement privé que l'attaché commercial devait réaliser toutes ses démarches[71]. Du côté des milieux économiques, Waetzoldt, qui avait quitté New York le 10 octobre, tira un bilan optimiste de ses conversations avec différents responsables d'associations dès la fin du mois : le projet semblait bien accueilli, et si quelques réserves dues aux difficultés causées par la politique douanière américaine se firent sentir, un certain nombre d'industriels jugèrent au contraire que la visite de la délégation américaine constituait une excellente opportunité pour détruire le mythe de coûts de production allemands particulièrement bas, ce qui justifiait les tracasseries de l'administration douanière[72]. Finalement, 36 entreprises, parmi lesquelles les plus grandes, et 9 instituts scientifiques[73] se décla-

70 AA, R-901, dossier 3583, lettre de Ziegler à Berlin, 2 septembre 1911 ; réponse aux objections par Waetzoldt, 5 septembre 1911 ; mise au point par Ziegler, 8 septembre 1911. Cette mise au point montre, avec le soutien de l'ambassadeur l'importance que l'on accordait désormais aux jugements de Waetzoldt. Ziegler précisa en effet que l'idée d'une visite américaine en Allemagne lui semblait excellente, que ses observations ne portaient que sur des points mineurs, et que du reste ils ne reflétaient qu'une appréciation personnelle et ne remettaient nullement en cause l'expérience de Waetzoldt. Lettre de Bernstorff à Berlin, 26 septembre 1911.

71 Une note du ministère de l'Intérieur signée de Delbrück trois mois avant l'arrivée des Américains visait cependant à corriger en partie cette réserve observée par l'administration : AA, R-901, dossier 3584, 19 mars 1913.

72 Voir la demande formulée par le *Verein zur Wahrung gemeinsamer Wirtschaftsinteresse der deutschen Elektrotechnik* aux organisateurs pour que ces derniers fournissent sur ce sujet des renseignements précis à la délégation américaine avant son arrivée en Allemagne. *Ibid.*, 8 mai 1913.

73 La liste définitive établie à partir du programme est la suivante : Hambourg : tunnel de l'Elbe ; Blohm & Voss ; chemin de fer aérien et centrale électrique. Leipzig : Verlag J. J. Weber ; Leipziger Werkzeugmaschinenfabrik A.G.; Oskar Branstetter Verlag. Dresde : laboratoire de mécanique de l'université ; Nähmaschinenfabrik und Eisengießerei vormals Seidel & Naumann. Berlin : AEG ; Siemens & Halske ; Dynamowerke der Siemens-Schuckert-Werke ; Bergmann-Elektrizitäts-Werke A.G.; Ludwig Loewe & Co. ; A. Borsig. Duisburg : Deutsche Maschinenfabrik A.G.; Haniel & Lueg. Rheinhausen : Friedrich-Alfred-Hütte. Mülheim : Maschinenfabrik Thyssen & Co. ; Gutehoffnungshütte. Oberhausen : Rheinische Stahlwerke. Duisburg-Meiderich : installations portuaires. Düsseldorf : Ernst Schiess ; Stahlwerk Becker. Leverkusen : Bayer. Köln-Deutz : Gasmotorenfabrik Deutz. Köln-Kalk : Maschinenbau-Anstalt Humboldt. Francfort sur le Main : Kleyer ; Maschinenbau A.G. Pokorny & Wittekind ; Simon, Bühler & Baumann ; Voigt & Haeffner.

rèrent prêts à recevoir la visite de la délégation américaine, ces dernières souvent au nom d'une collaboration déjà engagée avec leurs homologues américains.

La délégation américaine, composée de 180 hommes et 107 femmes, visita donc l'Allemagne du 20 juin au 7 juillet 1913. La description de la réception permet d'apprécier rétrospectivement les efforts pour la mise au point de cette visite mais elle montre surtout la conviction que l'on s'insérait dans un échange diplomatique entre nations, où chaque participant devait reconnaître la valeur de l'autre sans rien céder de son prestige. En témoigne le symbolisme très appuyé de la représentation théâtrale offerte à la délégation américaine à Düsseldorf. Le décor figurait une forge, avec au milieu un grand feu sur lequel le génie de la technique allemande forgeait un anneau d'acier, « si solide, qu'il pourrait tenir ensemble l'Ancien et le Nouveau Monde ». Au milieu du travail, le génie de la technique américaine survenait, et après un hommage rendu à la technique allemande, à son savoir-faire et à sa science, il se mettait au travail avec son confrère. Finalement, l'anneau était forgé sur scène, portant les emblèmes des deux associations d'ingénieurs. Ce souci de l'étiquette diplomatique pouvait cependant prendre des aspects pointilleux assez déplaisants. L'exemple le plus caricatural est donné par le Dr. Wedding rendant compte d'une visite conjointe des ingénieurs anglais et allemands aux États-Unis en 1890 :

> Comme nous Allemands étions en minorité face aux Anglais, il était d'autant plus important de faire valoir notre point de vue. [...] Il fut ainsi décidé qu'à chaque réception ouverte par de la musique, quand, un soir on commencerait avec *God save the Queen*, le soir suivant ce serait *Die Wacht am Rhein*[74].

De la même façon, quand, en 1912, lors du VIIIe congrès international des chimistes à New York, Duisberg souhaita s'exprimer en anglais avec l'approbation du secrétaire général du *Verein Deutscher Chemiker*, Berthold Rassow, cette suggestion fut accueillie par de telles protestations, qu'à la suite d'un référendum sur la question, organisé auprès des différentes associations allemandes liées au secteur de la chimie appliquée, le discours fut prononcé en allemand[75].

Mannheim : Heinrich Lanz ; Gebrüder Sulzer ; Brown, Boveri & Cie (entreprise suisse); Portland-Zementwerke Heidelberg und Mannheim A.G.; Benz & Cie ; Ludwigshafener Walzmühle A.G. Munich : Deutsches Museum.

74 Wedding, Dr. Hermann, « Mitteilungen über das Eisenhüttenwesen in den Südstaaten der Vereinigten Staaten von Nordamerika », in *Verhandlungen des Vereins zur Beförderung des Gewerbefleisses in Preussen*, 1er décembre 1890, p. 271-282.

75 BA 191-002, vol. 2, échange de lettres entre Rassow et Duisberg, aux mois de juin et juillet, durée de la discussion.

Dès lors, quelle pouvait être la valeur de ces échanges ? En fait, ce terme recouvre deux réalités très différentes : les voyages d'études relevaient d'un cosmopolitisme scientifique largement idéalisé, même si les travaux d'Anne Rasmussen sur les congrès internationaux ont montré qu'il constituait toujours un horizon d'attente. Les voyages de délégation, tout en se parant des vertus du voyage d'études pour se justifier, étaient dans un registre politique national qui évoque les expositions universelles. Se pose alors la même question : quel type d'échanges était encore possible ? Ces visites servaient en fait de cadre aux futurs voyages d'études, à la fois en favorisant une certaine sociabilité mondaine, qui pouvait être parfois réutilisée dans les lettres de recommandation, et elles permettaient de reconnaître la valeur scientifique et technologique de l'autre nation, justifiant ainsi ces voyages d'études. Pour autant, on voit surtout que l'intensité des échanges n'était pas proportionnelle à la multiplication des voyages. Ces derniers laissaient en particulier de côté un certain nombre d'entreprises, souvent de taille moyenne, un peu à la limite de ce processus d'internationalisation des échanges, et qui posaient de ce fait un regard plus méfiants sur les visiteurs étrangers qu'elles n'avaient guère l'habitude de côtoyer, y compris comme clients. Certes, même si ces entreprises s'étaient montrées plus accueillantes aux visites, il n'est pas sûr qu'elles auraient reçu davantage de demandes dans ce sens : les voyages d'études en Allemagne suivaient les mêmes parcours balisés que leurs contreparties aux États-Unis. Leur méfiance avait pourtant des conséquences importantes car elle retentissait sur l'attitude de leurs organisations professionnelles et alimentait l'hostilité d'une partie de l'opinion publique face à ce qui était dénoncé comme une intrusion.

B. L'exposition américaine à Berlin de 1910

Les visites d'ingénieurs, qu'elles soient individuelles ou collectives, étaient placées sous le double signe du prestige et de l'intérêt scientifique, alors que l'aspect économique apparaissait secondaire. Accepter la présence des Américains en Allemagne revêtait un tout autre sens quand ces derniers cherchaient à s'y rendre plus visibles pour y élargir leur marché. C'est le débat qui se développa autour du projet d'exposition américaine à Berlin en 1910. Ses défenseurs le présentèrent comme un événement de prestige, un élément de la diplomatie informelle permettant de rapprocher les deux peuples, alors que ses adversaires y virent une opération publicitaire destinée à développer le marché allemand pour les produits exposés. Cette différence de point de vue se fondait sur la nature ambiguë de l'événement : l'accent devait-il être mis sur son aspect commercial ou sur son caractère national ? C'est précisément en mettant en avant ce second élément que les organisateurs du projet compromirent sa réalisation.

Aux mois de juin et juillet, les premiers articles sur le sujet parurent dans la presse favorable aux milieux exportateurs, mais la discussion était surtout interne au gouvernement : des bruits couraient sur l'implication du frère de l'empereur, Henri de Prusse, à qui il avait été demandé de patronner l'exposition. Après avoir cru dans un premier temps qu'une réponse protocolaire suffirait – il n'était pas coutume qu'un événement étranger soit patronné par une personnalité du pays d'accueil – le ministère des Affaires étrangères se rendit compte qu'il lui fallait trouver une solution de rechange, devant l'empressement de l'intéressé à jouer un rôle important dans cette affaire. Finalement, la solution d'une présidence d'honneur du comité de réception allemand fut choisie : l'idée semblait inoffensive car l'organisation d'un tel comité ne devait intervenir qu'une fois sûre la tenue de l'exposition. Au demeurant, le gouvernement cherchait avant tout à faire le moins de bruit possible autour de l'affaire, au prétexte que la taille de l'exposition serait très modeste. Or le prince Henri s'empressa de faire connaître aux Américains son accord de principe, et la presse allemande s'empara rapidement de ce thème, se faisant l'écho des premières protestations. Il est possible que l'actualité creuse des mois d'été ait favorisé cette première vague, d'ailleurs réduite. En tout cas, les protestations ne furent pas reprises en septembre, malgré les nouvelles toujours optimistes que propageaient aussi bien la presse berlinoise que germano-américaine. Les premières réactions frappent cependant par leur virulence, s'en prenant à l'administration et à la Couronne, incapables de défendre les intérêts nationaux de leurs plus rudes concurrents, alors que les progrès faits dans les préparatifs paraissaient peu importants et les industriels américains peu mobilisés. En novembre, les progrès étaient toujours insignifiants et paradoxalement, l'ambassadeur allemand, inquiet de voir l'idée péricliter et endommager par sa chute la réputation du prince Henri, en vint à suggérer à son administration de prendre langue avec ses homologues américains pour que le gouvernement reprenne au moins en partie l'affaire à son compte, en exposant lui-même les résultats de la politique fédérale et municipale. Dans le même temps et malgré les difficultés rencontrées par le projet, on perçoit dans la presse allemande un changement de ton. Les attaques se multiplièrent et se poursuivirent en janvier et février 1910, mois au cours duquel plusieurs signes semblèrent montrer un regain d'intérêt de la part des Américains pour l'exposition dès lors que l'hypothèque des négociations commerciales était levée. C'est dans ce contexte agité que le député Stresemann interpela le ministre de l'Intérieur du *Reich*[76], pour

---

[76] AA, R-901, dossier 768, 42e session du Parlement, mercredi 23 février 1910. Les articles sur le sujet se multiplièrent dans la presse entre le 2 et le 5 mars 1910 (dossier 767).

que ce dernier explique la protection que paraissait offrir le gouvernement à la concurrence étrangère en soutenant l'exposition américaine à Berlin : il y avait là d'abord un jeu politique, car Stresemann parlait ici en sa qualité de lobbyiste pour les entreprises de Saxe, alors même qu'il était, à l'époque, devenu un proche de Ballin qui, lui soutenait le projet[77]. La réponse de Clemens von Delbrück provoqua l'embarras de la diplomatie allemande, l'étonnement du gouvernement américain[78] et la déception des milieux industriels berlinois et germano-américains. Il ne se contenta pas de rappeler que le gouvernement allemand n'accordait aucun soutien matériel à l'entreprise, mais ajouta que celle-ci ne bénéficiait d'« aucun soutien moral » de sa part, ce que semblait contredire, aux yeux des Américains, la présence du Prince Henri à la tête du comité allemand. Très rapidement, le comité américain prit acte de ces réticences, et proposa de reporter l'exposition à l'été 1911, ce qui revenait à enterrer le projet. Dès lors, le ministère des Affaires étrangères se préoccupa surtout de mesurer l'étendue des dégâts causés. Les commentaires sont en fait assez répétitifs : les partisans de l'exposition regrettaient le ton du ministre et plus généralement l'exagération des dangers qui avait conduit à une telle situation, tandis que les adversaires – nettement plus nombreux – constataient qu'une telle issue était inévitable et multipliaient les critiques à l'égard de l'ambassadeur du *Reich* aux États-Unis, accusé de se faire le porte-parole des intérêts américains contre les exigences mêmes de sa charge. Ces attaques étaient d'autant plus amères pour le ministère des Affaires étrangères qu'il avait tout fait depuis le début pour éviter de se retrouver dans cette situation, et elles poussèrent l'administration à chercher des responsables et à réclamer des explications à des hommes comme le secrétaire de légation Richthofen, accusé d'avoir introduit, tel le loup dans la bergerie, Brandenstein, instigateur du projet, dans les milieux d'affaires new-yorkais.

Malgré la polémique déclenchée sur le moment, cette affaire resta sans lendemain. Ce silence s'explique certainement par le sentiment d'un échec d'autant plus douloureux pour toutes les parties prenantes que les critiques dont il fit l'objet dépassèrent de loin l'intérêt que purent y prendre les milieux industriels américains qu'il cherchait précisément à attirer. À l'inverse, elle ne fut pas la cause de l'échec de projets germano-américains qui furent tentés par la suite, comme celui d'exposition permanente de produits allemands à New York à la fin de l'année 1910, qui réunissait pourtant certains personnages liés aux

[77] Voir Warren, 1964 ; Berg, 1990, p. 23.

[78] AA, R-901, dossier 768, télégramme de Bernstorff au secrétaire d'État aux Affaires étrangères, 25 février 1910.

tentatives d'exposition américaine, en particulier Albert Willner le directeur de la société des expositions du jardin zoologique de Berlin[79].

Les partisans allemands de l'exposition américaine à Berlin se recrutèrent principalement dans les milieux économiques berlinois. Ces derniers désiraient depuis plusieurs années affirmer le statut de capitale industrielle et exportatrice de leur ville[80] grâce à l'accueil d'une exposition dont l'écho serait national voire international. En 1879 s'était tenue la première exposition industrielle de Berlin, capitale du *Reich* – la précédente remontait à 1844[81] et dès ce moment, encouragés par cette première démonstration de force de l'industrie allemande grâce à la chimie et à l'électrotechnique, des projets étaient apparus pour réaliser la grande Exposition universelle de 1900 dans la capitale allemande. En 1892 cependant, l'empereur et le gouvernement y opposèrent un refus définitif, alors que l'Allemagne, par ailleurs engagée à l'Exposition de Chicago, subissait une période de mauvaise conjoncture économique qui encourageait les manifestations sociales-démocrates dans la capitale. Déçus dans leurs espoirs, les promoteurs de l'idée se rabattirent alors sur l'organisation, plus modeste, d'une grande exposition allemande pour 1896. Même là, ils durent essuyer le refus de l'industrie de Rhénanie-Westphalie, ainsi que des États du Sud, ce qui les obligea à réduire encore leurs ambitions à une manifestation purement berlinoise. Malgré le succès de cette dernière, qui reçut des critiques élogieuses et 5 millions de visiteurs, l'événement ne fut donc pas la consécration espérée de Berlin sur les plans national et international. De ce point de vue, l'exposition américaine, dont la taille était très modeste, ne pouvait

---

79 AA, R-901, dossier 2529.

80 Voir Fischer, 1989, p. 3-27. Dès le début du XIXe siècle, les produits textiles berlinois étaient pour une bonne part destinés à l'exportation, ce que montrait la sensibilité de l'économie locale aux crises étrangères. À partir de 1880, l'industrie textile recula au profit de la construction mécanique, l'électrotechnique, la pharmacie et la confection. Pour l'électrotechnique en particulier, la production berlinoise représentait un quart des exportations mondiales et était exportée principalement vers la Russie qui constituait un débouché géographiquement évident pour les différentes industries de la capitale prussienne et vers l'Amérique latine. Les États-Unis furent surtout importants pour la confection berlinoise dans la première moitié du XIXe siècle et jusqu'aux années 1880. Au début du XXe siècle, ce n'était plus le cas, et les exportations berlinoises vers les États-Unis étaient désormais surtout le fait des produits pharmaceutiques. Dans des secteurs plus pointus, comme la photographie, il existait également des firmes qui n'hésitèrent pas à monter – avec plus ou moins de succès – des succursales outre-Atlantique. Ainsi, les *Mittheilungen des Nachrichten-Bureau Frowein* mentionnèrent le voyage à New York que s'apprêtait à effectuer Arthur Schwartz, directeur général de la *Neue Photographische Gesellschaft* installée à Steglitz, pour analyser les résultats insatisfaisants de sa filiale new-yorkaise, dus, d'après le bulletin, aux tracasseries douanières et à la concurrence d'industries américaines réunies en trust. AA, R-901, dossier 3343.

81 Voir Glaser, 1986 ; Lange, 1967 ; Kühnemann, Felisch, Goldberger, 1898.

compenser ces espérances déçues, mais son organisation même manifestait le désir toujours vif des milieux économiques de la capitale d'affirmer le statut de celle-ci.

Cet orgueil local ne suffit cependant pas à expliquer pourquoi les partisans berlinois de l'exposition ne furent pas sensibles à l'argument majeur de leurs adversaires concernant la concurrence américaine. Berlin possédait des industries exportatrices en grand nombre mais ces dernières présentaient la particularité de ne pas être en concurrence directe avec les États-Unis et/ou d'appartenir à des secteurs industriels cartellisés parfois au niveau mondial. Ces deux éléments distinguaient ces industries de la production de machines-outils en Saxe, qui cumulait au contraire les deux désavantages puisqu'il s'agissait de productions typiquement américaines, dont elles n'étaient parfois que des imitations, et qu'elles appartenaient à des secteurs non cartellisés. De son côté, l'industrie du Wurtemberg fabriquait des produits plus typiquement allemands, mais dans des secteurs non cartellisés, qui restaient donc très exposés à la concurrence étrangère. Une dernière caractéristique de Berlin résidait dans la présence d'un certain nombre de succursales d'entreprises américaines, qui avaient choisi d'exposer leurs produits dans la capitale du *Reich*, là où s'était également installée la chambre de commerce américaine : pour certains commentateurs, cette proximité avec la concurrence a pu jouer un rôle dans sa banalisation d'autant qu'elle n'avait aucunement handicapé la vitalité économique de la ville, apparaissant plutôt comme la marque de son rang de capitale économique internationale. Pour d'autres, parmi lesquels l'administration, la présence de ces filiales était au contraire un argument contre la tenue de l'exposition : les entreprises américaines qui étaient le plus susceptibles d'exporter sur le marché allemand – une liste mentionnait les chaussures, les instruments de musique, les caisses enregistreuses, les machines-outils, les machines à écrire et l'industrie d'objets de bureau – étaient déjà présentes par ce biais à Berlin. Elles constituaient une forte concurrence pour les Allemands qui ne parvenaient pas à adopter pour ces objets la même production de masse, et qui n'avaient donc pas besoin d'un renforcement de cette concurrence américaine[82].

L'argument principal de ces milieux économiques berlinois engagés en faveur de l'exposition – et que l'on retrouve dans un article du *Kölnische Zeitung* daté du 12 juin 1909 – était qu'il fallait essayer de se concilier les Américains en leur montrant qu'il était de leur intérêt de ménager les Allemands dans les négociations commerciales car l'Allemagne pouvait se révéler un marché important pour leur industrie. Cet argument fut combattu de deux côtés : Waetzoldt considéra qu'il

82 Voir Hildebrandt, 1911, et Blaich, 1984.

n'était pas pris en compte par les Américains, tandis que les milieux industriels allemands hostiles à l'exposition refusèrent de voir le marché allemand ainsi offert à la concurrence étrangère.

À ces milieux économiques berlinois, dont on trouve l'écho dans les journaux locaux, et que personnifiait Ludwig Max Goldberger, il faut ajouter un groupe de personnes appartenant à l'aristocratie et proches du frère de l'empereur. Les documents nous renseignent peu sur eux : il semble qu'ils évoluaient dans des cercles comme l'Automobile Club allemand[83], placé sous le patronage direct de l'empereur, qu'ils étaient présents dans des conseils d'administration comme celui du hall des expositions du jardin zoologique. Sensibles à la mode et au progrès technique, c'est parmi eux que l'on trouve les véritables promoteurs du projet, au premier rang desquels le baron Brandenstein, lié à des organisateurs professionnels d'expositions sans l'être lui-même[84]. En 1909, il était à la recherche de programmes attractifs et par conséquent rentables, comme par exemple la présentation de pays étrangers qui faisaient l'actualité, tels les États-Unis ou le Japon[85]. Une exposition américaine offrait de ce point de vue l'avantage d'être particulièrement dans l'air du temps, au moment où des négociations pour un nouveau traité commercial entre les États-Unis et l'Allemagne étaient entreprises[86]. C'est ainsi que Brandenstein partit aux États-Unis muni d'une lettre de recommandation de la princesse héritière de Meiningen pour John Jacob Astor, et utilise sur place les contacts du Freiherr von Richthofen, secrétaire de légation à Washington.

Pour les Américains, le projet pouvait paraître attrayant pour deux raisons : ils n'avaient participé qu'à un petit nombre d'expositions organisées en Allemagne, bien inférieur à celui des participations alle-

83 C'est ce qui autorisa le *Süddeutsche Wirtschaftszeitung* du 5 novembre 1909 à soupçonner les membres du club de vouloir, par le biais de l'exposition, encourager les importations de voitures américaines à un moment où la production allemande souffrait d'un grand retard. Le journal avança comme « preuve » de ses dires le fait que Brandenstein était comme par hasard un ancien secrétaire-général de l'Automobile Club.

84 Brandenstein appartenait en effet au comité de surveillance de la société des expositions qui gérait les halles inaugurées en 1907 dans le jardin zoologique de la capitale avec l'accord du gouvernement et y organisait différents événements. Il s'agissait donc d'une association privée, même si son conseil d'administration comportait des membres de l'administration prussienne, car le jardin zoologique était propriété de l'État.

85 AA, R-901, dossier 768, Mexico, lettre de Richthofen au ministère des Affaires étrangères, 25 juin 1910. À propos des projets japonais de Brandenstein, voir AA, R-901, dossiers 1368 (4 mars 1908) et 1369 (29 août 1908) Austellungen in Deutschland, 1906-1910.

86 Voir *Hamburgs'Handel*, rapport de l'année 1909, p. 7.

mandes aux manifestations outre-Atlantique[87] ; surtout, ils avaient là l'occasion de se mesurer à leurs maîtres allemands : à cette époque, l'*Association of American Manufacturers* qui essayait de développer une politique de développement des exportations insista auprès de ses adhérents sur les leçons à tirer de l'expérience allemande en matière d'expositions destinées à promouvoir les produits nationaux à l'étranger. Il faut cependant relativiser l'importance de ce défi qui ne concernait qu'une frange du monde industriel américain : dans un contexte de croissance, le marché intérieur suffisait à écouler la production de la plupart des entreprises, qui voyaient dans les exportations un pis-aller pour lequel il n'était pas nécessaire d'engager des dépenses importantes. Le projet d'exposition américaine ne fut donc jamais très populaire aux États-Unis, malgré les efforts déployés par les organisateurs américains et allemands.

Parmi les Américains intéressés par le projet, on peut repérer trois groupes distincts. Le premier était constitué par des hommes d'affaires de premier plan, pour qui la réalisation de l'exposition était moins importante que leur propre participation au comité, surtout dans la mesure où son équivalent allemand était présidé par une altesse royale. Outre l'occasion de tisser des liens avec leurs homologues allemands et de faire prospérer leurs affaires sur le marché allemand, le banquier John Pierpont Morgan, John Wanamaker ou Louis C. Tiffany recherchaient d'abord le lustre attaché à la participation à ces comités prestigieux qui alimentaient autant qu'ils témoignaient de leur importance sociale, nationale comme internationale. Ces raisons permettent également d'expliquer la présence des représentants américains des deux compagnies maritimes allemandes. Les documents ne permettent pas de voir si c'est sous leur influence que le président Taft décida, une fois réglée – même provisoirement – la question des relations commerciales avec l'Allemagne, de faire participer de hauts fonctionnaires aux préparatifs. Dans tous les cas, cette décision ne put qu'encourager ces personnalités à s'investir plus encore dans l'exposition. Le second groupe rassemblait des professionnels des expositions qui voyaient là l'occasion de prendre leur revanche après Saint Louis. C'est ce qu'exprima en particulier David R. Francis, ancien gouverneur du Missouri et responsable de l'Exposition universelle de 1904, en présentant le projet d'exposition américaine comme le pendant de l'exposition allemande de

[87] Invitation pour des expositions allemandes acceptées par les Américains : Exposition internationale pour la pêche, Berlin 1880 ; Exposition internationale d'art, Munich, 1901. Invitations pour des expositions allemandes déclinées par les Américains : Exposition artistique à Munich, 1888 ; Exposition artistique internationale à Munich, 1895-1897 ; Exposition internationale sur l'art des jardins, Mannheim, 1907 ; Exposition internationale sur l'hygiène, Dresde 1911.

1904[88]. Exposer à Berlin paraissait donc être une consécration, mais c'était ignorer les rivalités de personnes : Lewald, l'interlocuteur allemand de Francis en 1904, était lié avec Hugo Reisinger, qui avait organisé les expositions artistiques à l'étranger. Or, ce dernier considérait Brandenstein comme un novice en la matière et les responsables du hall des expositions du jardin zoologique comme des rivaux dans l'organisation de ce type de manifestations germano-américaines.

Un troisième groupe, numériquement le plus important, était constitué par les hommes d'affaires germano-américains qui étaient les principaux industriels aux États-Unis à être convaincus de l'intérêt d'une telle exposition[89]. L'enjeu n'était pas strictement économique, car il est par exemple douteux que l'association des brasseurs de Saint Louis ait pensé trouver des débouchés importants en Allemagne. En revanche, le désir de témoigner de sa réussite dans son ancienne patrie était un motif certainement puissant, de même que la volonté de développer des liens économiques entre les deux pays : c'était renverser le mot d'ordre lancé en Allemagne même par les tenants de l'idée de *Deutschtum im Ausland*, qui voyaient dans les Germano-Américains un marché quasi captif pour les produits allemands et certainement pas des importateurs privilégiés sur le marché allemand. Les milieux pangermanistes lancèrent d'ailleurs des attaques particulièrement violentes contre le projet d'exposition américaine. Cette double motivation explique en tout cas l'enthousiasme et l'optimisme volontaire dont fit preuve la presse germano-américaine dans ses comptes-rendus des progrès réalisés dans la préparation de l'exposition américaine[90]. Parmi les personnalités de ce groupe on trouve Hermann Metz, chef de l'entreprise de colorants et de produits chimiques *H. A. Metz & Co.* et importateur pour le compte des *Hoechst Farbwerke* ce qui lui permettait de faire régulièrement des voyages en Allemagne et d'être très au fait des conditions allemandes. De plus son poste de contrôleur de la ville de New York faisait de lui le plus important fonctionnaire des finances de la ville et il s'était engagé dans une carrière politique en se faisant élire à la Chambre des représentants. Un autre personnage était Richard F. Schmidt, un homme d'affaires de Brooklyn, qui devait organiser l'exposition collective des industriels de la brasserie. Lui aussi avait comme Germano-américain

---

88 AA, R-901, dossier 767, *Deutsch-Amerikanische Korrespondenz*, 8 novembre 1909.

89 *Ibid.* Dans une lettre du 25 février 1910, le consulat général de New York souligna que le projet était essentiellement couvert par des journaux comme le *New Yorker Staatszeitung* et le *New Yorker Zeitung*.

90 *Ibid.*, *New Yorker Handels-Zeitung*, 20 novembre 1909 : le journal détaillait les progrès accomplis alors que dès le 12 novembre le ministère des Affaires étrangères était en possession d'un télégramme de Bernstorff, avertissant que l'exposition risquait d'être un échec.

des titres particuliers à faire valoir, puisqu'il avait représenté les associations germano-américaines lors d'une fête nationale en Allemagne. Il s'agissait des deux personnalités les plus éminentes de ce groupe car les autres semblent n'avoir été que des notabilités locales qui avaient plus à gagner qu'à offrir en termes de prestige.

La première raison de l'échec du projet tient au climat d'hostilité qui régnait en Allemagne face à la concurrence américaine, nourrie à ce moment par les affaires d'espionnage et les difficiles négociations commerciales. Une deuxième explication doit être trouvée dans les faiblesses des organisateurs : insuffisamment préparés et reconnus, ils ne pouvaient faire contrepoids à l'hostilité d'une partie de l'opinion publique, alors même que l'administration considérait leurs plans avec méfiance. Ces éléments ne suffisent cependant pas à comprendre pourquoi il était si difficile d'organiser ce type de manifestation alors que, au moins dans le domaine de l'art, l'Allemagne avait déjà monté des expositions nationales aux États-Unis. Peut-être faut-il y voir la peur de certains milieux économiques allemands de voir leurs concurrents utiliser, pour leur marché national, les armes qui leur paraissaient si efficaces pour conquérir eux-mêmes des marchés étrangers. Autrement dit, ce serait la réussite des exportateurs allemands, grâce à l'utilisation de différentes méthodes de promotion de l'industrie nationale, en particulier par le biais des expositions, qui leur aurait fait particulièrement redouter les effets de ces instruments sur leur propre marché, dès lors qu'ils étaient utilisés par d'autres.

C. La Chambre de commerce américaine à Berlin et les projets d'associations germano-américaines

Si la tentative pour mettre sur pied une exposition américaine fut empêchée par une campagne publique, la création d'une chambre de commerce américaine à Berlin ne souleva pas de protestation de la part des milieux économiques. Sans doute, ceux-ci – lorsqu'ils connaissaient son existence – étaient-ils conscients du besoin des industriels américains présents en Allemagne d'avoir un lieu où se retrouver. En revanche, l'administration suivit de près la création de cette chambre de commerce étrangère, pour des raisons proches de celles qui lui avaient fait refuser la mise en place de telles structures auprès des consulats allemands à l'étranger. Dans les deux cas, elle se méfiait d'organismes qui possédaient un statut officiel sans pour autant faire partie des représentations diplomatiques. Ce désir de rester une médiation indispensable n'eut cependant guère de conséquence sur le peu de succès de l'entreprise ; l'échec relatif de cette dernière fut surtout un témoignage de l'incapacité à créer véritablement un lieu d'échanges entre milieux économiques allemands et américains.

Comme pour les attachés commerciaux, la discussion sur les chambres de commerce à l'étranger se développa aux États-Unis avec un certain retard par rapport aux pays européens : c'est au tournant du siècle, avec les nouvelles préoccupations exportatrices des industriels américains, que ce thème, déjà exploité en Europe depuis dix à vingt ans, fut réellement abordé. Le contexte était assez différent car, les chambres de commerce aux États-Unis étaient beaucoup plus autonomes que leurs homologues européennes vis-à-vis de l'administration, ce que certains, comme le consul américain de Hambourg, Robert P. Skinner, critiquaient, en opposant certaines chambres de commerce américaines considérées comme de véritables clubs « contrôlés par des coteries » aux « administrations responsables du développement économique local » qu'on trouvait en Allemagne[91]. C'est cette autonomie qui permit en 1900 à l'ambassadeur allemand à Washington de se faire rassurant, en indiquant que le gouvernement américain considérait la création de chambres de commerce américaines à l'étranger comme une affaire purement privée, ce au moment où les deux premières venaient de se créer à Londres et à Paris. La priorité donnée à ces deux capitales paraissait naturel, dans la mesure où la Grande-Bretagne était le premier partenaire commercial des États-Unis et que la France tenait une place particulière par ses industries du luxe et sa production artistique sur le marché américain.

Ce n'est donc qu'en 1902 que le gouvernement allemand s'inquiéta d'un projet de création de chambre de commerce américaine à Berlin pour l'année suivante. Dans un contexte difficile, celui du « danger américain » dénoncé dans les milieux politiques et économiques[92], cette décision ne pouvait que paraître parfaitement inopportune, et, malgré les assurances du consul général Mason, les réflexions de l'administration s'orientèrent immédiatement vers la possibilité d'interdire légalement un tel projet. L'affaire ne semblait pas poser de problème particulier : la constitution prussienne comme celle du *Reich* donnait aux citoyens allemands toute latitude pour constituer une association, mais les règles étaient beaucoup plus restrictives pour les étrangers, qui ne pouvaient pas, en créant des associations, prétendre poursuivre des objectifs publics.

Les arguments légaux ne réglaient cependant pas la question. Il existait en effet quelques précédents qui montraient que le *Reich*, si ferme dans son opposition à la création de chambres de commerce allemandes à l'étranger, n'avait pas jugé bon de se doter d'une ligne de conduite aussi claire concernant l'installation d'organismes étrangers sur son territoire. Deux tentatives étaient répertoriées. La première se situait

---

[91] AA, R-901, dossier 3345, Bulletin, 1er avril 1912.

[92] AA, R-901, dossier 3343, *Berliner Lokal Anzeiger*, 5 décembre 1902.

à Hambourg, où, à la fin du XIXe siècle fut créée une chambre de commerce néerlandaise. Le consulat général allemand à Amsterdam, interrogé, s'employa à minorer son importance, en expliquant qu'elle périclitait faute de membres qui ne renouvelaient pas leur adhésion, et en raison des différends internes. Le second exemple de chambre de commerce étrangère en Allemagne était aussi peu probant, puisqu'il s'agissait d'une initiative autrichienne pour ouvrir une représentation à Breslau. Il s'agissait donc là encore d'une initiative de voisinage, qui ne faisait qu'institutionnaliser la présence d'une communauté traditionnellement importante, ce qui explique que ces créations n'aient guère soulevé de contestations à l'époque. De plus, dans le cas autrichien, le gouvernement allemand avait pu obtenir de son homologue viennois de ne pas accorder sa protection au projet, qui demeura ainsi strictement privé[93].

C'est pourquoi il ne fut finalement pas mis d'obstacle à la réunion préparatoire à la création de la chambre de commerce américaine. Rassemblant les représentants de l'*Associated Press*, de la *Tennessee Coal & Iron Company*, de la *Bradstreet Company*, de la *New York Life Insurance Company*, de l'*American Machinery Company* et de la *California Fruit Company*, cette réunion se déroula sans encombre à l'hôtel Bristol le 27 novembre 1902, sous la surveillance discrète mais attentive de la police. Les notes internes du ministère des Affaires étrangères montrent que l'administration était consciente que toute intervention strictement légale qui aboutirait à dissoudre cette association ne ferait que créer un incident diplomatique hors de proportions avec les intentions des fondateurs. Il ne fut même pas entrepris une démarche auprès du gouvernement américain pour qu'il insiste sur le statut privé de l'entreprise, tant sa réaction paraissait peu sûre, alors même que les consuls américains en poste dans les villes allemandes les plus tournées vers l'exportation affichaient leur désir de participer aux activités de la future organisation. Pourtant la personnalité du consul général Mason, qui présidait de la réunion préparatoire, nourrissait les inquiétudes de l'administration. Ce dernier était une figure bien connue des Allemands, qui respectaient en lui une autorité morale en même temps qu'un professionnel zélé : Stresemann et Knebel-Doeberitz l'avaient cité comme le modèle du consul américain, car ses rapports, repris dans les publications officielles américaines, savaient dépeindre avec exactitude la situation de l'industrie allemande et donner des conseils précis aux exportateurs américains[94]. L'administration alle-

[93] *Ibid.*, notes 12 février 1902, *et passim.*

[94] Le président élu était d'ailleurs un ancien consul, Hermann Kreimann, le secrétaire étant James Harris Vickery, un avocat en droit international, installé à Berlin depuis 1901. AA, R-901, Dossier 3343.

mande ne put agir que sur le nom même de l'association : le but était de diminuer son prestige en lui déniant tout caractère institutionnel. En 1905, il fut donc demandé aux deux chambres de commerce étrangères sur le territoire allemand d'abandonner leur titre, au motif que celui-ci était réservé à des institutions publiques. La mesure visait en réalité essentiellement les Américains, qui transformèrent donc le nom de l'*American Chamber of Commerce in Berlin* en *American Association of Commerce & Trade, Berlin*[95].

La réussite du projet justifia-t-elle ces précautions ? Les ambitions initiales étaient grandes puisque les fondateurs de l'association semblaient la considérer comme une représentation diplomatique des intérêts commerciaux américains. Les représentants de ces intérêts devaient s'efforcer d'œuvrer pour créer des liens plus étroits entre les deux pays dans la perspective d'un développement futur inéluctable des relations économiques germano-américaines. Cependant, durant les premières années, le recrutement ne fut guère à la hauteur de ces projets : quasiment exclusivement américain, il concernait surtout des commerçants, des agents, des managers de filiales américaines sans grand rayonnement, même si leur nombre – environ 200 – semble avoir été nettement plus important que pour la chambre de commerce américaine de Paris[96]. C'était pour eux d'abord l'occasion de se rencontrer entre compatriotes partageant beaucoup de préoccupations communes, dans une ambiance qui n'était pas toujours des plus amènes à l'égard de l'industrie américaine.

Ce manque d'attractivité était aussi dû à l'intérêt limité qu'offrait la chambre de commerce américaine. Son atout principal était sa présence à Berlin qui devait lui permettre de développer des liens avec des organismes locaux. Le problème était que ses interlocuteurs ne représentaient qu'une petite partie du monde industriel allemand. Loin d'entretenir de vraies relations avec « l'ensemble des chambres de commerce allemandes » comme cela était indiqué dans ses prospectus, elle était surtout liée à quelques organisations économiques libérales, principalement l'association *die Ältesten der Kaufmannschaft* de Berlin et le *Handelsvertragsverein*. De la même façon, les contacts de la chambre de commerce américaine avec les entreprises allemandes se faisaient surtout dans le milieu des maisons d'exportation comme la firme *Hecht, Pfeiffer & Co*, dont le directeur, Herman Hecht, était président du *Verband Deutscher Exporteure* et de la *Vereinigung der Exportfirmen* à Berlin. Cela signifiait qu'elle n'avait pas réussi à dépas-

95 De la même façon, la chambre de commerce néerlandaise fut rebaptisée « *Niederländische Kaufmansgilde* »; la note semble par ailleurs mentionner l'existence d'une chambre de commerce italienne, créée depuis 1903, qui dut également changer son nom.

96 AA, R-901, dossier 3343, *Berliner Tageblatt*, 16 mars 1903.

ser les cercles de ceux qui étaient déjà intéressés par les échanges germano-américains pour établir des contacts nouveaux entre les milieux économiques des deux pays.

Si elle ne pouvait pas réellement jouer le rôle d'intermédiaire, l'*American Association of Commerce & Trade, Berlin* n'envisageait pas pour autant la possibilité d'avoir un véritable rôle de lobbying. Que ce soit sous l'effet des recommandations du consul Mason ou de la prudence des milieux d'affaires impliqués dans sa création, l'association se montra extrêmement prudente. Dans son bulletin, le ton général se voulait résolument non polémique, et la publication affichait un optimisme mesuré sur l'évolution des relations germano-américaines. Les discours prononcés lors des festivités annuelles manifestaient le même souci d'équilibre dans les louanges adressées aux deux pays. Dans ce cadre, les actions de lobbying se réduisaient forcément à peu de chose. Dans les bulletins, on ne trouve qu'une contribution à la demande formulée par des exportateurs et certaines chambres de commerce allemandes de simplifier certaines procédures pour les importateurs américains, obligés un temps de déposer les factures originales des produits importés aux consulats allemands[97]. Par ailleurs, l'association se vanta d'avoir réussi à modifier une pratique douanière allemande qui consistait à classer dans les produits manufacturés les flocons d'avoine pour petit-déjeuner, pour les reclasser dans la rubrique produits de boulangerie, moins lourdement taxés. Sur un plan plus politique, en 1914, lors du banquet annuel de Hambourg, le président de l'association, Isaac Wolf, justifia la politique douanière américaine qui taxait les marchandises d'après leurs prix de marché mais levait une taxe supplémentaire de 15 % sur les produits sous-évalués de certains pays dont l'Allemagne, par le fait qu'il n'existait pas dans ces pays de lois pour punir les fausses déclarations sous serment. Le lecteur du ministère des Affaires étrangères qui annota le texte de ce discours le parsema de remarques marginales indignées, mais tout cela restait parfaitement anodin.

L'administration allemande avait certes eu raison de voir dans l'entreprise un instrument de promotion des intérêts américains bien plus qu'un lieu de rencontre des intérêts germano-américains, mais elle avait surestimé son efficacité en la traitant comme une menace. En effet, la seule réelle activité de la chambre de commerce américaine était celle d'agence de renseignements destinée aux industriels américains désireux de développer leurs affaires en Allemagne[98]. Pour remplir ce dernier

---

97 *Mittheilungen des Nachrichten-Bureaus Frowein* (Erich Frowein), 2 mai 1904.

98 Voir la description qui en était faite dans un article du 21 mai du *Bradstreet's journal* envoyé par l'ambassadeur Sternburg le 31 mai 1903 à Berlin. AA, R-901, dossier 3343.

rôle, la chambre de commerce américaine possédait une bibliothèque importante avec une des plus grandes collections de revues d'Europe – 200 –, offrait les services d'un secrétaire bilingue, et publiait un bulletin bimensuel pour une mise au point régulière de l'état des relations commerciales germano-américaines. Cependant, même là, l'examen de son contenu montre une activité largement en trompe-l'œil, car les informations recueillies et diffusées dans le bulletin étaient des extraits de publications officielles ou, le plus souvent, des résumés d'articles parus dans les différentes revues commerciales que recevait la bibliothèque. Ces compilations bimensuelles – qui devinrent mensuelles en 1914 – permettaient de trouver en un seul volume un aperçu d'ensemble des échanges entre Allemagne et États-Unis, mais rares étaient les articles qui pouvaient intéresser la pratique quotidienne des firmes américaines en Allemagne : il faut ainsi attendre un numéro de 1912 pour trouver une très bonne mise au point sur la meilleure forme juridique à adopter pour ouvrir une succursale en Allemagne, en fonction des problèmes particuliers d'imposition[99]. La plupart du temps, mis à part des appels répétés en faveur du libre-échangisme, l'ensemble ne différait guère du contenu d'un rapport de consulat : le bulletin proposait des analyses générales sur les principaux problèmes économiques du moment aux États-Unis et en Allemagne, tenait ses lecteurs informés des négociations commerciales en cours, et fournissait enfin des informations précises sur les ajustements des tarifs douaniers ainsi que les dernières réglementations et décisions rendues.

Malgré l'ampleur de l'ambition d'une association destinée à promouvoir les exportations américaines en Allemagne, les moyens mis en œuvre ne pouvaient soutenir la comparaison avec ceux déployés par les organismes américains d'aide à l'exportation avec qui elle était en contact, comme le musée commercial de Philadelphie, la *National Association of Manufacturers of New York*, et la *Merchants Association of New York*. Son organisation était même moins complexe que celle d'un bureau d'informations comme celui de Hans Schimmelpfeng[100], qui se trouvait être le troisième vice-président de l'association. Le président de la chambre de commerce renvoyait d'ailleurs les industriels américains à ces agences de renseignement pour avoir des informations précises sur la solvabilité du partenaire commercial allemand.

Cette faiblesse explique peut-être le changement de stratégie des dirigeants de l'association, qui décidèrent, à la fin de l'année 1913, de créer à New York une filiale. Le projet était défendu par Simon

99 *Ibid.*, « The settlement and taxation of American firms in Germany », bulletin daté du 1er novembre 1912.

100 Berghoff, 2009, p. 9-28.

L. Bernheimer, un entrepreneur berlinois, copropriétaire de l'entreprise de textiles *Mosse Frères & Co.* qui possédait une filiale aux États-Unis[101], où se trouvait son frère. Ce dernier avait pris la nationalité américaine, mais il conservait naturellement des contacts étroits avec les services consulaires allemands à New York qu'il conseillait fréquemment dans les affaires des tribunaux commerciaux[102]. Bernheimer était appuyé par Heinrich Charles, un Germano-américain propriétaire d'un bureau de presse à New York qui avait également des relations étroites avec les milieux diplomatiques allemands aux États-Unis, puisque, éditeur du *Germania Press*, il s'était beaucoup entremis au moment des négociations commerciales germano-américaines qui précédèrent l'accord de 1907[103]. D'après les déclarations de Simon L Bernheimer au *New Yorker Staats-Zeitung*, cette filiale devait compléter les services rendus par la chambre de commerce américaine à Berlin, toujours pour promouvoir les exportations américaines[104].

Pourtant, le projet évolua sous l'effet d'une nouvelle source d'inspiration : depuis 1912 se multipliaient en effet en Allemagne des associations binationales, dont le but était de promouvoir les exportations allemandes dans différents pays[105]. Ces diverses créations ne rencontrèrent pas toutes le succès et leur rayonnement varia beaucoup en fonction des personnalités qui avaient accepté de les rejoindre. Surtout, elles étaient handicapées par les nombreuses rivalités qui poussaient différents groupes d'intérêt à fonder des associations concurrentes qui n'hésitaient pas à se dénigrer mutuellement. Dans ce contexte, on comprend qu'elles aient été vues avec une certaine méfiance de la part de beaucoup d'industriels allemands et encore plus de l'administration. Pourtant, celle-ci fut amenée, dans le cas américain, à soutenir un projet semblable, en partie parce qu'elle prenait conscience que les consulats

---

101 Le secteur industriel du textile allemand, bien que composé de petites et moyennes entreprises, n'hésita pas en effet à créer des filiales aux États-Unis pour contrer la hausse considérable des droits douaniers sur ses produits à partir de 1890, alors qu'ils concurrençaient aisément la production locale. Kabisch, 1982, p. 250.

102 AA, R-901, dossier 13345, consul général à New York Falke à Berlin, 29 janvier 1914.

103 Voir Pommerin, 1986a, p. 201. C'est également lui qui mit en place, dès les premiers jours du conflit en août 1914, un bureau de propagande à l'ambassade allemande à Washington. Il fut cependant rapidement fermé par Bernstorff qui en installa un autre sur Broadway avec, à sa tête, Bernhard Dernburg. Voir Doerries, 1989.

104 AA, R-901, dossier 13345, *New Yorker Staats-Zeitung*, 12 décembre 1913.

105 Voir Stegmann, 1976, p. 329-378 ; Ullmann, 1978. Il existait des associations pour le Canada, la Chine, la Bulgarie, l'Argentine, la Grèce, l'Espagne, la France, le Maroc. La première association de ce genre était cependant nettement antérieure puisque l'association germano-russe fut fondée en 1899.

ne pouvaient plus faire face, seuls à l'afflux sans cesse croissant de renseignements commerciaux[106].

Trois projets d'association économique germano-américaine se retrouvèrent donc rapidement en concurrence : outre celui de Bernheimer, on constate une proposition portée par le CVDI. Le *Centralverband Deutscher Industriellen* avait pris, dès la mi-mai 1913, l'initiative d'envoyer aux États-Unis le Dr. Th. Schuchart, alors assistant de direction chez Thyssen, pour un voyage d'études de six mois. Il lui était demandé d'étudier les conditions de création d'une représentation commune aux milieux économiques allemands dans le contexte des discussions pour les nouveaux tarifs douaniers menés par le nouveau président américain, Woodrow Wilson. On peut mesurer le degré d'attente des industries allemandes appartenant au *CVDI* en constatant qu'entre le 20 février et le 1er mars 1913 – c'est à dire avant la prise de fonction officielle du nouveau président – leurs représentants se réunirent plusieurs fois pour considérer les moyens à mettre en œuvre afin de bénéficier des opportunités offertes par la baisse promise des tarifs douaniers. Leurs espoirs se fondaient sur l'attachement de Wilson à l'idée d'un monde libre-échangiste, et qui avait déclaré « le commerce est réciproque : nous ne pouvons pas vendre sans acheter »[107]. De plus, les Allemands ne pouvaient qu'être impressionnés par la détermination du nouveau président qui n'hésita pas à interpeller directement l'opinion publique contre les lobbyistes protectionnistes[108]. Pourtant, Schuchart, dûment chapitré par Waetzoldt[109] et le consul Falke, très méfiants envers les premiers projets de lobbying qu'il avait présenté, se rendit rapidement compte qu'il n'était pas question d'espérer influencer les débats américains dans un sens favorable aux intérêts allemands et que son but devait être, plus modestement, d'établir une présence à New York qui fournirait les renseignements nécessaires aux exportateurs du *Reich*. Ce plan présentait donc la faiblesse majeure de n'avoir été conçu que comme une solution de repli. Le deuxième projet, formé par le *Bund der Industriellen*, fut élaboré indépendamment de l'administration[110], mais il était porté par de grands entrepreneurs, familiers des relations germano-américaines, et réunissait les industriels et les commerçants allemands

[106] AA, R-901, dossier 13345, rapport de Waetzoldt, 17 juin 1913.

[107] Voir Kaufman, 1974, p. 73.

[108] De fait, le nouveau tarif douanier Underwood-Simmons « représente le premier effort sérieux pour diminuer les droits de douane depuis 1861 » (Y.-M. Nouailhat). Sur les discussions au Congrès à ce sujet voir Clements, 1992, p. 36 et suivantes.

[109] AA, R-901, dossier 13345, 20 juin 1913.

[110] Le consul Falke à New York apprit l'existence du projet par le comte zu Limburg Stirum, venu lui remettre une circulaire publiée par le secrétaire du *BdI*, le Dr. Arthur Stapff, annonçant la création d'un *Deutsch-Amerikanisches Wirtschaftsbverband*.

désireux de participer à l'Exposition universelle de San Francisco prévue en 1915. Cette orientation en faveur de San Francisco se révéla d'ailleurs aussi un inconvénient : l'attitude de Gwinner, de la *Deutsche Bank*, le prouve, qui refusa de participer au projet précisément parce que son établissement possédait plusieurs clients importants qui s'opposaient à une participation allemande à l'Exposition de San Francisco. Leur raison était double : le marché américain paraissait décidément lointain et ruineux à prospecter, ensuite – peut-être surtout – San Francisco ne semblait plus très intéressant depuis le tremblement de terre, car le cœur des activités paraissait s'être déplacé vers le nord (Portland, Seattle, Vancouver)[111].

Loin de ces considérations, l'administration allemande avait établi une hiérarchie claire des projets, fondée sur des considérations de rapports de force classiques : il fallait ignorer le projet de Bernheimer[112], s'intéresser au projet du *BdI* dans la mesure où il était soutenu par Ballin qui possédait d'importants réseaux aux États-Unis[113], et privilégier le plan élaboré par le *CVDI.* Or rien ne se passa comme prévu. Schuchart avait affiché des ambitions considérables, avec un budget de 150 000 marks par an, à collecter auprès des différentes associations industrielles et une organisation composée d'un directeur en la personne du consul von Loehr et trois assistants, un spécialiste du textile, un ingénieur et un chimiste. Cependant, rien ne se concrétisa et Falke fut même conduit à proposer un nouveau nom pour la conduite du projet, celui de Ludwig Bendix, qui rédigeait les notes hebdomadaires de la banque *Hallgarten & Co.* sur le marché américain, toujours lues avec attention par les milieux industriel et financiers allemands, mais aussi saluées par les Français[114].

À l'opposé, les noms des membres du comité directeur de l'association imaginée par Bernheimer incitèrent l'administration à nuancer son dédain. Alors que le consul Falke avait évoqué avec un certain mépris, à la fin du mois de janvier 1914, la soirée de présentation au cours de laquelle une petite quinzaine de personnes « pour la plupart peu connues et presque exclusivement juives » s'étaient réunies, en l'absence de l'orateur annoncé, le *Geheimrat* Jakob Riesser, ses services relevaient désormais dans le comité directeur la présence du représentant de la *Norddeutsche Lloyd* aux États-Unis, Charles von Helmolt, et de celui des *Höchst Farbwerke*, Hermann Metz, déjà actif au moment du projet d'exposition américaine à Berlin. S'y ajoutaient des entrepreneurs

111 DB, A-399, lettre de Gwinner à Bassermann, 26 novembre 1913.

112 Le thème du nombre de juifs dans le comité directeur fut repris le 6 février 1914. AA, R-901, dossier 13345, Falke à Berlin.

113 *Ibid.*, ambassadeur Bernstorff à Berlin, 31 janvier 1914.

114 AA, R-901, dossier 13345, Falke à Berlin, 30 novembre 1913.

comme le « roi du café » Hermann Sielcken, le marchand de coton William Mohr et le vice-président de la *Germania Life Insurance Co.*, Hubert Cillis. Surtout, Bernheimer soutenait désormais l'idée que la structure qu'il cherchait à créer à New York devait aussi prendre en considération les intérêts allemands, apparemment en dépit des recommandations du président de la chambre de commerce américaine à Berlin, Isaac Wolff jr., lui-même dirigeant d'une entreprise de publicité et d'imprimerie à Philadelphie, et propriétaires de trois filiales, à New York, Chicago, et à Berlin[115].

En réalité, les dossiers du ministère des Affaires étrangères ne gardent la trace que d'une partie des négociations qui expliquent la création, au printemps 1914, d'un côté, de la *Chamber of German-American Commerce in New York* grâce à l'initiative de Bernheimer, et, bien plus connu des Allemands, le *Deutsch-Amerikanisches Wirtschaftsverband*, patronné par Ballin et Stresemann. Les deux projets étaient liés, qui partageaient l'idée d'une association binationale fondée sur la conviction que les milieux exportateurs des deux pays possédaient en commun le désir d'accroître les échanges commerciaux entre les deux pays. Waetzoldt lui-même soulignait que cela allait avec l'esprit du temps et que les chambres de commerce française et italienne créées à New York prenaient également en compte les intérêts américains. À l'opposé, le plan imaginé par le Dr. Schuchart n'envisageait de représenter que les intérêts du *Reich* et refusait toute remise en cause des tarifs douaniers allemands pour favoriser le commerce.

Pour autant, là n'était pas l'essentiel, car les efforts de Stresemann étaient dirigés non pas vers un rapprochement avec les milieux économiques germano-américains mais bien vers l'association industrielle allemande rivale. Le *BdI* cherchait surtout à trouver un moyen de détacher le *CVDI* de son alliance avec les agrariens qui menaçait de renforcer la politique de droits douaniers élevés sur les produits agricoles, et, en cas d'échec, de convaincre un certain nombre d'associations représentant l'industrie légère de quitter le *CVDI* pour le rejoindre. De son côté, le *CVDI* cherchait surtout à attirer dans sa coalition conservatrice le *BdI* ou, au moins, de l'affaiblir. C'est pourquoi les uns et les autres furent d'abord d'accord pour discuter de la création d'une *Deutsche Gesellschaft für Welthandel* qui regrouperait toutes les associations économiques binationales, dont un *Deutsch-Amerikanisches Wirtschaftsverband* rendu nécessaire pour contrer « la concurrence grandissante des États-Unis d'Amérique ». Le projet convenait d'autant mieux à Gustav Stresemann, membre du comité de fondation, qu'il avait été à la recherche d'un nouveau souffle comme lobbyiste après la perte

---

[115] *Ibid.*, Falke à Berlin, 14 février 1914.

de son siège au *Reichstag* en mars 1912. Le voyage réalisé aux États-Unis cette année-là à l'invitation de la chambre de commerce de Boston et son rôle pour l'industrie de Saxe qui exportait beaucoup vers le marché américain lui avaient alors permis de se réinventer en expert des États-Unis[116].

Or, le projet de *Deutsche Gesellschaft für Welthandel* ne survécut pas plus de quelques semaines, et disparut sous les coups conjugués d'une opposition à l'intérieur du *BdI*, menée par l'association des industriels du Wurtemberg, et d'une opposition à l'intérieur du *CVDI*, par les alliés des agrariens et du *Reichsdeutscher Mittelstandsverband.* Certes, le 12 mars 1914 à Leipzig, était créé le *Deutsch-Amerikanischer Wirtschaftsverband*, présidé par le fabricant Carl-Friedrich Uebelen, directeur général de la *Mechanische Weberei zu Linden*[117], et dirigé effectivement par Gustav Stresemann ; le comité de fondation était présidé par Ballin, et incluait Philipp Heinecken, président de la *Norddeutsche Lloyd* et W. Schüddekopf, directeur général du *Deutschen Kalisyndikat.* Cependant, cette association présentait des traits bien différents du projet original : elle avait été fondée sous l'égide exclusive du *BdI*, et surtout, elle devait établir un bureau à New York afin d'évaluer les possibilités du marché américain, d'exercer un contrôle étroit sur la concurrence étrangère sur ce marché, et de combattre les nouvelles fausses ou tendancieuses que la presse américaine était accusée de publier, en particulier au moment des discussions sur les droits de douane abordés[118]. Il n'était donc plus question d'une coopération binationale. Il semble au reste que l'association ait connu un certain succès : en décembre 1914, il comptait 700 membres et Stresemann pouvait annoncer à Ballin un objectif de 1 000 membres dans un avenir très proche[119].

La *Chamber of German-American Commerce* suivit un chemin bien différent, en s'efforçant de devenir le point de ralliement économique des Germano-Américains, comme le prouve la figure de son premier directeur, Hugo Reisinger. Il s'agissait d'un Germano-Américain originaire de Wiesbaden, qui, après avoir effectué plusieurs voyages aux États-Unis comme directeur des ventes de *Siemens* en 1882 et 1884, avait ouvert une maison d'importation à New York. Il était le gendre d'un très grand brasseur de Saint Louis, Aldophus Busch, et s'était fait un nom dans les cercles new-yorkais comme mécène du *Metropolitan*

---

[116] Voir Warren, 1964, p. 26.

[117] Hirsch, 1955, p. 20-55.

[118] Voir la mise au point officielle rédigée par le *CVDI* à l'intention de ses adhérents du 12 mars 1914.

[119] Cité dans Wagner, 2007, p. 176.

Art Museum. L'administration allemande, déjà largement spectatrice des rivalités entre *BdI* et *CVDI*, n'eut aucune part à cette nomination, et se contenta de la commenter, estimant avoir affaire à un homme malléable en raison « de sa faiblesse connue pour les honneurs et les décorations », même si sa position dans les milieux économiques américains paraissait insuffisamment brillante[120]. L'idée d'un lien entre la *Chamber of German-American Commerce in New York* et le *Deutsch-Amerikanisches Wirtschaftsverband* fut sauvegardée sous la forme d'une proposition de travail en commun, officialisée par un « accord de cartel », mais il ne semble pas que cela ait abouti à une collaboration concrète[121].

Le problème posé par la représentation des intérêts étrangers était double : pouvait-on envisager une structure commune à deux pays et quelle attitude devait observer l'administration allemande ? Les réponses, à la veille de la guerre, étaient loin d'être évidentes. Certains milieux économiques allemands et américains, particulièrement engagés dans les exportations, semblaient désormais considérer qu'ils pouvaient partager des intérêts communs fondés sur l'accroissement des échanges commerciaux entre leurs deux pays, sans plus chercher à obtenir pour soi un solde constamment positif. Cette nouvelle logique restait cependant très minoritaire, et ne se traduisit guère dans les faits. Par ailleurs, les buts des structures mises en place manquaient de la clarté nécessaire pour attirer des cercles plus larges d'entrepreneurs. Aussi la chambre de commerce à Berlin resta-t-elle au service des exportateurs américains, de même que le *Deutsch-Amerikanischer Wirtschaftsverband* ne concerna réellement que les industriels allemands désireux d'exporter sur le marché américain. L'idée d'œuvrer ensemble pour échanger l'information économique et améliorer les conditions du commerce international paraissait donc très fragile au regard de ces réalisations. Elle n'en demeurait pas moins déstabilisante pour l'administration qui ne pouvait qu'observer avec beaucoup de méfiance ces projets qui échappaient à sa supervision. Elle n'était pas en position pour les empêcher, mais leur échec plus ou moins relatif en regard de leurs projets initiaux la confortait dans sa prudence à l'égard de toutes les structures créées par les milieux économiques dans le cadre international.

Conclusion

Sur la période étudiée, il n'existe pas de refus général face à la présence américaine en Allemagne, mais bien une peur de certains secteurs de l'industrie qui ne participent à l'internationalisation des échanges que

[120] AA, R-901, dossier 13345, Bernstorff à Berlin, 10 février 1914.

[121] *Ibid.*, voir *Berliner Börsen Courier*, 3 avril 1914.

par une activité d'exportation le plus souvent soutenue par des maisons de commerce. Ces milieux industriels sont peu rompus aux échanges internationaux alors même qu'ils baignent dans une atmosphère où leur activité exportatrice est présentée comme l'enjeu d'une guerre économique dont les consuls, les chambres de commerce à l'étranger ou les expositions seraient les armes privilégiées pour conquérir de nouveaux territoires. Il paraît donc naturel de voir l'utilisation de ces moyens par un concurrent aussi menaçant que les États-Unis comme un danger majeur : on trouve là les conséquences d'un discours néo-mercantiliste qui alimente les paranoïas politiques. Ainsi, précisément chez ces entrepreneurs relativement modestes qui essaient de profiter de la mondialisation, peut se développer un discours nationaliste nourri par leur expérience économique : malgré leurs succès, ils se sentent fragilisés parce qu'ils se sont exposés à des marchés internationaux qu'ils ne peuvent guère maîtriser. Cette absence de maîtrise porte moins sur les règles objectives qui gouvernent les échanges – elles sont au contraire rendues publiques et uniformisées – que sur les flux d'informations diverses qu'engendre la mondialisation du commerce. Ces informations, concernant non seulement la production mais aussi la commercialisation, ne peuvent plus être réservées à un réseau de correspondants connus et éprouvés. Elles s'insèrent désormais dans des flux infiniment plus vastes et surtout anonymes, entraînant le sentiment d'une certaine dépossession. Cette peur est d'autant plus grande que la diminution des intermédiaires a conduit à des écrasements de hiérarchies qui provoquent des rencontres directes très inégales, par exemple entre de petites entreprises et la puissante administration américaine.

Or si l'administration allemande, qui s'inquiète de ces réactions de peur, joue son rôle en expliquant la conduite à tenir et en désamorçant, dans la mesure du possible, les polémiques, elle n'arrive pas pour autant à apporter une réponse satisfaisante, se contentant souvent de souhaiter un retour aux intermédiaires commerciaux spécialisés. Elle finit même par porter une part de responsabilité dans ces inquiétudes, en succombant elle-même à la croyance commune qu'il est possible de réellement maîtriser ces différents flux d'information. Cette confiance est certainement due à la croissance de ses capacités d'organisation et de contrôle, théorisée par les économistes et les sociologues de l'époque autour de la notion de la bureaucratisation. Ces progrès empêchent cependant de comprendre à quel point la mondialisation comme phénomène moderne engendre nécessairement une certaine désintermédiation et des relations plus directes.

Les grandes entreprises ont-elles été plus aptes à comprendre ces changements ? Il semble faux de les voir simplement comme les membres d'une nouvelle communauté internationale vouée aux affaires.

Leur désir de contrôler l'information sur soi n'est pas moins grand que celui des autres groupes, mais il se manifeste sur le mode offensif. C'est ce que montrent les efforts fournis en 1906-1908 et 1910-1912 pour manipuler la presse américaine en faveur des intérêts économiques allemands. Mené en concertation avec le gouvernement, ils poursuivent un double but : influencer les discussions politiques américaines et contrer la propagande anti-allemande des Anglais. Les montants sont importants, surtout dans le premier cas, mais à chaque fois les résultats sont quasi-nuls et montrent surtout une certaine myopie sur les ressorts du débat public américain, en dépit des mises en garde fournies par leurs correspondants sur place.

Ces manœuvres concernent un certain nombre de dirigeants allemands dont les activités purement économiques ont déjà pu être analysées dans le premier chapitre. Se dégagent donc les contours d'un milieu qui reste cependant très fluide car aucun d'eux ne se définit principalement par les liens entretenus avec les États-Unis. Cela les distingue des entrepreneurs germano-américains qui essaient de développer leurs activités dans leur ancienne patrie. Par rapport aux années 1880, on constate en ce début du XXe siècle une offensive de ces industriels sur le marché allemand, soit comme représentants de grandes firmes, soit comme entrepreneurs individuels. Ce sont eux qui encouragent les efforts pour rendre leur présence plus visible, par le biais des expositions ou d'une représentation permanente. Ils peuvent s'appuyer sur des connaissances locales, voire des réseaux, mais ils restent totalement à l'écart des associations industrielles allemandes et demeurent donc aux marges de la vie économique du *Reich*. La présence, dans leurs rangs, d'entreprises familiales présentes des deux côtés de l'Atlantique, ne suffit pas à en faire un milieu économique transnational. Leurs tentatives de rapprochement au nom d'intérêts économiques communs dans un contexte mondialisé, ne doivent donc pas être sur-interprétées, car elles cèdent systématiquement le pas à des considérations de stratégie interne et à des solidarités nationales.

Deuxième partie

La concurrence américaine, objet d'étude et instrument de légitimation

CHAPITRE 4
Un modèle impossible ?
L'agriculture allemande face à la réussite américaine

Les importations massives de blé américain à partir de 1875-1876 marquèrent-elles le début d'une inexorable et générale « invasion américaine » des marchés européens ? L'étude, à partir de 1964, de cette conquête s'est appuyée sur les exportations croissantes de produits manufacturés américains. De fait, à partir de la seconde moitié des années 1890, la structure des exportations américaines a changé, accordant une place de plus en plus grande aux produits industriels en fer et en acier, et entraînant un changement de regard des Européens sur la compétitivité de l'économie américaine. Cependant, le *caveat* de Matthew Simon et David Novack, qui, au cours de cette discussion, avaient très vite relativisé la part de l'industrie en rappelant que jusqu'en 1914, les États-Unis restèrent d'abord exportateurs de produits agricoles et de matières premières, garde sa valeur[1]. Après Garin Wright, Douglas A. Irwin insiste d'ailleurs sur le fait que cette exportation de produits manufacturés s'appuie d'abord sur des matières premières très abondantes. Aussi, on peut retenir la périodisation de Matthew Simon et David Novack qui ont montré comment la vague des exportations agricoles américaines culmina en 1881 avant de subir une érosion lente mais constante, contrastant avec la stabilité des matières premières. Ce mouvement explique pourquoi les débats allemands sur le danger représenté par les céréales américaines s'épuisèrent dans la seconde moitié des années 1880, laissant même la place, une décennie plus tard, à des analyses qui cherchaient à cantonner la puissance américaine au domaine agricole, au moment où l'Allemagne se résignait à s'accepter comme État industriel sous la houlette du chancelier Caprivi.

En réalité, l'agriculture resta, avant la première guerre mondiale, un secteur important de l'économie allemande. Le *Reich*, comme la plupart des autres pays continentaux et contrairement à la Grande-Bretagne, ne fit pas le choix de la sacrifier à son industrialisation. Certes, la part de ce secteur dans le produit intérieur brut a baissé de façon continue par rapport à l'industrie, mais l'agriculture n'en a pas moins progressé et prospéré sous l'empire, et c'est bien cela dont témoigne son intérêt pour

---

1 Simon, Novack, 1964, p. 591-605. Pour une analyse récente qui synthétise différents points de vue, voir Irwin, 2003, p. 364-376.

sa rivale américaine. Trois facteurs expliquent cette prospérité relative. En premier lieu, les barrières douanières destinées à faire obstacle à l'importation de produits agricoles meilleur marché ont protégé efficacement l'agriculture allemande et lui ont permis de garder une importance réelle dans l'économie nationale. Les agriculteurs ont bénéficié, à partir des années 1890, d'une réelle prospérité[2]. D'autre part, la forte croissance de la population allemande avait entraîné une hausse de la demande telle que l'agriculture nationale mit un certain temps à pouvoir la satisfaire. Ce phénomène fut d'autant plus important que les anciens paysans devenus ouvriers n'assuraient plus leur propre subsistance, et dépendaient désormais du marché. Enfin, le monde agricole, loin de rester immobile à l'abri de ses protections douanières, connut durant l'empire de réelles transformations, même si leur portée fut plus ou moins importante. Socialement, les structures n'évoluèrent que marginalement, malgré des projets gouvernementaux comme la colonisation intérieure. En revanche, économiquement et techniquement, de grands efforts de modernisation furent accomplis, qui permirent de nourrir un marché intérieur en forte croissance mais aussi d'exporter un certain nombre de produits.

Cette modernisation – conséquence d'un effort d'adaptation aux marchés de plus en plus divers – s'accomplit grâce à l'efficacité de structures dont certaines remontaient au début du XIXe siècle. Nombreux sont les auteurs qui ont souligné l'importance des associations semi-officielles qui se mirent en place dès les années 1810. Elles visaient à tisser un réseau d'informations grâce à des publications, des expositions itinérantes, des cours dispensés aux agriculteurs l'hiver, à la morte-saison. Cet effort fut renforcé tout au long du siècle et complété par un dispositif plus spécifiquement scientifique[3]. Rien de ceci n'était propre à l'Allemagne. La France, selon des modalités un peu différentes – avec par exemple le rôle particulier des foires agricoles –, connut également cet effort de modernisation grâce à ces différents moyens, et dans les deux pays les résultats se firent sentir dans les grandes propriétés mais aussi dans les fermes de moyenne importance. Il est donc naturel que, comme pour l'industrie, le rôle des voyages d'études à l'étranger ait été important pour les spécialistes et les praticiens de l'agriculture. Ces voyages eurent pour destination fréquente la Grande-

---

[2] Ce succès est à l'origine d'une discussion entre historiens : faut-il insister sur les aspects négatifs et considérer qu'il fut une cause de ralentissement de la croissance économique allemande, comme l'explique Richard Tilly ? Faut-il au contraire considérer que cela a permis une transition moins brutale vers une société industrielle, ce que soulignent Knut Borchardt et Hartmut Harnisch ? Pour un bilan historiographique voir Aldenhoff, 1996, p. 33-61.

[3] Voir Jas, 2001.

Bretagne, surtout dans la première moitié du siècle et encore dans les années 1860, destination d'autant plus privilégiée qu'elle était synonyme de progrès général grâce à son avance industrielle[4].

Dans ce cadre, l'attention portée à l'agriculture américaine ne fut d'abord qu'un exemple d'une diversification des modèles étrangers, qui profita aussi à l'étude du Danemark, dont l'industrie laitière constituait un modèle insurpassé. Dans un Occident dont les différents pays comblaient peu à peu leur retard sur la Grande-Bretagne, le choix des objets d'études s'enrichissait nécessairement, et l'agriculture américaine possédait des caractéristiques trop spécifiques, liées en particulier à sa taille, pour pouvoir constituer une référence unique. Pour autant, les États-Unis occupèrent dans les préoccupations allemandes dès le début de notre période une position particulière à cause de la concurrence faite à la production nationale par ses gigantesques exportations de céréales. Par la suite, au début du XXe siècle, l'intérêt toujours plus grand de l'industrie pour les accomplissements observés outre-Atlantique, explique en partie que le modèle américain ait été régulièrement, bien que de façon ponctuelle, invoqué en agriculture. Il devenait en effet valorisant de se rendre aux États-Unis pour y étudier les modes de production, et le modèle américain pouvait même, dans certains cas, être utilisé comme un instrument de légitimation, même si cela ne garantissait pas le succès de la cause ainsi défendue.

Cette évolution, esquissée à grands traits, ne doit pas dissimuler les difficultés d'une relation qui fut, surtout dans les années 1870 et 1880, marquée par les tensions dues à l'émigration allemande. Les États-Unis concurrençaient doublement l'agriculture du *Reich* en attirant une partie de sa main-d'œuvre outre-Atlantique et en faisant baisser les prix des céréales par leurs exportations massives. Le relatif manque d'études précises sur le pays nourrit dans un premier temps ces inquiétudes, avant que différentes monographies ainsi qu'une amélioration de la conjoncture ne viennent relativiser la menace et conforter l'agriculture allemande dans des choix déterminés par ses caractéristiques propres.

La période des années 1870 à 1914 vit donc une évolution du jugement sur l'agriculture américaine qui en fit progressivement un objet d'études parmi d'autres, normalisation qui n'empêcha pas un recours privilégié à cette référence prestigieuse, mais pour des raisons ambiguës.

---

4 Sur les liens entre agriculture et révolution industrielle, voir la mise au point de Patrick Verley (Verley, 1997b), p. 131-137. L'auteur récuse l'idée longtemps dominante dans l'historiographie selon laquelle une révolution agricole aurait précédé voire permis la révolution industrielle. Pour lui, s'inspirant des analyses de François Crouzet, l'industrialisation aurait été plutôt « une réponse à une médiocrité de l'agriculture ».

I. Le mythe américain en Allemagne

A. L'émigration allemande vers le pays « où coulent le lait et le miel »

Les États-Unis ont représenté, pendant la plus grande partie du XIXe siècle, l'Eldorado des Allemands. Fuyant les mauvaises récoltes ou la férule des grands propriétaires terriens, appauvris par les bouleversements liés à l'industrialisation qui condamnait à la misère de nombreuses catégories d'artisans, exilés à la suite de révolutions manquées ou voulant échapper à une conscription redoutée, enfin, cherchant tout simplement la fortune dans le Nouveau Monde, ce furent quelque 8,8 millions d'Allemands qui entreprirent la traversée de l'Atlantique entre les années 1830 et 1880. Trois vagues distinctes ont été établies[5] : la première va de 1846 à 1857, mais ne concernait les révolutionnaires que marginalement. Ce furent avant tout des raisons économiques, parfois conjoncturelles comme la maladie de la pomme de terre, qui expliquèrent ces départs massifs. L'amélioration de la situation dans les États allemands puis la guerre de Sécession conduisirent à un ralentissement brutal de cette émigration jusqu'en 1864. De cette date à 1873, on observe alors une deuxième vague de départs, qui eurent lieu pour les mêmes raisons que pendant la période précédente, mais qui furent d'autant plus nombreux que la guerre civile avait retardé de plusieurs années les émigrations prévues. Cette vague s'acheva avec la crise financière et économique qui toucha en même temps les États-Unis et l'Allemagne, mais cet arrêt ne dura que quelques années : alors que la crise semblait se prolonger en Europe, les nouvelles américaines incitèrent plusieurs millions de personnes à tenter leur chance de l'autre côté de l'Atlantique[6], constituant ainsi une troisième vague qui s'arrêta avec la crise financière américaine de 1893. Le mouvement fut alors définitivement stoppé car désormais la croissance de l'économie allemande permettait une amélioration des conditions de vie sans avoir à émigrer.

Les historiens se sont penchés sur ce phénomène étonnant qui conduisait des paysans jamais sortis de leur village, dont certains connaissaient tout juste leurs lettres, à entreprendre un voyage aussi périlleux pour une destination si lointaine. Leur attention s'est d'abord portée sur la propagande développée dans les ports de Hambourg et de Brême qui à partir des années 1840 devinrent les principaux points de départ des émigrants germaniques[7]. Brême en particulier avait trouvé là

---

5 Voir Doerris, 1987, p. 115-134.

6 Les chiffres des premières années sont particulièrement impressionnants puisqu'on compte 220 000 émigrants pour 1881 et encore 203 000 pour 1882.

7 Dans les décennies précédentes, ces émigrants partaient des ports français.

la solution à son absence d'hinterland, qui l'empêchait de remplir les navires que le port envoyait aux États-Unis pour revenir chargés de tabac[8] : désormais, la ville hanséate pouvait exporter des hommes, ce qui non seulement rentabilisait le voyage à l'aller, mais assurait même de substantiels profits. Les compagnies de navigation n'étaient pas les seules à profiter de ce large marché. Il se créa également des compagnies d'émigration qui traitaient avec les lignes anglaises, et se chargeaient du transport des passagers – venus d'Europe centrale – uniquement pour le trajet de Hambourg en Angleterre[9]. Ces sociétés faisaient assaut de publicité pour convaincre les émigrants d'embarquer pour un monde meilleur, sans que l'administration des États allemands s'y opposât réellement, à défaut d'encourager ce mouvement. Ce manque d'appui était au reste largement compensé par les multiples sociétés d'encouragement à l'émigration, les *Auswanderungsvereine*, qui se créèrent dans les années 1830[10] et connurent leur plus grande expansion dans les années 1840. Leur séduction, aux yeux des candidats à l'émigration, s'expliquait à la fois par le patronage dont beaucoup se réclamaient, et par la facilité et la protection qu'elles semblaient promettre pour mener à bien ce qui restait une entreprise très aventureuse[11]. Ces différents intérêts économiques liés aux mouvements d'émigration

8 Voir Struve, 1983, p. 25.

9 À Hambourg, le père d'Albert Ballin avait fondé avec d'autres une telle agence d'émigration, sous le nom de *Morris et Cie*, que son fils reprit dans les années 1870, à un moment où elle se trouvait dans une position financière peu brillante. Voir Huldermann, 1923, p. 6 et suivantes. L'auteur explique en détail la concurrence entre les deux types de compagnie, puisque les compagnies de navigation à vapeur s'occupaient de l'émigration purement allemande en échange d'une concession officielle accordée par les autorités. Voir également Hamm, Henker, Brockhoff, 2004.

10 Les sociétés d'émigration de Giessen et de Solingen, dirigées par des membres de la bourgeoisie libérale-démocrate, essayèrent ainsi – vainement – de fonder des colonies dans le Missouri, connu grâce au livre paru en 1827 dont l'auteur, Gottfried Duden, venait de passer trois ans aux États-Unis. La présentation, dans la lignée des écrits du XVIIIe siècle, insistait sur le caractère utopique du Nouveau Monde, mais la publication répondait à un nouveau besoin, ce qui explique les multiples rééditions du livre. Il est l'un des deux seuls connus de la plupart des émigrants, au moins par ouï-dire. Voir Harzig, 1992, p. 157-170.

11 L'exemple le plus fameux et le plus étudié est le *Verein zum Schutz deutscher Auswanderer*, appelé aussi *Texas Verein*, fondé en 1842. La plupart des comités d'organisation de ces associations rassemblaient des personnalités éminentes, mais cette association se distingua par la renommée de ses membres, recrutés dans la meilleure noblesse allemande, ainsi que par l'ampleur de son échec. L'ambitieux projet consistait à établir plusieurs centaines de familles paysannes au Texas – alors indépendant – pour y constituer une colonie allemande. Or l'ampleur des besoins et des difficultés fut totalement sous-estimée, ce qui conduisit à la mort, par la faim et surtout du fait d'une épidémie de fièvre d'environ 1 200 colons en 1846.

étaient soutenus par une publicistique abondante[12] qui vantait les charmes de cette nouvelle terre promise jusqu'à se transformer en genre littéraire autonome[13].

Pourtant, il ne faut sans doute pas surestimer l'impact de ces écrits, malgré leur présence importante dans les bibliothèques. Les catégories les plus touchées par l'émigration, petits paysans, artisans, n'étaient pas renseignés par ces livres dont certains étaient fort volumineux. Les sources qui influençaient leur décision de départ étaient essentiellement les lettres qu'écrivaient parents et amis déjà installés de l'autre côté de l'Atlantique. C'est en effet leur présence sur place qui déterminait le choix de l'émigration et du lieu d'installation, car l'émigrant faisait partie d'une chaîne, rejoignant une partie de sa communauté aux États-Unis grâce au soutien financier de celle-ci ou à celui de ceux qui restaient. Or ces correspondances[14] décrivaient le Nouveau Monde comme le pays où coulaient le lait et le miel, pour reprendre une métaphore biblique fréquente. La plupart des correspondants soulignent la richesse de la terre, les opportunités de travail et la possibilité, à force de labeur, de se constituer un bien et de s'élever socialement. L'éloge était-il unanime ? Sans nier sa réalité, il faut apporter plusieurs correctifs afin de mieux le comprendre. D'abord il était le plus souvent le fait de personnes qui avaient réussi leur émigration[15]. Désormais installées dans

12 Elle était d'autant plus abondante qu'elle représentait un moyen de subsistance pour certains émigrés. Les journaux allemands – parmi lesquels les plus prestigieux, comme l'*Augsburger Allgemeine Zeitung* – furent ainsi rapidement submergés d'offres spontanées pour être leur correspondant aux États-Unis et fournir des feuilletons sur la vie dans le Nouveau Monde. Sur l'évolution des thèmes et du ton de ces chroniques écrites par les Germano-Américains, voir Wagner, 1986, p. 314-325.

13 Voici quelques exemples de titres : Dunt, Detlef, *Reise nach Texas, nebst Nachrichten von diesem Lande für Deutsche, welche nach Amerika zu gehen beabsichtigen*, Brême, 1834 ; Grund, Francis Joseph, *Handbuch und Wegweisen für Auswanderer nach den VS von Amerika*, Stuttgart, 1843 ; Wrede, Friedrich W., *Lebensbilder aus den VS von Nordamerika und Texas*, Cassel, 1844 ; Prinz zu Solms-Braunfels, Carl, *Texas. Geschildert in Beziehung auf seine geographischen, socialen und übrigen Verhältnisse mit besonderer Rücksicht auf die deutsche Colonisation, ein Handbuch für Auswanderer nach Texas, seinen Landsleuten gewidmet*, Brême, 1846.

14 La richesse de ces sources épistolaires a alimenté une abondante bibliographie dont certains titres évoquent éloquemment la tonalité générale. Voir Wagner, 1985 ; Helbich, 1985 ; Helbich, Kamphoefner, Sommer, 1988 ; Kammeier, 1988.

15 L'historiographie américaine s'intéresse cependant de plus en plus à ceux qui rentrèrent dans leur pays après un séjour plus ou moins long aux États-Unis. Il pouvait s'agit d'échecs tels qu'ils furent représentés dans des caricatures allemandes hostiles à l'émigration, mais aussi de migrations pendulaires à grande échelle. Certains artisans pouvaient faire à différentes reprises des séjours de plusieurs années outre-Atlantique pour y amasser un pécule avant, parfois, de s'y installer définitivement. Voir Weil, 1994, p. 419-423. Voir également l'insistance de Thomas Mergel

leur nouvelle patrie, elles avaient à cœur de justifier le choix fait, mais aussi de recruter de nouveaux candidats qui viendraient grossir leur communauté, gage de sa prospérité, voire de sa survie[16]. Leurs lettres étaient aussi des prospectus publicitaires destinés à encourager ceux restés en Allemagne à continuer, au moins pour un temps, à financer les dépenses d'installation, en leur faisant miroiter le succès final. Ces lettres, lues et relues dans les assemblées familiales, les cercles d'amis, ont indéniablement suscité de nouvelles vocations. Pour autant, elles n'étaient pas un reflet très déformé de la réalité, car les difficultés et les mises en garde y étaient aussi présentes : elles concernaient les artisans menacés de déqualification par la mécanisation, les rigueurs du climat qui pouvait anéantir récoltes et troupeaux, les illusions de l'égalité sociale ou la corruption de la vie politique[17].

Malgré ces mises en garde, au début de la période étudiée, l'image de la prospérité américaine était bien ancrée dans l'imaginaire allemand qui trouva son expression littéraire la plus accomplie dans les œuvres écrites par un ancien petit voleur, né dans le milieu très pauvre des tisserands de Saxe en 1842[18]. Durant les années 1880, Karl May multiplia les romans d'aventure en prenant pour décor les pays les plus exotiques, pour finalement trouver la gloire avec la peinture de la Prairie qu'il réalisa dans sa série des *Winnetou*. Ce succès coïncida avec les tournées européennes de Buffalo Bill et témoignait d'autant mieux de la force du mythe américain que l'auteur n'avait jamais mis les pieds dans ce pays. Ce fut son imagination, à peine soutenue par quelques lectures, et sa capacité à formuler les rêves collectifs qui le firent reconnaître comme leur auteur favori par des millions de lecteurs dans l'empire[19]. Il marqua ainsi l'apogée du mythe américain – de 1881 à 1893, 1,5 million d'Allemands s'implantent outre-Atlantique – et en annonça l'effacement

---

sur l'importance des mouvements de retour des émigrés allemands dans Müller, Torp, 2009.

16 Sur la formation des communautés américaines, voir les chapitres suggestifs de Daniel Boorstin (Boorstin, 1983), p. 430-500.

17 Cette image plus négative des États-Unis se retrouve dans deux types d'ouvrages de la littérature pour émigrants, ceux qui cherchaient à les décourager dans leurs projets de départ, mais aussi ceux qui, dans les années 1840, vantaient les mérites du Texas. Le contre-modèle choisi était alors souvent les États-Unis parce qu'ils représentaient le concurrent le plus dangereux.

18 Schmiedt, 1979.

19 L'autre grande source littéraire était celle des romans de Fenimore Cooper qu'un orateur n'hésitait pas par exemple à évoquer par exemple lors d'une conférence faite devant le Club des agriculteurs à Berlin en 1885. Rittergutsbesitzer Reuhauss-Selchow, « Beobachtungen auf der im Sommer 1884 durch Nordamerika ausgeführten Reis », première conférence, le 27 janvier 1885, in AA, R-901, dossier 13699, « Die landwirtschaftlichen Verhältnisse der Vereinigten Staaten von Nordamerika ».

prochain. La crise américaine qui débuta en 1893 marqua la fin de cette troisième vague d'émigration. Le grand mouvement migratoire allemand était terminé, et avec lui, en partie, cette image si positive de l'Amérique.

B. Le choc de 1876 : les importations de blé américain et leurs conséquences

La crise – venue en partie d'outre-Atlantique – qui engendra la récession internationale de 1873 à 1979, n'eut pas de conséquence durable sur la troisième vague migratoire allemande. En revanche, elle nourrit un discours antiaméricain qui remontait aux années 1860, et dont la vigueur avait déjà été renforcée par le patriotisme ardent qui suivit la fondation du *Reich*. L'image des États-Unis souffrant des ravages de la corruption dont la crise représentait à la fois la preuve et le juste châtiment, était en contradiction complète avec la représentation de l'Eldorado américain, qui connut précisément à ce moment une évolution importante : pays riche et terre de libertés, le Nouveau Continent, à partir des années 1875-1876, fut désormais également perçu comme une nouvelle puissance car à cette époque apparut sur les marchés européens le blé américain[20]. Ces dates ont souvent été rappelées par la suite dans les différents ouvrages sur l'économie américaine comme une seconde découverte de l'Amérique. Le fait majeur était qu'une loi économique paraissait transgressée : le prix n'était plus proportionnel à la distance et les céréales qui avaient traversé l'Atlantique pouvaient être vendues moins cher que les productions locales. La cause essentielle était la baisse du coût du transport, grâce à la révolution que fut la marine à vapeur, et ce, indépendamment de tout investissement américain dans ce domaine, qui fut au contraire très négligé[21].

---

20 Cette nouveauté était en réalité aussi un aboutissement : dans le cas allemand, le seigle était importé depuis 1852, l'orge depuis 1867, l'avoine depuis 1871 et le blé depuis 1873. Voir Wehler, 1995, p. 56. Le tournant se situa donc dans les années 1850 et ce d'autant plus que l'invention du télégraphe permit alors la création d'un marché international, dont les prix étaient de plus en plus unifiés. Ces changements avaient pour conséquence une stabilisation des prix, comme cela avait été le cas quelques temps auparavant à l'échelle nationale, grâce au chemin de fer. La différence à partir de 1876 était que ces éléments de la révolution des communications et des transports encourageaient désormais une tendance générale à la baisse des prix céréaliers. Voir Walter, 1989, en particulier p. 380-384.

21 Les mauvaises récoltes en Europe à ce moment expliquèrent aussi cette apparition subite. De plus, il faut rappeler que ces exportations américaines étaient des surplus que ne pouvait absorber le marché intérieur, ce qui explique qu'elles aient pu être vendues à des prix particulièrement attractifs. Sur le développement des lignes régulières de vapeurs à partir de New York, et leur influence sur les exportations américaines de céréales, voir Heffer, 1986.

Cette nouvelle image des États-Unis fut irrésistible pour les émigrants allemands, une fois passés, au début des années 1880, les effets de la crise. Les économistes eux-mêmes ne s'interrogeaient-ils pas sur cette richesse dont la croissance paraissait sans limite ? Le basculement du discours s'étala cependant sur plusieurs années. On observe d'abord la permanence d'un certain discours antiaméricain dont Friedrich von Hellwald était une des figures de proue, mais qui se retrouva aussi largement dans la presse officielle et officieuse. Cette critique s'inscrivait dans une lutte vieille d'un quart de siècle entre les défenseurs des gouvernements allemands et les anciens révolutionnaires de 1848 qui, définitivement installés aux États-Unis[22] ou revenus en Allemagne, continuaient à célébrer la République américaine comme l'idéal politique auquel chaque nation devait aspirer. Deux écrits de Friedrich von Hellwald parus dans les années 1870 illustrent le discours opposé à ce modèle républicain, une longue introduction au livre de John H. Becker, et sa *Culturgeschichte*[23]. Ils témoignent d'un curieux mélange entre une admiration réticente pour la prospérité économique dont l'Exposition de Philadelphie avait, malgré la crise, fourni un témoignage éclatant, et le dénigrement des institutions, accompagné d'une véritable « *Schadenfreude* » à dénoncer la supposée décadence des valeurs de la société américaine. Les raisons de cette lecture excessivement pessimiste se trouvent à la fois dans l'atmosphère qui entourait les suites de la crise économique de 1873 et dans les difficultés du nationalisme allemand à se redéfinir après la création du *Reich* en 1871. Au moment où Friedrich von Hellwald écrivait, vers 1876, l'idée nationale avait perdu en effet beaucoup de son lustre face aux difficultés de l'heure d'autant plus que son but paraissait atteint, et que le groupe politique qui l'avait le mieux incarné, les libéraux, était critiqué pour

---

22 Leur figure emblématique était Carl Schurz, ancien ministre aux États-Unis, auquel John Becker adressa une lettre ouverte en guise de préface à son ouvrage. Cette vision très positive des États-Unis se retrouve encore dans les carnets de voyage du leader socialiste Wilhelm Liebknecht (Liebknecht, 1887), alors même que les socialistes allemands installés aux États-Unis et plus particulièrement à Chicago se montraient extrêmement critiques à l'égard de la République bourgeoise. Sur ce dernier point, voir Poore, 1986, p. 192-203.

23 Becker, 1876. L'introduction de Hellwald comportait 40 pages. Hellwald, 1876. Nous citons l'édition de 1877, deuxième édition augmentée, en particulier dans sa partie sur les États-Unis, qui avait suscité différentes critiques. L'ouvrage, en deux volumes, connut un grand succès, jusqu'à faire figure de classique. Cela explique la publication d'une nouvelle édition – la quatrième – en 1894, après la mort de l'auteur. Présentée comme un hommage, cette ultime édition, fruit d'un travail collectif, était en réalité une trahison des idées de Hellwald : tout ce qui faisait l'originalité des premières éditions en avait été soigneusement éliminé, et la critique politique contre les États-Unis s'était transformée en banale apologie de la réussite économique américaine, à laquelle ne manquaient ni les gratte-ciel, ni les abattoirs de Chicago, illustrations abondantes à l'appui.

n'avoir pas de solution à proposer au marasme économique et aux difficultés sociales qui l'accompagnaient[24]. De plus, malgré la fondation du *Reich*, le nationalisme allemand restait concurrencé par d'anciennes loyautés, hanovriennes, bavaroises ou même prussiennes[25]. Mais précisément, dans ce contexte de remise en cause, la critique libérale venue d'outre-Atlantique, surtout portée par des « traîtres » à la nouvelle patrie allemande, ne pouvait être acceptée. Critiquer le régime politique revenait à critiquer l'Allemagne, à un moment où commençait à se répandre la formule « *Für Kaiser und Reich* ». En effet, avec le changement de système politique, l'idée nationale avait dû s'adapter, ce qu'elle fit en particulier en liant la fidélité au *Reich* avec celle due à l'empereur. Cela était dû aux circonstances de la naissance de l'empire, grâce à des victoires militaires, mais c'était aussi renouer avec la conception conservatrice de la nation qui s'était développée à partir des années 1850 en Prusse notamment, et qui, en opposition à la définition culturelle des libéraux, « fondait la solidité de la nation sur la loyauté aux monarques »[26].

C'est dans ce contexte que surgit le problème des importations céréalières. Les études strictement économiques sur le blé américain et l'agriculture outre-Atlantique se multiplièrent rapidement, d'autant que l'urgence économique faisait paraître dépassée la confrontation politique[27]. Ces premiers écrits montrent que, contrairement à la vision des événements qui prévalut dans la littérature spécialisée des années 1890, les auteurs mirent un certain temps à identifier le nœud du problème. Il fallut d'abord distinguer la spécificité des importations américaines par rapport à celles venues de Russie, qui s'accrurent au même moment. Les agriculteurs de Westphalie et de Rhénanie étaient plus sensibles à ces dernières, car elles profitaient de tarifs préférentiels de la part des chemins de fer allemands, en raison des grandes quantités concernées, contrairement à celles, moindres, que ces agriculteurs allemands faisaient transporter. La distinction était d'autant moins facile à faire que

---

24 Voir Rosenberg, 1967, en particulier le chapitre « Die Diskreditierung des Liberalismus », p. 62-78.

25 Voir Thadden, 1985, p. 75.

26 Kott, 1995, p. 272. Plus généralement, la seconde moitié des années 1870 vit un renouveau de la figure classique des « ennemis du *Reich* », que les Français avaient symbolisée dès les guerres napoléoniennes et qui fut ensuite enrichie avec les Danois et les Slaves à partir des années 1840.

27 La part du secteur primaire dans le produit national était supérieure de 12 % à celle du secteur secondaire (y compris les mines) en 1875 malgré la forte croissance de ce dernier, et à la fin des années 1880, les deux secteurs s'équilibraient encore. Voir Henning, 1978, p. 171. Par ailleurs, le secteur primaire employait encore 43, 4 % de la population active en 1882, un chiffre qui devait cependant baisser de 16,6 % en treize ans.

depuis les années 1840, dans le sillage des analyses de Friedrich List, la Russie, au même titre que les États-Unis, représentait la grande puissance du siècle à venir. Gustav Schmoller en 1882 continuait ainsi à mettre sur le même plan les concurrences russe et américaine[28]. La deuxième difficulté tenait à la nature de cette concurrence. Parmi les premières études sur le sujet, celle du Dr. Paasche[29] est particulièrement intéressante car elle fut souvent citée à l'époque et portait sur les chiffres de l'année fiscale 1875-1876. Or, pour cet auteur, les deux puissances agricoles traditionnelles qu'étaient l'Allemagne et la France étaient essentiellement touchées dans leurs exportations vers le principal marché européen qu'était la Grande-Bretagne. Les Anglais importaient désormais du blé américain, moins cher. En revanche, ces mêmes chiffres montraient des importations américaines sur les marchés allemand et français faibles : il s'agissait donc surtout d'une concurrence sur les marchés tiers européens. Pour le Dr. Paasche, la menace éventuelle sur le marché intérieur allemand concernait surtout les importations de saindoux américain, grâce à des progrès très significatifs dans la sélection des races réalisés par les éleveurs américains[30]. Assez vite cependant, le discours se concentra sur les importations céréalières américaines destinées au marché intérieur allemand. Il restait alors une dernière interrogation à résoudre, sur la permanence ou, au contraire, le caractère exceptionnel de cette concurrence. Cela revenait à poser la question de la nature de l'agriculture américaine, et il faudra attendre le début des années 1890 pour que la réponse soit unanime. Au début de la période, Paasche et Schmoller représentaient les deux principales tendances, diamétralement opposées. Pour le premier, il n'existait pas de réelle limite à la croissance américaine, puisqu'il la voyait évoluer vers une rationalisation et une meilleure utilisation des techniques. Pour le chef de file des socialistes de la chaire, cette abondance était surtout le résultat de l'exploitation effrénée de terres vierges. Les États-Unis disposaient là d'un avantage comparatif qui ne pouvait que disparaître à

---

28 La Russie demeura le premier importateur de céréales pour l'Allemagne jusqu'à la fin du XIXe siècle, les États-Unis prenant cette place au début du XXe siècle. En revanche, ils devinrent dès les années 1870 le premier exportateur mondial de céréales. Voir Rolfes, 1976, p. 500-501.

29 Paasche, Dr. Hermann, « Über die wachsende Konkurrenz Nord-Amerikas für die Produkte der mitteleuropäischen Landwirtschaft », in *Jahrbuch für Nationalökonomie und Statistik*, 1879, vol. 3, n° 33, p. 91-125.

30 Cette analyse est confirmée par le bilan pour l'année 1880 établi par la chambre de commerce de Berlin. En dehors des produits coloniaux traditionnels, les importations venues des États-Unis concernaient peu le blé, car les Berlinois consommaient surtout du pain de seigle, mais beaucoup plus le lard et le saindoux. Ces importations permettaient de réduire les variations saisonnières des prix, qui engendraient jusqu'alors des pics en été, et de réguler ainsi la consommation tout au long de l'année. Citation tirée de Fischer, 1989, p. 3-27.

moyen terme, en appauvrissant leurs terres plus vite que ne l'avaient fait des siècles d'exploitation intensive en Europe.

On se préoccupa donc avant tout dans un premier temps d'identifier la menace et son ampleur en accumulant les chiffres. Ce ne fut qu'au début des années 1880, soit quelques cinq ans plus tard que le discours s'enrichit et commença à se préoccuper de solutions. Dans sa recension des articles sur le sujet, Schmoller reprocha aux auteurs de n'offrir aucune conclusion qui présenterait des solutions à la crise, et même s'il s'agissait pour lui de mettre en valeur son apport, au demeurant discutable, l'article de Paasche entre autres correspondait bien à cette critique. Or, c'est dès 1879 que la décision d'une augmentation des tarifs douaniers fut prise. Dès lors, dans quelle mesure fut-elle été une réponse donnée à la menace américaine, encore si imprécise ?

Le camp libéral donna lui aussi son interprétation de la nouveauté économique désormais clairement identifiée que représentaient ces importations américaines car il n'avait pas disparu au lendemain de sa défaite de 1878. Fortement amoindri, désormais chassé de « l'antichambre du pouvoir », il est naturel que ses écrits aient continué à former une partie de l'opinion étant donné l'importance des intellectuels dans ses rangs. De plus, il trouva du renfort dans des écrits de Germano-Américains publiés dans des collections grand public. Malgré ces avantages, sa position était fragile. D'une part, l'aide germano-américaine pouvait se révéler ambiguë puisque ces auteurs défendaient précisément leur nouvelle patrie contre les assauts d'un Friedrich von Hellwald. D'autre part, la solution libérale n'en était pas vraiment une : en accord avec les doctrines classiques, elle revenait à considérer que les importations de blé américaines étaient un avantage pour l'Europe en général, et ce à deux titres. Tout d'abord, ces importations correspondaient à une demande réelle de la part des Européens, dont la production ne suffisait pas à couvrir les besoins. Surtout, un auteur comme A. von Totis[31] n'hésitait pas à affirmer que le renouveau de l'activité économique constaté en 1879 était dû à ces importations américaines qui avaient amélioré les conditions de vie des catégories sociales les plus modestes, et qui avaient également engendré une confiance nouvelle dans les affaires, un renouveau d'activité outre-Atlantique qui avait nourri à son tour une croissance de la demande pour les biens manufacturés européens. Ce discours, qui insistait aussi sur les raisons non économiques du succès américain, comme la faible charge fiscale sur les personnes (pointe contre la politique menée par l'empire), était fort proche de celui d'auteurs germano-américains qui écrivaient directement à l'intention du public allemand ou qui faisaient traduire

[31] Totis, 1881, p. 26-27.

leurs ouvrages en Allemagne. C'est le cas de Jacob Schoenhof, qui en 1880 et 1881 fit paraître deux textes[32] prenant position contre les attaques de Hellwald et défendant une politique libre-échangiste pour les États-Unis. Là résidait l'autre faiblesse de la solution libérale : non seulement elle consistait à ne voir que l'aspect positif de la situation – l'équilibre entre l'offre et la demande – mais elle reposait sur un pari. Pour sauver la cohérence de leur position, qui voulait que l'importation des blés américains, certes dommageable – à la marge – pour l'agriculture européenne, soit d'abord un signe positif du renouveau des échanges entre les deux continents, il fallait pouvoir assurer aux Européens que les Américains joueraient le jeu, alors même que les uns et les autres étaient précisément en train de remettre en cause le libre-échange.

Les adversaires des libéraux ne concentrèrent cependant pas leur réflexion sur la question douanière : Gustav Schmoller, qui, en 1882, pouvait déjà tirer un bilan de la littérature sur la question, insista sur les problèmes structurels que les importations américaines avaient dévoilés, les difficultés économiques de toute une partie du monde paysan, surendetté et menacé d'expropriation. Sa conclusion se voulait donc à la mesure des problèmes agricoles et de la menace américaine en invitant les différents pays d'Europe centrale à dresser une barrière douanière commune contre des importations qui menaçaient des équilibres fondamentaux. Son propos resta cependant très général et il ne faut probablement pas le surévaluer dans le cadre d'une réflexion sur la généalogie de l'idée de *Mitteleuropa* ou de celle de l'Europe. Il reflète surtout une – relative – convergence des milieux intellectuels pour considérer que le jeune Empire était trop fragile politiquement pour se permettre de suivre la stricte doctrine libérale : laisser opérer la purge que représentait la crise économique sans essayer d'en atténuer les conséquences sociales. Il y avait au contraire une volonté de plus en plus pressante d'agir, qui se manifesta aussi bien dans la fondation du *Verein für Sozialpolitik* en 1873 que dans la décision de Bismarck d'initier la *Sammlungspolitik*[33].

---

32 Schoenhof, Jacob, *Über die volkswirtschaftlichen Fragen in den Vereinigten Staaten*, Berlin, 1880 et *Deutsche Urteile über Amerika*, Berlin, 1881. Les deux titres ont paru dans la même collection encyclopédique, *Sammlung gemeinverständlichen wissenschaftlichen Vorträge*, créée en 1866 par deux libéraux, Rudolf Virchow (1821-1902) et Franz von Holtzendorff (1829-1889), éditeur de plusieurs autres revues et collections mêlant les questions de politique, d'économie et de droit. Le premier texte était repris d'une conférence prononcée devant une société savante de New York alors que le second semble avoir été rédigé pour la collection allemande.

33 L'utilisation du protectionnisme pour consolider le régime n'était pas le seul fait du gouvernement allemand. Les républicains modérés français l'expérimentèrent aussi avec succès. Voir Aldenhoff-Hübinger, 2000, p. 439-470.

C'est donc à ce stade que l'on retrouve les tarifs douaniers établis en 1879. Résumer les analyses sur ce que représente, pour l'histoire ultérieure de l'empire et même, selon certains auteurs, de l'Allemagne d'après la première guerre mondiale, cette politique protectionniste fondée sur une alliance entre industrie lourde et agrariens, dépasse les limites de ce travail. On peut cependant tenter un bilan de la discussion historiographique sur l'intérêt qu'aux yeux des contemporains de telles mesures ont revêtu pour l'agriculture. Quatre principes économiques ont, depuis 1879, justifié le choix fait : la nécessité d'assurer aux consommateurs des produits alimentaires de qualité, le maintien d'une production nationale qui allège autant que possible la dépendance du pays à l'égard des importations, l'encouragement à l'exportation de produits agricoles, et l'assurance, pour les agriculteurs, d'un niveau de revenu conforme à la moyenne nationale[34]. Cela ne dit rien cependant des circonstances qui ont conduit à leur acceptation comme « remède miracle » (*Allheilmittel*) par les milieux agricoles confrontés à la concurrence étrangère. L'analyse de Wolfram Pyta[35] insiste sur cette évolution, en montrant que les agrariens ne faisaient pas de la protection douanière une priorité. Leur revendication principale portait sur une plus juste répartition de la charge fiscale, dont ils supportaient, du fait de la superposition de différents impôts, le poids le plus lourd[36]. De plus, jusqu'en 1877, certaines régions agricoles faisaient profession de libre-échangisme contre l'industrie lourde, considérée comme une rivale pour les besoins de main-d'œuvre. Cependant, dès lors que les intérêts industriels étaient protégés par des barrières douanières, les agrariens n'entendaient pas rester en arrière, et, malgré les réticences de certains proches du *Zentrum*, inquiets des conséquences sociales de ces mesures, ils se rallièrent rapidement à cette politique. Pour Wolfram Pyta, ce ralliement témoigne du poids limité des agrariens comme force de lobbying, à l'intérieur même du *Zentrum*, puisqu'ils ne parvinrent pas à faire admettre leurs revendications de baisse des impôts. Ils ne réussirent pas non plus à mettre en avant leurs deux autres problèmes majeurs, le besoin en crédit de domaines souvent hypothéqués, et la nécessité d'un aménagement de la loi sur les successions, là où la règle du partage

---

[34] Voir Feldenkirchen, 1987, p. 205-223.

[35] Voir Pyta, 1991.

[36] Les agriculteurs estimaient être taxés trois fois, par l'impôt sur le revenu, l'impôt sur la propriété foncière et l'impôt communal, le plus souvent calculé comme un pourcentage sur les impôts directs levés par les États. L'idéal aurait été de fusionner ces différents impôts en un seul, indépendant de la source de revenu, mais devant l'impossibilité de faire passer une réforme qui n'avantageait que les paysans, ces derniers, par l'intermédiaire de leurs associations, demandaient au moins une réduction sensible de l'impôt foncier.

égalitaire – principalement dans le Sud-Ouest de l'Allemagne[37] – avait conduit à un éparpillement de la propriété foncière. Or ce sont bien ces thèmes qui furent développés par les auteurs qui analysaient les conséquences de la nouvelle concurrence américaine : un libéral comme Totis rejoignait ainsi le social-conservateur Rudolf Meyer pour louer le faible poids de la fiscalité aux États-Unis grâce à l'absence de ponction opéré par le budget militaire. Meyer et Schmoller, dans leurs écrits respectifs dénonçaient l'absence de crédit comme le problème majeur de l'agriculture allemande, qui ne pouvait être réglé par l'établissement de barrières douanières. Enfin Meyer, se faisant l'écho de tout un courant conservateur, accusait les lois de succession de mettre en péril l'avenir de la société agricole en démantelant les propriétés que chaque génération s'était efforcée d'agrandir.

C. L'apogée du modèle américain : Rudolf Meyer et le **Homestead**

L'analyse de la nouvelle concurrence américaine se doubla, au début des années 1880, d'une réflexion sur la nécessité d'importer un modèle américain de sauvegarde de la propriété agricole. Qu'elle ait été liée ou non à l'arrivée des blés importés d'outre-Atlantique, la situation du monde agricole suscitait en effet l'inquiétude. Ainsi, pour remédier aux difficultés de crédit qui assaillent les agriculteurs, certains auteurs, proches des milieux agrariens, se tournèrent vers les États-Unis. Les différents ouvrages qui récapitulaient l'historique des débats remontaient tous à la loi promulguée par le Texas en 1839. Pour attirer les immigrants que cet État indépendant disputait alors aux États-Unis, les législateurs avaient créé un droit d'insaisissabilité pour la maison et les terres servant à nourrir le fermier et sa famille. Le succès de cette mesure, attrayante pour des agriculteurs qui avaient parfois migré à la suite d'une expulsion, avait conduit de plus en plus d'États, à l'intérieur des États-Unis, à adopter une législation semblable. Une seconde origine avait été trouvée dans la loi dite *Homestead Act*, votée en 1862, qui assurait sur le domaine public de l'État fédéral 160 acres à tout colon désireux de s'établir sur ces terres vierges, ainsi que la protection contre la saisie, si il en demeurait pendant au moins cinq ans le propriétaire effectif, travaillant lui-même le sol. Aux États-Unis comme en Europe, cette seconde législation concentra l'attention, car elle représentait un

[37] La taille de la propriété médiane dans le Bade, le Wurtemberg et le Hesse (régions d'héritage à parts égales) était de 9,7 hectares, alors qu'elle était de 30,2 hectares dans le Hanovre, en Westphalie, Oldenburg et Schleswig-Holstein (régions où le droit d'aînesse s'appliquait), et de 83,4 hectares en Prusse, Silésie, Poméranie (*Gebiet ehemaliger Gutsherrschaft*). Calculs faits d'après les chiffres de Max Rolfes (Rolfes, 1976), p. 513.

cadeau généreux bien que les résultats n'aient pas toujours correspondu aux espoirs. Les historiens en particulier, sans nier toute efficacité à la mesure, mettent en avant trois réserves : les terres offertes aux colons dans le cadre du *Homestead Act* ne représentèrent qu'un sixième des terres appartenant au gouvernement ; la loi fut souvent détournée par les spéculateurs ; enfin, beaucoup de colons ne parvinrent pas à rassembler les capitaux nécessaires – environ mille dollars – pour rendre rentable l'exploitation ainsi acquise[38].

L'intérêt pour ces législations américaines n'était pas évident de la part de courants conservateurs nourris d'une réflexion sur la décadence développée tout au long du XIXe siècle par les penseurs contre-révolutionnaires. Il s'explique par le fait qu'au-delà des différents problèmes rencontrés par les agriculteurs, l'enjeu essentiel était pour eux de trouver une réponse à la disparition des structures sociales et économiques traditionnelles du monde rural – symbolisées dans une partie de l'Europe centrale par les dernières traces du servage. La solution privilégiée était de compenser l'accession à la propriété privée des petits paysans par des mesures destinées à maintenir le bien agricole hors de la sphère capitaliste. Son principal théoricien fut un publiciste conservateur connu, Rudolf Meyer[39], qui organisa en 1881 un voyage aux États-Unis pour des fils de magnats hongrois, afin de vérifier sur place l'étendue de la menace américaine pour l'agriculture européenne. De ce séjour, Meyer tira la matière de deux ouvrages publiés en 1883, le premier sur les causes de la concurrence américaine, le second sur les *Heimstätten*[40].

---

38 Voir *infra* les critiques populistes qui se développèrent à ce propos dans les années 1880 et qui furent utilisées par la propagande du gouvernement allemand.

39 Né en 1839, Rudolf Meyer s'était, après quelques études scientifiques, reconverti en histoire et en économie. Dès 1867, il gagnait sa vie comme journaliste et ne soutint son doctorat qu'en 1874, sous la direction du professeur Bruno Hildebrandt. Rédacteur de la *Berliner Revue*, il se brouilla avec le régime de Bismarck dès 1873, quand son protecteur et ami, Hermann Wagener, dut quitter le gouvernement sous la pression des libéraux. En 1877, il fut condamné à un an et demi de prison pour diffamation à l'égard du chancelier et de ses ministres Otto von Camphausen et Adalbert Falk, qu'il accusait d'être mêlés à « des affaires boursières douteuses » dans son livre *Politische Gründer und die Korruption in Deutschland*, paru cette même année. Il s'exila pour échapper à sa peine, et, malgré une amnistie en 1888, ne rentra en Allemagne qu'en 1897, pour y mourir deux ans plus tard.

40 Les titres exacts sont pour le premier, *Ursachen der amerikanischen Konkurrenz. Ergebnisse einer Studienreise durch die Vereinigten Staaten* et surtout pour le second, *Heimstätten und andere Wirtschaftsgesetze der Vereinigten Staaten von Amerika, von Canada, Russland, China, Indien, Rumänien, Serbien und England. Herausgegeben mit einleitenden und erläuternden Abhandlungen von Dr Rudolf Meyer. Mit bisher noch ungedruckten Briefen Jefferson's und Entwurf zu einem neuen Agrarrecht.* Le livre est toujours cité sous son titre raccourci de *Heimstätten und andere Wirtschaftsgesetze*. Meyer avait entendu parler du *Homestead* lors de son séjour en Grande-Bretagne en 1880. Son voyage outre-Atlantique avait donc pour but

Si les deux connurent un réel succès, le livre sur les *Heimstätten* concentra les discussions car il participait à l'offensive des milieux conservateurs contre les politiques libérales accusées de mener le monde agricole à la faillite[41]. L'ambition de ce second ouvrage se lit dans sa conclusion : Meyer y soulignait la faiblesse des conservateurs, qui, pris entre libéraux et « communistes » ne disposaient pas, contrairement à leurs adversaires, d'un corpus théorique aussi développé. Son livre devait donc remédier en partie à cette lacune à laquelle Meyer était d'autant plus sensible qu'il admirait le principal théoricien de la pensée socialiste, Karl Marx, et qu'il avait œuvré à la théorisation de la pensée conservatrice et aux tentatives pour créer un grand parti conservateur[42]. Cela ne l'empêcha pas de souligner complaisamment son statut de marginal sur la scène politique en ce début des années 1880. Cette position lui permettait d'affirmer l'originalité de son propos et de rejeter comme partisanes toutes les critiques qui pouvaient lui être faites. De fait, l'ouvrage est marqué par une double ambiguïté, sur le rôle tenu dans la démonstration par l'exemple de la législation américaine, ainsi que sur l'idéologie qui la sous-tend.

Rudolf Meyer insista sur l'aspect novateur de son étude. Il s'inscrivait volontiers dans une école de pensée dont les principales figures étaient Rodbertus et Lorenz von Stein, mais il mentionnait à peine les quelques ouvrages qui avaient auparavant indiqué l'existence du *Homestead*[43]. Encore ne les cita-t-il que pour mieux souligner l'absence de réflexion sur l'originalité de la formule. De fait, les

---

d'enrichir ses connaissances sur le sujet et de vérifier des hypothèses déjà développées sous forme d'articles. Ces derniers conduisirent dès 1882-1883 l'association agricole locale de Giessen dans le Hesse à déposer devant le *Deutschen Landwirtschaftsrat* deux propositions pour un droit à l'existence fondé sur une propriété minimum qui serait à l'abri des créanciers. Ces propositions furent rejetées mais il est significatif qu'elles aient été formulées dans une région par ailleurs marquée par les efforts conservateurs pour développer des mouvements de coopératives. Le grand-duché de Hesse fut un terrain fertile à la fois pour les associations influencées par Raiffeisen et surtout par son rival hessois, le *Kreisrat* Wilhelm Haas. Voir Sering, 1892 et Peal, 1988, p. 244-266.

41 Depuis 1872 – en pleine période libérale – la loi prussienne traitait la terre comme n'importe quelle autre propriété dans les questions d'endettement et d'hypothèque. De plus, les dettes rurales purent être négociées sur le marché des capitaux comme n'importe quelle autre valeur. Voir Blackbourn, 1998, p. 313.

42 Voir Hahn, 1934, p. 242. Les attaques de Meyer contre les libéraux et leur doctrine « manchesterienne » rappelaient davantage l'atmosphère des années 1870 que la conjoncture de 1883. Voir Bowen, 1947.

43 Rudolf Meyer citait l'ouvrage de Claudio Jannet, *Les États-Unis contemporains ou les mœurs, les institutions et les idées depuis la Guerre de Sécession*, Paris, 1876 (une quatrième édition parut encore en 1889). La référence lui servait surtout à souligner l'intérêt que portait Le Play à ses recherches, puisque c'est ce dernier qui lui indiqua le livre.

commentateurs de son ouvrage ne discutèrent guère le rôle de précurseur de Meyer : il était bien le premier à tirer toutes les conséquences économiques et sociales de cette innovation législative et il fixa largement le débat pour les années suivantes. Un aspect, dont l'auteur s'enorgueillissait, fut cependant immédiatement abandonné : il s'agissait de l'utilisation, à côté du modèle américain, de nombreux autres exemples étrangers. Si le Canada était souvent présent dans les ouvrages sur les États-Unis, la présence de la Chine, de l'Inde, de la Russie, où Meyer avoua n'être jamais allé, alors qu'il y consacrait de longs développements, ne pouvait que fragiliser son propos. Plusieurs éléments peuvent faire comprendre ce choix. Ces exemples devaient rendre témoignage d'abord d'un esprit curieux, libre de préjugés, qui ne se cantonnait pas à un modèle unique, contrairement à ce que faisaient – d'après leurs adversaires – les libéraux vis-à-vis de l'Angleterre. Surtout, la constatation de l'existence tant en Europe centrale qu'en Inde de mesures destinées à empêcher le paysan d'aliéner son bien devait prouver le caractère universel de la proposition que seul l'aveuglement dogmatique des dirigeants allemands refusait de reconnaître. Enfin, ces différentes études de cas permettaient d'étayer le caractère réaliste de sa proposition qu'il opposait à une science économique libérale purement théorique[44]. Il y avait cependant dans ce foisonnement un effet de trompe-l'œil qui faisait finalement ressortir l'importance du modèle américain. Sur cet arrière-plan, la législation du *Homestead* était en effet la seule imitable, parce qu'elle avait été conçue par une société dont le développement était comparable à celui des pays européens, et dont la réussite économique représentait une garantie suffisante de la justesse de la solution proposée.

Outre la nouveauté de son étude, Meyer revendiquait une totale indépendance d'esprit par rapport aux différents courants politiques. Il se définit résolument comme conservateur, mais ne cessait de souligner son statut d'exilé et de persécuté politique, censé garantir sa liberté intellectuelle et le ton polémique de son livre contribua à son succès. En réalité, un certain nombre de thèmes abordés appartenaient à la grande tradition de la littérature conservatrice et l'utilisation du modèle américain servit essentiellement à les remettre au goût du jour. Il en était ainsi de l'usure, fléau traditionnel du monde rural, dont la dénonciation permettait de disqualifier les activités bancaires modernes. La célébration des bienfaits du *Homestead* pour combattre l'usure ne faisait donc

---

[44] Cette dénonciation n'avait alors plus rien d'original, car à ce moment la grande majorité des économistes allemands s'était ralliée à la nécessité des études de cas, prônée par le futur directeur de thèse de Meyer dès le milieu du siècle. Voir Hildebrandt, 1848. L'auteur conseillait que les réformes législatives soient précédées de multiples études monographiques. Voir Balabkins, 1988, p. 28.

qu'ajouter un argument supplémentaire à la dénonciation de la spéculation boursière qui nourrissait tout un discours chrétien anticapitaliste[45]. De la même façon, la garantie qu'offrait le *Homestead* concernant l'inaliénabilité de la terre qui servait à entretenir la famille du paysan permettait de donner un aspect plus moderne à l'image décidément désuète du paysan attaché à sa terre. Cela n'empêcha pas Meyer de se référer dans son ouvrage à un Moyen Âge mythifié : l'évocation du paysan bénéficiant d'une liberté qui n'avait d'égale que la sécurité procurée par le seigneur devait satisfaire ses lecteurs conservateurs parmi lesquels ses amis magyars[46]. Meyer pouvait ainsi conclure sur une synthèse audacieuse en rappelant que l'Amérique étant plus chrétienne que l'Europe, elle était nécessairement plus heureuse. C'étaient en effet ses convictions religieuses qui l'avaient poussée à ne pas supprimer les lois contre l'usure, abandonnées en Europe à cause d'une Église catholique oublieuse de sa mission envers les pauvres depuis la Renaissance. Grâce à cette démonstration, la législation sur le *Homestead* n'apparaissait plus comme une nouveauté à l'aune de la générosité quasi extravagante de la nature américaine, mais comme le simple aboutissement logique de préceptes évangéliques et la sauvegarde de structures traditionnelles[47]. Meyer montrait ainsi comment le conservatisme pouvait parfaitement se nourrir de l'exemple d'une société nouvelle comme celle qui se développait outre-Atlantique sans avoir à renier ses principes[48].

Pourtant, la démonstration de Rudolf Meyer débordait du cadre conservateur. Il se déclarait en effet partisan forcené de l'individualisme et défenseur des classes moyennes. Il s'étendait certes sur les mérites pédagogiques du *Mir*, qui était censé assurer une transition idéale entre le servage et la pleine propriété de la terre. Cependant, il affirma clairement son refus de toute mise en commun des terres et se déclara au contraire favorable au développement de la propriété agricole, dans la

---

45 Meyer, 1883, p. 566. Ces remarques étaient influencées par le krach récent (19 janvier 1882) de la banque de l'Union générale, qui avait étendu ses activités en Europe danubienne.

46 On retrouve dans *La réforme sociale* des échos de cette vision idéalisée du servage, aux accents anti-occidentaux. Voir Nagy de Felso-Em, 1883, p. 365-370.

47 L'argument historique ne doit pas faire illusion : Susanne Rouette a montré comment s'est progressivement constitué au cours du XIXe siècle l'image du « paysan traditionnel » qui se définit d'abord comme le maillon d'une chaîne héréditaire et dont le but est de transmettre, intactes, sa terre et les valeurs qui lui sont attachées, à son fils. Rouette, 2001, p. 109-138.

48 Le brio de cette réflexion ne doit pas cacher qu'il s'agissait d'un contresens complet sur la tradition pastorale américaine, qui s'enracinait au contraire dans la tradition républicaine de Jefferson : « [...] *cultivators of the earth are the most valuable citizens* » (1785). Voir Hurt, 2001, p. 249-256.

mesure où celle-ci était viable, ce qui l'éloignait des positions défendues par les disciples de Le Play. La terre des *Heimstätten* devait être insaisissable mais non inaliénable, ce que prônaient beaucoup de défenseurs de la réforme. Cette insistance pour conserver au moins partiellement à la terre son caractère de bien commercialisable s'explique par l'importance que Meyer accordait à la possibilité pour les paysans de connaître une réelle ascension sociale. Ces derniers devaient pouvoir améliorer leur condition, voire quitter la terre pour tenter leur chance en ville sans être obligés de tout risquer[49]. Ce thème du progrès social se retrouvait enfin dans la confiance de Meyer dans le rôle de l'État : en fidèle disciple de Lorenz von Stein, il se battait pour une législation en matière de propriété agricole parce qu'il pensait que l'application de la loi avait le pouvoir de transformer positivement la société jusqu'à ce que celle-ci réclame de nouveau de meilleures lois. Cette dialectique optimiste du progrès de la société était étrangère aux milieux conservateurs et se rapprochait bien davantage de certains courants réformateurs proches des sociaux-démocrates[50].

Il existait bien un modèle américain dans l'œuvre de Rudolf Meyer, mais sa fonction restait assez confuse, parce qu'il se rattachait à deux discours très différents que l'auteur chercha à concilier. Le premier était plutôt utopique, reflétant l'image d'une société agraire sans conflits. Cela se retrouve dans les longues descriptions admiratives des communautés religieuses, mormones dans le livre sur la concurrence américaine, mnémonites dans celui sur les *Heimstätten*[51]. Il s'agit alors d'un idéal, sans réel rapport avec la réalité européenne, dont la fonction était surtout de mesurer tout ce qui avait été perdu en Europe par la faute des libéraux. Mais il existait aussi un modèle américain plus économique, qui expliquait la concurrence nouvelle des États-Unis. Entre ces deux utilisations, le propos de Meyer sur le *Homestead* varia, tantôt idéal de

---

49 En ceci il différait de Max Sering, représentant d'un conservatisme proche du gouvernement, qui considérait que le choix fait par les fils de fermiers américains d'aller à la ville devenir vendeurs ou représentants de commerce était le signe d'une paresse physique qu'il opposait à la vigueur des fils de fermiers allemands installés aux États-Unis, dont l'enthousiasme à reprendre l'exploitation paternelle pouvait faire l'envie de leurs voisins anglo-saxons. Voir Sering, 1887, p. 416.

50 Le sujet de doctorat de Meyer portait précisément sur l'apparition des sociaux-démocrates en Norvège, et par la suite il fréquenta régulièrement des hommes proches de ces milieux, rappelant volontiers son admiration pour la pensée de Marx alors même qu'il rejetait toute idée communiste.

51 L'intérêt pour ces sectes se retrouve en particulier chez les auteurs socialistes, car un certain nombre leur paraissaient se rapprocher de l'idéal communiste. Les Shakers furent ainsi donnés en exemple à côté d'autres mouvements comme les Perfectionnistes d'Amérique ou la communauté d'Aurora. Voir Kautsky, 1899, p. 126, citant Nordhoff, Charles, *The Communist Societies of the US*, New York, 1875.

société, tantôt moyen d'encourager la moyenne propriété agricole performante.

Le propos de Rudolf Meyer connut un appauvrissement proportionnel à la diffusion du thème des *Heimstätten*. Devenu très vite l'apanage des milieux conservateurs, il perdit ses racines américaines au profit, en Allemagne, d'une greffe sur un sujet politique sensible, la colonisation intérieure à l'est de l'Elbe. Cet abandon progressif de la référence américaine est dû à la fragilité de sa synthèse, difficilement assimilable par d'autres, au développement continu du système des coopératives de crédit pour irriguer en capitaux les campagnes, et à l'évolution qui s'opéra dans la perception de la concurrence américaine dans le domaine agricole. À partir de 1884, progressivement, la conscience d'un ralentissement progressif des importations après l'année phare de 1881 relativisa fortement le thème du danger. Par ailleurs, les États-Unis n'étaient plus l'objet de réflexions utopiques y compris de la part de libéraux, décidément en perte de vitesse des deux côtés de l'Atlantique. Enfin, des difficultés nouvelles dans le monde agricole américain permirent au gouvernement allemand de lancer une contre-offensive contre le modèle américain à l'intention des candidats à l'émigration

II. La remise en cause du mythe : le tournant 1886-1887

A. La propagande gouvernementale contre l'émigration outre-Atlantique

1. L'émigration : une opportunité ou un danger pour l'Allemagne ?

Phénomène massif, l'émigration ne fut jamais officiellement acceptée par les États d'origine. Dès les années 1830 et 1840, le thème de la saignée avait été abondamment exploité : c'était à la fois des richesses économiques et intellectuelles dont est privée l'Allemagne au profit des nouveaux pays, en particulier les États-Unis. Cette réprobation se lit en négatif dans les précautions oratoires du livre édité par l'association pour la protection des immigrants allemands au Texas. « Le présent opuscule n'a pas pour but d'encourager à émigrer : l'auteur tient au contraire pour le vieux dicton : "Reste au pays et gagne ta vie (nourris toi) honnêtement[52]." » Cependant, tout un courant de pensée défendit à

[52] *Texas. Ein Handbuch für deutsche Auswanderer. Mit besonderer Rücksicht auf diejenigen, welche ihre Überfahrt und Aussiedlung durch Hilfe des Vereins zum Schutze deutscher Einwanderer in Texas bewirken sollen*, Brême, 1845. Pour une description de la véritable industrie de l'immigration qui s'est développée dans les ports d'accueil, voir Weil, 2000, p. 121-124.

l'époque l'émigration comme une véritable opportunité pour les états allemands à condition d'orienter ces flux migratoires pour le plus grand bien – économique et culturel – du pays de départ. Outre le Texas, les projets de colonisation dans le Missouri au cours des années 1830 s'inscrivent parfaitement dans cette logique[53], bien avant que, dans les années 1880, le lobbying colonial reprenne le thème pour mieux justifier ses projets[54]. Cet argument ne doit pas être confondu avec celui qui, surtout dans les années 1840, voyait avant tout dans l'émigration une soupape de sécurité pour alléger la pression que constituaient les problèmes sociaux. En effet, cette idée n'était pas de nature à encourager le maintien de liens avec ceux qui étaient vus sinon comme des criminels endurcis du moins comme des fauteurs de troubles et des révolutionnaires potentiels. Le projet de développement de colonies agricoles au contraire postulait le maintien de relations étroites entre elles et l'Allemagne qui devait être le fournisseur attitré de tous les produits industriels nécessaires à la vie de ces communautés, véritables comptoirs commerciaux pour une expansion des exportations allemandes[55].

Ces idées, qui n'ont jamais été majoritaires, tournèrent court dès la seconde moitié des années 1880, mais leur influence se retrouve dans la revendication qui se fit jour au tournant du siècle de rassembler autour de l'Allemagne, tel un rempart, le *Deutschtum im Ausland*, idée particulièrement chère à Guillaume II. Ce thème s'inscrivait dans une conception culturelle de la nationalité longtemps défendue par les libéraux, mais modifiée ensuite par certains auteurs dans un sens racial[56]. Il s'agit donc d'une évolution tardive, qui se développa précisément après la fin de l'émigration, au moment où les communautés allemandes à l'étranger n'étaient plus irriguées par des arrivées nouvelles et tendent à s'assimiler dans le pays d'accueil. La lutte contre ce processus se fit en utilisant des arguments culturels qui ne correspondaient déjà plus à la réalité de la seconde génération des émigrés, surtout aux États-Unis[57].

---

53 Un autre exemple à l'époque, qui s'inscrivait également contre les mouvements d'émigration vers les États-Unis, est donné par Friedrich Gerstäcker, un écrivain populaire qui en 1848 entreprit un grand voyage avec le soutien sans conviction des autorités pour étudier la possibilité de colonies allemandes dans les mers du sud et en Amérique du sud. Voir Moltmann, 1978, p. 56-72.

54 Voir Bade, 1984b, p. 291-292 et 297.

55 Voir l'article « Auswanderung » du manuel de Max Wirth, *Grundzüge der Nationaloekonomie* (Wirth, 1871).

56 Sur les différentes conceptions allemandes de la nationalité, et en particulier sur la réfutation de l'opposition entre une conception politique et une conception ethnographique par trop simple et flatteuse pour le modèle français, voir la mise au point historiographique de Sandrine Kott (Kott, 2003), p. 270.

57 Keil, Jentz, 1988.

Face à ces considérations sporadiques sur l'utilité de l'émigration allemande, la vision négative de ces mouvements l'emportait largement par sa constance. En témoigne l'absence totale d'intérêt de Bismarck pour les Allemands qui avaient émigré. Le chancelier était fidèle à la définition conservatrice de la nationalité fondée sur la loyauté au monarque. Celui qui choisissait de quitter son pays, de ne plus être le sujet de son souverain, trahissait cette loyauté et renonçait donc à toute prétention à la nationalité allemande.

Si l'émigrant était assimilable à un traître, et si l'émigration permettait de se débarrasser d'éléments socialement ou politiquement dangereux pour la société, pourquoi dans les années 1880, précisément sous le gouvernement de Bismarck, se mit en place une propagande gouvernementale vigoureuse pour freiner ce phénomène ? L'explication est donnée par le profil des émigrants de cette période. De plus en plus, ils provenaient du nord-est de l'Allemagne, des régions à l'est de l'Elbe, petits paysans parfois sans terre, qui quittaient directement leur pays pour les États-Unis ou qui se dirigeaient d'abord vers les grandes villes industrielles de l'Ouest, avant, dans un second temps, de franchir l'Atlantique[58]. Le choix entre ces deux solutions se faisait en fonction de la conjoncture allemande. On considère en effet que les facteurs de rejet sont prédominants dans la décision d'émigrer, bien plus que les facteurs d'attraction. Si on examine les variations de l'économie allemande dans les années 1880, on s'aperçoit en effet qu'après une période de regain entre 1879 et la fin de l'année 1881, la situation se dégrada de nouveau entre 1882 et 1886. Cette logique n'est cependant pas parfaitement respectée : les deux années les plus importantes pour l'émigration furent en effet 1881 et 1882. On peut faire deux hypothèses : d'une part, malgré la reprise en Allemagne, il existe un phénomène de rattrapage après les années de crise, de 1873 et 1879 qui avaient différé de nombreux départs. De plus, la reprise n'avait pas été ressentie par tous les secteurs. Dans l'agriculture comme dans l'industrie textile de Saxe, la crise n'avait pas réellement desserré son emprise[59], or ce sont deux secteurs qui fournissaient de gros bataillons à l'émigration.

La détermination nouvelle du gouvernement à combattre l'émigration ne devait plus rien à ce moment à la crainte de perdre les capitaux que les émigrants emportaient avec eux. Elle tenait désormais au problème de main-d'œuvre que l'agriculture des grands domaines rencontrait à l'est de l'Elbe[60]. Ces propriétés agricoles souffraient d'une

---

58 Voir Bade, 1980.

59 Surtout, la reprise fut de courte durée, limitée aux années 1879 à 1882, et suivie d'une nouvelle récession de quatre ans, jusqu'en 1886.

60 La perte de capitaux fut un des thèmes traditionnels de déploration dans les années 1840. Étant donné les changements socio-économiques des populations

hémorragie de travailleurs agricoles aussi bien au profit de l'étranger que de la Ruhr, qui accueillit en particulier des centaines de milliers d'ouvriers agricoles de nationalité germano-prussienne, mais de langue et de culture polonaises, les *Ruhrpolen*. Le cœur du problème ne résidait pas dans la concurrence entre industrie et agriculture pour la main-d'œuvre, car il était possible aux grands propriétaires d'acquérir une main-d'œuvre de substitution, de surcroît très bon marché, en faisant appel aux Polonais de l'autre côté de la frontière. L'essentiel était que cette alternative était inacceptable pour Bismarck : cela présentait en effet le risque, considérable aux yeux des autorités prussiennes, de favoriser une nouvelle concentration de Polonais sur le sol allemand, alors même que se développait déjà celle des *Ruhrpolen*[61].

La politique du gouvernement pour essayer de retenir les paysans du nord-est tentés par l'aventure outre-Atlantique consista donc à les mettre en garde contre les désillusions qui les attendraient inévitablement à leur arrivée. Cela revenait à penser que les facteurs attractifs étaient primordiaux dans le choix des émigrés. Cette interprétation du gouvernement ne reposait pas sur une simple erreur d'analyse, mais résultait d'une situation politique : agir réellement sur les facteurs de rejet serait revenu à remettre en cause les équilibres établis au profit des grands propriétaires fonciers de Prusse orientale en particulier, dont le chancelier Bismarck se voulait un fidèle représentant et un fervent défenseur[62]. Ne

---

émigrées, il ne pouvait plus obtenir le même écho, même si certains auteurs continuèrent à la fin du siècle à utiliser l'argument pour souligner l'avantage indu des États-Unis, bénéficiaires de ces mouvements de capitaux. Voir au début des années 1880 A. von Totis (Totis, 1881), p. 23-24 : l'auteur se livra à un calcul très précis des capitaux apportés aux États-Unis par chaque immigrant sous forme d'argent, de force de travail calculée au prorata des années passées à travailler aux États-Unis ainsi que du niveau d'instruction acquis dans son pays d'origine. Il arriva ainsi à un total de 420 millions de dollars amenés pour la seule année 1880 par l'ensemble des immigrants européens.

61 Ce problème n'était naturellement pas abordé dans les articles qui défendaient la position gouvernementale opposée à l'émigration. Le traitement réservé aux critiques américaines était cependant révélateur. Réfutant les attaques portées contre la politique de Bismarck en matière de colonisation en Afrique mais aussi dans l'Est du *Reich*, au détriment des Polonais, le journaliste du *Kölnische Zeitung*, disert lorsqu'il s'agissait de rappeler que Bismarck ne faisait que protéger des places de commerce allemandes, se montra beaucoup plus vague sur la question polonaise, se contentant d'en appeler aux faits, et dénonçant les journaux américains avides de sensationalisme. *Kölnische Zeitung*, 12 octobre 1886, in AA, R-901, dossier 13702. Sur la question polonaise, voir Serrier, 2002, p. 57. Sur le développement des associations polonaises aux États-Unis à partir des années 1870 grâce à l'arrivée massive d'immigrants et leur rôle dans la défense des intérêts d'une Pologne indépendante, voir l'article « Poles », in Cordasco, 1990.

62 De ce point de vue, la propagande entreprise par le gouvernement représentait une solution beaucoup plus douce que ce que proposaient certains milieux agrariens, des mesures législatives pour interdire l'émigration, l'introduction d'un impôt particuliè-

pouvant améliorer substantiellement la condition des paysans à l'est de l'Elbe, l'arme de la propagande restait l'unique moyen pour les convaincre que l'émigration ne viendrait pas améliorer leur sort. Ce choix était d'autant plus simple à faire pour le gouvernement que l'instrument était particulièrement bien rodé.

Avant d'examiner le contenu de cette propagande, il faut souligner que le phénomène de migration est aussi ancien que la région de Prusse orientale, peuplée grâce à la colonisation. C'est bien à cette tradition que se réfèrent à la fin du siècle les promoteurs de la nouvelle « colonisation intérieure », en invoquant – de façon assez abusive – la figure de Frédéric le Grand[63]. Il est en tout cas certain que des tensions avaient toujours existé entre les colons et les autorités. Ainsi, les premiers n'avaient pas hésité, à différentes périodes, à se livrer auprès des seconds à de véritables chantages à l'émigration, soit sous forme d'un retour dans le pays d'origine quand il s'agissait de Suisses, soit, pour les colons allemands au début du XIXe siècle, d'un départ vers la Pologne russe, considérée comme une région prospère. Les autorités devaient garantir le maintien de privilèges accordés lors de l'établissement ou l'octroi de terres supplémentaires pour les enfants des colons, parvenus en âge de s'établir et confrontés à une pénurie[64]. La propagande anti-américaine menée par le gouvernement dans les années 1880 ne s'inscrivait donc pas seulement dans les difficultés de l'heure, mais également dans un jeu de rôle plus ancien.

2. *La campagne du gouvernement*

Le gouvernement allemand tenta d'influencer l'image de l'agriculture américaine en utilisant différents journaux, semi-officiels ou simplement amis. Furent partie prenante dans la campagne le *Nordeutsche Allgemeine Zeitung*, considéré comme l'organe personnel du chancelier, ainsi que *die Post* et *die Kölnische Zeitung*, le premier plutôt conservateur, le second plus libéral, mais tous deux proches du gouvernement. Il est plus étonnant de constater la présence du *Neue Preussische Zeitung :* Bismarck avait contribué à sa création dans les années 1850, mais depuis 1875-1876, les relations étaient rompues avec le chancelier, au point que celui-ci refusait toute coopération. Cet ostracisme était d'autant plus visible que le gouvernement continuait à utiliser certains journaux libéraux. Le *Neue Preussische Zeitung* se

rement élevé sur les candidats au départ, l'étatisation des officines d'émigration et l'interdiction de leurs agents afin de mieux contrôler les mouvements d'émigration, enfin la protection-au demeurant vague – des émigrés repentis. Voir Hahn, 1934, p. 182.

63 Voir Achilles, 1993, p. 305.

64 Sur tout ceci, voir Rainer Mühle (Mühle, 1995), p. 35-56.

retrouvait en fait à l'unisson du gouvernement parce que l'un et l'autre cherchaient à protéger les grands propriétaires est-elbiens. À l'inverse, le *Vossische Zeitung*, un journal berlinois libéral, ne se souciait guère des intérêts des *Junkers :* sa présence parmi les quotidiens qui annonçaient vers 1886-1887 la fin de la prospérité agricole aux États-Unis était due à une conception particulière de ces problèmes qui lui permettaient de dénoncer les demandes protectionnistes des Agrariens en dégonflant la baudruche du « danger américain ».

Le choix du gouvernement en faveur de cette presse peut cependant surprendre, car il n'y avait que peu de chance pour que ces journaux touchent le public concerné par l'émigration, malgré les efforts pour adopter une forme qui lui était particulièrement familière, la lettre envoyée des États-Unis par un émigré allemand, ami ou parent[65]. Les lecteurs du *Norddeutsche Allgemeine Zeitung* par exemple, appartenaient à la bourgeoisie cultivée. La stratégie gouvernementale s'explique de deux façons. D'une part, c'était le moyen le plus commode car il était éprouvé par une longue pratique[66]. D'autre part, si les gens ne lisaient pas directement les journaux en question, ceux-ci servaient de source d'inspiration pour toute une presse régionale ou professionnelle, ainsi que pour des conférenciers amenés à parler devant le public des chambres de commerce ou des multiples associations professionnelles. Par le biais de la presse le gouvernement pouvait donc lancer le débat en fournissant la matière première pour critiquer le mythe américain[67], même s'il ne pouvait être sûr de l'écho que rencontrerait le thème. Son avantage résidait dans la richesse de ses sources : celles dont il disposait étaient les rapports de consuls allemands mais aussi français ou autrichiens, les comptes-rendus de voyages faits par des spécialistes envoyés en mission, et surtout des articles de la presse américaine que les représentations allemandes envoyaient régulièrement au ministère des Affaires étrangères. Cette dernière source était particulièrement utile car l'administration ne recevait que relativement peu de journaux étrangers, et dépendait donc largement de ces envois[68]. Les consulats qui fournissaient ainsi cette matière première n'avaient pas de droit de regard sur son utilisation, qui était décidée par les responsables du ministère sous l'étroit contrôle de Bismarck. C'est donc bien la voix du gouvernement de l'empire, et non les analyses des représentants allemands aux États-Unis qui se lit dans ces différents articles de presse.

---

65 AA, R-901, dossier 13701, *Norddeutsche Allgemeine Zeitung* du 12 mai 1886.

66 On connaît l'importance que Bismarck accordait aux journaux. Pour autant, les moyens d'influence, tirés du « fonds guelfe », restèrent assez limités, et guère plus importants que dans d'autres pays européens.

67 AA, R-901, dossier 13701, *Kölnische Zeitung*, 14 septembre 1886.

68 Voir Fischer-Frauendienst, 1963, p. 38.

La discussion devait se développer à partir de deux thèmes majeurs : le caractère transitoire de l'abondance céréalière américaine, avec pour conséquence un retour prochain à la normalité, c'est-à-dire aux conditions européennes, et la dégradation des conditions socio-économiques de l'agriculture américaine, y compris cette fois par rapport à la situation européenne.

a. Les limites de la prospérité américaine

L'avenir de la production céréalière américaine préoccupait les observateurs européens frappés par la progression constante de la production[69] et la croissance continue des exportations de céréales vers l'Europe. Les articles inspirés par le gouvernement devaient donc à la fois décourager les candidats à l'émigration et répondre à l'inquiétude des agriculteurs allemands. À l'intention des premiers, l'accent fut mis sur la fin des réserves de terres vierges à défricher, et par conséquent, la disparition prochaine du programme de distribution de terres du gouvernement grâce à la loi du *Homestead* votée en 1862. Au printemps 1886, ce thème fait l'objet de deux articles du *Norddeutsche Allgemeine Zeitung*, à la demande expresse du gouvernement[70]. En réalité, cela n'était pas parfaitement exact puisque même l'annonce faite quatre ans plus tard par le superintendant du Recensement de la fermeture de la Frontière, s'avéra un peu prématurée. Il est certain cependant que la surface de terres disponibles avait déjà nettement diminué : la construction de quatre lignes de chemin de fer transcontinentales, la lutte de plus en plus intensive entre agriculteurs bénéficiaires du *Homestead* et éleveurs enclins à entourer de barbelés de grandes étendues dont ils ne possédaient pas toujours les titres de propriété, était un des signes d'une fin prochaine de cette situation exceptionnelle qui avait connu son plein essor dans les années 1860 et 1870. L'argument n'aurait eu cependant qu'une portée médiocre auprès des Allemands si ne s'y était superposée une critique de la qualité même des terres offertes aux colons. Non seulement les terres propices à la culture des céréales étaient loin de correspondre à la taille des États-Unis, mais leur superficie était très inférieure à l'étendue des terres agricoles[71]. L'espoir ne pouvait donc venir des quelques territoires encore vierges. Dans cet argumentaire, l'image de la Prairie infinie était particulièrement malmenée puisque ni son climat ni son sol n'étaient considérés convenir à la culture. Neuhaus-Selchow par exemple, examinant les différentes régions agri-

[69] Entre 1860 et 1880, la surface cultivée augmenta de 31,7 % et le produit brut agricole de 77,3 %. De façon encore plus remarquable, la valeur de la production nette agricole augmenta de 50,7 % durant la décennie 1870-1880.

[70] AA, R-901, dossier 13701, article du 12 mai 1886 déjà cité et dans le même dossier, note du 9 juillet.

[71] AA, R-901, dossier 13699, Neuhaus-Selchow, art. cit.

coles américaines, concluait sans tristesse que seules les régions situées entre le 39e et le 47e parallèle et allant du 75e au 100e méridien, étaient aptes à l'exploitation agricole, avec cette restriction supplémentaire que les pommes de terre et les betteraves à sucre avaient les plus grandes difficultés à pousser à cause des trop grands écarts de température.

Le jugement paraît sévère si l'on examine une carte de la culture du blé, puisqu'il laissait de côté une bonne partie des deux Dakotas et du Colorado. Il ressemblait cependant beaucoup à l'expertise de certains spécialistes américains[72] qui considéraient au même moment qu'à l'ouest d'une ligne allant du Texas central à l'ouest du Minnesota en passant par le centre du Kansas, les conditions climatiques étaient trop sèches pour permettre une agriculture traditionnelle, ce qui laissait tout de même la place à une agriculture irriguée. En revanche, il s'opposait à la vision presque idyllique proposée par Rudolf Meyer. Sa peinture du Texas, dont le sol fertile autorisait plusieurs moissons par an, formait un contraste saisissant avec les propos pessimistes soufflés par l'administration allemande à la presse[73]. Cette différence s'explique par le but politique poursuivi par l'auteur – peindre une Amérique dont la prospérité était la juste récompense de choix politiques à l'opposé de ceux de Bismarck – mais aussi par l'écart de quelques années entre ces écrits. Rudolf Meyer avait visité les États-Unis en 1881, au moment où l'attrait pour les terres encore largement inexploitées de l'ouest du Kansas et du Nebraska battait encore son plein. Certes, la série exceptionnelle d'années pluvieuses avait pris brusquement fin en 1880 avec une sécheresse sévère dans le Kansas, mais les espoirs mis dans l'irrigation la plus moderne avaient rapidement relancé le mouvement. En 1886, la déception et une certaine prise de conscience des qualités réelles de ces terres s'étaient installées[74].

Le second argument destiné à discréditer la richesse agricole américaine concernait la qualité de la production. Les commentateurs s'attardaient complaisamment sur les descriptions de champs de blé peu soignés, dans lesquels l'herbe poussait entre les épis. Les explications étaient à la fois naturelles, sociales et culturelles. L'absence de printemps et d'automne suffisamment longs et humides empêchait un travail

---

72 John Wesley Powell, futur chef du bureau de géologie, émit cet avis dès 1877, mais son expertise fut à l'époque rejetée au nom du bon sens des fermiers qui investissaient dans la région et dont les premières récoltes semblaient conforter tous les espoirs. Voir McMath, 1993, p. 20.

73 Meyer, 1883, p. 233.

74 Dès 1884, les rapports des consuls allemands aux États-Unis pour l'année 1883 firent état d'un fort ralentissement dans le commerce du blé et une retombée de la spéculation. Voir dans *Handelsarchiv*, vol. 74 (1884), les rapports des consuls de Chicago, Boston et New York.

en profondeur de la terre, mais surtout, les Américains ne pouvaient recourir à la main-d'œuvre nécessaire pour ces travaux à cause des salaires trop élevés. Enfin le *Raubbau*, l'agriculture de pillage, présentée comme une tradition américaine, expliquait la négligence observée dans les labours. Par exemple, au scandale des observateurs, la paille n'était pas utilisée dans les exploitations, elle était simplement brûlée à ras le sol, sans que la terre soit réellement retournée pour enlever tout ce qui pouvait gêner la croissance du blé nouveau. Un autre motif de stupéfaction ostensible concernait l'absence de rotation des cultures, puisque le maïs et le blé étaient les seules céréales plantées par les fermiers qui s'installaient sur ces nouvelles terres. L'idée sous-jacente était que l'agriculture américaine était fondamentalement archaïque et constituait une régression par rapport aux efforts agronomiques accomplis en Europe tout au long du XIXe siècle. Quelques articles dressèrent ainsi un tableau apocalyptique des conséquences de ce pillage sur la nature dans certains États. Les terres y paraissaient ravagées par cette exploitation, et laissées en friche, avec des fermes réduites à l'état de ruines, abandonnées par des fermiers partis toujours plus à l'ouest à la recherche de terres vierges[75]. La propagande allemande broda donc à loisir sur le thème d'une nature plus ingrate qu'on ne le croyait quand elle n'était pas domestiquée par le labeur des hommes : même la richesse des pâturages des Grandes Plaines se révélait illusoire, et rapidement ne parvenait plus à nourrir les nombreux troupeaux que la spéculation y avait installés[76].

Ces descriptions dantesques ne résument cependant pas à elles seules les jugements allemands sur l'agriculture céréalière et l'élevage américains. La presse professionnelle assuma son rôle en proposant des analyses très factuelles de la situation américaine ou latino-américaine, placées sur le même plan. Sous forme de feuilleton, le lecteur obtint ainsi des renseignements sur l'agriculture en Californie, au Texas ou en Argentine[77]. Si la forme adoptée était également épistolaire, le contenu n'avait rien de commun avec les articles inspirés par le gouvernement. On y trouvait au contraire des détails sur l'amélioration des races indigènes grâce à l'importation d'animaux d'Angleterre, où la sélection des bœufs possédait une longue tradition, comme sur le système commercial de grandes ventes aux enchères, mis en place en l'absence de marchés à bestiaux. Les journaux économiques étaient dans une position plus

---

75 AA, R-901, dossier 13701, *Norddeutsche Allgemeine Zeitung*, 12 mai 1886, n°219.

76 *Ibid.*, *Export*, 8 février 1887.

77 AA, R-901, dossier 13702, *Deutsche Landwirtschaftliche Presse*, 22 janvier 1887 « Landwirtschaftlicher Brief aus Kalifornien » ; 26 janvier 1887, « Landwirtschaftlicher Brief aus den Vereinigten Staaten » ; 29 janvier, 2 février, 6 février 1887, « Landwirtschaftlicher Brief aus Argentinien »

incertaine : si l'*Export* fit écho au discours gouvernemental, la *Deutsche Volkswirtschaftliche Korrespondenz* adopta apparemment un moyen terme. Dans un article paru en décembre 1887[78], elle reprit certes des analyses de la *Deutsche Landwirtschaftliche Presse* sur les conditions climatiques et podologiques du Montana ou du Texas, les faibles coûts de production et le développement des wagons réfrigérés. Cependant, le texte se terminait sur les difficultés de cette économie d'élevage et sur l'annonce quasi apocalyptique d'un effondrement prochain du système américain sur lui-même à cause de sa pratique agricole de pillage. Cette conclusion plaquée témoignait de la nécessité éprouvée par le journal de rassurer les lecteurs sur l'absence de danger réel.

Ces jugements divers possèdent comme point commun de s'appuyer sur des sources américaines. C'était elles qui, sous forme de statistiques gouvernementales, d'articles de journaux, célébraient à la fois les progrès de l'agriculture californienne, la croissance constante des exportations de bétail, mais insistaient aussi sur les réels problèmes constatés. C'est un fait que l'herbe et l'eau purent venir à manquer dans certains endroits, et que certains hivers particulièrement rigoureux, comme celui de 1886, avec des blizzards par – 30° eurent raison des bêtes les plus vigoureuses. Si le matériau commun aboutit à de telles différences d'analyse, c'est aussi parce que, souvent, la distinction n'était pas réellement faite entre les différentes régions américaines qui pour les Allemands appartenaient avant tout à ces grands ensembles désignés sous le nom de « Far West » ou de « Grandes Plaines », quand celles-ci n'étaient pas également confondues.

b. L'envers du décor américain

Pour décourager les candidats à l'émigration, il ne suffisait pas d'annoncer la fin prochaine de la prospérité américaine, car les preuves étaient malgré tout loin d'être irréfutables. Le rêve américain était aussi sociopolitique, symbolisé par la double indépendance du petit fermier, vis-à-vis d'un propriétaire comme de créanciers. La propagande gouvernementale allemande s'attacha donc à montrer que cette figure était en train de disparaître en s'appuyant sur la polémique qui se développait aux États-Unis et qui nourrissait le mouvement des *Granges*. L'étude de ce thème permet d'évaluer les transformations qui peuvent s'opérer

[78] AA, R-901, dossier 13703, *Deutsche Volkswirtschaftliche Korrespondenz*, 23 décembre 1887, « Die Viehzucht in Amerika ». Il semble y avoir une différence réelle entre ce journal et *Export* dont les articles étaient plus systématiquement antiaméricains. Voir par exemple « die Errichtung von Dampfmühlen in Brasilien », daté du 3 janvier 1888 : l'intérêt principal de ces innovations semblait être de permettre de transformer le blé importé au Brésil, portant ainsi un coup dur aux villes de Richmond, Baltimore et même New York et déséquilibrant davantage encore la balance commerciale en faveur du Brésil. AA, R-901, dossier 13703.

entre la source américaine et l'article allemand[79]. De prime abord, les deux textes se ressemblent beaucoup, même si la version allemande apparaît comme un long résumé de l'original américain. L'ordre même des arguments est respecté : après un parallèle entre la situation des terres publiques aux États-Unis et celle de l'*ager publicus* au temps des Gracques, les lacunes de la législation américaine en matière de réglementation des relations entre propriétaires et fermiers sont exposées et dénoncées. Le caractère critique de la situation est ensuite détaillé grâce aux chiffres du recensement de 1880, le premier à s'intéresser au problème. Ces résultats montrent l'importance du nombre de fermiers qui ont perdu leur indépendance, d'autant plus qu'ils doivent être revus à la hausse en raison de l'imprécision des catégories utilisées, qui laissent de côté des fermiers dont le niveau d'endettement les rend *de facto* dépendants de leurs créanciers. Suit alors une description très sombre du *Landagent*, qui après avoir réduit à la misère les fermiers qui venaient de s'installer en leur prêtant des sommes importantes à des taux usuraires, feint de s'étonner de leur départ alors même qu'il en profite. Ce passage est reproduit quasiment à l'identique dans la version allemande, mais dans un style factuel, bien différent de son modèle. La virulence du ton n'était donc pas forcément l'apanage de la propagande gouvernementale allemande[80]. La deuxième partie de l'argumentation insiste sur les raisons qui ont conduit à une telle situation. La législation est mise en cause, car elle permet à des spéculateurs de profiter des avantages pensés pour les *settlers* et de mettre ces derniers sous leur dépendance en leur louant des terres qu'ils se sont appropriés par des moyens parfois frauduleux. La raréfaction des terres, qui entraîne une hausse des prix et le coût élevé de l'installation d'une ferme expliquent de leur côté le fort endettement de ces agriculteurs, qui permet à leurs créanciers d'acquérir les terres sur lesquelles ils doivent continuer de travailler. La démonstration se termine sur le point d'orgue que constitue la description d'un de ces nouveaux landlords, un Irlandais[81], détesté dans son pays et qui

---

79 Nous utilisons pour ce faire un article du *Kölnische Zeitung*, 14 septembre 1886, « Landwirtschaftliche Zustände in der Union », qui citait un article du numéro de janvier 1886 de la *North American Review*, « Landlordism in America ». AA, R-901, dossier 13701.

80 Gill, 1886, p. 52-67. Sur la rhétorique américaine et le recours fréquent à l'emphase, voir Daniel Boorstin, « La façon américaine de dire les choses » (Boorstin, 1983), p. 691-745. Ce style a pu influencer les descriptions allemandes des paysages désolés créés par l'agriculture de pillage.

81 Il s'agit de William Scully, qui en 1888 possédait 183 000 acres dans les états de l'Illinois, du Nebraska et du Kansas. Devenu la bête noire des populistes américains dès la fin des années 1870, il n'en poursuivit pas moins ses achats jusqu'à posséder 225 000 acres en 1896.

confie ses terres américaines à un gérant, se contentant lui-même d'une visite annuelle aux États-Unis.

Derrière ce respect dans le détail même du propos se cachait en réalité un certain nombre d'omissions et de gauchissements. Il était ainsi impossible de deviner, à la lecture du texte allemand, que l'auteur américain menait sa croisade contre le fléau du « *landlordism* » au nom du véritable esprit américain. Pour lui, le phénomène était condamnable avant tout parce qu'il est « *unamerican* », et qu'il ramenait le pays à la situation européenne. Cet avertissement sur le dévoiement de l'idéal américain et la peur d'une décadence qu'exprimait la référence romaine furent supprimés dans le *Kölnische Zeitung*. Ils furent remplacés par des commentaires sur la naïveté des Américains qui se croyaient parfaits alors qu'ils se retrouvaient en réalité dans des situations d'exploitation économique nettement pires qu'en Europe. Pour l'auteur allemand, les États-Unis voyaient se reconstituer progressivement une féodalité sur le modèle européen, avec, en plus, toute la brutalité des rapports capitalistes modernes. Le thème de l'Europe féodale et de ses grands propriétaires fut donc conservé car son absence aurait fragilisé l'argumentation. De plus, un lord irlandais était suffisamment éloigné de la réalité allemande pour que l'utilisation de cet exemple n'apparaisse pas comme une remise en cause du système social du *Reich*[82]. Les omissions n'étaient certes pas toujours significatives : ainsi, l'article allemand ne reprit pas la critique contre les enfants de ces propriétaires qui partaient profiter de leurs richesses à Paris ou à Londres, car elle se comprenait surtout dans le contexte puritain et égalitaire des États-Unis. En revanche, l'absence dans le *Kölnische Zeitung* d'une autre référence européenne apparaît révélatrice : Thomas P. Gill présentait en effet comme contre modèle aux évolutions américaines la politique française qui avait permis la croissance spectaculaire du nombre de paysans indépendants, même si « le système féodal n'[était] pas encore éradiqué (il y [avait] encore plus d'un million de métayers en France) »[83]. L'attirance pour cette réussite se comprenait d'autant mieux qu'aux

---

82 Tout au long des années 1880, la question irlandaise avait envenimé la vie politique anglaise, et était par conséquent largement connue en Europe. Les problèmes agraires – concentration de la propriété, absentéisme des propriétaires, dureté des agents chargés de percevoir les loyers – qui la sous-tendaient et les revendications politiques qui l'accompagnaient apparaissaient trop spécifiques pour que les Allemands s'y identifient.

83 Jusque vers 1870-1880, l'évolution des revenus paysans et des salaires agricoles fut suffisamment favorable pour permettre à des « micro-exploitants » d'acheter des terres et à des ouvriers agricoles de devenir propriétaires. Voir Verley, 1989, p. 46. Le faire-valoir-direct concernait 75 % des exploitations très comparables aux 72 % relevés pour l'ensemble des États-Unis. Nouailhat, 1982, p. 204.

États-Unis comme en France, le pouvoir politique utilisait la référence à l'image romaine du citoyen républicain et paysan-propriétaire.

L'image de la situation économique et sociale dans les Grandes Plaines retenue par les Allemands correspondait à une réalité : dans les années 1880 des investissements massifs dans ces terres furent faits par de grandes sociétés ou des personnes privées, en particulier des nobles anglais ou irlandais. Ces derniers pouvaient acheter directement des terres ou acquérir des titres de sociétés. Leur présence s'expliquait de plusieurs façons : grands propriétaires terriens, ils possédaient des capitaux en abondance ainsi que l'habitude d'investir dans des affaires agricoles. De plus, selon une logique proprement européenne[84], ils étaient recherchés pour siéger dans les conseils d'administration des entreprises anglaises qui spéculaient sur les terrains américains en raison de l'attrait que leur titre ne pouvait manquer de susciter chez les investisseurs plus modestes. C'est pourquoi, aux États-Unis, le terme d'investisseurs étrangers était devenu synonyme d'« anglais » et d'« aristocrates », y compris dans les comptes-rendus officiels. L'article de la *North American Review*, qui exprimait pourtant une opinion critique à l'égard des instances gouvernementales, se conformait sur ce point au discours dominant en omettant d'évoquer la présence, parmi ces investisseurs étrangers, de Hollandais et d'Allemands. Ces derniers étaient à vrai dire peu nombreux : la liste reconstituée par Mira Wilkins pour 1884 ne mentionne qu'un syndicat allemand, possesseur de 1,1 million d'acres, dont l'emplacement est inconnu[85]. Commune aux deux articles, cette omission avait des raisons différentes pour les Allemands et les Américains : Thomas Gill succombait en fait à l'anglophobie générale, qui connaissait une recrudescence aux États-Unis dans les années 1880[86], alors que le gouvernement allemand ne tenait tout simplement pas à parler de ces investissements nationaux qui prouvent l'attractivité de l'agriculture américaine.

La version allemande se montrait donc plus modérée sur certains points. Pourtant, il s'agissait bien d'une véritable transformation, d'une trahison même des intentions de l'auteur américain. Ce dernier

---

84 Le même phénomène a été observé pour les compagnies d'émigration allemandes vers les États-Unis dans les années 1840.

85 Wilkins, 1989, p. 230. Les achats de terres se poursuivirent jusqu'au début des années 1890, au moment où la crise économique et la chute de la rentabilité des terres agricoles américaines poussèrent les investisseurs à se retirer.

86 Voir Crapol, 1973, p. 158. Henry George, dont se réclame aussi T. Gill, prend cependant ses distances avec cette anglophobie. Pour lui les grands propriétaires anglais ne se comportent pas de façon différente aux États-Unis et en Angleterre, et ne doivent pas être distingués des autres grands propriétaires américains. Voir George, 1886, p. 387-401.

s'inscrivait en effet dans le courant de pensée des populistes, dont la figure la plus importante à l'époque était Henry C. George. Adversaire résolu de la rente foncière, il estimait que « le droit égal de tous les hommes à l'usage de la terre [était] aussi clair que leur droit égal à respirer l'air – c'[était] un droit proclamé par le fait de leur existence »[87]. La possibilité de tirer un gain de l'augmentation de valeur de la terre achetée, en l'absence de tout investissement personnel sous forme de travail lui semblait à l'origine des différents problèmes sociaux. Il fallait donc confisquer cette rente en établissant un impôt unique sur le sol, qui remplacerait tous les autres impôts et permettrait de rétablir la justice sociale. L'article de Thomas Gill se fondait également sur la thèse que la terre appartenait à la nation toute entière et n'avait donc pas à faire l'objet d'une quelconque spéculation.

Son article ne pouvait manquer d'ouvrir une polémique dans la revue. Deux réponses furent publiées dans le numéro de mars[88], ainsi qu'un article de soutien rédigé par Henry George dans la livraison d'avril. Les arguments des adversaires, un professeur et un homme d'affaires[89], s'appuyaient sur une interprétation inverse des chiffres du recensement de 1880. Pour eux, le fait majeur était la diffusion du faire-valoir direct : il y avait de plus en plus de fermes exploitées par leur propriétaire et leur taille moyenne diminuait régulièrement. La raison était que la grande exploitation ne constituait qu'une étape dans la formation du paysage agricole. Les spéculateurs qui achetaient des milliers d'hectares le faisaient pour la plupart afin de diviser cette terre juste acquise en de nombreux lots sur chacun desquels ils pouvaient gagner une marge. À l'échelle des individus, le travail d'une terre que l'on ne possédait pas était d'abord le fait de jeunes fermiers, qui accumulaient ainsi progressivement les capitaux nécessaires pour, au

87 Citation extraite de son livre, *Progress and Poverty*, paru en 1879, et reprise dans Gide, Rist, 1909, p. 642. Ce livre, écrit par un journaliste, fut, avec celui d'Edward Bellamy, *Looking Backward*, 1888, l'un des ouvrages les plus vendus aux États-Unis à l'époque car il avait aux yeux de ses lecteurs le mérite de poser clairement la question des différences croissantes de richesse observées dans la population américaine, source de ressentiment et de revendications des mouvements de fermiers de l'ouest et du sud. Voir McMath, 1993, p. 111. L'utilisation biaisée des écrits de Henry George n'était pas le seul fait du gouvernement allemand. Un opposant libéral comme le Dr. Theodor Barth, membre du *Reichstag*, le cita largement au même moment comme modèle d'une opposition américaine forte au protectionnisme, alors même que l'auteur allemand était en complet désaccord sur l'analyse de la rente foncière qui était au cœur de la réflexion de Henry George. Voir Barth, 1887.

88 « American Landlordism », in *North American Review*, mars 1886, p. 246-253.

89 David Bennett King était professeur à Lafayette College, et avait également écrit sur la question irlandaise. Henry Strong s'était, d'après son propre témoignage, occupé de la distribution des terres vierges en Illinois, Iowa, Nebraska et Kansas. Il avait joué également le rôle de prêteur auprès de plusieurs fermiers.

bout de quelques années racheter cette terre. Deux autres arguments étaient avancés : l'absence de la règle de la primogéniture dans les successions constituait un garde-fou efficace contre la constitution de grandes propriétés : un fermier pouvait parvenir à posséder plusieurs propriétés ; à sa mort, elles seraient à nouveau réparties entre ses différents enfants[90]. Enfin la disparition des terres vierges obligeait au partage des terres cultivables. Ces analyses, qui prenaient acte de la fin de l'exception américaine, ne pouvaient cependant guère être reprises en Allemagne. D'une part, elles reposaient sur la réaffirmation de l'excellence de valeurs considérées comme typiquement américaines, telles que l'égalité des héritiers face à des règles d'héritage souvent assimilées à la noblesse, et la réussite économique individuelle, qui devait permettre à chaque fermier travailleur de devenir propriétaire. D'autre part, ces analyses demeuraient incertaines sur le statut normatif de l'Europe : pour Henry Strong, les États-Unis se rapprochaient du modèle européen de petits propriétaires – mais cette conviction l'amenait à condamner les évolutions récentes de la politique allemande, critiquant en particulier les nouvelles lois sociales qui risquaient d'être introduites aux États-Unis, sous l'effet de ce rapprochement. David Bennett King se montrait au contraire partisan des réformes sociales européennes, mais il les lisait comme une possibilité de modernisation des structures sociales en Europe qui se rapprocheraient ainsi de l'idéal américain. Dans les deux cas, les arguments étaient irrecevables pour les Allemands proches du gouvernement.

Outre la question de la grande propriété, l'endettement fut le second thème retenu par les propagandistes allemands. Il était facile à traiter, car, à la suite de violentes critiques de la part des populistes, il fit l'objet d'enquêtes officielles aux États-Unis. En 1888, le bureau du travail de l'État du Michigan entreprit pour la première fois de répertorier le nombre de fermes sur lesquelles pesaient des hypothèques[91]. Bien qu'incomplète, cette enquête permit de révéler que la moitié des exploitations agricoles supportaient le poids d'une hypothèque, en moyenne à hauteur de 46,8 % de leur valeur générale. Ce bilan, déjà sombre, était encore trop nuancé pour apporter autant d'éléments qu'un document qui fut vraisemblablement également fourni par les services consulaires allemands à New York. Il s'agit du résumé d'un article tiré d'un journal new-yorkais non cité, mais dont l'auteur, Franck Wilkeson, était un

---

90 Ces analyses ne tenaient guère compte de la réalité rurale : la plupart des enfants de fermiers partaient en ville ou, s'ils restaient à la campagne, occupaient des fonctions non agricoles, par exemple comme représentants des compagnies de machines agricoles.

91 AA, R-901, dossier 13704, 6 juin 1888, rapport du consulat général de New York envoyé au ministère de l'Intérieur de l'Empire.

« journaliste réputé »[92]. Le sujet en était « l'appauvrissement grandissant des fermiers du Sud des États-Unis, en particulier dans la vallée du Mississipi ». Ces agriculteurs se retrouvaient sous la dépendance de sociétés de crédit qui s'étaient multipliées et qui ne prêtaient de l'argent qu'en échange d'hypothèques. Les terres reprises constituaient de grandes propriétés qui étaient de nouveau divisées pour être cette fois affermées.

Ce résumé de l'argumentaire enlevait au sujet toute son originalité et l'affadissait jusqu'à n'en faire qu'un exemple supplémentaire de la thèse ressassée par la presse allemande sur les difficultés financières des fermiers américains. En réalité, les régions de culture du coton connaissaient depuis la fin des années 1870 des problèmes spécifiques qui furent à l'origine de la création de la *Southern Farmers' Alliance*. La faim de coton dans les années 1860 avait provoqué une importante extension de ses zones de culture qui dans les années 1880 allaient des États de Caroline jusqu'aux plaines alluviales du Mississipi, et même jusqu'au centre du Texas. Avec la diminution de la demande à partir des années 1870 et durant deux décennies, beaucoup de petits fermiers blancs se retrouvèrent pris au piège de l'endettement et devinrent de simples métayers (*sharecroppers*). Ces différents aspects ne furent pas retenus vraisemblablement parce qu'ils étaient liés à une situation régionale trop particulière, qui ne concernait pas les candidats allemands à l'émigration, plus enclins à se diriger vers le *Midwest* ou l'Ouest. Par contre, le lecteur du ministère des Affaires étrangères souligna la conclusion pessimiste du journaliste, pour lequel les fermiers de l'Est souffraient du même problème et devaient donc s'attendre à voir leur sort se dégrader de la même façon. La polyculture des États de l'Est était en effet davantage connue des Allemands pour sa qualité et sa proximité avec le modèle européen. Si elle était tombée dans l'endettement, cela montrait que le problème était général.

L'argumentaire présentait par ailleurs une qualité importante : il n'entraînait aucune critique des fermiers, dont l'ardeur au travail et la parcimonie étaient au contraire louées. Ce n'était que poussés par la nécessité, et pour acquérir le strict nécessaire comme des vêtements, du bois de chauffage ou du sel, qu'ils étaient amenés à emprunter. Les éventuels lecteurs allemands, qui pouvaient aisément identifier ces

---

92 Franck Wilkeson, né en 1845, était le fils d'un des principaux acteurs du développement de la ville de Buffalo. Après avoir exercé ses talents comme ingénieur civil pour la *Northern Pacific Railway* au début des années 1870, il se reconvertit dans la culture des céréales et l'élevage du bétail dans le Kansas. Parallèlement, il devint pendant 14 ans le correspondant dans l'ouest de journaux new-yorkais, le *New York Sun* et le *New York Times*. Il était donc acteur autant que spectateur de la nouvelle agriculture des Grandes Plaines.

fermiers à un parent ou un voisin parti outre-Atlantique, n'étaient donc pas froissés dans leurs sentiments ou leur patriotisme. Les responsables étaient les formes de sujétion moderne : outre les sociétés hypothécaires, il s'agissait des grandes sociétés par actions détentrices de milliers d'hectares, le grand commerce de grains et les sociétés de chemins de fer, dans tous les cas des sociétés anonymes dont le prestige, déjà incertain, avait été si considérablement terni lors de la crise de 1873 en Allemagne. Cible commune des fermiers américains qui, dans l'Ouest et dans le Sud s'étaient regroupés au sein d'alliances, la *Southern Farmers' Alliance*, la *Northwestern Alliance* et la *Agricultural Wheel* et des conservateurs allemands qui les accusaient de se nourrir de la spéculation, elles remplaçaient dans l'imaginaire rural la figure traditionnelle de l'usurier, sur fond d'antisémitisme renouvelé.

Au terme de cette étude, quelques remarques doivent permettre d'examiner les conditions d'apparition – et de disparition – de cette campagne de propagande ainsi que de poser la question de son utilité. Le gouvernement allemand a jugé cette propagande nécessaire en raison de la situation démographique à l'est de l'Elbe, mais cette campagne est d'abord née de l'opportunité qu'offrait le contexte américain. C'est dans la mesure où se conjuguaient aux États-Unis les effets de la crise agricole de 1883, la fin des terres vierges et le renforcement de la spéculation, ainsi que le développement du mouvement populiste, que la campagne de propagande allemande s'est faite. Elle était dépendante de cette matière première qu'elle n'aurait pas eu les moyens de développer par elle-même. La nécessité pour le gouvernement d'ôter le soubassement idéologique de ces critiques américaines enleva certainement une bonne part de crédibilité à la campagne, car elle présentait une image excessivement caricaturale de la situation. On ne connaît certes pas directement les réactions des lecteurs de ces articles : seule possibilité de mesure, la courbe de l'émigration allemande aux États-Unis ne montre pas d'infléchissement au cours de ces années. Cependant, la dénonciation d'un mythe américain n'était nullement le monopole de la propagande gouvernementale : la vigueur du mouvement socialiste outre-Atlantique, grâce en particulier aux émigrants allemands, avait permis de répandre au moins dans les milieux ouvriers allemands l'image d'une lutte des classes intense. Cependant, là encore, il n'y a guère de signe montrant que cela ait particulièrement touché le monde agricole d'où provenaient les émigrants désireux de s'installer comme fermiers aux États-Unis.

Si cette propagande s'est révélée largement inutile, les thèmes qu'elle a abordés se sont révélés plus durables. Le thème de l'endettement devait retenir l'attention des candidats au départ, car il évoquait un problème qui rongeait également le monde agricole allemand, et parce qu'il trouvait un écho dans les demandes d'argent adressées dans les lettres du parent ou du voisin parti s'installer outre-Atlantique. Surtout, la propagande gouvernementale ne faisait qu'alimenter des débats existants : il y avait désormais une condamnation générale de l'émigration synonyme d'appauvrissement du pays et la colonisation à l'est offrait pour un bon nombre d'observateurs une alternative réelle. De plus, le courant américanophobe existait indépendamment du soutien de la propagande gouvernementale, et bien après la fin de celle-ci, le mécontentement persistant des fermiers de l'Ouest pendant encore dix ans conduisit jusque dans les dernières années du siècle certains publicistes allemands à caresser le rêve d'une seconde guerre de Sécession qui ruinerait définitivement la jeune puissance américaine.

B. Le lent dépérissement du modèle américain du **Homestead**

Le thème du modèle américain parut subsister plus longtemps à travers la discussion lancée par Rudolf Meyer sur le *Homestead*[93] mais les débats qui se développèrent en Europe[94] dans les années 1880 et 1890 utilisèrent les États-Unis surtout comme exemple. Le cas américain était important pour les deux camps opposés dans les discussions car il prouvait aux yeux des partisans de la réforme que celle-ci était réalisable, tandis que les adversaires pouvaient s'appuyer sur l'étude de la réalité américaine pour nier l'efficacité de la méthode, voire critiquer ses conséquences négatives. Les États-Unis comme modèle furent pourtant assez vite marginalisés, car les partisans du *Homestead* tenaient à mettre en avant le caractère national de la proposition. Leurs adversaires insistaient donc naturellement sur son origine étrangère, mais sans que cela doive être lu comme un signe d'américanophobie car la précocité des débats en Allemagne conduisit certains auteurs français à dénoncer des origines germaniques[95].

---

93 La définition désormais retenue du *Homestead* était celle résumée par un Américain, Rufus Waples, dans son ouvrage *A Treatise on the Homestead and Exemption*, Chicago, 1893. « Le *Homestead* est une résidence de famille, impliquant possession, occupation effective, limitation de valeur, exemption de saisie, aliénabilité restreinte, le tout conformément aux prescriptions des statuts. » Cité par Chavannes, 1907.

94 La revue *La réforme sociale*, qui s'empara du sujet dès 1884 rendit compte de l'état de la question dans les différents pays européens que sont la Suisse, l'Angleterre, l'Autriche-Hongrie, l'Allemagne, l'Italie et la Belgique.

95 « Comme mot, sa fortune a été rapide, et pour cause : il est anglais. Comme réforme, il paraît recevoir de nos législateurs un accueil favorable, depuis surtout qu'on a appris que son importation en Europe est due à un Allemand, le docteur Rudolf Meyer, qui, en 1883, après l'avoir découvert en Amérique, fit un volume pour le sacrer panacée sociale. » Laurent Bonnevay, avocat à la cour d'appel, *Le Homestead*

Comme exemple, le cas américain était sans conteste le plus important. Certes, certains auteurs français favorables à la réforme sur le modèle du *Homestead* suivirent Meyer et reprirent les exemples roumains ou serbes, ou évoquèrent le droit allemand – l'*Anerbenrecht* ou droit d'héritage par primogéniture, pour montrer le caractère universel de la proposition, quitte à pratiquer l'amalgame entre des mesures bien différentes. Cette multiplication d'exemples ne doit cependant pas masquer la véritable hiérarchie : le lustre que donnait au *Homestead* son origine américaine tenait au statut de pays riche des États-Unis, qui donnait une crédibilité bien plus forte au projet que l'exemple de la Serbie ou de la Roumanie. Au contraire, l'article que Sering rédigea en 1892 contre la réforme relativisait fortement l'exemplarité de la législation américaine, en l'expliquant par des conditions particulières comme l'abondance des terres, en montrant les limites de sa générosité, et enfin en l'assimilant à une situation transitoire du développement géographique, démographique et économique des États-Unis. L'auteur citait l'existence des fameuses lois serbes et roumaines, mais pour mieux réfuter toute idée de transfert[96]. Là où Meyer voyait l'universel, Sering ne trouvait plus que des singularités nationales qui déterminaient la loi et rendaient toute comparaison vaine.

Cet article de 1892 reprenait en bonne part les analyses du livre que l'auteur avait publié en 1887 à la suite d'une mission officielle d'études aux États-Unis. Une douzaine de pages y était alors consacrée aux thèses de Meyer, une référence qui se fit beaucoup plus discrète en 1892, en raison du recul des idées de son adversaire dans le débat politique allemand. En 1887, il s'agissait encore d'une véritable bataille d'expertise qui devait décider de la validité du modèle américain du *Homestead*. Sering était pourtant déjà en position beaucoup plus favorable, d'une part parce que le courant politique social-conservateur que représentait Meyer avait déjà perdu de son influence, d'autre part parce que son ouvrage inaugurait avec succès la nouvelle tendance qui se faisait jour dans l'analyse allemande de l'agriculture américaine. Cette dernière était désormais considérée comme un objet d'études parmi d'autres et non plus un modèle – positif ou négatif – politico-économique. L'argumentaire de Sering contribua aussi à sa victoire. Tout en rendant hommage à Meyer, il s'appliqua à miner sa démonstration grâce

---

et les projets français d'insaisissabilité du bien de famille, conférence faite à la société d'Économie politique et sociale de Lyon le 26 mars 1897, p. 4.

96 Sering, 1892, p. 452. Kenneth Barkin semble donc commettre une erreur lorsqu'il considère que Sering est favorable au modèle du « Homestead ». Voir Barkin, 1970, p. 179. Il est certes exact que Sering soutenait le développement de la paysannerie moyenne en qui il voyait un facteur de dynamisme à opposer aux Junkers, mais cette position était largement répandue.

à deux objections dont on trouve souvent l'écho dans la littérature ultérieure. La première consistait à nier que la loi américaine soit fondamentalement plus protectrice que la loi allemande, qui prévoyait également la protection des instruments de travail – outils, semences et engrais. Bien que repris dans des ouvrages français critiques du *Homestead*, l'argument restait faible car les dispositions étudiées aux États-Unis prévoyaient aussi la protection de l'habitation, des bâtiments adjacents et des terres qui s'y rattachaient. Les partisans français du *Homestead* renversèrent donc l'argument et prirent appui sur la législation existante pour montrer qu'ils ne cherchaient pas à importer un modèle allogène mais simplement à compléter la loi française[97] pour la rendre plus efficace par rapport au but de protection qu'elle s'était donnée : le cas américain ne servait qu'à prouver que ce projet de loi était réalisable.

La seconde objection de Sering était beaucoup plus pertinente et rencontra un grand succès car elle contestait l'efficacité même de la mesure en démontrant que ceux que l'on voulait protéger, de petits exploitants agricoles, se retrouvaient pris au piège de cette protection, condamnés à vivoter faute de pouvoir réaliser les investissements nécessaires à la modernisation de leur exploitation. Sering montrait également que, sans accès au crédit, le couple d'agriculteurs était obligé d'hypothéquer systématiquement sa ferme, ce que la loi cherchait précisément à éviter, car l'hypothèque devenait la seule garantie sûre pour le prêteur. Or il s'agissait là d'une assurance que ne pouvaient exiger les petits commerçants en raison de la modicité des sommes en jeu, et qui se retrouvaient sans moyen de pression face aux mauvais payeurs. Les mesures sur le *Homestead* apparaissaient donc dangereuses pour l'ensemble des équilibres du monde rural, d'autant que Sering insistait – comme Meyer – sur l'intégration beaucoup plus importante de l'agriculture américaine dans les circuits commerciaux. Dans cette bataille d'expertise livrée contre Meyer, c'est une connaissance plus précise de la réalité américaine qui permettait à Sering de réfuter l'exemple américain comme modèle.

La même tactique fut utilisée en France. Les débats étaient alimentés par un petit nombre de références[98], et certains auteurs, surtout après

---

[97] L'article 592 du code civil, qui assurait l'insaisissabilité de biens mobiliers comme les vêtements ou les outils de travail ainsi que l'équivalent d'un mois de nourriture, fut le plus souvent cité.

[98] La réflexion s'étala sur dix ans, débutant en 1884 avec la traduction du livre de Rudolf Meyer et le débat organisé à la Société d'économie sociale sur la petite propriété, organisé par Gabriel Ardant avec la participation de Meyer. Les deux hommes devaient signer ensemble un ouvrage sur le sujet trois ans plus tard, *La question agraire, étude sur l'histoire politique de la petite propriété*, Paris, 2e édition, 1887.

1894, se contentèrent de synthétiser ces textes plus anciens en mettant l'accent sur les arguments qui renforçaient leur position. Le livre de Paul Bureau[99] fut par exemple volontiers cité pour réfuter les supposés avantages du *Homestead* au nom des résultats observés sur le terrain. Le *Homestead* était ainsi ramené au rang d'objet d'études dont l'efficacité constituait la seule mesure, tandis que ses partisans continuaient de le défendre comme modèle socio-politique. En France en effet, ce sont les milieux héritiers de la pensée de Le Play[100], chrétiens-démocrates comme l'abbé Lemire[101], qui défendirent « le nid de famille indestructible »[102]. Sous leur influence, la notion de *Homestead* se dédoubla pour devenir à la fois l'instrument principal de la défense de la petite propriété rurale, mais aussi de la « famille-souche » défendue par Le Play. En revanche, l'aspect de promotion sociale ou d'efficacité économique présent chez Meyer disparut. En lieu et place de sa synthèse originale se déploya un discours conservateur plus classique sur la nécessité de restaurer la société dans ses antiques traditions, ou au moins, pour les plus pragmatiques, de lui assurer un équilibre que l'industrialisation compromettait.

Des bilans complets montrant les différentes tendances se trouvent dans l'article de Max Sering et surtout dans la thèse de Judes Süss, écrite à un moment où la fin des débats transforme le thème en objet d'histoire du droit. Süss montra comment les projets de loi qui s'inscrivirent dans cette discussion européenne sur le *Homestead* s'éloignèrent très vite du modèle américain pour se limiter à la révision du droit successoral en matière agricole afin d'éviter le morcellement

La discussion fut animée par des revues comme le *Journal des économistes*, le *Journal des débats*, *La réforme sociale* et d'autres.

99 Cet ouvrage fut écrit à la suite d'un voyage aux États-Unis et fut couronné en 1894 du Prix Rossi, décerné par l'Académie des Sciences morales et politiques qui avait proposé au concours de ce prix de « rechercher les origines de la législation dite du *Homestead*, en exposer le fonctionnement dans les pays où elle a été établie, en apprécier les avantages et les inconvénients ». L'Académie se voulait neutre, ne citant pas explicitement les États-Unis et attribuant également une récompense à l'ouvrage de Léon Vacher, nettement plus favorable au modèle américain et préconisant son application en France pour des raisons « humanitaires » (Chavannes, 1907).

100 Voir Süss, 1905, p. 104 et suivantes.

101 Il fut parmi les députés qui déposèrent à partir de 1895 de nombreux projets de loi en faveur du *Homestead*.

102 Les métaphores sont légion sous la plume des défenseurs de la réforme : on cite volontiers l'adage du *home* traditionnel présenté comme un véritable château-fort, un asile pour la famille qui vient s'y ressourcer loin de la ville. « Le toit de chaume est devenu une bastille », écrit également Louis A. Corniquet (Corniquet, 1895). Ces images montrent bien que ses auteurs se situaient sur un plan politique et moral qui n'était pas celui de leurs adversaires, dont les arguments étaient avant tout économiques.

des terres, mettant l'accent sur l'indivisibilité. L'exemple autrichien était révélateur : l'influence du livre de Meyer se fit sentir dans l'empire austro-hongrois dès 1884, à l'intérieur des milieux conservateurs qu'on a vu proches de l'auteur. Un mémoire parut cette année[103], qui parlait de l'inaliénabilité mais insistait surtout sur la règle de la primogéniture qui devait permettre de transmettre la propriété agricole, considérée comme « *Heimat* » d'une famille, intacte, de génération en génération. La loi de 1888 qui en était en partie tirée permettait de fait aux propriétés de taille moyenne de bénéficier d'une mesure dont profitent déjà les grands domaines grâce au fidéicommis. Cet exemple montrait qu'un an après la publication de l'ouvrage de Rudolf Meyer, l'effort original de synthèse proposé par cet auteur et fondé sur une réelle admiration des États-Unis était abandonné : le modèle américain n'était utilisé que comme amorce à une discussion qui se concentra très vite sur le thème traditionnel de la réforme du droit successoral. Cette utilisation constituait une trahison de l'idée américaine, car l'égalité entre héritiers était considérée comme un des signes de la supériorité morale et politique des États-Unis.

De même en Allemagne, les projets de loi du baron von Riepenhausen-Cangen et de différents députés conservateurs[104] en 1890 s'inspiraient encore des réflexions sociales-conservatrices sur la loi américaine de Meyer, mais ils étaient surtout lus comme une tentative d'unifier le droit sur l'héritage sur le modèle du majorat, tel qu'il existait déjà en Allemagne[105]. En revanche, le projet du *Landesrichter* Schneider présentait une différence essentielle. Il ne prétendait plus en effet créer une nouvelle catégorie juridique ou une nouvelle forme de propriété, mais simplement trouver une solution pour les paysans menacés de saisie à la suite de difficultés financières temporaires. Pour pallier ces difficultés à trouver les crédits nécessaires, l'aide de l'État était sollicitée pour se substituer dans certains cas au crédit privé, à des conditions plus avantageuses. L'idée ne pouvait que séduire Sering qui,

---

103 Peyer, 1884.

104 Ces députés appartenaient au *Deutschkonservative Partei*, au *Deutsche Reichspartei*, mais aussi au *Zentrum*. Pour une analyse du devenir contemporain de ces courants conservateurs chrétiens, voir Daly, 2009, p. 168.

105 On pourrait tenter d'y décrypter une influence de Meyer puisque le texte prévoyait un droit de regard de l'État dans la préservation de la moyenne propriété au profit des héritiers, contre la division de l'héritage ou celle imposée par les créanciers. C'est précisément ce qui rendait Sering sceptique, considérant que ce projet ne pourrait pas être accepté dans les régions où régnait la tradition du partage égalitaire de l'héritage, mais aussi dans des régions où le partage se faisait de façon inégalitaire, car le projet de loi impliquait une dépendance vis-à-vis de l'administration. Il n'y avait que dans certaines régions, proches de la Saxe, où la proposition aurait pu rencontrer un écho, car précisément, l'autorisation de l'administration était déjà sollicitée pour le partage de la propriété foncière.

dès 1887, face aux *Heimstätten* dénoncées comme une fausse solution, proposait de développer les coopératives de crédit, seul véritable moyen de combattre l'usure en irrigant les campagnes de capitaux. Il ne s'agissait pas simplement d'une approche plus pragmatique : alors même qu'il mettait à distance le modèle américain, le projet de Schneider était plus proche de son esprit original en ne se donnant pour but que de rechercher une solution viable à l'endettement agricole et non une réforme sociale.

Le modèle du *Homestead* avait rencontré le plus grand intérêt en Europe parce qu'il paraissait répondre à trois types de problèmes, le manque de crédit pour les petites et moyennes propriétés, le morcellement des terres engendré par un droit successoral strictement égalitaire, enfin, lié aux précédents, la difficulté à fixer la population agricole et à enrayer l'exode rural[106]. C'est cependant précisément ce caractère de remède universel qui le rendait impossible à appliquer. Il impliquait en effet des réformes profondes de l'ensemble du corps social pour régler des problèmes qui ne concernait qu'une minorité, et il pouvait d'autant moins réunir le consensus nécessaire que ses fondements idéologiques étaient hétérogènes, entre nostalgie conservatrice chrétienne et utopie républicaine américaine. Les courants politiques qui pouvaient assumer ces contradictions, parmi lesquels les milieux démocrates-chrétiens français, ne représentaient qu'eux-mêmes. Ils parvinrent à faire aboutir un projet législatif en 1903, mais sa portée fut insignifiante. En Allemagne, la discussion se prolongea jusqu'à la fin des années 1890. Dans les deux pays cependant, les problèmes que prétendait résoudre le *Homestead* furent réglés séparément et conformément aux évolutions économiques et sociales générales. Le crédit agricole fut progressivement élargi et adapté aux besoins croissants que suscitaient les efforts de modernisation et d'adaptation aux marchés, tandis que la poursuite de l'exode rural mit fin au problème du morcellement des propriétés. Entre temps, les États-Unis avaient cessé d'être appréhendés sur le mode utopique pour devenir le champ d'études des agronomes.

III. Une lecture normalisée : l'agriculture américaine comme objet d'étude

Au début des années 1890, l'argument de la concurrence américaine avait fait long feu, car les faits montraient que la réussite agricole outre-

[106] Ce dernier point rejoignait en Allemagne le problème de la colonisation intérieure, à l'est de l'Elbe. Ceci explique pourquoi le débat se poursuivit durant la dernière décennie du XIXe siècle en Allemagne. C'est le contexte du débat sur le *Heimstättenrecht* qui se déroula lors du 24e *Deutschen Juristentag*, auquel prit part Max Weber. Voir Mommsen, 1993, p. 641. Voir également Schroeder, 1896.

Atlantique n'était pas un véritable obstacle au renouveau de prospérité de l'agriculture allemande[107]. À cette époque, un faisceau de raisons expliquait l'attitude plus pragmatique prise vis-à-vis de l'agriculture américaine. Les exportations agricoles américaines n'avaient pas connu le développement que prédisaient les plus pessimistes : leur stabilité était due à la fin du défrichement de nouvelles terres, et à la réorientation de la production vers la demande, croissante, du marché intérieur. De plus, à partir des années 1880, protégés en partie par des barrières douanières renforcées en 1902 et 1906, et une conjoncture plus favorable malgré des à-coups, les agriculteurs allemands avaient renoué avec les efforts de modernisation[108] déjà anciens qu'ils avaient consentis, soutenus par une demande croissante et de plus en plus diversifiée des marchés urbains. Enfin, le contexte politique général avait définitivement démodé l'utopie républicaine américaine.

Sans se démentir, l'intérêt pour les États-Unis changea ainsi progressivement de nature. De modèle, l'agriculture américaine devenait un objet d'étude. Moins attachées à saisir la cohérence des conditions politiques et sociales qui expliqueraient ce succès économique, les analyses se limitèrent désormais généralement à un examen technique des différents secteurs agricoles. Il y avait donc une normalisation de l'exemple américain, traité désormais de la même manière que les grandes agricultures européennes, dont chacune se voyait reconnaître une spécialité plus ou moins affirmée et digne d'imitation. L'évolution se fit cependant lentement : l'ouvrage de Rudolf Meyer paru en 1881 sur les origines de la concurrence américaine, appartenait déjà à un genre mixte, contrairement à son livre sur le *Homestead*. Son propos présentait un caractère politique en soulignant les défauts européens imputables uniquement aux mauvais gouvernements et aux législations passées, mais ce gros volume se voulait aussi une étude systématique de l'agriculture américaine afin de pouvoir donner aux agriculteurs européens les clefs nécessaires pour faire face à cette concurrence. Ils devaient ainsi prendre conscience de leurs points forts et en même temps apprendre à s'inspirer de certaines pratiques en usage outre-Atlantique. De la même façon, Max Sering, un expert officiel, tenait encore un

[107] Il est révélateur de voir que dans la conférence que Max Weber prononça en octobre 1893 sur l'agriculture, l'évocation de la concurrence américaine fut très brève et ne fit pas l'objet d'un développement autonome. C'est en effet l'ensemble du monde qui posait désormais un défi à l'agriculture allemande, même si Weber fut conduit à utiliser plus particulièrement l'ouvrage de Max Sering sur les États-Unis en raison de la précision de ses analyses. Voir Max Weber, « Landwirtschaft und Agrarpolitik. Grundriss zu 8. Vorlesungen im Evangelisch-sozialen Kursus zu Berlin », in Mommsen, 1993, p. 254-271.

[108] Sur le concept de modernisation agricole, voir Zimmermann, 1999, p. 87-108 ; Brakensiek, 1991.

discours politique sur le modèle américain en voulant réfuter Meyer mais son ouvrage était surtout un modèle insurpassé de la littérature technique en raison de son ampleur et surtout de sa précision technique. Huit ans plus tard, un ouvrage collectif, dirigé par un professeur d'agronomie à l'université de Breslau, Ferdinand Wohltmann, avait l'ambition implicite d'actualiser l'œuvre de Sering en profitant de l'opportunité offerte par l'Exposition universelle de Chicago et du concours que pouvaient apporter au maître d'œuvre d'anciens élèves dont certains étaient devenus agriculteurs. En 1903, un ouvrage plus court récapitula de nouveau les différents éléments qui définissaient l'agriculture américaine. Son importance tenait aux circonstances de son élaboration car il était le fruit du voyage d'une délégation officielle de la *Deutsche Landwirtschafts-Gesellschaft*, qui le fit paraître dans ses collections largement diffusées auprès du monde agricole[109]. Enfin, Max Augstin[110] publia en 1914 le compte-rendu d'un voyage entrepris à la demande du président de la *Landwirtschaftskammer*, Georg von Arnim, et du directeur Thiel, au ministère des Affaires étrangères, pour actualiser l'ouvrage de Sering. Le texte fut d'ailleurs publié dans une collection dirigée par Sering, sur l'élaboration des prix des produits agricoles.

Sans pouvoir épuiser les jugements portés durant cette période sur l'agriculture américaine, ces textes ont été choisis parce qu'ils reflétaient la pensée dominante de leur époque dans les milieux spécialisés d'autant qu'à partir de Sering, ils furent le fruit de missions officielles ou au moins réalisées avec l'aide de l'administration allemande. De plus, à la différence de Meyer, les auteurs sont des spécialistes de l'agriculture et non des économistes, certains étant même de purs praticiens. Pour autant, même s'ils restèrent éloignés des grands débats généraux, la technicité de leurs analyses des avantages et des inconvénients des pratiques américaines était au service d'enjeux politiques sectoriels réels.

A. Les caractéristiques américaines

1. Une agriculture primitive

Les observations allemandes faites entre les années 1880 et la première décennie du XXe siècle exprimaient toutes, de manière plus ou moins appuyée, une certaine déception devant le contraste entre le succès des productions agricoles américaines et le caractère rudimentaire des cultures. En ce sens, la campagne de propagande officieuse menée en 1886 ne paraissait pas si exagérée. Les observateurs les plus

[109] Willner, 1904.

[110] Augstin, 1914.

favorables à un modèle américain devaient avouer que le spectacle offert par les champs labourés outre-Atlantique n'avait rien d'extraordinaire et laissait même beaucoup à désirer pour l'agriculteur européen, habitué depuis des décennies à soigner chaque motte de terre de son lopin. Le reproche fait aux Américains tient en un mot, constamment répété, *Raubbau*. Arrivés dans un pays aux terres pratiquement vierges de toute culture, les immigrants avaient cédé à la facilité, se contentant de semer le blé année après année, sans aucun souci des règles les plus élémentaires suivies depuis des siècles dans leur région d'origine, qui imposaient de laisser la terre se reposer, ou des recommandations agronomiques plus récentes sur l'intérêt de varier les cultures sur une même terre. Rudolf Meyer lui-même s'en émouvait qui décrivait dans le Nebraska et l'Iowa une agriculture primitive voire brutale dans son exigence de faire rendre à la terre des fruits sans l'y aider en rien[111]. Le thème se retrouve chez Sering, chez Wohltmann[112], ou encore dans le compte-rendu de la *Deutsche Landwirtchafts-Gesellschaft*[113].

Le thème de l'agriculture de pillage faisait écho à un autre, souvent présent lui aussi, la déforestation. Meyer puis Sering l'évoquèrent avec force en montrant les ravages qu'elle provoquait sur une terre naturellement si fertile[114] tandis que Wohltmann en tirait argument pour prédire des jours sombres à l'agriculture américaine[115]. Ce thème se retrouvait également fréquemment dans la littérature non spécialisée car elle pouvait être commentée en l'absence de toute réelle connaissance technique, par la simple description de paysages[116]. Elle était aussi particulièrement frappante pour les Allemands qui, depuis les années 1820, avaient mis en œuvre une véritable politique de conservation et de plantation d'arbres pour combattre une pénurie de

---

111 Meyer, 1881, p. 233

112 Wohltmann, 1894, p. 9.

113 Deux exemples étaient cités, l'un à Martinsburg, où les voyageurs notaient les grosses pierres laissées au milieu des champs, l'autre dans le Kentucky, à Blue Grass : là non plus, les champs n'avaient pas été réellement nettoyés, et on pouvait voir de grosses souches non déterrées, car le travail aurait exigé l'utilisation d'une main d'œuvre trop coûteuse. Willner, 1904, p. 9-10.

114 Sering, 1887, p. 482-483.

115 Ferdinand Wohltmann, « Die Lage der Landwirtschaft in den Vereinigten Staaten Nordamerikas », publié d'abord dans le numéro 781 du *Schlesische Zeitung* en 1893, puis reproduit dans *Landwirtschaftliche Reisestudien* (Wohltmann, 1894), p. 72.

116 L'impression était si forte qu'elle pouvait être utilisée comme métaphore. Ainsi Karl Liebknecht, déçu lors de son voyage aux États-Unis à l'automne 1910 par la réalité socio-économique qu'il percevait, « compara l'image qu'il avait formée de l'Amérique avec ses observations : au lieu de forêts s'étendant à l'infini, il n'avait vu qu'un spectacle lamentable que personne en Allemagne n'oserait appeler forêt ». Voir Fischer, 1978, p. 131-162.

bois signalée dès le début du XVIIIe siècle dans des régions comme la Saxe[117]. C'était donc un thème que les auteurs se transmirent sans grand changement, alors que Sering faisait déjà état d'une prise de conscience aux États-Unis dans les années 1880. La déforestation apparaissait ainsi comme un exemple d'observations économiques qui se figeaient progressivement en traits culturels ; plus généralement, le « Raubbau » fut utilisé pour ses liens avec les thèmes du *Gilded Age* et la représentation populaire de l'Américain rapace.

Dans les ouvrages spécialisés en revanche, le thème se présentait sous une forme nettement plus nuancée. Il y avait d'abord la prise de conscience d'une évolution, ce qui explique que le thème perdit progressivement de son importance entre l'ouvrage de Rudolf Meyer et celui de la *Deutsche Landwirtschafts-Gesellschaft*. En ce sens, les experts en voyage d'études furent fidèles à leur mission en sachant enregistrer fidèlement les évolutions de l'agriculture sans s'arrêter à des clichés. Par ailleurs, comme agronomes ou agriculteurs, le regard qu'ils portaient sur la nature n'était guère romantique et le paysage naturel était loin d'être systématiquement idyllique. Cela était particulièrement vrai dans des États comme l'Utah, où les visiteurs insistaient au contraire sur les fruits de l'activité humaine, qui avait littéralement fait fleurir le désert. Rudolf Meyer consacra ainsi un long chapitre aux Mormons, tandis que la *Deutsche Landwirtschafts-Gesellschaft* salua l'action de l'homme qui avait transformé grâce à l'irrigation le Colorado[118]. Le lyrisme dont les auteurs faisaient preuve dans ces passages montre comment l'admiration pour les réussites américaines pouvait facilement se faire jour dès que l'occasion se présentait, et ce d'autant que la fascination pour la nature primitive était finalement plus américaine qu'allemande.

Il fallait pourtant donner des explications au caractère presque fruste de certaines pratiques agricoles américaines et la plus évidente était que la fertilité du sol rendait inutile tout labeur méticuleux pour l'obliger à produire le plus possible. Les premiers écrits, y compris ceux de Meyer, insistèrent sur le problème moral qu'engendrait une telle situation. Elle conduisait en effet à l'abandon des strictes méthodes de travail au profit d'une certaine facilité[119]. La gravité de ce défaut ne devait pas être sous-estimée au regard de l'injonction biblique (« tu gagneras ton pain à la

---

117 Karafyllis, 2002, p. 247-273.

118 Willner, 1904, p. 25. Cette admiration se retrouvait dans les descriptions des paysages californiens, témoignage des capacités de l'homme à transformer un paysage ingrat, à l'inverse de ce qui s'était produit dans le Minnesota, où la monoculture avait engendré un paysage dévasté.

119 Un auteur aussi bien disposé à l'égard des Américains que A. von Totis, qui dans d'autres passages de son livre louait leur énergie et leur esprit d'entreprise, porta aussi des jugements généraux sur leur manque d'appétence pour le travail dur.

sueur de ton front ») mais aussi des exigences de cette génération d'Allemands fondateurs d'empire.

Aux condamnations morales – qui demeurèrent plus longtemps dans les ouvrages généraux – succède cependant à partir de Sering une lecture décidément rationnelle de l'attitude américaine. Rudolf Meyer avait déjà introduit l'idée d'une étape nécessaire dans l'évolution de l'agriculture américaine. Sans nier son caractère fruste, il soulignait que tout effort pour utiliser les engrais à la manière européenne aurait été contre-productif pendant les dix premières années de culture[120]. Cependant, sa vision n'était que partiellement évolutionniste, car dans son analyse, le changement ne pouvait se faire qu'avec le passage des fermes des mains des Américains à celles d'Allemands ou de Scandinaves. L'agriculture de pillage était donc considérée comme un trait culturel relativement figé et non vraiment comme le fruit d'une logique économique – même si Meyer rappela que ces premiers fermiers avaient été handicapés par le manque de capitaux. Sering alla beaucoup plus loin, en considérant que l'agriculture de pillage représentait une première étape qui correspondait au meilleur calcul de rentabilité à ce moment. C'était une vision à la fois historique et économique, qui lui permettait de juger une telle attitude valable tant que l'Amérique possédait des terres vierges, alors que ses prédécesseurs, dont Meyer, considéraient comme une faiblesse la tendance des Américains à abandonner les terres épuisées par ce régime pour recommencer plus à l'Ouest[121]. Sering appliqua donc la logique de maximisation des gains grâce aux différences de coûts entre les facteurs, travail, capital et terre. Si l'un de ces coûts était particulièrement bas et les deux autres élevés, un seul choix était possible. Ce n'était que lorsque ces réserves de terres vierges étaient – presque – épuisées que le renchérissement inévitable du sol obligeait à passer à la seconde étape, l'intensification du travail agricole. Sering reprenait des analyses anciennes – citant George Washington[122] – mais aussi contemporaines : Theodor Barth, dans son ouvrage publié la même année avait consacré lui aussi de longs passages, partiellement inspirés d'Henry George, aux différentes étapes par lesquelles devait passer l'économie d'un pays qui se développait[123].

---

[120] Meyer, 1881, p. 118.

[121] Sering, 1887, p. 187.

[122] Sering, 1887, p. 187.

[123] Barth distinguait quatre étapes : la première se caractérisait par une faible rente foncière, des taux d'intérêt élevés et des salaires faibles, signe d'une production faible, d'une économie assoupie. Le changement qui survenait dans la deuxième étape concernait les salaires, désormais élevés, qui témoignaient d'une économie jeune, pleine de vigueur. La troisième étape voyait le renchérissement de la rente foncière, les deux autres facteurs restant inchangés. Dans la quatrième et dernière

Cet effort pour expliquer l'expérience américaine selon une logique économique fut repris dans les ouvrages spécialisés des décennies ultérieures, mais Sering est l'auteur qui l'a le plus systématisé en complétant la lecture évolutionniste par les théories de von Thünen. Ce dernier, quasi-contemporain de Ricardo, avait réfléchi à l'utilisation optimale des terres en mettant l'accent sur leur éloignement plus ou moins grand par rapport au marché représenté par une ville unique située au milieu des terres agricoles[124] : c'est en suivant ce raisonnement que Sering chercha à prédire les différentes évolutions des régions américaines. De plus, contrairement à d'autres analyses agronomiques, Sering soulignait que la géographie agricole américaine s'expliquait bien moins par les conditions climatiques de chaque région que par des calculs de rentabilité reposant principalement sur le coût du travail[125].

Les analyses de Wohltmann en 1894 et les discussions au sein du groupe d'experts envoyés par la *Deutsche Landwirtschafts-Gesellschaft* montrent cependant que, dans les années qui suivirent, les deux types d'explications, économique et psychologique, continuèrent à être invoquées. L'agronome de Breslau utilisa à plusieurs reprises le thème du *Raubbau* pour discréditer l'agriculture américaine, recourant à des jugements si désobligeants qu'ils menaçaient le projet de l'étude, puisque son objet, enfermé dans son primitivisme, paraissait ne devoir rien apporter aux Allemands[126]. Cette manifestation d'orgueil si typiquement wilhelminienne, au lendemain de la réussite de la délégation allemande à l'Exposition de Chicago faisait cependant bon ménage avec les mises en garde que Wohltmann adressa à ses lecteurs, insistant sur la rapidité du rattrapage américain, qui laissait présager une concurrence aiguisée entre les deux côtés de l'Atlantique. En 1904, la petite expédition de la *Deutsche Landwirtschafts-Gesellschaft* se déclara déçue par le spectacle des grandes plaines céréalières qui occupaient les discussions allemandes depuis maintenant un quart de siècle. Le Dakota du Nord restait trop peu peuplé pour prétendre développer une agriculture intensive, et, en l'état, l'auteur du rapport soulignait que, contrairement à de fréquentes affirmations allemandes, les rendements du blé étaient infé-

étape, qui correspondait à la situation en Europe occidentale, la rente foncière était élevée, les taux d'intérêt faibles, et les salaires avaient tendance à baisser. L'économie américaine se trouvait donc entre la deuxième et la troisième étape. Barth, 1887.

[124] Johann Heinrich von Thünen (1783-1850) fut un propriétaire foncier prospère et un économiste averti. Son grand'œuvre, *Der isolierte Staat in Beziehung auf die Landwirtschaft und Nationalökonomie*, fut publié en 1826.

[125] Sering, 1887, p. 39.

[126] Wohltmann, 1894, p. 60.

rieurs à ceux que ses compatriotes connaissaient[127]. L'exemple du Minnesota, plus anciennement et densément peuplé, montrait cependant que les avis, à l'intérieur du groupe d'experts, divergeaient. Observant l'épuisement de sols pourtant riches à cause de la monoculture du blé, certains pensaient que l'explication résidait toujours dans le manque de main-d'œuvre. La majorité semble toutefois avoir privilégié l'explication psychologique ou culturelle, estimant qu'on assistait simplement aux conséquences d'une certaine facilité, d'une absence de rigueur dans la tenue des exploitations. Plusieurs observateurs étaient en effet frappés par l'existence d'une routine chez certains groupes d'agriculteurs dans différentes régions des États-Unis, qui les conduisait à s'enfermer dans l'agriculture extensive. Finalement, ce fut en disciple fidèle de Sering, mais aussi à cause de la double évolution qu'avaient progressivement connus l'agriculture américaine et les analyses allemandes qu'en 1914 Max Augstin rejeta le terme de *Raubbau*. Il estimait que les conditions économiques américaines – des salaires et des taux d'intérêt élevés, un faible coût de la terre – conduisaient nécessairement le fermier à pratiquer une agriculture extensive[128]. Le thème était désormais obsolète, car l'agriculture se faisait plus intensive, avec une réelle importance accordée désormais par les Américains aux engrais et aux techniques culturales.

Le schéma évolutionniste qui fondait l'analyse économique de l'agriculture américaine fixait comme but aux progrès enregistrés aux États-Unis le modèle européen. L'idée est déjà présente en 1881 chez von Totis, qui utilisa l'exemple de la Californie pour montrer comment le retard sur l'Europe était peu à peu comblé. Elle fut particulièrement développée par Sering : l'intensification de l'agriculture et, en particulier, le besoin de recourir à l'engrais, impliquaient des capitaux bien plus importants, comme en Europe. Surtout, le travail nécessaire pour mettre en valeur une terre moins riche et développer des cultures plus élaborées selon un système de rotation plus complexe impliquait une réduction de la taille des fermes, comme cela s'était produit sur le Vieux Continent. Cette conviction était quasiment exclusivement nourrie par les observations faites en Nouvelle-Angleterre. Ces dernières prouvaient à l'expert allemand que la ligne de démarcation ne passait pas par l'Atlantique, mais entre terres anciennement cultivées et terres défrichées depuis peu. La Nouvelle-Angleterre, avec ses fermes de taille moyenne, tournée vers une agriculture mixte qui mêlait céréales, élevage, produits laitiers et maraîchers, afin de satisfaire la demande de

---

[127] Ferdinand Wohltmann notait déjà cette déception dans son chapitre « Die berühmten Weizenfarmen in Nord-Dakota » à propos de la fameuse ferme Dalrymple si souvent visitée par les étrangers et de quelques autres. Wohltmann, 1894, p. 19.

[128] Augstin, 1914, p. 69.

grands marchés urbains proches, forgea la conviction de Sering qu'une telle évolution représentait le futur d'une grande partie des terres agricoles américaines. Ce schéma fut utilisé pour les différentes productions examinées dans son étude : l'élevage ovin en constitue un exemple. Pour Sering, il suivait la même évolution logique qu'en Allemagne. Après s'être développé au début dans les États de la Nouvelle-Angleterre, il avait progressivement disparu de cette zone, à mesure que la population se densifiait, entraînant une hausse du prix de la terre. Il n'était alors plus rentable de consacrer de grands terrains à cet élevage qui s'était donc déplacé vers les États plus à l'ouest comme l'Ohio, le Michigan et le Wisconsin. Sering explicita le parallèle allemand en montrant que ce mouvement reflétait la disparition de l'élevage ovin de la Saxe, fortement peuplée, au profit du Brandebourg, de la Poméranie et de Posen[129].

On retrouve – plus discrètement – cette idée dans le compte-rendu de la *Deutsche Landwirtschafts-Gesellschaft.* Dans le Nebraska par exemple, le groupe visita une grande ferme de 4 000 hectares. Le jugement était d'emblée critique à l'égard du propriétaire, un novice en agriculture, accusé d'avoir voulu se livrer à la spéculation en construisant des installations qui s'étaient révélées trop grandes. La conclusion opposa à cette démesure la taille plus raisonnable des fermes voisines où le travail se faisait en famille. Le texte n'indique pas quelle était cette taille idéale, mais il insistait sur la nécessité de ne pas avoir de domaines trop grands pour permettre un travail plus intensif de la terre, ce qui l'amena à considérer positivement le développement du fermage, pourtant un argument de la propagande gouvernementale contre les États-Unis dans les années 1880.

Il est peu probable néanmoins que ces observateurs aient cru que l'avenir de l'ensemble des régions américaines résidait dans le modèle européen adopté par la Nouvelle-Angleterre d'unités moyennes, répartissant leur activité entre différentes cultures et l'élevage pour satisfaire les besoins du marché. Le modèle de von Thünen, adopté largement dans ces cercles, l'interdisait. Il reste qu'à la fin du XIXe siècle, le thème de « la fin prochaine de la grande exploitation agricole » aux États-Unis était d'autant plus facile à développer qu'il faisait écho à la défense de la petite exploitation par les milieux agricoles officiels allemands. Ces derniers affirmaient sa viabilité – sous réserve de modernisation – en particulier face aux affirmations socialistes selon lesquelles le secteur agricole devait subir les mêmes effets de concentration des capitaux que l'industrie. Les agronomes proches de Sering ou de la *Deutsche Landwirtschafts-Gesellschaft* présentaient *a contrario* l'exploitation

---

[129] Sering, 1887, p. 626.

agricole de taille moyenne comme un idéal qui conjuguait des avantages moraux – une famille unie dans l'exploitation de la terre – et techniques : elle exigeait de l'agriculteur la mobilisation de toutes les connaissances agronomiques pour tirer au mieux parti de chaque terre en fonction de ses qualités et répondre aux demandes du marché en accumulant les savoir-faire en matière de fruits et légumes et d'élevage. C'est ce modèle qui était désigné comme allemand, avant même d'être européen.

2. Le paysan américain existe-t-il ?

Mieux que tout autre auteur, Rudolf Meyer a exprimé ce qui faisait aux yeux des Allemands la différence entre ses compatriotes installés aux États-Unis et les agriculteurs américains. Pour eux, ces derniers avaient su profiter des lois sur le *Homestead* pour acquérir presque gratuitement une terre qu'ils travaillaient de la façon la plus fruste car l'agriculteur américain se montrait surtout préoccupé par son confort que symbolisait la possession d'une voiture pour aller à la ville et le fauteuil à bascule de sa femme[130]. Face à cette paresse presque ostentatoire, le fermier allemand révélait toutes ses qualités : après avoir choisi avec soin son bien, il le transformait en construisant de vrais bâtiments, travaillait sa terre en profondeur et variait les cultures. Surtout, il complétait son exploitation avec des arbres fruitiers et un potager, dans lequel travaillaient les femmes de la famille[131]. Tenu par le genre du rapport officiel, Sering n'utilisa pas un registre aussi poétique pour célébrer les qualités de l'agriculteur allemand. On retrouve cependant sous sa plume la même comparaison, qui se trouvait parfois légitimée par des remarques d'Américains eux-mêmes[132]. Ses études du Minnesota et de l'Ohio abondent particulièrement en comparaisons de ce genre. Dans le premier État affirmait-il, on remarquait du premier coup d'œil les fermes allemandes – affirmation récurrente dans la littérature – grâce

[130] Le thème du travail féminin sur les exploitations revient avec une régularité parfaite dans tous les écrits. Max Sering souligna (p. 180) que les femmes des fermiers ne le cédaient en rien aux citadines et qu'elles étaient de « *perfect ladies* ». L'historiographie américaine indique qu'à l'exception de certaines régions situées sur la Frontière, ou dans les cas de grande pauvreté, les femmes ne s'occupaient que des activités de transformation à la ferme même, et ne travaillaient pas aux champs. Voir la mise au point bibliographique de Marli F. Weiner (Weiner, 2002). Cette analyse contraste avec les impressions des réformateurs agricoles américains qui, dans les années 1920, condamnaient le spectacle de femmes « *overworked, haggard and unrewarded* », Fitzgerald, 2003, p. 28. Il est en tout cas certain qu'il y avait une différence entre Américaines et Allemandes, qui faisait déjà l'objet de discussions dans l'*Almanac* de Christopher Sauer paru dans les années 1740. Sur l'étonnement américain devant le labeur des Allemandes, voir Wellenreuther, 1997, p. 41- 63.

[131] Meyer, 1881, p. 358.

[132] Sering, 1887, p. 624.

à leurs bâtiments soignés, la présence systématique d'un verger et d'un potager[133]. Dans les deux endroits, c'était les Allemands qui étaient capables de passer au stade d'une agriculture plus intensive. Leurs voisins américains se montraient soit englués dans la routine de la monoculture, soit trop pressés de spéculer sur de nouvelles cultures sans chercher à travailler soigneusement, voulant seulement un gain rapide comme cela avait été possible avec le blé[134].

La conclusion semblait s'imposer : le salut de l'agriculture américaine passait par sa germanisation. Rudolf Meyer constata avec satisfaction qu'« on pourrait tout aussi bien baptiser la région à l'ouest du Mississipi "Nouvelle-Allemagne", puisque plus de la moitié des fermes – et les meilleures – [étaient] déjà la propriété d'Allemands, de Scandinaves et de Suisses, et que leur nombre [croissait] d'année en année »[135]. Sering mentionna aussi pour l'Ohio la vente de terres par des Américains qui avaient épuisé les avantages de l'agriculture extensive à des Allemands prêts à apporter à ces terres les soins nécessaires d'une agriculture moderne et soignée. Les propos du secrétaire d'État américain à la délégation de la *Deutsche Landwirtschafts-Gesellschaft*, complaisamment rapportés, sonnaient à certains égards comme la reconnaissance de ce rôle essentiel : « L'agriculture américaine doit beaucoup à l'agriculture allemande, qui reste pour elle dans bien des domaines une institutrice. »

Ces distinctions nationales étaient très flatteuses pour les Allemands et se retrouvèrent, de façon plus ou moins fine, dans de nombreux ouvrages. Pourtant, une lecture plus attentive montre qu'elles étaient peu opératoires, car dans le détail, les auteurs n'hésitèrent pas à contredire les modèles qu'ils avaient eux-mêmes contribués à fixer. Rudolf Meyer offre un exemple de cette confusion, en annexant les Scandinaves et les Suisses à sa figure du fermier allemand, ce qui lui permettait d'établir une supériorité générale de l'agriculture d'Europe du Nord sur celle des Américains. La mention des Scandinaves se comprenait par leur proximité culturelle avec les Allemands, et surtout parce que certains aspects de leur agriculture constituaient un modèle pour les Allemands eux-mêmes. L'explication est cependant insuffisante, d'autant que Meyer construisit par ailleurs une bonne partie de l'argumentation de son livre – machine de guerre contre la nouvelle Allemagne bismarckienne – sur l'opposition entre une logique anglo-saxonne et une logique « juive-continentale » qui aurait complètement contaminé les pays d'Europe. Cela l'amena d'ailleurs à multiplier les provocations, par exemple en

---

133 Sering, 1887, p. 416.

134 Sering, 1887, p. 484.

135 Meyer, 1881, p. 366.

comparant favorablement la situation des Noirs américains à celle des ouvriers agricoles à l'est de l'Elbe[136]. Il n'y avait pas là simplement les outrances nécessaires d'un pamphlétaire, car Rudolf Meyer se lança dans une autre distinction, fondée cette fois non sur ses *a priori* politiques, mais sur ses observations. Voyant les investissements réalisés par de grands propriétaires anglais sous forme de fermes par actions, il fit une nette différence entre ces Britanniques et les autres, aussi bien les Américains que les Français ou les Hollandais, qui se contentaient de spéculer à court terme[137]. Ces multiples déplacements de frontière entre les différents types nationaux supposés pourtant intangibles montaient en fait l'impuissance autant que le désir d'utiliser ces catégories.

Une telle confusion était certes extrême, et Sering parvint davantage à utiliser la distinction fondamentale entre Europe du nord et États-Unis, mais précisément parce qu'il n'en fit pas son explication principale – son analyse de l'intensification de l'agriculture s'appuyait sur un raisonnement économique plus rigoureux. Dans son examen des différences entre Américains et Allemands, il esquiva le face-à-face polémique et se contenta de remarques au gré de ses observations qui étaient propres à conforter son patriotisme sans trahir la réalité. Il en vint ainsi à souligner que les Allemands ne pouvaient véritablement être eux-mêmes que lorsqu'ils étaient mis en concurrence avec les Américains[138]. Il avait fallu l'énergie américaine, son goût pour l'enrichissement pour pousser les fermiers allemands à ne pas se contenter d'un bien-être modeste et à utiliser pleinement leur ardeur au labeur et leur savoir-faire, traits qui restaient typiquement germaniques pour Sering. Plus généralement cependant, il ne parvint pas à intégrer ses distinctions nationales à son schéma explicatif, d'une part parce que, comme les autres auteurs, il peinait à définir précisément ce qu'était un Allemand[139], d'autre part,

---

136 Meyer, 1881, p. 298. Meyer reformulait un *topos* répandu dans la littérature socialiste mais aussi conservatrice selon lequel les ouvriers des usines anglaises auraient un sort comparable sinon pire à celui d'esclaves.

137 Meyer, 1881, p. 333. Max Sering était nettement moins original quand, dans son chapitre sur le Canada, il opposa le Québec, majoritairement peuplé de Français et montrant tous les signes d'un retard économique voire culturel, et l'Ontario, peuplé d'Anglais, d'Écossais, d'Irlandais et d'Allemands.

138 Ces réflexions furent provoquées par une visite à Belleville, dans le sud de l'Illinois, une ville surtout habitée par des Allemands. Sering, 1887, p. 486.

139 Max Sering brossa – avec quelque hésitation – le portrait d'un « Allemand », né aux États-Unis de parents allemands. Il lui trouva donc des traits de l'une et l'autre nationalité. Sa maison était élégante, le jardin joli et il avait surtout le mérite de posséder de grandes granges pour le foin, d'ordinaire méprisé par les Américains qui le brûlaient. Tout cela plaidait en faveur de sa germanité, mais les écuries trop chaudes et mal installées, les abris très rudimentaires pour le bétail et les cochons relevaient plutôt du style américain. Sering conclut d'ailleurs par la mention de l'ignorance que son hôte avait de la langue allemande. Sering, 1887, p. 485.

parce qu'il se servait aussi d'une autre distinction, celle entre fermiers « ancien style » et nouveau style[140]. La création de ces catégories s'expliquait parfaitement dans le cadre de sa pensée évolutionniste ainsi que par les hésitations dont il faisait preuve sur les origines du caractère américain[141]. Défini de façon très générale comme une impressionnante force créatrice, un immense esprit d'entreprise, il s'agissait moins d'un trait de caractère propre à une « race »[142] américaine qu'à des circonstances précises qu'étaient un poids nettement moindre de la tradition, l'isolement du pionnier dans sa ferme au cœur de la forêt ou dans la prairie dépeuplée, où il devait s'appuyer sur sa seule réflexion pour prendre les décisions, le manque de main-d'œuvre et son coût élevé. À cela s'ajoutaient de bonnes institutions, au premier rang desquelles la loi américaine sur les brevets était constamment citée[143].

Meyer et Sering aboutirent ainsi à effacer les différences entre Allemands et Américains dans leur désir de proposer à leurs lecteurs les instruments nécessaires aux réformes en Allemagne. Rudolf Meyer finit par réfuter toute américanisation des immigrés allemands pour souligner au contraire que les bonnes institutions américaines permettaient au paysan allemand de retrouver sa vraie nature[144]. Sering réduisit *in fine* l'esprit d'entreprise américain à des possibilités plus larges d'ascension sociale[145]. L'esprit de la Frontière, thème présent chez bon nombre d'auteurs américains[146] avant sa formulation définitive par Frederick Taylor, fut plus ou moins assimilé à la progression de l'individualisme qui marquait, pour beaucoup de ses contemporains, les fondements des temps modernes, prenant sa source dans l'esprit de la Renaissance. En Allemagne, c'était la volonté d'indépendance et d'autonomie, le besoin accru de respect envers sa personne qui poussait l'ouvrier agricole vers les villes, malgré la misère qu'elles offraient, en quête tout au moins

140 Cette terminologie fut utilisée dans son chapitre sur la Californie : Sering y critiquait les petits fermiers « ancien style » qui imitaient les gros en cultivant la terre de la même manière superficielle et sans utiliser d'engrais, ne produisant que du blé et achetant fruits légumes et viande au lieu de les produire. Sering, 1887, p. 253.

141 Sering, 1887, p. 374-375. Cette analyse était identique à celle de Henry George, cité par ailleurs dans l'ouvrage.

142 Le terme se comprend, non dans une acception biologique, mais dans son sens courant de l'époque, pour désigner une communauté humaine vivant sur un territoire donné, quasi-synonyme du mot nation. Voir Thiesse, 1999, p. 179.

143 Sering, 1887, p. 194.

144 Meyer, 1881, p. 340-341.

145 Sering, 1887, p. 179.

146 Voir par exemple Brewer, 1880 et surtout George, 1881.

d'un espoir de vie meilleure[147]. Cette lecture affadie de l'esprit de la Frontière entraîna une divergence profonde entre les analyses de Sering et celles des Américains. Ces derniers faisaient de l'absence de hiérarchies sociales le corollaire de cet esprit de la Frontière, et l'expliquaient par l'existence de vastes territoires publics à défricher. Sering reprit leur analyse, mais là où un Henry George décelait l'essence du peuple américain, l'agronome allemand voyait une nouvelle preuve que l'avenir américain ressemblait au présent européen : une fois ces terres épuisées, les États-Unis devaient connaître une rigidification progressive des statuts sociaux.

L'expert du gouvernement ne se limita pas à minorer la spécificité américaine. Face au double problème que posaient l'exode rural et l'émigration outre-Atlantique, il inversa les caractéristiques nationales, et estima que le rêve américain qui motivait les agriculteurs outre-Atlantique devait pouvoir trouver une réalité en Allemagne même[148]. La tâche du gouvernement était de le rendre possible grâce à la colonisation intérieure qui offrirait aux ouvriers agricoles la possibilité de devenir un jour propriétaire et d'utiliser au maximum leurs compétences sur leurs propres terres. Sering chercha la justification de son propos dans la tradition historique nationale[149] et se posa en admirateur des réflexions réformatrices de Hardenberg qui mit fin au servage dans l'espoir de voir se développer une classe de petits propriétaires, citoyens responsables dans la gestion de leur exploitation comme dans leur fidélité à un État rénové et renforcé[150]. Le point d'orgue de cette démonstration qui plaçait le véritable « rêve américain » en Prusse fut atteint quand Sering souligna que ces réformes « Stein-Hardenberg » auraient été impossibles à imposer dans un État démocratique, disqualifiant ainsi la république américaine.

Ce retournement montre l'enjeu politique que représentait toute tentative de définition d'un caractère national, qui reléguait au second plan

147 Voir Sering, 1893, p. 14. Sur la constance de l'engagement de Sering comme de Schmoller, tant dans les années 1890 qu'au début du XXe siècle, en faveur de ce projet à fort accent polonophobe, voir Serrier, 2002.

148 Sering, 1887, p. 153. Sur l'appréciation générale des chances de mobilité sociale aux États-Unis par les observateurs allemands voir Schmidt, 1997, p. 100.

149 Il était aussi un représentant parfait de la pensée des socialistes de la chaire, qui dénonçaient le mépris social pour les paysans qui s'était développé à partir du XVIe siècle. Sering cita ainsi Gustav Schmoller, « Über einige Grundfragen des Rechts », Leipzig, 1875. Schmoller comme Sering avaient en tête à la fois la prédication de Luther qui avait répété que cultiver la terre était une vocation agréable à Dieu au même titre que toutes les autres « Berufe », et l'aggravation de la condition paysanne après la Réforme et surtout après la guerre de Trente Ans. Rovan, 1994, p. 281 et 289.

150 Voir Rouette, 2001, p. 137.

les stéréotypes usuels. Il représente cependant un cas extrême : les stéréotypes semblent surtout avoir servi à affirmer le patriotisme de l'expert[151]. La justification de sa mission impliquait cependant d'aplanir les différences culturelles pour mieux promouvoir la figure socio-économique du fermier indépendant, assurant son autonomie grâce à des productions diversifiées, tout en prêtant attention aux cultures commerciales qu'ils pouvaient entreprendre à leur échelle pour satisfaire aux besoins des marchés urbains.

3. *Le rôle de l'État aux États-Unis*

La troisième spécificité américaine relevée dans les différentes études était le rôle de l'État dans la vie économique et le soutien qu'il apportait à l'agriculture. La comparaison avec les États européens était un exercice classique pour les voyageurs outre-Atlantique[152], et quel qu'ait été le bord politique, on opposait systématiquement l'État fort que l'histoire européenne avait forgé à l'État faible qui, aux États-Unis, n'entravait guère les intérêts privés. Dans les années 1870, les thuriféraires du modèle américain mirent en avant les avantages fiscaux et économiques qu'entraînait la faiblesse des forces armées pour mieux critiquer le jeune État allemand construit par la guerre. La diffusion de ce lieu commun se devine à travers la réaction de Sering, qui écrivait pourtant à un moment où ces attaques contre le *Reich* apparaissaient démodées : il affecta au contraire de se scandaliser du montant des impôts, non seulement terriblement élevés au regard de la taille réduite de l'État, mais aussi répartis de manière injuste[153]. Le développement du thème de l'État correspondait cependant moins à un simple cliché qu'à un intérêt réel des milieux agricoles : ils avaient en effet à faire à deux facettes de la puissance publique, son rôle traditionnel de police, dans la

---

151 Ceci explique sans doute pourquoi Max Augstin se sentit obligé de consacrer une sous-partie de son livre à la question de la population alors qu'il n'utilisait absolument pas la distinction entre Allemands et Américains, et célébrait, de façon générale « les fermiers propriétaires libres et indépendants».

152 Voir Schmidt, 1997, p. 104-109 citant les critiques faites à l'égard de l'« État faible » américain, incapable des réalisations sociales que connaissait l'Allemagne. Voir également Roger, 2002, p. 139-177 et *passim*.

153 Le passage dans le livre de Sering (p. 484) montre l'importance de l'enjeu idéologique car, loin de se contenter d'une brève remarque, l'auteur insista sur la qualité de ses références sur la question. Il cita ainsi un article de Carl Rümelin – « [...] installé depuis cinquante ans dans l'Ohio » – « Das Steuerwesen in den Vereinigten Staaten » paru dans le livre édité par Armin Tenner, *Amerika. Der heutige Standpunkt der Kultur in den Vereinigten Staaten. Monographien aus der Feder hervorragender deutsch-amerikanischer Schriftsteller*, Berlin et New York, 1886. De fait, Charles Reemelin (son nom anglicisé) fut une personnalité de premier plan de la communauté germano-américaine au milieu du XIXe siècle, en particulier comme membre du sénat de l'Ohio à partir de 1846.

protection de la propriété des terres et l'application des règlements, et un rôle plus moderne d'éducateur pour diffuser les nouvelles techniques agricoles.

Sans surprise, les commentateurs s'accordaient sur la faiblesse de l'État dans son rôle d'encadrement de la société et de l'activité économique. Deux critiques revenaient très fréquemment, la spéculation des terres publiques mises en vente et l'insuffisance des contrôles vétérinaires. Meyer et Sering déplorèrent d'une même voix les détournements faits par les compagnies de chemin de fer et les grands propriétaires des dispositions prévues par le *Homestead*. Cette critique était remarquable par sa banalité puisqu'elle se retrouve dans tous les livres des réformateurs américains. Tout juste peut-on noter une férocité particulière chez Sering dans la dénonciation de l'impuissance de l'État – « les voleurs sont plus forts que le gouvernement des États-Unis » – qui conduisait selon lui à la perversion de la nature même des fermiers[154]. Toujours fidèle à son rôle de serviteur de l'État allemand, Sering se complut à dépeindre les carences de la puissance publique américaine, qui se manifestait à travers les aspects les plus élémentaires et les plus anciens de ses devoirs. L'état des routes fit ainsi l'objet de descriptions ostensiblement horrifiées : mal entretenues, la responsabilité de leur construction était déléguée aux comtés locaux ou, pire encore, à des entrepreneurs qui obtenaient le droit de se rembourser en prélevant une taxe de passage pour une période indéterminée[155]. L'image du tronc d'arbre posé en travers de la route était censée symboliser le caractère primitif d'une telle gestion des voies publiques. Pourtant, cette critique était minée par les concessions que Sering était obligé de faire à la réalité : après avoir dénoncé les graves conséquences de ces négligences pour l'unification du marché national dans la première moitié du XIXe siècle, il devait reconnaître que le développement des chemins de fer avait, par la suite, compensé ces difficultés, et que la densification de la population avait finalement amené de nets progrès dans le réseau routier national.

L'insuffisance de l'État en matière de contrôle de l'hygiène fut tout aussi vigoureusement dénoncée, d'autant qu'entre 1880 et 1891 la « guerre du porc » battit son plein entre les États-Unis et l'Allemagne, cette dernière refusant les importations américaines pour cause de contrôles d'hygiène insuffisants[156]. C'est donc sans surprise que les lecteurs de Rudolf Meyer lurent la description d'abattoirs qui mêlaient par lots les différentes parties des cochons abattus sans que les bêtes aient été examinées ainsi que sa violente critique des fabricants de

---

154 Sering, 1887, p. 124-125.

155 Sering, 1887, p. 484.

156 Pour une présentation complète de la question, voir Spiekermann, 2010, p. 93-109.

saindoux, peu regardants sur la provenance des matières premières pourvu qu'ils s'assurent de confortables bénéfices[157]. Sering ne fut pas en reste, qui consacra de longs développements à la virulence des épizooties que les mesures législatives n'arrivaient pas à contenir efficacement. La faute en revenait tout à la fois à un texte de loi mal adapté et à une administration insuffisante pour la tâche[158]. L'État était en effet de nouveau mis en cause, accusé de ne pas avoir su créer un corps des vétérinaires fonctionnaires : les contrôles étaient donc effectués par des gens employés par ceux-là même qu'ils étaient chargés de surveiller[159]. Vingt ans plus tard, le rapport de la *Deutsche Landwirtschafts-Gesellschaft* soulignait encore que les examens microscopiques sur les viandes étaient inexistants et constatait un manque de surveillance général de l'état de santé des bêtes dû à l'insuffisance de personnel qualifié et indépendant. Cette critique persistante reflète l'absence de progrès réels dans les négociations germano-américaines pour autoriser l'importation de viande des États-Unis. Elle ne doit cependant pas occulter le fait que le thème prédominant dans les publications était plutôt la « chasse au dollar » *Dollarjagd*, et ce pour deux raisons. D'une part, l'application de la loi du 30 août 1890 avait permis, grâce à la restructuration du département vétérinaire au sein du ministère de l'agriculture fédéral, de donner à l'administration les moyens d'une surveillance plus efficace. D'autre part, la cible principale était devenue les grandes sociétés d'abattoirs[160] qui étaient les principaux pourvoyeurs de la viande exportée vers l'Europe. Elles paraissaient en effet présenter, aux yeux des experts du *Reich*, une concurrence déloyale pour les producteurs allemands en raison des moyens qu'elles pouvaient déployer. Au-delà, c'est l'ensemble de la filière porcine qui put faire l'objet de critiques partiales, comme dans l'ouvrage de Ferdinand Wohltmann qui affirma dénoncer les conditions lamentables des élevages porcins[161] : les producteurs étaient accusés d'être des capita-

[157] Meyer, 1881, p. 583. Le système des abattoirs n'était cependant pas l'objet d'une condamnation globale et certains de ses éléments furent considérés dignes d'être imités dans la mesure où ils s'inséraient dans un processus de commercialisation particulièrement efficace.

[158] Sering, 1887, p. 644.

[159] Sering, 1887, p. 701.

[160] Les grandes maisons d'abattage américaines, dont le nom était depuis longtemps familier aux Allemands – *Schwarzschild & Sulzberger Company, Armour & Company, Swift & Company, Cudahy Packing Company* – avaient des succursales dans différentes villes comme Saint Louis ou Omaha et même en Europe, comme à Hambourg.

[161] Wohltmann, 1894, p. 49.

listes cupides, prêts à vendre la qualité la plus basse possible, sans se soucier de la santé des consommateurs[162].

Les différents arguments visant à montrer la faiblesse de l'État américain s'affaiblirent donc avec le temps, tout au moins dans les écrits des spécialistes[163]. Au début du XXe siècle, la spéculation sur les terres appartenait à l'histoire ancienne ; les progrès faits par l'administration dans la surveillance des produits, qui se traduisirent par le *Pure Food and Drug Act* de 1906, continuaient certes à être jugés insatisfaisants. Cependant, ils reflétaient une prise de conscience du bien commun propre à l'ère progressiste, et également proche des évolutions européennes. Les oppositions tranchées entre l'État allemand et l'État américain appartenaient au passé.

De plus, les experts allemands n'étaient pas des partisans systématiques de l'État comme tuteur, comme le montrent les commentaires sur les stations d'expérimentation agricoles mises en place par l'administration américaine. Si les auteurs soulignaient qu'une de leurs qualités majeures était d'aller au-devant du fermier pour l'instruire et non d'attendre que celui-ci vienne se renseigner, cela pouvait s'expliquer par le public visé de leurs ouvrages. Responsables d'institutions agronomiques, fonctionnaires voire hommes politiques devaient être convaincus de la nécessité de réformer leurs méthodes pour toucher le monde agricole. Cependant on trouve aussi des passages louant la capacité des fermiers américains à se prendre en charge eux-mêmes : analysant des expositions agricoles aux États-Unis, Sering rappela ainsi le peu d'engagement de l'État[164] mais il fit surtout l'éloge des agriculteurs américains eux-mêmes, capables d'autonomie et de sacrifices financiers importants afin de participer à ces compétitions pacifiques qu'étaient les comices agricoles[165]. Leur comportement était offert en exemple aux paysans allemands jugés trop enclins à se reposer entièrement sur le comité d'organisation et sur la puissance publique pour l'organisation de ces expositions et à ne fréquenter ces dernières que pour s'accorder un peu de loisir ou pour vendre quelques bêtes

---

162 Spiekermann, 2010, p. 105. La partialité de ces attaques est évidente lorsqu'on les compare avec d'autres analyses. En effet, dans le même temps, un autre spécialiste louait les qualités de la filière porcine américaine, qui déployait les mêmes efforts dans la sélection et l'engraissage que ceux que l'on trouvait en Allemagne dans la filière bovine. Backhaus, 1894.

163 Au tournant du XXe siècle, la critique porta plutôt sur l'impuissance politique de l'État face aux trusts. Voir chapitre 5.

164 Meyer évoqua également les expositions locales organisées dans chaque comté par les associations agricoles du cru, mais il préféra insister sur la grande exposition agricole annuelle à Washington sous l'égide du ministère. Meyer, 1881, p. 657.

165 On retrouve cet éloge de l'implication des agriculteurs américains dans les expositions professionnelles chez Alexander Backhaus (Backhaus, 1894).

supplémentaires, sans chercher à se former. Cet éloge était promis à un bel avenir, dans la mesure où l'autonomie des agriculteurs par rapport à l'État fut un thème majeur pour les mouvements coopératifs qui se développèrent surtout après 1889 dans les campagnes du *Reich*, alors même que la coopération avec l'État se faisait toujours plus étroite[166].

En réalité, l'accent mis sur le rôle de l'État relevait beaucoup d'une stratégie de lobbying. C'est pourquoi l'idée d'une spécificité américaine était nettement moins importante que celle d'un exemple à suivre ou au moins à surveiller. Ayant créé ce contexte d'émulation, les observateurs allemands furent conduits à valoriser toutes les actions des pouvoirs publics américains en faveur de l'agriculture, sans aller cependant jusqu'à déformer la réalité américaine. Les Allemands surent analyser correctement le fédéralisme et interprétèrent la multiplicité des juridictions comme une manifestation particulière de la présence de l'État dans la vie économique et non comme le signe d'une tutelle publique plus effacée. Ces analyses rendaient compte de ce constat fait ultérieurement que, loin de l'image du laisser-faire :

> L'objectif public, aux États-Unis, a été de considérer que le développement économique, priorité constante des entités publiques, exige de faciliter la tâche du privé en lui procurant les aides nécessaires, non sans fixer objectifs et priorités, non sans orienter l'action privée, notamment par le biais de la réglementation économique et sociale[167].

Comme modèles d'une action publique efficace, deux thèmes furent privilégiés, le rôle du ministère de l'agriculture et surtout l'activité des stations d'expérimentation. Le premier peut paraître surprenant, puisque le rôle fédéral du gouvernement américain demeura assez limité jusqu'à la fin de la période, mais il s'explique aisément par l'absence de ministère de l'agriculture au niveau du *Reich*.

On trouve dans la plupart des ouvrages de longs éloges de l'administration de Washington. Ceci était sans doute dû à l'accueil réservé aux experts étrangers, toujours reçus avec déférence par des personnages de haut rang, rencontre d'autant plus mémorable pour certains membres de ces délégations qu'ils n'avaient guère l'occasion, dans leur propre pays, d'entrer en relation avec de telles personnalités. Ils jouissaient en effet aux États-Unis d'un statut enviable mais éphémère de membres d'une délégation étrangère officielle en voyage d'études. Ces éloges étaient l'écho de cette position flatteuse, mais il serait erroné de n'y voir que l'expression d'une vanité sociale. Les

---

166 Voir Peal, 1988.

167 Voir Toinet, Kempf, Lacorne, 1989. Ces auteurs récusent ainsi l'idée d'un exceptionnalisme américain, préférant évoquer des différences dans la manière dont l'État intervient.

membres de la *Deutsche Landwirtschafts-Gesellschaft* accueillis à Washington insistèrent sur le double rôle du ministère de l'agriculture, entité administrative mais aussi lieu de recherche, d'enseignement et de diffusion du progrès agricole. Ils décrivirent l'organisation du ministère en huit départements et soulignèrent le grand nombre d'employés et l'importance du budget. Malgré les différences d'opinions politiques et les années qui séparent ces écrits, ce panégyrique s'inscrivait directement dans la tradition de Meyer. Ce dernier insistait déjà sur les multiples services que l'administration fédérale rendait aux agriculteurs en s'appuyant sur les sources fournies avec libéralité par cette même administration. Le point commun de ces éloges était en effet leur aspect purement descriptif : n'étant guère en mesure d'estimer l'efficacité de ces services, les observateurs étrangers se contentèrent souvent, comme Meyer, de donner la liste des attributions de chaque bureau, dont l'ensemble devait couvrir la totalité des besoins des agriculteurs. Le cas de Meyer était cependant particulier, à la fois parce que sa description était contemporaine de la réforme du ministère[168], le rendant incapable d'apprécier son efficacité réelle, et parce qu'il cultivait une image très utopique de l'administration américaine, considérée comme l'archétype du service public face aux tendances autoritaires de la bureaucratie allemande[169]. Cet aspect ne se retrouve pas dans les ouvrages ultérieurs, mais l'efficacité de ce ministère ne fut pas remise en cause, d'autant que ses publications étaient utilisées par l'administration allemande[170]. Quelques thèmes symbolisaient cette efficacité, comme les relevés météorologiques envoyés de tout le pays par télégraphe. Objet d'un court développement chez Meyer qui l'utilisa comme exemple pour célébrer les heureuses conséquences qu'entraînait sur le budget de l'État l'absence de militarisme, le sujet fut également traité dans le livre de Wohltmann sous la forme d'un article sur le département météorologique : l'auteur se contenta ici de retranscrire les bulletins sur plusieurs pages, mais la précision et surtout le caractère très pratique, destiné directement aux agriculteurs, l'impressionnaient manifestement toujours.

---

[168] Meyer, 1881, p. 449.

[169] Meyer, 1881, p. 540 : « En Amérique, il n'existe pas de bureaucratie et les postes administratifs sont souvent gérés à titre honorifique et sans rétribution, d'après le modèle germanique traditionnel et le modèle anglais. C'est pourquoi l'administration coûte si peu cher. »

[170] Depuis 1881, les publications agricoles de l'État fédéral et de chaque État américain étaient rassemblées par les consuls allemands qui devaient envoyer les documents spécialisés au ministère de l'Intérieur pour transmission aux milieux concernés, et les documents plus généraux aux Affaires étrangères. Voir AA, R-901, dossier 13699, ministère de l'Intérieur à AA, 11 avril 1883.

Que retenir de ces *satisfecit* décernés à l'administration américaine ? Ils demeuraient très superficiels et concernaient surtout les moyens mis en œuvre ou la performance technique dans le cas de la météorologie, et non de véritables innovations administratives ou un mode de fonctionnement différent. Les différents départements du ministère américain recoupaient en effet les activités que se partageaient, selon des modalités différentes dans le nord et le sud de l'Allemagne, les associations d'agriculteurs et l'administration. Celle-ci prenait en charge la réglementation, tandis que les autres se concentraient sur la diffusion de nouvelles techniques et l'application des normes[171]. Ce système assurait la coopération entre l'État et les agriculteurs depuis le début du XIXe siècle, et avait réussi à accompagner la modernisation agricole. Le *Deutscher Landwirtschaftsrat* était, depuis 1872, l'organisation faîtière de ces différentes associations semi-officielles, et s'était vu reconnaître un rôle d'administration parallèle. Si les États-Unis avaient éprouvé le besoin d'un ministère fédéral à partir d'Abraham Lincoln, c'est que la question agricole se posait bien davantage en termes d'aménagement du territoire : il fallait transformer de vastes étendues, souvent peu hospitalières dans l'ouest, en terres agricoles capables de faire vivre les fermiers que l'on souhaitait voir s'y installer[172]. L'État fédéral était le mieux à même de centraliser les recherches et d'en diffuser les résultats, grâce aux moyens qu'il offrait. Toutes ces remarques ne furent cependant pas explicitées dans la littérature allemande car l'exemple américain était évoqué pour stimuler l'ardeur de l'administration allemande et non pour proposer un modèle général de réforme[173].

Cette constatation se répète dans l'étude des stations d'expérimentation. C'était un thème d'excellence traditionnel pour les Allemands, qui servaient précisément de modèle aux Américains, comme le montra encore le succès remporté à l'Exposition de Saint Louis en 1904. L'exemple des États-Unis était donc un miroir tendu aux

---

[171] Winkel, 1984, p. 492-511. L'agriculture était restée une prérogative des différents États allemands à la fois en raison des importantes différences régionales et parce qu'elle était souvent liée à de puissants intérêts locaux.

[172] Semler, 1883, p. 42.

[173] Le ministère de l'agriculture américain fut en revanche présenté comme un modèle à suivre aux Pays-Bas, mais curieusement, à l'échelle des colonies. Un responsable néerlandais chargé de présenter le projet d'une telle administration déclarait en 1902 : « Cette brochure aurait totalement manqué son objectif si elle ne laissait pas l'impression que : premièrement, la création d'un ministère de l'Agriculture pour les Indes néerlandaises est très urgent et deuxièmement, qu'il doit être basé sur le modèle américain. » Ce jugement était d'autant plus remarquable que son auteur ne visita les États-Unis que l'année suivante : il se fondait donc sur les publications officielles américaines ainsi que sur des comptes-rendus de collègues étrangers. Voir Maat, 2001, p. 57.

pouvoirs publics allemands pour juger de leur propre engagement en faveur des stations, et surtout les inciter à ne pas se satisfaire de leur action, au nom d'une concurrence toujours menaçante[174]. L'État américain fut ainsi présenté de façon idéalisée dans le triple rôle, législatif, financeur et pédagogue, que devait remplir toute administration moderne. Différentes lois américaines étaient citées par les Allemands – reprenant sans doute les analyses de leurs homologues américains – comme autant de bornes milliaires sur la route du progrès agricole. La première datait de 1862 : le *Morill Land Grant Act* garantissait aux stations d'expérimentation des surfaces agricoles suffisamment importantes pour y mener leurs activités de recherche. Venait ensuite le *Hatch Act* de 1887 qui consolidait la richesse de ces stations en attribuant à chaque État en possédant une dotation annuelle de 15 000 dollars. Parallèlement, certains auteurs insistèrent sur les lois qui réglaient très strictement la vente d'engrais chimiques[175] en obligeant le vendeur à demander des tests systématiques et à fournir à l'acheteur toutes les données permettant de l'identifier. Enfin, l'État encadrait l'activité des stations d'expérimentation en les obligeant à tisser entre eux des liens officialisés par la création d'une *Association of State Agricultural Colleges and Experiment Stations*.

Financement et éducation constituaient les deux autres aspects, entremêlés, de l'action de l'État. Non seulement celui-ci finançait les recherches, mais il centralisait les informations issues de celles-ci grâce à un bureau ministériel, l'*Office of Experiment Stations*[176] et surtout il se

[174] C'est, semble-t-il, le sens qu'il faut donner aux propos de Kurt von Rümker et Erich von Tschermak-Seysenegg, deux agronomes réputés, dans leur ouvrage *Landwirtschaftliche Studien in Nordamerika*, paru en 1911 : l'agronomie allemande pouvait être fière des résultats obtenus dans ses stations d'expérimentation, mais elle ne devait pas s'endormir sur ses lauriers et continuer à regarder ce qui se faisait ailleurs. L'examen des stations d'expérimentation n'était cependant pas seulement un prétexte. Un autre agronome, Max Maercker, s'inspira des fermes expérimentales rattachées aux stations américaines, qu'il avait eu l'occasion d'observer lors d'un voyage pour l'Exposition de Chicago, pour créer une ferme sur ce modèle à Bad Lauchstädt, près de Halle, en 1895.

[175] Comme le reconnut F. Seyfert, le fait était d'autant plus digne d'être imité à ses yeux qu'il entraînait une amélioration considérable du rôle du chimiste chargé des contrôles, le *state chemist* ou *official agricultural chemist*. Cela indiquerait que la chimie allemande, si supérieure dans le domaine technique, aurait à apprendre dans le domaine de l'institutionnalisation au moins en ce qui concerne les chimistes agricoles (avec la création également de l'*Association of official Agricultural Chemists* sous l'égide du ministère de l'agriculture).

[176] Son rôle est détaillé par Wohltmann car il était l'instance centralisatrice pour tous les résultats des recherches conduites dans les stations d'expérimentation, mais également parce qu'il rassemblait pour l'usage des agriculteurs américains les résultats des expérimentations conduites dans les États européens susceptibles d'être utilisés aux États-Unis. Wohltmann, 1894, p. 97.

chargeait de leur diffusion auprès des agriculteurs. Cette aide multiforme fut toujours largement décrite par les auteurs qui insistaient en particulier sur la libéralité de l'État en matière de distribution de semences[177] et de brochures. Ces développements cédèrent souvent à la facilité en se contentant de reprendre, comme Meyer, les chiffres forcément impressionnants donnés par l'administration américaine comme si ces quantités constituaient une preuve suffisante de l'efficacité de l'administration. Un élément essentiel était, aux yeux des Allemands, la gratuité de ces brochures[178] qui permettait, selon l'expression de la délégation de la *Deutsche Landwirtschafts-Gesellschaft*, à chaque agriculteur de se constituer facilement une bibliothèque professionnelle. C'était le cœur de la démonstration : cette générosité de l'État permettait de ne pas réserver les connaissances agronomiques aux gros agriculteurs, mais de les diffuser parmi les petits fermiers, enjeu majeur de la modernisation agricole en cette fin de siècle[179]. Aux yeux des experts allemands, l'État américain, à travers ses stations d'expérimentation, montrait sa volonté d'aller vers les agriculteurs, sans attendre que ces derniers viennent réclamer l'information dont ils avaient besoin.

La situation était-elle si différente en Allemagne ? Les agriculteurs avaient accès aux publications de la *Deutsche Landwirtschafts-Gesellschaft* qui rendaient compte des essais des nouvelles machines agricoles ou des engrais, fournissaient des conseils sur les aménagements à apporter aux exploitations en matière de constructions, de cultures ou de drainage par exemple, et rendaient compte des voyages d'études en Allemagne et à l'étranger faits par les membres de l'association. À ces cahiers s'ajoutaient des suppléments hebdomadaires élaborés en grande partie avec des documents officiels, dont les rapports des attachés agricoles des consulats allemands à l'étranger. Toutes ces publications étaient payantes, mais le prix en était faible. À l'inverse, certaines publications officielles américaines, dont celles rendant compte d'études faites sur les agricultures étrangères, étaient payantes

---

177 Meyer insista naturellement sur la générosité de l'État, mais la distribution gratuite de semences fut encore relevée par la délégation de la *Deutsche Landwirtschafts-Gesellschaft* vingt ans plus tard.

178 F. Seyfert, *op. cit.*, p. 103. P. Jacob Schlösser en 1905 consacra également une page à décrire les différentes catégories de publications officielles. C'est l'un des rares à distinguer entre les différentes formes de diffusion, soit par le biais des membres du Congrès, soit directement aux fermiers. *Die amerikanische Obst-Industrie und die Entwicklung des amerikanischen Obstexportes*, p. 20.

179 Voir en particulier le sous-chapitre intitulé « Éducation du petit » dans Maynaud, 1999, p. 100-106. Reprenant l'analyse de Michel Vernus, Jean-Luc Mayaud rappelle l'importance des feuilles et des recueils agronomiques. Dans le cas américain cependant, il semble que cette production imprimée soit l'apanage de l'État et non le résultat de sources variées dont certaines locales et privées. Vernus, 1997.

– 5 cents pour des brochures d'une centaine de pages. La différence résidait donc bien dans l'existence aux États-Unis de listes d'envois qui comprenaient les coordonnées de centaines de milliers de particuliers et indiquaient que les fermiers n'avaient même pas à formuler la demande pour être informés des activités des stations.

En réalité, les formes et la force de l'engagement de l'État à travers la recherche agronomique et la diffusion de ses résultats s'expliquaient largement par les caractéristiques nationales de chaque société agricole. Une comparaison entre la France, l'Allemagne et les États-Unis permet de le montrer. Les agriculteurs français étaient pour la plupart éloignés des lieux de recherche agronomique trop souvent concentrés dans la région parisienne. Petits ou moyens exploitants étaient également peu enclins à payer une adhésion à des sociétés agricoles dont les réunions obligeaient à des déplacements au chef-lieu du canton. Dans le cas allemand, les fermiers bénéficiaient d'une presse agricole dont l'abondance – qui reflétait celle de la presse en général – les incitait à lire. Ils étaient également davantage encadrés par des associations locales ou régionales, car le modèle d'adhésion à des *Vereine* était répandu dans l'ensemble de la société. Ces fermiers se rapprochaient cependant des Français par leurs efforts pour lier pratiques agricoles modernisées et savoir-faire traditionnels : même s'il existait, comme en France, une part significative de grands exploitants tournés vers les progrès agricoles, la majorité ne faisait que suivre avec prudence des innovations dûment confirmées. C'est pourquoi les stations d'expérimentation jouaient moins un rôle de recherche que de contrôle des semences, ce qui n'allait pas sans poser des problèmes sur leur identité. Ce sont ces difficultés qui transparaissent à travers la mise en avant de l'exemple américain, car elles n'existaient pas de la même façon aux États-Unis. L'absence d'héritage agricole local américain nécessitait au contraire le recours aux expérimentations agronomiques, par exemple pour déterminer les semences les plus adaptées aux conditions locales ou pour combattre des maladies particulières ou remédier à des conditions climatiques difficiles[180]. Par ailleurs, l'extrême dispersion des agriculteurs sur l'ensemble du territoire requérait la puissance de l'État pour aider à une certaine harmonisation, dont l'obligation faite aux stations d'expérimentation de collaborer entre elles représentait un signe évident. C'est ce même isolement qui justifiait les mesures particulières qu'étaient les envois à domicile de la littérature agronomique gratuite, saluées par les observateurs allemands.

Le but premier des analyses sur les spécificités américaines était de relativiser la menace que faisait peser la concurrence des États-Unis sur

---

[180] Voir Semler, 1883, p. 42 ; Schlösser, 1905, p. 20 et suivantes.

l'agriculture européenne, tout en expliquant leur réussite. La conclusion de Sering remplit ce rôle : l'auteur voulait démontrer que les particularités qui faisaient le succès de l'agriculture américaine étaient avant tout « les conséquences des efforts conscients et inconscients de chaque producteur pour s'adapter au mieux aux conditions naturelles et économiques propres aux États-Unis ». Un tel jugement ne laissait guère de place à des voyages ultérieurs et Sering ne retourna pas aux États-Unis, considérant la démonstration définitivement établie. En fait, tous les ouvrages ultérieurs complétèrent leurs descriptions par des recommandations mais le cas américain montre que dans les faits, cette harmonie entre description et prescription était difficile à réaliser. Insister sur les spécificités du pays pouvait conduire à le figer dans des stéréotypes guère utiles et à récuser toute possibilité d'apport, mais mettre l'accent sur les ressemblances amenait à effacer toute originalité nationale et à instrumentaliser la comparaison au profit d'un discours déjà formé. Dans les deux cas, la qualité de la description pouvait en souffrir.

B. Que doivent apprendre les Allemands de l'agriculture américaine ?

Les prescriptions tirées de l'étude de l'agriculture américaine se justifiaient dans le cadre d'une émulation généralisée, qui impliquait que les pays observés étaient au même niveau que l'Allemagne ou même que cette dernière connaissait une avance technologique qu'il s'agissait de conserver. Cette logique se distinguait de celle de l'apprentissage, qui sous-entendait qu'il existait un retard à rattraper. Ce thème était nettement plus difficile à accepter, et les affirmations de Sering visaient avant tout à affirmer que l'ère de l'imitation était, pour l'économie allemande, close. Cette dernière ne devait plus chercher à se moderniser en se tournant vers des modèles étrangers, comme cela avait été le cas depuis le début du XIXe siècle, mais devait désormais assumer sa maturité et chercher à développer ses caractéristiques. Cette idée se retrouve, transformée en banal patriotisme – qui pouvait parfois prendre des formes outrancières, comme chez Wohltmann – dans les écrits ultérieurs, et put éventuellement faire obstacle à la réception de nouveautés observées.

Parallèlement cependant, ces auteurs restaient des spécialistes à l'affût de toute nouveauté digne d'être reprise, ce qui les conduisit à privilégier deux thèmes, la mécanisation, symbole de l'agriculture à l'américaine et la pratique commerciale des agriculteurs. À cette curiosité scientifique s'ajoutait la demande des lecteurs pour ces informations, qui pouvait porter aussi bien sur la question générale de l'état de la concurrence que sur des renseignements précis, par exemple sur les meilleures fabriques de machines agricoles américaines, dont les exploitants agricoles dépendaient pour leurs achats. Enfin, l'aide apportée aux voyages d'études de ces spécialistes par les ministères concernés exigeait en retour certains résultats positifs, exploitables et prouvant l'action de l'administration en faveur de l'agriculture.

1. La mécanisation : une utilisation tardive et prudente de l'exemple américain

Les descriptions des machines agricoles américaines furent présentes dans la littérature spécialisée allemande dès le début des années 1880, mais l'utilisation du modèle américain fut moins évidente qu'il peut sembler. Certes, quand le gouvernement du *Reich* voulut encourager les efforts des associations professionnelles pour mécaniser la production agricole nationale, il utilisa l'Exposition universelle de Saint Louis pour envoyer des experts sur place examiner les accomplissements américains[181]. L'ancienneté de la mécanisation de l'agriculture aux États-Unis comme l'importance des machines américaines sur le marché allemand suffisaient à justifier cette démarche. Pourtant, l'examen des ouvrages montre une réticence très forte à présenter le cas américain comme un modèle, parce que la mécanisation qui s'y était développée apparaissait trop comme le fruit de conditions strictement nationales. Max Sering nota ainsi l'emploi des machines comme une caractéristique américaine que les Allemands ne pouvaient guère imiter, même s'il encouragea ses compatriotes à utiliser les services d'entrepreneurs pour la location de batteuses, et à acquérir des machines par le biais d'achats communautaires. En réalité, l'utilisation de machines resta minoritaire dans l'agriculture allemande jusqu'à la fin de la période, si l'on met à part le cas des batteuses[182]. En 1907, les trois-quarts des exploitations comprises entre dix et vingt hectares, les plus représentatives, ne possédaient pas de moissonneuse. On ne saurait en déduire l'existence d'un conservatisme paysan particulier, mais plus simplement, comme le souligne Walter Achilles[183], la preuve d'un calcul de rentabilité générale : dans les conditions socio-économiques du début du XXe siècle, les avantages de la mécanisation paraissaient moins certains que les surcoûts qu'elle entraînait.

---

[181] C'est ce qu'affirma Norbert Steinbeck (Steinbeck, 1997), p. 143.

[182] Voir dans le cas français Renaud Gratier de Saint Louis (Gratier de Saint Louis, 2000), p. 89-112. L'auteur rappelle que c'est par l'intermédiaire des batteuses que la mécanisation s'est introduite dans les campagnes car elles offraient un gain de temps substantiel sans remettre en cause les pratiques culturales. Elles étaient souvent achetées en commun, mais aussi parfois par des paysans qui développaient ainsi une activité d'« entrepreneur de battage » à côté de leurs autres occupations.

[183] Achilles, 1993, p. 240-252.

La mécanisation a d'abord été le fait des grands domaines, pour des raisons qui étaient autant sociales qu'économiques, suivant l'exemple de l'Angleterre[184]. Cela explique que cette mécanisation ait été très progressive : dans les années 1880 encore, les grands propriétaires bénéficiaient, malgré leurs récriminations, d'une main-d'œuvre bon marché. C'est au tournant des années 1890 que l'ampleur de l'exode rural les contraignit à affronter le problème du remplacement de la main-d'œuvre par les machines[185]. Dès lors, la mécanisation appartint très vite au quotidien des grandes exploitations et le changement par rapport à la décennie précédente fut particulièrement net pour les batteuses et les semeuses[186]. Cette adaptation des grandes exploitations à de nouveaux besoins refléta donc surtout les évolutions observées quelques années plus tôt en Grande-Bretagne, référence fondamentale des milieux agrariens sur le Continent depuis le début du XIXe siècle et sans qu'il soit fait mention d'un modèle américain[187].

Malgré ces évolutions, en 1893, l'agronome Wohltmann jugeait encore la multiplicité des machines présentes dans les exploitations outre-Atlantique d'un point de vue essentiellement moral. Pour lui, il s'agissait d'un luxe que s'accordaient trop facilement les fermiers au prix d'un très fort endettement qui les livrait à la merci des entreprises de machines agricoles[188]. Cette lecture peut être expliquée de deux façons : d'une part, elle concernait les exploitations familiales, et reflé-

---

184 Voir Collins, 1987, p. 36-46. Au XIXe siècle le calcul de la rentabilité gagnée grâce aux machines fit longtemps l'objet de statistiques très confuses et contradictoires. La seule certitude concernait donc les économies en main d'œuvre réalisées par l'utilisation des machines. Cela commença à changer au début du XXe siècle, quand apparut un réel souci de hausse de la production, lié à la conjoncture rendue favorable par la demande urbaine sans cesse croissante. Schlebecker, 1975, p. 191.

185 Pour la Prusse orientale, les pertes démographiques dues à l'émigration intérieure vers les régions industrialisées d'Allemagne occidentale progressèrent constamment, de 271 000 en 1890 à 451 916 en 1900 et jusqu'à 508 013 en 1907. Piétri, 1982, p. 130.

186 On passa de 218 400 batteuses en 1882 à 596 900 en 1895, et de 63 100 semeuses à 169 500. Pour les moissonneuses, le bond se produisit à la décennie suivante, entre 1895 et 1907 (elles passèrent alors de 35 000 à 281 400). Voir Wehler, 1995, p. 697. Si l'on regarde l'ensemble des investissements réalisés dans l'outillage et les machines, le changement se produisit au cours de la première décennie du XXe siècle, avec un total de 130 millions de marks, contre 70 millions entre 1890 et 1899. Voir Tilly, 1978, p. 396.

187 L'antécédent anglais fut également rappelé par Karl Kautsky : « La patrie du machinisme agricole est l'Angleterre. » Dans la réflexion socialiste, le développement économique anglais avait une valeur paradigmatique car, ainsi que l'écrivit Karl Marx dans la préface de la première édition du *Capital* (1867), « le pays le plus développé industriellement ne fait que montrer à ceux qui le suivent sur l'échelle industrielle l'image de leur propre avenir ».

188 Wohltmann, 1894, p. 71-72.

tait les réticences persistantes à l'égard de l'endettement de ces fermiers indépendants que l'on jugeait fragiles économiquement et peu armés pour gérer correctement un crédit. D'autre part, ce jugement était l'écho de l'étonnement des observateurs étrangers face à l'ampleur des efforts commerciaux consentis par les firmes de machines agricoles à travers leurs réseaux de voyageurs de commerce et d'agences. Ce que ces voyageurs remarquaient beaucoup moins, c'est que l'image du fermier pris à la gorge par ses créanciers relevait pour une bonne part de la caricature car les firmes, dans un intérêt bien compris, négociaient souvent leurs remboursements en prenant en compte les possibilités fournies par l'état des récoltes[189]. Ce jugement moral ne correspondait en fait ni à la réalité américaine, car les fermiers américains pratiquaient de longue date le système de l'achat à tempérament qu'ils savaient gérer, ni à la réalité allemande. En effet, la question du crédit fut progressivement résolue en Allemagne au cours de ces années 1890, notamment avec la création, en 1895, de la *Zentralgenossenschaftskasse* prussienne, qui permit de promouvoir les coopératives en leur donnant accès au crédit à des conditions favorables. Cet argent fut précisément utilisé de plus en plus dans des achats individuels ou groupés de machines.

Le modèle américain n'a donc pas joué non plus de rôle dans le développement de la mécanisation dans les exploitations familiales. C'est la *Deutsche Landwirtschafts-Gesellschaft*, créée en 1885, qui se fit l'ardente avocate de cette cause auprès des paysans dits « *spannfähig* », qui possédaient des animaux de labour et avaient les moyens d'acheter, soit seuls, soit par l'intermédiaire de coopératives, les nouvelles machines. Or le fondateur de la *Deutsche Landwirtschafts-Gesellschaft*, l'ingénieur Max Eyth, avait conçu ce projet après avoir été l'ambassadeur de la mécanisation à travers le monde pour le compte de l'entreprise anglaise de machines agricoles John Fowler. Les buts et l'action de son association ressemblaient donc bien à ce qui put être fait outre-Atlantique, mais on ne trouve guère que des notations éparses sur ces ressemblances. La raison en est probablement que ces efforts pour la promotion des machines s'intégraient dans un mouvement d'ensemble de modernisation du monde rural qui se retrouvait chez les différents concurrents de l'Allemagne à la même époque. Par ailleurs, les moyens utilisés par les différentes institutions étaient ceux mis en œuvre depuis les années 1840 : les expositions itinérantes de machines qui existaient dès cette époque furent multipliées, et accompagnées de services d'expertise ; surtout, des machines furent localement mises à disposition des agriculteurs pour que ceux-ci se familiarisent avec leur usage[190].

---

[189] Zunz, 1991, p. 259-260.

[190] Les fabricants de machines agricoles participèrent naturellement aussi à cet effort de diffusion de leurs produits en s'efforçant de développer des machines plus petites,

La situation aux États-Unis servit en revanche d'argument dans le débat qui se développa à la fin des années 1890 sur les conséquences de la mécanisation pour les petites exploitations agricoles. Les machines se voyaient désormais reconnaître un caractère indispensable, non plus comme simple palliatif aux problèmes de main-d'œuvre, mais pour leurs qualités propres : elles permettaient de gagner en rapidité à des moments cruciaux comme les moissons, d'obtenir une plus grande précision, en particulier pour les semis, ainsi qu'une plus grande force qui autorisait des labours en profondeur, plus efficaces. L'utilisation des machines s'imposa donc progressivement comme un élément essentiel d'une agriculture modernisée[191]. Dans un tel cadre, quel sort attendait les multiples petits fermiers indépendants ? La question intéressait aussi bien les milieux agronomiques proches du gouvernement, parfois fervents partisans de la colonisation intérieure, que les socialistes, encouragés par leurs succès auprès des électeurs ruraux à s'intéresser à ces questions[192]. Pour les premiers, représentants de la *Deutsche Landwirtschafts-Gesellschaft* ou agronomes comme Sering, la mécanisation permettait d'améliorer la productivité des petites exploitations qui jusqu'alors ne comptaient que sur le travail d'une main-d'œuvre familiale. À leur échelle, elles pouvaient donc, grâce au progrès technique, espérer devenir aussi efficaces que la grande propriété, assurant ainsi leur viabilité à l'intérieur des circuits économiques. Surtout, la vision de ces auteurs ne se limitait pas à la promotion d'une modernité nécessaire : les machines agricoles devaient permettre aux petites exploitations de subsister comme élément essentiel d'un ordre social stable et par conséquent traditionnel[193], opposé à une modernité urbaine synonyme de prolétarisation. L'originalité du propos, par rapport à la décennie précédente, tenait à ce que la solution passait non par un conservatoire de formes et de savoir-faire périmés, mais par une adaptation à l'ordre technique et économique du moment.

---

meilleur marché et accessibles aux exploitations moyennes voire petites. Comme en France par exemple, ils pouvaient s'appuyer sur les forgerons des villages qui voyaient là une possibilité d'étendre leurs activités.

191 Elles n'étaient pas pour autant exemptes de reproches : certains auteurs soulignaient qu'en l'absence de mécanisation de l'ensemble des tâches agricoles, la mécanisation de certaines produirait des goulots d'étranglement dans la chaîne de production et rendrait encore plus criant le manque de main-d'œuvre. De plus, Max Weber avait montré que la mécanisation entraînait une perte d'activité et donc de revenus pour les ouvriers agricoles traditionnellement occupés l'hiver.

192 Au cours des années 1890, le SPD connut une croissance inattendue du vote paysan. Ce mouvement se révéla cependant de courte durée.

193 Max Sering, « Die Agrarfrage und der Sozialismus », in *Schmollers Jahrbücher*, vol. 23, 4e cahier, 1899, p. 283.

Un des principaux enjeux consistait donc à situer le seuil de rentabilité pour la substitution des facteurs de production aussi bas que possible afin de gagner à la cause de la mécanisation les petits agriculteurs, en les persuadant qu'ils avaient également à gagner à ces changements. Un autre enjeu résidait dans les conséquences qu'entraînait la mécanisation sur les formes du travail agricole. Des auteurs comme Max Sering ou Gustav Fischer opposaient les conséquences de la mécanisation dans le domaine agricole à celles qui avaient été observées depuis plusieurs décennies dans l'industrie. Alors que la machine avait dévalorisé le savoir-faire de l'artisan, elle obligeait l'agriculteur à se former pour pouvoir maîtriser sa complexité. Cette différence essentielle provenait du fait que l'agriculteur devait être capable d'utiliser plusieurs machines différentes, les adapter aux caractéristiques de sa terre et savoir les entretenir ainsi qu'effectuer de petites réparations. Le paysan allemand, bien formé, redevenait, grâce aux machines agricoles, un acteur irremplaçable de l'agriculture moderne.

Partant des mêmes prémices, les socialistes aboutissaient à une conclusion opposée, qui condamnait aussi bien la petite propriété que le grand domaine. Pour Kautsky, l'essentiel ne résidait pas dans la formation du fermier mais dans les capitaux nécessaires pour mettre en pratique ce qu'il avait appris, en achetant non seulement les semences et les engrais nécessaires, mais aussi les différentes machines. De tels investissements n'étaient guère réalisables par les fermiers indépendants, et ils représentaient une lourde charge pour les grandes exploitations. Ces dernières devaient également résoudre le problème que créait le recours à une main-d'œuvre étrangère non éduquée ou à une main-d'œuvre locale trop peu habile pour pouvoir partir à la ville : l'absence de qualification de ces ouvriers agricoles avait des conséquences négatives sur l'utilisation des techniques modernes qu'ils étaient incapables de maîtriser[194]. Kautsky demeurait donc fidèle à l'enseignement que Marx avait tiré, dans les années 1850, de l'observation de la campagne anglaise : il existe un mouvement de balance entre la tendance à la concentration des terres au profit des grandes propriétés et la parcellisation partielle de celles-ci par l'effet d'un manque de main-d'œuvre qualifiée qui empêche une gestion rentable des grands domaines. Dans cette analyse, les petites exploitations agricoles subsistent sous la menace constante de l'expropriation et uniquement pour fournir aux grandes exploitations la main-d'œuvre nécessaire, dans un rapport de prolétaire à capitaliste semblable à celui que l'on trouve dans l'industrie.

Les termes du débat laissent difficilement voir la place que pouvait prendre l'exemple américain. Il fut surtout utilisé par les partisans de la

---

[194] Kautsky, 1899, p. 225.

petite exploitation, Max Sering, grand connaisseur des États-Unis, et Gustav Fischer, qui avait fait un long séjour outre-Atlantique avant d'écrire sa thèse sur les machines agricoles. Les deux auteurs s'appuyaient sur l'idée déjà examinée de « la fin prochaine de la grande exploitation agricole aux États-Unis » à mesure que l'agriculture américaine se rapprochait des principes européens. Cela justifiait chez Fischer un long développement sur l'utilisation des machines dans différentes exploitations américaines visitées. L'auteur prit garde à ne pas présenter les États-Unis comme modèle, puisqu'ils n'étaient évoqués qu'à la fin du livre, mais ils étaient bien un exemple privilégié, auquel était consacré l'ensemble de l'avant-dernier chapitre et ils étaient le seul pays à être analysé en contrepoint de l'examen de la réalité allemande. Ce choix reposait sur un raisonnement assez artificiel puisque Gustav Fischer ne voulait considérer la taille des exploitations que proportionnellement à la taille des pays. Ce qu'il présentait donc comme un équivalent de l'exploitation agricole allemande moyenne correspondait en réalité à un grand domaine[195]. Son argument était que dans les deux cas il s'agissait d'une ferme exploitée en faire-valoir direct, sans recours à une main-d'œuvre autre que familiale. L'énumération de la bonne douzaine de machines utilisées rendait cependant la comparaison futile, et la conclusion de Fischer porta avant tout sur les similitudes entre le mode de fonctionnement de cette exploitation et un grand domaine américain de 2 600 hectares : il insista sur le fait que, si l'on faisait la part de ce qui relevait des choix de production de chaque exploitation, on constatait qu'elles se distinguaient uniquement par le nombre de machines : l'exploitation la plus petite possédait un équipement aussi complet que la plus grande et la possession de ces multiples machines témoignait d'un degré égal de modernisation.

La démonstration de Fischer visait donc à prouver que, loin d'être la conséquence d'adaptations à des conditions particulières, la mécanisation était une étape nécessaire dans la rationalisation de l'économie agricole. Par conséquent, ce progrès devait toucher l'ensemble des exploitations agricoles, et il ne pouvait y avoir de règles pour les petites exploitations et d'autres pour les grandes. Pourtant, l'exemple américain semble avoir été développé par défaut, car les pays où la structure des exploitations aurait été plus semblable à celle de l'Allemagne connaissaient alors une aussi faible mécanisation des exploitations de taille moyenne. Les États-Unis présentaient donc une vision, déformée, de l'avenir souhaité, qui ne pouvait être considéré comme modèle, car ses caractéristiques étaient trop éloignées de la réalité allemande, mais qui

[195] La taille de cette exploitation, située dans le Wisconsin, était de 128 hectares, or seules 0,45 % des exploitations allemandes possédaient une surface supérieure à 100 hectares en 1895.

avait le mérite de montrer que les idées de Gustav Fischer et de la *Deutsche Landwirtschafts-Gesellschaft* étaient réalisables.

La vigueur du débat ne doit pas occulter sa brièveté. Quand, en 1904, l'ingénieur Brutschke fut envoyé par la *Deutsche Landwirtschafts-Gesellschaft* sous l'égide du ministère des Affaires étrangères pour étudier les machines américaines, la mécanisation comme panacée était une cause gagnée[196]. L'heure était désormais à la mobilisation nationale. Ceci peut expliquer la pauvreté des analyses de Brutschke sur l'utilisation des machines agricoles aux États-Unis. Il se contenta de puiser dans les écrits antérieurs pour insister sur les spécificités nationales et caricatura la situation américaine en insistant sur l'uniformité des conditions climatiques et pédologiques, à l'opposé des analyses minutieuses de Sering, deux décennies avant.

Quelle qu'ait été la position des auteurs sur l'importance de la mécanisation pour l'agriculture allemande, la question « Quelles machines américaines peuvent être utilisées en Allemagne ? », titre d'un article publié par Brutschke en 1907 parcourait la littérature agronomique depuis Meyer. Certes, on trouvait à travers les différents ouvrages des exhortations adressées à l'industrie allemande pour développer une production nationale dans ce secteur que dominaient les firmes américaines : Sering, Wohltmann et Brutschke conclurent à chaque fois à la nécessité pour l'Allemagne de moins dépendre des exportations venues des États-Unis. L'ouvrage dirigé par Wohltmann avait des accents particulièrement patriotiques et s'efforça de valoriser des réalisations nationales comme les semoirs des entreprises *Pflugfabrik Rud. Sack* et *Siedersleben*, dont la précision – qualité typiquement nationale pour la plupart des spécialistes allemands – était considérée comme bien supérieure aux machines américaines[197]. Cet enthousiasme devait cependant beaucoup au contexte : à l'heure du triomphe allemand à Chicago, l'expert en machines agricoles présent dans la délégation a pu ne pas vouloir être isolé de ses compatriotes des autres sections en louant sans réserve les accomplissements américains dans son domaine. De façon générale, l'absence de réelle concurrence allemande amena en réalité les experts à reconnaître bien plus volontiers les réussites américaines en matière de machines que dans les autres secteurs de l'activité agricole[198]. Le nationalisme fut donc très secondaire dans le jugement des experts qui voulurent avant tout montrer concrètement à leurs lecteurs agri-

---

196 L'ingénieur Brutschke justifia sa mission en soulignant un manque de main-d'œuvre devenu dramatique dans plusieurs régions allemandes.

197 Teichmann, Fritz, « Die Abteilung für landwirtschaftliche Maschinen auf der Weltausstellung in Chicago », in Wohltmann, 1894, p. 221.

198 Wohltmann, 1894, p. 53.

culteurs dans quelles conditions étaient fabriquées les machines qu'ils achetaient[199].

En réalité, on observe une certaine fascination des spécialistes pour l'ingéniosité technique que représentaient certaines inventions et il y avait un goût certain pour les descriptions spectaculaires de machines agricoles très spécialisées et par conséquent parfois inconnues en Allemagne[200]. La multiplication de celles-ci était fortement encouragée par l'inventivité des fermiers américains, qui n'hésitaient pas à améliorer leurs machines, voire à en inventer de nouvelles pour lesquelles ils déposaient systématiquement un brevet et qu'ils proposaient aux fabricants de machines agricoles comme la *McCormick Harvesting Machine Company*[201]. Cela explique le nombre impressionnant de brevets relevé par Sering, 2 314 uniquement pour les semeuses, et la vitalité de l'industrie des machines agricoles[202].

Ces analyses furent-elles inutiles ? L'exemple de Rudolf Meyer est révélateur qui tenta une sélection des machines américaines utiles pour les paysans du Vieux Continent en appliquant un critère simple : puisque pour lui les Européens installés aux États-Unis rencontraient un succès supérieur aux fermiers américains parce qu'ils conservaient leurs habitudes de travail soigné, c'étaient les machines qu'ils utilisaient qui devaient être retenues. Il s'agissait de la charrue, de la batteuse et de la moissonneuse-batteuse. À ces machines il ajoutait comme une évidence la semeuse, mais aussi un hache-paille. De façon plus surprenante, il mentionnait également deux machines pour le maïs (l'une pour la plantation et arrachage, l'autre étant une égreneuse) et une pour la betterave, culture pourtant anecdotique aux États-Unis par rapport à l'Allemagne, et dont de surcroît l'efficacité était loin d'être prouvée. C'est que, malgré des déclarations d'intention répétées[203], les auteurs cédèrent toujours à la tentation encyclopédique, accumulant les descriptions des machines les plus variées sans faire vraiment l'effort d'indi-

---

[199] De telles considérations expliquent les descriptions détaillées et élogieuses de firmes comme celle la *Oliver Chilled Plow Works* dans l'ouvrage dirigé par Wohltmann. L'industrie américaine de machines agricoles ne fut d'ailleurs pas attaquée lors des campagnes contre les industries mécaniques américaines alors qu'elle était connue comme un des trusts américains actifs en Allemagne. Voir Blaich, 1911.

[200] Sering, 1887, p. 244-245.

[201] Olivier Zunz souligne qu'il n'y eut pas transformation unilatérale des campagnes par les grandes firmes agricoles mais bien réciprocité, puisque « les innovations techniques impliquaient un dialogue constant entre les fabricants d'outillage et de matériel agricole, et leur clientèle rurale ». Zunz, 1991, p. 248 et suivantes. Sur l'analyse de la loi américaine sur les brevets faite par les Allemands, voir chapitre 5.

[202] Sering, 1887, p. 190-196.

[203] *Deutsche Landwirtschafts-Gesellschaft*, *Die landwirtschaftlichen Maschinen in den Vereinigten Staaten von Amerika*, 1904, p. 13.

quer à leurs lecteurs ce qu'ils devaient retenir de toutes ces présentations. Les comparaisons n'avaient pas réellement pour but de vérifier le mérite d'une machine par rapport à une autre, et se contentaient le plus souvent de recenser platement les ressemblances et les différences entre machines américaines et allemandes[204]. Peu utilisables, ces descriptions étaient de surcroît renvoyées à leur insignifiance par l'auteur lui-même qui, régulièrement, assurait que les différentes machines décrites étaient, pour la plupart, « déjà connues chez nous » ce qui renvoyait encore à la préoccupation première de légitimation des institutions agricoles et à celle des experts eux-mêmes[205]. En effet, à partir de la seconde moitié des années 1880, l'action des institutions agronomiques au premier rang desquelles se trouvait la *Deutsche Landwirtschafts-Gesellschaft* dans la promotion de la mécanisation pour l'agriculture existait et devait être valorisée. Ramener les différentes inventions américaines à des mécaniques simples et déjà connues permettait de rassurer les lecteurs sur leurs connaissances techniques et de renforcer leur confiance dans les efforts faits par ces organisations à leur endroit[206], dans le cadre des publications et des expositions itinérantes.

L'évolution de la position allemande à l'égard d'une mécanisation généralisée de l'agriculture se reflète dans l'examen de la notion de « confort ». Un des reproches longtemps adressés par les Allemands aux machines américaines était d'être essentiellement destinées au confort

---

204 Parmi ces différences, brièvement notées, deux eurent droit à un traitement un peu plus complet. La première était l'utilisation des chaînes à la place des roues dentelées pour transmettre l'énergie (la force ?). L'autre était l'accent mis par les Allemands sur la propreté des grains sortis de la batteuse : c'était un reproche fréquent adressé aux techniques américaines, de ne pas se soucier dès les premières opérations du nettoyage des grains, reproche d'autant plus volontiers présenté que les batteuses à vapeur allemandes semblent l'avoir permis.

205 Un exemple ponctuel permet d'illustrer cette tendance à relativiser la nouveauté : Fritz Teichmann consacra un paragraphe aux pompes à purin (*Jauchepumpe*, p. 229), lesquelles consistaient essentiellement en une suite continue de godets attachés les uns aux autres, qui allaient le long d'une roue facilement tournée par un seul homme. Dans sa présentation, l'auteur chercha à la fois à rassurer – dans leur principe, ces pompes étaient tout à fait semblables aux machines excavatrices allemandes (*Bagger*) – et à cerner les caractéristiques américaines qui justifiaient son intérêt : sa simplicité, son faible coût, sa facilité de transport et le peu d'énergie requise pour la faire fonctionner. C'était autant de qualités attachées aux machines américaines qui faisaient leur supériorité et qui étaient ici traitées comme des détails parce que le but n'était pas d'étudier une concurrence américaine – l'industrie allemande était trop faible – mais de vérifier qu'il n'y avait pas d'avance technique.

206 Wohltmann se flattait également d'avoir vu mieux à la récente exposition de Breslau dans son article « Die Landwirtschaft auf der Weltausstellung in Chicago », in Wohltmann, 1894, p. 65.

de leur propriétaire[207]. Rudolf Meyer mobilisa ainsi la figure du fermier américain type, qui renâclait au dur labeur pourtant propre à son état. Il offrit à son lecteur une vision extraordinaire du *gentleman-farmer*, assis sur un siège rembourré, protégé du soleil et de la pluie, fumant son cigare et lisant son journal tout en labourant ou en moissonnant[208]. À l'inverse, deux décennies plus tard, outre le mouvement général qui vit les observations psychologiques céder progressivement le pas à des analyses plus économiques, l'évolution des discussions allemande sur la mécanisation agricole amena Gustav Fischer par exemple, dans sa thèse parue en 1902, à justifier techniquement que le fermier soit assis sur sa machine, et à encourager l'introduction de ce confort en Europe. Pour lui, la présence d'un siège permettait en effet d'accroître la rapidité du travail et prouvait en même temps qu'il y avait eu, grâce à la mécanisation, une hausse de la qualification des agriculteurs qui étaient capables d'utiliser de telles machines[209].

Au final cependant, la pauvreté des analyses des machines agricoles américaines paraît trop décevante pour ne pas tenter une explication. Les ouvrages sur les États-Unis n'étaient pas faits pour fournir des renseignements pratiques, car leur raison d'être était avant tout la confrontation entre deux pays. Les renseignements purement techniques sur les nouvelles machines américaines se trouvaient donc plutôt dans la publicité faite par les entreprises elles-mêmes, dont une partie du travail était bien l'évaluation des besoins du marché allemand. Si l'observation des pratiques étrangères pouvait influencer le choix des machines, il s'agissait alors davantage des pays voisins, aux pratiques et aux besoins très proches, et qui étaient bien plus souvent visités. Surtout, un rapide examen de la presse hebdomadaire spécialisée montre que les articles techniques publiés étaient écrits par des ingénieurs ou certains responsables de grands domaines qui évoquaient uniquement l'expérience concrète qu'ils avaient faite de la machine, sans référence à l'étranger. Aussi, même si les associations professionnelles chargées de la diffusion de ces machines ont pu connaître celles qui étaient particulièrement utilisées aux États-Unis, elles n'avaient pas à mettre en avant cette pratique pour favoriser leur diffusion.

---

207 Meyer ironisa sur le fermier américain qui ne possédait qu'une ou deux vaches, mais un nombre de chevaux jugé extravagant ainsi qu'une collection complète « de machines modernes destinées à économiser tout effort », dont il jugeait « inutile » de donner le détail à ses lecteurs européens. Il y avait là un refus de considérer en soi la stratégie de spécialisation céréalière suivie par ces agriculteurs. Meyer, 1881, p. 357.

208 Meyer, 1881, p. 627. Il s'agissait des sulkys évoqués par Douglas Hurt (Hurt, 2001), p. 195.

209 Fischer, 1902, p. 55-63. Pour l'auteur, un tel progrès privilégiait les fermiers indépendants qui utilisaient eux-mêmes leurs propres machines, par rapport aux grands propriétaires, qui ne pouvaient les confier à des ouvriers agricoles.

2. *La commercialisation des produits agricoles, une imitation difficile*

Les premières années du XXe siècle virent le développement d'études allemandes sur la commercialisation des produits agricoles américains. Depuis la fin des années 1890, les prix élevés des produits alimentaires, de bonnes récoltes, une baisse des coûts de production et des transports améliorés encourageaient les agriculteurs à profiter de la croissance du marché urbain. Pour autant, les petits producteurs peinaient à s'adapter aux nouvelles exigences qu'il entraînait et à s'affranchir des différents intermédiaires pour mieux profiter des prix favorables. C'est là que résidait l'importance du modèle américain : les différents observateurs furent frappés par le double rôle joué par les fermiers indépendants, à la fois producteurs et commerçants, ayant directement accès à la bourse ou tout au moins se rassemblant dans des associations de producteurs que les Allemands étaient tentés de rapprocher de leur système de coopératives. Deux thèmes revinrent régulièrement, les greniers à blé qui devaient permettre d'étaler la vente des récoltes en fonction des cours, et la production de fruits à grande échelle, et non comme simple complément dans une agriculture mixte. Ces deux exemples montrent que l'intérêt pour des procédés techniques dépendait avant tout des réflexions sur ce qui était identifié par les contemporains comme les problèmes économiques et sociaux du moment. Inversement, l'adoption d'une technique entraînait obligatoirement des modifications socio-économiques dans l'organisation de l'agriculture allemande. C'est le double mouvement dynamique des associations de paysans et des marchés urbains qui explique le développement de l'intérêt pour ces thèmes américains.

a. Le thème des *Kornhaüser*

Les études sur la concurrence céréalière américaine qui se développèrent dans les années 1880 consacrèrent généralement des développements importants au stockage du blé en silos, et les *Elevatoren*[210] constituèrent rapidement un passage obligé des récits de voyage. Comme les abattoirs de Chicago, ils montraient une organisation redoutablement efficace destinée à amener au plus bas coût les produits agricoles au marché, même si ces greniers ne pouvaient prétendre concurrencer le spectacle de la mort mécanisée maintes fois dépeint : un seul auteur hasarda un jugement esthétique, affirmant « hideuses » les hautes silhouettes étroites des silos.

---

[210] Le vocabulaire est assez incertain : ils étaient désignés comme *Elevators*, *Elevatoren* puis *Kornhäuser* ou *Speicher* dans la littérature.

Les descriptions étaient essentiellement techniques et mettaient en avant la capacité des fermiers américains à trouver des solutions pour suppléer au manque de main-d'œuvre. Au lieu de mettre la récolte dans des sacs, de hisser ces derniers dans des voitures pour les transporter à la grange où ils auraient dû être déchargés puis montés à l'étage pour y être stockés, les Américains avaient choisi de transporter les céréales en vrac dans les voitures et avaient imaginé un système mécanique qui permettait d'amener les grains dans la partie supérieure du silo. Ensuite, par un jeu de parois coulissantes, ces grains étaient nettoyés et prêts à être livrés, toujours en vrac, à l'intérieur des wagons qui les emmenaient à la ville pour y être vendus.

Cette insistance sur les aspects techniques se révèle assez décevante, car les longues descriptions qui entraient dans le détail de ces innovations n'en tiraient guère de conclusions. Elles purent cependant alimenter un débat qui opposa un temps les spécialistes allemands sur les mérites comparés des silos et des greniers. Ces derniers, grands bâtiments aux planchers immenses destinés à accueillir les sacs de céréales, paraissaient garantir la possibilité de conserver de façon individuelle la récolte de chaque fermier, à l'inverse du silo, qui semblait rendre les mélanges inévitables[211]. Certains auteurs firent valoir que les silos avaient une forme qui ne les rendait utilisables que pour le commerce des grains. Ils faisaient remarquer que tant que l'agriculture allemande n'était pas sûre de pouvoir adopter le système commercial engendré par les silos, il était plus prudent de construire des greniers qui pourraient toujours être utilisés à d'autres stockages[212].

Le modèle des *Elevatoren* était en réalité essentiellement de nature commerciale et financière. En effet, l'existence de ces silos impliquait la possibilité de stocker des céréales fournies par les différents fermiers des environs. Pour qu'un tel mélange soit possible, une homogénéité des grains était indispensable, qui permettait à un acheteur d'être assuré de la qualité pour laquelle il payait, et de ne pas avoir besoin d'échantillon.

---

211 En revanche, le silo garantissait une utilisation plus rationnelle de l'espace et une manipulation plus intensive des grains entreposés, qui garantissait leur qualité. Voir le Dr. W. Wygodzynski cité par Hans Crüger (Crüger, 1896), p. 30, et Böhm, 1898. Cette thèse fut republiée dans la collection des *Münchener Volkswirtschaftlichen Studien* la même année. Elle fut longtemps une référence sur la question. Wygodzynski considérait le débat technique comme secondaire par rapport à la question du rôle des coopératives et Otto Böhm, en conclusion de sa thèse, p. 94, affirma lui aussi que l'aspect strictement technique restait d'une importance mineure par rapport à la possibilité pour les fermiers d'accéder à un crédit bon marché auprès des banques. Pourtant, c'est bien un « grenier à grain selon le modèle américain » qui fut édifié à Berlin en 1895 afin d'évaluer ses avantages.

212 Voir l'article de W. Wygodzinski, « Kornspeicher », dans le *Handwörterbuch der Staatswissenschaften*, 1re édition, 1890-1897, supplément 2, p. 560-568.

À cette nécessité de normaliser le produit, s'ajoutait le développement d'un système de crédit, puisqu'en échange de sa livraison, le fermier recevait un bon pour la valeur de sa récolte, parfois minoré de l'avance qu'il pouvait demander en argent liquide[213]. C'était une façon originale de résoudre le problème de liquidités, récurrent dans le monde agricole, et d'assurer en même temps au fermier la possibilité de vendre sa récolte à un bon prix, et non de façon précipitée, juste après la moisson, quand les prix étaient au plus bas. Le point fondamental fut cependant la création des warrants qui permettaient aux fermiers de proposer leurs marchandises au plus offrant.

L'observation de ces différents avantages n'entraîna cependant pas avant les années 1890 de recommandations particulières pour les imiter. Le système des silos était de toute façon déjà appliqué par le grand commerce allemand, par exemple à Dantzig ou à Mannheim, qui fournissait tout le marché du sud de l'Allemagne. Les blés venaient de provenances trop variées pour que l'homogénéisation et l'application de normes standardisées ne jouent pas un rôle essentiel. En ce qui concernait les producteurs, l'aspect technologique resta secondaire tant qu'ils bénéficièrent d'une main-d'œuvre bon marché et que les petits exploitants n'envisagèrent pas de pouvoir se passer des intermédiaires. Ce sont ces derniers qui se chargeaient progressivement d'homogénéiser et de nettoyer les grains pour les rendre commercialisables. Ils ne pouvaient donc trouver aucune utilité à une invention qui permettait précisément de se passer de leurs services. Il fallut un changement de circonstances, à la fois le manque de main-d'œuvre et la montée en puissance des associations de paysans désireuses d'encourager l'autonomie et l'adaptation au marché des petits exploitants, autrement dit que les conditions se rapprochent de celles des États-Unis, pour que le procédé américain devienne intéressant et qu'un transfert de technologie soit envisagé. Les contemporains virent une autre cause à ce nouvel intérêt, qui se développa au moment où la concurrence des céréales américaines perdait de son importance au profit du blé argentin et russe. D'après eux, la généralisation de la concurrence internationale conduisait inévitablement à chercher des solutions – autres que douanières – pour rendre le marché céréalier allemand plus compétitif. Un des moyens évoqués alors fut la généralisation du marché à terme afin de lisser les prix et de ne plus soumettre les producteurs à des baisses saisonnières trop importantes. Le système américain apparaît comme le moyen idéal pour les fermiers d'attendre les conditions favorables pour vendre et conserver une plus grande partie des marges que se réservaient les intermédiaires.

---

[213] La valeur était fixée par le cours du jour où le fermier demandait son argent. On prenait comme référence le cours de la bourse aux céréales la plus proche. Böhm, 1898, p. 75.

Les études qui se développèrent alors évoquèrent la réalité américaine le plus souvent de seconde main, car les auteurs disposèrent, à partir de 1895, des analyses extrêmement détaillées d'Heinrich Schumacher, publiées dans les *Conrad's Jahrbücher* à la suite d'une voyage d'études de trois mois financé par Henry Villard et encouragé par le ministre de l'agriculture de Prusse[214]. Après lui, les observations sur la réalité américaine n'évoluèrent plus guère, les auteurs se contentant de mettre à jour ses descriptions à l'aide de l'actualité parlementaire et législative. Les différents articles et ouvrages sur le sujet présentent donc tous le même plan : après avoir repris, de manière plus ou moins résumée, les propos de Schumacher, les auteurs évoquaient surtout les efforts des céréaliers russes, tout à la fois concurrents et fournisseurs de l'Allemagne. Ces derniers subissaient traditionnellement une décote de leurs céréales sur les marchés mondiaux à cause d'une propreté et d'un séchage insuffisants par rapport au blé américain et cette situation défavorable les avait poussés à adopter le système des silos dans quelques grands centres. Des tentatives identiques de transfert avaient été également faites, pour les mêmes raisons, en Inde, mais ce pays n'était guère connu que par la littérature anglaise et son cas n'était donc pas toujours traité. En revanche, l'Argentine – mieux connue des Allemands – se vit régulièrement consacrer quelques paragraphes, mais uniquement pour montrer *a contrario* que l'implantation du système dépendait de la qualité des infrastructures et de la modernité économique du pays.

Le débat sur l'imitation du système américain prit véritablement son essor en 1895. Après l'embellie du début de la décennie, due à de mauvaises récoltes, les agriculteurs voyaient de nouveau le prix du blé fortement baisser. L'*Antrag Kanitz* fut alors proposé au Parlement : il s'agissait d'instaurer un monopole d'État dans l'importation des céréales, ce qui aurait permis aux producteurs d'être protégés contre des prix trop bas[215]. La proposition provoqua de vives discussions, mais les arguments étaient surtout dirigés contre elle. Les dangers qu'elle impliquait paraissaient beaucoup plus probables que ses éventuels avantages. La liberté du commerce paraissait menacée si une telle logique était étendue à tout le commerce de grains et les consommateurs s'inquiétaient d'une mesure qui visait à tirer les prix vers le haut. Enfin,

---

214 Schumacher, Dr. Heinrich, « Das Getreidehandel in den Vereinigten Staaten von Amerika », in *Conrads Jahrbücher*, 3e série, vol. 10, 1895.

215 Toute cette discussion doit être replacée dans le contexte général du débat mené par les agrariens contre Caprivi et ses partisans : l'Allemagne devait-elle se définir comme un État industriel, à la manière anglaise ou conserver une agriculture capable d'assurer son autosuffisance, au prix d'un surcoût économique ? Voir Barkin, 1970, et les derniers chapitres d'Achilles, 1993.

les analystes comme Schmoller critiquaient une réforme qui avantageait surtout les grands propriétaires de l'est de l'Elbe, déjà favorisés par des tarifs ferroviaires préférentiels qui leur permettaient de déverser leurs produits sur les marchés de l'ouest et du pays, et dont les compétences agronomiques étaient par ailleurs mises en doute.

Ce débat fut surtout l'occasion pour le comte von Grass-Klanin[216], membre de la chambre haute du Parlement prussien (*preussisches Herrenhaus*) de relancer ses idées sur la coopération en les adaptant au thème du jour dans sa brochure *Kornhaus contra Kanitz*, parue en 1895. Son argument était que la racine du mal n'était pas les importations mais les bénéfices que gagnaient les intermédiaires au détriment des fermiers. La solution consistait donc à organiser des coopératives de vente de céréales qui permettraient aux agriculteurs indépendants de profiter eux-mêmes des prix du marché. Sering avait déjà évoqué l'idée de coopérative à propos des *Elevators*, mais pour opposer les deux systèmes : le système américain permettait en effet à l'agriculteur d'être un acteur actif sur le marché – avec les risques inévitables que cela impliquait – alors que Sering cherchait d'abord à le protéger de l'action des intermédiaires. Le projet de Grass-Klanin était donc novateur et confirmait les changements qu'avait connus le mouvement coopératif depuis la mort de Raiffeisen[217]. Ce dernier s'était en effet refusé à orienter ses coopératives dans cette direction, la considérant coûteuse et risquée, et impliquant une certaine acceptation des règles du capitalisme[218]. Il estimait que de tels projets nécessitaient une forme d'organisation différente de celle des coopératives de crédit. C'est après sa mort en 1888 que le mouvement coopératif s'engagea dans la voie commerciale, d'abord pour acheter en gros des engrais et des semences, ce qui permettait aux petits exploitants de les obtenir à un coût moindre et à une qualité garantie. Contrairement à Raiffeisen, ses successeurs ne considéraient pas les coopératives comme un moyen privilégié de revivifier les liens de la communauté villageoise, mais avant tout comme un instrument de profit, et les articles de la presse coopérative appelaient désormais le fermier à penser comme un entrepreneur[219], faisant écho aux remarques répétées des observateurs des États-Unis, qui soulignaient que l'agri-

[216] Leo Graf von Grass-Klanin (1832-1917). Propriétaire terrien, ses premières publications sur le sujet remontent à 1889, avec son livre *Der Kornhandel in nordöstlichen Deutschland und seine Verkehrsverhinderungen*. Auguste Souchon le considérait comme « l'un des hommes les plus dévoués à la coopérative agricole sous toutes ses formes ».

[217] Auguste Souchon releva que le thème des coopératives de vente était présent au congrès général des coopératives agricoles depuis 1890, mais que le tournant ne fut réellement pris qu'en 1893. Souchon, 1903, p. 36.

[218] Peal, 1988, p. 254.

[219] *Ibid.*, p. 263.

culteur était avant tout un *businessman*[220]. Au-delà de la polémique née de la proposition de Kanitz, l'idée de Grass-Klanin trouva un écho durable parce que, dès la fin des années 1890, un contexte économique désormais favorable aux produits agricoles encouragea le désir des agriculteurs de s'adapter au capitalisme pour profiter des avantages du marché : il fallait pour cela utiliser le poids des coopératives pour vendre les récoltes de céréales, selon un procédé déjà rodé chez les viticulteurs. Le succès des coopératives de crédit incitait à développer cette forme qui paraissait, au même titre que les associations de paysans, permettre aux agriculteurs indépendants de se prendre en main et d'affirmer leur autonomie face aux autres acteurs économiques.

Comme pour le *Homestead*, la référence américaine fut surtout utilisée par les adversaires du projet allemand, qui dénoncèrent en particulier le danger de spéculation qui guettait les petits exploitants tentés de parier à la hausse. Ce discours avait d'autant plus de chances d'être entendu qu'il s'intégrait parfaitement aux discussions sur l'accès au crédit des fermiers qui se prolongèrent jusqu'au début des années 1890, mais aussi aux débats au cours de l'enquête sur la Bourse de 1892[221], qui virent plusieurs commentateurs dénoncer le danger qu'il y avait à laisser des femmes de chambre ou des cochers boursicoter. Là où certains considéraient que le producteur ne pouvait survivre qu'en ayant accès directement au marché à la fois pour mieux répondre aux exigences nouvelles de celui-ci et pour tirer des bénéfices plus importants, la majorité des organisations agraires officielles estimaient que ce système allait transformer le paysan en spéculateur. Cet argument reprenait l'idée qu'il fallait surtout protéger les petits paysans contre des instruments financiers au maniement trop complexe. Il était donc parfaitement d'actualité au moment où les *Kornhäuser* apparurent dans les discussions. Ruhland, président du *Bund der Landwirte* s'appuya sur son expérience américaine pour critiquer l'idée que le reçu ne soit pas simplement un titre de propriété sur la récolte confiée à la coopérative, mais un moyen de paiement et le *Deutsche Landwirtschaftsrat* se prononça contre la légalisation d'un système de warrant. Cette hostilité pouvait s'expliquer par la volonté de ces instances de ne pas développer une concurrence interne pour les grands exploitants est-elbiens. C'était à eux de se charger du marché international, tandis que les fermiers devaient satisfaire les besoins des marchés locaux. À ce premier motif s'ajoutait l'espoir toujours présent – qui sous-tendait la proposition Kanitz – de pouvoir contrôler l'évolution des prix sur le marché national. Or, les défenseurs de l'introduction des warrants considéraient

[220] Böhm, 1898, p. 15.

[221] Grass-Kanitz fit d'ailleurs partie de cette commission d'enquête à titre d'expert agricole.

qu'un de leurs avantages était de favoriser le commerce international en égalisant les prix à un niveau international.

Pour des raisons différentes, le grand commerce s'opposa également à l'introduction du système américain : il avait profité de l'interdiction du marché à terme pour les céréales pour prendre en charge l'approvisionnement d'une grande partie de l'ouest du pays grâce aux importations[222]. Enfin, le camp des adversaires des silos put aussi compter sur certains représentants du mouvement coopératif, tenants de la vision traditionnelle de leur organisation. Ainsi, l'*Allgemeines Verband der landwirtschaftlichen Genossenschaften* affirma également sa méfiance à l'égard des nouveaux instruments financiers et se déclara totalement satisfait par le système de prêt sur gages (*Lombardierung*) pratiqué. Allant beaucoup plus loin, le directeur du *Verband der rheinpreussischen landwirtschaftlichen Genossenschaften* n'hésita pas à déclarer que le système des silos était « la malédiction de l'agriculture américaine » et que les fermiers américains « se sent[ai]ent les esclaves des sociétés des silos »[223]. C'était réaffirmer l'idée que le but des greniers gérés par les coopératives n'était pas de spéculer à la hausse, mais, modestement, de façon décentralisée, de satisfaire les besoins locaux et régionaux en céréales, avant d'essayer d'écouler les éventuels surplus sur des marchés plus lointains en profitant de la demande[224].

Comme le remarqua Otto Böhme[225], toutes ces critiques se nourrissaient de l'écho des mécontentements américains qui se développèrent dans les années 1892-1893 et qui furent étudiés par Heinrich Schumacher[226] : de nouveau, les plaintes populistes permettaient de trouver à bon compte les arguments nécessaires à la critique du système américain. S'y ajoutèrent certains scandales relatés outre-Atlantique dans la presse et qui renforçaient l'image de capitalisme sauvage qui semblait

---

222 Leonhard, 1906, p. 27. L'auteur citait des firmes installées à Duisberg, Mannheim et Ludwigshafen et souligna que cette évolution avait été plutôt désavantageuse pour les producteurs est-elbiens.

223 Crüger, 1896, p. 32.

224 Voir Danoff, 1902, p. 16, pour un compte-rendu fidèle des positions du moment.

225 Böhm, 1898.

226 Un des principaux points de sa démonstration consista à montrer que le développement des *warrants*, loin d'encadrer le marché à terme, avait au contraire favorisé la démocratisation de la spéculation en dématérialisant la vente de céréales, réduite à de simples coupons, purs objets financiers, et en faisant croire au petit spéculateur qu'il était protégé par des garanties. Schumacher, Dr. Heinrich, « Die Getreidebörsen in den Vereinigten Staaten von Amerika », in *Conrads Jahrbücher*, 3e série, vol. 11, 1896, p. 176. Il considérait cependant que le marché à terme aux États-Unis présentait juridiquement des ressemblances non négligeables avec ce qui se passait en Allemagne.

régner aux États-Unis[227]. Enfin, le développement progressif d'un système coopératif par le mouvement des *Granges* paraissait prouver que les petits fermiers américains s'étaient rendu compte des inconvénients de leur situation. Contre la monopolisation des *Elevators* par des sociétés achetant à bas prix les récoltes qui leur étaient confiées grâce à des manipulations des cours de la bourse, ce furent 500 *Elevators* indépendants qui furent été progressivement créés pour approvisionner les marchés locaux[228].

Les défenseurs des *Kornhäuser* eurent systématiquement tendance à ne traiter les États-Unis que comme un exemple parmi d'autres et non le modèle d'une évolution unique, même s'ils soulignaient que les pratiques américaines s'étaient petit à petit réformées[229]. Parmi ces partisans, on trouvait en minorité des libéraux, attachés à l'aspect financier de la réforme comme un moyen de moderniser les campagnes par l'uniformisation des productions, la rationalisation des échanges grâce à la suppression de la chaîne d'intermédiaires et le développement de la circulation des capitaux par le développement du marché à terme. On trouve cette position se trouve au début des années 1890 – et elle fut dénoncée par Heinrich Schumacher – mais aussi dans les années 1910 : ses représentants eurent surtout beau jeu de critiquer l'usage extensif du terme « spéculation » par leurs adversaires[230] et de façon plus générale de produire les réfutations économiques des craintes exprimées sur l'avenir de l'agriculture dans de telles conditions[231].

---

227 Les *Münchener Neueste Nachrichten* rapportèrent, à l'été 1905, le scandale qui touchait le bureau des statistiques pour le coton et le tabac au ministère de l'agriculture de Washington : les chiffres de la production avaient été manipulés au profit de certains spéculateurs. Cette affaire encourageait les adversaires des marchés à terme à dénoncer une information sur les blés qui dépendait des États-Unis alors que son influence sur les différentes bourses internationales était immense. Voir Leonhard, 1906, p. 22.

228 Voir Wygodzinski, 1890-1897, p. 175-181. Outre ce thème, on peut trouver quelques allusions à un abandon, dans certains états comme le Minnesota ou l'Iowa, des pratiques du transport en vrac et au retour aux sacs de blé « suivant le modèle européen ».

229 L'exemple de réforme le plus fréquemment donné à la fin du XIXe siècle était le *Country Warehouse Act* voté le 1er août 1893 dans le Minnesota, qui considérait tous les *elevators* présents sur les chemins de fer comme des établissements publics, soumis à la surveillance de l'État, en particulier pour vérifier la justesse des évaluations dans la qualité des blés apportés par les fermiers. Ceux-ci se voyaient également offrir la possibilité de vendre leur récolte à d'autres bourses grâce au système de certificats mis en place.

230 Leonhard, 1906, p. 55.

231 A. Adler ironisa ainsi sur les « prophéties » apocalyptiques de E. Richter, auteur de *Öffentliche Lagerhäuser und Warrant-Agiotage in ihrem Einfluss auf Produktion und Handel*, 1888, dans son article « Lagerhäuser », *Handwörterbuch der Staatswissenschaften* (Adler, 1909-1911).

Le plus important restait le groupe de ceux qui cherchèrent concrètement à implanter un système de *Kornhäuser* en Allemagne. Leur projet différait de l'exemple américain sur deux points essentiels. Tout d'abord, ils étaient nombreux à souhaiter réserver une place à l'État[232]. Celui-ci devait financer la construction des greniers auxquels les agriculteurs pourraient confier leur récolte, et qui se chargeraient de la vente au moment le plus favorable. Face aux critiques qui voyaient dans ce soutien une aide supplémentaire apportée au monde agricole au détriment des autres milieux économiques, les défenseurs de l'idée esquissaient le parallèle entre les greniers et les chemins de fer ou la poste, dont seul l'État était le propriétaire légitime. Cette demande rencontra souvent un écho favorable dans l'administration et, en Prusse comme en Bavière, des projets furent développés pour créer des greniers près des gares et des ports fluviaux. Cet accueil positif s'expliquait par l'idée que les greniers constituaient un « petit moyen » – par opposition avec la politique douanière – pour améliorer la situation des producteurs céréaliers. À partir de ce constat commun, les modalités de mise en œuvre différèrent : la Prusse choisit de construire elle-même les équipements qui furent ensuite loués à la coopérative, tandis que la Bavière se borna à multiplier les facilités financières pour favoriser la construction des greniers et s'appliqua surtout à trouver un débouché aux céréales ainsi stockées, grâce en particulier aux commandes de l'intendance militaire[233].

Cette aide de l'État s'intégrait dans une réflexion sur le sens du mouvement coopératif : le seul but légitime d'une réforme des structures de stockage des céréales était la rationalisation de la façon dont le blé devait parvenir aux consommateurs[234], à la condition qu'un prix « normal » soit atteint pour vendre de façon mesurée. Les coopératives chargées de la gestion des nouveaux greniers devaient donc considérer l'intérêt de l'agriculteur comme celui du consommateur, car, étant subventionnées par l'État, elles devaient se mettre au service du bien commun. D'un côté, elles s'employèrent donc à proposer des prix favorables aux agriculteurs, d'autant que ceux-ci n'étaient nullement obligés de leur vendre leur production. De l'autre, elles devaient s'interdire la possibilité de s'organiser en cartel pour influencer à la hausse les prix. La recherche d'un tel équilibre ne résista pas à la réalité.

---

232 En 1893, le Minnesota, avait cherché à créer à Duluth un grenier appartenant à l'État, en accord avec les réclamations de la *Farmers' Alliance* mais ce projet s'était rapidement heurté à des objections constitutionnelles.

233 Sur les réticences des mouvements coopératifs face à l'engagement financier de l'État, voir Crüger, 1896, p. 39. Sur le financement de la construction de greniers par la Prusse, voir Böhm, 1898, p. 79.

234 Danoff, 1902, p. 56.

Les greniers eurent les plus grandes peines à s'imposer : trop peu nombreux, n'attirant que 5 % de la production de blé allemande, dirigés par des hommes qui n'avaient pas de compétences en gestion, beaucoup furent très vite au bord de la faillite, alors même que certains s'efforcèrent de faire le vide autour d'eux[235]. La faiblesse de ce système résidait dans le fait qu'il se concentrait sur l'institution à créer – la coopérative – beaucoup plus que sur les acteurs individuels qui devaient la faire vivre. Ces derniers recherchaient bien d'abord le profit, et n'hésitèrent pas à délaisser la coopérative dès lors qu'un intermédiaire faisait une offre plus intéressante. La coopérative ne réussissait même pas à diriger le mouvement pour la rationalisation de la production. La multiplication d'achats de trieuses par le biais des associations déjà existantes[236] permettait de parvenir au même but : proposer directement aux clients un blé nettoyé et calibré.

À partir de 1905, les analyses se multiplièrent qui remarquaient que le succès des coopératives de crédit contrastait avec le manque de réussite des coopératives de vente de blé. La greffe américaine avait largement échoué parce qu'on avait voulu transformer des techniques agricoles et financières en un projet beaucoup plus ambitieux de transformation générale des circuits commerciaux des céréales. Les seules réussites – modestes – se trouvaient en Allemagne du sud, où les coopératives avaient réussi à s'assurer des débouchés grâce à l'intendance militaire[237]. L'échec relatif des *Kornhäuser* ne fut cependant que celui d'un certain projet. La fongibilité accrue du marché des céréales avait progressivement permis aux agriculteurs allemands d'offrir des garanties beaucoup plus sûres aux banques, conduisant celles-ci à pratiquer de façon plus large l'escompte sur la vente à terme des récoltes : là encore, plutôt qu'une solution originale, les tentatives de réforme fondées sur un modèle américain avaient surtout encouragé l'insertion progressive des agriculteurs dans les circuits économiques existants. Finalement, comme pour les machines agricoles, le recours à un modèle américain n'avait pas suscité la discussion, mais il était venu la nourrir en paraissant prouver que les fermiers indépendants pouvaient s'adapter aux exi-

---

[235] En 1903 à Halle, les dirigeants du *Kornhaus* ambitionnaient ouvertement de faire disparaître les marchands de céréales d'ici « cinq à six ans ». De tels propos suscitèrent naturellement l'ire de la chambre de commerce de la ville, qui pétitionna auprès du ministre du commerce. En réalité, l'entreprise fut en cessation de paiement peu après. Leonhard, 1906, p. 144.

[236] Wygodzinski, 1890-1897, p. 178.

[237] Voir le bilan tiré par le professeur Max Buhle dans l'article « Silospeicher » du *Lexikon der Gesamten Technik* édité par Otto Lueger, 2e édition, 1904-1920 : « On doit reconnaître que les silos agricoles allemands ne peuvent pas avoir d'influence sur le marché mondial et sur les prix mondiaux [...] mais pour le commerce local des silos bien gérés peuvent rendre de vrais services. »

gences nouvelles de l'économie et s'intégrer ainsi dans la vie économique nationale. Même si la démonstration fut contestée, les arguments qu'elle avait suscités encadrèrent les évolutions de l'agriculture dans les premières décennies du XXe siècle[238].

b. La culture des fruits

Le thème des *Kornhäuser* fit l'objet d'un débat qui aboutit à le germaniser pour plusieurs raisons. Il touchait à un secteur central de l'agriculture, investi par des groupes d'intérêts pourvus d'appuis politiques, et l'aspect technique de la commercialisation qui devait servir de modèle fut très vite parasité à la fois par les développements sur le crédit et la finance et par des thèmes sociopolitiques qui lui furent rattachés, comme les coopératives. Aucun de ces éléments ne se retrouvait dans le cas des fruits. Secteur secondaire, voire délaissé de l'agriculture, il ne faisait l'objet d'aucun enjeu idéologique ou économique, alors que son retard par rapport aux succès américains était particulièrement criant. Ceci explique que le modèle venu d'outre-Atlantique ait pu être proposé sans les habituelles réserves appelant à sa nécessaire adaptation aux conditions nationales. En même temps, même s'il s'appuyait sur le constat d'une concurrence américaine par le biais des importations, il n'était pas suffisant pour déclencher des réformes. La conséquence fut que le discours sur le modèle américain, sans les arguments contradictoires qu'un débat aurait pu apporter, se trouva réduit à la répétition, sans prise véritable sur les pratiques qui ne pouvaient l'assimiler sans discussions.

Le modèle américain pouvait se résumer en deux mots, professionnalisme et organisation. Ces thèmes se retrouvèrent, à dix-huit ans de distance, dans les ouvrages de Max Sering et de P. Jacob Schlösser[239] et puisaient leur origine dans le livre de Heinrich Semler, *Die Hebung der Obstverwertung und des Obstbaues nach den Erfahrungen durch die nordamerikanischen Konkurrenz*, publié en 1883. Les trois auteurs s'employèrent à montrer que la force des États-Unis résidait dans leur capacité à transformer ce qui était une activité d'appoint pour les paysans en une branche importante de l'industrie agro-alimentaire.

Comme dans la plupart des autres productions agricoles, les techniques mêmes n'étaient guère différentes de ce qui était pratiqué en Allemagne. Elles firent néanmoins l'objet de longs développements

[238] Le modèle américain de coopératives de vente du blé ne disparut pas complètement pour autant : dans son ouvrage de 1914, Max Augstin reprit fidèlement les analyses de Ferdinand Franz Matenaers dans son article « Genossenschaftlicher Getreideverkauf in Nordamerika » parues dans la *Deutsche Landwirtschaftliche Genossenschaftspresse*, n° 11, 1911.

[239] Schlösser, 1905.

dans les ouvrages des deux spécialistes[240] : P. Jacob Schlösser en particulier consacra le premier tiers de son livre à la description des cultures. Son livre mêlait en effet deux genres, celui du rapport de voyage d'études sur l'état de la concurrence, mais aussi celui de manuel pratique, car il était publié par une maison d'édition spécialisée dans les ouvrages d'agronomie directement utilisables par des agriculteurs indépendants. Le propos de Semler était moins descriptif : contrairement à Schlösser, il considérait encore que l'arboriculture allemande était en retard sur les Américains, et donna une série de conseils afin de rationaliser la préparation de la terre, la sélection des arbustes et leur protection contre les insectes[241] et les maladies. Comme Schlösser cependant, Semler considérait qu'il s'agissait davantage de développer et de systématiser ces pratiques que d'apprendre de nouveaux savoir-faire. La connaissance existait en Allemagne, c'était son application qui devait être encouragée, avec un rôle important dévolu aux serres (*Bauschulen*). La comparaison entre les deux ouvrages montre plus généralement qu'en un quart de siècle, l'arboriculture avait connu des progrès en Allemagne, mais que la systématisation de la production grâce à de grandes exploitations spécialisées dans la production de fruits faisait toujours défaut. Schlösser, comme son prédécesseur, opposa donc les vergers américains qui s'étendaient sur de grandes surfaces, avec leurs arbres parfaitement alignés, munis chacun de son étiquette, jeunes et fréquemment renouvelés, au « jardinage » pratiqué en Allemagne, où les arbres fruitiers étaient trop souvent considérés comme des éléments de décoration. Cette insistance sur la spécialisation explique que, contrairement aux débats développés autour de la mécanisation ou des *Kornhäuser*, l'accent ne fut pas mis ici sur la modernisation de la petite propriété indépendante mais bien plutôt sur l'importance des capitaux industriels pour développer une production à grande échelle.

Les explications que donnèrent les auteurs à ce succès de la production américaine insistaient sur l'absence d'avantages naturels des États-Unis[242]. Elles montrent surtout un clivage entre Semler d'une part, et Sering et Schlösser de l'autre. Semler, comme Rudolf Meyer, dont le livre sur la concurrence américaine était antérieur de deux ans, envisageait l'Allemagne de l'extérieur, comme une construction récente qu'il

240 Sering ne consacra que quelques modestes développements à la production, et en se fondant largement sur la littérature secondaire, principalement les ouvrages de Semler et de F. Heyer, *Obstbau und Obstnutzung in den Vereinigten Staaten*, 1886.

241 Dans l'ouvrage de Schlösser, ce thème fut le seul pour lequel l'auteur releva une différence notable avec les pratiques allemandes, notant le recours fréquent à des prédateurs pour se débarrasser des animaux nuisibles au lieu de se limiter aux moyens mécaniques ou chimiques connus en Allemagne.

242 Au contraire, « le climat [allemand] est sans aucun doute plus favorable que celui des États-Unis » pour la culture des fruits. Sering, 1887, p. 479.

était encore possible de transformer selon les nécessités du temps. Critiquant les orientations récentes de la politique allemande en faveur du protectionnisme ou les encouragements apportés au développement colonial, il appelait à la création de *Heimstätten* sur les terres à défricher, et à des réformes visant les grandes propriétés du nord de l'Allemagne[243]. À la différence de Meyer cependant, sa réflexion politique était relativement peu élaborée et se limitait aux grands thèmes qui circulaient dans certains milieux germano-américains. Le modèle qu'il présentait à ses lecteurs était avant tout psychologique : Semler souhaitait insuffler aux Allemands l'énergie, l'enthousiasme à entreprendre sans cesse des Américains[244]. Ce point de vue ne pouvait être partagé par Sering et Schlösser, experts dévoués du *Reich* et dont l'analyse portait sur les structures. L'importance de l'État fédéral, à travers son ministère de l'agriculture, fut donc de nouveau soulignée, en particulier sa capacité à centraliser les informations scientifiques pour l'amélioration de la sélection et la lutte contre les maladies et les insectes : Schlösser fit le rapprochement avec les efforts qui avaient été menés par ce même État pour améliorer de manière systématique le cheptel américain[245]. C'est cependant au rôle des milieux commerciaux que les deux auteurs consacrèrent leurs analyses les plus développées. Ils soulignèrent l'attention portée par les producteurs de fruits à la demande du marché grâce à la collaboration qui s'était établie entre eux et les commerçants pour mettre au point les meilleures variétés de fruits. Schlösser insista ainsi sur le fait que le succès américain ne reposait que sur quelques variétés réussies, quand les Allemands se complaisaient, d'après lui, dans les expérimentations faites pour l'amour de l'art qui conduisaient à multiplier à l'infini les variétés. C'est ce professionnalisme, présent à toutes les étapes de la fabrication et de la commercialisation, qui montre que l'enthousiasme des auteurs était lié à la création d'une véritable filière agro-alimentaire : même si le terme n'apparaît pas, Schlösser insista sur l'idée que l'arboriculture devrait prendre le même chemin que celui emprunté par l'élevage et l'industrie laitière.

Plus que la production, la commercialisation fut présentée en modèle aux Allemands à travers deux thèmes principaux, l'emballage et le stockage pour le transport et l'exportation – qui relevaient à la fois de l'innovation technique, de l'organisation du travail – et une réflexion sur

---

243 Semler, 1883, p. 31-32.

244 Semler, 1883, p. 19.

245 Il ne remarque donc pas le dédain de nombreux horticulteurs pour les recommandations faites par les instances publiques et universitaires concernant les maladies. Pourtant, ces cultivateurs préférèrent très longtemps utiliser leurs propres recettes maison plutôt que les pesticides chimiques, un choix malheureux d'après les spécialistes et les historiens. Voir Vaught, 1999, p. 49.

le marketing. L'aspect technologique fut surtout souligné au début du XXe siècle : Schlösser[246] par exemple récapitula les différentes innovations technologiques qui se développèrent dans les années 1880 en insistant sur la rapidité de leur développement : les entrepôts frigorifiques et les wagons réfrigérés, qui permettaient al conservation et le transport sur de longues distances de fruits frais mais aussi de viande, d'œufs, de beurre et de poisson, avaient été inventés au début de la décennie mais s'étaient répandus dans tout le pays en seulement quelques années. Ainsi, dans la troisième édition du *Handwörterbuch der Staatswissenschaften*, l'auteur de l'article « Lagerhäuser », signala comme une singularité américaine la présence, dans toutes les grandes villes, de ces entrepôts réfrigérés[247]. C'était donc bien le systématisme de l'organisation qui impressionnait les Allemands, et non une technique particulière pour laquelle ils ne possédaient aucun retard. Celui-ci semblait au contraire patent dans le domaine de l'emballage, qui recouvrait à la fois l'aspect technique[248] et l'aspect publicitaire.

Schlösser consacra de longs développements à ce thème, car il lui semblait essentiel pour expliquer le succès des fruits américains à l'exportation. En effet, l'auteur insistait sur l'absence de supériorité américaine dans la qualité des fruits. Pour lui, les Américains parvenaient à prendre aux producteurs locaux des marchés uniquement grâce à la supériorité de leur emballage. Son analyse se concentra sur les qualités techniques de celui-ci, qui permettaient par exemple aux prunes venues des États-Unis de remporter un succès éclatant sur le marché londonien dont l'apparente saturation avait pourtant découragé les envois des producteurs du Kent[249]. L'aspect publicitaire n'était en revanche guère présent dans sa réflexion, et l'auteur se contenta de mentionner la campagne faite en Allemagne à l'occasion d'un arrivage exceptionnel de 25 000 tonneaux de pommes à Hambourg, grâce à l'envoi de prospectus à travers tout le pays. Peut-être à cause de ses sources, Schlösser insista surtout sur les éléments qui rendaient le commerce des fruits américains une affaire sûre pour les importateurs de Hambourg : le mode d'emballage ne garantissait pas seulement la qualité du produit, il assurait également la quantité, puisque chaque tonneau était rempli de la même façon. Schlösser ignora en revanche les raisons de la consommation croissante et des préférences des acheteurs et se contenta d'expliquer l'utilisation des conserves par les maîtresses

246 Schlösser, 1905, p. 43 à 47.

247 Adler, 1909-1911.

248 Sering, par exemple, pourtant le moins disert des auteurs sur ce thème, revint à deux reprises sur l'excellence des *canneries* américaines, mais à cause de leur mise en pratique systématique de techniques que les Allemands connaissaient par ailleurs.

249 Schlösser, 1905, p. 56.

de maison américaines par leur goût pour la facilité[250]. Cette lacune est d'autant plus frappante que Semler, un quart de siècle plus tôt, insistait au contraire sur l'importance d'une présentation élégante. Ironisant sur une tendance allemande à mépriser les apparences sous le prétexte moral que seule la qualité intrinsèque du produit devait guider le choix du client, il insistait sur les succès remportés par les concurrents américains et français qui avaient su mettre en valeur leurs produits[251]. Ces différences témoignent en réalité de l'absence de discussion suivie : chaque expert se retrouvait relativement isolé et son analyse ne reflétait guère que ses propres préoccupations. Il n'y a donc pas eu de développement des analyses par accumulation progressive des connaissances et des réflexions sur le sujet.

Pour autant, ces différents écrits étaient tous dirigés vers une même conclusion : le système américain était-il adaptable à l'Allemagne ? La comparaison entre Sering, qui adoptait un point de vue général sur l'agriculture, et les deux experts, Semler et Schlösser, est révélatrice car le premier donna une réponse doublement négative. Non seulement la réalité américaine qu'il avait sous les yeux était transitoire, mais l'accroissement de la production allemande ne lui paraissait guère souhaitable. Face aux grandes exploitations irriguées de Californie[252], l'expert allemand appliquait sa grille de lecture habituelle pour annoncer la fin prochaine de ces grands domaines, qui devaient leur existence à la présence d'une main-d'œuvre chinoise bon marché. Cette vision stéréotypée, qui le conduisit par exemple à s'attarder sur l'évolution de l'Oregon, qui correspondait bien à ses schémas explicatifs, l'empêcha ainsi de relever pour l'expliquer l'existence, en Californie, de communautés de petits producteurs qui ont élevé leurs succès au rang de véritable mission culturelle[253].

Plus fondamentalement, Sering rejetait la possibilité pour les Allemands de suivre le chemin américain en arguant du fait que les débouchés en Allemagne même étaient très insuffisants pour envisager une production de fruits à grande échelle : produits de luxe comme le sucre – sujet très sensible à l'époque – ils étaient guettés par le même danger, la surproduction. Pour améliorer les revenus agricoles, il se

250 *Ibid.* L'auteur ne vit pas en particulier que les producteurs de fruits américains s'étaient livrés, à partir des années 1880, à une véritable campagne d'éducation destinée à persuader les consommateurs urbains de changer leur mode d'alimentation grâce à de multiples campagnes publicitaires.

251 Semler, 1883, p. 449-450. Douze ans plus tard, le premier attaché commercial allemand aux États-Unis, Carl Haller, revint sur ce problème de l'emballage dans des termes presque identiques : Haller, 1895. Voir chapitre 2.

252 Sering, 1887, p. 254-255.

253 Voir Vaught, 1999, p. 53.

contenta de souhaiter que les paysans allemands se débarrassent des différents intermédiaires pour, par le biais des coopératives, accéder directement au marché. En réalité, ce manque d'intérêt s'expliquait par sa méfiance envers des choix qui auraient risqué d'orienter l'agriculture allemande dans la voie anglaise de l'agriculture commerciale au détriment de la filière céréalière, jugée essentielle à la stabilité politique et économique du *Reich*.

Le contraste avec les conclusions de Semler et de Schlösser n'aurait donc pu être plus grand. Ces deux auteurs affirmèrent au contraire la nécessité de transformer l'arboriculture en grand secteur agricole afin de se substituer aux importations, mais aussi, surtout chez Semler, de développer le secteur à l'exportation, à l'image des Américains ou des Français. Dans les deux cas, la solution passait par une révolution dans le mode de production allemand. Semler resta cependant assez vague, et, malgré ses encouragements, ses exemples américains pouvaient d'autant moins être transposés en Allemagne qu'il ne précisait guère l'origine des capitaux investis dans les colonies agricoles qu'il décrivait, et qu'il mêlait les notions de société par actions et de *Heimstätten :* son analyse prenait en compte la nécessité, pour développer une industrie agro-alimentaire, d'attirer des capitaux importants, extérieurs à l'agriculture, mais en même temps, il demeurait fidèle à l'idéal du paysan indépendant, lié à sa coopérative, qu'il tenta d'être lui-même. En utilisant à la fois son expérience personnelle et ses observations, Semler reflétait donc les deux aspects de l'horticulture californienne de son temps, mais sans parvenir à les synthétiser en un modèle cohérent et utilisable pour l'Allemagne. C'est pourquoi l'ampleur de son ambition contrastait avec la modestie de ses recommandations finales, qui se résumèrent à encourager l'esprit d'entreprise chez ses anciens compatriotes.

L'ambiguïté sur la nature du modèle américain arboricole – la grande propriété ou la ferme indépendante – était au contraire absente de l'ouvrage de Schlösser, même si l'auteur prit quelques précautions. Il salua certes l'efficacité du système coopératif américain, mais il ne retint pas cette solution pour l'arboriculture allemande. Jugeant les premières tentatives, il considéra que les coopératives allemandes spécialisées dans ce secteur étaient forcément dépendantes de la production de petits agriculteurs qui n'avaient à proposer qu'une production de faible valeur[254]. Schlösser insista donc sur la nécessité de développer

254 La réussite des coopératives californiennes fut cependant encore soulignée dans le livre de Max Augstin, qui, comme Sering, s'appuyait largement pour ce thème sur des analyses de seconde main, en particulier celles de l'attaché agricole Kaumanns. Celui-ci voyait d'ailleurs curieusement dans ces coopératives la version contemporaine des corporations médiévales, ce qui leur enlevait tout caractère de modernité – à dessein ? Augstin, 1914, p. 52.

de grandes structures et sa préférence allait à de grandes sociétés pourvues d'un capital suffisant pour planter de façon rationnelle de vastes vergers, suivant très exactement l'exemple américain[255]. Il était en cela influencé par l'évolution constatée en Californie, où la production se concentrait de plus en plus dans la première décennie du XXe siècle, et où l'on pouvait même noter les débuts d'une concentration verticale, depuis les vergers jusqu'aux consommateurs[256]. Typique des ouvrages agronomiques du début du XXe siècle, sa justification se voulait strictement technique : la révolution des transports permettait désormais le développement de productions maraîchères loin des banlieues urbaines, où le prix du foncier n'avait cessé de croître, obligeant à la parcellisation. Il fallait donc profiter de cette possibilité pour choisir l'implantation non plus en fonction de la proximité du marché urbain, mais de la qualité du sol, à l'imitation des autres cultures, et de la possibilité de créer de grandes unités de plantations.

Malgré sa présence dans les différentes expositions universelles et l'existence de manifestations spécialisées, l'arboriculture demeurait un thème très secondaire au sein du secteur agricole allemand au début du XXe siècle. Évoquer un modèle américain servait donc à valoriser une branche négligée, à lui donner une importance et surtout une légitimité qui lui devait lui permettre de revendiquer une autonomie par rapport à d'autres secteurs et d'attirer des capitaux[257]. La façon dont s'y prirent les experts était-elle pour autant efficace ? Ils possédaient l'avantage de demeurer maîtres de la problématique, contrairement à ce qui se passait avec les *Kornhäuser*, et donc libres de rester sur le terrain solide de la technique. Les partisans d'une rationalisation de la production pouvaient donc espérer transposer à l'identique le modèle américain. Cependant, une telle approche technique ignorait les processus qui expliquaient les évolutions américaines. L'image que Schlösser présentait de l'arboriculture était faussée à la fois parce qu'elle était dépourvue d'histoire et parce qu'elle se réduisait aux seules questions techniques : alors même que l'auteur insistait sur l'importance de la partie commerciale, il n'arrivait pas à la décrypter, ignorant en particulier le rôle que la

255 La nécessité de grandes exploitations arboricoles était défendue en Allemagne en particulier par des représentants d'industries agro-alimentaires spécialisées.

256 Hurt, 2001, p. 237.

257 Une indication du faible intérêt porté à la question est la faiblesse des dossiers du ministère de l'Intérieur (R-1001) consacrés à la culture des fruits par rapport à d'autres secteurs agricoles : il existe le dossier 8285 consacré aux fruits en général, et le dossier 8305 sur leur culture dans les pays étrangers. Ce dernier est constitué principalement de documents sur les fruits en Afrique du Sud. Il possède par ailleurs quelques études sur les fruits tropicaux dans les colonies françaises ainsi que quelques éléments sur les fruits en Floride, principalement des documents officiels sur certaines espèces ou sur des maladies.

publicité avait joué, tant pour gagner des parts de marché que pour accroître ce marché.

C'est aussi pourquoi l'avantage apparent observé par rapport aux *Kornhäuser* se révéla un leurre. Se dispenser de toute considération sur les conséquences socio-économiques empêchait en réalité de réfléchir à la façon concrète d'appliquer le modèle étranger et aux moyens à mettre en œuvre dans le cadre particulier allemand. Dès lors, les recommandations étaient destinées à rester largement lettre morte.

C. Le modèle américain comme moyen de légitimation : l'agriculture coloniale

Le cas de l'agriculture coloniale tend à confirmer ce qui a été entrevu avec l'arboriculture : le modèle américain avait des chances de s'imposer là où les enjeux socio-économiques paraissent les plus faibles aux yeux du gouvernement comme des associations professionnelles nationales, c'est-à-dire dans les secteurs périphériques. Cependant, dans ce dernier cas, la référence aux États-Unis ne comblait pas simplement un vide ; les milieux agronomiques coloniaux l'utilisèrent aussi pour essayer de relancer l'intérêt général sur leurs projets, en profitant de la conjonction entre des problèmes sectoriels – la hausse des prix du coton au début du XXe siècle – et le développement du débat sur le « danger américain » dans l'industrie à la même époque.

L'agriculture coloniale était, au début du XXe siècle, à la recherche d'une nouvelle légitimité mais aussi d'exemples de savoir-faire pour se développer. La colonisation rationnelle de l'empire allemand en Afrique est généralement datée de 1907, quand fut créé le poste de ministre des colonies du *Reich*, occupé par Bernhard Dernburg. Cette nouveauté était une conséquence de la révolte des Hereroes en 1903, provoquée en grande partie par la multiplication des abus à l'encontre des populations locales. Ce soulèvement, mais aussi la violence de sa répression, entraînèrent un conflit en 1906 entre le gouvernement de Bülow et le *Reichstag :* ce dernier refusait de voter une aide financière pour venir à bout de la rébellion et critiquait les actions du bureau des colonies[258]. 1907 représenta cependant aussi l'aboutissement des efforts entrepris par la *Deutsche Kolonialgesellschaft*, en perte de vitesse au tournant du siècle, pour relancer l'adhésion au projet colonial en défendant une vision économique moderne des colonies, et surtout en s'appuyant systématiquement sur des comparaisons internationales. Une manifestation de ces efforts fut la fondation de la revue *Tropenpflanzer* en 1896, organe du Comité économique colonial, qui prit réellement son essor à

---

[258] Voir la mise au point en français de Chantal Metzger (Metzger, 1994).

partir de 1900. Dans son éditorial pour la nouvelle année[259], le rédacteur en chef de la revue reconnaissait indirectement que le sujet des colonies n'intéressait plus guère que les milieux directement concernés, fonctionnaires, planteurs ou spécialistes de l'agriculture tropicale. La solution proposée pour renverser cette tendance était d'accélérer la modernisation de l'agriculture coloniale afin de rompre définitivement avec les pratiques de *Raubbau*. Pour cela, le meilleur moyen lui paraissait être d'ouvrir sa revue à toutes les expériences menées dans les autres colonies européennes et plus généralement à l'étranger, que ce soit par le biais de comptes-rendus de missions financées par le comité économique colonial, par les articles écrits par les Allemands installés sur place, ou, plus simplement encore, par des revues de presse systématiques des publications étrangères spécialisées dans ce domaine. Ainsi, afin de compenser l'étroite base de soutien sur lesquelles les idées coloniales pouvaient compter en Allemagne, le rédacteur du *Tropenpflanzer* élargissait ses préoccupations au monde entier.

Il existait une autre justification à cet intérêt pour les exemples étrangers, prise dans la récente histoire de l'économie allemande. En effet, les demandes d'aide émanant des milieux coloniaux s'appuyèrent alors sur des comparaisons avec les conditions qui avaient permis le développement industriel allemand[260]. Lors du congrès colonial de 1902[261], Ferdinand Wohltmann utilisa cette référence pour réclamer des bourses qui permettraient aux étudiants se spécialisant dans l'agronomie tropicale de faire des voyages d'études dans des colonies étrangères en Indonésie, en Inde ou en Afrique du Nord, mais aussi en Amérique latine[262]. Le but de ce rapprochement était naturellement d'offrir à ses interlocuteurs l'espoir d'un succès aussi éclatant que celui remporté par l'industrie du *Reich*. Il est à noter cependant que le rappel des origines de cette réussite avait lieu à un moment où, précisément, l'industrie

---

259 Otto Warburg, « Zum neuen Jahr », in *Tropenpflanzer. Zeitschrift für tropische Landwirtschaft (mit wissenschaftlichen und praktischen Beiheften). Organ des Kolonial-Wirtschaftlichen Komitees*, vol. 4, n° 1, janvier 1900, p. 1-6. Otto Warburg était l'éditeur de cette revue avec Ferdinand Wohltmann.

260 Marin, 2005, p. 3-16.

261 Ce congrès organisé à l'initiative du président de la *Deutsche Kolonial-Gesellschaft* pour réunir les différentes associations et instituts « intéressés par les colonies à un titre ou à un autre » est un autre exemple des efforts entrepris pour intégrer plus profondément le thème de l'empire colonial dans les réflexions générales.

262 « Comme l'industrie il y a 50 ou 60 ans envoyait à l'étranger des jeunes gens zélés pour connaître l'industrie anglaise [...] nous devons aujourd'hui sans relâche envoyer des experts dans les colonies étrangères et fournir à des jeunes gens zélés des bourses et des aides au voyage afin d'acquérir l'expérience pratique et les méthodes éprouvées des autres colonies. » Wohltmann, Berlin 10 et 11 octobre 1902, publié à Berlin en 1903, p. 501.

soulignait sa maturité et prétendait s'émanciper des références étrangères : la réflexion de Wohltmann reflétait donc le désir que l'économie coloniale puisse succéder comme priorité nationale à un secteur industriel désormais prospère.

L'utilisation de l'expérience américaine par les milieux coloniaux s'inscrivit donc dans un réseau plus large de références parmi lesquelles on trouve les colonies anglaises, néerlandaises et françaises, mais aussi l'Amérique latine. Cette dernière référence était particulièrement importante pour les agronomes allemands, dont beaucoup, devenus spécialistes de l'agriculture coloniale, s'appuyaient sur des études faites dans les pays tropicaux américains[263]. Cette familiarité s'expliquait moins par la similitude des conditions géographiques avec les colonies africaines que par l'importance de la présence allemande en Amérique latine. Les années 1880 et le début des années 1890 avaient même vu se développer des projets de colonies au Brésil soutenus par « des hommes d'État influents, des professeurs d'université, des sociétés coloniales et une grande partie de la presse »[264]. Même si au début du XXe siècle ces idées étaient largement abandonnées, les capitaux allemands continuaient à affluer dans la région, attirés par les matières premières nécessaires à l'industrie allemande.

Le thème de l'imitation américaine trouvait en partie ses origines dans ces milieux scientifiques et diplomatiques qui cherchaient à mettre en valeur leurs connaissances en les utilisant pour la prospérité allemande. Outre les agronomes, on note le rôle des attachés agricoles allemands aux États-Unis ou des consuls – comme celui de Galveston – soit pour trouver les experts américains demandés par Berlin, soit pour encourager le développement de cultures tropicales comme les bananes dans les colonies africaines allemandes au vu de la demande pour les produits sud-américains exprimés par les importateurs allemands. Scientifiques et diplomates trouvèrent un public favorable chez les industriels du coton, qui se chargèrent du financement annuel des projets de développement de cette culture dans les colonies africaines, et intercédèrent non moins régulièrement auprès de l'administration pour que les efforts soient poursuivis, même après que les premiers résultats se furent révélés très décevants[265]. Ces entrepreneurs étaient particulière-

---

[263] C'était le cas entre autres de Heinrich Semler, Ernst von Halle, dont le livre sur le coton aux États-Unis était souvent cité dans les bibliographies de l'époque, Ferdinand Wohltmann ou Hermann Paasche. Halle, 1895.

[264] Aaron A. Sargent, ambassadeur des États-Unis en Allemagne en 1883, cité par Schoonover, 1998, p. 82. Sur les efforts poursuivis dans ce sens au début du XXe siècle, voir également Fiebig-von Hase, 1986, p. 197.

[265] L'association la plus motivée et la mieux organisée était le *Verein Süddeutscher Baumwollindustrieller*, qui contribuait pour 85 000 marks annuels au développement

ment sensibles au thème du « danger américain » car ils subissaient la hausse régulière des prix du coton depuis 1900, qu'ils attribuaient à des spéculations américaines pour se réserver cette matière première. De plus, ils ressentaient la nouvelle concurrence exercée par les textiles que les États-Unis exportaient de plus en plus en lieu et place du coton.

Un quatrième milieu a pu avoir un rôle de passeur et apporter son soutien à l'idée d'un transfert de savoir-faire des États-Unis vers les colonies africaines allemandes, celui des églises protestantes : le synode luthérien américain possédait alors une *Neger-Mission* dont le but était de favoriser l'éducation des Noirs, condition préalable nécessaire à ses yeux pour une émancipation réussie. Ces efforts étaient connus en Allemagne en raison des liens étroits que les Luthériens américains entretenaient avec l'Allemagne. Une illustration de ces contacts est donnée par l'itinéraire d'Hermann Gerhard, Allemand émigré aux États-Unis dans les années 1890, où il devint pasteur et se fit naturaliser. À la demande de sa communauté, il revint en Allemagne pour son doctorat, soutenu à Heidelberg en 1903[266]. Sa thèse reflétait la position des milieux missionnaires américains à l'époque : la fin de l'esclavage a été un bienfait pour l'ensemble de l'économie du sud des États-Unis car le Noir, devenu un homme libre et progressivement éduqué, a pu contribuer au développement de la région. Cette idée ne pouvait que conforter les efforts des missionnaires allemands qui, à l'époque, avaient ouvert un certain nombre d'écoles agricoles pour les indigènes avec l'appui du gouvernement.

L'action de ces milieux serait cependant restée très limitée et surtout éparpillée sans le débat sur le « danger américain », qui se développa entre 1898 et 1904 en Europe et surtout en Allemagne. Grâce à lui, les milieux colonialistes purent dramatiser une conjoncture effectivement mauvaise[267] et reconquérir l'intérêt de l'opinion publique et du pouvoir

---

de la culture du coton dans les colonies allemandes. Suivaient la Rhénanie et la Westphalie, qui versaient 58 000 marks et la Saxe, dont la contribution s'élevait à 55 000 marks. Surtout, en 1907, à la suite d'un appel du comité économique colonial pour le financement d'une compagnie du coton africaine, l'Allemagne du sud avait versé 220 000 marks sur un total de 274 000 marks. D'après le comité, les différences entre les régions s'expliquaient par le degré plus ou moins grand d'organisation des industries cotonnières. Voir Innern, R-1001, dossier 8253, Reise des Staatssekretärs Dernburg nach Nordamerika zum Studium der Baumwollkulturen, 8 septembre 1909.

266 Gerhard, 1903. L'intérêt de l'ouvrage tient à ce qu'il fut publié l'année suivante dans une collection grand public, *Angewandte Geographie*, dont le but était de populariser l'idée coloniale.

267 L'année 1900 fut marquée par une mauvaise récolte de coton qui entraîna une baisse des exportations et une forte augmentation des prix. Les tensions sur ce marché durèrent jusqu'au début des années 1910, encourageant l'extension de la culture du coton aux États-Unis jusque dans des endroits peu favorables.

en prouvant l'actualité de leurs efforts. Les discours colonialistes croisèrent alors trois arguments : le premier concernait l'idée d'autarcie qui s'était développée à la fin du XIXe siècle, avatar de certains discours agrariens sur la nécessité d'une économie autosuffisante, le deuxième concernait le danger que présentait la croissance de l'industrie américaine en absorbant de plus en plus de matières premières – coton et cuivre – auparavant destinées à être exportées vers les industries européennes[268]. Le troisième argument enfin se concentrait sur le thème strictement colonial des problèmes de main-d'œuvre et plus généralement des moyens à mettre en œuvre pour valoriser les colonies. C'est à l'intérieur de ce cadre où chaque argument renvoyait aux autres que les États-Unis finirent par apparaître comme la référence naturelle, et que le problème noir américain devint en particulier une source d'inspiration pendant quelques années.

L'intérêt des Allemands pour la question noire américaine était antérieur à la colonisation puisqu'il datait de la guerre de Sécession. Des auteurs conservateurs plutôt favorables au Sud insistèrent, dans les années 1870, sur les ravages qu'avait provoqués la fin de l'esclavage pour les populations noires livrées à elles-mêmes. Par la suite, les auteurs généralistes consacrèrent régulièrement quelques développements à ce problème, y voyant souvent le talon d'Achille de la jeune puissance américaine, soit parce que la population noire risquait d'« abâtardir » la population blanche, soit – hypothèse moins fréquente – parce qu'elle risquait, par son nombre, d'alimenter des troubles[269]. Au tournant du XXe siècle, ces réflexions allemandes reflétaient avant tout le débat qui s'était installé aux États-Unis sur le danger que pouvait représenter l'augmentation de la population noire, thème que l'on retrouve dans les ouvrages allemands sous la rubrique *Negerfrage*[270]. Les auteurs pouvaient avoir des profils assez différents,

---

[268] Cet aspect fut particulièrement souligné dans les milieux coloniaux et un bon développement de ce thème fut fourni dans le supplément de 1904 du *Tropenpflanzer* : Eberhard von Schkopp, « Die wirtchaftliche Bedeutung der Baumwolle auf dem Weltmarkte », p. 334.

[269] La première hypothèse fut retenue par Robert René Kuczynski dans son ouvrage *Die Einwanderungspolitik und die Bevölkerungsfrage der Vereinigten Staaten von Amerika* (Kuczynski, 1903). La seconde est présente par exemple dans le livre de Hugo von Knebel-Doeberitz, *Besteht für Deutschland eine amerikanische Gefahr ?* (Knebel-Doeberitz, 1904).

[270] Voir Dr. Hans Schwegel, vice-consul austro-hongrois à Chicago, *Über die neue deutsche Amerika-Literatur. Beitrag zu den ‚Beiträgen zum Verständnis Amerikas'. Sonderabdruck aus der Volkswirtschaftlichen Wochenschrift* (Schwegel, 1904) ; Sartorius von Walterhausen, « Negerfrage », in *Handwörterbuch der Staatswissenschaften*, 3e édition, 1911 ; Dr. Albert Haas, rédacteur en chef du *Berliner Börsen-Courier*, *Die Negerfrage in den Vereinigten Staaten von Amerika*,

spécialistes des États-Unis ou non, car la question ne demandait aucune expertise technique. Liée aux réflexions racistes du temps, le thème demeurait d'ailleurs présent dans les publications de quelques collections grand public bien après la faillite de son application dans le cadre d'une politique coloniale.

Quelles étaient les idées retenues par les Allemands ? Si l'on met à part les expressions du racisme le plus cru, un certain consensus se dégageait autour du refus de la ségrégation et de la nécessité de l'éducation. Pour ces différents auteurs, les Noirs ne pouvaient que profiter d'un commerce régulier avec les Blancs, qui leur présentaient le modèle à imiter. Celui-ci était celui du petit fermier ou de l'artisan consciencieux qu'une éducation soignée devait leur permettre de devenir, pour le plus grand bien de la moralité mais aussi du développement économique de leur région. Le discours sur l'avenir des Noirs rejoignait sur ce point les réflexions plus générales sur les bienfaits de la propriété indépendante. En témoigne Hermann Gerhard, qui peignit l'agriculture américaine figée dans un idéal de moyennes propriétés, telle qu'il l'avait connue pendant neuf ans dans le Nord-Ouest où il s'était installé. Critiquant le déclin moral qu'entraînait inévitablement l'existence de *latifundia*, il célébra les vertus du travail intensif de la terre, en-dehors de toute réflexion sur l'utilisation de moyens modernes de mise en valeur. Cette analyse faisait écho aux préoccupations des milieux colonialistes, qui, à la même époque, vantaient les mérites d'une petite propriété indigène. Elle devait permettre en effet aux populations locales de subvenir elles-mêmes à leurs besoins alimentaires, mais aussi de développer certaines cultures commerciales, au premier rang desquelles le coton. Celui-ci serait ainsi cultivé sur leurs parcelles comme dans de grands domaines pour lesquels les petits fermiers pourraient servir de main-d'œuvre d'appoint. C'était faire de nécessité vertu : les grandes plantations s'étaient mal développées faute de colons et la main-d'œuvre était insuffisante. Condamner le système latifundiaire au nom du nécessaire équilibre entre petites, moyennes et grandes propriétés[271] permettait à la fois de rompre avec des pratiques antérieures qui avaient échoué et de justifier ce changement en le rapprochant des préoccupations du jour sur la propriété indépendante.

Berlin, 1912, publié dans la collection *Volkswirtschaftliche Zeitfragen ;* Moritz Schanz, *Der Neger in den Vereinigten Staaten*, 1911.

[271] Freiherr von Herman (Herman, 1903), p. 510. L'auteur est le baron Beno von Herman auf Wain qui fut attaché agricole à l'ambassade du *Reich* à Washington dans les années 1890, ce qui lui permit de signaler Booker Washington à la chancellerie en 1895. Voir Zimmerman, 2007, p. 316

Le « danger américain » fut donc l'occasion[272] de plusieurs expérimentations pour développer une culture moderne du coton qui puisse répondre aux besoins de l'industrie textile allemande. Le Togo fut d'abord choisi car cette colonie avait déjà fourni du coton au moment de la guerre de Sécession. Or précisément, le redémarrage de la production américaine avait mis fin à cette production qui se révélait non compétitive, tant par sa qualité que par ses prix. La première étape consistait donc à améliorer les semences locales en les croisant avec des graines américaines : on espérait garder la robustesse des premières tout en acquérant la qualité des secondes. L'ambition affichée était cependant beaucoup plus générale car les experts engagés dans « l'expédition du coton au Togo » entendaient faire un bilan général de la rentabilité de la culture en prenant aussi en compte l'ensemble des coûts dont ceux de transport.

Une des idées principales du projet fut d'utiliser le savoir-faire américain grâce à l'embauche de spécialistes noirs ayant fait leurs études à la *Tuskegee Normal and Industrial Institute for the Training of colored young men and women*[273]. Sans avoir de traces sur la naissance de cette idée, on peut avancer deux éléments pour expliquer ce choix. La célébrité du directeur de l'école, Booker T. Washington, datait de 1895[274], année de l'*Atlanta's Cotton States and International Exposition.* Cet événement marqua les observateurs américains et étrangers car il signalait la renaissance du Sud. Booker T. Washington déclencha l'enthousiasme des foules – majoritairement blanches – en proposant pour les Noirs un modèle de développement qui leur permettrait d'acquérir leur autonomie économique dans le cadre d'un modèle de petit fermier indépendant et conservateur, éloigné des querelles politiques. Même si sa position fut par la suite régulièrement attaquée par certains responsables noirs américains, qui y voyaient un recul inutile sur les droits politiques, Booker T. Washington attira vers ses idées des publics très divers, missionnaires américains, colonialistes européens mais aussi nationalistes africains voire modernisateurs japonais[275]. Aussi bien les missionnaires allemands que les milieux économiques représentés au comité économique colonial ou les milieux diplomatiques en

[272] Une tentative infructueuse avait été faite en 1889 : Bismarck lui-même avait demandé aux diplomates allemands en poste aux États-Unis de trouver sur place un spécialiste de la culture du coton d'origine allemande afin de réaliser une expertise au Togo. Personne cependant n'avait pu être trouvé, et en 1890, c'est un Allemand ayant dirigé plusieurs plantations de coton à Samoa qui avait été retenu, un choix qui se révéla peu judicieux. Voir Erbar, 1991, p. 130 et *passim*.

[273] Pour une bibliographie complète sur le sujet, voir Marin, 2010, p. 129-154.

[274] Voir Ayers, 1992, p. 322-326.

[275] Voir Harlan, 1983, p. 266.

poste à Washington avaient donc pu prendre connaissance de ses idées[276]. Il semble que l'attaché agricole à l'ambassade allemande, le baron Beno von Hermann auf Wain servit d'intermédiaire au comité pour les négociations avec Booker T. Washington[277]. Cependant, c'est bien d'Allemagne qu'était venue la demande initiale de bénéficier de l'expertise américaine et en ce sens, étant donnée la popularité de Booker T. Washington en Europe même on peut aussi parler d'un phénomène de mode, à condition de se rappeler le contexte beaucoup plus large qui permit à cette idée de se concrétiser. Le modèle de Tuskegee présentait des attraits importants, rappelés par Moritz Schanz quelques années plus tard[278] : la discipline qui y régnait était quasi-militaire, les élèves habitués à des conditions de vie simples et formés aux métiers de fermier ou d'artisan grâce à un enseignement alliant constamment théorie et pratique, de sorte que l'école pouvait prétendre à une large autosubsistance. Les Allemands ne cherchaient pas cependant à recréer une telle institution au Togo, mais beaucoup plus modestement à profiter de ses réalisations. Ils demandaient la venue, pour un an, de deux planteurs et d'un mécanicien, à des conditions financières avantageuses. Comme il s'agissait de jeunes gens sortis récemment de l'école, on leur adjoignit, à la demande des Allemands, un homme de quarante ans, professeur à Tuskegee, James Calloway[279].

Les préoccupations originelles de chaque partie montrent à quel point les véritables difficultés furent mal analysées. Booker T. Washington avait explicitement recommandé aux Allemands de ne pas commettre au Togo la même erreur que dans le Sud américain, sacrifier l'agriculture de subsistance à la monoculture du coton. Du côté allemand, on s'inquiétait surtout de la capacité des Américains à trouver leur place, entre l'autorité à acquérir face aux populations locales et « *the necessary respect towards the German government officials* ». Plus généralement, là où l'Américain voyait d'abord une occasion d'éduquer les Africains, les Allemands se concentraient sur le projet économique[280]. Or le principal problème se révéla être l'inadaptation des méthodes américaines à un contexte africain. Les quelques machines amenées par les experts de Tuskegee ne purent toutes être amenées à la station d'expérimentation, faute de moyen de transport adéquat, et les

276 En revanche, le fait que Paul Warburg fasse partie du conseil d'administration n'impliquait pas une influence dans le recours aux anciens élèves de l'école.

277 Beno von Herman auf Wain à Booker T. Washington, 3 septembre 1900, dans Harlan, Smock, 1977, p. 633-636.

278 Schanz, 1908b.

279 Outre Calloway, ce premier groupe compta Allen Burks, Shepherd L. Harris le mécanicien et John W. Robinson.

280 Ce projet avait aussi pour certains un aspect politique. Zupf, 1900, p. 270-275.

animaux de trait furent la proie des maladies. On dut donc utiliser la force humaine – soit quatre hommes – pour la charrue et trente-six hommes pour l'égreneuse[281]. Ceci explique les accents désappointés des experts américains dans leurs lettres, soulignant à la fois les difficultés dues à l'environnement, cause de multiples maladies, et les problèmes pour former une population réticente. Mais tandis que James Calloway y trouva une raison supplémentaire pour son « travail missionnaire », Shepherd Lincoln Harris exprima sa déception devant la récolte décevante, le manque de moyens et les conflits de personnes, ainsi que sa hâte de rentrer aux États-Unis. En réalité, les difficultés s'accumulèrent : le croisement avec des semences américaines produisit un abâtardissement des graines locales, et la faute en fut rejetée sur les experts américains. Deux autres anciens élèves de Tuskegee dont la présence au Togo était attendue au printemps 1902 se noyèrent à leur arrivée. À l'automne de cette même année, il devint impossible finalement de trouver des volontaires pour partir dans les colonies allemandes, faute de conditions suffisamment attrayantes. Finalement, si John Robinson et James Calloway participèrent encore à la conférence sur le coton tenue le 31 mars 1903, Calloway retourna au début de l'année 1904 avec Burks aux États-Unis. Seul John Robinson tint à rester et on le retrouve participant à la commission d'inspection chargée de superviser l'école de culture du coton créée en février 1904 à Nuatja. Il mourut noyé au Togo en 1909.

L'appel à des spécialistes noirs avait été critiqué par certains dans les milieux coloniaux car ils remettaient en cause le monopole blanc sur la connaissance scientifique. C'est pourquoi deux autres spécialistes américains furent appelés à la rescousse dès 1903, qui étaient cette fois des Texans d'origine allemande[282] recommandés par le consul de Galveston. Leur expertise fut d'abord sollicitée pour juger une proposition du comité économique allemand qui suggérait de favoriser le transfert de fermiers noirs américains au Togo. Cette proposition s'appuyait sur une idée américaine car depuis le début du siècle, certains hommes politiques américains avaient émis l'idée d'organiser l'émigration massive de Noirs américains vers les Philippines nouvellement annexées, dont le climat était censé leur convenir[283]. Cela

---

[281] Ce que Booker T. Washington n'avait pas envisagé lors de la préparation du projet. Booker T. Washington à Beno von Herman, in Harlan, Smock, 1977, p. 639-642. La première récolte supervisée par les Américains se monta à 25 balles de coton.

[282] Ils arrivèrent en janvier 1904. Joseph Buvinghausen, né au Texas et dont la famille venait du Wurtemberg, eut encore un rôle important, même s'il succomba dès avril 1905 à la maladie. Il fut alors remplacé dans ses fonctions d'inspecteur par son associé G. H. Pape, qui resta en poste jusqu'en 1910.

[283] Gerhard, 1903, p. 116.

permettait tout à la fois de régler le problème démographique que constituait à leurs yeux la croissance de la population noire, tout en permettant une mise en valeur de cette nouvelle colonie américaine. Cette réflexion ne paraissait pas si absurde à une époque de grandes migrations et elle trouvait certains échos dans les préoccupations des Anglais, soucieux d'alléger la pression démographique de certains districts indiens en favorisant l'émigration des travailleurs dans d'autres colonies anglaises ou étrangères. Du côté allemand, cela correspondait à un thème exploré depuis quelques années dans certains milieux coloniaux, sur la possibilité d'importer de la main-d'œuvre pour mieux exploiter les colonies africaines[284] face aux problèmes de gestion des populations locales, perçues comme hostiles ou incapables. C'est l'Américain Buvinghausen qui découragea le projet, en soulignant à la fois son coût et l'inadaptation des fermiers noirs américains, habitués à utiliser la charrue et les animaux de trait, aux conditions très rudimentaires de l'agriculture africaine. Il insistait sur la nécessité de former les paysans togolais eux-mêmes, en éduquant leurs fils dans une école du coton. Munis de leur savoir-faire, ils étaient censés agir comme un levain pour répandre autour d'eux les techniques apprises. C'est le but de l'école de Nuatja, qui se révéla cependant un échec cuisant, car les élèves, de retour chez eux, revenaient aux pratiques traditionnelles, considérées comme plus utiles.

Après 1904, les réformes se poursuivirent pour essayer d'accroître les productions commerciales de la colonie, mais le modèle américain ne fut plus mis en avant : les références se multiplièrent au contraire, avec un accent mis sur les expériences françaises et surtout anglaises[285], considérées comme beaucoup plus proches. Sur le plan économique, les milieux coloniaux élargirent de nouveau leur intérêt aux autres productions commerciales, en particulier l'huile de palme ou le bois de construction comme le teck, pour lesquelles il n'existait pas de modèle américain. Ce reflux s'explique de différentes manières. L'échec des tentatives avait rendue sceptique l'administration représentée par les gouverneurs des colonies et l'affaiblissement du thème du « danger américain » en Allemagne même avait conduit à relativiser le mot d'ordre lancé du coton *als Kulturkampf*. Enfin, l'arrivée de Bernhard Dernburg à la tête du nouveau ministère des colonies correspondit à un changement d'approche dans le traitement du problème de main-

[284] Voir Schulte im Hofe, 1902, p. 580-586. Voir Tesche, 1975, p. 98-101.

[285] À partir de 1904, le gouvernement allemand refuse l'importation de graines américaines, fasciné par le succès du coton égyptien.

d'œuvre puisqu'il refusait de considérer les populations noires autrement que comme une force de travail au service de planteurs blancs[286].

Les années qui suivirent montrent donc un déclin progressif du thème du coton dans les préoccupations de l'administration malgré les efforts déployés par le comité économique colonial avec l'aide de représentants de l'industrie cotonnière pour raviver son intérêt. Ces derniers prirent appui sur les préoccupations qui s'exprimaient chez leurs homologues anglais et qui se manifestèrent lors de différents congrès internationaux du coton[287]. Les Américains furent accusés de manœuvres d'intimidation[288], alors que dans le même temps, Moritz Schanz[289], un des représentants du comité allemand pour le coton, visé par des attaques américaines, s'employa particulièrement, au cours des différents congrès, à défendre les efforts allemands en reprenant à son compte l'idée de modèle américain dans la formation des fermiers noirs. Cependant, ses différentes présentations[290] – qui s'apparentent davantage à des résumés qu'à des politiques susceptibles d'être mises en œuvre – montrent que ce discours n'influençait plus les pratiques. Il avait d'autant moins de chance d'être entendu à partir de 1907 que Bernhard Dernburg s'était donné comme but de professionnaliser autant que de rationaliser l'administration coloniale, en affaiblissant l'influence qu'avaient eu jusque-là les sociétés coloniales et leurs comités comme le Comité économique colonial[291]. L'administration prit la direction des

[286] Voir le compte-rendu acide que le *Brooklyn Times* fait du voyage de Dernburg dans le sud des États-Unis à la fin de 1909 sous le titre « *A German Bourbon. Herr Dernburg shows aristocratic narrowness* », Innern, R-1001, dossier 8253, janvier 1910.

[287] Voir Schkopp, 1904, p. 427-439. Sur la dimension européenne de ces influences, voir Marin, 2010.

[288] Voir « Le coton aux États-Unis », rapport de Moritz Schanz, Ve Congrès International Cotonnier, Paris, juin 1908. En réalité les menaces de restriction de la production ne furent jamais mises en application.

[289] Après une première carrière dans le commerce de gros à Rio de Janeiro, il se spécialisa dans les voyages d'études, en particulier comme représentant l'industrie textile de Saxe, titre avec lequel il dirigea en particulier la mission commerciale organisée sous l'égide du gouvernement allemand en Asie orientale en 1897.

[290] « La culture du coton dans les colonies allemandes », rapport de M. Moritz Schanz, VIIe Congrès International Cotonnier de Bruxelles, juin 1910. Il revint une fois encore sur l'idée d'amener des fermiers noirs américains dans les colonies lors du congrès suivant, à Barcelone, en mai 1911, l'année où il publia *Der Neger in den Vereinigten Staaten von Nordamerika*, hommage à l'œuvre de Booker T. Washington.

[291] Voir Innern, R-1001, dossier 8252, lettre de Moritz Schanz du 28 novembre 1907 adressés au *Reichskolonial Amt*. Schanz insistait sur la nécessité pour l'Allemagne de persévérer dans ses efforts et demandait à ce que son petit texte soit inséré dans les notices du *Deutschen Kolonialamt*, ce qui fut refusé. Ce dernier se contenta, dans les

fermes d'expérimentation qui avaient été créées par le comité grâce à des intérêts privés, et découragea le ministère des Affaires étrangères de chercher à recruter des spécialistes américains[292]. Après 1911, la baisse des prix du coton poussa les Américains à vouloir réduire les surfaces consacrées à cette culture, qui n'avaient cessé de croître à la faveur des prix élevés des années précédentes et enlève tout intérêt à la question du coton dans les colonies. Le modèle américain de fermiers noirs indépendants fut, de son côté, réduit à un simple projet pédagogique, ce que montrent, en 1914, les propos d'un inspecteur des missions : il utilisa la référence à Booker T. Washington pour promouvoir son plan de réforme qui mettait l'accent sur la nécessité des écoles d'assurer leur autosubsistance grâce à une ferme économiquement efficace et d'alterner cours théoriques et travail dans les champs[293].

L'utilisation d'un modèle américain comme instrument de légitimation des projets coloniaux paraissait une idée efficace. Elle s'appuyait sur un contexte favorable, la peur du « danger américain », et prétendait résoudre un problème à la fois essentiel et précis, la hausse continue du prix du coton. Enfin, le moyen utilisé, le transfert de technologie, était celui qui avait permis à l'industrie allemande d'atteindre un niveau mondial. Comment expliquer l'échec de ce projet ? La première explication est liée à une mauvaise analyse de la situation. Le parallèle avec la situation de l'industrie était forcé pour deux raisons : d'une part, l'initiative allemande s'inscrivait davantage dans une réflexion contemporaine sur la main-d'œuvre coloniale et la « question noire » que dans une filiation avec l'industrie nationale. D'autre part, les savoir-faire des populations noires agricoles aux États-Unis et en Afrique connaissaient un décalage qui n'était absolument pas comparable avec celui qui pouvait exister entre la Grande-Bretagne et l'Allemagne. Certains auteurs ont bien perçu cette différence, mais ils l'ont interprétée comme le résultat d'une éducation reçue par les uns et non par les autres, alors qu'elle était liée à des contextes historiques, socio-économiques et culturels différents qui rendaient les Noirs américains aussi étrangers aux pratiques africaines que leurs homologues blancs.

À ces raisons s'ajoutaient des problèmes plus généraux qui expliquaient la faiblesse du développement économique des colonies allemandes. Contrairement à la Grande-Bretagne, les intérêts économiques ne se mobilisèrent pas massivement pour investir dans les colonies, y compris cette « colonie modèle » qu'était le Togo. Les sommes données

---

années qui suivirent, de publier les rapports très factuels sur l'état de la récolte de coton aux États-Unis que lui envoyaient les consulats.

292 Innern, R-1001, note du *Kolonial Amt* à l'*Auswärtiges Amt*, novembre 1909.

293 Voir Adick, 1981, p. 258.

par les différentes associations d'industries textiles ne constituaient qu'un encouragement et non un investissement. La politique de colonisation restait en Allemagne avant tout une affaire politique et de prestige. Or dans ce cas précis, le prestige à attendre était extrêmement limité. De plus, le soutien politique était ambigu car le projet ayant été porté par des intérêts privés, l'administration coloniale, réorganisée, fut peu encline à le soutenir au moment où il montrait des signes de faiblesse. Ainsi se heurtait-on à un double problème : la base de soutien était, dès le départ, très étroite, et les motifs politiques qui auraient pu conduire à soutenir le projet – accroître le prestige allemand en relevant le défi américain – ne se renouvelèrent pas, bien au contraire. Comme les premiers essais n'avaient guère été convaincants et qu'ils semblaient à certains observateurs remettre en question le statut des populations colonisées vis-à-vis de leurs colonisateurs, il n'est guère étonnant qu'ils se soient essoufflés rapidement. L'argument américain pouvait donc initier une politique, il ne suffisait pas à en garantir le succès si le modèle était mal utilisé et surtout, il ne suffisait pas à la pérennité de cette politique s'il n'était pas relayé par des considérations proprement nationales[294].

Conclusion

Dans les années 1910, l'agriculture allemande témoigne d'une réelle assurance quand elle observe les États-Unis. Le thème de la concurrence a perdu toute actualité : depuis les années 1880, l'analyse de ses causes s'est affinée et les raisons de retrouver confiance se sont renforcées. À la suite de Sering, les auteurs avaient disserté à loisir sur l'extension du marché intérieur américain, destiné à absorber la production agricole. C'est pour cela que vers 1898, les promoteurs d'une Allemagne *Industriestaat* justifiaient leur position en assignant aux États-Unis un rôle d'*Agrarstaat* – au moment précis où l'industrie américaine partait à la conquête des

---

294 Cela n'empêcha pas cependant les milieux coloniaux de s'intéresser de nouveau aux États-Unis dans le cadre du *Dry-Farming*. Voir la réponse de l'attaché agricole allemand à Chicago à une demande de renseignements faite par le comité économique colonial. Innern, R-1001, dossier 7856, « Trockenfarmen », 18 janvier 1907. Cette lettre fut suivie d'autres rapports réguliers sur la situation, comme celui du consul à Denver, G. Plehn, *Das Trockenfarmen im Westen der Vereinigten Staaten*, 1913, publié dans la collection de l'Institut colonial de Hambourg. Cet intérêt, que l'on retrouve dans les milieux coloniaux en Algérie par exemple, n'eut pas de conséquences pratiques, car la méthode exigeait un travail particulièrement intensif et soigné. Le travail de G. Plehn n'en fut pas moins salué comme de grande valeur. Voir l'éloge fait dans une revue française d'un de ses « excellents rapports » sur les techniques d'irrigation aux États-Unis : « [...] l'auteur sait observer et tenir compte des facteurs complexes, naturels et économiques, du problème. » *Annales de géographie*, vol. 21, 1912, p. 282.

marchés européens. Le partage des tâches paraissait d'autant plus favorable qu'il n'avait pas handicapé définitivement l'agriculture allemande, même si les agrariens s'opposaient à cette vision ricardienne de l'économie mondiale qui revenait à les marginaliser.

Cette satisfaction ne saurait pourtant résumer le propos d'ensemble, car l'exemple américain a bien joué un rôle important dans les débats agricoles allemands, même si cette utilisation apparaît complexe et parfois contradictoire. Il est certain que la référence américaine ne fut pas utilisée parce qu'elle représentait la modernité : la raison tenait à ce que l'essentiel – ses méthodes agriculturales – n'était pas considéré comme moderne[295]. Cela était aussi évident dans l'utilisation que firent certains milieux conservateurs de l'argument américain comme alternative possible à des évolutions jugées néfastes en Europe : considérées sur le modèle anglais, ces dernières semblaient impliquer la quasi-disparition d'une classe paysanne alors que celle-ci était désormais investie des valeurs traditionnelles. Dans la lutte que menèrent les agrariens à la fin du siècle pour empêcher que l'Allemagne ne se définisse comme un État industriel, l'exemple américain paraissait prouver l'existence d'une solution viable pour les petits fermiers indépendants et fut donc surtout utilisé pour promouvoir des réformes socio-économiques. Bien que spectaculaire, cette utilisation conservatrice ne survécut cependant guère aux années 1880 et on trouve, à la fin de notre période, le mouvement inverse, puisqu'en 1911, une mission d'études envoyée en Europe conclut à la nécessité d'imiter le système de crédit agricole mis au point par Raiffeisen. Les Allemands, qui s'étaient beaucoup préoccupés de cette question, se retrouvèrent ainsi pris comme modèle.

L'essentiel est donc que, au prix de quelques distorsions dans leurs comptes rendus, les experts insistèrent tout au long de la période sur le fait que l'Europe montrait l'évolution naturelle que tout pays arrivé à maturité devait suivre. L'idée d'une modernité américaine sembla certes poindre, vers le début du XXe siècle, à travers le thème, de plus en plus évoqué, de rationalisation. Les secteurs un peu marginaux, qui utilisaient l'exemple des États-Unis pour s'imposer, mirent précisément cet argument en avant. Outre l'arboriculture, on peut citer le cas du *dry-farming*, qui présentait des traits communs avec le taylorisme, diffusé à travers ses dogmes et ses apôtres. Cependant, cette rationalisation était liée au développement de la pensée gestionnaire qui cherche à s'imposer dans l'agriculture, en partie dans un jeu de miroir avec ce qui se faisait

[295] Pour les années 1901 à 1910, le rendement à l'hectare pour le blé en Allemagne est le double de ce que l'on observe en moyenne aux États-Unis d'après Max Augstin (Augstin, 1914), p. 80.

dans l'industrie. Par conséquent, elle n'était pas reconnue comme spécifiquement américaine : elle reflétait surtout la prétention à l'universalisme de l'agronomie comme science. La mondialisation était ainsi vue comme essentiellement scientifique, au sens où les experts pouvaient et devaient s'affranchir des frontières pour utiliser des informations techniques et économiques susceptibles de faire avancer un savoir désormais bien uniformisé : il n'était pas question de transferts technologiques d'un pays particulier, mais bien plus d'un progrès général.

Au contraire, la mondialisation comme espace d'échanges économiques resta perçue comme une menace. Certes, jusque dans les années 1870, l'agriculture allemande était très orientée vers l'exportation, et, après 1900, on constate le maintien d'un commerce spécialisé, comme l'élevage de chevaux reproducteurs[296] et, plus généralement, les efforts de la *Centralsstelle für Viehverwertung* pour trouver des débouchés à l'étranger. Cependant, la fin du XIXe siècle voit s'effacer la mention des marchés étrangers : l'enjeu essentiel parut désormais être de conserver, au mieux de reconquérir le marché national, et de stabiliser économiquement, socialement et politiquement, le milieu agricole. La solution finalement retenue n'était pas de faire de l'agriculture une exception culturelle comme le prouvèrent les réflexions sur la modernisation des exploitations agricoles de taille moyenne : il fallait au contraire s'adapter aux défis que présentait la mondialisation, sans se fixer, comme l'industrie, l'objectif d'y participer directement.

Cette adaptation fut réelle et profonde : certes, cela demeura un objectif lointain pour beaucoup de petites exploitations, mais la situation n'était guère différente aux États-Unis où la plupart des petits fermiers ignoraient encore, comme leurs homologues allemands, la tenue régulière d'un livre de comptes. Plus gênante dans cette optique apparaît la difficulté, pour les observateurs allemands, de distinguer ce qui relevait de la modernisation de ce qui concernait les spécificités nationales. Le thème du marché est particulièrement révélateur à cet égard. Les Américains, de l'aveu des Allemands eux-mêmes, avaient atteint un degré supérieur dans la capacité à s'adapter aux marchés urbains et à développer un véritable marketing. Les observations allemandes restèrent cependant assez vagues. S'ils insistaient sur le rôle des transports, du calibrage des produits, voire de la connaissance de l'état des marchés, les experts restaient le plus souvent évasifs sur le rôle de la publicité et sa capacité à influencer ces marchés. Chez les différents

[296] Mathusius, 1902. Professeur à l'université de Halle, l'auteur était le spécialiste attitré de la question au sein de la *Deutsche Landwirtschafts-Gesellschaft* et le cofondateur de la *Deutsche Gesellschaft für Züchtungskunde*.

auteurs, on retrouve l'idée que le monde de la production pouvait et devait s'adapter, mais que la consommation était un élément fixe, qui ne reflétait que les caractéristiques culturelles d'un pays et qu'on ne pouvait pas vraiment changer. L'agriculture allemande demeurait avant tout dans une optique agronomique d'amélioration de la production, parce qu'elle lui avait permis non seulement de nourrir une population sans cesse croissante, mais aussi – à travers les engrais chimiques et la sélection des plantes – de demeurer un modèle pour les autres pays au début du XXe siècle. L'excellence nationale apparaît donc ici comme un obstacle à la perception d'un modèle mondialisé de modernisation de l'agriculture.

CHAPITRE 5

Industrie et finances

Les ambiguïtés de la modernité américaine

Réunir l'industrie et les finances dans un même chapitre relève pour une part des commodités de l'étude, mais trouve aussi sa logique à travers certains thèmes comme celui des trusts, problème financier au moins autant qu'industriel. À l'inverse, ces secteurs ne sauraient se réduire, comme l'agriculture, à un chapitre, car les difficultés rencontrées dans la collecte et l'utilisation d'informations économiques pour développer les marchés étrangers, déjà évoquées, les touchent en priorité. Reste ce problème : comment rendre compte de la diversité des secteurs industriels dont chacun a un rapport différent avec les réalisations américaines concurrentes ? Pour échapper à une énumération qui aurait été de toute façon impossible, il a paru nécessaire de s'attacher aux principaux débats dans lesquels les États-Unis sont apparus comme un enjeu majeur. Cela a permis d'aborder un nombre varié de branches industrielles, à condition cependant d'accepter à chaque fois une vue cavalière, permettant de ne pas perdre de vue le propos de ce travail. La très riche bibliographie sur l'industrie allemande a permis de remettre dans leur contexte les sources qui faisaient intervenir l'argument américain et surtout d'évaluer la portée de celui-ci.

Le chapitre s'organise autour d'une coupure chronologique, au début des années 1890. Le chapitre 2 a montré comment l'Exposition de Chicago avait été un moyen pour les Allemands de prouver au monde le degré d'excellence qu'ils venaient d'atteindre. Toute date comprend naturellement une part d'arbitraire, mais ce moment apparaît bien comme l'aboutissement d'un processus commencé avec la crise de 1873 et qui a conduit à de profonds changements dans l'industrie allemande. On voit donc que les changements dans la perception allemande de l'industrie américaine sont largement indépendants des évolutions que connaissent les États-Unis, ce qui conduit à émettre l'hypothèse que nous n'avons pas à faire à une simple prise de conscience progressive des potentialités américaines, mais bien plutôt à la construction d'un argument américain au gré des besoins polémiques allemands. Cela ne signifie pas que la réalité américaine a été ignorée : bien au contraire, nos sources s'appuient sur des observations souvent minutieuses des réalisations industrielles outre-Atlantique, afin de peser au trébuchet les plus petits signes d'une avance technologique ou économique dans une compétition internationale perçue comme impitoyable. De plus, l'argument américain n'a pu être utilisé dans les différents débats que parce qu'il s'appuyait sur une représentation d'ensemble cohérente et partagée par l'ensemble des milieux économique. Ce sont les transformations de cette représentation entre les années 1870 et 1914 que notre analyse doit mettre au jour.

I. Le nouveau Reich et les États-Unis : des affinités électives face à l'Angleterre (années 1870-1880) ?

Les États-Unis s'imposèrent véritablement dans le débat sur l'industrie allemande au mois de juillet 1876. À cette date, le commissaire allemand à l'Exposition universelle de Vienne, Franz Reuleaux, publia la première lettre d'une série demandée par le journal libéral d'Augsbourg dans laquelle il dénonçait la médiocre performance de la représentation allemande : l'expression « *billig und schlecht* » agit comme l'étincelle qui alluma la polémique. Le contexte de la crise économique qui sévissait depuis près de trois ans, l'agitation politique qui avait conduit les libéraux au gouvernement à se retrouver en position d'accusés tandis que la menace socialiste semblait grossir dangereusement, donnèrent presque instantanément à cette formule une célébrité appelée à durer : des années plus tard, Engels évoquait le « Jena industriel de Philadelphie », qui, comme la défaite militaire, provoqua une prise de conscience salutaire.

Ces lettres ont été étudiées, de même que leur auteur[1], bien que le nombre de ces études n'ait guère été à la hauteur de la commotion qu'elles provoquèrent. Les historiens ont avant tout cherché à répondre à deux questions : que révélaient les critiques exprimées par Reuleaux sur l'état de l'industrie allemande face à sa concurrente américaine et jusqu'à quel point ces critiques étaient-elles pertinentes ? Certes, Reuleaux précisait que ses critiques ne portaient pas sur le secteur industriel allemand en général, mais, plus précisément, sur la représentation qui en était donnée à Philadelphie. Cette distinction semble cependant parfois se brouiller dans le développement même de son propos. Une autre contradiction fut relevée par ses adversaires : Reuleaux affirmait l'excellence de la sidérurgie allemande, mais dans sa dernière lettre, il insista sur la productivité des hauts-fourneaux américains, bien supérieure à celle des installations allemandes. En revanche, il refusa de mettre en question l'excellence des ingénieurs de son pays,

[1] Voir principalement Barth, 1973, p. 47-73 ; Braun, Weber, 1979, p. 285-300 ; Braun, 1981, p. 112-130 ; Radkau, 1989, p. 148-155.

alors même que le débat faisait rage depuis plusieurs années sur la nécessité de réformer les écoles polytechniques. En réalité, ses remarques concernaient principalement deux secteurs, les machines-outils et toute la production des biens de consommation, qui utilisait de plus en plus les premières, et qui n'avait cessé de se développer avec l'amélioration des conditions de vie de catégories de plus en plus larges de la population.

Les historiens, s'appuyant parfois sur les remarques des contemporains, ont partiellement répondu aux reproches de Reuleaux. Leurs recherches datent surtout des années 1970 et du début des années 1980 et ont été de ce fait avant tout orientées vers le problème du transfert des technologies, à un moment où la question revêtait une importance majeure dans la réflexion sur les possibilités de croissance des pays en voie de développement.

Ils ont souvent souligné, comme les critiques contemporains de Franz Reuleaux, que la représentation allemande à Philadelphie n'offrait pas une image fidèle de l'industrie allemande. Beaucoup de fabricants avaient renoncé à venir, échaudés par l'insuccès de l'Exposition de Vienne, mécontents d'une succession trop rapide de ces expositions, touchés par la crise économique et peu convaincus par les perspectives que pouvait leur offrir un marché américain protégé par des droits douaniers élevés. Les historiens des techniques se sont cependant surtout penchés sur le retard supposé de l'industrie allemande. Dans le domaine de la sidérurgie, le paradoxe développé involontairement par Reuleaux[2] a été levé grâce aux travaux d'Ulrich Wengenroth qui a comparé les sidérurgies anglaise et allemande[3]. Cet auteur a montré qu'à partir d'une technologie commune, les procédés Bessemer et Thomas, le secteur sidérurgique en Allemagne, en Angleterre et aux États-Unis a suivi à chaque fois une voie propre, en fonction des caractéristiques de son environnement économique et social ainsi que de ses besoins. Le principal problème des sidérurgistes aux États-Unis était de répondre à une demande de rails de chemin de fer en pleine expansion. À l'inverse, les Allemands devaient d'abord chercher à diminuer des coûts de production beaucoup plus élevés et à fournir la qualité supérieure d'acier qu'exigeaient des marchés européens plus matures. Cela ne signifie pas cependant que les uns et les autres se soient désintéressés des progrès faits dans les autres pays. Wengenroth[4] rappelle les voyages outre-

2 Férocement critiqué sur ce point par certains, la thèse de Reuleaux d'un retard allemand trouva un écho chez Hermann Wedding, qui considérait que dans ce secteur comme dans quelques autres, l'avance des États-Unis était devenue telle qu'ils étaient désormais un modèle à suivre pour l'Europe.

3 Wengenroth, 1983, p. 224-237.

4 Wengenroth, 1986, p. 80-84.

Atlantique d'industriels européens pour apprendre à utiliser l'ensemble des installations sans temps mort, et ce thème fit l'objet en Grande-Bretagne de différents articles dans la presse spécialisée en 1874. Il est donc probable que les Allemands en aient entendu parler avant l'Exposition de Philadelphie, quand on sait leur attention aux publications anglaises. Dans le domaine des machines-outils, pour lequel il n'existe pas à notre connaissance d'étude aussi fouillée, les historiens reconnaissent, comme les contemporains, un retard allemand, qui s'explique en partie par une moindre nécessité de recourir à la machine pour pallier le manque de main-d'œuvre. Ce retard était d'ailleurs contrebalancé par une supériorité allemande dans le secteur des grosses machines, en particulier à vapeur, sous-représentées à l'exposition car difficilement transportables.

Cet examen d'ensemble laisse de côté deux questions : Reuleaux lui-même, dans la réédition de ses *Lettres*, souligna l'ampleur du scandale et décrivit l'hostilité d'une bonne partie de la presse, des chambres de commerce et de différentes associations d'industriels. Pour autant, les propos de Reuleaux étaient-ils nouveaux ou étaient-ils d'abord une caisse de résonance pour des débats déjà engagés ? Par ailleurs, on trouve, tant chez Reuleaux que chez d'autres observateurs allemands présents à l'Exposition de Philadelphie de nombreuses louanges à propos des réalisations américaines : cet événement a-t-il permis d'attirer l'attention des milieux économiques allemands vers les États-Unis et même de valoriser un modèle américain ?

A. L'industrie américaine en 1876 comme source d'inspiration : réalité et limites

Un des principaux thèmes des lettres de Franz Reuleaux était celui de l'imitation. Pour ses lecteurs allemands, ce mot renvoyait au passé récent de l'industrie nationale, désormais considéré comme un stade dépassé de son développement. Sa critique du plagiat de machines étrangères touchait donc un point sensible qu'il avait exposé quand il avait critiqué l'œuvre de Beuth[5] dans un discours prononcé à l'occasion du jubilé du *Verein zur Förderung des Gewerbefleisses*[6]. Le ministre

[5] Christian Peter Wilhelm Beuth (1781-1853) fut souvent surnommé *Vater der preussischen Gewerbeförderung* en raison de ses efforts pour développer des associations et des écoles techniques et favoriser les transferts technologiques avec l'étranger.

[6] Ce jubilé fut célébré à un moment délicat de l'histoire de l'association qui voyait ses effectifs baisser et son rôle remis en question. Franz Reuleaux fit alors partie de ceux qui cherchèrent à la réorganiser, ce qui explique largement ses attaques contre le mythe fondateur que représentait Beuth. Franz Reuleaux, « Festrede anlässlich der Jubelfeier des Vereins zur Beförderung des Gewerbefleisses in Preussen », in

prussien avait fondé en effet son action sur l'achat et la copie des machines anglaises afin de permettre à l'industrie nationale de rattraper son retard. Cependant, loin d'être personnelles, les remarques de Reuleaux s'inscrivaient parfaitement dans le contexte du nouveau *Reich*. Aux yeux de ses contemporains, la création d'une Allemagne unie était venue couronner et renforcer – jusqu'en 1873 – les succès économiques qui se multipliaient depuis les années 1860. Relisant le passé, ils voyaient dans l'existence du *Reich* la preuve que les efforts consentis depuis 1814 pour rattraper l'Angleterre avaient payé. L'Allemagne était désormais à égalité avec ses anciens maîtres, non seulement anglais, mais aussi français et belges.

Pourquoi alors Reuleaux, parlant du secteur des machines-outils, enjoignait-il aux industriels comme aux ingénieurs de se mettre à l'école des États-Unis et d'« imiter » les machines américaines ? Il semble en fait que, dans ce cas particulier, Reuleaux ait considéré le rôle pédagogique de ce modèle, assimilé davantage à une source d'inspiration qu'à une forme fixe à reproduire. Il ne s'agissait plus de reconstruire à l'identique des machines étrangères, en profitant de l'absence de coûts de recherche et des salaires allemands plus faibles. Il fallait comprendre les méthodes de production qui faisaient l'excellence des machines américaines afin d'améliorer la qualité des constructions allemandes.

L'hypothèse selon laquelle les Allemands accepteraient de se reconnaître de nouveaux précepteurs en la personne des Américains était d'autant moins envisageable que nul Allemand ne pouvait prétendre avoir découvert l'industrie américaine à l'Exposition de Philadelphie. Dès les années 1820, quand, en Prusse en particulier, certains industriels s'efforcèrent de rattraper le retard accumulé par la faute des guerres révolutionnaires et napoléoniennes, avec l'aide plus ou moins efficace de l'État, ils se tournèrent naturellement d'abord vers l'Angleterre mais ils se procurèrent aussi des machines américaines. En parcourant la littérature historiographique consacrée à leurs efforts, on trouve ainsi quelques références éparses dans les domaines de la minoterie et de l'industrie textile. Entre 1820 et 1825, Beuth envoya certains élèves de l'Institut industriel (*Gewerbe-Institut*) aux États-Unis et de ce pays, deux élèves, Wulff et Ganzel, revinrent avec des notes qu'ils publièrent en 1832 grâce au soutien du gouvernement[7]. Les détails manquent

---

Verhandlungen des Vereins zur Förderung des Gewerbefleisses in Preussen, n° 51, 1872, p. 201-206.

7 Ganzel, Carl Friedrich, Wulff, Friedrich, *Beiträge zur Kenntnis des Amerikanischen Mühlwesens und der Mehlfabrikation, mit 18 Kupfertafeln*, 1832. Voir Ogden, Bost, 2010, qui ont réédité ce voyage d'études pour illustrer « l'espionnage industriel prussien au début du XIXe siècle ». Ce livre fut effectivement utilisé pour diffuser les techniques américaines et ses deux auteurs appartiennent à l'échantillon étudié par

cependant sur l'influence de ces voyages et Ilja Mieck ne peut constater que la simultanéité entre ces missions et la construction, en 1825, des premiers moulins américains à Berlin, qui utilisaient une machine à vapeur pour mécaniser les différentes opérations comme la mise en sac des grains[8]. Dans le domaine textile, Beuth s'appuya sur l'ambassadeur prussien aux États-Unis, Friedrich von Rönne, très au fait des affaires commerciales, pour se tenir informé des nouveautés techniques et il se chargea lui-même de la correspondance avec Gilbert Brewster, inventeur d'une nouvelle machine à filer la laine, développant ainsi des relations qui se poursuivirent jusqu'au début des années 1840[9]. Cette machine à filer, inventée en 1826, avait été importée par les soins du gouvernement et sous la surveillance d'un technicien américain, Bannister. Elle remporta rapidement un grand succès à l'exposition industrielle de Berlin en 1827, ce qui permit sa diffusion rapide en Saxe, grand centre de l'industrie textile. Le gouvernement prussien aida également l'industriel berlinois Heinrich Conrad Carl à se procurer des machines à tisser américaines à partir de 1835, et cette expérience réussie permit la diffusion de ces métiers dès le début des années 1840 dans le Brandenburg[10].

Ces quelques exemples montrent que les techniques américaines n'étaient pas inconnues en Allemagne dans la première moitié du XIXe siècle. Pour les techniciens désireux de compléter leur formation à l'étranger, les États-Unis avaient certes l'inconvénient d'être éloignés et la sélection faite par le ministre Beuth fut particulièrement sévère : sur les quatre qui allèrent aux États-Unis, outre Wulff et Ganzel, on compte un constructeur de bateaux, parti pour un voyage de deux ans à travers l'Europe et jusqu'aux États-Unis, ainsi qu'un tanneur, qui, à l'inverse, dut rejoindre New York à ses propres frais. En revanche, les États-Unis possédaient le même avantage pour les industriels allemands que la

---

Peter Lundgreen. Ce dernier a examiné les destinations choisies par son échantillon de techniciens entre 1821 et 1850, soit pour se former soit pour travailler (25 % de son échantillon ont fait ce choix) :

Angleterre	13	Belgique	8	Autriche	4
(+ Irlande)	17	Allemagne	7	États-Unis	4
France	13	(sans la Prusse)		Hollande	1
				Suisse	1

D'après Lundgreen, 1975, p. 165.

8 Cette construction fut réalisée pour le compte de la société *Schumann & Co*. Voir Mieck, 1965, p. 92.

9 Mieck, 1965, p. 98.

10 Voir Stulz-Herrnstadt, 2002, p. 87. Carl était un des industriels les plus en vue de la capitale prussienne comme le montre sa carrière rapide dans les honneurs jusqu'au poste de président de la chambre de commerce de Berlin en 1846.

France ou la Belgique : contrairement à l'Angleterre jusqu'en 1843, l'achat de machines y était autorisé, et constitua un bon moyen de prendre connaissance des techniques américaines. Les machines à coudre furent ainsi importées dans le Wurtemberg au milieu des années 1850 grâce à une annonce que Ferdinand Steinbeis fit passer dans le *Scientific American* à destination des fabricants pour qu'ils lui envoient des modèles et des listes de prix en court-circuitant les relais habituels en Allemagne, en France ou en Angleterre, qui pratiquaient des prix très élevés[11]. Les montres américaines firent l'objet d'un intérêt semblable, d'autant que leurs techniques de fabrication permettaient de revitaliser une industrie traditionnelle du Wurtemberg, précisément menacée par la concurrence américaine. On en verra tous les fruits dans la période suivante.

De façon générale, les innovations anglaises restèrent, durant cette période, la référence pour l'ensemble des pays, comme le montre l'expression « d'après un modèle anglais » qui accompagnait souvent la description des machines, pour signaler son excellence technologique[12]. Pour autant, les transferts technologiques ne se firent jamais à sens unique et les références aux accomplissements américains s'expliquent aussi par le fait que les progrès constants des différentes techniques naissaient des échanges permanents entre les différents pays, voire entre les différents États allemands comme la Thuringe et surtout la Saxe, d'où vinrent une série d'innovations entre 1849 et 1855[13]. Ces échanges étaient le fruit de relations personnelles entre fabricants mais aussi entre clients et fabricants, à un moment – avant l'ère des expositions – où le marché des machines demeurait assez opaque. Pour des pays aussi lointains que les États-Unis cependant, l'aide de l'État, que ce soit en Prusse, ou dans le Wurtemberg après les années 1840[14], semble avoir été indispensable.

---

[11] *Hundert Jahre Staatliche Gewerbeförderung in Württemberg. 1848-1948*, 1949, p. 23.

[12] Flik, 1990, p. 157.

[13] Kollmer-von Oheim-Loup, 1996, p. 283-300. Les entrepreneurs étudiés bénéficiaient d'un réseau principal d'information, situé en France, et dans les années 1840 encore, 80 % de leurs investissements en machines se faisaient en France et en Belgique. Outre l'Angleterre, la Suisse faisait également partie de ce vaste réseau d'information technologique basé sur des relations personnelles.

[14] Flik, 1990, p. 81. L'auteur souligne ce décalage chronologique entre la Prusse et le Wurtemberg et rappelle que dans les premières décennies du XIXe siècle, une grande partie des économistes, comme l'administration considéraient qu'il fallait préserver la vocation agricole de l'État et ne pas encourager une industrie qui créait un prolétariat dangereux. Le tournant fut pris après la période 1847-1854 qui vit des épisodes de disette sévère et de grandes vagues d'émigration.

Dans la seconde moitié du XIXe siècle, il devint progressivement plus facile aux industriels comme aux ingénieurs de se tenir au courant des progrès réalisés dans les autres pays, grâce à la création et au développement des expositions ainsi qu'à la multiplication des revues, grâce enfin à des conditions de voyage plus favorables. Ces informations connurent également une diffusion beaucoup plus grande du fait de l'industrialisation qui s'opéra en Allemagne à partir des années 1840[15]. Bien que la littérature historiographique reste très lacunaire sur le sujet, on peut essayer de comprendre quels étaient les avantages que les machines américaines revêtaient pour les fabricants allemands. La production mécanique offrait de façon générale des garanties de qualité supérieure à celles du travail artisanal. La caractéristique des machines fabriquées aux États-Unis était qu'elles permettaient une production de masse de qualité. C'est pourquoi les machines-outils américaines qui se diffusèrent lentement en Allemagne dans les années 1860 avec un retard de dix à quinze ans entre l'utilisation américaine et l'utilisation allemande, firent l'objet de tant d'attention : Franz Reuleaux se fit l'écho de cet intérêt, lui qui, en 1862, s'enthousiasmait pour la machine libérant l'homme de l'esclavage des tâches mécaniques. En 1867 encore, il insistait sur l'importance de la machine-outil dans son rapport officiel de l'Exposition universelle de Paris où les machines américaines remportèrent un succès particulièrement vif[16].

Les années 1870 représentent donc surtout une accélération de ce phénomène, avec la création de la salle américaine de Ludwig Loewe, l'« enthousiasme américain » de Siemens dans les premières années de la décennie (Joachim Radkau), ou les efforts déployés par Ernst Kirchner pour fabriquer sur le modèle américain des machines à travailler le bois[17] : dans ce second cas, ce fut la visite de l'Exposition de Philadelphie qui lui permit de se renseigner sur les modèles américains et de créer, en 1878, la *Deutsch-Amerikanische Maschinenfabrik Ernst*

---

15 On distingue le rattrapage technologique qui paraît acquis dans les années 1840, ainsi que le laisse penser le succès remporté par l'exposition industrielle de Berlin de 1844, de l'industrialisation allemande, pour laquelle la notion de *take-off* dans les années 1840 n'est pas remise en cause. Ce mouvement se développe en effet très rapidement dans les deux décennies suivantes. Pour une mise au point historiographique, voir Hahn, 1998, p. 88-98. Voir également le jugement formulé par John Bowring dans son *Report on the Prussian Commercial Union* dès 1840 : « *in some respects, Germany may boast of superiorité to Great Britain in her means for manufacture* », cité par Kiesewetter, 1997b, p. 128.

16 Cité p. 57 dans Noblet, 1993 ; Grothe, 1877, p. 176.

17 Voir *Wochenschrift des VDI*, 1878, *Versammlung Aachener Bezirksverein, 5. Juni 1878*, G. Hermann, « Amerikanische Werzeuge », p. 246.

Kirchner & Co.[18]. Ludwig Loewe comme Ernst Kirchner s'inspiraient de deux productions américaines internationalement reconnues, la production d'armes et les machines utilisées dans la fabrication de meubles[19]. Leur initiative s'explique donc par une familiarité déjà longue avec la technologie américaine, des facilités plus grandes pour y accéder, et les nouvelles conditions de l'économie allemande, en particulier l'abondance des capitaux qui encourageait les entreprises à se développer, fournissant ainsi une clientèle dynamique, du moins jusqu'à la crise de 1873. Même dans les années qui suivirent, on ne note pas de ralentissement dans les efforts des industriels allemands pour s'inspirer des progrès américains : les exemples cités de *Reinecke* ou de *Kirchner* furent postérieurs à l'Exposition de Philadelphie, et l'engouement de nombreux fabricants allemands pour adopter les pompes à vapeur américaines qui n'avaient cessé d'être perfectionnées remontait à 1880. Dans ce dernier cas, on peut d'ailleurs voir le résultat des efforts personnels de Reuleaux pour diffuser cette technique comme en témoigne par exemple le compte-rendu enthousiaste qu'il fit devant le *Verein Deutscher Ingenieure*[20].

Si, dans les années 1870, l'utilisation des machines-outils en Allemagne resta cependant bien inférieure à ce que l'on observait au même moment aux États-Unis, c'est d'abord parce que la demande des consommateurs allemands demeurait bien moindre que celle des Américains. Les observateurs présents à Philadelphie n'avaient ainsi pas manqué de développer l'idée selon laquelle un grand marché intérieur uniforme était une réalité spécifiquement américaine. Les faits ne confortaient pas totalement cette analyse car le marché allemand connaissait des mutations profondes depuis les années 1860 et le développement d'une consommation populaire ouvrait de nouveaux débouchés pour les produits américains. En Forêt-Noire par exemple, l'idée de faire des montres bon marché pour les classes populaires qui ne

---

18 Il semble que d'autres entreprises de Leipzig se soient alors tournées vers les États-Unis, comme la *Schriftgiesserei und Maschinenfabrik Schelter und Giesecke*, qui envoya durant ces années le jeune Georg Giesecke (1859-1930) aux États-Unis. F. Blaich cite également l'importance du modèle américain pour la firme *Reinecke* au début des années 1880. Blaich, 1984. Signe des temps, ce fut en 1897, à l'occasion de sa transformation en société anonyme, que l'entreprise *Kirschner* abandonna l'adjectif « amerikanisch ».

19 Voir le rapport de Felix Reifer, un juré autrichien, « Holzbearbeitungsmaschinen », in *österreichische Commission für die Weltausstellung in Philadelphia 1876, Bericht über die Weltausstellung in Philadelphia 1876*, Vienne 1877, 6e cahier.

20 Braun, 1981, p. 125. L'admiration envers ces pompes fut largement partagée à Philadelphie par les différents observateurs allemands. Voir Grothe, 1877, p. 200. L'auteur rappela l'intérêt qu'elles avaient déjà soulevé dans les expositions universelles organisées en Europe grâce à la présentation de nouvelles améliorations à chaque manifestation.

pouvaient s'offrir les coûteux bijoux dont Nuremberg s'était fait une spécialité depuis des siècles n'était pas d'origine américaine, pas plus que l'idée d'utiliser, pour ce faire, des pièces détachées afin de baisser les coûts de production. On voyait le même phénomène à l'œuvre en Grande-Bretagne, en France ou en Suisse. Ce qu'apportaient les États-Unis, c'était une réputation de qualité dans ce secteur de production, la capacité à fabriquer des quantités importantes tout en gardant une qualité constante grâce à l'utilisation de machines-outils modernes. C'est pour cela qu'à partir des années 1860 les fabricants de Forêt-Noire imitèrent les productions américaines et allèrent jusqu'à utiliser l'adjectif « américain » pour tromper leur clientèle sur l'origine de leur production. Cette industrie horlogère avait été largement encouragée par la création d'une école professionnelle dès 1849 à Furtwangen sur les conseils de Ferdinand Steinbeis et il est possible que ce soit par ce biais que l'imitation des modèles américains se soit développée[21]. Ferdinand Steinbeis avait également organisé dans la région de nombreux cours de couture pour montrer et développer l'utilisation de ces machines et, là encore, on peut penser que cela aida les fabricants à se familiariser avec les modèles américains qu'ils se mirent à copier abondamment. Le représentant de l'entreprise *Singer* à Hambourg, Frederick Neidlinger, trouva ainsi, à son arrivée en 1863, une concurrence déjà rude sur le marché allemand, car ces fabricants vendaient moins cher les imitations de ses produits[22]. Il est significatif de constater que Neidlinger refusa alors de s'engager dans une bataille des prix, justifiant le niveau élevé des siens par une qualité supérieure, s'appuyant sur la réputation des produits américains. L'influence américaine réelle ne se situait donc pas dans la prise de conscience d'un « marché de masse », mais dans la capacité à offrir une certaine qualité pour les produits destinés à ce marché.

---

21 Voir Haverkamp, 1979. Les fabricants du Wurtemberg qui allèrent à l'Exposition universelle de Sidney en 1879 y reçurent la confirmation de la réputation internationale des produits horlogers américains, ce qui put conforter certains dans leur stratégie. Voir Schwankl, 1988, p. 275.

22 L'entreprise *Pollack, Schmidt & Co.* à Hambourg changea ainsi son nom en 1871 pour s'appeler désormais la *Hamburg-Amerikanische Nähmaschinen Fabrik AG*. Les machines à coudre demeurèrent durant toute cette période un sujet sensible : encore en 1879 à Melbourne, les Américains et les Anglais accusèrent les Allemands d'imiter leurs produits. Ces derniers s'en défendirent en considérant que la machine à coudre était un type de produit « comme la poudre, le canon ou l'imprimerie, qui [étaient] d'ailleurs des inventions allemandes, et ne [pouvait] donc être protégé par des brevets ». Les Allemands n'hésitèrent donc pas à célébrer la qualité de leurs machines, « égale à celles des Américains ». Voir *Schmollers Jahrbücher*, vol. 6, 1882, « Die Ausstellung in Melbourne und der deutsche Export nach Ostasien, Australien und der Südsee nach dem Denkschrift des Reichskanzlers », exposé fait par Reuleaux devant le *Zentralverein für Handelsgeographie*, p. 325.

Reuleaux voulait se situer à un autre niveau : il donna les Américains en modèle car, au lieu d'imiter servilement les Anglais, ils avaient su développer une voie propre, en tirant partie des conditions nationales comme la richesse des ressources naturelles et le manque de main-d'œuvre. Il ne conseillait donc pas de singer ce qui se faisait aux États-Unis mais d'y puiser la conviction que les Allemands devaient s'émanciper des modèles, qu'ils soient étrangers ou anciens. L'Allemagne n'était pas considérée comme étant fondamentalement en retard par rapport aux États-Unis et les techniques que les Allemands pouvaient y trouver étaient à mettre sur le même plan que celles qui étaient relevées en Grande-Bretagne ou en France. Si Reuleaux encourageait la reproduction ponctuelle de certaines machines américaines particulièrement remarquables, c'était donc dans le cadre d'échanges technologiques internationaux et non dans un esprit servile.

Cette distinction entre imitation et inspiration ne se retrouvait naturellement pas aussi clairement dans la réalité. Les voyages d'information d'entrepreneurs allemands aux États-Unis qui se développèrent dans ces années 1870 se transformaient souvent en espionnage industriel, en particulier dans le domaine des machines-outils. De façon plus générale, les comptes-rendus consulaires des années 1880 dénonçaient encore régulièrement l'habitude, toujours vivace à cette époque, des marchands allemands d'inscrire sur leurs produits une origine plus flatteuse, parfois française, mais le plus souvent anglaise voire américaine. Les réflexions de Reuleaux reflétaient donc les questions du temps bien plus qu'elles n'influencèrent l'évolution des productions industrielles allemandes.

B. La polémique Reuleaux à l'Exposition universelle de Philadelphie, prétexte aux débats allemands

Les réflexions de Reuleaux faisaient surtout écho à la plupart des débats qui, souvent nés dans les années 1860 au moment où les succès de l'industrialisation obligeaient à réfléchir à la nécessité d'adapter les cadres économiques, trouvèrent une nouvelle vigueur avec la crise de 1873 : ce bouleversement fut considéré comme la preuve que l'adaptation avait été insuffisante et que les réformes devaient être accélérées, dans le domaine de la propriété industrielle comme dans celui de la formation des ingénieurs. Pourtant, certains firent une lecture inverse des événements, et virent dans la crise l'occasion de remettre en cause la prééminence de plus en plus forte de la grande industrie, « à l'anglaise ». Le paradoxe réside dans le fait que pour les uns comme pour les autres, les États-Unis purent être utilisés comme un exemple positif, sans jamais être formellement reconnu comme modèle.

1. Le système des brevets

La polémique qui se développa autour de la représentation allemande à l'Exposition de Philadelphie nourrit en particulier un des nombreux débats qui faisaient rage à ce moment en Allemagne, la réforme de la loi sur les brevets. Cette discussion remontait à des décennies en arrière, et le caractère d'urgence qu'elle prit dans les années 1870 ne devait rien à la crise, mais à la fondation du *Norddeutschen Bund* puis du *Reich*, qui avait obligé à remettre à plat les différentes législations industrielle et commerciale[23]. C'était l'occasion de rediscuter la nécessité d'une réglementation protégeant les innovations, et les milieux favorables à une loi sur les brevets lancèrent à partir de 1869 une grande campagne auprès de l'opinion publique et plus particulièrement auprès des chambres de commerce et des hommes politiques pour les gagner à leur cause. Leur offensive, en partie provoquée par la volonté du camp adverse de profiter de cette remise à plat de la législation pour faire définitivement disparaître les brevets, prit rapidement un tour très favorable. Elle s'intégrait en effet parfaitement dans le contexte national et international : de plus en plus de pays étaient suffisamment développés pour ressentir les problèmes engendrés par l'impossibilité pour les industriels de breveter leurs inventions à l'étranger. Un certain nombre de législations permettaient en effet de breveter à son profit des inventions que l'on avait « importées » de l'étranger. Sur le plan national, après 1871, le camp favorable aux brevets fut aidé par l'épuisement des propositions libérales, qui avaient été largement reprises dans le cadre du nouveau *Reich*. Les libéraux peinaient à se renouveler, et, avec la crise économique et politique à partir de 1873, leurs adversaires réussirent à les enfermer dans la caricature du « *Manchestertum* », qui ne reflétait en réalité que la position des plus radicaux, comme John Prince-Smith[24].

L'Exposition de Philadelphie ne peut donc être considérée comme le déclencheur d'une polémique qui était antérieure à la crise. D'ailleurs, Frantz Reuleaux consacra peu de développements à la législation sur les brevets aux États-Unis dans son réquisitoire sur les insuffisances de l'industrie allemande. Il s'en expliqua rapidement dans sa dixième lettre : la réforme de la loi sur les brevets, comme les mesures protectionnistes – dont il avait salué dans sa lettre précédente l'utilité pour le développement des industries américaine et allemande – n'étaient pour

---

23 Voir Heggen, 1975. Sur l'importance des brevets pour mesurer la capacité d'innovation des économies voir la mise au point de François Caron, « Pour une économie de l'innovation » (Caron, 1985), p. 7-18.

24 Hentschel, 1975. C'est ainsi que la question des brevets semble avoir été très secondaire pour la plupart des libéraux, ce que montraient aussi les hésitations de Dellbrück sur le sujet, malgré l'engagement de l'administration libérale responsable de ce sujet.

lui que des moyens pour favoriser les progrès de l'industrie nationale, mais en aucun cas des remèdes universels. Pourtant, l'auteur des *Lettres de Philadelphie* se situait fermement dans le camp des défenseurs d'une loi sur les brevets puisqu'il travaillait pour le *Deutscher Patentsschutz Verein*. Reuleaux voulait simplement dépasser le cadre étroit de ce problème pour offrir un diagnostic d'ensemble de l'industrie allemande en sa qualité de commissaire à l'exposition. De telles réticences n'existaient pas dans l'ouvrage dirigé par Hermann Grothe, le plus important consacré à l'Exposition de Philadelphie : il réunissait un ensemble de signatures prestigieuses, dont Hermann Wedding ou Ferdinand von Steinbeis, et sa position paraît avoir été celle, officielle, du *Verein zur Förderung des Gewerbefleisses* sur la manifestation américaine. L'ouvrage, luxueux avec ses multiples gravures, se divise en deux parties et l'examen des différents secteurs industriels n'arrive qu'en seconde position. Les auteurs ont d'abord voulu dresser un tableau général de l'économie américaine qui occupe près de la moitié du volume. Cette description s'avère avoir été un instrument militant au service de certains milieux industriels – en particulier l'industrie lourde – qui avaient applaudi Reuleaux et qui, emmenés par Siemens, étaient favorables aux brevets ainsi qu'au protectionnisme. Le cœur de la démonstration était constitué par la partie sur « les moyens auxiliaires de l'industrie des États-Unis d'Amérique », regroupant quatre articles sur les brevets et deux articles sur le protectionnisme. Pour les auteurs, il s'agissait des deux faces de la même solution pour protéger l'industrie nationale, et les commentaires se concentrèrent sur la perfection de la législation américaine en matière de brevets. Elle était considérée comme la véritable clef pour comprendre la réussite des États-Unis, et les auteurs ne ménagèrent pas leurs superlatifs, évoquant « les œillères » dont ils se débarrassaient à l'occasion de leur visite outre-Atlantique[25], la révélation qu'ils auraient eue sur les fondements réels de la prospérité américaine[26]. Ce dernier point est d'ailleurs faux, car l'exemple américain était évoqué par les partisans d'une loi sur les brevets au moins depuis 1863[27]. L'originalité de Grothe et ses coauteurs se résumait à

25 Ferdinand von Steinbeis parla d'une véritable conversion lorsqu'il avait visité le musée du bureau des brevets à Washington, qui l'avait convaincu de la nécessité d'une institution à laquelle il s'était toujours déclaré hostile. Dr. von Steinbeis, « Über das amerikanische Patent-Gesetz und die Patent-Office in Washington », in Grothe, 1877, p. 103.

26 Hermann Grothe, « Die Patente, die Industrie und die Arbeitsteilung », in Grothe, 1877.

27 À l'occasion du Congrès des économistes du 14 au 17 septembre 1863, Max Wirth avait évoqué la législation américaine sur les brevets en soulignant qu'elle avait éveillé l'esprit d'invention dans ce pays. Il faisait contraster cet exemple avec celui de la Suisse, que la culture du secret industriel avait handicapée face à ses concurrents anglais et français. En 1868 encore, un mémoire du *VDI* sur les brevets détaille

transformer la législation américaine sur les brevets en une caractéristique nationale.

L'enthousiasme manifesté par les auteurs cachait le vague entretenu sur ce qui était supposé fonder l'originalité de la législation américaine, d'autant qu'aucune comparaison n'était faite avec d'autres législations étrangères. La réflexion n'était donc guère développée, mais elle n'en était pas moins convaincante, car elle correspondait aux grandes lignes de ce qui était admis comme étant les forces et les caractéristiques de l'économie américaine. On retrouve en effet certains éléments mis en avant par les spécialistes de l'agriculture, à commencer par l'efficacité de l'État. Les observateurs soulignèrent les moyens consentis pour l'administration chargée des brevets, que symbolisait le luxe du bâtiment qui l'abritait, mais qui s'exprimait surtout par le nombre des fonctionnaires actifs non seulement dans les bureaux de Washington mais aussi sur l'ensemble du territoire. De plus, comme dans le cas de l'agriculture, la diffusion de l'information par un hebdomadaire officiel, *The Official Gazette of the US Patent Office*, était considéré comme un élément essentiel dans la rapidité et la densité des inventions. Selon Grothe, elle stimulait l'ensemble de la communauté des inventeurs qui, lorsqu'ils voyaient une nouvelle invention apparaître, cherchaient à participer aux bénéfices qu'elle promettait en y apportant leurs propres petites améliorations. Le bulletin de l'administration permettait alors au premier inventeur de surveiller les développements de son invention à travers les progrès amenés par d'autres et de trouver lui-même de nouvelles idées. Grothe et Steinbeis insistaient en effet sur le fait que l'*Erfindungsgeist* reconnu aux Américains n'était pas une qualité innée, mais bien au contraire le produit de conditions favorables : un enseignement tourné vers la pratique – et ce thème allait nourrir les réflexions qui se développaient alors en Allemagne sur la formation des ingénieurs – et une législation sur les brevets suffisamment souple pour pouvoir enregistrer toutes les petites améliorations, à la différence du système prussien, mais sans pour autant accepter l'enregistrement sans vérification, à la manière des Anglais.

Ces louanges étaient un appel indirect à l'administration du *Reich* pour que les moyens accordés à l'administration concernée soient plus importants. Les industriels, en Prusse en particulier, souffraient en effet du retard pris dans l'examen des demandes de brevets par manque de personnel qualifié. Il ne faut pas pour autant voir l'argumentation développée en Allemagne comme un raisonnement inductif à partir d'une analyse minutieuse de la réalité américaine. Ainsi, contrairement à ce

les cas anglais et américain. Voir Dr. Gensel, « Das Patentgesetz vom 25 mai 1877 », in *Schmollers Jahrbücher*, vol. 2, 1877, p. 47-79.

que pourrait laisser penser la lecture de Reuleaux, le thème des petites inventions comme facteur décisif de progrès technique n'avait pas été découvert grâce à l'observation des Américains, puisqu'on le trouvait dès 1824 dans le compte-rendu que fit Beuth de son voyage à Glasgow l'année précédente[28]. Ce thème montre donc à quel point dans ce débat les arguments relevaient d'une démonstration préétablie bien plus que de l'analyse empirique des causes de la prospérité américaine.

La place réelle de l'exemple américain dans l'argumentation développée par le camp favorable à une loi sur les brevets est montrée par les ouvrages récapitulatifs du juriste Rudolf Klostermann, qui se fit une spécialité, durant les années 1869 à 1877, de publier les différents types de législations sur les brevets afin d'inspirer les propositions allemandes sur le sujet[29]. Deux remarques s'imposent : d'une part, les États-Unis n'étaient qu'un exemple parmi d'autres ; la Grande-Bretagne ouvrait toujours la partie consacrée à ces exemples étrangers et sa législation se voyait consacrer le plus grand nombre de pages. D'autre part, ces exemples n'étaient jamais commentés, ce qui empêchait toute hiérarchisation entre les différentes solutions nationales et impliquait que les États-Unis n'avaient pas véritablement un rôle de modèle. Surtout, la loi allemande sur les brevets votée le 16 mai 1877 à la suite d'un lobbying très intensif de Werner Siemens, différait sur un point essentiel de la législation américaine. Le détenteur de l'invention, c'est-à-dire l'industriel, était, en Allemagne, celui à qui revenait la propriété du brevet, alors qu'aux États-Unis, comme dans d'autres pays, le propriétaire du brevet ne pouvait être que l'inventeur. La loi américaine était d'ailleurs si différente que les brevets Siemens enregistrés aux États-Unis ne pouvaient l'être qu'au nom de l'ingénieur responsable de l'invention, même si celui-ci avait signé le règlement maison lui enlevant tout droit sur elle ; Siemens était donc obligé de faire signer une nouvelle renonciation à ses ingénieurs. Or c'est le même Siemens qui avait applaudi aux déclarations de Reuleaux, qu'il avait réutilisées pour son combat, et qui avait été présent, avec son frère établi à Londres, à plusieurs réunions internationales sur le sujet, dont la plus importante, lors de l'Exposition universelle de Vienne en 1873. Cela montre simplement que la législation allemande était avant tout le fruit d'un rapport de force dans le cadre national, même si elle s'inscrivait dans un

[28] Beuth, « Glasgow », in *Verhandlungen*, vol. 3 (1824), cité dans Wiese, 1994, p. 187-220. À l'époque, les constatations faites en Écosse n'avaient pas effacé la méfiance du ministre prussien à l'égard des brevets car ceux-ci lui paraissaient alors surtout accorder à l'inventeur un monopole contradictoire avec son désir de diffuser le plus rapidement et le plus largement possible les nouvelles techniques.

[29] Klostermann, 1877, p. IV. C'est lui qui avait été choisi par le gouvernement prussien pour être son observateur au congrès international sur les brevets qui se tint à Vienne en 1873, dans le cadre de l'exposition universelle.

contexte international de reconnaissance du rôle des inventions et d'efforts entrepris pour harmoniser les cadres législatifs pour favoriser l'économie internationale.

2. La formation des ingénieurs

Certains contradicteurs de Reuleaux se concentrèrent sur son statut de professeur, soit pour contester ses compétences techniques et ainsi rejeter ses jugements, soit pour le rendre responsable des problèmes de l'industrie allemande. Dans le premier cas, les lettres de Philadelphie ne furent qu'un prétexte pour attaquer une personnalité majeure dans les milieux ingénieurs et permettre à l'auteur du pamphlet, J. Lüders, professeur de mécanique à la *Technische Hochschule* d'Aix, une école fondée en 1870 et qui traversait une crise de recrutement en raison du contexte économique, de se faire remarquer[30]. Ces attaques restèrent cependant minoritaires. En revanche, certains essayèrent de greffer sur la polémique suscitée par les lettres de Philadelphie un débat plus ancien, qui concernait la formation des ingénieurs. Cette position est illustrée entre autres par H. Heine, un ingénieur qui avait travaillé aux États-Unis de 1865 à 1873 dans le domaine des machines, et qui possédait ainsi l'expertise nécessaire pour retourner contre Reuleaux l'argument du modèle américain[31]. Pour Heine en effet, les Allemands devaient tirer des leçons de l'expérience américaine, mais précisément dans le domaine de la formation technique, que des hommes comme Reuleaux avaient rendue beaucoup trop théorique : il dénonçait en particulier les écoles polytechniques qui formaient les jeunes gens entre 17 et 20 ans de manière purement théorique à des matières comme la cinématique, puis les lançaient dans la pratique où, d'après l'auteur, ils s'apercevaient qu'ils avaient tout à apprendre et qu'ils ne pouvaient guère utiliser des connaissances théoriques éparses. H. Heine leur opposait les Américains qui commençaient dès l'âge de 15 ans comme apprenti et complétaient leur formation au fur et à mesure de leurs besoins. Plus généralement, H. Heine mettait en cause la séparation rigoureuse qui s'était progressivement établie en Allemagne entre les techniciens devenus ingénieurs et les ouvriers, phénomène qui n'exprimait pour lui que des préjugés sociaux. Reuleaux était donc le parfait représentant de la tendance qui avait cherché à anoblir les sciences de l'ingénieur en les rapprochant des mathématiques, refusant

30 Lüders, 1877. L'auteur voulait montrer qu'il n'existait pas un Franz Reuleaux *bifrons*, excellent dans sa discipline mais déficient dans ses jugements généraux sur l'industrie allemande. Pour lui, c'était la médiocrité de l'ingénieur qui expliquait ses erreurs d'appréciation à Philadelphie. Sur ces oppositions qui se focalisent sur l'intérêt ou non de la cinématique développée par Reuleaux, voir Braun, 1977, p. 1-18.

31 Heine, 1876, p. 34-42.

le lien avec l'atelier au nom d'un but plus élevé, établir les lois générales qui gouvernent l'évolution des machines.

Dans les années qui suivirent, le modèle américain valorisant l'apprentissage par la pratique continua à être utilisé dans l'argumentation, notamment, au début des années 1880, par un des principaux représentants du courant favorable à la réforme des écoles polytechniques, Joseph Schlink[32]. Hans-Joachim Braun relève que Schlink utilisa Reuleaux comme « témoin à charge » pour montrer l'inefficacité d'un enseignement qui formait des ingénieurs capables uniquement de productions bon marché et de mauvaise qualité. Cette instrumentalisation de Reuleaux était pourtant paradoxale, dans la mesure où Schlink avait exprimé de sérieux doutes sur l'intérêt pratique de ses théories sur la cinématique, et où, de façon générale, il affectait un certain mépris envers les professeurs des écoles polytechniques – comme Reuleaux – qui, pour lui, s'étaient réfugiés dans l'enseignement pour échapper à la concurrence qui régnait dans l'industrie. Schlink renversait ainsi l'argument de Heine, puisqu'il critiquait Reuleaux comme ingénieur mais reprenait son jugement sur l'ensemble de l'industrie allemande.

Cela montre à quel point l'écho considérable de ces lettres incitait à les employer dans les débats du moment, mais surtout à titre d'illustration, car les termes de la discussion avaient à chaque fois été déjà posés. Kees Gispen cite ainsi le professeur Hermann Ludwig de Munich qui, en 1874, insistait sur la nécessité d'une expérience pratique pour les futurs ingénieurs en faisant référence à ce qui se passait à l'étranger. Or en 1875, le professeur Carl Linde, également de Munich, faisait déjà travailler ses étudiants en laboratoire. C'est que d'autres raisons, bien plus décisives que l'Exposition de Philadelphie, avaient provoqué ces changements : la crise économique fut un élément important dans la remise en cause de la formation des ingénieurs, mais il faut aussi considérer, à l'intérieur même de la discipline, l'existence d'un retour de balancier, une remise en cause inévitable après plus d'une décennie durant laquelle l'accent avait été exclusivement mis sur la formation théorique.

De toute façon, le modèle américain était bien plus ambigu que ne le laissait supposer les invocations qui en étaient faites, et il aurait été malaisé à utiliser. Parmi les correspondants américains de Reuleaux, on trouve en effet Robert Thurston : les deux hommes s'étaient vus à Berlin en 1873 quand Thurston faisait partie de la commission scientifique de la délégation américaine à l'Exposition universelle de Vienne. Ils

---

32 Directeur technique des usines *Friedrich Wilhelm* à Mühlheim dans la Ruhr (archives au *Deutsches Museum* de Munich). Braun, 1978, p. 215-228.

s'étaient sans doute retrouvés à Philadelphie en 1876 en compagnie d'Andrew Dickson White, le président de Cornell University et ancien ambassadeur des États-Unis en Allemagne. Or c'est ce même White, avec lequel Reuleaux gardait au début des années 1880 des liens, qui demanda à Thurston en 1885 de réorganiser la formation des ingénieurs à Cornell dans un sens plus scientifique, proche de ce qui avait été fait depuis les années 1860 dans les écoles polytechniques allemandes, sous l'impulsion de Reuleaux. Utiliser l'argument du modèle américain consistait donc à sélectionner certains aspects qui correspondaient à ce que l'on souhaitait pour l'Allemagne et non à analyser une réalité qui connaissait au même moment de profondes modifications. En effet, le développement économique national conduisait les universités américaines à ce moment à accroître leurs efforts pour apporter les qualifications nécessaires aux étudiants sans que ceux-ci aient besoin d'aller se former en Europe et en particulier en Allemagne[33]. L'utilisation des lettres de Reuleaux dans le débat sur la formation des ingénieurs apparaît donc là encore purement instrumentale et sans réelle influence sur la résolution, prise en 1884, du *Verein Deutscher Ingenieure*, demandant une année de stage en entreprise à l'intérieur du cursus.

3. « Billig und Schlecht *» : un slogan pour défendre le « travail de qualité »*

C'est cette condamnation de Reuleaux dans sa première lettre qui a fait sa célébrité, alors même qu'elle n'était pas formulée par comparaison avec les accomplissements américains, mais par rapport à l'ensemble des pays exposants, et qu'elle visait les seuls arts appliqués. Certes, dans ce domaine, la critique de Reuleaux était large puisqu'il dénonçait à la fois la paresse créative de certains fabricants qui se contentaient d'imiter des productions étrangères et une course au spectaculaire qui s'affranchissait des besoins de la clientèle en produisant des pièces inutilisables voire grotesques[34]. Le premier reproche adressé à Reuleaux fut d'outrepasser son domaine de compétence d'ingénieur, mais ce reproche était largement infondé : l'auteur des *Lettres* ne faisait que développer le point de vue d'un professionnel des expositions et rappelait que la fonction commerciale de ces manifestations devait primer sur les différentes considérations culturelles : il pouvait donc légitimement critiquer l'abus de motifs patriotiques et de paysages

---

[33] Hans-Joachim Braun rappelle que certains fleurons de l'industrie américaine de l'époque, comme la firme *Pratt & Whitney* ou la *Cincinnaty Milling Machine Company*, avaient parmi leurs techniciens de nombreux immigrés allemands, qui avaient été formés en Europe et qui occupaient parfois des postes de direction technique. Braun, 1981.

[34] Frantz Reuleaux, *op. cit.*, 5e lettre, p. 25-36.

allemands dans les décorations alors qu'une clientèle internationale réclamait des paysages « produits par la pure fantaisie », sur le modèle des créations françaises. Le propos était banal et pouvait être en partie comparé en France aux critiques formulées par le président de l'Union générale des Beaux-Arts appliqués à l'Industrie en 1867 et encore présentes dans un rapport de jury à l'occasion de l'Exposition universelle de Paris en 1889[35]. Ces différents comptes-rendus développaient l'idée, présente dès les débuts du mouvement historiciste dans les années 1840, que l'on ne devait pas seulement copier les styles du passé mais les adapter aux exigences de confort d'un siècle fier de sa modernité et de la supériorité qu'elle lui conférait sur ses prédécesseurs[36]. Une fois de plus, Reuleaux se faisait l'écho des débats esthétiques de l'époque, et surtout il reflétait la tendance de l'heure à accorder de plus en plus d'importance aux arts appliqués, avec la multiplication des musées d'arts appliqués, ce que certains auteurs dénonçaient au contraire comme un simple effet de mode[37]. Son originalité tenait cependant à l'utilisation des Américains comme modèle[38], même si plusieurs observateurs avaient noté les efforts américains pour développer la culture dans leur pays, grâce à la fondation d'universités, de bibliothèques publiques et de musées dont la taille étonnait les Européens. Cependant, cette originalité n'était que relative et relevait pour une bonne part du registre de la provocation : l'esthétique américaine restait en effet largement marquée par l'imitation des productions anglaises, de style « gothique moderne »[39]. En réalité, cette provocation avait pour but de montrer la généralisation des efforts dans les divers pays pour améliorer leurs productions et surtout, elle voulait être un électrochoc.

Si le succès fut tel, c'est que le jugement de Reuleaux renvoyait aussi – pour la critiquer – à une stratégie commerciale allemande assumée qui consistait à se spécialiser dans le bas de gamme pour conquérir les marchés étrangers. Les faibles coûts de production comme le retard technique qui existait encore dans un certain nombre d'entreprises rendaient cette stratégie parfaitement rationnelle. La plupart des industriels allemands le savaient, de même que des observateurs étrangers comme le directeur du *Kensington Museum* de Londres, qui reconnaissait l'efficacité de cette tactique auprès de ses interlocuteurs allemands. Cette stratégie fut d'ailleurs poursuivie jusqu'au début des années 1880 pour certains marchés comme l'empire ottoman, tandis que les secteurs industriels de haute technologie s'y étaient toujours opposés. Le chan-

---

35 Ferrière Le Vayer, 1995, p. 276.

36 Voir Sciolla, 2000, p. 592-595.

37 Bücher, 1878, p. 39.

38 Frantz Reuleaux, *op. cit.*, 7e lettre.

39 Voir Anscombe, 1991, p. 32.

gement apporté par la crise de 1873 et que révélèrent les débats autour des propos de Reuleaux était que la stratégie avait révélé sa fragilité : dans un contexte de déflation, la concurrence ne pouvait plus porter sur les seuls prix. De plus, le marché intérieur allemand avait progressivement gagné en maturité, et exigeait lui-même des produits de meilleure qualité, comme en témoignait le succès des importations. Utiliser le slogan de « *billig und schlecht* » permettait de promouvoir la notion de travail de qualité apparue dès les années 1860.

Un premier groupe s'empara de ce thème, les industriels comme Ludwig Loewe ou Werner Siemens[40] parce que leurs industries reposaient sur un fort contenu technologique. La discussion leur permettait de défendre leur choix d'utiliser de plus en plus les machines-outils dans une production haut de gamme. Loewe, comme Siemens, félicita donc le courage de Reuleaux, et insista sur le fait que seul un travail de qualité, tel précisément qu'il était pratiqué aux États-Unis et qu'il l'avait introduit dans son usine, pouvait permettre à l'économie allemande de se redresser et de se développer[41]. Cependant, malgré quelques déclarations de ce genre, l'exemple américain resta peu utilisé, pour deux raisons. D'une part, la mécanisation de la production en Allemagne, tout en utilisant le savoir-faire américain, suivait une logique différente : si, dans les deux cas, il s'agissait d'alléger le poids des salaires dans les coûts de l'entreprise, la main-d'œuvre allemande restait bon marché, malgré les augmentations salariales de la période avant 1873. Un homme comme Werner Siemens cherchait donc à améliorer la productivité de ses ouvriers[42], à être moins dépendant de leurs exigences salariales, mais, contrairement aux États-Unis, la main-d'œuvre restait trop abondante pour que l'industriel se soucie vraiment de substituer la machine à l'homme[43]. D'autre part, la mécanisation ne supprimait pas l'étape des finitions, toujours effectuées à la main. Or, certains observateurs considéraient que cette étape laissait à désirer aux États-Unis, précisément à cause des économies réalisées sur une main-d'œuvre très coûteuse[44]. Le témoignage du délégué autrichien à Philadelphie Franz

40 Guidant ses premiers efforts dans le marketing, on trouve cette profession de foi qu'il adressa en 1876 à son représentant à Bruxelles. « Celui qui livre les meilleurs produits reste au sommet et je préfère la publicité des réalisations à celle des mots. » Voir Weiher, Goetzeler, 1981, p. 41.

41 Matschoss, 1930, p. 23.

42 Burchardt, 1977, p. 52-98.

43 La rationalisation qui se développa alors dans les entreprises allemandes portait avant tout sur la gestion administrative de l'entreprise, avec les efforts de systématisation d'opérations comme les achats et la comptabilité. Voir Kocka, 1969a, p. 332-372.

44 Franz Thonet, juré du groupe VII et membre de la délégation autrichienne, « Die Holzindustrie », in Commission autichienne, 1877 ; Kyriazidou, Pesendorfer, 1999, p. 143-166.

Thonet était à cet égard particulièrement révélateur puisqu'il avait créé une très grande entreprise de meubles fondée précisément sur la production de masse, fondée sur quelques modèles comme les chaises de café avec comme principe essentiel l'interchangeabilité des pièces de bois.

Utilisé par les industriels et les ingénieurs, le thème du travail de qualité comme réponse au « *billig und schlecht* » donna surtout une nouvelle vigueur au débat qui s'était développé depuis les années 1860 sur le maintien de l'artisanat et le rôle de l'apprentissage. Cette décennie correspondait à la fois au démantèlement des dernières structures corporatistes sous la poussée libérale et à la diffusion plus large de la mécanisation. Chez les ouvriers, le développement de la mécanisation et la possibilité qu'elle impliquait d'employer une main-d'œuvre moins qualifiée nourrissait des inquiétudes sur la dégradation générale de leur statut et par contrecoup, de leur niveau de vie. La prolétarisation observée dans l'Angleterre des années 1840 laissait aussi craindre aux réformateurs sociaux de tous bords une évolution catastrophique des rapports sociaux et une dégradation générale de la moralité, reprenant plus ou moins volontairement les thèses de Marx sur la paupérisation du prolétariat. Le débat se construisit donc en partie autour d'une opposition entre industrie et artisanat, mais l'utilisation des arguments de Reuleaux n'en fut pas pour autant artificielle. En effet, l'auteur des *Lettres de Philadelphie* se livrait dans ce texte à un véritable hommage au savoir-faire artisanal car il s'inscrivait dans la vision idéale d'une société hiérarchisée, où le savoir serait valorisé, aussi bien celui, concret, de l'artisan que celui, exercé dans la sphère de la pure théorie, de l'ingénieur.

Le débat s'avéra donc ambigu puisque selon les interlocuteurs, l'artisanat était considéré avant tout comme un synonyme du savoir-faire ouvrier ou comme un secteur économique distinct de l'industrie, l'exemple américain jouant un rôle différent dans chaque cas.

En réalité, la qualification des ouvriers américains ne fit pas l'objet de discussions importantes et, qui plus est, celles-ci ne débouchèrent sur rien de concret. Reconnue de qualité, cette qualification était en effet le plus souvent attribuée à l'origine européenne de ces ouvriers, dont la plupart étaient des immigrés récents, donc formés dans leur pays d'origine. Beaucoup de commentateurs soulignaient donc surtout le retard du système de formation professionnelle et technique américain dont les premiers essais ne remontaient qu'à 1860 et qui, de surcroît, étaient largement inspirés de modèles allemands, les Américains ayant sollicité l'aide d'experts originaires de Prusse[45]. En revanche, on pos-

---

[45] Ces experts étaient Matthew Arnold et F. W. Hoyt. Voir « Die Hülfsmittel der Industrie der Vereinigten Staaten von Nordamerika », sous partie : « Erziehung.

sède, avec Hermann Grothe, un exemple intéressant de défense de l'artisanat comme secteur économique couplée à une admiration pour les États-Unis – et pour les analyses de Reuleaux.

Hermann Grothe publia en 1884 un livre intitulé *L'influence du Manchestérianisme sur l'artisanat et l'industrie à domicile*[46] mais cet ouvrage avait été en fait composé en 1875, à l'occasion d'un concours lancé par le *Verein für die Förderung des Gewerbfleisses* sur les moyens de préserver l'existence de la petite industrie à côté de la grande[47]. La thèse de Grothe était très générale et susceptible d'être acceptée par la majorité des acteurs économiques : l'artisanat était nécessaire à l'économie comme complément de la grande industrie mais il ne pouvait subsister sans aide, notamment de barrières douanières, pour le protéger de la concurrence déloyale des produits anglais. La base de sa démonstration reposait donc sur une virulente dénonciation de la politique anglaise qui ne visait qu'à la domination de l'économie mondiale : les Anglais étaient accusés de duper systématiquement leurs clients sur la qualité de leurs produits, non, « comme le pensaient certains », parce que c'était un trait de leur caractère, mais parce qu'il s'agissait de la conséquence logique de la production de masse combinée au libre-échange. Pour survivre à l'abolition des taxes douanières, l'industrie anglaise devait conquérir les marchés étrangers grâce à des produits très bon marché et, ce faisant, elle obligeait tous les pays qui s'industrialisaient à suivre la même stratégie suicidaire pour essayer de la concurrencer.

Cette démonstration était donc fondée sur l'affirmation d'une spécificité fondamentale de l'industrialisation anglaise ; or les États-Unis représentaient à cet égard un défi majeur, étant donné l'importance prise par la mécanisation dans leur économie. La difficulté fut contournée à l'aide de trois arguments. D'abord la mécanisation n'avait pas été un choix mais le résultat d'une pénurie de main-d'œuvre ; ensuite, il n'y avait pas eu déqualification des ouvriers du textile – le secteur étudié par Grothe – dans la mesure où il ne s'agissait pas d'anciens tisserands réduits à servir des machines mais d'ouvriers venant de tous les métiers. Ce dernier point était cependant contredit par les analyses de Sartorius

Technische Schulen. Bibliotheken. Bauten. Kunst. Natur », in Grothe, 1877, p. 141-150.

46 Grothe, 1884.

47 Grothe se posait en victime du libre-échangisme dès l'introduction en rappelant que sa contribution s'était vue attribuer le prix de l'association, mais que cette récompense avait été bloquée sur décision de l'administration libre-échangiste, malgré l'appui que l'auteur reçut de plusieurs membres importants de l'association prussienne comme Franz Reuleaux ou le Dr. Wedding. Le soutien de ces derniers montre par ailleurs que le discours de Grothe n'était pas antimoderniste.

von Waltershausen en particulier, qui se penchait au début des années 1880 sur le mouvement ouvrier américain. Comme ultime argument, Grothe reprit le thème de la normalisation des États-Unis sur le modèle continental européen : au fur et à mesure de leur rattrapage économique, les Américains étaient nécessairement conduits à développer leur artisanat, seule forme de production possible pour créer – toujours dans l'industrie textile – les tissus les plus luxueux et les plus complexes. Cet argument présentait deux avantages : d'une part, il permettait de tirer parti des traces d'artisanat trouvés aux États-Unis en annonçant qu'elles étaient la promesse d'un riche futur, d'autre part, l'auteur pouvait ainsi présenter l'artisanat, et non l'industrie mécanisée, comme le sommet et l'accomplissement du savoir-faire technique. Il serait réducteur de ne voir dans ces efforts théoriques qu'un souci de cohérence du modèle général : on retrouve chez Grothe comme dans les milieux conservateurs observées autour de Rudolf Meyer à la même époque, une véritable attirance pour les États-Unis comme contre-modèle à l'Angleterre et aux évolutions récentes de l'Allemagne, même si le secteur industriel offrait moins de latitude à cette tendance. En effet, le véritable modèle de Grothe était la France. Évoquée également par Reuleaux dans sa dernière lettre, qui soulignait que la qualité des exportations françaises leur avait permis de se maintenir sur le marché américain malgré la politique protectionniste des États-Unis, le modèle français résultait à la fois du rôle éminent de l'artisanat dans l'industrie phare qu'étaient les « nouveautés » et de la réflexion développée sur l'éducation technique[48]. La France présentait l'intérêt supplémentaire de chercher à résoudre le problème de l'apprentissage sans revenir sur la suppression des corporations, contrairement à ce qui se passait au même moment en Allemagne[49].

Les explications de Grothe étaient doublement idéologiques : elles exonéraient largement les industriels allemands qui n'avaient pas volontairement choisi de favoriser dans leurs productions des imitations de mauvaise qualité et bon marché, mais y avaient été poussés par la logique que l'Angleterre avait imprimée à l'industrialisation. Elles reprenaient l'idée d'une crise économique salvatrice qui permettait de rompre avec cette logique sans avenir et moralement corruptrice : désormais protégés par des barrières douanières, les fabricants allemands pourraient développer une production nationale de qualité, qui regagnerait sans peine le marché auquel elle avait droit. Ceci explique qu'il ne fut pas suivi, et deux autres explications furent développées dans les années 1880 pour expliquer la critique du « *billig und schlecht* » sans référence cette fois à des modèles étrangers ou à un stade particulier du développement industriel allemand. La première critique,

48 Voir Adelmann, 1979, p. 12.

49 Voir Bowen, 1947, chapitre 3, p. 75 et suivantes.

sur les prix, était sectorielle, puisqu'elle venait des milieux du grand commerce, en mettant en cause l'amateurisme des petites entreprises qui cherchaient à se lancer dans l'exportation directe[50]. Loin d'être le résultat d'une stratégie réfléchie, les prix bas ne reflétaient que leur inexpérience : en acceptant des remises inutiles à leurs clients étrangers pour essayer de s'implanter sur un nouveau marché, ces entreprises engendraient une concurrence pour elles-mêmes, puisqu'une partie de leurs ventes continuait à passer par des maisons de commerce qui respectaient les prix de catalogue, plus élevés. La seconde critique, qui concernait la qualité, était plus générale. Elle reprenait en partie certaines inquiétudes conservatrices, qui, à travers la dénonciation de l'inexpérience des ouvriers venus de la campagne, insistaient sur les conséquences négatives pour le pays de l'exode rural[51], mais aussi les préoccupations d'industriels : dans les années 1880, ces derniers commencèrent à s'inquiéter, dans certains secteurs, de la formation de leur main-d'œuvre, dont les éléments qualifiés qui servaient de personnel d'encadrement venaient traditionnellement de l'artisanat, une source de moins en moins abondante[52]. De plus en plus cependant, le phénomène du « *billig und schlecht* » fut analysé comme un simple épisode né de la « rage de spéculation » des années de fondation (*Gründerjahre*), entre 1870 et 1873. Les fabricants, saisis, comme l'ensemble du monde économique, par le besoin de s'enrichir au plus vite, auraient momentanément abandonné la voie de la qualité.

Finalement, le thème du « *billig und schlecht* » disparut vers la fin des années 1880 avant de ressurgir momentanément en 1892, à l'occasion de l'Exposition universelle de Chicago. La mémoire de Philadelphie fut alors ravivée pour mieux souligner soit les progrès accomplis par les Allemands, soit pour faire l'ultime procès de Reuleaux. C'est seulement à ce moment que le thème prit le sens d'une confrontation directe entre la production allemande et la production américaine, dans le contexte des progrès accomplis par les Américains. Le but était alors de montrer, à l'inverse des analyses de 1876, que l'avance industrielle des États-Unis ne pouvait être comparée aux accomplissements allemands, au mépris des analyses de l'époque[53]. C'est désormais cette lecture appauvrie de l'expression qui était consa-

---

50 *Verhandlungen des Vereins zur Beförderung des Gewerbefleisses in Preussen*, 1881, « Zur Hebung des deutschen Ausfuhrhandels », p. 331-463.

51 Tuch, 1883, p. 85-175.

52 Voir Adelmann, 1979, p. 21.

53 *Schmollers Jahrbücher*, vol. 5, 1881, « Deutsche Schiffahrt und Deutscher Export », p. 327 et 341 : les rapports des consuls saluaient les efforts pour améliorer la qualité des produits, mais soulignaient que leur niveau restait en deçà des concurrents anglais, français – et américains.

crée, car elle permettait d'affirmer le triomphe de l'Allemagne wilhelminienne comme la nouvelle référence internationale en matière industrielle, non seulement par rapport aux années 1870 mais aussi à la décennie suivante. Un auteur comme Julius Wolf[54] soulignait ainsi au début du XXe siècle que les succès à l'exportation rencontrés durant ces années 1880 étaient dus à l'efficacité du système commercial mis au point par les Allemands, alors même que la qualité restait médiocre.

Dans les années 1870 et même 1880, les réflexions allemandes sur les États-Unis concernèrent d'abord son agriculture. Cependant, alors même que l'industrie américaine était trop jeune et trop différente de la réalité allemande pour constituer autre chose qu'une référence parmi d'autres, elle exerça, dans les années 1870, un véritable attrait pour les milieux industriels allemands, qui fut souvent oublié par la suite. C'est que les Allemands n'ont jamais douté que la jeune puissance qui se développe outre-Atlantique appartenait de plein droit aux pays industrialisés dont l'étude était nécessaire pour réfléchir à l'avenir de l'Allemagne. C'est au contraire précisément quand les États-Unis commencèrent, à la fin du XIXe siècle, à affirmer une réussite industrielle spécifique que se développèrent les efforts pour hiérarchiser les différentes puissances économiques mondiales et relativiser la modernité américaine. Cependant, l'intérêt pour les États-Unis n'était pas simplement fondé sur l'absence de concurrence directe. Grothe montre que leur utilisation politique était aussi liée au sentiment qu'il existait des affinités électives entre le nouveau *Reich* et les États-Unis face à l'Angleterre. C'est donc logiquement dans les débats plus larges de politique économique que l'exemple américain était le plus susceptible d'être invoqué comme modèle, en particulier autour des trois principaux thèmes qui firent débat entre 1876 et la fin des années 1880, le protectionnisme, le bimétallisme, et, dans une bien moindre mesure, le syndicalisme. Leur examen doit montrer dans quelle mesure cette possibilité s'est réalisée.

C. États-Unis et Angleterre : comparaisons et confrontations

L'étude de deux auteurs conservateurs, Rudolf Meyer pour l'agriculture et Hermann Grothe pour l'industrie, a montré qu'à partir de 1876 et dans la première moitié des années 1880, certains analystes allemands avaient tenté de proposer les États-Unis comme une alternative au modèle anglais, dit « manchestérien »[55]. Leur but était de contredire

---

54 Wolf, 1901.

55 L'historiographie allemande a vu dans la fondation du *Reich* le motif premier de la rivalité anglo-allemande. Certains historiens ont récemment critiqué cette analyse, en émettant l'hypothèse d'une rivalité longue entre les deux pays, qui remonterait aux années 1813-1815. Voir Kiesewetter, 1997a, p. 31-49.

l'affirmation principale des libéraux – partagée par des hommes aussi différents que Karl Marx – que l'évolution économique qu'avait connue la Grande-Bretagne était le chemin que devaient emprunter toutes les nations qui voulaient se développer. La remise en question de ce postulat n'était pas nouvelle puisqu'elle constituait le fondement de la réflexion de Friedrich List. Dès cette époque, la conversion anglaise au libre-échangisme et le prosélytisme britannique qui avait suivi pour convaincre le continent de la justesse du nouveau credo, avaient été accueillis avec une méfiance certaine, tant les bénéfices pour l'Angleterre étaient évidents. En 1876, cette réflexion se développa en Allemagne à cause des multiples changements politiques et économiques qui accompagnèrent la crise de 1873. Surtout, l'argumentation contre le modèle anglais gagna une référence nouvelle avec les États-Unis. Ces derniers n'auraient pu être sérieusement montrés en exemple avant les années 1870, moment où les feux de l'actualité, avec l'Exposition de Philadelphie puis avec la concurrence créée par leurs exportations de céréales, permirent de mettre en lumière la fantastique croissance que le pays avait connu depuis la fin de la guerre de Sécession et d'en attribuer les mérites à tous les choix de politique économique qui les distinguaient de leurs ennemis de toujours, les Anglais.

1. Le protectionnisme

Les discussions sur le protectionnisme se développèrent en Allemagne dès les débuts de la crise économique, en particulier dans les milieux de l'industrie lourde. Dans un premier temps, il s'agit surtout de redonner une légitimité au thème, profondément discrédité depuis plusieurs décennies auprès de l'administration, des milieux économiques académiques et de beaucoup d'industriels représentés dans les chambres de commerce et d'industrie. C'est pourquoi le débat se développa à partir d'une base étroite mais concrète, le refus de l'abolition des dernières barrières douanières pour les produits sidérurgiques, fixée au 1er janvier 1877. Le combat fut donc mené par les milieux de l'industrie lourde qui se regroupèrent rapidement dans le *Verein Deutscher Eisen- und Stahlindustrieller*. Pourtant, dès 1875, ses partisans purent s'enhardir en constatant que l'idée protectionniste bénéficiait d'un terrain très favorable : en septembre de cette année, le congrès des économistes allemands, traditionnellement libéral, s'était en effet prononcé en faveur d'une politique plus protectionniste, alarmé par l'importance de la crise.

Au moment où l'Exposition universelle de Philadelphie fournissait une occasion de s'intéresser de plus près aux réalisations américaines, le camp protectionniste avait marqué des points supplémentaires. Il apparaissait désormais très bien organisé, grâce à la création du

Zentralverband Deutscher Industrieller, qui contrastait avec la dispersion de ses adversaires, représentées par les chambres de commerce et d'industrie, et la marginalisation progressive du *Handelstag*. Surtout, il pouvait désormais compter sur l'appui officiel du chancelier, qui avait fait un pas décisif en leur direction en renvoyant Delbrück, privant l'administration libre-échangiste de sa figure de proue.

L'ouvrage dirigé par Hermann Grothe montre de façon exemplaire l'utilisation qui put alors être faite de l'exemple américain : il semblait apporter la preuve, de façon très simple et efficace, que le protectionnisme était la panacée qui permettait à un pays de se débarrasser de la concurrence anglaise et de prospérer. Grothe se contenta d'ailleurs pour sa démonstration d'utiliser les arguments mis au point par les protectionnistes américains. Ces derniers voulaient montrer qu'ils respectaient l'identité américaine telle qu'elle avait été définie par les pères fondateurs, en particulier Hamilton, le premier à avoir réclamé des droits douaniers sur les produits industriels importés ; le libre-échangisme au contraire se voyait toujours accoler l'épithète d'« anglais »[56]. Hermann Grothe reprit très fidèlement cette argumentation et relut toutes les périodes de croissance de l'histoire américaine en les déclarant liées à l'importance des barrières douanières ; dès que celles-ci s'affaiblissaient, la crise s'installait dans tous les secteurs économiques. Sa démonstration ne comportait donc aucun élément allemand – Friedrich List jouait dans ses références un rôle très mineur par rapport à Henry C. Carey[57] et elle reprenait des sources américaines qui pourtant, évoquaient implicitement l'exceptionnalisme américain[58].

Hermann Grothe ne se préoccupa pas davantage d'établir des points de comparaison précis avec l'Allemagne, alors même qu'il insistait sur la valeur exemplaire du cas américain pour l'économie allemande. Une première raison était probablement que l'exemple du protectionnisme offert par les États-Unis paraissait suffisamment probant aux yeux des

---

56 Voir Crapol, 1973.

57 Gustav Schmoller rendit compte du paradoxe que constituait l'influence internationale qu'exerça la pensée de Henry C. Carey dans sa critique du livre de Jeremiah W. Jenks, *Henry C. Carey als Nationalökonom*, Iéna, 1885, in *Schmollers Jahrbücher*, vol. 10, 1886, p. 583. Trois ans plus tard, dans la même revue, Gustav Cohn soulignait le renversement de hiérarchie : Friedrich List était désormais, comme véritable économiste, placé bien au-dessus de Henry C. Carey, ramené au rang de simple pamphlétaire. Cohn, Gustav, « Die heutige Nationalökonomie in England und Amerika », *Schmollers Jahrbücher*, vol. 13, 1889, p. 950.

58 D. F. Morell, *The protective Question at Home*, Cambridge, 1871 ; Joseph Wharton, *National-Self Protection*, Philadelphia, 1875 ; Wm. D. Kelley, *The Proposed Reciprocity Treaty*, Philadelphia, 1874 ; Henry C. Carey, *The British Treaties of 1871 and 1874*, Philadephia, 1874 ; Ed. Young, *Custom Tariff Legislation of The United States*, Washington, 1874.

Allemands qui, en 1876-1877, étaient convaincus de la nécessité de transformer la politique commerciale allemande. À l'inverse, les arguments des libre-échangistes américains – qui étaient aussi utilisés par leurs alliés européens[59] – pêchaient par leur complexité plus grande. Face à la simplicité de l'argument historique utilisé par les protectionnistes et à l'efficacité du réflexe anglophobe, ils étaient confrontés à une double difficulté : ils devaient nuancer selon les périodes en insistant sur la différence entre l'économie américaine de la fin du XVIIIe siècle et celle des années 1870 et en expliquant que la prospérité des années libre-échangistes avait été plus grande que celle des années de protectionnisme[60]. Il leur fallait par ailleurs se garder de l'accusation d'anglophilie en insistant sur l'universalité des lois économiques qui régissaient les échanges commerciaux entre nations.

La reprise à l'identique des arguments des protectionnistes américains, malgré leurs accents nationalistes, peut s'expliquer non seulement par leur efficacité mais aussi parce qu'en 1876, les États-Unis n'apparaissaient pas encore comme des compétiteurs menaçants, malgré les premières craintes touchant leurs exportations de céréales. Enfin, leur exemple était plus invoqué que travaillé parce qu'il était sans doute loin d'être décisif au moment où l'Allemagne opérait sa conversion au protectionnisme : plus importants étaient les changements observés dans les pays voisins. C'est ainsi que l'Italie abandonna la tradition piémontaise de libre-échange dès avril 1878 en fixant, dans le cadre d'un nouveau traité douanier avec la France, une taxe élevée sur les produits textiles importés[61]. Les Allemands s'inscrivirent donc d'abord dans un débat européen qui touchait alors même la Grande-Bretagne : pour ses défenseurs, le protectionnisme était un mouvement historique auquel l'Allemagne devait participer si elle ne voulait pas en être la victime.

On observe dans la première moitié des années 1880 un enrichissement des discussions, principalement autour des notions de douanes éducatives et de protection du travail national, développées tant par les protectionnistes que par leurs adversaires. Cette complexité nouvelle tendit à reléguer l'argument américain à l'arrière-plan : plus difficile à

59 L'Américain Edmund Janes James remarqua en effet que son pays était montré en exemple aussi bien par les libre-échangistes que par les protectionnistes. *Studien über den amerikanischen Zolltarif. Seine Entwicklung und seinen Einfluss auf die Volkswirtschaft*, James, 1877. Ce livre parut dans la collection du séminaire de Halle du professeur Johannes Conrad, car il était issu de la thèse soutenue par l'auteur dans cette université.

60 Ils considéraient en effet que la croissance américaine sous régime protectionniste avait été moins forte que durant la période libre-échangiste de 1846 à 1861, et que les protections douanières n'ont pu protéger les États-Unis de la crise depuis 1873.

61 Pécout, 1997, p. 219.

manier et progressivement délaissé par les protectionnistes, il ne put pour autant acquérir le statut de modèle pour les libre-échangistes allemands alors même que ceux-ci profitaient de la vigueur nouvelle de leurs idées aux États-Unis[62].

Pour les protectionnistes allemands, les États-Unis restaient la meilleure preuve du bien-fondé de leur doctrine[63], mais un nouveau type d'argument, centré sur le travail national, se développa dans les écrits américains au début des années 1880 vint compliquer leur tâche. Pour remplacer le thème du rattrapage des économies européennes, de moins en moins crédible au vu des succès de l'industrie nationale, le protectionnisme américain s'assignait désormais comme premier objectif de protéger les hauts salaires des ouvriers aux États-Unis, et de les empêcher de connaître la pauvreté qui sévissait dans « l'Ancien Monde » que l'Allemagne symbolisait, tout autant que l'Angleterre. Ce discours n'était pas acceptable pour les milieux industriels allemands qui soutenaient la politique protectionniste, non seulement par patriotisme, mais surtout parce que leurs propres arguments allaient dans le sens d'une modération salariale, s'appuyant sur l'idée, alors à la mode, selon laquelle les augmentations de revenu que les ouvriers avaient connues dans les années 1860 avaient affaibli leur ardeur au travail. Cela n'empêcha pas certains théoriciens d'évoquer le sort enviable des ouvriers américains parmi les bienfaits du protectionnisme, mais ce

62 Au début des années 1880, les libre-échangistes des deux côtés de l'Atlantique semblèrent deviner un frémissement en leur faveur : ils pensaient que le protectionnisme avait perdu de son tranchant idéologique et qu'il pouvait désormais être jugé sur de purs critères économiques. C'était par exemple la conviction exprimée par A. von Totis (Totis, 1881). À ce moment, le président américain s'était déclaré en faveur de taxes douanières plus modérées, alimentant un débat qui culmina en 1884, à l'occasion des élections. Sur les espoirs – modérés – exprimés alors par les libre-échangistes allemands, voir « Zolltarif in den Vereinigten Staaten », *Conrads Jahrbücher*, 1884 (nouvelle série, vol. 8). Sur cette période, voir le bilan fait dans les *Conrads Jahrbücher* en 1886 (nouvelle série, vol. 12), « einige amerikanische Bücher über den Schutzzoll » : deux ouvrages protectionnistes étaient analysés, David H. Mason, *Tariff History of the United States*, 1884, et Giles B. Stebbins, *The American Protectionnist's Manual*, 1883. Les deux livres étaient accusés d'être des textes de propagande auxquels était opposée « la vision équilibrée » proposée par les libre-échangistes : Gen. Matthew Mark Trumbull, *The American Lesson of the Free Trade Struggle in England*, 1884 ; Jacob Schoenhof, *The Destructive Influence of the Tariff upon Manufacture and Commerce and the Figures and Facts relating thereto* (publié par le *New York Free Trade Club* en 1885); Frank William Taussig, *Protection to Young Industries as applied in the United States*, 1883 et *The History of the Present Tariff, 1860-1883*, 1885. Ce dernier ouvrage était considéré comme la référence car il défendait la nécessité de douanes éducatives aux États-Unis, mais seulement pour les deux premières décennies du XIXe siècle.

63 Theodor Barth ironisa ainsi sur les vues naïves des « bénédictions de la politique protectionniste américaine » diffusées en Allemagne. Barth, 1887, p. 26.

thème resta mineur, et les États-Unis ne servirent progressivement plus que d'ornement rhétorique.

Au contraire, en ce même début des années 1880, le libre-échangisme trouva un regain d'assurance sur le terrain théorique et les libre-échangistes allemands, pour défendre leurs idées, s'appuyèrent sur les libéraux germano-américains dont ils s'employèrent à traduire les ouvrages, publiés dans la collection *Volkswirtschaftliche Zeitfragen.* Tous les arguments ne furent certes pas repris, en particulier ceux qui, fréquemment utilisés outre-Atlantique, soutenaient que les États-Unis s'étaient développés grâce à leurs avantages naturels et non à leurs tarifs douaniers élevés ou que les États-Unis n'étaient pas un pays jeune, car ils étaient peuplés d'Européens. Ils étaient donc au même stade de développement que les pays du « Vieux Continent ». Pour les Allemands, ces arguments ne pouvaient présenter aucun intérêt dans la défense de leur position.

Le thème majeur partagé par les libre-échangistes de part et d'autre de l'Atlantique était le réexamen de la théorie des douanes éducatives, en se rapportant à Friedrich List lui-même : dans son œuvre en effet, cette idée de douanes éducatives n'était nullement contradictoire avec le libre-échange, puisque son auteur lui assignait des bornes étroites, tant sectorielles que temporelles[64]. Cette relecture pouvait d'ailleurs être directement applicable au cas allemand, sans même passer par l'exemple américain. Ainsi, Erwin Rasse fit paraître en 1881 dans les *Conrads Jahrbücher* un long article rappelant les restrictions de Friedrich List en matière de protectionnisme et défendant l'idée d'une économie allemande mature. Il insista en particulier sur l'opposition de l'auteur germano-américain aux taxes douanières destinées à protéger les productions agricoles, et souligna l'importance des exportations allemandes, en particulier à destination de l'Angleterre, comme une preuve de la compétitivité de l'industrie allemande. En 1879, A. Held avait déjà défendu l'idée selon laquelle en Allemagne – comme aux États-Unis – l'industrie était arrivée à maturité[65].

---

64 Le recours de plus en plus grand, dans les vingt dernières années du XIXe siècle, aux enseignements de F. List se fit au prix d'une déformation partielle de son œuvre : List était un authentique cosmopolite, comme le prouvait sa devise « Et la patrie et l'humanité ». Pour lui, l'unité nationale était nécessaire, mais elle était vue comme une simple étape ; la création même d'une Europe unie n'était qu'un préalable à une fraternisation universelle qui ne pouvait être pour ce franc-maçon que le but ultime.

65 Professeur A. Held, « Schutzzoll und Freihandel », *Schmollers Jahrbücher* 1879. Cette lecture n'était cependant pas acceptée par tous : Henry George, dans son livre *Protectionism and Free-Trade* paru en 1886, réfuta l'argument historique selon lequel l'industrie américaine n'aurait pas pu se développer sans protection douanière et ses arguments furent utilisés par Theodor Barth (Barth, 1887).

Face à ces études, les protectionnistes allemands avaient de plus en plus de mal à défendre la théorie du rattrapage. Gustav Tuch représente bien ceux qui s'y essayèrent pourtant[66]. Il s'employa par exemple à historiser le refus de douanes agricoles : à l'époque de List, la production allemande excédentaire devait trouver des marchés à l'étranger. Il insista surtout sur la solidarité entre l'industrie et l'agriculture voulue tant par Friedrich List que par Henry C. Carey[67], en faisant du monde agricole le consommateur privilégié des produits industriels, ce qui impliquait qu'on doive maintenir son pouvoir d'achat. Le thème de l'agriculture était cependant assez fragile, et Tuch devait reconnaître que les taxes douanières ne pouvaient suffire à garantir la bonne santé du secteur. Aussi ce thème demeura-t-il mineur par rapport à celui de l'industrie. Tuch s'employa à prouver que cette protection était toujours nécessaire pour les pays industrialisés, précisément parce que leurs productions se ressemblaient beaucoup, et que, dans la concurrence constante qu'ils se livraient, la moindre avance technologique prise par l'un risquait de ruiner les efforts des autres. Il était donc nécessaire d'établir des protections douanières pour donner aux entreprises nationales le répit nécessaire au rattrapage de leurs concurrents ou pour les encourager à investir dans des découvertes[68]. C'était justifier la reconduction indéfinie de douanes dites éducatives. Étant donné la fragilité de sa démonstration, Gustav Tuch choisit cependant d'insister dans ses dernières pages sur le fait que l'Allemagne n'avait pas encore atteint le niveau de l'Angleterre et se situait encore dans une phase de rattrapage telle qu'elle avait été définie par List. Ainsi, renversant l'argument de Rasse, qui insistait sur les exportations allemandes vers le marché anglais, Tuch souligna que la plupart de ces produits étaient ensuite réexpédiés dans d'autres endroits du monde, en dehors de l'Europe.

---

66 Gustav Tuch, « Schutzzoll und deutsche Waarenausfuhr. Gegen Herrn Professor Dr. Rasse », in *Schmollers Jahrbücher*, vol. 7, 1883, p. 85-175. Hermann Grothe s'employa également à réfuter la lecture libre-échangiste de Friedrich List dans un article paru en 1880 dans le *Zeitschrift für deutsche Volkswirtschaft*, 1er cahier. Ces deux auteurs s'inscrivaient dans des débats internationaux qu'ils citaient, comme par exemple le livre d'Augustus Mongredien, *Free Trade and English Commerce* (1879) et les réfutations qu'en fit le consul américain à Liverpool, Thomas H. Dudley.

67 Gustav Tuch cita ainsi les disciples de Carey qui soutenaient les taxes douanières agricoles, « Peshine, Smith, Burton, Elder, Swank, Blodgett, Wharton, Kelley, D. H. Mason (How Western Farmers are benefited by Protection, "dédié à Carey") », art. cit., p. 115.

68 Gustav Tuch, art. cit., p. 134-135. De telles réflexions le conduisirent également à récuser toute possibilité de division internationale du travail, car non seulement chaque secteur industriel était plus ou moins bien représenté dans chaque pays, mais surtout, une industrie particulière pouvait être en tête de la concurrence internationale un jour, et se voir dépassée le lendemain (p. 149).

La lecture que les libre-échangistes allemands, appuyés en partie sur leurs homologues américains, faisaient de Friedrich List, se révéla donc dans l'ensemble la plus assurée intellectuellement ; pourtant, l'alliance germano-américaine ainsi forgée était fragile. Les libéraux américains défendaient leur point de vue avec des arguments patriotiques, et en particulier la conviction que le libre-échange devait permettre à une industrie américaine, désormais mature, de dominer les marchés mondiaux. Certes, cette assurance était tempérée par la conviction que si les États-Unis voulaient vendre leurs produits à l'Europe, ils devaient fournir à cette dernière les moyens de ses achats en lui permettant de vendre sur le marché américain[69]. La perspective n'en était pas moins inquiétante pour des lecteurs allemands, qui envisageaient le développement des exportations comme le résultat de conquêtes de marchés au détriment de la concurrence, ainsi que le présentait Tuch par exemple. La discussion montrait ainsi que l'utilisation d'argumentations étrangères autres qu'historiques ou théoriques se révélait très vite compliquée dans la mesure où il ne s'agissait pas de rechercher un système économique valable internationalement pour la prospérité générale, mais bien les instruments nécessaires à la domination de son économie nationale sur les autres concurrents participant à cette guerre généralisée quoique supposée pacifique qu'était la mondialisation.

2. *Le bimétallisme*

À la fin des années 1870, les tenants du bimétallisme purent penser que la remise en cause du dogme du libre-échange leur permettait d'espérer la victoire prochaine de leur cause. Des indices semblèrent alors confirmer leurs espoirs : en 1878 encore, l'Allemagne avait rejeté l'invitation faite par les États-Unis à une conférence monétaire internationale à Paris pour discuter de la question bimétalliste, mais, en l'espace d'un an, les choses avaient changé. D'abord, les importants achats de blé américain avaient conduit à exporter l'or européen aux États-Unis, confirmant apparemment les craintes d'une prochaine pénurie d'or. Au printemps 1879, Bismarck avait semblé donner des signes au camp bimétalliste en recevant en audience un des plus célèbres théoriciens américains du mouvement, William D. Kelley[70], qui s'était ensuite répandu en confidences sur les assurances qu'il aurait reçues au point d'inquiéter un fidèle soutien du chancelier et le champion de la cause de l'étalon or, Ludwig Bamberger. En sa qualité de député, ce

---

69 On trouve l'argument chez A. von Totis aussi bien que chez Jacob Schoenhof.

70 Voir Reti, 1998, p. 103-104. Son livre, *The Silver Question* (1879) fut, avec celui de Henry C. Carey, *Resumption, when and how it will end. Letters to the President of the United States* (1877), une des sources d'inspiration d'un des chefs du bimétallisme allemand, Wilhelm von Kardorff, par ailleurs figure de proue des agrariens.

dernier s'était résolu à demander, lors d'une séance au parlement de juin 1879, que le gouvernement clarifie sa politique monétaire. Cette initiative s'avéra désastreuse pour Bamberger puisque non seulement la décision prise peu de temps auparavant de suspendre les ventes d'argent pour compléter le passage à l'étalon or fut maintenue, mais il fut l'objet d'une très violente attaque de Bismarck au cours de cette séance parlementaire. Les ponts étaient définitivement rompus entre le chancelier et ses anciens amis libéraux[71].

Pourtant, le bimétallisme, soutenu par un puissant mouvement agrarien et objet de savantes théorisations à l'échelle internationale, ne réussit pas à s'imposer, et l'exemple américain, indispensable à la démonstration des bimétallistes, ne put jamais être offert en modèle.

Le point de départ des réflexions bimétallistes était le même que celui des partisans de l'étalon or. À une époque où les progrès des transports et la diffusion de l'industrialisation multipliaient les échanges commerciaux et financiers, l'établissement d'un système monétaire international semblait aller dans le sens de l'histoire, un thème récurrent depuis Lorenz von Stein. Plus concrètement, les historiens ont montré le rôle que jouèrent certains intérêts sectoriels – en premier lieu ceux des industriels exportateurs – dans l'avènement de l'étalon-or mais ils ont aussi insisté sur l'aspect conjoncturel de telles décisions, liées à des opportunités comme les indemnités payées par la France à l'Allemagne[72]. Il est par ailleurs sans doute exact de penser que le modèle anglais a joué un rôle au cours des années 1860. Le fait que la monnaie anglaise soit passée à l'étalon or dès 1816 ne constitue pas un contre argument : les autres pays européens ont jugé leurs progrès tout au long du XIXe siècle et jusque dans les années 1870 à l'aune de la réussite économique anglaise. Le rôle moteur en matière monétaire que s'attribua la nouvelle Allemagne en 1871 s'explique dans ce contexte : ses dirigeants jugeaient qu'elle bénéficiait d'une opportunité unique, née de la nécessité de créer une monnaie commune à tout l'empire, et cette création lui permettait en même temps d'affirmer le rôle majeur qu'elle

71 Pour un récit détaillé – et favorable aux vainqueurs – des débats autour de l'étalon-or dans les trente dernières années du XIXe siècle, voir Helfferich, 1900. Il s'agit du premier volume publié dans la collection de l'Association pour la protection de l'étalon-or allemand (*Verein zum Schutz der deutschen Goldwährung*), fondée en 1895 par Bamberger. Cette date représenta l'ultime offensive des bimétallistes, revigorés au début des années 1890 par les ouvertures que leur avait faites le chancelier Caprivi : en échange de l'acceptation par les agrariens des traités commerciaux plus favorables aux intérêts industriels, il avait laissé entrevoir un réexamen de la question bimétalliste, idée entretenue par son successeur. Voir Borchardt, 1976, p. 39.

72 Voir Milward, 1996, p. 87-101. Cependant, M. Flandreau et L. Einaudi ont plus récemment insisté sur le fait que seuls 5 % de ces indemnités avaent été payés en métal. Flandreau, 1996, p. 862-897 ; Einaudi, 2001.

entendait désormais jouer dans l'économie mondiale en osant mettre en œuvre la première le passage à l'étalon or prôné lors des discussions de la conférence monétaire internationale de Paris en 1867[73]. À ce moment, une telle évolution avait paru souhaitable aux contemporains car l'offre d'or semblait suffisamment importante depuis les grandes découvertes de 1848 en Californie et en Australie, sans pour autant entraîner une dépréciation durable de ce métal. En effet, après une baisse temporaire due à cet afflux soudain, l'or s'était progressivement redressé face à l'argent et sa valeur élevée paraissait plus appropriée pour les capitaux de plus en plus importants impliqués par les échanges internationaux. Enfin, en ce qui concernait directement l'Allemagne, l'existence de l'Union latine, mais aussi de pays grands importateurs d'argent comme l'Inde, permettait de supposer que les ventes d'argent nécessaires à l'adoption de l'étalon or se feraient sans déséquilibrer le rapport entre les deux métaux précieux. Or c'est précisément sur ce point que la politique monétaire allemande faillit achopper.

En 1874, les inquiétudes face à la forte baisse de la valeur du métal argent conduisirent un certain nombre de commentateurs à accuser la politique allemande de déséquilibrer les systèmes monétaires internationaux en vendant d'immenses quantités d'argent à un moment où la demande s'affaiblissait, entraînant un décrochement de l'argent par rapport à l'or. Cette forte baisse s'expliquait par le nombre de pays qui étaient alors en train de passer à l'étalon or, parmi lesquels les pays scandinaves dès 1872, suivis des Pays-Bas en 1875. Par ailleurs, la Suisse avait cessé la frappe de l'argent en 1875, imitée par la France et la Belgique l'année suivante. Les États-Unis avaient également suspendu leur frappe d'argent en 1873, mais pour des raisons techniques : comme l'argent métal valait plus cher que l'argent monnayé, il n'était plus intéressant de le vendre pour la frappe. À ces politiques monétaires s'ajoutaient les effets de la conjoncture, qui réduisait en particulier la demande d'argent de l'Inde. Cette panique ne subsista cependant pas longtemps, et les ventes d'argent allemand reprirent dès l'année suivante. En 1876, une nouvelle alerte à la baisse eut cependant lieu, cette fois aux États-Unis, entraînant dans ce pays une véritable panique car un dollar argent ne valut plus que 90 cents d'un dollar or, contre $ 1,02 trois ans plus tôt. Cette situation conduisit les Américains à reconsidérer leurs choix et cette fois, c'est après de longues et vigoureuses discussions que fut prise la décision, en 1878, de reprendre la frappe de

[73] Cette conférence réunissait 19 pays européens ainsi que les États-Unis. Un consensus se dégagea rapidement pour faire de l'or la monnaie de réserve unique et fondamentale de ces pays par rapport à leurs diverses monnaies, et le moyen de paiement de leurs échanges. Voir Reti, 1998, et Galbraight, 1994.

l'argent dans une fourchette mensuelle de 2 à 4 millions de dollars argent.

Le *Bland-Allison Act* voté en 1878 marqua rétrospectivement pour les bimétallistes européens le début de leur longue campagne. Dans l'immédiat cependant, ils s'appuyèrent peu sur la nouvelle législation américaine et s'employèrent surtout à développer des justifications théoriques face aux accusations de « niaiseries » (Paul Leroy-Beaulieu) ou de « *fraudulent contrivance* » (Lord Sherbrooke)[74]. Les bimétallistes avaient d'abord besoin de renverser l'argument principal des partisans de l'étalon or, sur l'universalité du métal jaune, en insistant sur la pénurie d'or qui ne manquerait pas de se produire si réellement tous les pays se ralliaient à l'étalon or. En Allemagne, le livre d'Eduard Suess *Über die Zukunft des Goldes* en 1878 prédisant l'épuisement prochain des filons[75], et surtout le livre d'Otto Arendt[76] en 1880, *Die Vertragsmässige Doppelwährung*, eurent un effet décisif en ce sens. Les contemporains furent suffisamment frappés par ces démonstrations pour que, lors de la conférence monétaire internationale de 1881, les partisans de l'étalon or eux-mêmes considèrent officiellement que leur projet ne pouvait s'appliquer qu'aux pays riches[77]. Face à ce reniement, les bimétallistes ne pouvaient que pousser leur avantage : voulant parachever la destruction de l'enseignement classique sur la monnaie, ils expliquèrent que le rapport entre l'or et l'argent ne pouvait être soumis aux seules fluctuations du marché au prétexte qu'il s'agissait de marchandises comme les autres. Pour éviter les convulsions auxquelles on venait d'assister, il était nécessaire de fixer légalement le rapport entre les deux métaux, en prenant celui qui s'était le plus souvent imposé au cours des décennies

---

74 Cité par Lexis, Wilhelm, « Der neueste Stand der Währungsfrage und der Kongress der Bimetallisten in Köln (Oktober 1882) », *Schmollers Jahrbücher*, vol. 7, 1883, p. 273-283.

75 L'auteur bénéficiait de son immense prestige international comme géologue. Ses thèses furent discutées entre autres par G. Ruhland, « Die Zukunft des Goldes und die Süss'sche Theorie », in *Zeitschrift für die gesamte Staatswissenschaft*, 1891, vol. 47, n°3.

76 Jeune économiste autrichien, il s'imposa dans sa discipline grâce à son combat en faveur du bimétallisme. Faisant un retour sur la victoire de ses adversaires en 1894, il dénonça « une conspiration internationale » des théoriciens de l'étalon-or. Voir sa préface dans Arendt, 1894. L'ouvrage contient un texte de Wihelm von Kardorff, « Die Einführung der Goldwährung in den Vereinigten Staaten », dans lequel l'auteur retranscrit les procès verbaux du Congrès américain dénonçant la décision de cesser le monnayage de l'argent en 1873 comme un véritable « complot ».

77 Voir « Offenes Schreiben an Herrn Heinrich Cernuschi von Dr. Theodor Hertzka in Wien », in *Schmollers Jahrbücher*, vol. 3, 1879, p. 197-228. Cette idée fut reprise par différents économistes lors du XIXe Congrès des économistes à Berlin en octobre 1880.

précédant 1870, soit soit quinze et demi pour un[78]. C'est autour de ce rapport que devait se construire le futur système monétaire international bimétalliste.

Entre 1879 et 1881 furent non seulement fixés les termes théoriques du débat mais aussi les stratégies à adopter. Le plan le plus souvent développé était le suivant : pour convaincre les principaux pays européens de rejoindre l'alliance que la France et les États-Unis avaient formée pour mettre fin à la politique de l'étalon or[79], il fallait les forcer à assumer la chute de la valeur argent. Pour cela, les États-Unis devaient à leur tour cesser leur frappe argent, entraînant une baisse si grande de la valeur du métal que la Grande-Bretagne serait forcée de réagir en reprenant le monnayage de l'argent[80]. Cette stratégie, de même que celle proposée par Cernuschi, proposant un gigantesque emprunt américain en or sur la place de Londres afin de créer une pénurie de métal jaune en Europe, faisait des États-Unis un simple instrument au service du but ultime, la conversion anglaise au bimétallisme. Elles semblent d'ailleurs être nées dans les milieux européens, car les représentants américains n'ont jamais évoqué ces possibilités dans les différentes conférences internationales. De telles stratégies reposaient sur la conviction, qui se révéla fausse, que, dans la situation du moment, les Américains ne pourraient demeurer longtemps fidèles aux engagements du *Bland-Bill* (première mouture du *Bland-Allison Act*) s'ils restaient isolés. Or, c'est précisément ce qu'ils firent, jusqu'au *Shermann Silver Purchase Act* qui fut le triomphe – éphémère – des tenants de l'inflation[81].

De façon plus générale, le problème de ces plans, outre leur difficulté, voire l'improbabilité de leur réalisation, tenait à la position même

---

78 Sur l'idée que ce rapport entre les deux métaux précieux est « naturel », voir Lexis, Wilhelm, « Kritische Erörterungen über die Währungsfrage », *Schmollers Jahrbücher*, vol. 5, 1881, p. 80-131.

79 En 1881, la France, les États-Unis, l'Italie, la Hollande et l'Espagne se déclarèrent prêts à passer au bimétallisme *à la condition* que d'autres pays, principalement l'Allemagne, les rejoigne. Or celle-ci se refusa au moindre changement dans sa politique monétaire si le Royaume-Uni ne faisait pas de même. Voir Lexis, Wilhelm, « Die Währungsfrage nach der Münzkonferenz », *Schmollers Jahrbücher*, vol. 5, 1881, p. 245-257.

80 Ce plan ne fut pas le seul proposé par les bimétallistes, mais c'est celui qui revient le plus souvent dans les textes allemands. Voir par exemple Seyd, 1880, un Germano-Anglais très connu pour sa participation au soi-disant « crime de 1873 ». Dans les deux plans, l'idée était de faire prendre conscience aux pays européens que l'étalon-or n'était pas viable. Voir Rasse, Dr. Erwin, « Der Bimetallismus und die Währungsfrage in den Vereinigten Staaten », *Schmollers Jahrbücher*, vol. 2, 1878, p. 113-142.

81 Appliquée pendant seulement trois ans, cette loi impliquait l'achat de la presque totalité de la production des mines d'argent du pays, alors même que de nouvelles découvertes avaient été faites durant les années 1880 dans le Nevada.

des Américains, à qui la problématique universaliste était étrangère dans leur choix du bimétallisme. Cela fut souligné dès l'étude d'Erwin Rasse en 1878. L'auteur présentait l'originalité d'aller au-delà des analyses allemandes du moment, qui soulignaient le rôle du lobbying des propriétaires de mines d'argent. Il insista en effet sur les difficultés réelles de ceux qui, s'étant endettés au moment où la monnaie était partiellement dévalorisée, avaient beaucoup à perdre avec la revalorisation du dollar qui aggravait des situations financières déjà difficiles. Surtout, il était l'un des premiers à insister sur le fait que les bimétallistes européens et américains ne pouvaient pas s'accorder, car les rapports entre l'argent et l'or étaient traditionnellement différents de chaque côté de l'Atlantique. La campagne pour la reprise du monnayage de l'argent s'était faite au nom du « dollar de nos pères », qui correspondait à une valeur de 16 pour 1, alors que les Européens réclamaient un rapport de 15,5 pour 1. Ce désaccord était inévitable dans la mesure où le bimétallisme américain défendait sa cause au nom de valeurs nationales.

Dès 1882, la cause bimétalliste parut perdue pour ceux qui, comme Wilhelm Lexis, l'avaient soutenue pour des raisons pragmatiques et qui comprirent que l'ajournement de la conférence monétaire de 1881 signait son arrêt de mort. En revanche, les vrais bimétallistes allemands poursuivirent leurs assauts contre l'étalon or du *Reich* puisque ce fut cette même année qu'Otto Arendt participa à la fondation de l'Association internationale pour le bimétallisme et que les écrits et les revues sur le sujet se multiplièrent. Le chroniqueur de ces combats, Karl Helfferich, indique l'année 1885 comme l'apogée de ces efforts et insiste sur le rôle particulier des milieux agrariens, rendus inquiets par les exportations agricoles venues de Russie et d'Inde, respectivement pays bimétalliste et pays ayant l'étalon argent. Par la suite, les soubresauts auxquels on assista furent surtout produits par des spéculations ponctuelles à la hausse sur l'argent, par exemple à l'occasion du *Shermann Silver Purchase Act* de 1890.

Partenaires indispensables, les États-Unis ne furent jamais présentés en modèle par les bimétallistes en raison de leur retard en matière monétaire : le rôle de la monnaie papier a pu être reconsidéré par certains historiens à l'aune des besoins particuliers d'une économie en plein développement[82] ; pour les Européens de l'époque, comme pour les milieux financiers de la côté est, il était considéré avec suspicion, d'autant plus pour les Allemands qu'il rappelait les désordres monétaires qu'ils avaient connus avant l'unification. Il apparaissait donc à la fois comme anti-économique et anti-moderne. Un des arguments des bimétallistes était d'ailleurs que l'utilisation de l'argent aux côtés de l'or

[82] Voir Nouailhat, 1982, p. 159.

permettait de limiter efficacement l'utilisation d'un papier-monnaie qui n'était jamais que partiellement couvert par des réserves métalliques, tout en assurant une circulation monétaire suffisante.

Plus généralement, contrairement au libre-échange, l'étalon or n'était pas identifiable à un modèle national, anglais[83]. La géographie de l'étalon or établie par Barry Eichengreen et Marc Flandreau[84] montre que le système de la diffusion de l'étalon or ne possédait pas un seul centre qui aurait été la *City* de Londres, mais qu'il s'était développé à partir de plusieurs zones d'influence économique, anglaise, française et allemande. Les bimétallistes allemands ne s'y étaient pas trompés qui insistaient sur la responsabilité de leur pays dans les décisions des pays scandinaves et des Pays-Bas en faveur de l'étalon-or et qui, à leur tour, cherchaient des alliés chez les bimétallistes anglais. L'attitude nationaliste des bimétallistes américains constituait de ce point de vue une singularité qui contribua à les tenir à l'écart. C'est donc bien en réussissant à prouver qu'il constituait le moyen le mieux à même d'assurer la stabilité du système monétaire international que l'étalon or réussit à s'imposer à la fin du siècle, y compris aux États-Unis, comme garant de la croissance économique moderne.

3. Les syndicats américains

Les mouvements sociaux et, plus largement, la condition des ouvriers américains, furent des sujets qui revinrent régulièrement dans les grandes revues généralistes publiées à l'époque dans le *Reich*. Le nombre de publications resta cependant modeste, proportionnel à l'importance générale des États-Unis, et ces écrits s'inspiraient beaucoup de la série d'articles publiés par Sartorius von Waltershausen dans les *Conrads Jahrbücher* entre 1882 et 1885[85], précisément au moment où étaient discutées les lois sociales. L'étude des États-Unis fournissait un exemple supplémentaire de pays où les rapports sociaux paraissaient

---

83 Certains économistes ont utilisé l'étude de la conversion à l'étalon-or pour montrer qu'il n'était pas nécessaire qu'il existe une hégémonie monétaire ou des coopérations multilatérales pour que soient créés des régimes monétaires internationaux. Voir Gallarotti, 1994, p. 49.

84 Eichengreen, Flandreau, 1996, p. 113-143.

85 August Sartorius von Waltershausen, « Arbeitszeit und Normalarbeitstag in den Vereinigten Staaten », *Conrads Jahrbücher,* nouvelle série, vol. 4 (1882) ; « Die Gewerkvereine in den Vereinigten Staaten », nouvelle série, vol. 6 (1883), 7 (1883) et 8 (1884) ; « Das Hilfskassenwesen in Amerika », nouvelle série, vol. 10 (1885) ; « Boycotten – ein neues Kampfmittel der amerikanischen Gewerksvereine », nouvelle série, vol. 11 (1885). L'auteur, issu d'une lignée d'universitaires, était alors au début de sa carrière : en 1880, il était *Privatdozent* à Göttingen, mais dès 1885, il fut nommé *Ordinarius* à Zürich, avant d'obtenir une chaire à Strasbourg en 1888, où il resta jusqu'en 1918.

pacifiés, but auquel tendait le gouvernement allemand en essayant de réduire le poids de la social-démocratie, en particulier des syndicats, directement frappés par les interdictions de rassemblement, tout en intégrant les classes ouvrières au nouveau *Reich*. Les syndicats américains présentaient le visage rassurant du réformisme pour les commentateurs qui considéraient que l'État et les patrons ne pouvaient se passer de ce type d'interlocuteur. Enfin, pour les *Conrads Jahrbücher*, plus libéraux que les *Schmollers Jahrbücher*, les États-Unis montraient l'exemple d'une expérience réussie, dans laquelle l'État ne tenait qu'une position de dernier recours, et se contentait d'offrir un cadre juridique à des structures fondées sur le volontariat et le compromis entre ouvriers et patronat.

Pourtant, l'exemple des États-Unis ne fut pas réellement utilisé dans les discussions allemandes sur les lois sociales : même Waltershausen, dans son article de 1880, ne fit référence qu'à la Belgique, la France, la Saxe et bien sûr l'Angleterre[86]. À propos des États-Unis il mentionna à plusieurs reprises l'influence qu'avaient eue les syndicats anglais sur leurs homologues américains, bien qu'il s'agisse davantage, selon ses propres termes, d'inspiration que d'imitation. Plusieurs éléments expliquent cette prépondérance de la référence anglaise par rapport à l'exemple américain – même si certains auteurs cherchèrent à minorer l'aspect national du cas anglais en estimant qu'il ne s'agissait que de l'illustration d'un mouvement d'ensemble vers une réglementation progressive du travail en usine[87]. Tout d'abord, elle tenait moins à la différence dans le degré d'industrialisation des deux pays qu'à l'antériorité de l'industrie anglaise, qui en faisait un point de comparaison obligé. De plus, par rapport aux États-Unis, la situation sociale en Grande-Bretagne présentait de grandes ressemblances avec celle du *Reich*, même si elle servait de repoussoir à ceux qui, comme Grothe, dénonçaient les effets du « manchestérianisme ». À l'inverse, l'ouvrier américain présenté par Reuleaux et d'autres à l'occasion des comptes-rendus de Philadelphie, était un homme bien nourri et jouissant d'un

[86] Le modèle anglais servit alors de façon générale de référence pour toute l'Europe. Voir l'article de Ferrari, Carlo F., « über die Gewerkvereine in Italien », traduit de l'italien et paru dans les *Schmollers Jahrbücher*, vol. 5, 1881, p. 247-258. Voir Viet, Vincent, « Une comparaison France-Allemagne. La question sociale et son traitement à la fin du XIXe siècle », in *Histoire & Sociétés*, n° 6, avril 2003, p. 6-21 ; sur les comparaisons systématiques entre États dans le domaine des réalisations sociales à la fin du XIXe siècle, voir dans le même numéro Conrad, Christoph, « Les États-Providence en comparaison. État des approches en sciences sociales et en histoire », p. 90-98.

[87] Voir le compte-rendu de Tait, W. Cave, *Die Arbeiterschutzgesetzgebung in den Vereinigten Staaten*, Tübingen, 1884, par Laves, Theodor, *Schmollers Jahrbücher*, vol. 9, 1885, p. 1013-1021.

certain niveau de vie, exerçant avec professionnalisme un métier dont il était fier, bien loin de l'image du prolétaire affamé londonien[88]. Par ailleurs, certains syndicats américains, en particulier le plus connu d'entre eux, les *Knights of Labor*, avaient adopté des formes parfois très proches des sociétés secrètes, un choix totalement étranger aux Allemands et même à la plupart des Germano-Américains d'après Waltershausen. Enfin, les syndicats anglais possédaient ce que recherchaient les réformateurs sociaux allemands, une solidité financière qui leur permettait de créer des caisses d'entraide, un système encore embryonnaire aux États-Unis, d'une part parce que le taux d'épargne était beaucoup moins important, ensuite parce que la conception même de la solidarité à l'égard des plus pauvres était très différente[89]. La série d'articles de Waltershausen constitua donc la seule référence allemande sur le sujet. C'est ce qui constitue son intérêt car elle fut, de ce fait mais aussi à cause de la notoriété croissante de l'auteur, systématiquement citée par la suite dans les études sur les États-Unis.

Ce statut de référence avait été recherché par Waltershausen, dont le second ouvrage avait été critiqué par Schmoller[90] : ce dernier avait souligné sa dette intellectuelle à l'égard de Lujo Brentano ainsi que le caractère scolaire de son travail, qui ne reposait que sur la lecture des principaux ouvrages sur le thème. Avec ses études sur l'exemple américain, Waltershausen échappait à ces critiques et réalisait ce que Brentano avait fait pour les syndicats anglais, nonobstant l'inégale influence des deux modèles pour les réflexions allemandes. Ses analyses portaient donc toujours la marque de celles réalisées par son aîné, mais

88 Cette image positive est cependant contestée dans la littérature anti-américaine des années 1870. Voir par exemple le compte-rendu par Wilhelm Lesigang du livre de John H. Becker, *Soziale und politische Zustände in den Vereinigten Staaten Nordamerika's* (deuxième édition de son livre *Die hundertjährige Republik*, Augsbourg, 1879), in *Conrads Jahrbücher*, vol. 33, 1879, p. 129-132. Son analyse inclut deux autres ouvrages, Arthur von Studnitz, *Nordamerikanischer Arbeiterverhältnisse*, 1879, beaucoup moins caricatural que Becker, même s'il cherche à relativiser la prospérité des ouvriers américains, et Edward Young (chef du bureau des statistiques des États-Unis), *Labor in Europe and America*, 1875. Ce dernier au contraire, comme, dix ans plus tard, Caroll D. Wright, chef du bureau des statistiques du travail de Boston qui, en août 1885, souligne la supériorité des conditions de vie ouvrières aux États-Unis. Voir Barth, 1887, p. 18.

89 « Das Hilfskassenwesen in Nordamerika », *Conrads Jahrbücher*, nouvelle série vol. 10, 1885.

90 Avant ses articles dans les *Conrads Jahrbücher*, sa biographie mentionne deux écrits datés de 1880 : *Die wirtschaftlich-soziale Bedeutung des obligatorischen Zuschusses der Unternehmer zu den Arbeiterversicherungskassen* et *Die Stellung des Staates zu der Alters- und Invalidenversicherungskassen*. C'est ce second ouvrage, de 96 pages, qui fut recensé par Schmoller dans sa revue, dans le cadre général de la littérature sociale récemment parue. Voir *Schmollers Jahrbücher*, vol. 5, 1881, p. 281.

elles étaient réellement originales par rapport au travail de Henry W. Farnam[91]. Ce dernier s'était en effet surtout appliqué à relativiser l'importance des syndicats aux États-Unis, en soulignant leurs manques par rapport aux réalisations allemandes : il leur reprochait en effet de limiter largement leur action aux négociations salariales dont la réussite restait relative, sans se soucier de préserver une base d'adhérents suffisamment stable pour développer un système de caisse et des actions éducatives. Cependant, les efforts de Waltershausen s'inscrivaient aussi dans la réflexion politique du moment sur le socialisme et ses possibilités de développement outre-Atlantique[92]. Il se situait ainsi dans la tradition allemande d'une lecture politique de la réalité américaine, beaucoup plus qu'économique, d'autant que le caractère d'alternative politique du Nouveau Monde restait alimenté au début des années 1880 par l'émigration récente d'un certain nombre de sociaux-démocrates, rebutés par les lois anti-socialistes[93]. Ils constituaient une source de renseignements importante mais aussi une émulation pour leurs camarades européens, malgré le jugement pessimiste d'Engels[94].

Pour Waltershausen, la première leçon à tirer des États-Unis était précisément que la théorie marxiste de la paupérisation du prolétariat était fausse. Même si la division du travail entraînait une déqualification des ouvriers, ceux-ci parvenaient à maintenir et même à améliorer leur niveau de vie. Cela tenait pour une part à des conditions spécifiques à l'économie américaine. Le marché du travail était caractérisé par une forte demande, qui permettait à l'ouvrier mécontent de son sort de quitter un endroit pour aller se faire embaucher ailleurs, en particulier dans l'Ouest, où la pénurie de main-d'œuvre restait très importante, malgré l'immigration chinoise. De plus, il existait de nombreux moyens pour échapper à la condition d'ouvrier si les salaires étaient trop défavo-

---

91 Celui-ci est l'auteur de la première étude en allemand sur les syndicats américains : H. W. Farnam, *Die amerikanischen Gewerkvereine*, Leipzig, 1878 (vol. 18 des *Schriften des Vereins für Sozialpolitik*). Le texte fut rédigé pendant le séjour de cet Américain en Allemagne.

92 Cette réflexion était menée également au même moment du côté américain ; voir *The North American Review*, 1879, cahiers d'avril et mai, « German Socialism in America ». Ce thème était nourri par l'immigration de socialistes allemands et le socialisme aux États-Unis fut largement interprété comme un phénomène d'importation, comme le souligna le critique allemand de l'ouvrage de Richard T. Ely, *Recent American Socialism*, Baltimore, 1885. Voir *Conrads Jahrbücher*, nouvelle série 12, 1886, p. 89.

93 Keil, Jentz, 1988 ; Poore, 1986, p. 192-203.

94 Ce dernier considérait déjà, dans sa correspondance avec Friedrich Sorge, que les socialistes germano-américains n'étaient pas parvenus à créer un mouvement socialiste important car ils se refusaient à adapter leurs théories et leurs stratégies aux conditions particulières américaines, en particulier l'existence d'une mobilité sociale et un niveau de vie plus élevé. Voir Poore, 1986 ; Moore, 1970.

rables, grâce à la multiplication des professions pour cols blancs[95]. Cependant, les explications n'étaient pas seulement nationales : Waltershausen affirmait de manière générale qu'il n'y avait pas de loi d'airain des salaires qui les maintiendrait au niveau du minimum vital, car l'amélioration des salaires et le raccourcissement de la durée du temps de travail étaient directement liées à la prospérité économique générale, même si le capital était trop puissant face au travail pour que celui-ci puisse profiter de façon proportionnelle des bénéfices[96]. C'était vouloir participer *a posteriori* à la polémique sur les salaires des ouvriers et la durée du temps de travail qui avait fait rage dans les années 1875-1876, quand Lujo Brentano s'était élevé contre Heinrich von Treizschke : ce dernier, comme le ministre prussien du commerce, considérait que les augmentations de salaire consenties dans les années 1860 avaient démotivé les ouvriers[97]. Cependant, Waltershausen n'apportait rien de réellement neuf avec son étude américaine et se contenta de reprendre dans leurs grandes lignes les analyses de Brentano qui s'inspirait lui-même des réflexions des économistes anglais William Thomas Thornton et John Stuart Mill en 1869 sur la possibilité pour les syndicats d'obtenir des améliorations de salaires stables pour leurs adhérents[98]. Waltershausen livra surtout une illustration supplémentaire de ce propos en soulignant la modération des buts syndicaux, qui se limitaient à l'obtention d'avantages matériels[99] De plus, comme Lujo Brentano pour l'Angleterre, il insista sur la nécessité de la négociation[100], grâce à la création de tribunaux ou de commissions d'arbitrage

---

95 Waltershausen, A. Sartorius von, « Die Gewerkvereine in den Vereinigten Staaten von Amerika », in *Conrads Jahrbücher*, nouvelle série 6, 1883, p. 527-531.

96 Waltershausen, « Arbeitszeit und Normalarbeitszeit in den Vereinigten Staaten », in *Conrads Jahrbücher*, nouvelle série 4, 1882, p. 465.

97 Voir l'article de Lujo Brentano « Über das Verhältnis von Arbeitslohn und Arbeitszeit zur Arbeitsleistung » paru dans le vol. 4 (1876) du *Jahrbuch für Gesetzgebung, Verwaltung und Rechtspflege des Deutschen Reiches* édité par Franz von Holkendorff, revue reprise en 1880 par Gustav Schmoller.

98 Sur les inspirations de Brentano voir Sheehan, 1966, p. 33-35. Les contemporains puis les exégètes virent dans l'affirmation de Mill qu'il existait une flexibilité des salaires, le « reniement » de la doctrine classique qui considère que le montant du capital affecté aux salaires est fixe. Voir Arena, Maricic, 1992, p. 540.

99 Waltershausen mettait en avant une spécificité des syndicats américains particulièrement remarquable pour les Allemands, leur connaissance des mécanismes économiques, qui les rendait attentifs aux cours de la Bourse et leur permettait d'exiger des hausses salariales en fonction des résultats de l'entreprise. Voir « Gewerkvereine », art. cit., n° 6, 1883, p. 554.

100 « Gewerkvereine », n° 8, 1884, p. 432-434 : l'auteur considérait que les grèves n'apportaient rien de plus que les négociations menées honnêtement et critiquait leur effet sur la santé de l'entreprise dont les clients risquaient d'être perdus au profit de la concurrence. Il contestait également le caractère positif, rassembleur, de la grève comme lieu de solidarité.

paritaires. Cependant, les commentateurs avaient accusé Brentano d'avoir surestimé l'importance des procédures de conciliation pour régler les différends entre salariés et employeurs, de même qu'il avait sous-estimé le militantisme de la majorité des syndicats anglais[101] en ne considérant que les ouvriers qualifiés. Waltershausen chercha donc à ne pas répéter l'erreur en soulignant les changements qu'entraînait le développement du travail mécanisé et la déqualification des ouvriers, mais sans que cela l'amène à bouleverser son schéma d'analyse : en effet, il considérait que l'exemple des États-Unis prouvait que ce n'était pas le changement technique qui causait les problèmes sociaux, mais les conditions sociales elles-mêmes et l'état de la législation sur le sujet.

Finalement, à aucun moment Waltershausen ne fit de récapitulatif des conclusions à tirer de l'exemple américain pour le *Reich* : il parsema en revanche son texte d'allusions plus ou moins explicites et de quelques rares recommandations. En soi, ce mode de présentation n'affaiblissait pas la portée des textes : les grands débats économiques et sociaux tout au long de la période ne se nourrissaient pas seulement de pamphlets et de textes de propagande, mais aussi d'articles et de livres soucieux d'offrir des arguments à l'un ou à l'autre camp, précisément par leur caractère ostensiblement scientifique et non polémique. On retrouve ce souci de neutralité par exemple dans certaines associations françaises de réflexion sur la législation sociale, qui allèrent jusqu'à interdire à leurs membres dans leur règlement d'émettre des vœux dans le cadre de leurs discussions et de leurs rapports[102]. Cette stratégie n'empêchait cependant nullement le lecteur de saisir ce que Waltershausen voulait qu'il retienne du cas américain, les germes d'un syndicalisme moderne qui reposait forcément sur la conciliation.

Référence en ce qui concernait les analyses socio-économiques de la réalité américaine, son étude n'apportait donc pas d'éléments théoriques nouveaux par rapport aux réflexions déjà développées sur le modèle anglais, et on ne trouve plus de grandes études sur le syndicalisme américain par la suite. L'Allemagne avait trouvé sa voie, au point que ses lois sociales devinrent un modèle digne d'être présenté dans les Expositions universelles de Chicago et de Saint Louis. Seule demeura, sur un mode mineur, la question du niveau de vie des ouvriers américains : le plus souvent, on insistait sur la ressemblance entre les ouvriers de chaque côté de l'Atlantique. Ainsi, en 1886, un article des *Schmollers Jahrbücher* présenta un ouvrage américain destiné à apprendre aux ouvriers à mieux gérer leur maigre budget, à seule fin de montrer que le niveau de vie de l'ouvrier américain n'était pas réellement supérieur à

---

[101] Sheehan, 1966, p. 43-44.

[102] Gregarek, 1999, p. 322.

celui de son homologue allemand[103]. La question ne redevint – assez brièvement – un enjeu qu'au début du XXe siècle, dans le cadre du débat sur les trusts, pour juger de l'influence de ceux-ci sur le niveau de vie des ouvriers et la pérennité du mouvement syndical.

II. Les années 1890-1914 : la rivalité avec les États-Unis

La dernière décennie du siècle vit un net changement dans les analyses allemandes sur les États-Unis, dont les raisons sont à rechercher dans les deux pays. Chacun, dans des termes différents, avait accédé à un nouveau statut de grande puissance et cherchait désormais à affirmer l'originalité de son identité nationale et sa supériorité. Au rattrapage succéda alors le thème de la vulnérabilité, très présent autour de 1900[104]. Les raisons politiques, comme la rediscussion des tarifs douaniers, ne suffisent pas à expliquer la conviction du temps selon laquelle la réussite allemande pouvait être très rapidement mise en cause. La représentation du monde était marquée par l'incertitude, puisque les réussites économiques allemandes reflétaient en partie un progrès général marqué par la diffusion de l'industrialisation dans tous les pays : l'Allemagne ambitionnait encore de prendre la place anglaise alors qu'une telle domination n'était plus envisageable. De plus, les analyses économiques soulignaient l'équilibre instable créé par les progrès industriels : la menace de la surproduction était mise en avant pour expliquer pourquoi le commerce international s'apparentait de plus en plus à une lutte pour la survie. Seules les exportations paraissaient assurer l'équilibre. Or, de ce point de vue, les États-Unis présentaient une différence considérable, due à l'importance de leur marché intérieur, alors même qu'ils affichaient désormais les mêmes ambitions mondiales que les puissances plus anciennes. De ce fait se développa aussi en Allemagne la conscience d'appartenir à un ensemble européen menacé par cette vitalité et le face à face germano-américain s'inscrivit dans une réflexion sur la place des différents pays mais aussi des différents ensembles régionaux dans ce phénomène de la mondialisation désormais clairement identifié.

Cette période fut donc marquée par un effort dans la littérature publicistique allemande pour souligner tout ce qui distinguait les États-Unis, jusqu'à en faire un contre modèle. La politique protectionniste, pourtant de plus en plus répandue, fut dénoncée dans ses caractères proprement

---

[103] « Über die Möglichkeit billigeren und besseren Lebens der Arbeiter in den Vereinigten Staaten », *Schmollers Jahrbücher*, vol. 10, 1886, p. 979-982. L'auteur commentait l'article d'Edward Atkinson, « The Price of Life », paru le 10 avril 1886 dans *Scientific American.*

[104] Sur le contexte intellectuel de cette époque, voir Bruch, Graf, Hübinger, 1989.

américains, les cartels et les trusts furent figés comme des réalités opposées, et la technologie elle-même fut l'objet d'une différentiation. Pourtant, il subsista deux ambiguïtés. La première concernait la jeunesse des États-Unis : les différences relevées étaient-elles amenées à disparaître avec le temps ? La seconde était liée à l'intérêt persistant des Allemands pour les réalisations industrielles américaines, qui se manifesta par un fort développement des voyages d'études outre-Atlantique.

A. *L'affirmation de l'hostilité américaine envers l'Europe : la lecture des tarifs douaniers*

L'année 1890 vit les États-Unis réapparaître dans les revues allemandes à l'occasion de deux événements, le congrès panaméricain organisé par le secrétaire d'État Blaine, et le fort renforcement du protectionnisme grâce à deux textes législatifs qui portaient le nom de McKinley. Ces mesures étaient la conséquence de l'arrivée des Républicains au pouvoir et témoignaient de la volonté réaffirmée par les Américains d'asseoir leur prospérité sur une dynamique économique et politique indépendante des Européens. Certes, une telle entreprise était vouée à rester largement une utopie, mais les Allemands y étaient sensibles : l'ambition politique était bien réelle et menaçait leurs propres intérêts économiques – aussi bien leurs marchés aux États-Unis qu'en Amérique du Sud. Surtout, les Américains, en affichant leur défiance à l'égard des Européens, renvoyaient les Allemands dans le camp de leurs adversaires, les poussant à s'interroger sur leur identité comme sur leur relation aux États-Unis. Ce second aspect était particulièrement important, car il s'opposait à l'interprétation bienveillante de l'évolution économique américaine qui avait prévalu jusque-là en Allemagne.

Deux réactions se firent alors jour : la première consista à réactualiser des thèmes développés à la fin des années 1870, sur la nécessité de créer un vaste ensemble européen qui répondrait aux efforts de Washington pour constituer un bloc américain. La seconde visa à affirmer le nouveau statut de l'Allemagne comme « deuxième puissance commerciale du monde » et comme lieu privilégié des innovations technologiques : les États-Unis apparurent alors comme un pays qui, malgré ses ambitions affichées, ne pouvait prétendre se placer au même niveau. Ces deux réponses avaient comme point commun de mêler, plus ou moins étroitement, les niveaux européen et national, car elles ne pouvaient donner une réponse univoque à cette question : les États-Unis étaient-ils d'abord des rivaux de l'Europe, dans laquelle s'intégrait l'Allemagne, ou rivalisaient-ils d'abord avec le *Reich*, nouvelle grande puissance économique ?

1. Le tarif McKinley de 1890

En 1890, les motifs de satisfaction pour les exportateurs allemands vers les États-Unis étaient réels : leurs ventes étaient en progression, comme en témoignaient les chiffres des consulats américains en Allemagne, source principale de certains auteurs pour évaluer la situation[105]. Les années 1880 avaient été marquées par une augmentation de la part allemande dans le marché américain, au détriment de la Grande-Bretagne et, dans une bien moindre mesure, de la France[106]. Or, l'année suivante, en 1891, on ne parlait plus que des effets de la nouvelle législation douanière américaine sur les futures relations entre l'Ancien et le Nouveau Monde. En liant les mesures panaméricaines, la nouvelle législation sur la frappe de l'argent et le renforcement du protectionnisme, un auteur comme L. Francke représentait bien ce nouvel état d'esprit. Il souligna à quel point les États-Unis étaient résolus à ne plus tenir compte de la communauté internationale – c'est-à-dire les pays européens développés – et, trois ans plus tard, Ernst von Halle, autorité reconnue sur les États-Unis et le continent américain, insista à son tour sur le sentiment anti-européen qui dominait la législation adoptée par le parti républicain au pouvoir[107] et mit en valeur le lien entre ces mesures protectionnistes et les restrictions apportées à l'immigration, car les deux mesures se justifiaient par le même mot d'ordre général de « protection du travail national ». Cependant, le thème de l'immigration ne fut guère repris dans les autres ouvrages car depuis les années 1880, l'opinion publique était convaincue de l'effet néfaste de l'émigration allemande pour le dynamisme national. Au contraire, les mesures protectionnistes apparaissaient comme un danger pour la prospérité du *Reich.*

Les premières conclusions sur les conséquences de ces nouvelles mesures furent explicitées par Wermuth durant cette même année 1891. Commissaire allemand à l'Exposition de Chicago, il le fit devant une assemblée d'industriels et d'ingénieurs qu'il était venu convaincre de participer à cette manifestation. Face à ses interlocuteurs qui contestaient l'intérêt d'un marché désormais protégé par des murailles doua-

---

105 Voir Diezmann, 1891.

106 Francke, Dr. L., « Die wirtschaftliche Gesetzgebung der Vereinigten Staaten im Jahre 1890 », *Schmollers Jahrbücher*, vol. 15, 1891, p. 561-583. Entre 1880 et 1889, la part anglaise du marché américain était passée de 31,53 % à 23,93 %, celle de la France de 10,38 % à 9,34 %, alors que celle de l'Allemagne croissait de 7,82 % à 10,97 %. L'Allemagne était ainsi devenue le deuxième importateur des États-Unis, tandis que ces derniers étaient le quatrième partenaire commercial du *Reich*, derrière la Grande-Bretagne, l'Autriche-Hongrie et les Pays-Bas.

107 Halle, Ernst von, « Die wirtschaftliche Krisis des Jahres 1893 in den Vereinigten Staaten von Nordamerika », in *Schmollers Jahrbücher*, vol. 18, 1894, p. 1181-1249.

nières, il cultiva le paradoxe pour mieux faire valoir son point de vue : il souligna que dans les neuf premiers mois qui avaient suivi l'entrée en vigueur du tarif McKinley, les exportations vers les États-Unis avaient augmenté. Il parvenait à ce résultat en comparant les chiffres avec 1889 et non avec 1890, au motif que cette dernière année ne pouvait être considérée comme représentative : beaucoup de commandes avaient été faites à ce moment pour prévenir la hausse des droits de douane. Non seulement cela avait gonflé les chiffres des exportations allemandes vers les États-Unis pour cette année, mais cela avait aussi contribué à déprimer ces mêmes ventes l'année suivante, puisque des réserves avaient ainsi été constituées, qu'il s'agissait d'abord d'écouler, dans un contexte rendu plus difficile par une crise économique apparue dans certains secteurs comme le textile, le poste le plus important des exportations allemandes[108]. Ernst von Halle en 1894 rappela cet effet produit par la spéculation avant le changement de tarif, mais il put également dresser un premier bilan de l'efficacité de celui-ci pour l'économie américaine, qui apparaissait très mitigé : les prix sur le marché intérieur avaient généralement augmenté, d'autant que les Américains s'étaient aperçus qu'ils n'étaient pas encore en mesure de produire tous les biens dont ils avaient besoin et encore moins aux coûts européens. Ces hausses s'étaient répercutées sur le pouvoir d'achat des ouvriers alors même que ceux-ci étaient censés être les premiers protégés par la hausse des taxes douanières. Surtout, Ernst von Halle montra que l'évolution de la balance commerciale américaine avait moins tenu aux changements de politique douanière qu'aux fluctuations de la production agricole nationale. Ainsi, après deux très bonnes récoltes de blé en 1891 et 1892 et une excellente récolte de coton en 1891 qui avaient semblé donner raison aux républicains puisque les exportations agricoles vers l'Europe avaient largement dépassé les importations venues du Vieux Continent, des récoltes nettement plus médiocres avaient conduit à une balance commerciale déficitaire. Par ailleurs, les effets du tarif McKinley avaient été assez vite dilués dans les conséquences de la crise financière et économique qui avait sévi aux États-Unis entre 1890 et 1894.

Ces lectures sur le peu d'incidence réelle de la politique douanière américaine reflètent l'attitude des industriels allemands, mais elles ont été un peu négligées par l'historiographie au profit des discours alarmistes des milieux agrariens protectionnistes et surtout des partisans de la *Mitteleuropa*. L'article bibliographique de 1891 de Gustav Schmoller, souvent cité, insistait en effet sur l'ampleur des débats qui agitaient à ce

[108] Les importations américaines en 1890/1891 étaient (sans compter le sucre), de 426 millions de dollars, mais de 369 millions en 1891/1892. Cependant, dès l'année suivante, leur niveau était revenu à 421 millions de dollars, en partie sous l'influence de l'Exposition de Chicago mais aussi du faible coût des produits européens.

moment l'Europe en indiquant que la question commerciale revêtait désormais une importance presque aussi grande que la question sociale[109]. Examinant les différents écrits récemment parus[110], il se rangea aux côtés d'Alexander Peez et insista sur l'inéluctabilité, à terme, d'une union douanière entre pays de l'Europe centrale comme seul moyen raisonnable de s'assurer d'un marché de taille suffisante, comparable à celui des États-Unis, mais aussi de la Russie ou de la Chine.

En réalité, l'idée de *Mitteleuropa* n'est pas née en réaction à la politique douanière américaine, même si, dans ces années 1890-1892, elle y trouva une de ses principales justifications. Déjà en 1879, elle avait connu un éphémère succès en se posant comme une solution à « l'invasion » des céréales américaines. Très vite écartée, l'idée n'en avait pas moins conservé un certain attrait tout au long des années 1880, en s'appuyant cette fois sur le thème apparu à la faveur de la crise économique, d'une nécessaire organisation des marchés pour éviter les soubresauts meurtriers du capitalisme sauvage[111]. À cela s'ajouta l'atmosphère de fin de règne du chancelier dans les années 1888-1890 en Allemagne : l'accession au trône du jeune Guillaume II après l'interrègne de son père fit espérer à tous « un nouveau départ »[112], même si l'expression recouvrait des aspirations parfois contradictoires.

La conviction qu'une nouvelle ère était en train de s'ouvrir incita à des lectures historiques de la vie économique internationale[113]. Elles s'appuyaient sur des visions anciennes de lutte pour le partage du monde entre puissances et/ou races dominantes[114] et sur la conviction du rôle prépondérant des grands hommes. Alexander Peez assigna cette fonction au secrétaire d'État James G. Blaine, qui, depuis le début des

---

109 Schmoller, Gustav, « Neuere Literatur über unsere handelspolitische Zukunft », *Schmollers Jahrbücher*, vol. 15, 1891, p. 275-282.

110 On peut distinguer d'une part Matlekovits, Alexander von, *Die Zollpolitik der Osterreichisch-ungarischen Monarchie und des Deutschen Reichs seit 1868 und deren nächste Zukunft*, Leipzig, 1891, Peez, Alexander, *Zollpolitische Verhandlungen zwischen dem Deutschen Reich und Österreich-Ungarn*, Vienne, 1890 (tirage à part du Neuen Wiener Tageblatt du 10 décembre 1890) ainsi qu'une brochure anonyme, *Die Zukunft der Völker von Mitteleuropa*, Berlin, 1890, tous tenants, à plus ou moins terme et dans des conditions parfois différentes d'une union douanière centre-européenne, et, d'autre part, Dr. Huber, *Zur Frage der Differentialverträge* (s. l. s. d.), opposé à cette solution, et partisan de la clause de la nation la plus favorisée pour élargir les marchés internationaux de l'Allemagne.

111 Marin, 2006b, p. 13-45.

112 Gall, 1984, p. 725.

113 C'est le cas par exemple de Lujo Brentano dans le débat qui suivit le discours de Alexander Peez, « Mittel-Europa und die drei Weltmächte Grösser Britanien, die Vereinigten Staaten und Rusland », tenu devant l'assemblée générale des économistes autrichiens, le 11 mars 1889, in Peez, 1895, p. 30.

114 Voir Gollwitzer, 1982, p. 217-252.

années 1880, portait le projet de Panamerika[115]. Ce fut sa décision de réunir, en octobre 1889, un congrès panaméricain à Washington qui provoqua deux grands discours de Peez devant ses confrères économistes, en 1889 et en 1890, c'est-à-dire avant la mise en œuvre du nouveau tarif McKinley. Peut-on pour autant en déduire que Peez analysait là déjà un « danger américain » ? Rien n'est moins sûr. Dans le premier discours, l'analyse de la situation américaine demeura bien plus superficielle que celle sur le Royaume-Uni et Peez resta centré sur le problème des exportations agricoles provenant d'outre-Atlantique ; il ne donna que quelques indications sur la compétitivité de l'industrie américaine. Le second discours[116] était centré sur le congrès panaméricain, dont il résuma à la fois le déroulement des festivités et les principales ambitions. Cependant, Peez lui-même montrait, par l'ironie qu'il affichait parfois comme par les citations qu'il faisait de participants sud-américains sceptiques, qu'il fallait relativiser l'importance de cette réunion. Cette attitude desservait son propos, mais elle indiquait que les ambitions politiques et économiques affichées par Washington, tout irritantes qu'elles aient été, n'étaient pas considérées à la même aune que les projets anglais. Au début des années 1890, les États-Unis restaient une puissance en devenir, qui n'avait pas encore réellement fait ses preuves. C'est la grande différence avec la fin de cette même décennie, grâce à la guerre à Cuba et l'arrivée massive d'exportations industrielles américaines en Europe.

Il n'est donc guère étonnant que les efforts pour appuyer le projet de *Mitteleuropa* sur les évolutions américaines aient été voués à un échec rapide. L'absence de concrétisation des projets panaméricains annoncés à Washington, la démission de James G. Blaine dès 1892, suffirent à enlever toute vigueur aux arguments historiques d'Alexander Peez et de ses partisans. Enfin, c'était l'échéance des traités commerciaux en Europe qui avait alimenté le lobbying des milieux agrariens et de l'industrie lourde. Passée cette date, le combat ne pouvait que perdre de

---

115 James G. Blaine avait d'abord été secrétaire d'État sous la présidence Garfield, position qu'il avait utilisée pour promouvoir ses idées panaméricaines, à l'époque sans succès. Après une candidature infructueuse à la Maison Blanche, il avait de nouveau été nommé Secrétaire d'État par le nouveau président Harrison. Salué par certains délégués comme « le nouveau Bismarck » du continent américain, son principal succès fut, peu avant sa démission en 1892, d'arracher aux Républicains les plus protectionnistes le principe de traités commerciaux fondés sur la réciprocité avec les pays d'Amérique latine, afin d'ouvrir davantage ces marchés pour l'industrie des États-Unis. Voir Crapol, 2000.

116 « Der All-amerikanische Tag 1889/1890 und seine Bedeutung für Europa », discours tenu devant l'assemblée générale de la société des économistes autrichiens, le 14 avril 1890, in Peez, 1895, p. 37-66.

son intensité. Ainsi, le changement du tarif douanier américain ne joua, tout au long de cette discussion, qu'un rôle tardif et secondaire.

Le faible impact réel de l'idée de *Mitteleuropa* est confirmé par les analyses de Werner Sombart des différents accords commerciaux signés par l'Allemagne à ce moment sous l'égide du chancelier Caprivi. S'appuyant sur des études commandées par le *Verein für Sozialpolitik*[117], l'auteur, déjà reconnu, insistait sur le fait que le tournant protectionniste observé en Europe à la fin des années 1870 est un choix pragmatique et non l'adhésion à un principe économique général. L'Allemagne en particulier ne serait engagée dans la voie des négociations générales que poussée par les dénonciations successives des différents traités en 1890-1891 de la part de ses différents partenaires européens. L'article voulait donc réfuter l'idée d'une vocation protectionniste et régionale de l'Allemagne, et cherchait à vider de toute substance la notion de *Mitteleuropa*[118] en soulignant que les concessions faites par les différentes parties revenaient uniquement à préserver le *statu quo* des positions douanières : bon nombre de réductions de droits accordées par l'Autriche-Hongrie à l'Allemagne n'aboutissaient pour Sombart qu'à revenir aux niveaux de 1882, c'est-à-dire à la deuxième hausse protectionniste, après celle de 1878. Le gain était donc minime, et surtout il profitait au moins autant aux industries autrichiennes et italiennes, en plein essor, qu'aux exportateurs allemands[119]. L'ensemble des traités, loin de former un ensemble cohérent qui aurait ouvert une ère de prospérité régionale, ne représentait donc qu'un armistice. Sombart exhortait donc l'économie allemande à poursuivre son expansion dans le monde entier, sans se laisser décourager par des tarifs douaniers élevés. Pour lui, l'expérience européenne prouvait qu'un produit dont avait besoin une industrie nationale était importé, indépendamment de son coût. Au contraire, la baisse des taxes douanières ne pouvait garantir un accroissement du marché pour des produits déjà fabriqués en masse par l'industrie nationale. Sombart y voyait le signe que l'ère du dogmatisme en matière de commerce international était

117 Sombart, Werner, « Die neuen Handelsvorträge, insbesondere Deutschlands », *Schmollers Jahrbücher*, vol. 16, 1892, p. 547-611.

118 Sombart, art. cit., p. 566.

119 Comme les autres pays signataires des traités, l'Allemagne avait également obtenu l'amélioration des conditions de circulation internationale des marchandises, aussi bien dans les législations appliquées – comme les règlements vétérinaires – que dans les tarifs. Ainsi les marchandises allemandes pouvaient-elles bénéficier du même service des chemins de fer autrichiens que ceux offerts aux marchandises nationales, ce qui devait permettre en particulier de développer les exportations allemandes en direction des Balkans. Plus que d'un exemple de coopération régionale, Sombart y voyait l'application des efforts internationaux pour harmoniser les différents règlements. Voir Sombart, art. cit., p. 605-607.

close mais il s'appuyait lui-même sur une vision ricardienne assez rigide des échanges internationaux, dans lesquels les produits qui faisaient la force de chaque pays restaient les mêmes à travers le temps. Cela est particulièrement frappant pour les États-Unis, qui paraissaient dans son propos avoir surtout intérêt à exporter leurs produits agricoles. Même si cela correspondait à la réalité des exportations américaines, on peut reconnaître aux contradicteurs de Sombart une lucidité plus grande dans l'évolution possible de la structure des exportations américaines[120]. En revanche, il témoignait de la volonté majoritaire dans les milieux économiques allemands de ne pas se laisser détourner de la conquête des marchés mondiaux alors même que leur expertise en la matière ne cessait de s'affiner. Ainsi, les évolutions douanières américaines ne détournèrent pas les exportateurs allemands de l'Exposition de Chicago de 1893, non seulement parce qu'ils gardaient l'espoir de développer leurs marchés aux États-Unis, mais surtout, parce qu'ils visaient aussi Amérique latine. Dans un tel contexte, le discours sur la menace économique américaine ne pouvait que retomber rapidement.

2. *Le tarif Dingley de 1897*

Pour autant, les causes et les conséquences du *McKinley Bill* furent à nouveau analysées vers 1898-1899, un an après la promulgation du *Dingley Tariff*[121], cette fois comme un échelon supplémentaire dans l'escalade protectionniste américaine qui marquait cette décennie. La lecture des premières réactions allemandes donne l'impression d'un déjà-vu. Les auteurs[122] s'accordaient pour reconnaître que les exportations allemandes n'avaient pas été sacrifiées après 1890 et que les mesures douanières prises par Washington n'avaient pas empêché le développement continu du commerce international de l'Allemagne[123]. Certes, il existait des nuances : Paul Dehn, défenseur d'un protectionnisme allemand beaucoup plus agressif, se contenta de prendre acte de

---

[120] *Idem*, p. 548 et p. 557.

[121] Ce tarif a été adopté sous la présidence républicaine de McKinley, élu en 1896. Waltershausen a fait le calcul suivant : la valeur des produits importés était taxée à 48,66 % en moyenne en 1890, ce pourcentage avait été abaissé à 41,75 % par les démocrates en 1894 (tarif Wilson-Gorman). Il était porté à 54,5 % par le tarif Dingley (1897).

[122] Fisk, 1897 ; Dehn, 1898 ; Waltershausen, 1898 ; Wirth, 1899 ; Borgius, 1899.

[123] En 1896, les exportations allemandes étaient à 77,4 % dirigées vers les pays européens (Grande-Bretagne, France, Suisse, Belgique et Hollande, dits « pays industriels » comptaient pour 42 %, tandis que l'Europe centrale, qui comportait l'Autriche-Hongrie, les pays balkaniques et la Russie, ne comptait que pour 24,3 % de ce total). Le reste du monde recevait 22,6 % des exportations allemandes, avec 10,2 % pour les États-Unis. Leur part était donc très importante, mais elle était loin d'être vitale. Voir Dietzel, 1900, p. 76.

l'inefficacité relative du tarif McKinley, tandis que Walter Borgius, beaucoup plus sceptique à l'égard des mesures douanières, détailla longuement non seulement l'échec de cette politique mais ses effets contre-productifs pour l'économie américaine[124]. Waltershausen rappela d'ailleurs que l'argument de la protection du travail national s'était trouvé vidé de tout sens dès 1893 avec la récession qui avait entraîné une forte augmentation du chômage, une réduction des salaires et des mouvements de grève importants qui avaient été durement réprimés. La principale raison qui avait conduit les Américains à rester fidèles à leur politique de forte taxation des importations paraissait donc à ces auteurs être d'ordre financier, d'autant que la Cour Suprême avait déclaré inconstitutionnel l'impôt sur le revenu. Cependant, ces auteurs allemands, reprenant certaines analyses américaines, soulignaient que ces besoins financiers, qui n'avaient cessé de s'accroître au cours des années 1890, exigeaient précisément que l'on ne tue pas la poule aux œufs d'or, en garantissant un flux d'importations suffisamment important pour que les taxes prélevées sur elles soient réellement profitables pour le Trésor public.

Quelle leçon en tirèrent-ils pour analyser l'actualité ? Comme Ernst von Halle ou Sombart quelques années plus tôt, Borgius et Waltershausen mirent en garde contre une surévaluation de l'effet des législations douanières, qui ne pouvaient suffire à orienter le commerce international. Plus importantes étaient la structuration de l'offre et de la demande internationales – comme les besoins européens des produits agricoles américains – et les conditions économiques internationales : selon eux, les périodes d'expansion et de récession expliquent plus sûrement les fluctuations des balances commerciales que les changements tarifaires. Waltershausen prédisait ainsi une baisse rapide des taux de taxation sous l'effet de la pression conjuguée des salariés dont le pouvoir d'achat se dégradait, des industriels exportateurs qui craignaient des rétorsions, et des opposants aux trusts qui voyaient leurs adversaires se renforcer à la faveur du protectionnisme. En attendant ces baisses, l'auteur allemand considérait que ses compatriotes seraient probablement peu touchés : en prévision de la hausse annoncée des taxes, ils avaient énormément vendu aux Américains[125], et ils pouvaient attendre en toute confiance un assouplissement des conditions d'exportations aux

---

124 Il est intéressant de le voir citer en exemple l'industrie du fer blanc, qui a également fait l'objet d'une analyse économique récente. Voir Irwin, 2000.

125 De façon générale, il semble que les exportations allemandes vers les États-Unis couvraient à peu près les importations américaines. Si la balance commerciale entre les États-Unis et l'Europe penchait nettement au profit des premiers, c'était presque exclusivement du fait de la Grande-Bretagne, qui avait exporté en 1896/1897 pour 680 millions de marks de marchandises alors qu'elle en importait pour 1 620 millions de marks. Dehn, 1898, p. 58.

États-Unis. Ces conclusions teintées d'un optimisme prudent l'incitaient à s'opposer à la suggestion faite par certains de se lancer dans une guerre douanière, qui ne pouvait être que préjudiciable à l'économie allemande[126]. Un an plus tard, Walter Borgius confirma l'idée selon laquelle les industriels allemands auraient été peu touchés en utilisant les résultats d'une enquête faite par la *Frankfurter Zeitung* auprès des industriels tournés vers l'exportation. Ceux-ci, tout en soulignant leur mécontentement, relativisaient ces mesures en soulignant que seuls le très haut de gamme et le bas de gamme étaient réellement affectés. Le savoir-faire allemand et le rapport qualité prix des produits importés du *Reich* devaient, d'après eux, permettre de surmonter ces obstacles douaniers[127]. De plus, Borgius souligna que le nouveau tarif était fragile puisqu'il menaçait l'équilibre des finances fédérales : au moment où les dépenses s'accroissaient, du fait de la guerre à Cuba en particulier, les recettes diminuaient[128]. D'autre part, l'opinion publique, comme dans le cas du tarif McKinley, semblait se retourner contre ces mesures, cette fois au motif qu'elles favorisaient considérablement les trusts, débarrassés de toute concurrence qui les aurait obligés à maintenir les prix à un niveau jugé raisonnable. Borgius estimait donc, comme d'autres, que ces contestations devaient nécessairement aboutir à une remise en cause de la politique protectionniste.

Comme en 1890 cependant, certains virent dans la politique douanière américaine l'aiguillon qui allait pousser les pays européens à réfléchir de nouveau à des solutions d'alliances économiques. Paul Dehn fit ainsi la liste des pays qui avaient évoqué la possibilité de mesures de rétorsion contre la politique américaine : les ministres de l'agriculture autrichien et hongrois, suivis du *Zentralverband der österreichischen Industrieller* avaient été parmi les premiers à appeler à une union internationale pour combattre la politique prohibitive des États-Unis. L'Espagne avait emboîté le pas au printemps, tandis que la France[129] et l'Italie, bien que plus réservées, avaient réfléchi à des mesures communes à prendre. Hors Europe, l'Argentine s'était déclarée favorable à des mesures de rétorsion tandis que le Japon avait également exprimé son mécontentement. En réalité, ces multiples déclarations

---

126 Waltershausen, 1898, p. 69-77.

127 Borgius, 1899, p. 17-18. La différence dans les exportations allemandes vers les États-Unis entre 1896 – année où des ventes particulièrement nombreuses furent conclues pour prévenir les effets de la nouvelle loi – et 1898 était faible : de 382,2 millions de marks à 345 millions de marks.

128 Cet argument était très contestable, puisque dans le même temps, l'auteur montrait qu'il n'y avait pas eu réellement de baisse des importations : les finances américaines n'étaient donc pas menacées par le nouveau tarif douanier.

129 Le ministre du commerce français se serait déclaré partisan d'une union douanière, mais sans apporter de réelles précisions.

officielles ne débouchèrent sur aucune action concrète et plusieurs de ces pays conclurent dès 1899 des accords commerciaux bilatéraux avec les États-Unis, assez avantageux du reste dans le cas du Portugal ou de l'Argentine[130]. Surtout, le manque de réussite des projets de *Panamerika* n'encourageait guère les Allemands à explorer de nouveau la voie de la *Mitteleuropa* : les États-Unis n'étaient que les troisième voire quatrième partenaires commerciaux de l'Amérique latine, derrière l'Angleterre, l'Allemagne et la France, et leur balance commerciale était lourdement déficitaire, malgré de nouveaux efforts de la part de Washington, au tournant du siècle pour relancer la dynamique. La cause de la *Mitteleuropa* ne fut donc entretenue que par les mêmes cercles de fidèles[131].

Finalement, l'absence de crainte réelle pour le commerce allemand se révèle dans le choix des commentateurs de donner des leçons de bonne politique aux Américains : selon eux en effet, plus encore que leurs ambitions, les nouveaux tarifs douaniers trahissaient un dysfonctionnement majeur de la vie politique. La complexité du texte américain, qui mélangeait plusieurs types de droits s'expliquait par l'amateurisme de ses concepteurs, car ces lois étaient le pur résultat de négociations politiques, le produit des réflexions et des négociations entre les représentants des chambres. La cause était moins à chercher dans les lacunes de l'administration que dans le système politique des dépouilles (*spoils system*). Aux yeux des Allemands, le refus de faire appel à des experts empêchait toute indépendance et toute continuité dans l'expertise ou dans la direction politique. Cela aboutissait à de constants changements dans la politique douanière qui avaient des conséquences calamiteuses pour la vie économique des affaires, car celle-ci avait d'abord besoin de stabilité alors que les règles du jeu ne cessaient d'être modifiées. Doit-on y lire un simple effet de la morgue allemande ? Les analyses des historiens concordent pourtant avec cette lecture des contemporains : alors que les tarifs douaniers américains étaient « le fruit de compromis entre membres du Congrès qui pratiqu[ai]ent le donnant-donnant, sans chercher à harmoniser le tout dans un ensemble cohérent »[132], en Allemagne, c'était l'exécutif, aidé par l'administration, qui se chargeait de la question douanière. Même si les groupes de pression s'employaient à faire entendre leur voix, leur influence s'exerçaient dans des conditions beaucoup plus complexes[133].

130 Borgius, 1899, p. 37-39.

131 Voir par exemple Goblet, 1907 ou Fried, 1910.

132 Heffer, 2003, p. 7-22.

133 Ullmann, 1991, p. 91-106.

Pourtant, autour de 1900, un débat sur la nécessité de déclencher une guerre douanière pour répondre à l'injustice de la politique américaine gagna du terrain. En réalité, la réaction ne se fit pas par rapport au tarif Dingley et elle n'était nullement nourrie par un mécontentement des exportateurs, dont les succès se mesuraient entre autres à l'effroi que suscitait en Angleterre au même moment le *Made in Germany*. Elle était uniquement liée aux importations américaines sur le sol allemand, et concernait donc des catégories tout à fait différentes, au premier rang desquelles les agrariens et les secteurs de l'industrie lourde, qui ressentaient durement la compétition américaine. Pour défendre leur point de vue, il leur était cependant nécessaire de dépasser le cadre purement sectoriel de leurs revendications. Or, à ce moment, l'hostilité entre les deux pays était particulièrement vive : les États-Unis gardaient rancune aux Allemands qui n'avaient cessé, tout au long des années 1890 et malgré la convention de Saratoga en 1891, de faire obstacle à leurs importations de viande[134]. De plus, Berlin avait multiplié les obstacles réglementaires pour empêcher les compagnies d'assurances américaines de prendre pied dans le *Reich*[135]. D'un point de vue géopolitique, les Américains s'inquiétaient de plus en plus de la tentation pour l'Allemagne de transformer son poids économique en Amérique latine en influence politique[136]. De plus, certains milieux économiques et politiques américains, grisés par la victoire sur l'Espagne à Cuba et désormais persuadés que leur génération devait voir la réalisation du « destin manifeste » des États-Unis[137] alimentaient, par l'arrogance de leurs propos, l'inquiétude allemande. Le livre de William Thomas Stead sur *L'américanisation du monde* en était un exemple[138], de même que les propos du sénateur Henry Cabot Lodge, qui, en présence du prince Henri de Prusse, expliqua que de débiteurs, les États-Unis étaient devenus les créanciers du monde[139]. En réalité, ces différentes déclarations relevaient pour une bonne part de l'effet d'annonce, et étaient surtout destinées à mobiliser pour l'exportation des énergies industrielles nationales toujours largement tournées vers le marché intérieur[140]. Les

---

134 Pommerin, 1986a, p. 195-196.

135 Borgius, 1899, p. 54-62.

136 Fiebig-von Hase, 1993, p. 33-67.

137 Pletcher, 1998.

138 Voir également l'article de Franck Arthur Vanderlip, ancien secrétaire au Trésor, « The American Commercial Invasion of Europe », paru dans le *Scribners Magazine* en 1901. Le texte est publié en allemand sous le titre *Amerikas Eindringen in dem europäischen Wirtschaft*sgebiet en 1903, la même année que Paul Raché publie sa traduction des écrits de Théodore Roosevelt, *Amerikanismus. Schriften und Reden*, 1903.

139 Dietzel, 1905, p. 25.

140 Voir Marin, 2006a.

exportations américaines restèrent d'ailleurs dans les années qui suivirent, une simple soupape de sécurité. Cependant les Allemands réagirent très vivement à ces propos, complaisamment repris : l'heure était désormais à la dénonciation du « danger américain » défini comme « l'invasion » de produits industriels exportés par les États-Unis en Europe. En effet, alors qu'en 1889, les produits agricoles représentaient 85 % des exportations américaines, contre 12 % pour les produits industriels, en 1900, les parts respectives étaient 61 % et 31 %[141]. Cette « surprise »[142], comme la qualifièrent les tenants d'une réponse musclée, semblait signifier que les États-Unis étaient en mesure de ne plus respecter les règles du commerce international basées sur l'échange : ils pouvaient s'approprier les marchés européens tout en refusant l'accès à leur propre marché national.

Le contexte économique allemand explique largement la vigueur des propos : entre 1900 et 1902, le gouvernement du *Reich* était engagé dans une renégociation générale de son tarif douanier, à un moment où la vie économique allemande connaissait une courte dépression. Les débats se concentrèrent donc rapidement autour de la question suivante : pourquoi les Allemands n'auraient-ils pas le droit de mener la même politique protectionniste[143] que les Américains ? Il s'agissait concrètement de discuter la nécessité d'abandonner ou non la clause de la nation la plus favorisée, que les Américains refusaient d'incorporer dans leurs traités, alors même qu'ils profitaient de son existence dans les différents traités européens[144]. C'était la position de certains, qui considéraient que la réciprocité, considérée comme typique de l'esprit pragmatique américain, car elle correspondait à la logique du « donnant-donnant » propre aux affaires, devait être adoptée en Europe[145].

Si le contexte explique amplement l'âpreté des discussions, l'idée d'imiter la politique douanière des États-Unis était loin d'être une évidence, dans la mesure où les auteurs allemands n'avaient cessé d'insister sur ces caractéristiques américaines qu'étaient les richesses naturelles ainsi que l'existence d'un immense marché intérieur, comparable seulement à l'Europe prise dans son ensemble. Cependant, ceux

---

141 Dr. John H. Schwegel, vice-consul autrichien à Chicago, « Über die neue deutsche Amerika Literatur », discours tenu devant l'assemblée générale des économistes autrichiens le 15 décembre 1903 et paru dans le *Volkswirtschaftlicher Wochenschrift* édité par Alexander Dorn ; Prager, 1902, p. 11.

142 L'expression est de Wilhelm Wendlandt, dans son article « A German View of the American Peril », in *The North American Review*, avril 1902, vol. 174, n°4, p. 555-564.

143 Dehn, 1898, p. 87.

144 Glier, 1905.

145 Voir la préface de Julius Wolf au livre de Ludwig Glier (Glier, 1905).

qui recommandaient une attitude plus agressive dans les négociations commerciales avec les États-Unis étaient avant tout des tenants de l'Allemagne comme puissance mondiale et il était d'autant moins question pour eux de créer une union douanière européenne, que cela aurait impliqué, en particulier en matière de produits agricoles, des compromis qui n'étaient guère acceptables. Même si l'on met à part les tenants – minoritaires – d'une solution autarcique fondée sur l'exploitation des colonies et le soutien des Allemands à l'étranger, l'idée d'une Europe économiquement unie comme seul contrepoids possible au géant d'outre-Atlantique n'était plus, à cette époque, considérée que comme une « utopie », y compris par des hommes comme Julius Wolf, vice-président du *mitteleuropäischen Wirtschaftsverein*[146]. On chercha donc l'inspiration du côté des Français et des Russes, qui avaient établi un double tarif, maximum et minimum, selon les concessions faites ou non par les pays[147]. Surtout, la solution envisagée reposait sur l'espoir de susciter une attitude commune aux différents pays européens maltraités par les tarifs douaniers américains. Or l'exemple du traité commercial signé entre les États-Unis et la France montre comment les Américains s'employèrent au contraire à attiser la concurrence entre leurs différents fournisseurs européens : les jouets français furent ainsi favorisés, ainsi qu'un certain nombre de produits phares des exportations allemandes, alors que dans le même temps les jouets importés du *Reich* étaient mis en cause pour la supposée dangerosité de leurs peinture.

Contrastant avec cette absence de réelles propositions alternatives qui conduisait à une simple surenchère protectionniste, les opposants à un conflit commercial avec les États-Unis déployèrent un arsenal théorique nettement plus sophistiqué pour discuter les statistiques : les chiffres globaux étaient utilisés par les tenants d'un protectionnisme plus dur, car ils étaient particulièrement défavorables à l'Allemagne durant ces années de fortes exportations américaines. Leurs adversaires s'attachèrent au contraire à présenter une analyse sectorielle. Max Prager, avec d'autres partisans d'un traité commercial germano-américain, souligna ainsi que l'on ne pouvait considérer comme un handicap pour l'économie nationale l'importation de matières premières ou de produits semi-finis que l'Allemagne n'était pas capable de fournir elle-même et qui permettaient à sa population de se nourrir convenablement malgré des salaires médiocres, et à l'industrie de fabriquer tous les produits qu'elle exportait ensuite sur les différents marchés mondiaux. Surtout, il rappela que la vigueur des importations de machines-outils américaines était liée à la prospérité de l'économie allemande. Cette

---

[146] Wolf, 1904.

[147] Wehler, 1995, p. 660

analyse se retrouve en 1905 chez Ludwig Max Goldberger[148] qui souligna que la valeur moyenne d'une tonne importée était inférieure à celle de la tonne exportée, car l'économie allemande transformait les produits importés. Plus généralement, Max Prager et les partisans d'une politique douanière modéré remettaient en cause l'utilisation des chiffres de la balance commerciale pour juger de l'état des relations économiques entre les deux pays. Rappelant que la balance des paiements était favorable à l'Allemagne, ils insistaient sur les mouvements pendulaires des capitaux de part et d'autre de l'Atlantique, suivant les décalages entre les cycles d'affaires américain et européen, ce qui interdisait de tirer des conclusions sur quelques années.

Cette mise au point théorique servait à défendre une attitude essentiellement pragmatique. Ces auteurs faisaient en effet remarquer qu'une guerre douanière qui toucherait réellement les intérêts américains ne heurterait pas moins violemment l'économie allemande[149], alors que l'industrie nationale avait montré avec le tarif Dingley qu'elle pouvait s'accommoder de politiques protectionnistes. L'Allemagne devait donc rechercher, dans ses relations commerciales avec les États-Unis moins d'hypothétiques gains sectoriels sous la forme de baisses de tarifs, qu'une stabilisation globale de ces relations, but déjà recherché – et atteint – avec les traités signés en Europe par Caprivi, en particulier à l'égard de l'Autriche-Hongrie et de l'Italie.

Un consensus assez large se forma donc, qui se reflétait dans l'analyse rétrospective du tarif Dingley : dissertant sur les possibilités de contrer le « danger américain », des auteurs n'hésitèrent pas à user du paradoxe en affirmant que ces tarifs protectionnistes s'étaient révélés être un avantage pour l'Allemagne, car ils avaient augmenté le pouvoir d'achat américain, autrement dit, l'expansion économique des États-Unis, qui se nourrissait forcément d'importations[150]. Dans ces conditions, le gouvernement ne pouvait qu'adhérer à cette analyse, à un moment où il cherchait l'apaisement dans des rapports très tendus avec les Américains. De fait, les concessions faites par le *Reich* aux États-Unis lors du traité définitif de 1907 furent bien plus importantes que celles des Américains[151], car le but allemand avoué était bien de maintenir le dynamisme des relations commerciales entre les deux pays. C'est également ce consensus qui explique que le tarif allemand resta jusqu'à la fin de la période un des plus modérés, y compris pour l'Europe[152].

---

148 Goldberger, 1905, p. 1-33.

149 Dietzel, 1904.

150 Moltke, 1903 ; Knebel-Doeberitz, 1904.

151 Voir Pommerin, 1986a, p. 202.

152 Dedinger, 2006, p. 219-241

B. Le statut ambigu des États-Unis : rattrapage ou élaboration d'un modèle différent ? Cartels et Trusts

Quand les cartels se développèrent dans les années 1880 afin d'empêcher que ne se renouvellent les crises des années 1870, ils rencontrèrent de la part des commentateurs académiques un accueil assez favorable qui contrastait avec la méfiance qui se développa ensuite envers les trusts américains, montrés dans les années 1890 comme les fers de lance du « danger américain » et symboles d'un certaine dévoiement du capitalisme propre aux États-Unis.

L'historiographie après 1945 a rendu un jugement négatif sur ce biais allemand en faveur des cartels, certains, comme Chandler, y voyant un facteur de ralentissement vers la véritable modernité, l'entreprise managériale, d'autres critiquant la mainmise des cartels sur les marchés avec l'accord du gouvernement et aux dépens du consommateur comme un autre signe de la démocratisation incomplète de l'Allemagne. On observe cependant depuis les années 1990 un effort pour mieux comprendre la rationalité économique de ces choix, grâce à des études précises sur l'impact réel des cartels sur la croissance. Dans ce cadre, les trusts et les cartels ont été de nouveau comparés, parfois avec l'aide de la littérature de l'époque. Ce parallèle ne doit cependant pas tromper : au tournant du XXe siècle, l'analyse critique des trusts américains a surtout servi des buts politiques nationaux, en cherchant à identifier une voie proprement allemande vers le progrès.

1. Pourquoi les économistes allemands étaient-ils favorables à la cartellisation ?

Parmi les premières analyses d'économistes sur les cartels, on trouve les débats organisés par la société des économistes autrichiens en 1888[153] ainsi qu'un très long article publié en 1891 dans les *Schmollers Jahrbücher*[154]. L'École Historique allemande considéra en effet d'un œil favorable cette forme d'association qui ne se réduisait pas à une entente conjoncturelle entre des entreprises cherchant à limiter leurs pertes en période de crise : pour Steinmann-Bucher, éditeur de la revue *Die Industrie*, porte-parole du mouvement de cartellisation, comme pour Brentano, les cartels représentaient un nouveau stade du développement historique de l'économie. Le rapprochement était aisé avec l'analyse que

---

153 Le premier livre allemand sur le sujet est celui du professeur Kleinwächter paru dès 1883, encore fréquemment cité par l'historiographie récente. Kleinwächter, 1883. Voir également l'assemblée générale du 29 octobre 1888, dans *Mitteilungen der Gesellschaft österreichischer Volkswirte*, 1re année 1888-1889, p. 76-91.

154 Steinmann-Bucher, A., « Wesen und Bedeutung der gewerblichen Kartelle », in *Schmollers Jahrbücher*, vol. 15, 1891.

le même Brentano formulait sur la nécessaire croissance en taille des États afin de défendre l'idée de *Mitteleuropa*. Pourtant, le parallèle fonctionnait mal et fut peu repris[155] : l'absorption progressive des territoires qui avait permis le développement des grands États-nations européens ne correspondait pas à l'image de libre association des cartels sur laquelle les commentateurs, à la suite de Brentano, allaient s'appuyer pour souligner la différence entre cartels et trusts. L'idée européenne telle qu'elle était présentée en ce début des années 1890 correspondait bien davantage à l'idée d'alliance librement consentie, mais son peu de succès n'incitait guère à la prendre comme référence. Plus que le modèle politique, le parallèle fut donc fait avec l'histoire naturelle : pour Steinmann-Bucher par exemple, la diffusion des machines-outils avait abaissé les coûts de production et les prix mais avait augmenté les besoins en capitaux, rendant la situation intenable en l'absence d'entente entre les producteurs[156]. Gustav Schmoller, chef de l'École historique allemande, résuma à son tour en 1905[157] l'idée selon laquelle l'apparition des cartels s'inscrivait dans un mouvement historique comparable à celui qui marquait l'évolution des espèces[158], caractérisé par l'augmentation de la taille et la complexification des organisations. Il dessina ainsi une progression historique depuis la création d'entreprises de plus en plus importantes, jusqu'à la constitution des cartels en passant par la création de sociétés anonymes.

Certains auteurs soulignèrent que ce processus historique s'était fait sous la pression d'autres groupes qui menaçaient la survie même des industriels. Ainsi, Siegfried Tschierschky[159] s'appuya sur les analyses de

---

[155] Schmoller, Gustav, « Das Verhältnis der Kartelle zum Staat », in *Schmollers Jahrbücher*, 1905, 4e cahier, p. 325-363.

[156] Windholf, 1985.

[157] Schmoller, Gustav, « Das Verhalten der Kartelle zum Staate », in *Schmollers Jahrbücher*, 1905, p. 325-363. La sympathie de l'École historique pour les cartels explique que les jeunes économistes américains influencés par ses théories aient été ceux qui ont défendu les aspects positifs d'un marché régulé par les rapprochements entre industriels. En témoignaient les différents articles écrits sur le sujet par Richard T. Ely en 1886 et 1887, diplômé de l'université de Halle et un des fondateurs de *l'American Economic Association* qui se voulait un équivalent américain du *Verein für Sozialpolitik*. Cependant, même le discours de ces économistes fut nettement plus nuancé que celui tenu par leurs homologues allemands, comme le prouve l'évolution de plus en plus critique d'un de leurs principaux représentants, John Bates Clark. Voir Martin, Stephen « The Goals of Antitrust Policy », Purdue Ciber Working Papers, report number 2007-003.

[158] Voir Hutter, 1994, p. 289-321.

[159] Tschierschky, 1903. L'auteur s'était spécialisé dès le début du siècle dans le conseil aux entreprises qui voulaient s'organiser en cartels, acquérant même des positions officielles dans six d'entre eux et publiant à partir de 1904 le mensuel *Kartell-Rundschau*.

Werner Sombart dans *Le capitalisme moderne* paru en 1902 pour montrer le danger que constituait le pouvoir grandissant du commerce. Ambitionnant de pousser jusqu'à leur terme les analyses de Marx[160], l'ouvrage de Sombart insistait en effet sur le mouvement historique que constituait cette montée en puissance au détriment de la production, condamnée à pratiquer des prix de plus en plus bas dans un contexte de surproduction structurel. Face au pouvoir du commerçant qui pouvait influencer la consommation grâce à la publicité et intensifier la concurrence industrielle entre ses fournisseurs, la survie des producteurs passait par leur regroupement. L'organisation d'un autre groupe socio-économique fut cependant plus souvent avancée pour expliquer la constitution de cartels et de trusts. Lujo Brentano traça le premier un parallèle entre l'existence des syndicats et celle des cartels, les uns justifiant les autres à ses yeux puisque dans les deux cas il s'agissait de coalitions, qui pouvaient négocier à armes égales ; on retrouve ce parallélisme chez Leopold von Wiese, qui montra que les deux types d'organisations avaient le même but de supprimer la concurrence. En revanche, Steinmann-Bucher alla plus loin en évoquant un rapport de cause à conséquence : pour lui, les cartels d'entrepreneurs n'étaient que le reflet des coalitions d'ouvriers. Le mouvement historique que constituait l'amélioration de la protection des ouvriers, justifiait, avec la mécanisation de la production qui tendait à éliminer les petites entreprises aux capitaux insuffisants[161], l'apparition des cartels, puisque les progrès économiques et culturels allaient nécessairement de pair avec la transformation des liens sociaux. Cette analyse se retrouve chez John H. Schwegel, qui désigna l'*American Federation of Labor* comme la « mère des trusts capitalistes »[162], car ce « trust du muscle », fort de près d'un million d'adhérents, aurait, d'après lui, obligé les entreprises à se rapprocher pour pouvoir répondre à ses exigences. Dans ce dernier cas, l'inéluctabilité du processus ne le mettait pas à l'abri de critiques car l'auteur s'employa à dénoncer avec force les défauts des deux types de trusts. Aux syndicats, il reprochait un blocage total du marché du travail par refus de l'immigration[163], un abus constant de sa position de quasi-monopole, tandis que les industriels sont accusés de négligence criminelle à l'égard des conditions de travail. Cependant, ce point de vue ne fut pas majoritaire : plus représentative fut l'observation de Jeremiah W. Jenks, un auteur américain souvent lu en Allemagne, qui souligna que les syndicats européens se montraient rarement hostiles à des alliances industrielles, reprenant même les justifications économiques de

---

[160] Lenger, 2004, p. 111-129.

[161] Levy, 1905, p. 244-245.

[162] Schwegel, 1904, p. 17.

[163] Kuczynski, 1903.

ces dernières à leur compte quand ils considéraient que cela leur garantissait à terme une stabilité de l'emploi et une certaine progression des revenus[164].

Il est frappant de voir ici à quel point la pratique des industriels, salués pour avoir su cerner leurs problèmes et trouver la solution adéquate fut mise en avant et opposée à une réflexion économique méfiante envers les monopoles, qualifiée de dogmatique[165]. Cette reconnaissance des milieux académiques fut utilisée par les industriels qui s'appuyèrent volontiers sur la différence faite progressivement par les économistes eux-mêmes entre cartels et trusts afin de justifier leurs pratiques, surtout après 1903. Pour autant, les deux sphères restèrent nettement séparées, comme le montre l'échec presque total rencontré par Gustav Schmoller quand il envoya des questionnaires à quelques quarante cartels allemands afin d'analyser de façon plus précise leurs structures : leur silence allait à l'encontre de l'analyse bienveillante des économistes, qui opposaient volontiers le caractère public des cartels au secret entourant les trusts. On retrouve cette contradiction entre la politique des industriels et la réflexion des économistes lors de l'enquête de 1903[166] : Schmoller dut batailler contre un directeur de mine qui refusait de traiter avec les syndicats ouvriers, mais seulement avec les employés de sa mine. Gustav Schmoller considérait au contraire que « le fait de donner libre carrière au capital et aux entrepreneurs impliqu[ait] l'égalité de traitement pour les ouvriers », mais il ne fut pas rejoint par la majorité de la commission d'enquête. En réalité, même lorsque, après 1903, les analyses allemandes mirent parfois en cause le rôle positif des cartels, les mesures de contrôle préconisées par les économistes restèrent souples : Gustav Schmoller proposa ainsi d'encadrer leurs activités en ne les faisant pas profiter de la protection excessive des tarifs douaniers et surtout en faisant siéger au conseil de direction des plus grands cartels des représentants choisis par le gouvernement : il ne s'agissait cependant nullement d'étatiser les cartels – une idée que l'on trouve surtout dans l'entre-deux-guerres, chez Rudolf Hilferding et Joseph Schumpeter, pour qui le développement d'un capitalisme « régulé » préparait l'avènement de la bureaucratie et du socialisme.

Dans ce premier temps des analyses, l'essentiel était que la cartellisation comme moment historique représentait nécessairement un phénomène universel. Les États-Unis ne représentaient pas sur ce point une anomalie, d'autant que certains auteurs estimaient inéluctable à terme le

164 *The Trust Problem*, Jenks, 1912, p. 244-245. Cet ouvrage, bien connu des Allemands, fut réédité plusieurs fois.

165 Voir Schmoller, 1894. Marin, 2006b.

166 *Le Musée social. Annales*, 1903, numéros d'avril et mai, traduction et résumés faits par Martin Saint-Léon, correspondant en Allemagne du Musée social.

développement de trusts en Allemagne même, à la faveur d'une confusion entre cette forme de monopolisation sectorielle et la création de grandes sociétés anonymes. C'est pour cela que les Allemands jugèrent normal l'échec de la législation antitrust américaine[167] : les trusts – pris ici encore comme quasi synonymes des cartels – apparaissaient comme la forme la mieux adaptée à la production de masse, qui s'était particulièrement développée aux États-Unis.

2. *Les efforts pour distinguer les cartels allemands des trusts américains*

Pourtant, parallèlement à ces efforts pour théoriser un phénomène économique contemporain, d'autres avaient mené en parallèle pour distinguer soigneusement les deux formes. L'enjeu était en réalité le même : il s'agissait de faire accepter ces alliances industrielles. Or, de l'autre côté de l'Atlantique, elles avaient été condamnées dès 1890, et en Europe même, le discours critique élaboré aux États-Unis[168] sur les trusts qui avaient remplacé les *pools* avait recueilli une attention d'autant plus grande qu'ils concernaient des secteurs qui semblaient désormais, par leur puissance, menacer leurs concurrents du Vieux Monde, grâce à des prix à l'exportation sacrifiés. Vers la fin du XIXe siècle, il devint donc

---

[167] Schwegel, 1904, p. 13.

[168] La bibliographie américaine n'est pas toujours citée – ni même toujours utilisée par quelques vulgarisateurs peu scrupuleux. Deux ouvrages indiquent des sources importantes. Le premier est celui de Louis Katzenstein, qui utilise beaucoup de revues (*Die Trusts in den Vereinigten Staaten. VWZ*, Berlin, 1900), ainsi que deux livres qui sont vite devenus des références, R. T. Ely, *Monopolies and Trusts*, New York, 1900 et J. W. Jenks, *The Trust Problem* (Jenks, 1912). On peut y ajouter les titres de la bibliographie présentée dans l'ouvrage coordonné par Ernst von Halle, *Amerika. Seine Bedeutung für die Weltwirtschaft und seine wirtschaftlichen Beziehungen zu Deutschland* (Halle, 1905) : George L. Bolen, *The plain facts as to the trusts and the tariff*, NY, 1902 ; William Miller Collier, *The Trusts*, NY, 1900 ; Edward Sherwood Meade, *Trust Finance*, NY, 1903, un des premiers professeurs d'université en finance des États-Unis ; et le bestseller de John Moody, *The Truth about Trusts*, NY, 1904. Les thèses de ce dernier furent par exemple reprises dans un article de l'ingénieur Bruno Simmersbach « die amerikanischen industriellen Verbände, welche nicht direkt dem Steel Trust unterstehen », *Verhandlungen des Vereins zur Beförderung des Gewerbefleisses in Preussen*, 1905. L'auteur justifie son texte comme un moyen de populariser l'ouvrage de Moody, paru à New York l'année précédente. On retiendra aussi l'utilisation très fréquente par les auteurs allemands du livre du Français Paul de Rousiers, *Les industries monopolisées aux États-Unis*, paru dès 1898. L'auteur, spécialiste de sciences sociales et ancien disciple de Le Play, fut salué par Schmoller en 1905 comme un des principaux spécialistes de la question. Il présentait certains points communs avec L. Brentano puisqu'il fit partie de la première équipe de chercheurs envoyée par le Musée social, en 1895, pour étudier les syndicats anglais, sujet sur lequel il donna une série de débats à son retour en France.

urgent à la fois de défendre les cartels et de condamner les trusts, double entreprise dont se chargèrent les mêmes auteurs.

L'utilisation des États-Unis comme contre-exemple se trouve certes dès 1890, chez les contradicteurs de Lujo Brentano. Celui-ci s'employa à théoriser la situation allemande, et ne s'appuya aucunement sur la situation qui prévalait dans d'autres pays. Au contraire, deux de ces auteurs, Wolf Eppinger et le Dr. Schwidland, utilisèrent le cas des cartels américains. Leur argument était que ces ententes représentaient un pouvoir d'autant plus considérable que leurs règles demeuraient secrètes. Pour ces experts, la nocivité de ces cartels qui pouvaient organiser artificiellement la pénurie est démontrée par l'hostilité de l'opinion publique et l'attitude de l'État, décidé à intervenir. Les arguments n'étaient cependant pas développés, et le Dr. Schwidland admit lui-même que ces cartels avaient pu être une mesure de survie pour permettre par exemple aux compagnies de chemin de fer de ne pas succomber à une concurrence qui les obligeait à vendre à perte. Trois ans plus tard, la formule du « trust » américain était désormais clairement identifiée par Steinmann-Bucher. Partisan de la cartellisation, les exemples étrangers lui servirent à étayer son affirmation selon laquelle il s'agissait d'un phénomène universel et donc d'une véritable étape historique : les États-Unis étaient cités à ce titre, mais avec cette mise en garde préalable qui affirmait que le trust américain ne présentait, en lui-même, aucun intérêt pour les Allemands car il ne s'agissait que d'établir un monopole en obligeant progressivement les différentes entreprises d'un secteur à se soumettre à une seule direction constituée par les *trustees*. En 1894, Ernst von Halle publia, comme spécialiste des États-Unis, un livre sur les trusts américains eux-mêmes, mais les études se multiplièrent vraiment au tournant du siècle.

Cet intérêt pour les trusts américains avait deux causes. Le discours sur le « danger américain » tout d'abord les désignait comme une des principales armes des États-Unis pour envahir les marchés européens[169] : trois trusts étaient particulièrement cités, la *Standard Oil*, symbole du système en raison de son ancienneté (1882), la *US Steel Corporation* et le trust maritime que Morgan essayait de créer, ces deux derniers exemples appartenant à des secteurs essentiels pour l'économie allemande. Tous les ouvrages sur les États-Unis publiés entre 1898 et 1904 comportaient ainsi un chapitre sur les trusts, en général remarquables par leur manque d'originalité. Commençant le plus souvent par une partie historique, ils énuméraient ensuite à la fois les raisons de leur puissance et de leur chute prochaine. Ce chapitre suivait un discours

[169] *Bankarchiv. Zeitschrift für Bank- und Börsenwesen*, vol. 1, 1901, p. 54, « Die amerikanischen Trusts ».

assez manichéen, puisqu'il devait simultanément montrer la réalité du « danger américain » et rassurer les lecteurs allemands sur la possibilité pour le *Reich* de résister victorieusement à cette menace à condition de mobiliser les énergies et les volontés nationales. Cette victoire devait donc être celle du courage et du travail face à la spéculation. Le succès de cet argumentaire tenait aussi en partie à l'abondance des sources américaines dont disposaient les auteurs allemands car une production littéraire impressionnante avait paru outre-Atlantique dans le contexte de campagnes progressistes pour demander au gouvernement d'intervenir plus fermement par le biais de la législation.

Les auteurs allemands s'accordaient sur une première différence essentielle entre les trusts et les cartels : le modèle américain était une construction financière puisque le trust était une société anonyme qui avait absorbé les différentes entreprises du secteur, de façon à pouvoir exercer un monopole sur celui-ci. Les études techniques sur les cartels ou les monographies s'appliquèrent particulièrement à décrire le système mis en place, pour deux raisons. La connaissance de la Bourse était récente chez les économistes qui, encore peu nombreux dans leur domaine, avaient jusqu'alors privilégié d'autres questions liées à l'industrie et au commerce. Ce fut au début des années 1880 que s'établit une véritable réflexion sur l'activité boursière, bien différente des anathèmes lancés dans les années 1870 à l'encontre de ce « jeu stérile ». Des trentenaires comme Emil Struck, Richard Ehrenberg, Walter Lotz, Carl Johannes Fuchs, s'étaient formés dans les séminaires de Gustav Schmoller, Lujo Brentano et Adolf Wagner[170]. Cependant, ils étaient désormais capables, par leurs propres travaux, de présenter de façon plus exacte le fonctionnement de la Bourse grâce à des analyses sur les notions employées et en s'appuyant sur les comparaisons internationales. La réflexion sur les trusts et les cartels s'inscrivait donc dans ce nouvel effort académique. L'autre enjeu était pratique : il fallait pouvoir répondre à la question de la solidité de ces constructions. Les trusts étaient-ils réellement les géants financiers qu'ils prétendaient être ? Les auteurs de ces études répondirent de façon plutôt affirmative et surtout, à la différence des auteurs généralistes, s'employèrent à justifier l'originalité des montages financiers de cette forme américaine de cartellisation : l'enjeu pour eux était de montrer que les trusts étaient des objets d'analyse sérieux, qui correspondent bien à une nouvelle forme de la vie économique et n'étaient pas de pures créations spéculatives.

[170] Borchardt, 1999, p. 41-50.

Leur démonstration se concentra sur la différence entre *common shares* et *preferred shares*[171]. La nature de ces dernières paraissait la plus aisée à comprendre pour les Allemands puisqu'elles reposaient sur les biens réels de l'entreprise et permettaient à leurs propriétaires d'empocher un dividende dès que le trust faisait un profit. Pour Katzenstein, ces actions étaient même de plus en plus utilisées de préférence aux obligations, car celles-ci obligeaient l'entreprise qui ne pouvait honorer les dettes ainsi contractées à se déclarer insolvable. Même si une telle lecture n'était pas partagée par tous, les spécialistes allemands de la question s'accordèrent pour considérer que les *preferred shares* représentaient le véritable capital de l'entreprise. Ils s'opposaient ainsi aux auteurs généralistes, économistes ou non, qui tendaient à additionner *preferred shares* et *common shares* afin de démontrer que les trusts américains étaient surcapitalisés, et qui critiquaient ainsi le « délayage » (*Verwässerung*) du capital.

La discussion porta donc essentiellement sur la nature des *common shares*, une catégorie d'actions dont le dividende reposait uniquement sur l'espoir de profits supérieurs à ceux attendus : elles constituaient donc un pari, que Katzenstein lui-même comme beaucoup d'autres appelèrent spéculatif, terme récusé par Glier. Pourtant, lui-même reconnaissait la fragilité de ces titres non seulement parce qu'ils ne reposaient pas sur le capital de l'entreprise, mais parce que les dividendes auxquels ils pouvaient donner droit restaient à l'entière discrétion du bureau des directeurs du Trust, et n'étaient donc pas le résultat automatique de ce qui restait quand les détenteurs de *preferred shares* avaient reçu leurs propres dividendes. Pour Katzenstein, cette profonde inégalité entre les porteurs de titres était préjudiciable avant tout aux catégories les plus modestes, qui n'avaient accès qu'aux *common shares*.

En réalité, ces analyses techniques ne pouvaient suffire à contrer le soupçon de spéculation aux yeux des auteurs généralistes : Knebel-Doeberitz par exemple reprit la distinction entre les deux types d'actions, mais pour souligner que même les *preferred shares* avaient été émis en trop grandes quantités pour représenter réellement le capital du trust. Surtout, il étayait sa démonstration à la fois par une explication – les trusts étaient obligés de racheter à prix d'or les entreprises indépendantes, ce qui les obligeaient à contracter des emprunts à des taux d'intérêt très élevés et à rémunérer les « promoteurs »[172] – et par un

[171] Katzenstein, 1900, p. 23-26 ; Ludwig Glier, *Schmollers Jahrbücher*, 1903, 4e cahier, p. 43-56.

[172] Katzenstein et Glier avaient relevé la création de cette nouvelle profession de promoteur [de fusions], chargés de placer les émissions des nouvelles sociétés issues

exemple, le trust de constructions navales, détaillé grâce aux articles successifs du *Berliner Börsenkurier*[173]. À leur tour, les ouvrages d'économie politique qui traitaient des relations entre l'Allemagne et les États-Unis reprirent, en les simplifiant, ces analyses et insistèrent sur la mainmise des « institutions financières » sur les trusts, qui devenaient un instrument de profit financier, dépourvu de toute vraie logique industrielle[174]. Walter Borgius par exemple assimila les trusts à une pure entreprise spéculative[175] ; pour l'auteur, c'était d'ailleurs une bonne nouvelle, car cela signifiait que dans le domaine technologique, ces trusts ne représentaient pas une concurrence menaçante pour l'industrie allemande. Max Prager estima, lui-aussi, que les trusts reposaient sur une base presque entièrement spéculative et il présenta comme quasi certaine la survenue prochaine d'un krach[176].

Ces auteurs cherchaient tous à relativiser la menace américaine pour prouver qu'une confrontation douanière avec les États-Unis était inutile : Knebel-Doeberitz n'hésita pas ainsi à prédire que la plupart des trusts, rongés de dettes, allaient être confrontés dans un avenir proche à l'alternative suivante, disparaître dans un krach, ou réduire considérablement leur production, les empêchant de continuer à inonder l'Europe de leurs produits[177]. Ce discours critique envers la spéculation avait d'autant plus de chances de succès qu'il s'inscrivait dans un débat public qui s'était développé en Allemagne depuis 1890 après un accès de fièvre spéculative culminant entre 1888 et 1890[178], et qui avait abouti à la loi sur la Bourse de 1896, extrêmement restrictive au point d'être difficilement applicable. La rhétorique développée autour du « danger américain » ne pouvait que renforcer ces appels à la méfiance. Il est d'autant plus remarquable de constater que ces discours étaient contredits par la pratique : précisément durant ces années du début du siècle, l'engouement allemand pour les titres américains ne cessa de croître, comme le prouvait l'inscription à la Bourse de Berlin – pourtant coû-

---

de fusions et qui pouvaient, en cas de montée des cours, se retrouver eux-mêmes à la tête de véritables fortunes.

173 Knebel-Doeberitz, 1904, p. 36-37.

174 Ainsi, Hugo von Knebel-Doeberitz parla de la « trustomanie » du banquier John Pierpont Morgan et cite l'expression américaine de *Morganisation of industry*. Knebel-Doeberitz, 1904, p. 32..

175 Borgius, 1899, p. 12.

176 Prager, 1902, p. 19.

177 Knebel-Doeberitz, 1904, p. 34.

178 La révélation de malversations boursières qui avaient mené à l'arrestation de banquiers, mais aussi la crise financière de l'Argentine qui jetait un grave doute sur les valeurs étrangères, avaient suscité l'ouverture d'une commission d'enquête sur la Bourse en 1892. Borchardt, 1999, p. 60.

teuse – d'un nombre croissant de valeurs américaines[179]. Cependant, ces arguments purent être remobilisés à l'occasion de la panique financière américaine de 1907, et ils peuvent expliquer la très nette préférence des Allemands pour les obligations américaines par rapport aux actions.

La critique des trusts fut en réalité loin de se réduire à un argumentaire économique, car elle permettait de poser la question de la spécificité américaine : pourquoi les États-Unis avaient-ils développé des trusts et non des cartels ? Les experts invoquèrent souvent la législation, mais celle-ci n'était considérée le plus souvent que comme la conséquence de traits psychologiques supposés donner la véritable clef de la réalité américaine. Ils ne cédèrent certes pas tous à cette facilité : dans son étude sur le trust de l'acier, Ludwig Glier montra que le choix de cette forme s'était fait pour deux raisons – si l'on met à part le simple fait que la position dominante de Carnegie lui permettait de refuser toute tentative de cartellisation. D'une part, la forme juridique de la société anonyme était extrêmement familière aux Américains parce que ceux-ci hésitaient beaucoup moins à se séparer de leurs valeurs si une bonne occasion se présentait, d'autre part, la législation, en interdisant les *pools*, ne permettait que cette solution du trust pour arrêter une concurrence qualifiée de meurtrière et s'assurer des prix élevés et stables[180]. Si les explications psychologiques n'étaient pas totalement absentes de sa démonstration, par exemple quand il évoquait le « caractère sanguin » des relations d'affaires et de la « profonde méfiance » qui empêchait les industriels de s'allier, elles restaient marginales par rapport au rappel des contraintes objectives qui avaient pesé sur la décision de réunir les différentes entreprises dans un trust. Dans les ouvrages plus généraux au contraire, le rappel systématique du *Shermann Antitrust Act* de 1890 qui avait interdit les cartels fournissait surtout l'occasion de montrer que la loi n'avait fait qu'entériner un échec des cartels américains dû avant tout à des raisons morales et politiques. Les Américains n'avaient pas su créer des cartels à cause de l'égoïsme des entreprises elles-mêmes, en particulier les plus puissantes, peu désireuses de limiter leurs capacités au profit des plus petites. Peu importe si, en réalité, cet « égoïsme » était largement lié à l'absence de garantie qui entourait nécessairement des contrats d'alliance non officiels[181].

Ces analyses permettaient d'opposer à cette situation l'Europe et plus particulièrement l'Allemagne, où la cartellisation était supposée avoir

---

179 Wilkins, 1989, p. 170 ; Kabisch, 1982, p. 124. Ce dernier souligne cependant que l'investissement de capitaux allemands dans les valeurs américaines suivait des cycles : ainsi, après un pic en 1906, on constate un certain désengagement jusqu'à la guerre, qui perturba définitivement ces échanges financiers.

180 Ludwig Glier, *Schmollers Jahrbücher*, 1903, 3e cahier, p. 278.

181 Voir Fligstein, 1990.

réussi grâce à une culture économique ancienne qui aurait permis aux entrepreneurs d'acquérir « le sens du bien commun »[182]. Le cartel allemand permettait donc non seulement de garantir l'intégrité de chaque entreprise, il était également présenté comme un lieu d'apprentissage pour les chefs d'entreprise qui étaient obligés de travailler en commun tout en sauvegardant l'autonomie de leur entreprise. C'était présenter la réalité de façon biaisée, car le mouvement de cartellisation n'empêcha pas une concentration progressive des entreprises, au point que certaines fusions furent opérées par de grandes entreprises dans le seul but de récupérer les quotas de leurs rivales plus petites. Le but de cette simplification était de permettre une lecture politique de la différence entre les deux organisations, qui opposait la démocratie présente dans les cartels allemands[183] à la tyrannie prétendue qu'exerçaient les actionnaires principaux des trusts sur des industriels auxquels avait été confisqué tout pouvoir de décision. On retrouve ce thème chez Schmoller, par exemple, qui compara la direction des trusts allemands à un « parlement », à l'opposé des trusts, assimilés à une tyrannie dont les Américains devaient se libérer comme ils s'étaient libérés des autres tyrannies. Tschierschky reprit l'idée, sous une forme un peu atténuée : son énumération apparemment purement factuelle les différences entre cartels et trusts l'autorisait à passer insensiblement de la description au jugement moral et politique. Les cartels lui apparaissaient ainsi comme une organisation fédérative entre égaux alors qu'il considérait les trusts comme un colosse[184] dont le but était l'anéantissement des entreprises qui refusaient d'être reprises. Une théorie si flatteuse ne pouvait manquer d'être utilisée par les intéressés : Emil Kirdorf expliqua ainsi devant la commission d'enquête sur les cartels que la direction du cartel du charbon ne pouvait pas baisser les prix en 1901 en raison du « régime démocratique du syndicat. Seul un directeur absolu, un vrai dictateur, eût pu imposer aux mines syndiquées ce sacrifice ».

Au-delà de ces différences, acceptait-on au moins de considérer comme un trait commun aux cartels et aux trusts la possibilité qu'ils offraient de rationaliser l'organisation des entreprises, participant ainsi pleinement à la modernisation du management ? Katzenstein insista par exemple sur les économies en personnel qui pouvaient être faites, puisque non seulement le nombre de voyageurs de commerce pouvait être diminué, mais en plus, ayant à affronter peu de concurrence, il

---

[182] Dr. Leopold von Wiese, « Die Industrietrusts », in Halle, 1905, p. 260.

[183] Voir Saint Léon, 1903.

[184] Liefmann, Robert, *Kartelle und Trusts und die Weiterbildung der volkswirtschaftlichen Organisation*, 1905, ouvrage qui connut de nombreuses rééditions. Sur la pensée théorique de Robert Liefmann voir quelques aperçus chez Knetsch, 1998, p. 227 et suivantes.

n'était pas nécessaire qu'ils possèdent de grandes qualités de négociation ; le recrutement de personnalités médiocres était suffisant et permettait de verser des salaires bien moindres. Ces idées ne furent cependant guère reprises par la suite et témoignaient surtout d'un certain tâtonnement, même dans les ouvrages spécialisés, quand il s'agissait de tirer des conclusions sur les évolutions constatées. En général, les réflexions sur le rôle de l'entrepreneur dans ces nouvelles structures industrielles tournèrent autour de cette question : la bureaucratie qu'elles développaient nécessairement tendait-elle à favoriser l'ascension d'individus médiocres, au détriment des grandes figures de fondateurs d'entreprises ? C'était la théorie développée par Max Prager qui s'attacha à montrer que le développement inéluctable de la bureaucratie entraînée par le mouvement de trustisation conduisait à donner la direction à des intelligences moyennes, car c'était avant tout la concurrence aiguisée qui permettait aux personnalités supérieures de se distinguer[185]. Katzenstein à l'inverse considérait, comme l'économiste Robert Liefmann, que les entrepreneurs exceptionnels pouvaient trouver à mieux s'employer en étant désormais à la tête d'organisations considérables. Cette réponse fut la plus fréquente car les trusts américains avaient familiarisé le monde entier avec les figures de certains de leurs principaux dirigeants comme Carnegie, Rockefeller ou John Pierpont Morgan. Le premier était connu des Allemands pour ses affirmations patriotiques qui annonçaient la domination prochaine des États-Unis sur le monde, et qui prédisaient à l'Angleterre un avenir de parc de loisirs, mais aussi pour les contacts qu'il avait pu nouer avec l'empereur. John Pierpont Morgan représentait le « danger américain » dans toute son ampleur à cause de ses efforts vers 1902 pour développer une flotte commerciale américaine qui serait venue concurrencer les Allemands et les Anglais[186]. Les jugements allemands sur lui se firent cependant plus élogieux en 1907, saluant son sauvetage de la finance américaine. D'autres noms apparurent plus rarement, comme le président de la *US Steel Corporation*, Charles Schwab, connu des Européens grâce à sa tournée triomphale sur le Vieux Continent en 1901[187]. Malgré ces nuances, tous ces personnages renforçaient l'idée que le trust était une forme dictatoriale et leur nom était souvent lié à la dénonciation de la vie politique américaine, considérée comme totalement corrompue par

---

[185] Prager, 1902, p. 20.

[186] Témoigne de cette peur le propos de Guillaume II, qui voyait dans ce trust maritime « une sombre conjuration des plutocrates américains avec pour but de dominer l'Allemagne, et même peut-être l'Europe tout entière ». Cité par Blaich, 1984.

[187] Voir Moltke, 1903, p. 20, et Schwegel, 1904, p. 12 montrant Schwab parcourant l'Europe en automobile et faisant sauter la banque à Monte-Carlo pour attirer l'attention sur sa compagnie (*sic*).

les trusts tout-puissants, thème que l'on retrouve même chez des auteurs modérés comme Katzenstein ou Prager[188]. Cette critique peut paraître paradoxale quand on considère les lamentations allemandes contemporaines sur la disparition progressive des grands hommes doués de charisme, et la fascination que ces milliardaires américains exerçaient sur les voyageurs allemands[189]. C'est que, si les Allemands concédaient à ces dirigeants une intelligence et une énergie supérieures, ils soulignaient aussi systématiquement leur violence et leur absence de scrupules qui les rendaient responsables du déclin de la vie publique américaine[190]. L'attitude des *captains of industry* était en effet analysée comme l'exacerbation des tendances de la tradition anglo-saxonne, perçue comme anarchique[191] parce qu'elle affirmait la pleine souveraineté de l'individu et n'impose aucune restriction à la propriété privée. Elle ne faisait que manifester un égoïsme exacerbé, à l'opposé de l'attitude des grands hommes – on ne peut que penser au culte développé alors autour de Bismarck – conscients de leur rôle historique.

La dénonciation des *tycoons* se développa donc rapidement de façon autonome par rapport à la comparaison entre trusts et cartels et s'orienta vers une critique du régime politique qui avait fait naître en son sein de tels « monarques économiques », un thème particulièrement présent dans les ouvrages généraux sur les États-Unis au tournant du siècle, car il reprenait un discours politique anti-américain déjà ancien, nourri à la fois par les socialistes démocrates mais anticapitalistes et les cercles conservateurs favorable au capitalisme mais méfiants à l'égard de la démocratie[192]. Pour autant, les observateurs allemands furent loin d'être aveugles à la vigueur du mouvement progressiste américain au même moment. Walter Borgius souligna ainsi en 1899 que le slogan des élections à venir était *War against trusts and monopolies*. En 1900,

---

188 Cette image négative s'opposait de façon frappante à celle, alimentée par les intéressés, qui faisait d'eux l'équivalent moderne des grandes familles de la Renaissance. Schmoller critiqua ainsi l'image que les *tycoons* cherchaient à présenter d'eux-mêmes, équivalents modernes des grandes familles de la Renaissance, en opposant les Médicis et les Fugger qui étaient « certes de grands capitalistes, mais aussi des patriotes et des mécènes, de grands hommes d'État » aux milliardaires américains qui « [n'étaient] que des faiseurs d'argent ».

189 Voir le commentaire ironique du consul allemand à New York, qui informe son ministère des efforts fournis par M. Goldberger, lors de son voyage aux États-Unis, pour rencontrer Morgan et les autres, et se justifiant par les informations importantes que ceux-ci ne pouvaient manquer de détenir. AA, R-1501, dossier 3178, lettre du 18 janvier 1902, Consulat général de New York au ministère des Affaires étrangères et lettre du 21 avril 1902.

190 Schmoller, 1894.

191 Voir Diehl, 1923, p. 276-292.

192 Voir Fraenckel, 1959, p. 33. Borgius, 1899, p. 22 ; Moltke, 1903, p. 24-25.

Louis Katzenstein évoqua de façon détaillée les différentes conférences sur les trusts qui s'étaient tenues à Chicago puis à Saint Louis en septembre 1899, ainsi qu'à l'université d'Ithaca en décembre de la même année. Enfin, après les élections présidentielles de 1900, Otto Graf Moltke insista encore sur l'unanimité que l'opinion publique avait réussi à imposer aux discours des partis politiques sur ce thème. Ces différences témoignaient cependant moins de contradictions internes aux discours que de l'écart essentiel entre les observations sur une réalité étrangère et les conclusions théoriques qui en étaient tirées pour les besoins purement nationaux.

C'est parce que l'analyse des trusts américains se transforma en partie en critique politique que la question ouvrière fut abordée dans plusieurs ouvrages de la période. Longtemps demeurée dans l'ombre du modèle anglais et traitée de façon presque purement factuelle, cette question acquit à la fin du siècle une dimension plus polémique qui était loin de s'expliquer seulement par les crises que connaissaient alors les relations entre le capital et le travail à travers les grèves très dures des années 1892-1894, en particulier aux usines de la *Pullman Company*. Comme le lien entre trusts et socialisme fut avant tout examiné par les intéressés, des écrivains socialistes comme Paul Lafargue furent parfois sollicités par des auteurs comme Knebel-Doeberitz, qui ne partageaient nullement leurs convictions, mais qui trouvaient dans leurs écrits les preuves de leur pessimisme sur l'avenir américain. Ces emprunts se firent cependant de façon très sélective : le thème du socialisme d'État resta quasi inexistant hors des cercles socialistes[193] alors que l'on trouva plus fréquemment l'idée d'une montée inéluctable du socialisme[194] sur le modèle européen et qu'on crut déceler dans le succès croissant du concurrent de l'*American Federation of Labor* dirigé par Samuel Gompers, l'*American Labor Union*. Les auteurs se contentèrent aussi souvent de reprendre des analyses américaines, par exemple quand ils considéraient que l'arrivée massive d'immigrés illettrés venus d'Europe centrale, ainsi que l'augmentation de la population noire parmi les ouvriers ne pouvaient que modifier l'équilibre original trouvé par les premières populations anglo-saxonnes, et favoriser des revendications politiques radicales.

---

193 Voir Herr, 1906. Selon lui, la concentration du capital entre un petit nombre de dirigeants permettait à terme d'envisager l'étatisation de l'ensemble de l'économie.

194 Cette idée était présente de façon particulièrement forte dans la conclusion de Werner Sombart, *Pourquoi le socialisme n'existe-t-il pas aux États-Unis ?* (Sombart, 1906), même si l'auteur critiquait – comme Karl Liebknecht en 1910 – l'amour du gain qui avait jusque là empêché les ouvriers américains de développer une conscience de classe.

En effet, de façon frappante, ces développements ne reprirent nullement les considérations théoriques des années 1880 sur le développement parallèle des cartels, des trusts et des syndicats. Au début du XXe siècle, vers 1905, les commentaires se concentraient désormais sur les problèmes posés par l'existence des trusts pour les ouvriers. Écho des préoccupations développées par les progressistes américains, c'était surtout un argument supplémentaire pour condamner la spécificité des trusts en s'attaquant à un autre symbole de la prospérité aux États-Unis, le niveau de vie de l'ouvrier[195]. La théorie dominante insistait sur la possibilité d'un affrontement direct entre ouvriers et patrons de trusts. La première raison invoquée tenait à la diminution du pouvoir d'achat causée par le protectionnisme et les hauts prix pratiqués par les trusts, ainsi que la pression sur les salaires que ceux-ci pouvaient désormais exercer efficacement. Cependant, la critique allait nettement plus loin, en remettant en cause la réalité même de la prospérité ouvrière américaine. Ainsi, certains auteurs spécialistes de la question, comme Leopold von Wiese, soulignaient que les ouvriers américains bien payés ne constituaient qu'une minorité, et que même dans leur cas, les salaires ne faisaient que compenser imparfaitement une usure précoce qui les obligeait à abandonner leur travail et l'absence d'assurances vieillesse et invalidité. Les études statistiques de Carl von Tyszka voulaient de leur côté montrer que les hauts salaires des ouvriers américains étaient seulement proportionnels à la cherté de la vie, alors que les avantages de l'ouvrier anglais étaient la conséquence de choix politiques sociaux – ainsi que du libre-échange[196]. Enfin, des ouvrages plus populaires insistèrent également à cette époque sur l'importante misère présente dans les grandes villes américaines[197].

Cependant, le débat évolua vers le lien entre trusts et syndicats en privilégiant le thème général d'une disparition possible de ces derniers. D'après Max Prager par exemple, les organisations ouvrières étaient menacées d'anéantissement, comme l'avait montré la grève géante des ouvriers de l'acier les années précédentes, car, caractéristique d'un pays

---

195 Leopold von Wiese, « Die Arbeitsverhältnisse », in Halle, 1905, p 244-250 ; C. Heitz, « Die Kosten der Arbeit und der Lebenshaltung der Arbeiter in den Vereinigten Staaten », in *Schmollers Jahrbücher*, 2e cahier, 1906, p. 311-356. Ce dernier insistait sur le niveau de vie nettement supérieur des ouvriers américains, tant dans l'alimentation, l'habitat que dans les vêtements.

196 Tyszka, 1912.

197 C'est le cas par exemple de l'ouvrage d'Alfred Kolb, *Als Arbeiter in Amerika. Unter Grossstadt-Proletarien*, Berlin 1904, qui connut quatre éditions en un an et fut recensé dans plusieurs revues comme le *Zeitschrift für das Armenwesen*. Rudolf Steiner expliquait son succès en soulignant que l'auteur avait ainsi découvert la vie des plus pauvres d'une façon qui lui aurait été impossible de faire aux positions honorifiques qu'il occupait – Kolb avait le titre de *Regierungsrat*.

jeune, la paix sociale aux États-Unis ne s'était pas développée au même rythme que la richesse. Cette analyse se retrouve dans un des deux grands articles parus entre 1903 et 1905 sur le syndicalisme américain dans les *Schmollers Jahrbücher*[198]. Pour son auteur, Ernst Pistor, la grande majorité des patrons ne souhaitaient que la disparition des syndicats qui ne pouvaient plus se défendre sans l'aide du gouvernement. Ces lectures très pessimistes faisaient écho aux prédictions apocalyptiques sur l'avenir des États-Unis que l'on trouvait dans les milieux conservateurs dès les années 1870, agitant le spectre d'une seconde guerre civile. Dans les années 1890, certaines études sur le bimétallisme avaient de nouveau évoqué la possibilité d'une nouvelle guerre de Sécession, cette fois entre l'Est et l'Ouest, à cause d'intérêts économiques contradictoires. Les écrits de Moltke et de Max Prager[199] dans les années 1900 selon lesquels les trusts pourraient devenir une menace pour l'État jusqu'à le menacer par la violence s'inscrivaient dans cette lignée.

Certes, des analyses plus nuancées existaient : Leopold von Wiese considérait en effet que les grands trusts étaient au contraire tentés d'accepter le principe d'un compromis qui laissait un certain pouvoir aux syndicats, en particulier leur contrôle sur l'embauche de leurs membres, en échange de leur aide pour éviter les débrayages sauvages et les appels à la grève lancés localement. Au contraire, les petits trusts et les entreprises indépendantes étaient beaucoup plus hostiles à toute reconnaissance des responsables syndicaux comme interlocuteurs légitimes. Aussi, contrairement à Ernst Pistor, qui voyait dans les trusts un danger général pour les ouvriers comme pour la démocratie, Leopold von Wiese, sans les approuver, ne les considérait pas comme une menace particulière pour les ouvriers, mais bien plutôt pour les consommateurs, véritables victimes de l'accord trouvé entre les trusts et les syndicats. Cependant, les deux auteurs ne se rejoignaient pour voir dans l'État le remède à la situation : les efforts du gouvernement de Roosevelt, appuyé par une forte opinion publique, pour s'imposer comme interlocuteur de référence aux parties en présence furent systématiquement relevés par eux, comme par d'autres, sans qu'on doive y voir une lecture spécifiquement allemande de la situation, car là encore, cela rejoignait largement les analyses progressistes américaines.

---

198 Pistor, Ernst, « Anerkennung der Unions in USA », in *Schmollers Jahrbücher*, 3e cahier, 1904, p. 103-128 ; Wiese, Leopold von, « Skizze der Entwicklung der Arbeiterorganisationen in den Vereinigten Staaten von Amerika », in *Schmollers Jahrbücher*, 4e cahier, 1905, p. 305-323.

199 Moltke, 1903, p. 25 et Prager, 1902, p. 23.

3. Relativiser les différences nationales pour mieux appréhender la modernité

Après 1903, le reflux progressif du thème du « danger américain » et les mises en cause de la gestion de la crise de 1901 par les cartels accentuèrent un changement dans les analyses comparant les cartels et les trusts. L'opposition quasi manichéenne entre les deux formes nationales n'avait pas empêché des critiques à l'égard du système allemand, comme le montre l'œuvre de Max Prager. Ces différences d'inflexion ne doivent donc pas masquer une certaine continuité, accentuée par la réutilisation partielle des reproches formulés dès les années 1890 à l'égard du principe même d'associations d'industriels. Pour autant, le changement, progressif, n'en fut pas moins réel.

Un premier point concernait les conséquences des cartels et des trusts pour l'économie et la société. Le thème principal était la distorsion de la concurrence que ces ententes provoquaient, en pratiquant des prix élevés sur le marché national et une politique de *dumping* à l'exportation[200]. La justification de cette politique au nom des intérêts supérieurs de la communauté nationale n'était pas recevable du point de vue des critiques, car elle ne prenait pas en compte les intérêts du consommateur, une catégorie qui, au début du siècle, prenait une importance toujours plus grande, contrastant avec les propos que pouvait tenir à ce sujet Lujo Brentano à la fin des années 1880. Celui-ci justifiait alors son indifférence à l'égard des consommateurs en soulignant que toutes les politiques de l'État étaient tournées vers le producteur, qu'il soit industriel ou ouvrier, et non vers le consommateur. Au tournant du siècle, Max Prager reprit la critique du *dumping* pour montrer que la pratique des cartels allemands ne différait en rien de celle que l'on reprochait aux trusts américains. Il mit particulièrement en cause le cartel du sucre, qui se prêtait particulièrement bien à la démonstration, puisque ses prix avaient comme conséquence une comparaison avec les Anglais très défavorable aux Allemands dans la consommation nationale de sucre. On voit dans ces critiques le reflet d'un débat sur l'importance croissante du marché intérieur, qui devait devenir, pour certains, un moyen de croissance pour les entreprises, en parallèle avec les exportations. La démonstration de Max Prager n'était cependant pas centrée sur les consommateurs, et englobait tous ceux qui, en Allemagne faisaient les frais des bénéfices engrangés par les cartels. C'est pourquoi il condamna les ententes dans le secteur de la sidérurgie, qui profitaient de la politique tarifaire des chemins de fer de l'État pour imposer des prix élevés, faisant des bénéfices énormes aux dépens du *Reich*, des états et des communes. D'autres auteurs soulignèrent que, même du

[200] Voir par exemple Meyer, 1892.

point de vue de l'économie nationale, la politique de *dumping* ne se justifiait pas puisque les secteurs industriels des produits finis étaient handicapés sur leur marché comme à l'exportation par les coûts des matières premières[201]. C'est ainsi au nom des consommateurs comme de celui des industriels que le cartel du charbon se vit particulièrement critiqué[202], alors qu'à l'inverse, le maintien de prix stables suffisait à légitimer et donc à garantir l'existence des trusts[203], car la base de leur réussite était la prospérité du marché intérieur américain. Ces critiques sur la politique des prix des cartels ne doivent cependant pas dissimuler la continuité du discours de leurs défenseurs. C'est ainsi qu'en 1907[204] on trouvait encore l'idée selon laquelle les cartels étaient restés fidèles à leur objectif de maintenir des prix raisonnables.

Une seconde critique sur les conséquences de la cartellisation sur l'économie nationale, moins fréquente mais régulière, concernait les effets négatifs de la disparition de la concurrence sur les progrès technologiques. En Allemagne, ce point fut soulevé en particulier par ceux qui ne voyaient dans les cartels qu'une réactualisation de formes corporatistes, marquée par l'autorégulation de la profession. Lujo Brentano y avait répondu en estimant que la concurrence sur les marchés internationaux devait permettre aux entreprises cartellisées de ne pas relâcher leurs efforts, avec l'avantage supplémentaire que ces derniers pourraient désormais porter moins sur les prix que sur les produits mêmes[205]. L'argument n'avait pas été repris par les défenseurs des cartels, qui, en général, évitèrent le sujet. L'historiographie actuelle défend l'idée que l'innovation a pu être encouragée par la cartellisation, mais en utilisant d'autres arguments : mettant l'accent sur la concurrence constante qui

---

201 Voir l'analyse de Hermann Levy dans son compte-rendu de l'ouvrage de Willi Morgenroth, *Die Exportpolitik der Kartelle*, Leipzig, 1907. H. Levy, « Kartell- und Trustliteratur aus dem Jahre 1907 », in *Bank-Archiv*, vol. VII, 1907, p. 264. Cette idée a été contredite ces dernières années par Janice Rye Kinghorn, qui s'est attachée à montrer que, contrairement à la théorie classique sur les cartels, ces derniers avaient permis une hausse de la production et une baisse des prix. Cette conclusion s'appuie sur l'évolution des prix du charbon et de l'acier en Allemagne, une fois ces secteurs cartellisés, en les comparant avec les prix anglais. Dans les deux cas, alors qu'on pouvait observer un parallélisme dans les deux pays avant la cartellisation, on constate une nette divergence après la mise en place de celle-ci. Kinghorn, 1996.

202 Voir les échanges entre le député Gothein et le directeur Kirdorf dans Saint Léon, 1903, p. 128, 131 et 174.

203 Moltke, 1903, p. 26-27.

204 Zöllner, 1907 ; W. Morgenroth, *Die Exportpolitik der Kartelle*, Leipzig, 1907, compte-rendu de Hermann Levy, dans *Schmollers Jahrbücher*, 1908, p. 279.

205 La distinction est assez artificielle, car la baisse du prix est liée en partie à des changements dans la technique de production et donc dans le produit, mais elle fait écho à la préoccupation constante d'une baisse de la qualité liée à la production de masse. Voir *supra*.

poussait les entreprises membres des cartels à améliorer leur position en vue de la renégociation de leurs quotas, ainsi que sur la crainte de voir à tout moment le cartel être dissous, des historiens ont montré que les efforts pour améliorer les technologies existantes et, si possible, conquérir un avantage décisif, demeurèrent très importants[206].

Le changement le plus radical dans le discours sur les trusts et les cartels ne tient cependant pas à un regain de méfiance envers ces derniers, mais bien à la remise en cause d'une différence de nature entre les deux formes d'ententes industrielles. Un article de Gustav Schmoller publié en 1905[207] énumérait encore les critiques faites aux trusts, mais se faisant l'écho de la méfiance nouvelle envers les cartels, il affirma que leur « base [était] la même que celle des trusts, même si les Américains [avaient] pris le train plus vite et plus hardiment ». Dans les deux cas en effet, on trouvait une « tendance monopolistique à diriger le marché contre la puissance de l'État qui représente l'intérêt commun ». Deux ans auparavant, face au député Gothein qui estimait que le cartel menait tout droit au trust, en montrant que le nombre d'entreprises minières diminuait tandis que leur taille s'accroissait, Kirdorf soutenait encore que le cartel permettait aux petites et moyennes entreprises de survivre en son sein. C'est cette affirmation qui se trouva définitivement dépassée au cours des années 1907-1914. Dès 1902, Max Prager avait relevé que la création de trusts se développait aussi en Allemagne. À partir de 1907, il devint évident que les cartels ne constituaient pas une assurance de survie pour les entreprises de taille modeste, qui étaient souvent rachetées, et surtout, qu'ils étaient une menace pour les intermédiaires commerciaux dont la taille était insuffisante pour s'opposer efficacement à leurs exigences. La plupart des auteurs abandonnèrent donc définitivement l'opposition terme à terme entre cartels et trusts pour s'intéresser à la description de ce mouvement général de concentration du capital, baptisé « capitalisme moderne », avant tout défini comme un capitalisme financier. Dans cette perspective, l'argument selon lequel il s'agissait d'un mouvement universel retrouva toute son importance et sa force résida dans la diffusion progressive des cartels et des trusts en Angleterre. Hermann Levy[208] insista particulièrement sur ce point en estimant que l'économie anglaise

---

206 Windholf, 1985 ; Fear, 2006 : l'auteur souligne que les cartels ont aussi permis la diffusion de l'innovation en leur sein, en établissant en particulier des standards de production et de qualité.

207 Gustav Schmoller, « Das Verhalten der Kartelle zum Staate », art. cit.

208 Il salue ainsi la publication du « livre pionnier » de Henry W. Macrosty, enseignant à la *London School of Economics* et lié au fabianisme, *The Trust Movement in British Industry*, Londres, 1907. Levy, 1909, p. 249. L'argument est surtout développé dans son livre *Monopole, Kartelle und Trusts in ihrer Beziehungen zur Organisation der kapitalistischen Industrie. Dargestellt an der Entwicklung in Grossbritannien*, Iéna, 1909.

effectuait en réalité un rattrapage en se débarrassant progressivement de ses préjugés libre-échangistes pour s'adapter aux exigences du monde économique moderne, qui avaient été comprises beaucoup plus vite par l'Allemagne et les États-Unis. Les auteurs ne reprirent cependant pas la problématique des premières années de la cartellisation : leurs efforts se concentrèrent désormais sur la description des différentes formes d'ententes, dont les cartels et les trusts n'étaient que les deux exemples les mieux identifiés. Ce fut l'apport de Robert Liefmann, qui ambitionnait de rénover la recherche économique en clarifiant les nouveaux concepts nécessaires à la compréhension de la vie économique moderne, faisant de ses ouvrages des classiques pour plusieurs décennies[209]. Ils s'efforcèrent aussi, comme Hermann Levy, de distinguer précisément les conditions économiques qui favorisaient et justifiaient, dans chaque secteur industriel, le passage à telle ou telle forme d'organisation : beaucoup considéraient en effet que le trust succédait en général au cartel, car ses chances de réussite étaient accrues quand il intervenait à un stade avancé de la concentration du secteur. Dans tous les cas, la scientificité du discours était assurée non seulement par l'exactitude des typologies, mais surtout par l'impartialité ostensible d'un discours qui notait à chaque fois les avantages pour l'industrie et les dangers potentiels pour les consommateurs.

Le thème d'une spécificité américaine ne disparut cependant pas complètement, et l'analyse du trust américain resta critique. Deux éléments la nourrissaient, les lois anti-trust et la critique des montages financiers. Carl Melchior[210] ironisa ainsi sur la « croisade », « la guerre sainte » entreprise alors par le gouvernement de Théodore Roosevelt et jugea la nouvelle législation anti-trust américaine inapplicable. Son argumentation reflétait le consensus qui se dégageait peu à peu en Allemagne[211] : dans chaque pays, la tendance à créer des ententes industrielles sur les prix et les conditions de vente étaient une condition de survie tant pour les industries que pour les transports ferroviaires. L'État devait certes imposer une régulation, sous peine de voir son autorité menacée par les trusts, comme cela était le cas aux États-Unis, mais l'enjeu n'était pas législatif : il résidait dans la maturité économique du pays qui devait s'accompagner naturellement d'un développement de l'éthique des affaires et de la vie politique. Aussi, l'expérience alle-

[209] Liefmann, 1909, 1913.

[210] Dr. Carl Melchior, « Über Trusts und Antitrust-Gesetzgebung in den Vereinigten Staaten von Amerika », in *Bank-Archiv*, vol. VII, p. 297-300 et 313-316.

[211] Une minorité réclame l'étatisation de la production de charbon et d'autres matières premières, mais la plupart des économistes sont d'accord avec Schmoller pour demander simplement une réglementation renforcée de l'État afin de prévenir « les dérives spéculatives ».

mande de cartellisation dans un environnement économiquement et politiquement mature devait servir de référence à des industriels américains qui avaient raison de ne pas accepter la stagnation à laquelle l'interdiction de toute entente devait inéluctablement condamner le pays.

Robert Liefmann[212] au contraire insista sur l'avance américaine dans le domaine de l'organisation économique, car les États-Unis connaissaient un degré supérieur de concentration des entreprises. Pour autant, il n'était pas question pour lui d'évoquer un modèle américain car les Américains étaient en retard dans la régulation des aspects financiers et boursiers. L'Allemagne devait donc continuer à progresser dans la voie qu'elle avait empruntée pour arriver au même degré de concentration. La fusion entre entreprises paraissait en particulier préférable aux montages financiers que supposait la constitution de holdings[213], toujours suspectes d'alimenter la spéculation boursière et de profiter aux financiers responsables de sa création aux dépens du public. Cette analyse des trusts américains permettait donc de réfuter les craintes de ceux[214] qui considéraient que l'Allemagne risquait de s'américaniser en donnant un rôle croissant aux institutions financières dans l'industrie. Liefmann insista au contraire sur le fait que les banques allemandes se cantonnaient à leur rôle de financement et que dans cette fonction, elles rendaient un service précieux aux entreprises par rapport à un apport de capital qui aurait été assuré par des personnes privées : de fait, Morgan et Rockefeller agissaient avec leur propre fortune, et pouvaient s'estimer les véritables maîtres des holdings qu'ils contrôlaient. Plus largement, la critique de Robert Liefmann fondait son argumentaire sur l'existence de différences nationales ancrées dans l'histoire[215]. Ainsi, les dirigeants allemands salariés se comportaient comme des fonctionnaires fidèles et ne faisaient pas intervenir leur intérêt personnel, modelant leur comportement sur une tradition séculaire de loyauté des serviteurs de l'État qui manquait aux États-Unis[216]. Il s'agissait donc moins d'une spécificité nationale que d'une différence liée à la jeunesse de la vie économique outre-Atlantique : pour Robert Liefmann, il existait une seule voie

212 Robert Liefmann, « Die heutigen Tendenzen zur Weiterbildung der volkswirtschaftlichen Organisation neben den Kartellen und Trusts », *Bank-Archiv*, vol. IX, mai 1910, en particulier p. 281-283.

213 Liefmann, 1913, chapitre 5, « Die Kontrollgesellschaften ».

214 Rudolf Hilferding est un de ceux qui ont le mieux théorisé ces idées, mais, à l'autre bout du spectre politique, Adolf Wagner a aussi exprimé cette crainte, largement relayée dans les milieux du *Verein für Sozial Politik*.

215 Pour Liefmann, ces différences se notent dans le vocabulaire même, puisqu'il distingue *kontrollieren* au sens de superviser et *to control*, dominer.

216 Liefmann, 1913, chapitre 2, « Beteiligungsgesellschaften ».

possible vers la modernité qui empruntait, dans le cas des cartels, bien des traits à la réalité allemande[217].

S'agissait-il simplement de l'expression d'un sentiment nationaliste ? Il est révélateur que l'Américain Jeremiah Jenks ait choisi de consacrer son dernier chapitre de son livre sur « le problème des trusts » à la réalité européenne, pour laquelle son jugement était largement positif. Les cartels permettaient une gestion moderne des entreprises par des dirigeants recrutés pour leurs compétences, par opposition à ce qu'il considérait comme la forme traditionnelle de l'entreprise européenne, dirigée de père en fils depuis plusieurs générations. Dans la dernière page de son ouvrage, les Européens paraissaient même érigés en modèle, eux qui seraient parvenus à promouvoir les cartels comme « des institutions normales dans l'industrie moderne, seulement limitées par certaines mesures gouvernementales destinées à limiter le pouvoir dont elles disposent indubitablement ». Ces propos sont d'autant plus intéressants qu'ils trouvent un écho dans les analyses du fort peu germanophile Henri Hauser pendant la Première Guerre mondiale : analysant les cartels allemands, il souhaita que la France puisse disposer d'outils semblables pour diffuser le progrès technique et développer ses marchés à l'étranger. Le cartel allemand était donc bien devenu à ce moment le modèle industriel moderne.

C. L'étude de l'industrie américaine : peut-on parler d'américanisation avant 1914 ?

Malgré les différences politiques, législatives et culturelles, l'étude des débats autour de la politique douanière et des trusts a montré que la question d'une ressemblance voire d'une imitation avait pu être posée par les protagonistes allemands, même si, plus ou moins rapidement et radicalement, la réponse avait été négative. On comprend bien dès lors que dans le domaine de la production industrielle, la tentation de s'inspirer de ce qui se faisait outre-Atlantique ait pu être encore plus forte. Pourtant, si les États-Unis paraissent l'objet d'un intérêt jamais démenti de la part des ingénieurs et des industriels allemands, ceux-ci se sentent, dès les années 1880, suffisamment assurés pour essayer eux-mêmes de promouvoir en direction de l'étranger un modèle allemand et au début des années 1890, le thème du rattrapage disparut définitivement : les Allemands se sentaient à égalité technologique avec les principales puissances mondiales. Cette réussite créa cependant un nouveau problème puisque, au but clairement défini de parvenir au niveau de la puissance dominante qu'était l'Angleterre, succéda un

[217] Hauser, 1915.

certain sentiment de vulnérabilité. Le rattrapage avait en effet été général et la première place paraissait désormais toujours susceptible d'être remise en cause. C'est pourquoi l'idée, développée plus particulièrement à partir du début du XXe siècle, selon laquelle la prochaine étape de l'industrie allemande devait consister à remplacer le modèle anglais de consommation par un modèle allemand, pouvait paraître à certains stimulante voire nécessaire : elle permettait de renouer avec l'idée de rattrapage, particulièrement mobilisatrice. C'était en effet tout l'enjeu de cette période : trouver un discours mobilisateur, une trame de récit qui permette d'identifier clairement la direction vers laquelle devait tendre l'Allemagne et dont dépendait sa place dans le monde. Notre étude ne prétend donc pas refléter la diversité des différents secteurs industriels mais, plus fondamentalement, elle cherche à montrer comment s'est construite, non sans contradictions et variations, une image de l'industrie allemande qui devait concilier l'affirmation d'une excellence obligatoirement liée à des technologies internationales avec celle d'une identité nationale. Nous verrons que les États-Unis jouèrent un rôle important dans ces efforts, mais que l'enjeu était bien plus important que ce face-à-face car il concernait la place de l'Allemagne dans la mondialisation.

1. L'affirmation de la supériorité technologique allemande

Le thème de la supériorité technologique de l'Allemagne apparut au début des années 1890 pour rapidement devenir un lieu commun que l'on peut retrouver jusqu'en 1914, prélude à un brillant avenir tout au long du XXe siècle. L'Exposition de Chicago de 1893 représenta un tournant important dans le récit de cette domination, en permettant tout d'abord à de nombreux experts, reconnus ou néophytes, de se rendre sur place pour juger de la réalité de cette rivalité qui s'esquissait avec les États-Unis. Une certaine ambiguïté régnait cependant : la participation allemande se justifiait par rapport à l'aspect proprement américain de la manifestation, comme en témoigna l'utilisation de la mémoire, soigneusement ravivée, de l'Exposition de Philadelphie, pour mobiliser industriels et ingénieurs allemands. Mais c'est aussi la dimension internationale de la manifestation qui explique l'importance qu'y attachèrent les organisateurs allemands : absents pour des raisons politiques de la précédente exposition, qui s'était déroulée à Paris en 1889 à l'occasion du centenaire de la Révolution française, les milieux économiques allemands avaient déploré l'affaiblissement de l'image nationale qu'aurait entraîné ce refus. Cet argument était désormais très important au moment où se faisait de plus en plus vive la conscience qu'au mouvement de rattrapage d'une puissance dominante s'était substituée une concurrence internationale généralisée. De ce point de vue, l'argument du conseiller Wermuth, venu devant une assemblée d'industriels et d'ingénieurs défendre la participation allemande à l'exposition américaine n'était pas une simple accroche rhétorique. « Nous sommes désormais à un tournant qui doit décider si l'Allemagne pourra se défendre avec honneur dans la compétition à venir »[218] : cette phrase était un thème que l'on ne cessa de retrouver tout au long des années 1890.

Tous les ingénieurs partis à Chicago n'étaient cependant pas habités par le projet de défendre la grandeur nouvelle de l'Allemagne, et on trouve, dans les débats qui succédèrent aux tout premiers rapports sur l'industrie américaine au début des années 1890, des échos des propos tenus dans les années 1870, souvent formulés par les mêmes personnes. Ce fut le cas de l'ingénieur Wedding ainsi que de Franz Reuleaux, tous les deux présents à Philadelphie en 1876, et qui continuaient à professer une réelle admiration pour les réalisations américaines, semblant ainsi perpétuer la problématique du rattrapage technologique au moment où celle-ci paraissait définitivement dépassée. Franz Reuleaux fut en particulier la cible d'attaques virulentes, à la fois pour les analyses faites alors qui furent critiquées comme exagérées et antipatriotiques, et pour ses propos plus récents[219], qui lui valurent d'être soupçonné de vouloir rééditer le scandale de 1876 : analysant les instruments de mesure américains et allemands présentés à Chicago, il soulignait ainsi que ses compatriotes étaient en retard non dans leur technologie, mais dans leur utilisation systématique pour mieux uniformiser la production. Or, son principal contradicteur, Aloïs Riedler, affecta de considérer que l'usage systématique de ces instruments pour la fabrication de machines-outils n'était pas un progrès mais une spécificité liée à la production de masse américaine. Par ailleurs, Riedler considérait que Reuleaux méconnaissait la nature des expositions universelles, devenues un lieu de publicité pour les entreprises et les nations, impropres à servir de cadre à un débat scientifique incompréhensible pour le public. Pourtant, Reuleaux avait montré son attention à la dimension patriotique de ces manifestations en développant un discours à la gloire de l'Allemagne lors de l'exposition australienne dans les années 1880. Le contraste entre l'accueil presque unanimement hostile et le caractère très circonscrit des remarques de Reuleaux doit donc être expliqué autrement que par les progrès technologiques de l'Allemagne[220].

---

[218] « Über die Weltausstellung in Chicago », exposé présenté par le *Geh. Reg. Rat* Wermuth devant le *Verein zur Förderung des Gewerbefleisses* le 2 novembre 1891 et publié dans les *Verhandlungen des Vereins zur Beförderung des Gewerbefleisses*, p. 222-235.

[219] Voir Braun, 1981, p. 116.

[220] Riedler, 1894.

Peut-on parler d'un conflit de génération ? Otto N. Witt, né en 1853, et Aloïs Riedler, né en 1850, tous deux professeurs à la *Technische Hochschule* de Berlin étaient un peu plus âgés que ceux que l'on a coutume de désigner sous l'appellation de « génération wilhelminienne »[221], nés une décennie plus tard. Riedler avait été ainsi présent à l'Exposition de Philadelphie, où il avait pu se faire remarquer comme un jeune expert prometteur. D'autres, comme E. Blum, avaient participé à la critique des ingénieurs allemands à la fin des années 1870, accusés de ne se soucier que de dessiner de nouvelles locomotives, sans se préoccuper de questions comme le coût ou la facilité de fabrication[222]. L'explication tient sans doute à ce que ces hommes étaient encore en train de progresser dans leur carrière, alors que Franz Reuleaux qui occupait en 1876 diverses positions de pouvoir, ne possédait plus de position officielle à Chicago, même s'il continuait à être honoré pour son œuvre. Ses contradicteurs ne témoignaient pas d'un plus grand nationalisme, tout autant présent dans la génération des fondateurs du *Reich*, mais avant tout d'une volonté de rupture par rapport aux thèmes des années 1870 et du désir de dominer désormais le devant de la scène académique. Ce second aspect explique d'ailleurs une petite polémique qui faillit se déclencher dès les premiers temps de l'exposition : certains des experts chevronnés de l'industrie américaine, comme Frantz Reuleaux, se plaignirent alors de l'avance prise par certains de leurs collègues qui, sans attendre l'été, s'étaient hâtés dès le début de l'année de se rendre aux États-Unis, « fondant comme des aigles » sur les sujets les plus intéressants et ne laissant aux autres que de maigres restes. Aloïs Riedler s'en défendit, et attaqua à son tour ceux qui, nommés ou autoproclamés experts pour cette exposition, considéraient que l'examen des réalisations présentes à Chicago permettaient de se forger un avis sur l'industrie américaine dans son ensemble. Ce faisant, Riedler se défendait aussi contre de plus jeunes que lui en insistant sur la nécessité de voyager à travers le pays[223], car ce n'était naturellement possible qu'à ceux qui disposaient à la fois de sources de financement et d'un réseau de recommandations sur place suffisamment développés, limitant ainsi la légitimité d'expert à ceux déjà bien installés dans la vie académique.

L'Exposition de Chicago permit aux experts allemands de défendre l'idée nouvelle selon laquelle les transferts technologiques systématiques en direction du *Reich* n'avaient plus de raison d'être, et qu'au

221 Sur cette notion, voir Doerry, 1986.

222 Gispen, 1989.

223 Riedler, « Mitteilungen über das amerikanische Maschinenwesen », in *Verhandlungen des Vereins zur Beförderung des Gewerbefleisses*, 4 décembre 1893, p. 264-290.

contraire, il existait un retard technologique américain par rapport à l'Allemagne. La présentation d'Aloïs Riedler du bilan allemand faite devant la société pour l'encouragement de l'industrie reposait sur la conviction que l'industrie allemande avait acquis sa pleine maturité. Cependant, son analyse se voulait aussi une relecture du passé : Riedler voulait prouver qu'on avait exagéré la rapidité des progrès américains, et qu'il restait aux États-Unis un long chemin à parcourir avant de pouvoir réellement prétendre rivaliser avec la technologie développée en Europe. Cette argumentation devait montrer que les progrès allemands ne reflétaient pas simplement une mise à niveau générale, mais aussi une supériorité de la technologie allemande, à un moment où les expressions « d'après un modèle américain » ou « produit d'après le système américain » étaient encore un gage de qualité pour les consommateurs allemands[224].

Riedler pouvait fonder ses critiques sur sa connaissance de la diversité du paysage industriel américain, où les petites entreprises à l'équipement plus ou moins vieilli restaient majoritaires, alors que les non-spécialistes étaient limités à la visite des firmes les plus connues – et les plus modernes[225]. Ceci explique la sévérité de ses conclusions. D'après lui, beaucoup d'entreprises fonctionnaient « avec les mêmes machines qu'il y a dix ou vingt ans », surtout dans le domaine de la métallurgie, de la fonderie mais aussi dans l'industrie textile. Toutes ces machines étaient donc bien connues des Allemands, qui les utilisaient tout autant dans leurs propres entreprises. On retrouve ce constat dédaigneux sur les machines-outils américaines lors de l'Exposition de 1900, certains experts considérant que les États-Unis avaient perdu leur suprématie dans ce domaine non seulement par rapport à l'Allemagne mais à l'ensemble des pays industrialisés.

Les critiques furent tout aussi fortes dans le secteur de l'électrotechnique[226]. Aloïs Riedler ne pouvait s'appuyer ici sur une expertise personnelle et renvoya à l'avis des spécialistes qui considéraient que les Américains en étaient encore à se battre avec des difficultés techniques qui avaient été surmontées avec succès en Allemagne depuis 6 à 7 ans : de fait, on observa alors une convergence de vue entre Emil Rathenau, qui était juré à l'Exposition de Chicago et Arnold von Siemens. Tous les deux estimèrent que les États-Unis n'avaient plus rien à apprendre à l'Allemagne, alors même que leurs deux entreprises s'étaient opposées dans les années 1880 sur l'importance à accorder au modèle américain. De façon encore plus

224 Voir Blaich, 1984.

225 Voir pour la sidérurgie Kleinschmidt, Welskopp, 1994, p. 73-104.

226 Voir Picht, 1994, p. 231-247.

significative, le résumé de Riedler ressemblait beaucoup au rapport de l'expert suisse sur l'industrie électrique à Chicago et aux États-Unis, qui soulignait que la plupart des inventions récentes dans le domaine étaient d'origine européenne[227]. C'était le témoignage de l'existence d'une communauté de vue qui s'était aussi manifestée à l'Exposition de Francfort pour l'électrotechnique en 1891 : jugée essentielle en Allemagne comme en Suisse, son écho semble avoir été beaucoup moins important en France et aux États-Unis[228].

Dans les domaines de la mécanique et de l'électrotechnique, l'enjeu de la délégation allemande était de prouver que le pays avait conquis son indépendance technologique et pouvait même se poser désormais en concurrent direct. La chimie présentait un cas très différent puisque les États-Unis restaient très en retard par rapport aux accomplissements européens. Le motif de satisfaction principal résidait donc dans la possibilité de faire connaître au public américain le savoir-faire spécifique des entreprises allemandes, dont les produits étaient importés et vendus avec succès mais souvent sans que mention soit faite de leur origine exacte. Forts de leur supériorité technique, les Allemands recherchaient donc à Chicago la reconnaissance officielle de leurs marques[229]. Ce fut pourtant dans ce secteur où la supériorité allemande était incontestée qu'on peut trouver l'esquisse d'un thème qui devint de plus en plus important à la fin du siècle, la crainte d'une vulnérabilité à l'égard de nouvelles concurrences et la perspective d'un « danger américain ». Cette rhétorique s'appuyait en l'occurrence sur une comparaison avec la métallurgie : les États-Unis possédaient dans les deux cas des ressources naturelles exceptionnelles, qui devaient leur permettre de développer à leur manière le secteur chimique, avec l'aide d'ingénieurs qui étaient allés en masse se former dans les universités allemandes. L'idée de spécificité américaine était ici inversée : comme c'était aux États-Unis de rattraper leur retard – qui concernait surtout les colorants et les médicaments – ils devaient créer les moyens d'adapter les exigences de ce secteur à leurs conditions[230]. La prophétie se révéla d'ailleurs fausse jusqu'en 1914, car la compétitivité des prix allemands

---

227 *L'industrie électrique à l'Exposition de Chicago et aux États-Unis, rapport présenté au Département fédéral des affaires étrangères* par Adrien Palaz, professeur d'électricité à l'université de Lausanne, Berne, 1894, introduction, p. 3-7.

228 C'est à cette occasion que les partisans du courant alternatif dans les deux pays remportèrent une victoire décisive, en démontrant les avantages de leur solution pour transporter des grandes quantités d'électricité sur de longues distances. Voir Gugerli, 1994, p. 139-160. Sur la violence du débat et le rôle d'*AEG* pour imposer le courant alternatif à l'occasion de l'Exposition de Francfort, voir *50 Jahre AEG*, Berlin, 1956, p. 102-107.

229 Witt, 1894, p. 136.

230 Voir Wilkins, 2000, p. 285-321.

découragea le développement du secteur des médicaments outre-Atlantique.

Le discours sur le retard américain se construisit donc à ce moment en insistant sur deux causes majeures. Aloïs Riedler, et bien d'autres par la suite, identifia la première dans les facilités de production que connaissaient les États-Unis grâce à la richesse de leurs ressources naturelles. Il y avait une absence d'incitation à innover de façon systématique pour trouver des solutions aux problèmes d'utilisation optimale des ressources, une facilité qui s'opposait à l'économie de moyens recherchée dans la production allemande Ce thème se retrouva onze ans plus tard dans les critiques de certains experts allemands à l'Exposition de Saint Louis qui estimèrent que la recherche d'une économie toujours plus grande dans l'utilisation des matières premières, et en particulier de l'énergie dans les moteurs, expliquait le degré de perfection atteint par les machines allemandes, notion utilisée par opposition au gigantisme et à la puissance qui caractérisaient la production industrielle américaine. L'explication présentait ainsi le reflet inversé des remarques faites dans les années 1870, qui louaient l'inventivité américaine dans les machines-outils pour pallier la pénurie de main-d'œuvre.

Or, au même moment, cette excellence sectorielle était elle-même relativisée. Comme Aloïs Riedler, le responsable de l'exposition des machines allemandes à Chicago, E. Blum, considérait qu'une seconde explication au retard technologique américain résidait précisément dans la production de masse qui avait ralenti l'innovation dans tous les domaines. Un ingénieur, Albrecht von Jhering[231], insista même sur le manque de variété dans l'offre de machines en l'expliquant d'une part par la production de masse, qui permettait de réduire considérablement les coûts des modèles privilégiés, mais aussi par une tendance américaine à suivre des effets de mode dans le domaine technique qui aboutissait à privilégier fortement tel type de système. La production de masse n'était donc toujours envisagée par ces ingénieurs que comme un palliatif au problème rebattu du coût exorbitant de la main-d'œuvre.

Cette idée selon laquelle la production de masse était un facteur de ralentissement pour l'innovation[232] se retrouvait encore chez Waetzoldt

---

[231] Jhering, Albrecht von, « Amerikanische Wasserhebemaschinen », *Verhandlungen des Vereins zur Beförderung des Gewerbefleisses in Preussen*, 1893, p. 485-486.

[232] Dans le domaine de l'électrotechnique, les auteurs, tout en notant également une supériorité européenne, donnaient une explication différente, trouvée dans le contexte économique et industriel du pays : c'est le mouvement de cartellisation des entreprises électriques qui découragerait l'esprit d'innovation. Cette explication, que l'on trouve chez Riedler comme chez Palaz, peut étonner car elle contredisait les analyses générales sur les cartels développées au même moment en Allemagne. Cependant, elle sert à rappeler qu'il n'y a jamais eu unanimité en Allemagne sur le sujet. De plus,

en 1904, pour qui « une fabrication réalisée par des machines perd[ait] la possibilité de réaliser une grande variété de produits différents ; elle perd[ait] en souplesse ». Reprenant l'idée déjà émise par Riedler que ce type de production standardisé ne pouvait satisfaire une clientèle européenne aux goûts plus sophistiqués, Waetzoldt considérait que cela aboutissait à handicaper les exportations américaines : « Les fabricants se voient réclamer par les exportateurs l'abandon du système standardisé afin de se conformer aux demandes spécifiques des clients étrangers, s'ils veulent développer leurs marchés à l'exportation. » L'innovation considérée ici n'avait rien à voir avec l'invention géniale qui introduisait une rupture dans les technologies ; elle était identifiée aux petits progrès systématiques développés dans les laboratoires des entreprises par ces professionnels du progrès que sont les ingénieurs. Joachim Radkau montre comment fut développée au début du siècle sous la plume de certains observateurs étrangers l'image d'une innovation typiquement allemande, fondée sur un travail méthodique, opposé aux intuitions anglo-saxonnes. Le refus de certains commentateurs anglais de se voir ainsi assimilés aux Américains et leur revendication d'une communauté d'esprit avec les Allemands[233] ne pouvait que renforcer le sentiment de supériorité que ces derniers pouvaient tirer de leurs méthodes d'autant que cela confortait leurs efforts pour donner une tournure plus scientifique au progrès technique[234]. Et même s'il est contestable de généraliser à toute l'industrie allemande cette volonté de constante innovation, elle correspondait effectivement à la stratégie de certains industriels, qui refusaient d'affronter leurs concurrents américains sur le terrain des prix, et s'efforçaient plutôt de développer des innovations valorisant leurs produits[235], en s'appuyant sur la qualité de leurs ingénieurs et des laboratoires industriels.

Dans ce cadre, la formation des ingénieurs parut, comme dans les années 1870, devoir tenir une place essentielle et plusieurs historiens[236] ont rappelé le rôle joué par les visites d'experts allemands à l'Exposition

---

le secteur de l'électrotechnique allemand était à ce moment porté par la vive concurrence qui opposait particulièrement Siemens à *AEG*.

233 Voir la revue *The Engineer* 1898, vol. 86, p. 499 : « *The Teuton has much in common with the Briton. He is dogged, slow, pertinacious, thick-skinned, and his military training confers upon him an important element of success which we and the people in the United-States lack.* » Cité par Braun, 1987, p. 209-220.

234 J. Radkau, *Technik im Deutschland*, p. 173. Dr. H. Friedmann, « Das industrielle Leben der Vereinigten Staaten von Nordamerika », exposé tenu devant la conférence des chimistes du 19 décembre 1912, BA, *Verein Deutscher Chemiker*, 046-001, p. 13.

235 C'est en particulier la stratégie adoptée par les firmes allemandes décrites par Hans-Liudger Dienel (Dienel, 1995).

236 Voir par exemple König, 1993, p. 65-92.

de Chicago dans les débats sur la formation universitaire. Ces voyages aux États-Unis auraient en effet permis la découverte des grands laboratoires des universités américaines, responsables des succès des États-Unis dans le domaine des machines-outils[237]. Aloïs Riedler est particulièrement cité pour avoir vanté les mérites de l'éducation pratique des élèves ingénieurs américains par opposition au bagage trop théorique de leurs homologues allemands, qui rendait leur acclimatation dans les entreprises plus longue et laborieuse[238]. Cependant, il ne s'agissait pas d'une réédition de débats plus anciens : d'abord, la situation était très différente selon les secteurs. L'électrotechnique, dès les années 1880, disposait d'un enseignement en laboratoire – certes assez rudimentaire – alors que la mécanique, jusqu'au début des années 1890 s'enseignait au tableau noir. Surtout, il semble que la position de Riedler[239] s'expliquait par un contexte allemand marqué par les efforts pour défendre un enseignement secondaire plus technique et la demande implicite de plus gros moyens pour les universités qui puissent permettre de transmettre dans des conditions réalistes l'innovation née dans les entreprises aux élèves-ingénieurs, un mouvement rendu par ailleurs possible grâce à la nomination, de plus en plus fréquente à la fin du XIXe siècle de praticiens aux chaires des *Technische Hochschulen*[240]. L'enjeu semble donc avoir été relativement mineur, non seulement aux yeux des Allemands mais aussi d'une partie des observateurs étrangers[241]. On peut même noter, *a contrario*, qu'à la même époque, des auteurs comme Kurt Riezler, Paul Rohrbach ou Ernst Jäckl défendirent l'idée de faire des *Technische Hoschulen* un article d'exportation, ce qui aurait permis à terme l'exportation de produits allemands. Cette idée fut soutenue par les industriels et fut mise à l'étude par le ministère des Affaires étrangères à partir du tournant du siècle, même si la première réalisation, en Chine, ne date que de 1907. De tels propos montrent bien qu'en matière de formation des ingénieurs, il n'était guère question d'un modèle américain[242].

---

237 Sur le développement de ces laboratoires, voir Belhoste, 2006, p. 161-169.

238 Aloïs Riedler, « Amerikanische technische Lehranstalten », *Verhandlungen des Vereins zur Beförderung des Gewerbefleisses in Preussen*, 1893, p. 381 et Aloïs Riedler, *Zur Frage der Ingenieur-Erziehung*, VWZ, Berlin, 1895

239 Voir Rürüp, 1979.

240 Voir König, 1996, vol. 37, n° 1, p. 70-101.

241 Voir Späth, 1979, p. 189-208. Il existait, dans l'Angleterre, des années 1900, un fort clivage entre les admirateurs du modèle allemand, qui réclamaient des réformes dans le système de formation anglais au nom de la compétitivité internationale et ses adversaires.

242 Voir Düwell, 1981, p. 80-95.

L'assurance de posséder un niveau technologique bien supérieur aux États-Unis connut cependant une brève remise en cause lors des débats sur le « danger américain », car ceux-ci s'appuyaient sur la croissance des importations européennes de produits manufacturés venus d'outre-Atlantique. Les deux critères de choix des consommateurs étant le prix et la qualité, une explication simple à cette nouvelle concurrence tenait à la nouvelle supériorité américaine dans ces deux domaines. C'est pourquoi les auteurs[243] qui contribuèrent le plus à populariser l'idée de « danger américain » insistèrent sur le gigantisme des entreprises américaines, comme sur la perfection de la mécanisation des tâches et de la division du travail. Ces descriptions, qui pouvaient être composées sans connaissances techniques particulières, en utilisant les renseignements procurés par des industriels américains ravis d'éblouir leurs visiteurs européens, étaient destinées à impressionner. Elles rencontrèrent un succès d'autant plus grand qu'elles correspondaient parfaitement aux thèmes rebattus sur l'économie américaine, l'échelle particulière à ce pays ainsi que les procédés de fabrication connus sous l'expression « système américain » depuis les années 1850[244].

Les recommandations formulées dans ces ouvrages paraissaient sous-entendre un retard de l'industrie allemande, prouvant que le thème du rattrapage, bien que daté, restait facilement mobilisable dans un contexte mondialisé peu sécurisant. Les arguments frappent cependant par leur caractère vague, non technique, et laissent à penser que ces auteurs tentaient surtout de provoquer une émulation en soulignant la vulnérabilité de la situation allemande et leur tactique rappelle celle de Reuleaux en 1893 : contrairement à Riedler qui s'intéressait surtout à la communication internationale, en s'inquiétant des répercussions des critiques sur l'image des produits allemands, Reuleaux était tourné vers une communication nationale, destinée à mobiliser les industriels. Par ailleurs, les auteurs comme Polenz ou Goldberger semblaient nourrir une nostalgie pour l'unité de l'industrie, éclatée en multiples secteurs de plus en plus complexes, et recherchaient surtout, comme l'opinion

---

243 Quatre auteurs sont cités : Wilhelm von Polenz, *Das Land der Zukunft,* 1903, Goldberger, Ludwig Max, *Das Land der Unbegrenzten Möglichkeiten*, 1903, Knebel-Döberitz, Hugo von, *Besteht für Deutschland eine amerikanische Gefahr ?* 1904, et le Dr. Arthur Salomonsohn, de la *Diskontogesellschaft*, *Reiseeindrücke aux Nordamerika.* M. Goldberger, très attaqué sur son livre, avait entamé une mise au point qui parut dans les *Preussische Jahrbücher*, vol. 70, en février 1905. Un auteur doit être mis à part, Julius West, le seul ingénieur et le seul à pouvoir s'appuyer sur une longue expérience américaine.

244 Sur la façon dont l'expression « système américain » s'est progressivement imposée aux États-Unis et en Europe pour désigner un mode de production fondé sur l'interchangeabilité des pièces, initialement venu de France, voir Hounshell, 1984, p. 331-335.

publique séduite par leurs thèses, une plus grande lisibilité à la fois des réalisations industrielles et de la position de l'Allemagne comme résultat d'un bilan global. Leurs écrits, rédigés à la suite d'une période de récession vers 1900-1901[245], se voulaient donc surtout un appel aux armes qui rappelait les heures difficiles mais glorieuses de l'histoire nationale et promettait d'ouvrir une nouvelle période de prospérité.

Cette thématique ne connut qu'un succès relativement éphémère, mais cela n'était pas vraiment dû à la faiblesse des arguments. Certes, Waetzoldt, qui, à la demande du ministère des Affaires étrangères, rédigea deux rapports sur le sujet, se moqua des auteurs et de leur absence de connaissances techniques sur les sujets abordés : il dénonça en particulier leur ignorance des conditions industrielles allemandes – Goldberger, arrivant à Pittsburg, n'avait jamais visité d'usine sidérurgique dans son propre pays – qui les conduisait par exemple à admirer des établissements aucunement supérieurs aux établissements *Krupp*. Son énumération des erreurs relevées dans les différents livres parut d'ailleurs suffisamment cruelle pour que l'administration renonce à faire circuler ses rapports, ne voulant pas humilier des auteurs à la réputation bien établie[246] : Goldberger était particulièrement épinglé, car Waetzoldt l'avait accompagné dans certaines visites, mais Salomonsohn fut accusé de donner des conseils confus et contradictoires à l'industrie allemande. Enfin, Knebel-Doeberitz se voit entre autres reprocher une confusion grossière entre la production de coton et l'industrie du coton qui le conduisait à exagérer très fortement les avancées américaines.

Les efforts du gouvernement pour représenter et évaluer les progrès de l'industrie allemande dans la compétition internationale ne furent cependant pas plus décisifs. Les experts envoyés par l'administration, six membres du bureau impérial des brevets envoyés en voyages d'études aux États-Unis en 1904[247], furent certes unanimes à nier l'existence d'un « danger américain » et surtout à souligner que, dans tous les domaines industriels, l'Allemagne avait maintenu voire gagné le premier rang. La complexité de leurs analyses dans le détail empêchait cependant leur large diffusion[248]. Le thème du « danger américain »

---

245 Cette idée rejoint celle de Christian Kleinschmidt et Thomas Welskopp (Kleinschmidt, Welskopp, 1994). Ces auteurs analysent la dépression de 1900/1901 comme un aiguillon qui a poussé les ingénieurs à se tourner davantage vers les États-Unis. En revanche, ils ne mentionnent pas le lien entre cette problématique économique et le thème du « danger américain ».

246 Innern, R-1501, dossier 3180, rapport de Waetzoldt, 1er septembre 1904.

247 Lettre confidentielle du président du bureau impérial des brevets au ministère de l'Intérieur, 30 janvier 1905.

248 Certains thèmes évoqués dans les rapports de 1905 faisaient cependant écho à des remarques formulées après le voyage du ministre de l'Intérieur von Rheinbaben en mai et juin 1903 et présentées par Moritz Böcher le 10 août 1903 devant une réunion

retomba surtout parce que, malgré le contenu des écrits qui lui étaient consacrés, il concernait moins une rivalité technologique que commerciale entre les deux pays. Or, le sentiment général dans le monde industriel allemand, tel qu'il fut présenté par le consul américain Mason dans un de ses rapports, était que les Américains ne pouvaient sérieusement menacer les exportations allemandes sur des marchés tiers. Les raisons avancées étaient en partie technologiques – et liées au manque d'ingénieurs ou de chimistes – mais elles concernaient surtout le retard américain dans les pratiques commerciales : produisant avant tout pour le marché américain, les fabricants ne parvenaient pas à s'adapter aux demandes de leurs clients étrangers. Enfin, les performances mêmes de l'industrie allemande, technologiques et commerciales, ainsi que le recul des exportations américaines – pour l'acier par exemple[249] – permirent de renouer rapidement avec le discours sur la supériorité industrielle de l'Allemagne.

Ce thème connut son apogée en 1912, comme en témoigne l'incident suivant : exaspéré par les références ironiques au titre de son livre, « le pays aux possibilités infinies », qui s'étaient multipliées depuis sa première utilisation en juin 1902, Ludwig Max Goldberger finit par écrire cette année-là au *Verein zur Förderung des Gewerbefleisses*. Dans sa lettre, il rappelle que dès octobre 1903 il précisait que l'expression ne s'appliquait qu'aux richesses naturelles des États-Unis, un facteur qui avait de fait fortement contribué à son développement économique[250]

Cette anecdote révélait l'état d'esprit qui dominait désormais dans le monde industriel. Il était naturellement particulièrement caricatural dans la chimie, traditionnel domaine d'excellence des Allemands. Dès 1903, Carl Duisberg faisait la leçon aux Américains chez eux, en expliquant que leurs lacunes en science pure et le trop grand accent mis par leur culture sur le *practical man* les empêchaient de développer une chimie compétitive[251]. Lors de la préparation du congrès pour la chimie appli-

---

commune aux *Verein zur Wahrung der gemeinsamen wirtschaftlichen Interessen in Rheinland und Westphalen*, *Verein deutscher Eisenhüttenleute*, le *Nordwestlichen Gruppe des Vereins deutscher Eisen- und Stahlindustriellen.*

249 Ses exportations, après avoir fortement augmenté entre 1899 et 1901, cessèrent brusquement en 1902 et 1903, alors même que les exportations européennes vers les États-Unis reprenaient pour nourrir la forte demande américaine. Voir Simmersbach, Bruno, « die amerikanische Eisenindustrie und der Stahltrust von 1904 bis 1907 », in *Verhandlungen des Vereins zur Fürderung des Gewerbefleisses*, 1907, p. 356-372.

250 *Verhandlungen des Vereins zur Beförderung des Gewerbefleisses*, 2 décembre 1912, p. 175-177.

251 Voir BA, dossier 191-002, Reisen von Carl Duisberg, 12 mai 1903, « Vertrag gehalten im Chemist Club zu New York gelegentlich der vom New Yorker Bezirksverein veranstalteten Zentenarfeier des Geburtstages Liebig », ainsi que les réactions des journaux américains à cette conférence.

quée qui devait se tenir à New York, le responsable de la délégation allemande encouragea Duisberg à impressionner les Américains en leur faisant une présentation « pas facile à comprendre »[252] et le compte-rendu du congrès avait des accents triomphalistes : la chimie allemande était bien supérieure à sa rivale américaine et les quelques secteurs où les Américains faisaient preuve de réelles compétences étaient ceux, comme les engrais, pour lesquels les ressources naturelles avaient une importance particulière. Même dans ce cas, les États-Unis souffraient de coûts de production plus élevés qu'en Europe, ce qui expliquait que cette industrie ne puisse prospérer qu'à l'abri de murs douaniers. Ainsi, malgré les efforts faits pour attirer des chimistes allemands et essayer d'améliorer des secteurs comme celui des colorants artificiels, les Allemands n'avaient aucune crainte à avoir dans un avenir proche[253]. Cette assurance influença des analyses plus générales sur l'industrie américaine : lors d'une conférence tenue devant l'association des chimistes allemands en décembre 1912, le Dr. H. Friedmann[254] souligna que les Américains s'étaient contentés de donner une taille plus grande à ce qui existait déjà. Leur industrie se distinguait « moins par une rentabilité plus grande que par une masse plus importante de capitaux investis ; moins par la qualité de leurs produits que par l'intensité de la publicité ». Ces jugements pourraient être résumés par le mot à la mode vers 1909-1910 : les Américains avaient l'habitude de « bluffer »[255].

Cette confiance dans ses propres forces était naturellement à mettre en parallèle avec celle qu'exprimaient, de façon tout aussi vigoureuse, les Américains : les témoignages abondent, qui relèvent cet orgueil[256] Par ailleurs, elle ne signifiait pas que le monde industriel allemand se désintéressait des progrès faits outre-Atlantique : les voyages d'études vers les États-Unis se développèrent considérablement à partir de la fin des années 1890, et se poursuivirent à un rythme comparable, malgré une certaine baisse constatée vers 1912. Qu'allaient chercher ces ingé-

---

252 *Idem*, lettre du 27 février 1912, Berthold Rassow à Duisberg.

253 Pour un jugement un peu plus nuancé, voir Grossmann, 1912.

254 Friedmann, art. cit., p. 6.

255 C'était par exemple le sens des commentaires faits à propos des préparatifs de l'exposition américaine à Berlin en 1910. Voir AA, R-901, dossier 767, article paru dans *Export*, n° 31, 5 août 1909 et surtout l'article du *Chemnitzer Allgemeine Zeitung* du 21 janvier 1910, à la tonalité très anti-américaine.

256 Voici deux exemples tirés des conférences publiées dans les *Verhandlungen des Vereins zur Beförderung des Gewerbefleisses in Preussen*. En 1902, Fr. Liebetanz rapporta son dialogue avec un industriel américain : « Nous autres Américains considérons comme un avantage ce que les autres présentent comme nos défauts ! » En 1905, le *Reg.-Baumeister* Dinglinger cita : « [...] tu traverses l'océan pour venir apprendre ici et maintenant tu voudrais nous faire la leçon [...] tu devrais mieux connaître le fier esprit américain ! »

nieurs, souvent partis pour quelques mois à la fin de leurs études ? Deux thèmes dominaient : les progrès technologiques ponctuels réalisés par de grandes entreprises rivales de celles qui allaient les embaucher de retour en Allemagne et un système de production qui avait dû s'adapter à l'importance du marché en trouvant des solutions originales. Pourtant, même dans le domaine des machines-outils, l'évolution était sensible. Si la chronologie des progrès allemands établie par Fritz Blaich d'après les appréciations des consulats américains en Allemagne montre que les États-Unis ne reconnurent l'existence d'une rivalité allemande que vers 1909, dès 1902, les exportations des machines-outils allemandes avaient doublé par rapport à la période précédente, ce qui montre qu'au moins sur les marchés étrangers, les Allemands pouvaient désormais prendre des clients aux Américains. Plus généralement, tout au long de cette dernière décennie avant-guerre, les voyageurs ne cessèrent de souligner que les technologies qu'ils avaient pu observer outre-Atlantique étaient non seulement connues en Europe mais venaient souvent du Vieux Continent. Il y avait bien une banalisation de la technologie américaine, qui s'expliquait non seulement par le développement allemand, mais aussi par le contexte mondialisé. Celui-ci contraignait les entreprises à une veille technologique constante face à une concurrence internationale qui s'amplifiait chaque jour, aidée par une large uniformisation des technologies.

2. Les limites d'une caractérisation nationale de l'industrie

Présenter l'industrie allemande comme ensemble distinct sur la scène internationale relevait en effet pour partie du trompe-l'œil et dès 1893, son triomphe à Chicago reposait sur une présentation volontairement tronquée. Riedler comme Blum reconnurent ainsi que seule une partie du secteur mécanique allemand existant répondait aux caractéristiques nationales mises en avant. C'est pourquoi Riedler affirma ne pas vouloir parler des entreprises qui s'étaient mises « à l'école américaine » – il citait *Ludw. Loewe* – mais il évoqua aussi, de façon assez générale, des firmes « alsaciennes, d'Allemagne du sud ou de l'ouest ». Blum fut plus explicite et souligna que n'avaient pas été retenues pour l'Exposition de Chicago les machines allemandes inspirées de modèles américains, comme celles de la firme *Kirchner*, même si d'après lui, elles avaient été adaptées aux conditions allemandes[257]. Il y avait donc une mise en scène

[257] La situation était différente pour la firme *J. E. Reinecker* qui devait aussi son origine à l'imitation de machines américaines. À la fin des années 1880, elle s'engagea en effet dans la voie de l'innovation, et ses produits (fraises, machines à rectifier) ainsi que la qualité de son réseau de représentants lui assurèrent une réputation mondiale ainsi que la première place de fabricant allemand de machines aux États-Unis. Elle fut ainsi surnommée par les Américains la « German Brown and Sharpe », expression que Blum salua comme « le plus beau compliment que les Américains puissent faire

du savoir-faire allemand bien plus qu'une représentation de la réalité industrielle du *Reich*, ce qui se justifiait si on suit l'analyse de Riedler selon lequel l'exposition universelle était désormais un lieu de compétition économique entre nations et non de confrontation scientifique ou industrielle[258].

Cette vision sélective de l'industrie mécanique allemande avait un objectif, illustrer la thèse d'une division internationale du travail qui devait régler la question de la concurrence américaine : les Allemands, selon leurs propres dires, étaient désormais spécialisés dans des produits de qualité, dans lesquels entraient le maximum de technologie ou – pour les arts appliqués – de savoir-faire. Les Américains se voyaient reconnaître une expertise particulière dans le domaine de la production de masse, qui ne possédait aucune de ces deux qualités[259]. Une telle division du travail, toute à l'honneur de l'Allemagne, était cependant contrariée entre autre par l'existence de multiples entreprises allemandes qui demeuraient spécialisées dans le bas de gamme et dont les produits étaient vendus aussi bien sur le marché intérieur que dans des pays comme l'Empire ottoman. Or cette répartition des tâches devait permettre d'espérer un accroissement des débouchés allemands sur un marché américain avide de produits de haute qualité que l'industrie nationale serait incapable de produire[260]. Ceci explique pourquoi le thème de la division du travail entre États-Unis et Allemagne fut particulièrement valorisé par les opposants à une guerre douanière entre les deux pays. En réalité, si l'on se place du point de vue de la production américaine destinée à l'Europe, on constate que ces exportations comportaient surtout des produits spécifiques destinés aux entreprises. En ce qui concerne les exportations allemandes vers les États-Unis, dès 1895, le premier attaché commercial allemand aux États-Unis, Carl Haller, rappelait que, en raison du coût de la main-d'œuvre, les consom-

dans le domaine des machines-outils ». En matière de savoir-faire typiquement allemand, les calandres (machines à cylindres) produites par la firme *Joseph Eck & Söhne* de Düsseldorf étaient données en modèle en raison d'une sophistication reconnue supérieure par les Américains eux-mêmes.

258 Les experts allemands jugèrent que l'erreur des Américains avait été de négliger cet aspect en ne créant pas un pavillon américain, laissant chaque État fédéral exposer, alors qu'aucun n'était réellement en mesure de soutenir la comparaison avec les principales puissances européennes. Du côté allemand, certains soulignèrent, contre Blum, que la représentation allemande montrait moins une exposition de machines qu'une exposition des sciences de l'ingénieur (*Bauingenieurausstellung*), particulièrement flatteuse pour l'Allemagne. Elle comprenait en effet principalement, à côté de la construction navale, des reproductions des constructions d'ingénieurs travaillant pour leur compte mais aussi pour l'État ou les communes.

259 Voir Dienel, 1993, p. 11-39.

260 Dietzel, 1900.

mateurs américains répugnaient à faire réparer des objets cassés, préférant les remplacer : la plus grande durée de vie des produits allemands ne constituait donc pas un argument déterminant. De plus, il soulignait que les hauts salaires américains ne devaient pas faire miroiter aux exportateurs allemands la perspective de ventes de produits particulièrement coûteux, car le marché américain favorisait les produits de bel aspect mais à des prix relativement bas[261].

Pourtant, Haller partageait la vision d'une division internationale du travail, en recommandant l'importation de produits dans lesquels entrait une large part de travail manuel, ou qui changeaient trop régulièrement au gré de la mode pour que l'installation d'une production mécanique soit rentable, enfin, qui s'appuyaient sur un savoir-faire que les Américains ne possédaient pas – encore. Ce dernier argument trahissait en réalité toute la difficulté à concevoir une division internationale du travail stable, non seulement en raison des évolutions technologiques, mais aussi, voire surtout, culturelles : en 1893, Aloïs Riedler pouvait encore considérer que, malgré l'accumulation de connaissances, la production de masse était appelée à demeurer le point fort de l'industrie américaine, en raison des conditions particulièrement favorables à son développement, comme l'existence d'un grand marché homogène, caractérisé par les goûts moins raffinés des Américains, dont témoignerait l'existence des grands magasins. Cet argument trahissait cependant l'aspect artificiel du raisonnement, puisque les grands magasins se développèrent précisément à cette époque même en Allemagne, sur le modèle français. Riedler lui-même s'était par ailleurs émerveillé du développement culturel outre-Atlantique, avec le foisonnement de bibliothèques et de musées qui amenait d'autres commentateurs, comme Haller lui-même, à envisager le jour – considéré lointain – où les États-Unis pourraient se passer des importations européennes.

D'un point de vue technologique, les comptes-rendus de l'Exposition universelle de Paris en 1900 montraient nettement que dans certains domaines comme l'électrotechnique ou la sidérurgie, les différences nationales étaient davantage relativisées : dans ce dernier secteur, si les ingénieurs anglais insistaient encore sur l'aspect culturel des différences qu'ils observaient entre leurs pratiques et la réalité américaine, les ingénieurs allemands, confrontés au contraire à la proximité de leurs méthodes avec les Américains, renoncèrent, pour rendre compte de différences secondaires, à des explications fondées sur des caractéristiques nationales et se contentèrent d'une stricte analyse technique[262].

---

261 Haller, 1895, p. 22.

262 Kleinschmidt, Welskopp, 1994. Une réflexion s'est développée dans les années 1990 chez les historiens des techniques à propos de l'existence de styles nationaux dans les technologies. Voir la mise au point bibliographique de Brown, 2000, p. 195-238.

Certes, l'industrie allemande se vit félicitée pour ses accomplissements, mais il ne s'agissait que d'une perfection plus grande dans une course technologique où tous les concurrents suivaient les mêmes méthodes. Les Allemands – comme les Français – admirèrent à l'Exposition de 1900 les aciers à coupe rapide mis au point par Frederick Taylor pour le compte de la *Bethlehem Steel Co.* Cette invention particulière fut précisément considérée par les observateurs non comme le produit d'une réalité américaine, mais comme une avancée technologique générale, à un moment où l'enjeu majeur du secteur n'était plus la vitesse mais la précision[263]. Ceci est confirmé par l'historien Volker Benad-Waggenhoff qui date des années 1895 ce changement – qu'il qualifie de majeur – au profit de machines de grande précision. Certes, en 1898, la nouvelle usine de Ludwig Loewe, qui comportait exclusivement des machines-outils de précision de modèle américain, avait été montée à la suite du voyage d'études d'un des directeurs de l'entreprise. Mais cet exemple ne doit pas être surestimé : il n'y eut pas un transfert technologique global sur ce point des États-Unis vers l'Allemagne, mais une série d'améliorations ponctuelles, parfois menées de façon parallèle de part et d'autre de l'Atlantique, selon les besoins et les possibilités des entreprises.

Plus généralement, les différents secteurs industriels « sortis de l'enfance » étaient caractérisés par une mise à niveau générale, qui explique que les progrès ultérieurs furent le produit du dynamisme d'entreprises tantôt américaines tantôt européennes, selon le contexte technologique et économique. C'est ainsi qu'au début du XXe siècle, les spécialistes américains de l'électrotechnique se montrèrent très désireux de venir s'informer des derniers progrès en Europe, alors même que le patriotisme industriel était tout aussi vif aux États-Unis qu'en Allemagne[264]. Ce rapprochement dans les technologies était le résultat d'une circulation internationale de l'information technique toujours plus rapide, grâce aux voyages de plus en plus fréquents comme à la multiplication et à la diffusion de revues spécialisées. Il témoignait d'un déplacement d'accent d'une compétition nationale vers une compétition entre entreprises à la fois sur leurs marchés nationaux respectifs et sur des marchés tiers, et ce, même si la dimension nationale conservait une

---

[263] Benad-Wagenhoff, 1989, p. 205-218.

[264] Témoigne de cette circulation rapide et incessante des informations un compte-rendu paru dans l'*AEG Zeitung* de décembre 1907 d'un article de l'*Electrical World* du 2 novembre 1907 qui rendait compte lui-même de l'exposé d'un directeur d'AEG, K. Wilkens, « Die BEW zu Beginn des Jahres 1907 » (*Elektronische Zeitschrift* 1907, cahiers 40 à 43), sur les forces et faiblesses respectives des installations allemandes et américaines pour l'alimentation en électricité des grandes villes (Berlin et Chicago).

certaine importance dans la publicité des entreprises vers les clients étrangers.

Ces changements expliquent que la proposition de l'attaché commercial Waetzoldt de contrer le discours sur le « danger américain » en encourageant les experts des différents secteurs de l'industrie à s'adresser davantage au grand public, ait été vouée à l'échec. En effet, les multiples nuances que les auteurs étaient obligés d'introduire, à l'intérieur même de chaque secteur, selon les spécialités, pour évaluer l'avance ou le retard de chaque pays ne pouvaient que rendre leur discours inintelligible pour le grand public[265]. On note certes de la part de ces experts quelques efforts pour réutiliser certaines caractéristiques qui, depuis le début des années 1890, servaient à distinguer l'industrie européenne et surtout allemande de l'industrie américaine : c'était le cas du « sens de l'ordre » qui poussait les industriels allemands à soigner l'apparence des parties cachées d'une machine, dans l'idée que la perfection intérieure et le soin apporté à chaque pièce, visible ou non, se reflétaient nécessairement dans l'apparence extérieure. Le recours à ces distinctions connues fut cependant rare et l'argumentation des experts resta largement inaudible, surtout lorsqu'on la comparait à l'image claire de la rivalité entre États-Unis et Allemagne présentée par Goldberger et les autres auteurs.

Surtout, l'enjeu pour ces experts ingénieurs était désormais ailleurs : certaines voix, comme celle de Paasche[266], se faisaient désormais entendre, qui soulignaient que les Allemands ne pouvaient se contenter de leur supériorité technologique, et qu'ils devaient davantage s'intéresser aux conditions économiques de la production, c'est-à-dire la division du travail et l'utilisation systématique des machines. Ces remarques s'inscrivaient dans le cadre général d'une réflexion naissante sur la rationalisation, qui ne devait prendre toute son ampleur que dans les années 1920. Le terme fut d'abord utilisé dans un sens très général, et désignait les efforts pour imposer à tous les aspects de la production des principes de méthode dont les choix pouvaient être scientifiquement justifiés[267]. Il était aussi l'objet d'une réflexion philosophique à l'époque, telle qu'elle apparaît dans l'œuvre de Max Weber, qui en faisait un principe de l'évolution de l'histoire humaine. Il s'agissait donc d'un concept universel, et non d'une caractéristique nationale et sa mise en pratique, même dans des domaines particuliers, ne pouvait être considérée comme l'apanage d'une culture.

---

265 Innern, R-1501, dossier 3180, p. 97, 114.

266 Liebetanz, Franz, « Die Panamerikanische Ausstellung in Buffalo », *Verhandlungen des Vereins zur Beförderung des Gewerbefleisses in Preussen*, 1902, p. 359-409.

267 Voir Moutet, 1998, p. 1-11.

Pourtant, dès 1903-1904, la référence américaine devint un élément incontournable de cette réflexion telle qu'elle commença à être menée au sein de l'association des ingénieurs allemands. Les Allemands ne découvraient certes pas les méthodes de production américaines à ce moment, comme le souligna Waetzoldt, qui s'irritait de voir répétés sans cesse dans la littérature sur les États-Unis les éloges des « méthodes de travail américaines » comme d'une solution nouvelle et miraculeuse, alors que l'utilisation de machines pour remplacer le travail humain, la spécialisation des tâches et la production de pièces standardisées étaient depuis longtemps connues de part et d'autre de l'Atlantique[268]. Aussi, les recommandations visaient avant tout à rendre les ingénieurs davantage partie prenante de ces mécanismes[269] – par exemple, comme le suggérait déjà Aloïs Riedler quelques années plus tôt, en acquérant une formation économique – et surtout à accepter de façon beaucoup plus nette le principe de la production de masse. Celle-ci était désormais l'enjeu du débat pour la faire passer d'une spécificité américaine à un élément nécessaire de la modernité industrielle et économique. En effet, si c'est un fait connu que certains secteurs modernes comme l'automobile demeurèrent, jusqu'à la guerre, attachés à l'argument de la production de qualité, tant en Allemagne qu'en France[270], on sait moins que des observateurs attentifs des réalisations américaines restèrent sceptiques à l'époque sur l'intérêt de la production de masse. Ainsi, un des promoteurs des idées de Frederick Taylor en Allemagne, Paul Moeller, reprit par ailleurs l'idée classique selon laquelle la production de masse était liée aux conditions spécifiques du marché américain, alors que l'adaptabilité aux demandes des clients assurait le succès sur les marchés étrangers des fabricants allemands. De la même façon, Conrad Matschoss, en 1914, observa que l'argument selon lequel la production de qualité était le seul moyen de développer les exportations, ne cessait de gagner du terrain aux États-Unis[271]. À l'inverse, certains observateurs présents à l'Exposition universelle de 1900 relevèrent que les entreprises clientes n'avaient pas les mêmes exigences de sur-mesure selon qu'elles achetaient une machine américaine ou allemande, et semblaient ainsi vouloir maintenir une diversité de choix qui pouvait pénaliser les industriels allemands. Certains fabricants allemands encouragèrent donc une pédagogie en direction des clients afin de pouvoir rationaliser davantage leur production, dans une perspective pragmatique qui devait fort peu à des réflexions théoriques sur la modernité organisationnelle américaine.

---

[268] Innern, R-1501, dossier 3183, rapport du 1er septembre 1904, p. 60-61.

[269] Voir également Sinzheimer,1893.

[270] Voir Moutet, 1975, p. 15-49.

[271] Voir Dienel, 1993 ; Matschoss, 1914.

Ces discordances entre les analyses et les pratiques montrent qu'il serait artificiel de chercher une référence américaine au rôle spécifique. Il y avait avant tout, chez les industriels allemands, le souci d'augmenter la productivité[272], en cherchant des solutions chez leurs rivaux étrangers les plus menaçants, en l'occurrence les États-Unis. C'est ainsi que plusieurs comptes-rendus de voyages outre-Atlantique par des ingénieurs ou des techniciens se préoccupèrent de cette question. Leur point commun est d'avoir travaillé dans les ateliers des entreprises et donc expérimenté directement l'efficacité des méthodes américaines[273], ce qui n'impliquait pas pour autant un intérêt pour les innovations les plus pointues : le constructeur de locomotives Dinglinger fit ainsi un séjour d'études prolongé dans l'entreprise *Schenectady Locomotive Works* de New York[274], et s'informa aussi des débats du moment autour des systèmes de primes aux ouvriers. Or, les deux éléments qu'il retint étaient d'une part le système de contrats, qui permettait à une entreprise de déléguer en son sein à un « *contractor* » le soin de gérer une partie de la production moyennant une somme globale, à charge pour lui de payer non seulement les ouvriers qu'il recrutait mais aussi les matières premières, les instruments, et de tirer un bénéfice, et, d'autre part, le système de prime de Frederick Halsey. Le premier système était pourtant précisément remis en cause dans les entreprises les plus modernes et les plus grandes, car cette addition de contrats ne pouvait répondre à la complexité grandissante de l'organisation des entreprises modernes. Le second, créé en 1891 et qui avait connu un rapide développement aux États-Unis fut certes préféré au système de Taylor dans les débats qui suivirent la première présentation de celui-ci devant l'*American Society of Mechanical Engineers*, mais cela remontait à 1895.

Les mêmes observations s'appliquent si l'on considère la réception du taylorisme dans l'industrie allemande avant 1914[275] : non seulement la nouveauté de la méthode l'a largement cantonnée à des cercles de spécialistes à l'intérieur du *Verein Deutscher Ingenieure*, mais surtout, y compris dans ce cadre restreint, elle s'est le plus souvent limitée à une réflexion sur l'intensification du travail par la modification du calcul des salaires ouvriers, sans remettre en cause l'ensemble de l'organisation de

---

272 La remarque est faite par Kocka, 1969a. Voir également Kleinschmidt, 1993.

273 La référence la plus connue est celle de Paul Moeller (Moeller, 1904).

274 Il en fait un compte-rendu dans les *Glasers Annalen. Annalen für Gewerbe und Bauwesen* en 1903.

275 La bibliographie, tant en France qu'en Allemagne, est principalement datée des années 1970. Les principales contributions à cette question sont Burchardt, 1977 ; Homburg, 1978, p. 170-194. Voir également le colloque international sur le taylorisme des 2, 3 et 4 mai 1983 organisé à Paris XIII. Dans les années 1990, un certain nombre d'ouvrages ont paru sur le thème plus général de la rationalisation.

l'entreprise. Répondant à un besoin précis, cela suffisait également aux ingénieurs pour accroître leur pouvoir par rapport aux ouvriers et aux contremaîtres et ainsi, affirmer leur position dans l'entreprise à un moment où les commerciaux accentuaient leurs efforts pour établir leur propre légitimité au sein des entreprises comme dans le système universitaire[276]. Enfin, les ingénieurs allemands avaient d'autant moins de raisons de considérer l'exemple américain comme la référence à suivre que les débats allemands autour de l'adaptation du système de Halsey, qui avait été introduit par exemple dans les arsenaux impériaux dans la version adaptée de l'Écossais Rowan, avaient, à leur tour, suscité un certain intérêt aux États-Unis[277].

À partir de 1907-1908, les implications organisationnelles de la réflexion de Taylor furent davantage prises en compte, mais cela resta étonnamment modeste quand on considère que la rationalisation de la gestion des entreprises était un thème traité depuis les années 1870 en Allemagne : à la suite de la dépression qui avait entraîné une baisse de la rentabilité du capital, les entreprises s'étaient concentrées sur la réforme de la comptabilité comme un moyen de rationaliser leur fonctionnement. De plus, la complexification croissante des plus grandes firmes les obligeait à repenser leur organisation d'ensemble, un thème que l'on retrouve en France à la même époque, où l'innovation comptable a pu être valorisée dans des secteurs très concurrentiels[278]. Or, l'évolution de l'attitude de Duisberg à l'égard d'un éventuel modèle américain en la matière est révélatrice. Contrastant avec son voyage de 1896, les remarques faites lors de son troisième voyage en 1908 insistèrent sur l'absence de nouveauté marquante[279]. Au contraire, Duisberg critiqua le maintien d'habitudes obsolètes, comme l'existence de grands entrepôts à New York, souvent encore au même endroit que les bureaux, alors que la logique économique imposait de les délocaliser, comme en Allemagne. Plus généralement, satisfait du rattrapage technologique qui lui avait permis de rationaliser la production, ses réflexions portaient désormais sur la nécessité de faire baisser les coûts liés à la vente : ne voulant pas toucher aux gains des commis voyageurs, indispensables au succès, il cherchait dans la simplification de la tenue des livres de

---

276 Pour la France, voir Moutet, 1975.

277 Voir l'article de Schloss, 1905, p. 574-580. L'auteur citait les articles parus dans le *Zeitschrift des Vereins Deutscher Ingenieure*, les *Verhandlungen der schiffbautechnischen Gesellschaft*, les *Jahrbücher für Nationalökonomie und Statistik*, mais aussi le *Musée social*. Par ailleurs, il venait d'écrire un ouvrage, *Methods of Industrial Remuneration*, qui connut rapidement plusieurs éditions et qui fut partiellement traduit en Allemagne par Ludwig Berhard sous le titre *Handbuch der Löhnungsmethoden*, Leipzig, 1906.

278 Nikitin, 1990.

279 BA 191-002, lettre à la direction de Bayer, New York, 18 octobre 1908.

compte et la rationalisation de tous les contrôles en général le moyen de diminuer le personnel administratif, une logique partagée par les entrepreneurs français, alors que Taylor insistait sur la nécessité de développer la structure administrative pour assurer l'efficacité maximale de l'organisation du travail.

Cependant, même-là, il s'agissait moins d'oppositions entre modèles nationaux que de réponses à des problèmes généraux trouvées au plus près de la réalité des entreprises afin de minimiser les coûts d'adaptation. Ainsi, dans les dernières années avant la guerre, les grandes entreprises allemandes furent en réalité conduites à développer des bureaucraties de plus en plus rigides, pour mieux assurer les relais de commandement et la circulation de l'information. Mais elles n'éprouvèrent pas le besoin de chercher la solution outre-Atlantique et s'inspirèrent du modèle de l'administration publique allemande avec qui elles partageaient les mêmes sources de recrutement chez les juristes[280].

Le faible nombre d'entreprises taylorisées aux États-Unis mêmes en 1914 – 1,7 % – malgré les efforts considérables réalisés par les disciples de Taylor interdisait d'utiliser le taylorisme comme un élément marquant une différence fondamentale entre les cultures industrielles de l'Ancien et du Nouveau Monde. Ce qui ressort au contraire de cette étude est l'impression, partagée par les acteurs eux-mêmes, d'une communauté technologique internationale au sein de laquelle la concurrence était incessante. C'est en réalité au nom de cette concurrence qu'ils brandissaient – ponctuellement – le drapeau national, non par simple patriotisme, mais dans l'intérêt même de la promotion de leurs entreprises et de leur propre expertise. Surtout, on s'aperçoit qu'il n'y avait pas, malgré l'importance croissante des États-Unis comme puissance économique sur la scène mondiale grâce aux réussites de plus en plus variées de son industrie, de développement progressif d'un modèle américain. Les Allemands étaient trop conscients de leurs propres accomplissements pour rechercher ailleurs autre chose que des éléments ponctuels. Leur modèle national était lui-même un objet d'études aux États-Unis comme dans le reste de l'Europe. Le discours allemand que l'on repère même dans les articles techniques a donc pu aider à structurer et à clarifier les points forts de son identité industrielle, sans pour autant handicaper l'ouverture aux innovations étrangères.

---

[280] Voir Kocka, 1999, p. 135-149.

D. Les Américains à l'école de l'Allemagne ? 1907-1914

1. Les tentatives pour promouvoir un modèle allemand : les arts appliqués

Les dernières années d'avant-guerre furent marquées par une affirmation de la capacité allemande à dominer économiquement les marchés internationaux. La croissance régulière des exportations, les voyages d'études que les étrangers multipliaient en Allemagne prouvaient à l'industrie sa réussite. Ce succès, aussi bien commercial que technologique, inspira à son tour les autres secteurs de la vie économique allemande, dont celui des arts appliqués, encore largement artisanal[281]. Celui-ci était en effet un des principaux produits du XIXe siècle à peine achevé, reflétant à la fois l'enrichissement des populations occidentales, qui pouvaient désormais devenir consommatrices, et les tensions économiques et sociales liées au passage de l'artisanat à l'industrie.

Ces secteurs, auxquels on peut ajouter, comme les contemporains, les beaux-arts, furent l'objet d'une attention renouvelée de la part des pouvoirs publics au début du XXe siècle. Cela s'expliquait d'abord par une volonté d'action dans le domaine de la politique économique à un moment où l'État comme les autorités régionales et locales étaient désormais largement impuissants dans le domaine industriel, si ce n'est pour accompagner les petites entreprises à l'exportation, comme cela a été vu, et pour financer la recherche : ce second rôle fut d'ailleurs reconnu comme tout autant légitime par les industriels, qui considéraient même qu'ils ne devaient pas trop s'engager dans le financement de la recherche et de l'éducation, d'abord parce qu'ils le faisaient déjà par le biais de leurs impôts, ensuite parce qu'une telle générosité risquait d'encourager l'État à se désengager en leur imposant cette charge[282]. Cependant, avec les arts appliqués, les différents pouvoirs politiques pouvaient aspirer à un rôle plus central, à la fois en raison des réformes nécessaires dans la formation, et pour compenser l'éclatement du secteur entre une multitude de toutes petites entreprises le plus souvent sans réels moyens. Une seconde raison économique, liée cette fois à l'analyse de l'évolution du marché américain, explique le renouvellement des réflexions allemandes. À partir des années 1890, les rapports des consulats développèrent de plus en plus le thème d'un mouvement inéluctable de substitution aux importations y compris dans les arts appliqués et les articles de mode. Certes, la production américaine

---

[281] Un des responsables du *Werkbund*, le professeur Wolf Dohrn, développa ainsi le thème de l'alliance entre l'artiste et l'artisan comme étant celle de la théorie et de la pratique, sur le même modèle que la science et l'industrie.

[282] Voir Feldman, 1990.

favorisait encore le bas de gamme, mais les observateurs allemands notaient une amélioration constante de la qualité. Les pays européens ne pouvaient plus prétendre imposer leurs produits par la qualité seule, mais devaient développer un style national qui rende leurs produits uniques. Dans ce processus, l'intervention gouvernementale se justifiait non seulement pour des raisons de politique sociale et économique mais également de politique étrangère : les arts appliqués avaient une mission culturelle, faire rayonner l'identité nationale dans le monde. Cette conviction nouvelle était liée au développement d'une réflexion sur la nécessité d'une politique culturelle étrangère (*auswärtige Kulturpolitik*) qui s'affirma progressivement au début du XXe siècle[283]. Les réflexions sur ce thème remontaient à l'Exposition de Chicago de 1893 qui avait vu le succès retentissant de la présentation du système scolaire allemand organisée par Wilhelm Lexis, mais l'expression même datait de 1908. Cette stratégie ambitionnait alors de lier des objectifs politiques et économiques : la revitalisation du lien censé unir les Allemands émigrés à leur ancienne patrie devait permettre à l'empire de bénéficier d'appuis dans le monde qui défendraient ses positions politiques, mais qui serviraient aussi de relais de consommation pour dynamiser les exportations de produits allemands. En effet, l'ambition qui soutenait ces efforts dépassait largement le cadre des émigrés allemands, et cherchait à transformer le *Made in Germany* ainsi que la pensée allemande en une référence culturelle internationale qui serait incontournable. Il faut cependant souligner que les défenseurs d'une politique culturelle tournée vers l'étranger, comme Karl Lamprecht, se montrèrent très réservés sur l'utilisation économique de leurs efforts, en insistant sur l'autonomie réelle qui devait être accordée à la sphère culturelle pour que celle-ci puisse s'épanouir, tant vis-à-vis de l'économie que de la diplomatie. C'est ainsi que Lamprecht manifesta de très fortes réticences à l'idée d'un soutien des associations économiques, malgré les arguments présentés en ce sens par Conrad Matschoss[284].

Dans ces préoccupations nouvelles, quelle place tenaient les États-Unis ? Ils constituaient une cible privilégiée, en raison du nombre des Germano-Américains, ainsi que de leur rôle grandissant sur la scène politique internationale : en soulignant les racines germaniques de la culture américaine, les Allemands espéraient un rapprochement entre leurs deux pays, au moment précisément où la vieille anglophobie des États-Unis s'effaçait rapidement. Il ne faudrait certes pas surestimer ces stratégies diplomatiques, étudiées avec précision dans le cas des

283 Brocke, 1991, p. 185-242.

284 Voir Chickering, 1993, p. 418 ; Wiese-Schorn, 1981, p. 27-42.

échanges d'universitaires[285] (*Professorenaustausch*). Les débats autour des arts appliqués demeurèrent centrés autour de problématiques sociales et économiques, contrairement même aux beaux-arts, où le goût officiel intervint de façon beaucoup plus marquée. Il est cependant certain que la réflexion sur un style allemand s'est nourri des inquiétudes sur une éventuelle perte d'influence de la culture nationale à l'étranger[286]. Or, l'Exposition de Chicago, avec sa « cité blanche », constituée d'une série de bâtiments officiels de style néo-classique, avait démontré la supériorité que les Américains eux-mêmes attribuaient toujours à l'expression artistique européenne : l'ambition des organisateurs était de montrer que leur pays était désormais au même niveau culturel que l'Europe puisqu'il était capable de manier avec autant d'habileté les codes architecturaux qui définissaient la haute culture. La majorité du public américain adhéra d'ailleurs à cette forme néo-classique de manifestation de l'unité du pays, même si une minorité importante de critiques regretta que les organisateurs n'aient pas saisi l'occasion de développer un art proprement américain, qui aurait montré les chevaux sauvages de la Prairie ou les figures mythiques de la conquête de l'Ouest à la place des « Dianes dorées et des Ajax immenses ».

La révérence américaine à l'égard de la culture européenne nourrissait donc les espoirs des Allemands, mais elle les empêchait aussi de considérer réellement les apports que pouvaient offrir les États-Unis dans ce domaine. Le dédain allemand s'expliquait aussi par l'important décalage chronologique entre les deux continents : le style néoclassique présenté à l'Exposition de Chicago était largement révolu à la même époque en Europe[287], remplacé depuis plusieurs décennies par un courant historiciste qui permettait d'affirmer les caractéristiques nationales de chaque pays, ainsi que par les premiers efforts pour développer une esthétique moderne. Cependant, ce mépris s'appuyait surtout sur les clichés à propos du matérialisme américain qui pouvaient circuler dans la littérature générale, bien plus que sur une étude réelle des réalisations américaines. Ainsi, à l'occasion des préparatifs pour l'Exposition de Saint Louis, un des auteurs qui avaient alimenté le thème du « danger américain », Wilhelm von Polenz, expliquait de façon parfaitement caricaturale qu'il était dangereux de montrer aux États-Unis des machines allemandes car elles risquaient d'être copiées ; en revanche, un tel problème ne se posait pas pour les objets d'art, car les Américains

---

[285] Fiebig-von Hase, 1998b, p. 45-88 ; voir également Bruch, 1982. Sur les efforts similaires faits par la France, voir les contributions de John L. Harvey et de François Chaubet sur ce sujet dans Marin, 2006. Voir également Charle, 2003, p. 8-19.

[286] Drewek, 2000.

[287] Friebe, 1983, p. 113.

manquaient d'une culture suffisante pour les reproduire[288]. La seule qualité reconnue dans le domaine culturel aux États-Unis était leur richesse, qui conduisait les musées comme les particuliers milliardaires à payer des sommes impressionnantes pour les œuvres européennes. Ces considérations devinrent rapidement un lieu commun dans la publicistique, alors même que les rapports de l'ambassadeur et des consuls rappelaient que ces acheteurs américains particulièrement fortunés s'entouraient de nombreux experts qui les aidaient à ne choisir que le meilleur.

Certes, il existait aussi dans plusieurs pays européens une connaissance réelle des réalisations américaines dans le domaine des arts appliqués, mais elle ne dépassait pas la sphère de certains milieux spécialisées, d'autant qu'à son tour, elle ne reflétait qu'un aspect de la situation américaine. Elle ne put donc contrebalancer la vision dédaigneuse de la culture américaine qui justifiait la stratégie offensive proposée aux arts appliqués et aux beaux-arts en Allemagne comme en France.

La situation française dans les années 1880 et 1890 était en effet exemplaire. Les historiens ont relevé le rôle de quelques figures de connaisseurs des arts appliqués américains, mais leur enthousiasme n'entraîna aucun changement dans ce domaine en France, car il ne remettait nullement en cause la supériorité internationale du style français. Parmi ces individus, on trouvait pourtant le marchand d'art Siegfried Bing, d'origine allemande, bien connu pour son rôle dans la diffusion de l'art japonais destiné à revivifier les arts décoratifs en France. Sa curiosité le porta aussi – certes à un degré moindre – vers les États-Unis. Il entreprit en particulier un voyage d'études aux États-Unis, vraisemblablement à l'occasion de l'Exposition de Chicago, à la demande du gouvernement. Il en revint avec un rapport complet, publié sous le titre *La Culture artistique en Amérique*, remarquable par son éloge des capacités d'innovation des artistes et des industriels américains dans le secteur des arts appliqués, au premier rang desquels se trouvait Louis Comfort Tiffany. La culture américaine n'était pas admirée comme telle, mais Bing reconnaissait l'énergie mise par les Américains pour dynamiser les arts décoratifs, grâce à une capacité d'innovation particulière. C'est donc logiquement qu'il s'inspira du modèle de l'atelier central de Tiffany, dans lequel étaient coordonnées les différentes branches comme le mobilier ou la verrerie, pour créer sa galerie à Paris, « La Maison de l'Art nouveau »[289]. Trois autres figures

[288] AA, R-901, dossier 504, article du *Breslauer Zeitung*, 3 juillet 1903.

[289] Silverman, 1994, p. 192 et 284 ; Weisberg, Becker, Possémé, 2005. Les contacts de Bing avec les États-Unis remontent à 1882, et, dès avant sa mission en 1894, il s'était fait le représentant commercial pour l'Europe non seulement de *Tiffany*, mais aussi

ont été étudiées pour leur sympathie à l'égard des arts décoratifs américains : Henry Roujon, directeur des Beaux-Arts, Georges Leygues, ministre de l'Instruction publique et Léonce Bénédite, conservateur du musée national du Luxembourg, jouèrent un rôle important lors de l'Exposition de 1900 pour faire reconnaître la valeur des arts américains en France, leur attribuant des vertus d'innovation qui devaient inspirer et créer l'émulation dans les arts décoratifs français[290].

On retrouve en Allemagne cet intérêt pour la capacité des Américains à élaborer progressivement leur propre langage décoratif : l'exposition de Nuremberg en 1896 (*die Bayerische Landes-, Industrie-, Gewerbe- und Kunstausstellung in Nürnberg*) donna ainsi lieu à des comptes-rendus louant la qualité des réalisations anglo-saxonnes[291] et le *Bayerisch Gewerbe-Zeitung*, édité par le *Bayerischer Gewerbemuseum* publia un article de F. Böttcher[292], qui, dans un souci d'émulation, affirmait que les meubles anglais et américains pouvaient donner lieu à des formes plus belles, plus originales mais aussi plus pratiques pour les classes moyennes. Quatre ans plus tard, en 1900, les différents rapports allemands sur l'Exposition universelle de Paris soulignèrent les progrès américains dans la céramique et la bijouterie. La première montrait un raffinement des formes et des techniques équivalent à la production européenne tout en conservant des aspects spécifiquement américains dans ses motifs. La seconde fut même présentée comme un modèle à suivre pour les Allemands, à la fois par sa richesse mais surtout par sa capacité à s'affranchir des modèles anciens sans verser dans « un modernisme excessif ». Concrètement, de nombreuses céramiques créées dans les ateliers de *Rookwood* à Cincinnati – qui reçut un grand prix – ou dans la faïencerie *Grueby* à Boston, qui obtint une médaille d'or, furent achetées pour les collections du *Museum für Kunst und Gewerbe* à Hambourg et du *Kaiser Wilhelm Museum* à Krefeld[293]. Cependant, comme pour la France, la trace de cet intérêt se perdait au-delà des petits cercles d'experts.

En revanche, de façon beaucoup plus générale, la relativisation, à partir des années 1905, de l'opposition entre la production de qualité et la production de masse ne pouvait que bénéficier à l'image des produits américains, même si les effets de cette transformation se faisaient encore assez peu sentir avant-guerre. La production de masse était toujours

---

des entreprises de céramique *Rockwood* et *Grueby*, qui furent, à partir des années 1890, régulièrement primées dans les expositions internationales.

[290] Weisberg, 2001, p. 141-142.

[291] Voir Deneke, 1980.

[292] Böttcher, 1897.

[293] Voir *Paris 1900*, 2001, p. 147.

accusée d'être responsable de la situation précaire des artisans, dont le savoir-faire s'appauvrissait à cause de la réduction progressive de leur champ d'activité aux réparations[294]. Plus grave encore, le coût de plus en plus élevé de ces réparations avait comme conséquence qu'il devenait meilleur marché de se fournir dans les grands magasins, quitte à s'habituer à leur offre limitée : les Allemands – comme les autres Européens – donnaient ainsi l'impression de se rapprocher des modes de consommation américains. Pourtant, contrairement aux propos tenus par Hermann Grothe dans les années 1870 et encore en 1893 par Aloïs Riedler, les progrès en qualité de ces objets de consommation de masse paraissaient désormais inéluctables, au point que certains allèrent jusqu'à affirmer la supériorité technique de la production de masse sur la production artisanale courante[295]. D'après ces analyses, la qualité des objets fabriqués industriellement aurait même eu un effet éducatif dans les petites villes de province, en affinant et en diversifiant les goûts des consommateurs. Au lieu de souligner le contraste entre deux modes de production, certains opposaient donc désormais le producteur et le commerçant. La critique dénonçait les exigences du commerçant qui cherchait à écouler le plus grand nombre de produits possible, sans se préoccuper des conditions de leur production. D'autres analyses relativisaient au contraire l'importance de la production dans la compétition économique internationale, en arguant que les différences ne cessaient de se réduire : plus aucune nation ne pouvait revendiquer durablement sa supériorité dans ce domaine. La rivalité s'était donc déplacée vers la réclame, la publicité que pouvaient produire les entreprises pour imposer leurs produits[296]. C'était aussi la publicité qui devait être la plus sûre protection pour l'inventeur d'un nouveau produit : plus que les efforts pour garder secrète sa production, ce qui devenait quasiment impossible, la publicité devait lui permettre de faire les profits les plus importants possible avant qu'un imitateur ne s'engouffre dans la voie ouverte.

La reconnaissance par certains du savoir-faire américain dans le domaine des arts appliqués, de même que la valorisation progressive de

---

294 On oublie souvent que les artisans désignaient aussi un autre responsable de leur déclin, le commerce des antiquités, qui valorisait le savoir-faire ancien par rapport à celui des contemporains, même lorsque ceux-ci exécutaient les mêmes modèles.

295 Geh. Bergrat Pf. H. Wedding, « Das Handwerkertum in grossen Städten », 5 février, in *Verhandlungen des Vereins zur Beförderung des Gewerbefleisses in Preussen*, 1906, p. 31-45.

296 C'est la thèse défendue par Wilhelm Gentsch, « Über eine Wirtschaftsgemeinschaft für die deutsche Industrie », in *Verhandlungen des Vereins zur Beförderung des Gewerbefleisses in Preussen*, 1909, p. 187-197. Cette attention nouvelle au marketing se traduisit dans la législation : alors que la loi de 1874 ne protégeait que le produit, celle de 1894 étendit sa protection aux appellations et aux emballages. Voir Pfister, 2000, p. 38-66.

la production de masse ne doivent pas faire oublier deux éléments majeurs : le discours de la publicistique – parfois très éloigné des pratiques – ainsi que celui des institutions engagées dans un renouvellement de l'esthétique, comme la *Kunstgewerbeschule* de Berlin ou le *Werkbund* restèrent dominés par l'argument de la qualité, qui impliquait un savoir-faire particulier, très valorisant pour l'orgueil national[297]. Surtout, comme pour le secteur industriel, les considérations sur les évolutions de la consommation se référaient à un processus de modernisation général et non à une spécificité américaine qui se serait diffusée : la modernité n'avait pas d'identité nationale. Cela se voit par exemple dans le cas des grands magasins. Hermann Tietz, fondateur des magasins qui portaient son nom, fit des séjours aussi bien aux États-Unis qu'en France, mais c'est ce dernier pays qui constitua la source d'inspiration principale en raison de la valorisation du grand magasin parisien dans l'imaginaire culturel national, même s'il dut en adapter la formule à l'Allemagne en créant une chaîne[298].

Les États-Unis représentaient donc avant tout un marché que les Allemands devaient s'efforcer de prendre à la concurrence européenne, surtout française et anglaise. Or, l'enjeu était compliqué par le fait qu'au début du siècle encore, ces deux pays demeuraient en Allemagne même les références dominantes pour les arts appliqués. L'influence de l'Angleterre a été largement commentée, car le mouvement *Arts and Crafts* initié par William Morris et les théories esthétiques de John Ruskin connurent un immense retentissement dans toute l'Europe, et furent en particulier relayés en Allemagne par les rapports de Muthesius, alors attaché à l'ambassade allemande de Londres. La force du modèle anglais résidait dans son attractivité aussi bien pour les milieux de la Sécession que pour leurs adversaires modernistes comme Adolf Loos[299], ou les tenants d'un art classique, en particulier autour de l'empereur allemand. La fascination de Guillaume II pour l'Angleterre est connue, lui qui jalousait surtout la marque que la culture anglaise avait réussi à imprimer sur l'ensemble de ses colonies, et au-delà, non seulement à travers ses valeurs politiques et philosophiques, mais aussi dans les modes de vie : l'idéal du gentleman anglais était pour les Allemands une des principales clefs du succès international du commerce britannique. Le modèle français était tout aussi prégnant, au point d'être devenu un élément de la culture allemande[300]. De plus, par rapport au mouvement

---

297 Voir « Das Industriemuseum in Berlin », in *Verhandlungen des Vereins zur Beförderung des Gewerbefleisses in Preussen*, 1912, p. 297.

298 Voir Homburg, 1992, p. 183-219.

299 Voir Schorske, 2000, p. 217-221.

300 Sangl, 2000, p. 124-127. Sur l'importance politique du style rococo en France voir Silverman, 1994, en particulier chapitres VIII et IX.

Arts & Crafts, il présentait deux points forts : la préoccupation commerciale était beaucoup plus mise en avant, et la fabrication industrielle de ces objets, avec la division du travail qu'elle impliquait, était parfaitement acceptée. La période de référence était en effet le XVIIIe siècle et non le Moyen-Âge, et à cette époque, les grands ateliers d'ébénisterie étaient déjà organisés selon une répartition stricte des tâches. Enfin, tout en s'efforçant de revitaliser les grands styles Louis XV et XVI tels qu'ils avaient été remis à l'honneur par les Goncourt entre autres, les Français avaient réussi à développer avec l'Art nouveau un style moderne, puisant dans l'héritage historique du rococo mais correspondant parfaitement au temps présent, et qui avait été accueilli avec succès sur les marchés internationaux.

Cette analyse faite par les Allemands de l'époque de la concurrence française et anglaise reposait sur un certain nombre de biais. Elle figeait en effet dans une même esthétique nationale des éléments chronologiquement disparates, qui souvent s'étaient développés les uns contre les autres. De plus, elle mettait sur le même plan des recherches esthétiques qui ne s'adressaient qu'à un certain public et des modes de vie qui s'étaient progressivement diffusés à la faveur du dynamisme économique et de l'influence politique de ces pays. Si les Allemands pratiquaient l'amalgame, c'est encore une fois parce qu'ils se plaçaient du point de vue d'une influence culturelle qui devait être proportionnelle au rayonnement économique international. Cela les amena ainsi à réutiliser l'argument mobilisateur du rattrapage[301]. Il s'agissait largement d'un artifice rhétorique : ce n'était pas le simple examen des modèles français et anglais qui conduisait à l'évolution du discours allemand, d'abord parce que ces mêmes modèles avaient été utilisés dans les années 1880 pour légitimer le discours inverse – celui d'une nécessaire adaptation aux goûts des clients étrangers[302] – ensuite parce que les Allemands étaient avant tout influencés par l'évolution générale des arts appliqués depuis les années 1890, qui mettaient l'accent sur le développement d'un langage esthétique national[303]. De plus, on s'aperçoit que l'idée de rattrapage céda souvent le pas à celle de reconquête, avec la référence à un âge d'or qui remonterait au début du XIXe siècle, dans le domaine des lettres, de la philosophie comme des beaux-arts.

---

301 Bruch, 1982.

302 Voir le compte-rendu « Ausstellung in Buenos Aires », in *Verein zur Beförderung des Gewerbefleisses in Preussen*, 1880, p. 287 : « [...] le but des commerçants allemands doit être bien moins d'éduquer la clientèle locale aux produits allemands que d'apprendre à s'adapter à ses goûts et à ses besoins. »

303 Voir Thiesse, 1999, p. 206-220. La Russie présente un cas particulièrement intéressant de ces efforts pour développer un art national, voir *L'art russe dans la seconde moitié du XIXe siècle : en quête d'identité*, 2005.

Comment s'organisa la promotion des arts appliqués allemands aux États-Unis ? Les expositions universelles constituaient un instrument privilégié, qui ne fut cependant utilisé pleinement qu'à partir de Saint Louis en 1904. En 1892, la représentation du *Reich* à Chicago s'était certes déjà efforcée de montrer une identité nationale cohérente grâce au pavillon allemand, mais il n'était alors question que de mettre en valeur les réussites traditionnelles de l'Allemagne dans ce domaine : les porcelaines, les meubles, les jouets de Nuremberg avaient rencontré un réel succès, comme les soieries de Crefeld[304]. En 1904, les réflexions autour de la représentation allemande furent au contraire nourries des tentatives de renouvellement qui s'étaient exprimées à Paris en 1900, avec une place importante accordée à la Sécession. Pour les tenants d'une politique étrangère culturelle, l'Exposition universelle de Saint Louis présentait l'occasion idéale de reprendre pied sur le continent américain, à un moment où les observateurs se plaignaient que les arts appliqués allemands ne soient plus connus outre-Atlantique qu'à travers la porcelaine. Il ne s'agissait pas d'un problème purement économique car, en réalité, les exportations allemandes vers les États-Unis étaient bien plus diversifiées, comme le prouve par exemple le succès de la production allemande de lithographies, gravures et cartes de Noël qui « inond[aient] le marché américain » (Karl Ernst Osthaus). Le changement se voulait d'ordre culturel : ces exportations étaient décriées – de façon très exagérée – pour leur caractère « billig und schlecht », alors que le but était désormais d'éduquer le goût américain et de le former au style allemand.

Certains proposèrent donc, dans le contexte de l'Exposition de Saint Louis, de fonder des académies artistiques aux États-Unis, en s'inspirant des efforts ponctuels du ministère des Affaires étrangères pour développer des écoles allemandes à l'étranger[305]. Cette proposition fut logiquement presque immédiatement rejetée par l'ambassadeur allemand à Washington, Sternburg, dans un mémorandum du mois d'avril, car les prétentions apparaissaient totalement disproportionnées par rapport aux moyens. Il est cependant intéressant de noter que l'argument mis en avant par l'ambassadeur était strictement économique puisqu'il prétextait qu'une telle initiative n'aurait de sens qu'une fois le marché des œuvres d'art allemandes aux États-Unis suffisamment développé. En réalité, l'argument culturel aurait été plus justifié : les projets allemands ignoraient tout de la revendication, de plus en plus forte après l'Exposition de Chicago, de l'existence d'une école artistique américaine, revendication qui avait structuré la présentation des beaux-arts

---

304 AA, R-901, Chicago, dossier 298, rapport de l'ambassade allemande de Washington, 30 juin 1893, p. 52-53.

305 AA, R-901, Saint Louis, dossier 504, lettre du 14 février 1903 du professeur Cuno von Uechtritz, président de l'*Allgemeine deutsche Kunstgenossenschaft*.

américains à l'Exposition de 1900, avec le soutien total du gouvernement McKinley[306]. Enfin, plus que ces ambitions démesurées, c'est l'imprécision fondamentale entourant la notion de style allemand qui constituait le principal handicap au développement d'une influence artistique allemande aux États-Unis. Les préparatifs pour l'organisation de l'Exposition de Saint Louis furent en effet marqués par une lutte intense entre différents courants artistiques, opposant grossièrement les tenants d'un art académique aux partisans du mouvement Sécession. Ces deux adversaires ne se retrouvaient que pour prétendre éduquer le goût américain à l'art allemand, et cette prétention s'accentua même dans les années qui suivirent, précisément parce que les styles Sécession et moderne, de plus en plus influents, fondaient leur discours de réforme des arts appliqués sur la nécessité de rééduquer le goût du public en général, ainsi que sur un patriotisme militant[307].

Le décalage entre ces ambitions et les résultats obtenus à l'Exposition de Saint Louis ne pouvait être qu'immense. Certes, les comptes-rendus officiels proclamèrent leur autosatisfaction : l'Allemagne avait réussi à rassurer et à convaincre les Américains en ne se présentant ni comme une puissance militaire, ni comme une puissance commerciale dangereuse, mais comme pure puissance culturelle, mêlant habilement l'ancien et le nouveau[308]. Ces communiqués de victoire étaient d'autant plus importants que les premiers échos parus dans la presse sur la qualité de l'exposition ne pouvaient que soulever des doutes sur la nécessité de l'investissement consenti. Les mois passant, le bilan de la fréquentation se fit plus positif, et les articles américains sur la qualité de la présence allemande se multiplièrent. Cependant, les points soulignés n'étaient pas ceux qui étaient mis en avant par les tenants de l'éducation du goût américain. Ce qui fut apprécié concernait d'une part les politiques sociales du gouvernement allemand, ainsi que ce qui relevait du système scolaire, d'autre part, dans le secteur des arts appliqués, les meubles furent célébrés comme étant à la fois comme « beaux, pratiques et réellement achetables », mais sans qu'il y ait de

306 Voir Fischer, 2001, p. 21-86.

307 Voir Campbell, 1978. L'un des discours les plus importants prononcés lors de la fondation de l'association les 5 et 6 octobre 1907 fut celui de Fritz Schumacher, professeur d'architecture à la *Technische Hochschule* de Dresde. Il soulignait que l'amélioration de la qualité des produits allemands devait entre autres permettre de consolider la place de l'Allemagne dans la compétition économique internationale.

308 AA, R-901, dossier 510, 13 mai 1904, rapport du conseiller de légation Robert Scheller. Le rapport des experts fait pour le ministère du commerce se veut un peu plus nuancé en soulignant que la joaillerie et les bronzes par exemple demeurent à un niveau inférieur à celui de la compétition internationale. *Reiseberichte über Nord-Amerika erstattet von Kommissaren des Königlichen Preussischen Ministers für Handel und Gewerbe*, 1906, p. 122-128.

référence à un style national particulier : était évoquée plutôt une modernité générale, telle qu'elle s'exprimait au même moment à Vienne mais aussi en Belgique ou en France, à la fois contre l'historicisme et les efflorescences de l'art nouveau[309]. Ainsi, les intérieurs qui connurent un réel succès furent ceux dessinés par Bruno Möhring, Bruno Paul, Joseph M. Olbrich et Peter Behrens, tous tenants d'un style moderne, dépouillé d'ornements superflus afin de mieux mettre en valeur la structure du mobilier et les matériaux qui le composaient.

En 1911, une tentative d'un autre genre fut organisée pour faire connaître aux Américains le style allemand, mais toujours en s'appuyant sur le principe de l'exposition. Son originalité tenait à son origine, puisque c'est un Américain, John Cotton Dana, directeur de la bibliothèque de la *Newark Art Association*, qui s'adressa à un de ses correspondants en Allemagne pour obtenir l'organisation d'une exposition sur les arts appliqués allemands. Karl Ernst Osthaus, fils de banquier et riche galeriste qui dirigeait le *Deutsches Museum für Kunst in Handel und Gewerbe* lié au *Werkbund* et créé en 1909, répondit avec enthousiasme à l'invitation, d'autant que son institution avait privilégié dès le début les expositions itinérantes pour faire connaître les œuvres créées sous l'égide de la nouvelle association. *German Applied Arts* devait être la plus ambitieuse de ces expositions, en réunissant différentes parties des expositions précédentes, afin de donner le panorama le plus complet possible de la production allemande moderne. L'exposition sillonna les États-Unis en s'arrêtant en sept endroits, dont Chicago et New York, pour une durée totale de presque un an, entre 1912 et 1913[310], ce qui permit aux attachés des consulats allemands dans ces deux villes, Schillinger et Waetzoldt, de donner un avis très positif sur le résultat[311]. L'accueil américain fut en effet très favorable et ne releva pas que des Autrichiens avaient été mêlés aux Allemands. Pourtant, là non plus, le but ne fut pas atteint, puisque la principale critique porta sur l'absence d'un « style allemand » identifiable, sauf en matière d'affiches publicitaires, objet d'un intérêt particulier de la part de Karl Ernst Osthaus, et qui remportèrent un très grand succès[312]. Certains responsables expliquèrent ce défaut en incriminant les emprunts qui avaient été faits aux expositions précédentes. La raison fondamentale tenait cependant à ce

---

[309] AA, R-901, Saint Louis, dossier 511, *Washington Evening*, « The National Exhibits », septembre 1904 ; *Weser Zeitung*, 28 septembre 1904.

[310] Voir Stein, 1997, p. 19-25.

[311] AA, R-901, Förderung der deutschen Kunst im Ausland durch Ausstellungen, dossier 18206, Minister der geistlichen und Unterrichtsangelegenheiten à AA, 28 mars, 1914. Waetzoldt a écrit deux rapports sur le sujet, le 17 avril 1912 et le 4 avril 1913. Le rapport de Schillinger date du 22 août 1912.

[312] Voir Schwartz, 1996, p. 153-184.

que le *Werkbund* s'était refusé dès le départ à donner des consignes stylistiques à ses adhérents : il ne se voulait pas une école artistique, mais un lieu où pouvaient s'exprimer tous ceux qui partageaient le désir d'inventer un langage esthétique moderne qui réconcilie la forme et la fonction, au service d'une qualité accessible : ce projet – qui ne faisait pas l'unanimité – ne faisait référence à aucune identité nationale précise et ne permettait certainement pas de définir positivement « les vertus intrinsèques du style allemand » qu'Osthaus prétendait pourtant défendre à l'étranger[313].

Le *Werkbund* parvint cependant dans un cas précis à s'imposer comme le langage esthétique de l'Allemagne moderne, grâce à l'aménagement intérieur des paquebots transatlantiques de la *HAPAG* et de la *Norddeutsche Lloyd.* Ces deux compagnies étaient membres du *Werkbund* et la *HAPAG* en particulier avait consenti de réels efforts lors de l'Exposition de Saint Louis en présentant un modèle réduit de son bateau le *Deutschland* ainsi qu'une reproduction de sa salle à manger[314]. Pour autant, ces compagnies ne cherchaient pas à faire la conquête d'un goût américain supposé en friche ; comme les autres entreprises qui utilisèrent avec succès les services d'artistes affiliés au *Werkbund,* leur souci était de développer un langage visuel moderne, cohérent et attrayant, qui par là même serait susceptible d'entraîner l'adhésion du public, mais non de promouvoir une politique culturelle nationale, qui aurait supposé l'existence d'un style homogène et surtout distinct.

Sans doute est-il assez injuste de vouloir dresser un bilan de cette expérience, car la guerre brisa rapidement tout élan. Pourtant, on peut noter, dès le début, un écart entre la taille modeste du public, très éclairé et riche qui s'intéressa à l'exposition organisée par Karl Ernst Osthaus, et les déclarations économiques ambitieuses de ce dernier destinées à l'administration, sur les perspectives d'exportations : s'appuyant sur des déclarations de chambres de commerce, en particulier celle de Nuremberg, il soulignait les profits économiques que retireraient artisans et commerçants de Rhénanie et de Westphalie de la publicité faites à leurs productions de qualité[315]. Ces erreurs de perspective n'étaient pas le seul fait des organisateurs : l'administration joua un rôle très ambigu et, au final, peu efficace. Si la demande de soutien financier adressée au gouvernement par Osthaus fut appuyée par le ministère de l'Instruction publique, ce dernier recommandait aussi de contrôler davantage le choix

---

313 AA, R-901, dossier 18206, lettre de Karl Ernst Osthaus à AA, 10 janvier 1914.

314 AA, R-901, Saint Louis, dossier 507, *Hamburgisches Korrespondant*, 3 février 1904.

315 AA, R-901, dossier 18206, Dr. Bruno Rauecker, « Die Bestrebungen und Erfolge des Deutschen Museums für Kunst in Handel und Gewerbe, E. V., Hagen i. W. », texte publié dans le bulletin du musée avec une lettre introductive de Karl Ernst Osthaus adressée au ministre des Affaires Étrangères.

des œuvres présentées, pour éliminer les « exagérations » et « neutraliser le goût personnel d'Osthaus tel qu'il se manifestait à travers sa collection privée »[316]. L'administration se révélait ainsi elle-même un obstacle, puisqu'elle poursuivait en fait ses propres objectifs, se méfiant des individus et cherchant à mettre en avant la ville et la région, tout en finançant l'ensemble *a minima*.

Les ambitions allemandes se heurtèrent donc à un double problème : elles ne prenaient pas en compte le développement d'une identité culturelle américaine, et elles postulaient la possibilité d'exporter un style national en s'appuyant sur les instruments de promotion des exportations industrielles, sans reconnaître qu'il n'existait pas d'équivalent esthétique identifiable au *Made in Germany* qui s'était imposé au tournant du siècle. Mais les faiblesses de ce discours tenaient aussi au fait qu'il resta largement théorique et qu'il se heurta au scepticisme d'une partie de cet artisanat qui était pourtant supposé profiter des bienfaits de la nouvelle politique culturelle. En témoigne un exposé présenté devant le *Verein zur Beförderung des Gewerbefleisses* en 1909[317] : l'orateur, Martin Kimbel, était un maître artisan, comme son père, fabricant de meubles à Breslau, et il rappela qu'il avait parcouru le chemin d'apprenti à maître en passant par compagnon. En réalité, il avait déjà publié un livre sur le problème de l'éducation dans les arts appliqués en 1893 qui lui avait offert une place dans les débats[318]. Son propos visait à valoriser le système traditionnel – avec des apprentis de 15 ans. Il s'opposait au développement des écoles professionnelles, auxquelles il reprochait une formation inadéquate et mettait en cause à la fois les économistes qui élaboraient des plans de réforme pour sauver l'artisanat et les milieux des arts appliqués qui insistaient sur la collaboration avec les artistes. Pour lui, l'artisanat devait faire ce qu'il savait traditionnellement, et non pas se préoccuper d'éduquer le goût du public. De plus, il niait l'intérêt pour les entreprises comme les siennes de participer à des expositions à l'étranger comme les y encourageait l'administration, car cela ne faisait que vider inutilement leur caisse : appâtés par des perspectives d'exportation qu'ils étaient incapables de concrétiser, les artisans se faisaient piéger en étant instrumentalisés pour la gloire nationale. La critique était excessive, car si on a vu les difficultés des petites entreprises qui cherchaient à exporter directement sur le marché américain, il est aussi exact que les expositions pouvaient servir à attirer

---

[316] *Ibid.*, lettre du ministère de l'Intérieur (Richter) du 5 mai 1914 ; réponse du ministère de l'Instruction publique (Schmidt) du 12 mai 1914.

[317] Kimbel, Martin, « Lebensfragen des Kunstgewerbes », *Verhandlungen des Vereins zur Beförderung des Gewerbefleisses in Preussen*, 6 décembre 1909, p. 233-259.

[318] Kimbel, Martin, *Notruf des Kunstgewerbes ! Schulung und Niedergana desselben in Preussen*, Darmstadt, 1893.

l'attention des maisons d'import-export sur soi. Les remarques de Kimbel permettent cependant de souligner le peu d'écho rencontré par le discours sur l'artisanat tenu aussi bien par l'administration que par des instances comme le *Werkbund*.

En réalité, on constate surtout une remarquable continuité dans l'approche du marché américain par les firmes allemandes. En témoignent les rapports annuels des consuls qui, des années 1880 à 1910, consacrèrent régulièrement une rubrique aux produits achetés par les grands magasins, regroupant les vêtements, la porcelaine, les meubles, mais aussi les instruments de musique. Ces rapports se faisaient l'écho de la consommation américaine locale dans ses variations les plus modestes, cherchant ainsi à servir de guide aux stratégies d'exportation des maisons allemandes. Loin des revendications d'un style national moderne, ils soulignaient le succès des produits allemands traditionnels qui avaient su s'adapter au goût américain[319]. C'est que leur point de vue se voulait strictement commercial, comme en témoigne l'application de schémas économiques sur les possibilités de diffusion d'œuvres d'art allemandes aux États-Unis : il fallait développer un marché américain pour elles, car il y avait « surproduction » de tableaux en Allemagne, due « au déséquilibre entre production et consommation »[320]. Pour créer une demande américaine, les méthodes proposées aux artistes étaient celles des entreprises, puisqu'il leur était recommandé de se rendre sur place et de lier des relations avec leurs clients potentiels[321].

Les entreprises dont les succès à l'exportation étaient ainsi remarqués étaient soit des firmes d'une importance comparable à celle de *Villeroy & Boch*, soit des regroupements par spécialité comme les fabricants de jouets de Nuremberg. Dans les deux cas, elles possédaient les moyens suffisants pour suivre une politique de production fondée sur la règle de la satisfaction des goûts locaux. Cela n'impliquait nullement l'immobilisme, mais un pragmatisme qui conduisait à une grande souplesse dans les gammes de produits proposés. La firme *Villeroy & Boch* continua ainsi jusque vers 1900 à privilégier le style historiciste, mais

---

319 AA, R-901, dossier 4683, rapport du consul de Cincinnati, 12 avril 1910, p. 12

320 AA, R-901, Saint Louis, dossier 504, lettre de l'ambassade, 14 février 1903.

321 AA, R-901, Saint Louis, dossier 505, lettre de l'ambassade, 11 mai 1903. Une association comme la *Gesellschaft für deutsche Kunst im Ausland* chercha à prendre ces recommandations à la lettre, et tenta d'obtenir appuis et subsides de l'administration en reprenant les arguments économiques utilisés pour les différents secteurs industriels. Pourtant, ses demandes se heurtèrent à un refus, car le projet, dirigé vers les États-Unis et l'Amérique latine, fut jugé très inconsistant. AA, R-901, dossiers 18204 et 18205, Jahresbericht der Gesellschaft für deutsche Kunst im Ausland, 1910 et avis négatif du ministre de l'Intérieur Delbrück, 22 novembre et 13 décembre 1911. Dans ce cas, l'apparent pragmatisme des promoteurs du projet cachait une ignorance des réalités du marché de l'art et de la situation américaine.

elle introduisit progressivement des motifs *Jugendstil*, en parallèle avec ses lignes de produits traditionnels, et n'hésita pas à utiliser ce style moderne pour sa représentation lors de l'exposition de Düsseldorf de 1902. On peut également citer le cas des artisans bavarois, ébénistes, bijoutiers, ou potiers d'étain qui suivirent la formation de quatre semaines proposée par Peter Behrens puis Richard Riemerschmid[322] et Paul Haustein, sous l'égide de Theodor von Kramer, directeur du Conservatoire des arts et métiers de Bavière. L'intérêt de ces petites entreprises pour le *Jugendstil* n'était pas dû à une quelconque conversion à un style national, mais se voulait une réponse, par l'ajout d'une collection nouvelle, à la demande internationale qui se dessinait vers 1903. Cette réponse se caractérisait donc par sa grande réactivité, puisque certaines de ces collections furent abandonnées dès 1906, au profit d'imitations Louis XV et Louis XVI, dont la demande se développait à son tour[323].

La différence fondamentale entre les ambitions affichées pour la promotion d'un style allemand et la réalité des exportations allemandes ne tient pas tellement à une opposition entre théorie et pratique. Cette dernière se nourrissait en effet de réflexions tant économiques qu'esthétiques, dont les sources étaient les mêmes que celles qui alimentaient les thèses développées par les tenants d'une politique économique culturelle. La distinction tenait à la perception du marché américain : dans le premier cas, il était valorisé comme une cible privilégiée en raison des insuffisances culturelles du pays, alors que dans le second, il bénéficiait de la même stratégie que celle appliquée pour le marché national ou d'autres marchés européens. Les entreprises qui réussissaient à exporter la production allemande d'arts appliqués n'essayaient pas de convaincre les Américains de se mettre à l'école allemande, mais elles n'avaient pas non plus élaboré une image unique de ce marché, qui aurait été nécessairement liée à des stéréotypes. Reflétant les recommandations des rapports consulaires, elles partaient des demandes concrètes des clients. L'erreur des tenants d'une éducation des Américains au goût allemand aura été double : ils ont confondu politique culturelle et stratégie commerciale, et surtout, ils n'ont pas compris que la proximité des États-Unis avec l'Europe résidait, en ce début de XXe siècle, dans leur désir identique de trouver des modes d'expression originaux de leur identité nationale.

---

322 Lui-même était un ardent défenseur d'un style allemand, tel qu'il avait essayé de le représenter à Paris et à Saint Louis, et tel qu'il avait été théorisé par Friedrich Naumann dans son article de 1904 « Die Kunst im Zeitalter der Maschine ». Voir Nerdinger, 1982 ; Ladendorf, 1964, vol. 6, *Ästhetische Schriften*, chapitre 6.

323 Pese, 1980, p. 290-293.

2. *L'archaïsme du système financier américain et le modèle européen*

Il est un autre domaine, dans ces années 1907-1914, qui permettait aux Allemands de considérer les Américains comme les élèves de l'Europe et du *Reich* en particulier, celui du système bancaire. Centré sur l'examen des utilisations du thème américain selon les secteurs économiques, notre propos ne saurait résumer le fonctionnement du système bancaire américain et encore moins chercher à en établir les différences, point par point, avec l'Allemagne. Il s'agit plus précisément de comprendre un paradoxe : alors que les prétentions de l'Allemagne dans ce secteur y étaient beaucoup mieux assurées que dans le domaine des arts appliqués, il n'en fut guère tiré profit dans les réflexions cherchant à évaluer les positions respectives des deux pays dans la concurrence mondiale[324]. Ceci peut paraître d'autant plus étonnant qu'on observe au même moment une utilisation des difficultés américaines par les tenants du bimétallisme pour critiquer le système monétaire allemand. C'est le cas d'Otto Arendt qui mentionna les énormes quantités d'or européen réclamées par les États-Unis pour stabiliser leur système comme un signe des dysfonctionnements monétaires allemands. Son propos était d'inciter à une réforme profonde de la *Reichsbank* à l'échéance de 1909.

O. Arendt s'inscrivait certes dans une tradition, puisque jusqu'en 1896, le thème dominant était celui du bimétallisme. D'ailleurs, malgré quelques défenseurs obstinés en Allemagne, il était devenu un signe du retard américain en matière monétaire. L'élection de McKinley mit un terme définitif à ce débat aux États-Unis, même s'il fallut attendre le *Currency Act* de 1900 pour voir l'adoption officielle de l'étalon-or. Tous les problèmes liés au système monétaire américain n'étaient pas pour autant résolus, et, au tournant du siècle, une nouvelle polémique s'engagea, cette fois sur la nécessité ou non de créer une banque centrale, institution honnie depuis l'échec de la précédente en 1837. Cette discussion naquit de la confrontation entre les milieux financiers de l'est et les catégories qui soutenaient le parti démocrate, petits entrepreneurs et milieux agricoles. Elle était alimentée à la fois par le développement des activités financières aux États-Unis ainsi que par un contexte politique nouveau qui favorisait une acceptation plus grande de l'intervention de l'État dans la vie économique. On assista ainsi, dès le tournant du siècle à une multiplication des prises de position sur le sujet

324 Arendt, Otto, « Die wiederholten hohen Reichsbanzinssätze und die monetären Verhältnisse der Welt. Vortrag gehalten in der XXXII. Generalversammlung der Vereinigung der Steuer- und Wirtschaftsreformer am 12 Februar 1907 », in Arendt, 1907, p. 10-27.

qui trouvèrent un écho immédiat en Allemagne : en 1901, la revue allemande *Bank-Archiv* rapporta ainsi de façon positive le discours prononcé par le secrétaire au Trésor, Gage, lors de l'assemblée générale de l'association des banquiers américains à Milwaukee, même s'il ne prononça pas le mot de banque centrale, qui resta encore pendant une décennie tabou[325].

Si l'origine de la discussion était américaine, les Allemands s'y intéressèrent en effet de près[326] : la question revêtait une certaine importance pour l'économie allemande car, comme le soulignèrent plusieurs auteurs, les marchés européens étaient régulièrement sollicités pour pallier les pénuries chroniques d'or que connaissaient les États-Unis, ce qui pesait nécessairement sur le cours du métal jaune. Londres était naturellement la place la plus sollicitée, mais les répercussions étaient également sensibles en Allemagne. Après la panique financière de 1907, les Allemands eurent des raisons supplémentaires de se pencher sur la question d'une banque centrale américaine, car le système allemand apparaissait comme une des principales sources d'inspiration : aux États-Unis, un des promoteurs de cette idée fut Paul Warburg, le frère de Max, qui s'appuyait précisément sur son expérience européenne. Avant la crise, il estimait que sa qualité d'immigré récent ne l'autorisait pas à chercher à éduquer sa nouvelle patrie sur ce point, mais sous la pression de ses amis, il s'employa à partir de 1907, par des articles et des conférences, à convertir milieux économiques et politiques à l'idée d'une banque centrale inspirée de l'Europe et plus précisément de l'Allemagne. En 1908, le président du *Centralverband des Deutschen Bank- und Bankiergewerbes* fut invité par l'*American Bankers' Association* à la trente-troisième conférence de l'association, à Atlantic City, dont le thème était encore une fois le problème monétaire. Il y défendit l'idée de créer une banque centrale sur le modèle de la *Reichsbank*. Enfin, en 1910, la commission monétaire nationale, présidée par le sénateur Aldrich organisa un voyage d'études en Europe, dont les membres revinrent particulièrement impressionnés par le modèle allemand.

Ces différents éléments auraient dû permettre le développement d'un discours célébrant l'Allemagne préceptrice des jeunes États-Unis. Or, on

325 *Bank Archiv*, vol. I, « Über bevorstehende Reformen der Währungspolitik und des Banknotenwesens der Vereinigten Staaten von Nordamerika », p. 53.

326 Voir dans les archives de la *Deutsche Bank*, les dossiers A- 1255 et A-1257. Les correspondants américains tinrent leurs homologues allemands très au courant des développements des discussions, et des hommes comme Gwinner et surtout Karl Helfferich n'hésitèrent pas à l'occasion à donner leurs conseils, tout en observant une grande prudence sur leur confidentialité, par crainte de paraître se mêler des affaires américaines.

ne retrouve guère ce thème dans les différents écrits allemands consacrés au sujet, qui fut au contraire traité d'une façon très technique. On n'observe pas non plus de recontextualisation dans un débat plus large sur les places respectives des États-Unis et de l'Allemagne dans la hiérarchie internationale, à la manière de ce qui s'était produit pour les trusts par exemple. Une raison peut expliquer ce fait : à la différence des trusts, il ne s'agissait pas d'une question commune aux États-Unis et à l'Europe, mais d'un problème purement américain, qui ne pouvait, dans l'esprit des observateurs du Vieux Continent, trouver une solution que dans l'imitation des institutions européennes. La discussion ne sortit donc pas réellement des frontières académiques et son traitement fut laissé à un petit nombre de spécialistes, au premier rang desquels Max Prager. Son livre, *Die Reichsbankidee in den Vereinigten Staaten von Amerika*, montre la façon dont l'auteur investit ce champ, multipliant les conférences et les publications qui se faisaient écho les unes les autres[327]. Son public était constitué par les économistes ainsi que les milieux financiers allemands, désireux avant tout d'obtenir un compte-rendu précis des réformes successives qui, entre 1908 et 1913, affectèrent le système bancaire américain.

Les écrits de Max Prager partageaient avec les ouvrages parus entre 1897 et 1912 sur le sujet de nombreux points communs. Leur volonté commune était d'être pédagogique, ce qui entraînait des plans assez stéréotypés, car les auteurs se contentaient le plus souvent de réexpliquer les données du problème, ajoutant simplement à chaque fois les derniers développements politiques et législatifs[328]. On trouve donc régulièrement un rappel de l'échec des deux premières banques cen-

327 L'ouvrage fut publié dans la collection *Volkswirtschaftliche Zeitfragen* en 1903. Il reprenait, sous une forme modifiée, deux conférences faites en avril devant la *Münchener Volkswirtschaft-Gesellschaft* et en mai devant le *Münchener sozialwissenschaftlichen Verein*. De plus, son chapitre « die Diskontpolitik des "unabhängigen Schatzamtes" » reproduisait l'article paru dans *Bank-Archiv*, 1903, n° 10 et 11. Ces différents textes étaient eux-mêmes le résultat du remaniement d'un écrit antérieur, « Währungs- und Bankreform in den Vereinigten Staaten », publié dans le vol. II des *Schriften des Vereins zum Schutz der deutschen Goldwährung*, Berlin, 1900.

328 Voir par exemple Dr. Richard Hauser, « Die Grundzüge der Kredit- und Bankorganisaton der Vereinigten Staaten », *Bank-Archiv*, vol. XII, p. 76 ; professeur Edgar Jaffé, « Die Reformbestrebungen im amerikanischen Bankwesen », *ibid.*, p. 377. Certains articles étaient davantage centrés sur l'actualité législative, comme ceux de Paul Marcuse, parus dans le vol. VII de la revue et prélude à son livre paru en 1907, *Das Bundesgesetz der Vereinigten Staaten von Amerika über das Notenbankwesen (the National Bank Act) in seiner jetzigen Fassung. Aus dem Englischen übertragen und erläutert*. Cet ouvrage se voulait un instrument de travail destiné à permettre aux juristes allemands de se repérer dans une législation américaine complexe.

trales, une description de l'organisation actuelle et des problèmes qu'elle engendrait, ainsi qu'un examen critique des propositions de réforme les plus récentes.

Les deux principales causes des difficultés observées par les Allemands dans le système monétaire des États-Unis faisaient écho à des particularités américaines qui étaient une forte décentralisation et l'absence d'un solide corps de fonctionnaires. L'absence de centralisation renvoyait à l'existence des *National Banks* créées par la loi de 1863 pour mettre de l'ordre dans les émissions de billets qui s'étaient multipliées au cours des décennies passées. Elles étaient soumises à des règles strictes qui devaient assurer la sécurité des émissions mais qui rendaient ces dernières peu intéressantes financièrement pour ces établissements[329]. Il n'était d'ailleurs pas tout à fait exact de parler de décentralisation, car dans les faits, New York fut appelé à jouer un rôle dominant, en accueillant une partie des réserves de ces banques dans ses coffres. Le reproche concernant la décentralisation était cependant justifié, car il concernait plus particulièrement le problème de l'escompte dont le taux ne pouvait être fixé uniformément pour l'ensemble du pays. Cela formait un contraste saisissant avec les évolutions que connaissait au même moment l'Allemagne, dans la mesure où, depuis le 1er janvier 1901, les banques allemandes avaient vu leur possibilité de fixer leur propre taux d'escompte considérablement restreinte au profit de la *Reichsbank*, afin de renforcer le contrôle de celle-ci sur le marché monétaire. La seconde critique était que le système reposait moins sur une institution que sur un homme, le Secrétaire d'État au Trésor. La référence privilégiée sur ce point par les auteurs allemands était Max Prager[330] qui insistait sur les très nombreux rôles que devait assumer celui qui détenait le poste : il ne remplissait pas seulement les fonctions de ministre des finances, il supervisait aussi les 4 784 banques nationales et il était responsable de domaines aussi divers que la politique commerciale, l'immigration, la politique sanitaire, les affaires maritimes, les bâtiments publics et les services secrets. Pour Max Prager, cette responsabilité démesurée ne pouvait donc être dans un certain nombre de cas que purement nominale. Ceci était d'autant plus vrai pour l'auteur allemand que l'ampleur des tâches contrastait avec la compétence, qu'il jugeait souvent limitée, des hommes investis de ce rôle. La critique portait cependant moins sur les qualités des différents titulaires du poste que sur le principe même de son occupation par des hommes politiques et non des fonctionnaires. Cela revenait à consacrer la prédominance du politique sur l'expertise de l'État, et donc, aux yeux

---

329 *Bank-Archiv*, vol. X, « Die amerikanischen Banken im Jahre 1910 », p. 274.

330 Par exemple Schaffler, 1908, s'appuya particulièrement sur lui pour le long développement qu'il consacrait au sujet.

des Allemands, à sacrifier l'exigence d'impartialité aux luttes partisanes. D'après eux, cela empêchait également une véritable intimité avec les milieux financiers du pays : étant un poste politique, le secrétaire d'État se trouvait en effet à Washington, alors que le centre de la vie financière américaine était New York. Il était donc physiquement éloigné des personnes les mieux à même de lui fournir les informations nécessaires pour décider, en temps de crise, d'une augmentation de la masse monétaire. Cet argument avait d'autant plus de poids aux yeux des Allemands qu'il fut utilisé lors des débats au *Reichstag* – en 1889, 1899 et 1909 – pour le renouvellement des privilèges de la *Reichsbank :* celle-ci ne devait pas être étatisée et conserver ses actionnaires car ils assuraient une certaine communication entre l'établissement et le monde des affaires. Pourtant, Max Prager lui-même concéda que l'activité d'escompte des banques centrales européennes était au moins aussi importante pour leur permettre une bonne compréhension des mouvements quasi quotidiens des affaires qui leur permettait d'agir en connaissance de cause[331].

Ces critiques semblaient désigner implicitement la réalité allemande comme le modèle à suivre. On peut ainsi opposer aux multiples rôles du secrétaire d'État au Trésor américain l'insistance mise, dès l'époque de la banque de Prusse, pour séparer nettement le ministère des Finances de la Banque centrale. La critique du statut politique du secrétaire d'État renvoyait à celle, générale dans les écrits allemands sur les États-Unis, de la politisation de la fonction publique, opposée à la probité et à l'expertise des fonctionnaires du *Reich.* Enfin, l'absence de collaboration régulière entre le secrétaire d'État et les milieux financiers contrastait avec le rôle reconnu aux milieux financiers au sein de la *Reichsbank.* Pourtant, ces critiques étaient moins le résultat d'un regard allemand que le résumé d'un consensus qui s'était largement établi de part et d'autre de l'Atlantique au sein du monde financier, représenté aussi bien par les banquiers que par les économistes, malgré quelques voix dissonantes, attachées à montrer les avantages du système américain[332]. Ceci explique que, dans l'examen des solutions, on ne trouve pas d'un côté les Américains, de l'autre les Allemands. Le sénateur Aldrich et la chambre de commerce de New York – qui, dès 1906, avait demandé l'avis des dirigeants des grandes banques centrales européennes – valorisaient en effet, comme Max Prager, une solution qui devait être une copie des modèles européens[333]. À l'inverse, Paul Warburg et certains auteurs

331 Prager, 1903, p. 154. Borchardt, 1976.

332 Henry C. Emery, professeur d'économie à Yale, « Bank und Börsenwesen », in Halle, 1905, p. 341-343.

333 On ne trouve pas dans la revue *Bank-Archiv* ou dans les revues généralistes comme les *Schmollers Jahrbücher* de compte-rendu du voyage d'études entrepris par la sous-

germano-américains considéraient nécessaire l'adaptation de ces institutions aux réalités américaines[334]. Ainsi, le juriste Karl Riehl se fit l'écho d'une solution qui prévoyait la création de plusieurs banques centrales obligées de suivre la politique de taux d'escompte fixée par la banque centrale de New York, mais avec une certaine marge fixée par avance. Pour lui, cela avait l'avantage de respecter les idées démocrates défendant les droits des États, et permettait surtout d'ajuster le taux d'escompte en fonction des besoins économiques des différentes régions, tout en garantissant une solidarité et une cohérence à l'ensemble de la politique monétaire du pays.

Derrière cette divergence se trouvait une différence dans l'analyse des raisons de la situation américaine. L'absence de banque centrale aux États-Unis relevait-elle d'un simple archaïsme face à la modernité représentée par les institutions européennes ou traduisait-elle des caractéristiques américaines qui devaient être prises en compte dans l'adaptation du système monétaire aux nouvelles exigences financières ? Le terme d'archaïsme fut ainsi utilisé pour juger l'ensemble du système bancaire américain, accusé de se contenter de gérer les opérations courantes, sans se préoccuper de drainer des capitaux vers l'industrie et le commerce, à l'exemple des banques universelles allemandes, l'existence des *trust companies* ne représentant qu'un palliatif[335]. Cependant, nombreux furent les observateurs qui s'accordèrent sur l'existence de certaines spécificités, à la fois historiques et géographiques, que l'on retrouve souvent décrites dans les différents ouvrages et articles sur le sujet, même s'ils n'en tiraient pas les mêmes conclusions. Sur le plan historique, l'échec des deux premières banques centrales était jugé comme la conséquence de la profonde méfiance des Américains envers l'État fédéral et leur refus de le voir jouer un rôle important dans la vie économique. L'analyse n'avait là rien que de très banal et elle n'était généralement pas très développée. Plus intéressantes apparaissent les considérations sur la géographie économique des États-Unis. Il ne s'agissait pas en effet simplement d'opposer les activités de l'Ouest et de l'Est, mais d'en détailler les conséquences sur le crédit. Voici par exemple la description d'une « situation typique du marché monétaire new-yorkais », telle que les contemporains puis les historiens la synthétisèrent : au début de l'année les capitaux étaient abondants car les banques rurales de l'ouest, n'ayant pas d'usage pour leurs dépôts, les

commission d'enquête bancaire menée par le sénateur Aldrich en Europe à l'été 1909.

334 Dr. Jur. Riehl, Karl, New York, « Aus der Bankpraxis », *Bank-Archiv*, vol. VIII, 1909, p. 142.

335 Voir Dr. Emery, Henry C., « Die Trust-Gesellschaften in den Vereinigten Staaten », in *Bank-Archiv*, vol. VIII, 1909, p. 288.

plaçaient dans les banques des grands centres urbains de l'est, en particulier à New York, contre un petit intérêt. Cette abondance favorisait des mouvements de spéculation boursière, mais la situation s'inversait brutalement au moment des récoltes, quand le monde agricole avait un besoin urgent d'argent pour les régler et les transporter. Le marché des capitaux se tendait alors brutalement et les taux d'intérêt augmentaient de jour en jour, provoquant régulièrement la faillite de spéculations. Or, face à ces mouvements très rapides, les solutions à la disposition du secrétaire d'État au Trésor étaient trop lentes et difficiles à mettre en place[336].

Il était possible de considérer que ces caractéristiques n'étaient que passagères et relevaient de la jeunesse des États-Unis : on pouvait en effet interpréter les changements récents survenus aux États-Unis comme le signe d'une évolution vers le modèle européen avec une présence croissante de l'État fédéral et penser que les différences économiques entre l'Ouest et l'Est étaient destinées à s'atténuer avec une maturation des régions de l'ancien *Far West*. Ce n'était cependant pas la lecture de Paul Warburg ni des auteurs allemands qui considéraient que l'idée d'une banque centrale ne pouvait s'implanter aux États-Unis qu'à condition de respecter les spécificités du pays. Cela impliquait en particulier de renoncer à une institution unique, voire à un seul taux d'escompte pour l'ensemble du pays, même si, pour leurs contradicteurs, l'exemple du Canada montrait qu'une taille importante ne pouvait justifier que de légères différences, de l'ordre de 1 % maximum[337].

La discussion qui se développa sur le projet de banque centrale a pu alimenter le renouveau du thème sur la jeunesse des États-Unis avant 1914, que l'on a vu également dans certains domaines industriels. Cependant, son rôle n'a été que très marginal, non seulement parce qu'elle était exempte d'enjeux nationaux, mais parce qu'en matière de finances, une autre question tendait à s'imposer dans les débats allemands, l'exportation de capitaux, et, plus généralement, leur circulation internationale[338]. Or dans cette autre discussion, les États-Unis n'offraient guère de prise à la polémique, si l'on n'excepte deux épisodes mineurs. Au tournant du siècle, le thème du « danger américain » s'était ainsi nourri de la perspective, évoquée par les Américains eux-mêmes, de voir les États-Unis se transformer de débiteurs en créditeurs de l'Europe[339] : en mars puis en août 1900, les Anglais levèrent respecti-

---

336 Stubbe, A., « Organisation des amerikanischen Bankwesens », *Schmollers Jahrbücher*, 1907, cahier 1, p. 149-197.

337 H. C. Emery, « Bank und Börsenwesen », art. cit., p. 331.

338 D'un point de vue théorique, voir Waltershausen, 1907.

339 Waltershausen, 1901.

vement 150 et 25 millions de dollars sur la place new-yorkaise pour financer la guerre contre les Boers. Au même moment, l'Allemagne écoula des bons du Trésor à 4 % pour un montant de 20 millions de dollars (opération répétée en 1911) tandis que les villes de Hambourg, Cologne et Francfort levaient également des fonds pour un montant total de 50 millions de dollars[340]. Cette crainte s'était cependant révélée très éphémère et dès 1902, Max Prager[341] pouvait ironiser sur la peur de voir New York remplacer Londres, car les obligations et les emprunts d'État allemands, anglais ou suédois avaient rapidement été rapatriés en Europe. Le second épisode se déroula une dizaine d'années plus tard, quand la faveur renouvelée avec laquelle le public allemand accueillit les obligations des chemins de fer américains après 1910 provoqua une interpellation du gouvernement par un député conservateur en février 1911. La réponse du gouvernement fut une condamnation de ces placements qui concurrençaient les emprunts faits par les villes et les régions, mais aucune mesure ne fut prise contre cette tendance. L'année suivante, Ernst Picard[342], après avoir rappelé les heurs et malheurs des capitaux allemands engagés dans les compagnies ferroviaires américaines[343], s'employa à montrer que désormais, les obligations émises par ces compagnies devaient être considérées comme de véritables placements de père de famille. Il nourrissait ainsi les arguments des promoteurs d'une politique plus active d'investissements allemands à l'étranger, qui soulignaient qu'en cas de conflit il s'agissait de capitaux supplémentaires aisément mobilisables, suivant le modèle de la puissance financière anglaise mais à l'opposé des placements à l'étranger de la France, accusée d'être un « Rentnerstaat ». Preuve que dans les années 1910, la question concernait désormais l'intérêt que pouvaient représenter les titres américains pour les investisseurs allemands : plusieurs ouvrages furent alors publiés en Allemagne pour informer le public intéressé, soit sur le fonctionnement de la bourse new-yorkaise[344], soit sur les différents types d'obligations[345], soit enfin sur les titres émis par les compagnies

---

340 Reibnitz, 1912, p. 53.

341 Voir Prager, 1903.

342 C'est à la suggestion du professeur Liefmann qu'il écrivit *Die Finanzierung nordamerikanischer Eisenbahngesellschaften*, Iéna, 1912.

343 Les chemins de fer américains ont été depuis le dernier tiers du XIXe siècle un thème privilégié par la littérature allemande sur l'économie américaine. Voir la bibliographie donnée sur le sujet par Alfred von der Leyen in Halle, 1905, p. 314. V. der Leyen était un des spécialistes du sujet avec Wiedenfeld et P. F. Kupka.

344 Reibnitz, 1912.

345 Rosenthal, 1912. L'ouvrage fut publié dans la collection *Münchener Volkswirtschaftliche Studien* dirigée par Lujo Brentano et Walter Lotz. Il s'agissait d'une sorte de *vademecum* de l'investisseur, qui dressait une typologie exhaustive des

ferroviaires américaines[346]. Si l'on retrouve des développements sur les *preferred shares* et les *common shares*, ils ne se concentraient plus sur la valeur culturelle de ces distinctions et n'avaient pour but que de fournir des précisions techniques à l'investisseur potentiel.

La dernière décennie d'avant-guerre fut marquée, dans l'industrie comme dans les domaines des arts appliqués et de la finance, par une certaine relativisation de la puissance américaine par contraste avec le thème du « danger américain » développé au tournant du siècle. L'exemple des arts appliqués est le plus révélateur car les États-Unis étaient considérés comme un terrain d'affrontement et non un protagoniste dans la rivalité entre l'Allemagne, l'Angleterre et la France. Ce retournement montre qu'on ne peut voir dans ces années les prémices d'une américanisation, que ce soit dans les réflexions comme dans la pratique. La puissance américaine était certes reconnue, et de nombreux livres[347] continuèrent à être publiés, qui mettaient en garde contre le potentiel, jugé redoutable, des États-Unis, mais l'européanisation des comportements et des institutions restait la mesure du progrès de la civilisation et de la modernité. Cela n'allait pas d'ailleurs sans une certaine confusion sur la place à attribuer aux Américains. Dans le cas des arts appliqués, ils étaient perçus comme un pays trop jeune pour avoir su développer un style propre, alors que dans le domaine monétaire, on leur reprochait l'archaïsme de leurs institutions, opposé à la modernité des banques centrales européennes. À chaque fois cependant, les commentateurs furent amenés à remettre en cause l'importance à accorder à la spécificité américaine, comme cela était déjà le cas avec l'industrie, dont on a vu que les évolutions n'étaient pas considérées comme une américanisation mais comme les étapes d'un progrès d'essence universelle.

Cette supériorité européenne affirmée dans les discours complexifiait cependant la question de la place de l'Allemagne. La *Reichsbank* constituait un modèle pour les Américains en grande partie parce qu'elle était une banque centrale européenne ; les produits des arts appliqués allemands trouvaient un marché aux États-Unis parce qu'ils étaient l'expression d'un certain savoir-faire européen traditionnel ou au contraire parce qu'ils traduisaient une esthétique moderne qui s'était développée en Europe. En réalité, dès que l'on cherche à donner à l'idée

---

différents types d'obligations créées aux États-Unis avec, quand cela était possible, leur équivalent allemand.

346 Outre le travail d'Ernst Picard, il faut citer le livre référence de J. (Isidor) Singer (Singer, 1909).

347 On trouve ce thème en particulier dans des ouvrages de géographie et de géopolitique. Voir entre autres Karl Dove, professeur de géographie et actif dans les milieux coloniaux (Dove, 1907) ; Oppel, 1907 ; Lignitz, 1909.

d'identité allemande un contenu concret qui soit distinct de cette européanité, on ne trouve que des traces peu consistantes ou des politiques volontaristes aux résultats fort médiocres.

Au-delà de cette difficulté, les deux secteurs étudiés montrent que, malgré les affirmations des contemporains, le rapport maître élève n'est guère approprié pour décrire les relations entre les deux rives de l'Atlantique. Les évolutions esthétiques qui marquaient les arts appliqués se nourrissaient d'échanges constants – ce qui ne signifie pas équivalents. Dans le domaine bancaire, la solution élaborée par les Américains se fonda sur un ensemble de modèles européens mais aussi sur leurs propres exigences. Surtout, l'étude de ce cas montre que même lorsque les réalités étaient décalées, les milieux d'affaires, comme les milieux universitaires, étaient engagés dans des débats communs, car les échanges, tant intellectuels que commerciaux, étaient continus, dessinant ainsi les contours d'une communauté transatlantique.

Conclusion

La brève période qui s'étend de 1873 aux années 1885 se caractérise par une très grande fécondité dans les solutions avancées pour sortir de la crise. Le désir de remettre en question l'ensemble de l'héritage des décennies précédentes conduit à de multiples débats qui se nourrissent d'exemples étrangers parmi lesquels les États-Unis occupent une place à la fois privilégiée et marginale. Leur étude permet de montrer que le choix ne doit pas se faire entre un monde dominé par la puissance anglaise et le repli sur soi. Au contraire, la référence américaine permet de solliciter bien d'autres exemples étrangers, dont celui de la France. Alternative au modèle anglais, les États-Unis sont souvent invoqués, mais sans être réellement utilisés, tant leur système paraît trop éloigné de la réalité allemande. En revanche, ils justifient la recherche d'une voie proprement allemande à l'intérieur d'une économie mondiale où les différences entre pays semblent désormais moins tranchées.

Le basculement qui s'opère entre cette période et celle qui commence dans les années 1890 trouve une illustration parfaite dans l'évolution de la notion de qualité appliquée à l'industrie américaine. Dans les années 1860 et 1870, la production de masse américaine est admirée pour la qualité constante de ses produits grâce à la technicité des machines-outils employées. Au contraire, dans les années 1900, les observateurs allemands – et pas seulement les non spécialistes – affectent assez volontiers de dénigrer une industrie qui ne produirait qu'une qualité courante, incapable de d'atteindre le degré de perfection des produits européens. Ces évaluations peuvent être schématiques, elles n'en traduisent pas moins un renversement de valeur. Que s'est-il passé ? Il y a eu un rattrapage de la production industrielle allemande et cette uniformisation a conduit à souligner les différences nationales qui pouvaient subsister, dans un contexte de concurrence renforcé et de progrès technologiques rapides. Même si la maîtrise de la production de masse restait un enjeu, la différence sur ce point entre les États-Unis et l'Allemagne n'était plus suffisamment importante. En revanche, certains Allemands ont pu penser pouvoir se distinguer dans la compétition économique par un double savoir-faire, technologique et artisanal, dont l'alliance se rencontrait encore dans certains secteurs modernes comme l'automobile. Cependant, peut-être peut-on parler de beauté du mort, car cet éloge du savoir-faire artisan ne rendait guère compte des évolutions industrielles réelles en Europe. De plus, faut-il parler de l'Allemagne ou de l'Europe ? Ce dernier terme est excessivement peu employé, ce qui se comprend quand on considère que les traditions de savoir-faire sont mythifiées et théorisées, à cette époque, dans un cadre national. Peut-être peut-on envisager que l'argument culturel, qui sous-tend constamment ces discours, conduit moins à opposer une tradition européenne à un Nouveau Monde qu'à singulariser les États-Unis face aux vieilles civilisations qui engloberaient des pays extra-européens comme le Japon.

Dans tous les cas, cette défense du savoir-faire artisanal, bien plus répandu dans les discours que dans la réalité, permet de comprendre pourquoi les États-Unis n'ont pas représenté, durant toute cette période, le paradigme de la modernité. Dans les années 1870 et 1880, ils ont permis aux Allemands de réfléchir à la possibilité de voies nationales par rapport à une modernité définie comme le modèle anglais. Quand, dans les années 1890, le thème de la modernité s'impose, il n'a plus de nationalité, car les différents pays industrialisés se trouvent à peu près au même niveau. La perception des États-Unis se complexifie alors : par certains côtés, ils apparaissent comme l'image d'un futur possible mais caricatural de la modernité actuelle – comme dans le cas des trusts. Par d'autres, ils semblent au contraire refléter le passé de l'Europe, aux institutions archaïques, à la culture encore inachevée. Dans les deux cas cependant, l'idée d'une spécificité américaine est devenue secondaire dans les réflexions, même si elle est encore utilisée par moments.

Il ne faut donc pas se méprendre sur la place que prennent les États-Unis dans les différents débats : leur présence est due à leur qualité de principaux rivaux de l'industrie allemande, qui en font un argument de poids. Cependant, ils ne peuvent prétendre s'imposer comme modèle industriel car les Allemands ont progressivement construit le leur à partir des années 1880.

Conclusion

Quel rôle ont joué les États-Unis dans l'apprentissage allemand de la mondialisation ? La réponse passe par un réexamen de la chronologie qui montre que ce rôle a été plus important dans les années 1870 et 1880 qu'après 1890. Durant la première période, l'éloignement physique mais surtout la croissance impressionnante de la jeune nation américaine entretiennent les espoirs les plus vifs dans les milieux économiques allemands alors même qu'ils n'ont qu'une connaissance générale des conditions réelles du marché américain. Si pour les émigrants les États-Unis représentent la chance de refaire leur vie, les milieux économiques allemands voient à la fois dans la croissance américaine un remède à la crise qui les a touchés en 1873 et dont la menace semble encore planer, et dans le marché américain un terrain d'action privilégié pour les nouvelles ambitions d'une industrie en plein progrès. Émigrants et milieux économiques allemands se montrent ainsi réceptifs à l'idée des Américains eux-mêmes selon laquelle leur pays incarne tous les possibles. Cette adhésion allemande à la mythologie nationale américaine du Nouveau Monde est alimentée par les Germano-Américains, au premier rang desquels Villard, qui transmettent et traduisent cette espérance. En ce sens, il serait réducteur de ne parler que de stratégie, alors qu'il y a alors, dans les choix d'investissements allemands sur le marché américain, une réelle composante émotionnelle, qui ne fut pas comprise par les jugements rétrospectifs, et par conséquent sévèrement jugée. Dès cette époque pourtant, l'ambition affichée des Allemands à l'égard du marché américain reflète un esprit de conquête plus général car, dans les années 1880, ce sont les marchés étrangers dans leur ensemble qui apparaissent aux industriels allemands comme leur salut : leurs produits restent moins chers que ceux de leurs concurrents, alors que leur qualité s'améliore. Ils peuvent ainsi continuer à profiter des avantages du « billig und schlecht » tout en gagnant du terrain dans les productions de qualité. Quand, en 1892, le chancelier Caprivi affirme l'importance vitale des exportations industrielles pour l'Allemagne, il se fait donc l'écho d'une conviction désormais bien ancrée dans laquelle les États-Unis ont joué un rôle essentiel.

Aussi, le changement constaté dans les années 1890 est-il lié à la perte de ce statut privilégié. Le marché américain n'est pourtant pas moins intéressant, malgré les difficultés douanières ; du reste, les accomplissements de l'industrie américaine obligent les concurrents allemands à une vigilance constante. Ce que l'on observe correspond plutôt à une banalisation des États-Unis sous l'influence de plusieurs facteurs. Il y a d'abord une plus grande familiarité avec la réalité américaine, grâce au raccourcissement des distances et surtout à la pratique et aux connaissances accumulées dans la décennie précédente. De plus, cette banalisation des États-Unis est nourrie par les thèmes américains sur la fin de la Frontière et la normalisation prochaine du pays ; alimentés par le discours des progressistes américains, ils rencontrent un écho qui va bien au-delà du domaine de l'économie. À ces raisons propres aux deux pays s'ajoute la présence nouvelle des Allemands sur les différents marchés internationaux. Ils sont désormais beaucoup plus présents en Amérique latine, en Asie, sans même évoquer l'importance de plus en plus grande de l'Europe centrale et orientale ainsi que de l'Empire ottoman. S'il demeure, chez les industriels allemands, l'espoir de trouver un marché d'avenir, il se concentre sur les perspectives que paraît offrir le marché russe, nouvel Eldorado pour bien des entreprises dans les années 1910[1].

Dans cette perspective, le thème du « danger américain » qui se déploie entre 1898 et 1902 ne va-t-il pas à contre-sens de cette évolution ? La puissance des États-Unis n'y est-elle pas de nouveau évoquée dans des termes fantasmagoriques qui pourraient rappeler l'inquiétude née des importations de céréales américaines à la fin des années 1870 ? Dans les deux cas, le « danger américain » dénoncé correspondait à une augmentation réelle des exportations américaines vers l'Europe, mais ces faits ont ensuite été instrumentalisés dans le débat sur les négociations douanières, soit pour préserver le secteur agricole allemand, soit parce que les exportations industrielles américaines semblaient remettre en question les bases des échanges internationaux fondés sur une division du travail. Le parallèle s'arrête cependant là. Dans le cas des exportations agricoles, les Allemands ne pouvaient prétendre rivaliser avec la richesse naturelle des États-Unis dans ce domaine. Au contraire, l'industrie américaine des années 1900 est bien connue des Allemands qui en ont évalué les forces et les faiblesses, de même qu'ils pensent avoir pris la mesure des possibilités de développement du pays. Pour eux, la concurrence américaine se pose en des termes semblables à ceux qui définissent les rivalités entre puissances européennes, et ne se distingue donc pas du thème du danger allemand qui agite les opinions publiques anglaises et françaises. L'enjeu réside désormais dans l'évaluation de la place des États-Unis à l'intérieur de la compétition générale. Sur ce point, chaque secteur économique apporte sa réponse, dans un souci d'expertise mais aussi de valorisation de ses propres réussites.

---

1 Dahlmann, Scheide, 1998.

Finalement, il est frappant de constater que l'évolution du regard allemand sur les États-Unis est liée au changement de perception des Américains sur eux-mêmes. Certes, ces derniers conservent le thème de l'exceptionnalisme, qui est récusé par les Allemands ; mais le désenchantement que ceux-ci éprouvent à la fin du siècle face à ce qui était apparu comme une alternative – positive ou négative – reflète avant tout l'insertion de plus en plus grande de la réalité américaine dans la mondialisation, que ce soit par ses réalisations comme par ses ambitions.

Au-delà de cette relecture de la période, des conclusions plus générales peuvent être dégagées sur la difficulté à transformer l'information en connaissance à des fins commerciales. La raison tient moins aux mécanismes – certes complexes – qui règlent cette transformation qu'à la multiplicité des demandes qui pèsent sur elle.

Malgré les succès remportés par les entreprises allemandes sur le marché américain, l'étude a montré une frustration générale des milieux économiques comme de l'État sur la capacité à collecter et à utiliser des informations pour développer le commerce extérieur. Plus grave, ces limites ressemblent fort à celles qui avaient pu être mises en valeur dès la première moitié du siècle. Doit-on en conclure à l'essoufflement d'un modèle hérité des réflexions de la toute fin du XVIIIe siècle ? Ce serait exagérer les continuités, et nous formons plutôt l'hypothèse que ce sont deux composantes de la modernité de cette fin du XIXe siècle, la perspective d'un savoir universel et le succès de l'État nation qui expliquent ces difficultés.

La quête de l'exhaustivité dans l'information économique a nourri les ambiguïtés autour de la notion d'apprentissage car la plupart des acteurs en sont venus à considérer que l'information équivalait à la connaissance : seuls les milieux des négociants exportateurs, qui défendaient précisément leur expertise professionnelle, ont continué à insister sur la nécessité d'un apprentissage pour pouvoir transformer l'information économique en connaissance commerciale. La diffusion de cette illusion s'explique par le fait que le développement des exportations directes a été largement justifié par la baisse des coûts qu'engendrait toute diminution du nombre d'intermédiaires, un des principaux slogans économiques de cette période. Certes, on a aussi évoqué la complexité croissante des produits, qui justifiait que les producteurs, au nom de leur expertise technique, prennent la place des négociants. Après tout, l'expertise de ces derniers semblait consister principalement dans l'entretien de réseaux qui fournissaient des informations confidentielles. Avec la mise à disposition publique des informations économiques, sous le double effet des progrès techniques et d'une exigence nouvelle de démocratisation, leur utilité était remise en cause. Cependant, il est révélateur de voir que les entrepreneurs ont moins cherché à se substituer eux-mêmes aux négociants qu'à réclamer de l'État qu'il prenne en charge la collecte – voire le traitement de l'information économique. Cela montre que c'est la réduction des coûts comme but ultime de l'entreprise qui conduit cette dernière à vouloir externaliser de la sorte les coûts de production de l'information économique. Or, malgré leurs réticences à l'idée de pouvoir défavoriser une catégorie économique toujours influente, les pouvoirs publics ont été aussi séduits par ces demandes, car cela rejoignait une double ambition politique : poursuivre le vieux rêve mercantiliste, et rester au centre de ces nouveaux réseaux internationaux d'informations. La déception est venue du fait que si les agents de l'État ont pu développer une certaine expertise dans la collecte d'informations, ils ne pouvaient se substituer aux nécessités de l'apprentissage direct des marchés par les entreprises. En retour, celles-ci leur reprochaient de ne pouvoir réduire suffisamment la part d'incertitudes et de risques au nom d'une foi moderne dans les vertus de l'encyclopédisme. C'est en effet la modernité qui fournissait les moyens technologiques de prétendre à l'exhaustivité dans la collecte, préalable indispensable à la véritable connaissance scientifique. Il y a donc eu aussi un effet de griserie collective devant ces nouvelles possibilités qui a contribué à occulter le thème de l'apprentissage comme préalable à la connaissance, seul moyen de réduire réellement les incertitudes commerciales. Les rivalités entre pouvoirs publics et milieux économiques apparaissent ainsi secondaires face à l'effet d'optique engendré par la mondialisation croissante, qui semble permettre aux entreprises exportatrices, en réduisant constamment les distances, de mieux contrôler les marchés étrangers au détriment de l'autonomie de leurs agents locaux.

La seconde explication aux difficultés rencontrées est la conviction que l'on peut créer un marché national unifié de l'information. Or une telle idée se révèle utopique parce que l'existence d'un milieu économique national est une fiction. Les contemporains eux-mêmes connaissaient parfaitement les oppositions d'intérêt entre secteurs et entre régions, mais il faut souligner à quel point, en cette fin de XIXe siècle, pouvait être forte l'idée d'un dépassement de ces dissensions au nom de l'intérêt supérieur de la nation, dont doit témoigner l'union de tous lors des expositions universelles. Après tout, cette réalité nationale était bien la plus grande réussite de cette époque et cette conviction s'accompagnait d'une réflexion sur le nécessaire dépassement des individualismes propres à l'enfance du capitalisme. Cette aspiration au regroupement explique que la pratique concrète des réseaux développée par les entrepreneurs comme par les banquiers n'ait pas trouvé d'écho dans les réflexions sur les efforts à fournir pour mieux intégrer les marchés mondiaux. Mieux, elle explique le désir de développer, à des fins promotionnelles, une image économique nationale positive. On voit ainsi que l'anonymat des marchés étrangers, qui, tant qu'ils ne sont pas matérialisés par des relations d'affaires concrètes ne représentent que des territoires à conquérir, encourage une perception unilatérale de l'information. Celle-ci ne doit concerner que les milieux économiques nationaux, alors que l'on cherche à influencer simultanément les marchés étrangers par la propagande et la publicité parce qu'ils sont considérés comme un ensemble de clients anonymes, et non comme composés de partenaires en affaires – maisons d'importation, commerce de gros ou de détail. Plus généralement, pèse sur l'information économique un soupçon constant de fragilité, qui conduit à la fois à surestimer la possibilité d'une action de propagande à l'étranger et les effets de la publicité étrangère sur le sol national. On comprend mieux alors l'embarras des pouvoirs publics : intéressés, pour des raisons économiques et politiques, par l'idée d'un milieu économique national aux intérêts convergents dans le domaine du commerce extérieur, ils ne peuvent être que réticents à toute action autonome des acteurs économiques faite au nom de cette communauté nationale. L'État n'aspire donc pas à un monopole sur l'information économique, mais sur la publicité de l'économie nationale à destination des marchés étrangers.

Reste la question de l'existence de milieux économiques transnationaux, à commencer par celle d'un milieu économique germano-américain. Ce dernier a été approché de deux façons différentes, mais toujours indirectement : d'une part, il englobe les employés, au sens large, des entreprises allemandes exportant aux États-Unis. D'autre part, il inclut les immigrants ou descendants d'immigrants allemands qui, devenus américains et profitant parfois de la présence de membres de la famille en Allemagne, cherchent à investir dans l'ancienne patrie. Rien n'indique *a priori* que ces deux catégories aient fait plus que se côtoyer, ce qui va contre l'idée d'un milieu unifié. Ce que l'étude a en effet surtout montré, c'est que chaque individu est d'abord pris dans un réseau d'intérêts et d'alliances qui lui sont propres, non pas simplement comme acteur économique, mais comme membre d'une nation. Autrement dit, les Germano-Américains ne constituent pas réellement des milieux transnationaux contrairement à certains espoirs développés à l'époque : devenus Américains, ils agissent comme tels, ce qui n'est guère étonnant si l'on considère que, plus généralement, les milieux économiques, même libre-échangistes, n'ont pas pu ni su créer un espace autonome d'échanges. En revanche, les Germano-Américains apportent une preuve supplémentaire de l'importance générale du rôle des petites entreprises dans ces échanges. Certes, on constate des comportements attendus de repli et de méfiance face aux agents de l'extérieur, mais on est aussi frappé par leurs ambitions exportatrices. La vitalité de ces entreprises dans certaines régions comme le Wurtemberg est avérée, mais la même constatation s'impose quand on considère que beaucoup des entrepreneurs germano-américains qui se sont établis aux

États-Unis et qui, par la suite, essaient d'investir en Allemagne sont précisément à la tête de petites entreprises. Il est d'autant plus dommage que l'absence d'archives empêche de corriger une vision qui ne peut que surestimer l'importance donnée aux grandes entreprises.

Peut-on au moins discerner une orientation transnationale dans les milieux des ingénieurs et des économistes ? Plaideraient dans ce sens l'orientation traditionnellement cosmopolite de la science, aussi bien que la multiplication des thèmes économiques et sociaux qui préoccupent les experts au-delà des frontières, comme le montrent les échanges dans les congrès comme dans les revues. La réponse est cependant loin d'être assurée. Le domaine de l'économie a vu des débats transnationaux se développer, mais ceux-ci n'ont jamais constitué qu'une étape, avant des réalisations qui mettaient forcément en jeu des traditions et des intérêts nationaux. Le problème des ingénieurs est encore plus complexe, dans la mesure où, par rapport aux scientifiques, les avancées technologiques qu'ils favorisent se font de plus en plus dans le cadre d'entreprises dont elles constituent la propriété. L'existence d'échanges théoriques, toujours valorisés, est plus que jamais soumise à la condition de garder un étroit contrôle sur l'information économique.

Nous avions indiqué en introduction les deux usages de l'information économique, non seulement pour développer une activité d'exportation, mais aussi comme instrument pour définir économiquement sa position par rapport aux autres nations. C'est dans cette seconde perspective que nous pouvons répondre à la question posée par l'historiographie et qui a parcouru une partie de notre travail : la modernisation induite par l'apprentissage de la mondialisation conduisait-elle à un processus d'américanisation ? Au terme de notre enquête, la réponse est clairement négative : on ne peut parler de prémices d'une américanisation avant 1914, ce qui signifie aussi que les États-Unis n'ont pas pris la place de l'Angleterre comme pays de référence. Cela peut s'expliquer diversement. D'une part, les écarts technologiques entre l'Allemagne et les États-Unis en 1900 ne peuvent se comparer à ceux qui existaient entre le continent et la Grande-Bretagne au moment de la Révolution industrielle anglaise. Ils ne peuvent pas davantage être rapprochés de la situation de l'après 1945 : cette seconde comparaison montre d'ailleurs que la mondialisation ne peut s'accommoder d'une notion comme l'américanisation, dans la mesure où elle suppose précisément un niveau de développement comparable entre un certain nombre de nations, qui nourrit l'idée d'une concurrence générale, quand l'américanisation est justifiée par un décalage général par rapport au niveau d'un seul pays. Ensuite, l'importance de la référence anglaise se comprend dans la mesure où elle n'impliquait pas seulement une supériorité technologique, mais où elle impliquait aussi une puissance politique hors du commun. Or, à la fin du XIXe siècle, l'Empire britannique reste, par son étendue, sa puissance et sa richesse, la mesure de toute réussite nationale. De ce point de vue, les réflexions sur les trois puissances mondiales du XXe siècle naissant, qui associent à l'Empire britannique, la Russie et un futur ensemble panaméricain, même si elles concentrent l'intérêt des partisans d'une *Mitteleuropa* et des milieux pangermanistes, restent secondaires. En 1900, la Grande-Bretagne n'est certes plus un modèle à imiter, mais demeure pour les Allemands l'expression d'une ambition politique internationale.

Écarter l'hypothèse de l'américanisation permet de répondre à deux questions. La mondialisation entraîne-t-elle l'identification de styles économiques nationaux dans lesquels chacun peut chercher les éléments favorables à son argumentation ? Quelle est la nature de ce concept général de modernité qui se situe au cœur de tous les débats, si elle n'est pas assimilable à la voie américaine ? Nous avons vu que les États-Unis ne pouvaient être dans l'Allemagne wilhelminienne qu'une référence parmi d'autres, utilisée surtout par les ingénieurs étudiant les processus de fabrication et de production, tout comme le Danemark servait de modèle à l'industrie laitière ou la France aux arts appliqués. La diversité des usages du modèle américain est cependant révélatrice. Elle reflète en effet le fait qu'il n'y a pas réellement de spécialisation nationale dans les références puisque l'exemple américain fut mobilisé pour une grande variété de sujets, dont certains paraissent peu refléter la réalité américaine. Il en va ainsi du thème de l'État aux États-Unis. Dans les années 1880, son rôle est mis en valeur à travers les louanges décernées au ministère de l'agriculture, et en particulier à ses nombreuses publications. Dans les années 1890 au contraire, l'État américain fait l'objet de toutes les critiques de la part des observateurs allemands, qui critiquent sa corruption, sa politisation et son inefficacité. À cette époque se multiplient notamment les critiques à l'égard des chiffres statistiques récoltés par le cens américain, chaque auteur multipliant les allusions à la faible fiabilité avérée de ces chiffres – tout en continuant à les utiliser abondamment. Ultime contradiction, l'efficacité de l'administration consulaire américaine, qui doit beaucoup au modèle allemand, est mise en avant, et présentée comme une preuve de l'engagement de l'État aux côtés de ses exportateurs. Comment expliquer cette absence de cohérence et cet écart par rapport à la réalité du pays ? Le choix d'une référence étrangère dans la discussion ne dépend qu'en partie de l'analyse de cette réalité. Tout aussi important est le succès global du pays, qui met celui-ci au centre des débats, et qui conduit les experts à l'utiliser pour faire avancer leur propre cause. C'est exactement ce qui se passe dans le cas des exportations américaines. Inversement, certaines réussites de la vie économique américaine ne sont pas relevées, en particulier dans le domaine commercial comme, par exemple, la vente par correspondance. Les observateurs étrangers y voient là une expression culturelle particulière parce que cela ne correspond pas à une demande précise dans leur propre pays. L'historien peut en tirer deux conséquences. D'une part, si les contemporains n'hésitent pas à poser l'existence d'identités économiques nationale, celles-ci, loin de reposer sur des caractérisations homogènes et pérennes, sont sans cesse remodelées, fragilisant les analyses qui les utilisent, sans pour autant que l'on renonce à s'en passer. D'autre part, la capacité à étudier un pays pour en tirer des conclusions utiles à son économie nationale est étroitement limitée par la grille de lecture que cette dernière impose. Plus précisément, le regard de l'observateur est souvent déformé par son désir de promouvoir des réformes dans son pays. Le modèle étranger est avant tout utilisé comme une mesure de l'excellence, qui permet de développer un discours sur la nécessité du rattrapage. Cette notion que nous avons trouvée appliquée aussi bien à la promotion des exportations qu'à l'agriculture ou à l'industrie, est le maître mot qui doit permettre, dans une économie mondialisée, de mobiliser la communauté nationale. Elle implique cependant aussi que le pays présenté en modèle dans le débat concerné ne possède qu'une supériorité relative et temporaire.

Ainsi, les différentes références nationales sont avant tout convoquées au nom du concept général de modernité. C'est là où se trouvent nos observations les plus curieuses, car les États-Unis ont bien été reconnus, à la fin du XIXe siècle, comme une image privilégiée d'un futur possible. On a vu d'ailleurs comment certains modes de production, dans l'agriculture comme dans l'industrie, initialement considérés comme spécifiquement américains, ont été ensuite adoptés comme éléments de la modernisation. Cependant, loin de faire le lien entre ce qui, dans chaque secteur, relevait d'un modèle américain, les contemporains se sont au contraire attachés dans leurs analyses à encadrer leurs recommandations de remarques soulignant les limites des emprunts à réaliser. Ce faisant, ils ne se contentaient pas de soulever un problème d'adaptation inhérent à tout transfert technologique : même après 1945, la vague d'américanisation qu'a connu l'Europe ne s'est pas faite sans adaptation aux différents contextes nationaux. Plus fondamentalement, avant 1914, il n'existe pas aux yeux des Allemands de système technologique ou économique qui soit à la fois proprement américain et moderne. Les progrès relevés aux États-Unis et repris en Allemagne sont acceptés parce qu'ils semblent faire partie d'un processus de modernisation commun à l'ensemble des pays industrialisés, qui sont pour la plupart européens : c'est donc bien l'Europe qui continue à fixer la norme de la vraie modernité.

Mais de quelle Europe s'agit-il ? Les réflexions géopolitiques et géoéconomiques élaborées sur l'Europe comme ensemble économique à opposer à la nouvelle puissance américaine ne rencontrent guère d'écho dans les écrits économiques allemands consacrés à un aspect précis de la concurrence américaine. Ces derniers ignorent tout aussi superbement une autre notion développée par la géopolitique, celle de civilisation anglo-saxonne. Les quelques occurrences trouvées, par exemple dans les critiques adressées à la presse économique de langue anglaise, restent rares et peu significatives. Cet écart constaté entre les conceptions économiques générales et celles, ponctuelles, conduites le plus souvent par des experts, doit rappeler la faiblesse de la théorisation de ces derniers et mettre en garde contre la recherche d'une cohérence dans le discours économique allemand qui serait artificielle. En réalité, dans les écrits d'experts, les progrès américains sont le plus souvent mesurés à la seule aune des accomplissements allemands, parfois même en opposition à ce qui se fait en Grande-Bretagne ou en France. Pourtant, on peut dans le même temps postuler l'existence d'une conscience européenne qui ne se définirait précisément qu'en creux : « nous » existons comme Européens parce que « eux », les Américains, existent, et que leur propre définition passe par une différentiation d'avec leur passé européen. L'idée européenne apparaît donc à cette époque d'abord comme un reflet et une attitude défensive face à la réalité américaine. C'est pourquoi elle colore beaucoup de discours sur les États-Unis, mais elle n'est pas revendiquée : les Allemands, comme Européens, réagissent à cette différenciation entre Nouveau et Ancien Monde mais ils ne l'acceptent pas réellement. Pour eux, les États-Unis, en faisant, comme les autres pays, l'apprentissage de la mondialisation, sont destinés à se rapprocher du modèle européen car la mondialisation reste encore, en cette veille de 1914, largement considérée comme une européanisation.

Sources et bibliographie

Archives

Archives fédérales de Berlin. Ministère des Affaires étrangères R- 901.

Rapports des consulats.

- Dossier 4682 : Chicago, 1908-1909.
- Dossier 4683 : Cincinnati, 1906.
- Dossiers 4684 et 4685 : Denver, 1906, 1908, 1909, 1911, 1912.
- Dossier 53835 : Baltimore, décembre 1887 – décembre 1906.
- Dossiers 53836 et 53837 : Boston, avril 1887 – décembre 1906.
- Dossier 53838 : Charleston, août 1900 – décembre 1906.
- Dossiers 53839 à 53842 : Chicago, juillet 1887 – décembre 1906.
- Dossier 53843 à 53845 : Cincinnati, avril 1888 – décembre 1906.
- Dossiers 53846 à 53855 : San Francisco, 1886 à 1903.
- Dossier 53856 à 53858 : Galveston.
- Dossier 53859 : Saint Louis.
- Dossiers 53861 et 53862 : Nouvelle Orléans.
- Dossiers 53863 à 53867 : Philadelphie.
- Dossier 53868 : Richmond.
- Dossiers 53869 et 53870 : Savannah.
- Dossiers 917 à 919 : Bank und Bankenwesen in den Vereinigten Staaten.

Agriculture.
- Dossiers 13699 à 13710 : Landwirtschaft in den Vereinigten Staaten.

Attachés commerciaux ; chambres de commerce à l'étranger.

- Dossiers 2510, 2511 et 2514 : Handelsattachés in den Vereinigten Staaten.
- Dossiers 7587 à 7 590 : technischer Attaché in Chicago.

- Dossiers 3346 à 3351 : Besuch der Handelattachés im Deutschland.
- Dossiers 3357 à 3362 : Handel – Generalia.
- Dossiers 3578, 3583 et 3584 : Deutsche Gesellschaftsreisen zum Studium fremder Handelsverhältnisse.
- Dossiers 7740 à 7752 : die Errichtung deutscher Handelskammer im Ausland.
- Dossiers 2527 à 2529 : Handelsmuseen, Exportmusterlager.
- Dossiers 8690 à 8696 : Exportzeitschriften.
- Dossiers 13345.

Expositions universelles.
- Exposition Philadelphie : dossiers 12124 à 12126.
- Exposition Chicago : dossiers 287 à 300.
- Exposition Saint Louis : dossiers 500 à 515.

Expositions aux États-Unis.
- Dossiers 12127 à 12129 : 1881 à 1891.
- Dossiers 18217 à 18223 : 1910 à 1914.
- Dossiers 18204 à 18206 : Förderung der deutschen Kunst im Ausland durch Ausstellungen.

Mitteleuropa.
- Dossiers 12149 et 12550 : Panamerika.
- Dossiers 2499 à 2501 : Mitteleuropäischer Wirtschaftsverein.

Américains en Allemagne.
- Dossiers 4674 et 4675 : Handelsattachés der Vereinigten Staaten.
- Dossiers 3343 et 3345 : fremde Handelkammer im deutschen Reich.
- Dossiers 767 à 768 : Amerikanische Ausstellung in Berlin 1910.
- Dossiers 1366 à 1372 : Ausstellungen in Deutschland.
- Dossier 8503 : Handelspionage.
- Dossier 13311/7 : Amerikanische Spionage.
- Dossiers 3505 et 3506 : die deutsch-überseeische Handelszentrale in Berlin.

Archives fédérales de Berlin. Ministère de l'Intérieur R-1501.

Dossiers 3178 à 3183 : Ludwig Goldberger. Amerikanische Gefahr. Industriespionage.

Achives d'entreprises

Wirtschaftsarchiv Baden Württemberg.

- Werner & Pfleiderer, Maschinenfabrik Stuttgart (dossiers 377, 379, 380).
- Hohner (B35 II : dossiers 110, 111, 113, 114b).

Staatsarchiv Hambourg.

- 621.1 Hapag Reederei (1025,1470, 4574).
- Familienarchiv Merck.
- *Hamburg's Handel* (Handelskammer Hamburg, *Jahresbericht*, 1879-1913).

Archives Deutsche Bank.

- A 0008 à A 0013 : Amerika Finanzen und Handel.
- A 812 : Panama Kanal 1899-1907.
- A 1255 et A 1257 : Währungsreform 1896-1910.
- A 1258 : Über Beteiligungen der Deutschen an Stützungsaktionen der USA.
- A 465 : Kuhn, Loeb & Co., NY.
- A 1219 : Philipp Holzmann & Co.
- A 1349 : John Pierpont Morgan.
- A 136 : Comitee für amerikanische Propaganda.
- A 1343 : Amerika 1871-1873. Kommandite Knoblauch & Lichtenstein, NY.
- A 1344 : Amerika – Plan zur Errichtung einer Filiale der DB in San Francisco.
- A 1874 : Filiale London – US Staatsanleihe, 1861-1893.
- A 1244 à A 1247 : Briefwechsel Henry Villard.
- A 222 et 223 : Correspondanz Direktor Blinzig mit Edgar L. Marston.
- A 1353 : Direktor Arthur von Gwinner. Correspondanz mit James Speyer, NY und Edgar Speyer, London.
- A1354 : Amerika Bank.
- A 1351 : Amerika-Reisen Alfred Blinzig, 1903 und 1908.
- A-1254 : Amerikanische Studien.

- S 76 : AEG (archives secrétariat).

Archives Siemens.

- 12/Lh 583 : Erinnerung des Meisters März.
- 2 Li 550 : Werner Siemens an Fremde.
- 4482 : Schriftwechsel zwischen Siemens & Halske Berlin und Siemens & Halske Electric Co. Of America, Chicago (3 volumes).
- 9465-3 : Siemens in den USA (manuscrit non publié de Helmut Schwab).
- 6632-2 : Weltausstellung Chicago.
- 68/Li 262 : « Amerika » extrait d'*Entwicklung und Tätigkeit der Firma Siemens & Halske in den Jahren 1847-1897* de Ludwig von Winterfeld ; correspondance de Siemens au Dr. Karl Frank, représentant à NY (1909-1913).
- 2/Li 552 : Correspondance Villard.
- 23/Lk 676 et 677 : éléments sur Villard.

Archives AEG.

- G5 4222 : Mein Leben von Felix Deutsch.
- Dossier 00811 : Union Elektrizitäts-Gesellschaft, Berlin.
- G5 353 : Paul Steinweh ehemaliger Fabrikdirektor der Fabriken Brunnenstrasse erzählt aus der UEG-AEG.
- Dossier 00076 : Electrical Co. Ltd, London.
- Die Resurrection Co. Von W. Hartenau.
- *AEG Zeitung.*
- 50 Jahre AEG, 1956.

Archives Bayer.

- 9/A.1 : correspondance de Duisberg à Muurling, Böttinger, Hess (1897-1908, 3 volumes).
- 4/A.4 : Denkschrift über die Vereinigung der deutschen Farbenfabriken von Dr. Carl Duisberg, février 1904.
- 10/3.1 : Denkschrift über die Organisation des Gesamtgeschäfts der Farbenfabriken vorm. Friedr. Bayer & CO. ; zu Elberfeld, février 1906.
- 191/1.1 et 191/1.3 : Geschäftsreisen.
- 191-002 : USA Reisen von Carl Duisberg.
- 214-002 : Arbeiter Union in den USA.
- 081-002 : USA-Allgemeines.
- 046-001 : Verein Deutscher Chemiker.

- 046-004-002 : Deutsche Chemische Gesellschaft.
- 192-008 : Besuch der American Society of Mechanical Engineers im Werk.
- 110.001.002 : Amerikanische Abteilung.
- 27/9 : Zollangelegenheiten in den USA.
- Nachlass Hermann Seeböhm (1909-1913).
- Nachlass Carl Rumpff.
- Nachlass Böttinger.

- Imprimés :
    - Carl Duisberg, *Meine Lebenserinnerungen*, Leipzig, 1933.
    - Carl Duisberg, *Abhandlungen, Vorträge und Reden aus den Jahren 1882-1921*, Berlin, Leipzig, 1923.
    - *Geschichte und Entwicklung der Farbenfabriken vorm. Friedrich Bayer & CO. Elberfeld in den ersten 50 Jahren*, Munich, 1918 (dit *Böttinger Chronik*).

Archives Metallgesellschaft.

- Abteilung 119 : Juristisches Büro.
    - Caisse a 15 : American Metal Company (9 dossiers, 1908 à 1913).
    - Caisse a 16 : American Metal Company (10 dossiers, 1894 et 1910-1914).
    - Caisse a 21 : American Metal Company (1914).
- Abteilung 15 : Institut für Gemeinwohl (n° 7, 381 à 383, 511, 521, 524 et 571).

Sources imprimées

Adler, Karl, « Lagerhäuser », in *Handwörterbuch der Staatswissenschaften*, vol. 5, 3e édition, Iéna, 1909-1911.

Ahlwardt, Hermann, *Die Vertrustung Deutschland*, Leipzig, 1913.

Ardant, Gabriel, Meyer, Rudolf, *La question agraire. Étude sur l'histoire politique de la petite propriété*, 2e édition, Paris, 1887.

Arendt, Otto (dir.), *Wie Deutschland zur Goldwährung kam und wie diese auswirkt*, Berlin, 1894.

Arendt, Otto, *Geld – Bank – Börse*, Berlin, 1907.

Augstin, Max, *Entwicklung der Landwirtschaft in den Vereinigten Staaten von Nordamerika und ihre Einfluss auf die Preisbildung land-*

wirtschaftlicher Erzeugnisse, Schriften des Vereins für Sozialpolitik, Berlin,1914.

Backhaus, Alexander, *Nordamerikanische Schweinezucht. Bericht über Studien auf der Weltausstellung zu Chicago über eine Reise in der nordamerikanische Union, Arbeiten der Deutschen Landwirtschafts-Gesellschaft*, n° 3, 1894.

Barth, Theodor, *Amerikanisches Wirtschaftsleben, Volkswirtschaftliche Zeitfragen*, Berlin, 1887.

Becker, John H., *Die Hundertjährige Republik. Sociale und politische Zustände in den Vereinigten Staaten Nordamerika's*, Augsbourg, 1876.

Böhm, Otto, *Die Kornhäuser, Münchener Volkswirtschaftlichen Studien*, Munich, 1898.

Bonnevay, Laurent, *Le Homestead et les projets français d'insaisissabilité du bien de famille*, Lyon, 1897.

Borgius, Walther, *Deutschland und die Vereinigten Staaten. Ein Handelspolitischen Rückblick bei Eröffnung des internationalen Handelskongresses zu Philadelphia*, Berlin, 1899.

Böttcher, F. « Amerikanische Möbel in Deutschland », in *Bayerisch Gewerbe-Zeitung*, n° 10, 1897.

Brentano, Lujo, *Die deutschen Getreidezölle*, Stuttgart, Berlin, 1910.

Brewer, William H., *History of American Agriculture*, US Bureau of the Census, 10th Census, 1880.

Bücher, Karl, *Lehrlingsfrage und gewerbliche Bildung in Frankreich*, Eisenach, 1878.

Buhle, Max, « Silospeicher », in Lueger, Otto (dir.), *Lexikon der Gesamten Technik*, 2e édition, Stuttgart, Leipzig, Berlin, Vienne, 1904-1920.

Calwer, Richard, *Kartelle und Trusts*, Berlin, 1906.

Chavannes, Étienne, *Le Homestead*, thèse pour le doctorat, Paris 1907.

Commission autrichienne pour l'Exposition universelle de Philadelphie, *Bericht über die Weltausstellung in Philadelphia 1876*, édité par la commission autrichienne pour l'Exposition universelle de Philadelphie, Vienne, 1877.

Corniquet, Louis A., *Le Homestead. Le foyer de famille insaisissable*, Paris, 1895.

Crüger, Hans, *Getreide-Absatz-Genossenschaften, Volkswirtschaftliche Zeitfragen*, Berlin, 1896.

Danoff, Gruio, *Kornhäuser als Mittel zur Reorganisation des inneren Getreidehandels in Deutschland*, Leipzig, 1902.

Dehn, Paul, *Kommende Weltwirtschaftspolitik*, Berlin, 1898.

Dehn, Paul, *Weltpolitische Neubildungen*, Berlin, 1905 (introduction de Alexander von Peez).

Département fédéral des affaires étrangères, *L'industrie électrique à l'Exposition de Chicago et aux États-Unis*, rapport présenté par Adrien Palaz, professeur d'électricité à l'université de Lausanne, Berne, 1894.

Brutschke, Fritz, Deutsche Landwirtschafts-Gesellschaft (DLG), *Die landwirtschaftlichen Maschinen in den Vereinigten Staaten von Amerika*, Berlin, 1904.

Die Organisation des Exports, tiré à part de la *Deutschen Export-Revue*, Stuttgart, Leipzig, Berlin, 1904.

Rössler, Constantin, *Die Zukunft der Völker von Mitteleuropa*, Berlin, 1890.

Dietzel, Heinrich, *Weltwirtschaft und Volkswirtschaft*, Berlin, 1900.

Dietzel, Heinrich, *Vergeltungszölle*, Berlin, 1904.

Dietzel, Heinrich, *Der deutsch-amerikanische Handelsvertrag und das Phantom der amerikanischen Industriekonkurrenz*, 2e édition, Berlin, 1905.

Diezmann, Max, *Deutschlands Warenausfuhr nach den Vereinigten Staaten*, *Volkswirtschaftliche Zeitfragen*, Berlin, 1891.

Dönges, Reinhard, *Die handelspolitische Bedeutung der Ausfuhrprämien*, Francfort-sur-le-Main, 1902.

Dove, Karl, *Die angelsächsischen Riesenreiche. Eine wirtschaftsgeographische Untersuchung. II – die Vereinigten Staaten von Nordamerika*, Iéna, 1907.

Dunt, Detlef, *Reise nach Texas, nebst Nachrichten von diesem Lande für Deutsche, welche nach Amerika zu gehen beabsichtigen*, Brême, 1834.

Fischer, Gustav, *Die soziale Bedeutung der Maschinen in der Landwirtschaft*, Leipzig, 1902.

Fisk, George M., *Die handelspolitischen und sonstigen völkerrechtlichen Beziehungen zwischen Deutschland und den Vereinigten Staaten von Amerika*, Stuttgart, 1897.

Fitcher, Emil, *Die Organisation des britischen Weltreiches und die Londoner Reichskonferenz von 1911*, *Volkswirtschaftliche Zeitfragen*, Berlin, 1911.

Fried, Alfred H., *Panamerika. Entwicklung, Umfang und Bedeutung der panamerikanischen Bewegung*, Berlin, 1910.

George, Henry C., *The Land Question*, Londres, 1881.

George, Henry C., « More about Landlordism? », in *North American Review*, n° 353, avril 1886.

Gerhard, Hermann, *Die volkswirtchaftliche Entwicklung des Südens der Vereinigten Staaten von Amerika von 1860 bis 1900 mit besonderer Berücksichtigung der Negerfrage*, Heidelberg, 1903.

Gide, Charles, Rist, Charles, *Histoire des doctrines économiques*, Paris, 1909.

Gill, Thomas P., « Landlordism in America », in *North American Review*, n° 350, janvier 1886.

Glier, Ludwig, *Die Meistbegünstigungsklausel (eine entwickelungsgeschichtliche Studie unter besonderer Berücksichtigung der deutschen Verträge mit den Vereinigten Staaten von Amerika und mit Argentinien)*, Berlin, 1905.

Goblet, Yves Marie, *Le panaméricanisme*, Tours, 1907.

Goldberger, Ludwig Max, « Die amerikanische Gefahr », in *Preussische Jahrbücher*, vol. 120, n° 1, avril 1905.

Gotheim, Georg, *Der deutsche Aussenhandel*, Berlin, 1901.

Grossmann, Hermann, *Die chemische Industrie und die deutschen Handelsbeziehungen [auf Grund von amtlichen Material]*, Leipzig, 1912.

Grothe, Hermann (dir.), *Die Industrie Amerika's*, Berlin, 1877.

Grothe, Hermann, *Der Einfluss des Manchestertums auf Handwerk und Hausindustrie*, Berlin, 1884.

Grund, Francis Joseph, *Handbuch und Wegweisen für Auswanderer nach den Vereinigten Staaten von Amerika*, Stuttgart, 1843.

Haas, Albert, *Die Negerfrage in den Vereinigten Staaten von Amerika, Volkswirtschaftliche Zeitfragen*, Berlin, 1912.

Halle, Ernst von (dir.), *Amerika. Seine Bedeutung für die Weltwirtschaft und seine wirtschaftlichen Beziehungen zu Deutschland*, Hambourg, 1905.

Haller, Carl, *Die Förderung des deutschen Ausfuhrhandels, namentlich nach Amerika, Volkswirtschaftliche Zeitfragen*, Berlin, 1895.

Harms, Bernhard, *Weltwirtschaftliche Aufgaben der deutschen Verwaltungspolitik*, Iéna, 1911.

Hauser, Henri, *L'impérialisme américain*, Paris, 1905.

Hauser, Henri, *Rapport sur les cartels ou syndicats de producteurs en Allemagne*, Paris, 1915.

Heine, H., *Professor Reuleaux und die deutsche Industrie (eine Skizze auf Grundlage amerikanischer sowie deutscher Beobachtungen und Erfahrungen)*, Berlin, 1876.

Helfferich, Karl (dir.), *Ausgewählte Reden und Aufsätze über Geld- und Bankwesen von Ludwig Bamberger*, Berlin, 1900.

Helfferich, Karl, *La prospérité nationale de l'Allemagne de 1888 à 1913*, Berlin, 1914.

Hellwald, Friedrich von, *Culturgeschichte in ihrer Natürlichen Entwicklung bis zum Gegenwart*, Augsbourg, 1876.

Herman, Freiherr von, « Plantagen und Eingeborenen-Kulturen in den Kolonien », in *Verhandlungen des deutschen Kolonialkongresses*, Berlin 1903.

Herr, Erich, *Der Zusammenbruch der Wirtschaftsfreiheit und der Sieg des Staatssozialismus in den Vereinigten Staaten von Amerika*, Iéna, 1906.

Hildebrandt, Franz, *Amerikanische Konkurrenz-Manöver auf deutschen Industriemärkten*, Hanovre, 1911.

Huber, Franz, *Zur Frage der Differentialverträge* (s. l. s. d.).

Huber, Franz « Exportmusterlager », in *Handwörterbuch der Staatswissenschaften*, 3e édition, vol. 3, Iéna, 1909.

James, Edmund Janes, *Studien über den amerikanischen Zolltarif. Seine Entwicklung und seinen Einfluss auf die Volkswirtschaft*, Iéna, 1877.

Jannet, Claudio, *Les États-Unis contemporains ou les mœurs, les institutions et les idées depuis la guerre de Sécession*, Paris, 1876.

Jenks, Jeremiah W., *The Trust Problem*, édition révisée, New York, 1912.

Katzenstein, Louis, *Die Trusts in den Vereinigten Staaten, Volkswirtschaftliche Zeitfragen*, Berlin, 1900.

Kautsky, Karl, *Die Agrarfrage*, Stuttgart, 1899.

Kleinwächter, Friedrich, *Die Kartelle. Ein Beitrag zur Frage der Organisation der Volkswirtschaft*, Innsbruck, 1883.

Klostermann, R., *Das Patentgesetz für das deutsche Reich vom 25. mai 1877 (nebst Einleitung und Commentar und mit vergleichender Übersicht der ausländischen Patentgesetze)*, Berlin, 1877.

Knauer, Hermann, *Eine Amerikafahrt und die Weltausstellung in Saint Louis 1904*, 1904.

Knebel-Doeberitz, Hugo von, *Besteht für Deutschland eine amerikanische Gefahr ?*, Berlin, 1904.

Kolb, Alfred, *Als Arbeiter in Amerika. Unter Grossstadt-Proletarien*, Berlin, 1904.

Kuczynski, Robert, *Die Einwanderungspolitik und die Bevölkerungsfrage der Vereinigten Staaten*, *Volkswirtschaftliche Zeitfragen*, Berlin, 1903.

Kühnemann, Fritz, Felish, Bernhard, Goldberger, Ludwig Max (dir.), *Berlin und Seine Arbeit. Amtlicher Bericht der Berliner Gewerbe-Ausstellung 1896*, Berlin, 1898.

Kundt, Walter, *Die Zukunft unseres Überseehandels*, Berlin, 1904.

Leonhard, Rudolf, *Kornhäuser und Getreidehandel. Ein Beitrag zur deutschen Agrarpolitik*, Munich, 1906.

Levy, Hermann, *Die Stahlindustrie der Vereinigten Staaten von Amerika*, Berlin, 1905.

Levy, Hermann, *Monopole, Kartelle und Trusts in ihrer Beziehungen zur Organisation der kapitalistischen Industrie. Dargestellt an der Entwicklung in Grossbritannien*, Iéna, 1909.

Levy, Hermann, *Die treibenden Kräfte der englischen Schutzzollbewegung*, Berlin, 1911.

Liebknecht, Wilhelm, *Ein Blick in die Neue Welt*, Stuttgart, 1887.

Liefmann, Robert, *Kartelle und Trusts und die Weiterbildung der volkswirtschaftlichen Organisation*, Stuttgart, 1905.

Liefmann, Robert, *Beteiligungs- und Finanzierungsgesellschaften*, Iéna, 1re édition 1909, 2e édition revue et augmentée 1913.

Lignitz, General Viktor von, *Die nordamerikanische Grossmacht geschichtlich, kommerziell und politisch dargestellt*, Berlin, 1909.

Lohan, Oswald, *Das Deutschtum in den Vereinigten Staaten von Amerika*, Berlin, 1913.

Lüders, Johann, *Wider Herrn Reuleaux ! Eine Würdigung der wissenschaftlichen Arbeiten und Methoden des Herrn Professor Reuleaux*, Kiel, 1877.

Mathusius, Simon von, *Die Pferdezucht. Unter besonderer Berücksichtigung des betriebswirtschaftlichen Standpunktes*, Stuttgart, 1902.

Matlekovits, Alexander von, *Die Zollpolitik der Osterreichisch-ungarischen Monarchie und des Deutschen Reichs seit 1868 und deren nächste Zukunft*, Leipzig, 1891.

Matschoss, Conrad, *Die geistigen Mittel des technischen Fortschritts in den Vereinigten Staaten von Amerika*, Berlin, 1914.

Medley, George W., *The German Bogey. A Reply to « Made in Germany » by Ernest William*, Londres, 1896.

Meyer, Moritz, *Der internationale Geldmarkt*, Berlin, 1892.

Meyer, Rudolf, *Ursachen der Amerikanischen Konkurrenz. Ergebnisse einer Studienreise durch die Vereinigten Staaten*, Berlin, 1881.

Meyer, Rudolf, *Heimstätten und andere Wirtschaftsgesetze*, Berlin, 1883.

Mitteilungen der Gesellschaft österreichischer Volkswirthe, 1888-1889.

Moeller, Paul, *Aus der amerikanischen Werkstattspraxis. Bericht über eine Studienreise in den Vereinigten Staaten von Amerika*, Berlin, 1904.

Moltke, Otto Graf, *Nordamerika. Beiträge zum Verständnis seiner Wirtschaft und Politik*, Berlin, 1903.

Nagy de Felso-Em, Ernest, « La transformation de la Hongrie sous l'influence des idées occidentales », in *La réforme sociale*, 1er avril 1883.

Neumeister, Werner, *Die natürlichen Grundlagen für die Eisenindustrie in Deutschland und in den Vereinigten Staaten*, Leipzig, 1910.

Österreichische Commission für die Weltausstellung in Philadelphia 1876, *Bericht über die Weltausstellung in Philadelphia 1876*, Vienne 1877.

Oppel, Alwin, *Wirtschaftsgeographie der Vereinigten Staaten von Nordamerika*, Halle, 1907.

Overzier, Paul, *Der amerikanisch-englische Schiffahrtstrust-Morgan-Trust mit besonderer Berücksichtigung seiner Beziehungen zu den deutschen Dampfschiffahrtsgesellschaften*, Berlin, 1912.

Peez, Alexander, *Zollpolitische Verhandlungen zwischen dem Deutschen Reich und Österreich-Ungarn*, Vienne, 1890.

Peez, Alexander, *Zur neuesten Handelspolitik. Sieben Abhandlungen*, Vienne, 1895.

Peyer, Karl, *et alii*, *Denkschrift betreffend die Erbfolge in landwirtschaftliche Güter und das Erbgüterrecht (Heimstättenrecht) nebst einem hierauf bezüglichen Gesetzenentwurf*, Vienne, 1884.

Picard, Ernst, *Die Finanzierung nordamerikanischer Eisenbahngesellschaften*, Iéna, 1912.

Plehn, Georg, *Das Trockenfarmen im Westen der Vereinigten Staaten, Abhandlungen des Hamburger Kolonialinstituts*, 1913.

Plenge, Johann, *Die Zukunft in Amerika*, Berlin, 1912.

Prager, Max, *Die Amerikanische Gefahr*, Berlin, 1902.

Prager, Max, *Die Reichsbankidee in den Vereinigten Staaten*, Berlin, 1903.

Rache, Paul, *Was tut Deutschland für seinen Aussenhandel ? Ein Beitrag zur Frage der Errichtung eines deutschen Reichs-Handelsmuseums*, Berlin, 1899.

Reibnitz, Kurt Freiherr von, *Die New Yorker Fondsbörse. Ihre Geschichte, Verfassung und wirtschaftliche Bedeutung*, Iéna, 1912.

Reifer, Felix, « Holzbearbeitungsmaschinen », in Österreichische Commission für die Weltausstellung in Philadelphia 1876, *Bericht über die Weltausstellung in Philadelphia 1876*, 6e cahier, Vienne, 1877.

« Reisebericht der Landwirtschafts-Gesellschaft », in *Schriften der Deutschen Landwirtschafts-Gesellschaft*, 1903.

Reiseberichte über Nord-Amerika erstattet von Kommissaren des Königlichen Preussischen Ministers für Handel und Gewerbe, Berlin, 1906.

Richter, Emil, *Öffentliche Lagerhäuser und Warrant-Agiotage in ihrem Einfluss auf Produktion und Handel*, Soziale Zeitfragen, Berlin, 1888.

Riedler, Aloïs, *Ein Rückblick auf die Weltausstellung in Chicago*, Berlin, 1894.

Riedler, Aloïs, *Zur Frage der Ingenieur-Erziehung*, *Volkswirtschaftliche Zeitfragen*, Berlin, 1895.

Rosenthal, Charles Anton, *Amerikanische Bonds*, Stuttgart, Berlin, 1912.

Rümelin, Carl (Reemelin, Charles), « Das Steuerwesen in den Vereinigten Staaten », in Tenner, Armin, *Amerika. Der heutige Standpunkt der Kultur in den Vereinigten Staaten. Monographien aus der Feder hervorragender deutsch-amerikanischer Schriftsteller*, Berlin, New York, 1886.

Rümker, Kurt von, Tschermark-Seysenegg, Erich von, *Landwirtschaftliche Studien in Nordamerika*, 1911.

Saint Léon, Martin, « L'enquête allemande sur les cartels », in *Le Musée social. Annales*, numéros d'avril et mai 1903.

Schaffler, Johannes, *Das Geldwesen der Vereinigten Staaten vom Standpunkt des Staates*, Berlin, 1908.

Schanz, Moritz, « Amerikanische Exportförderung », in *Deutsche Industrie Zeitung*, n° 2, 11 janvier 1908a.

Schanz, Moritz, *Negererziehung in Nordamerika und Booker T. Washington*, Berlin, 1908, tiré à part du *Tropenpflanzer. Zeitschrift für tropische Landwirtschaft (mit wissenschaftlichen und praktischen Beiheften)*, Organ des Kolonial-Wirtschaftlichen Komitees, n° 5 et 6, 1908b.

Schanz, Moritz, *Der Neger in den Vereinigten Staaten*, Berlin, 1911.

Schkopp, Eberhard von, « Die wirtschaftliche Bedeutung der Baumwolle auf dem Weltmarkte », in *Tropenpflanzer*, vol. 5, n° 1-6, 1904.

Schloss, David F., « "Gain sharing" in Germany », in *The Economic Journal*, vol. 15, n° 60, décembre 1905.

Schlösser, P. Jacob, *Die amerikanische Obst-Industrie und die Entwicklung des amerikanischen Obstexportes*, Francfort-sur-l'Oder, 1905.

Schmoller, Gustav, *Über wirtschaftliche Kartelle in Deutschland und im Ausland*, Leipzig, 1894.

Schmoller, Gustav, Sering, Max, Wagner, Adolph (dir.), *Handels-und Machtpolitik. Reden und Aufsätze im Auftrag der « Freien Verinigung für Flottenverträge »*, Stuttgart, 1900.

Schoenhof, Jacob, *Über die volkswirtschaftlichen Fragen in den Vereinigten Staaten. Sammlung gemeinverständlichen wissenschaftlichen Vorträge*, Berlin, 1880.

Schoenhof, Jacob, *Deutsche Urteile über Amerika. Sammlung gemeinverständlichen wissenschaftlichen Vorträge*, Berlin, 1881.

Schroeder, Eduard August, *Das Heimstättenrecht und seine Anwendbarkeit auf die mitteleuropäischen Staaten*, Leipzig, 1896.

Schulte im Hofe, August, « Zur Frage der Anwerbung von indischen Kulis bzw. Kleinbauern für die deutschen Kolonien », in *Der Tropenpflanzer*, vol. 3, n° 12, 1902.

Schwegel, Hans, *Über die neue deutsche Amerika-Literatur. Beitrag zu den « Beiträgen zum Verständnis Amerikas »*, tiré à part du *Volkswirtschaftlichen Wochenschrift*, Vienne, 1904.

Semler, Heinrich, *Die Hebung der Obstverwertung und des Obstbaues nach den Erfahrungen durch die nordamerikanischen Konkurrenz*, 1883.

Semler, Heinrich, Heyer, F., *Obstbau und Obstnutzung in den Vereinigten Staaten*, 1886.

Sering, Max, *Die Landwirtschaftliche Konkurrenz in Amerika*, Berlin, 1887.

Sering, Max, « Heimstättenrecht », in *Handwörterbuch der Staatswissenschaften*, 1890-1897, vol. 4, Iéna, 1892.

Seyd, Ernest, *Der Hauptirrtum in der Goldwährung*, Berlin, 1880.

Singer, J. (Isidor), *Die amerikanischen Bahnen und ihre Bedeutung für die Weltwirtschaft*, Berlin, 1909.

Sinzheimer, Ludwig, « Über die Grenzen der Weiterbildung des fabrikmässigen Grossbetriebes in Deutschland », in *Münchener Volkswirtschaftlichen Studien*, vol. 1, 1893.

Sombart, Werner, *Pourquoi le socialisme n'existe-t-il pas aux États-Unis ?* Paris, PUF, 1992 (édition allemande 1906).

Souchon, August, *Les cartels de l'agriculture en Allemagne*, Paris, 1903.

Stead, William T., *L'américanisation du monde*, Paris, 1902.

Steinmann-Bucher, Arnold, « Anträge zur Reform des Consulatswesens », in *Verhandlungen des Centralverbands deutscher Industrieller*, 1883.

Süss, Judes, *Le Homestead ou bien de famille*, Genève, 1905.

Totis, A. von, *Amerikanische wirtschaftliche Verhältnisse*, *Volkswirtschaftliche Zeitfragen*, Berlin, 1881.

Tschierschky, Siegfried, *Kartell und Trust. Vergleichende Untersuchung über deren Wesen und Bedeutung*, Göttingen, 1903.

Tyszka, Carl von, *Die Lebenshaltung der arbeitenden Klassen in den bedeutenderen Industriestaaten : England, Deutschland, Frankreich, Belgien und die Vereinigten Staaten von Amerika*, Iéna, 1912.

Verhandlungen des deutschen Kolonialkongresses, Berlin, 1902.

Villard, Heinrich, *Lebenserinnerungen. Ein Bürger zweier Welten. 1835-1900*, Berlin, 1906.

Voigt, Ludwig, *Export zu Schleuderpreisen*, *Volkswirtschaftliche Zeitfragen*, Berlin, 1911.

Von Hellwald, Friedrich, *Culturgeschichte in ihrer Natürlichen Entwicklung bis zum Gegenwart*, Augsbourg, 1876.

Vosberg-Rekow, Max, *Die amtliche Statistik des Deutschen Aussenhandels*, *Schriften der Centralstelle für Vorbereitung von Handelsverträgen*, Berlin, 1898.

Waltershausen, August Sartorius von, *Deutschland und die Handelspolitik der Vereinigten Staaten von Amerika*, Berlin, 1898.

Waltershausen, August Sartorius von, *Die Handelsbilanz der Vereinigten Staaten von Amerika*, Berlin, 1901.

Waltershausen, August Sartorius von, *Das volkswirtschaftliche System der Kapitalanlage im Auslande*, Berlin, 1907.

Waltershausen, August Sartorius von, « Negerfrage », in *Handwörterbuch der Staatswissenschaften*, 3e édition, Iéna, 1911.

Warburg, Otto, « Zum neuen Jahr », in *Tropenpflanzer*, vol. 1, n° 1, 1900.

Weiller, Lazare, *Les grandes idées d'un grand peuple. Mission diplomatique aux États-Unis par Lazare Weiller*, Paris, 1904.

Wendlandt, Wilhelm, *Handels-Auskunftsstellen des Auslandes*, Berlin, 1900.

Wendlandt, Wilhelm, « A German View of the American Peril », in *The North American Review*, vol. 174, avril 1902.

Willner, Martin, *Landwirtschaftliche Gesellschaftsreise durch die Vereinigten Staaten von Amerika. Reisebericht*, *Arbeiten der Deutschen Landwirtschafts-Gesellschaft*, Berlin, 1904

Wirth, Albrecht, *Das Wachstum der Vereinigten Staaten von Amerika und ihre auswärtige Politik*, Bonn, 1899.

Wirth, Max, *Grundzüge der Nationaloekonomie*, Cologne, 1871.

Witt, Otto, *Die chemische Industrie auf der Weltausstellung zu Chicago und in den Vereinigten Staaten von Nordamerika im Jahre 1893*, Berlin, 1894.

Wohltmann, Ferdinand (dir.), *Landwirtschaftliche Reisestudien über Chicago und Nord-Amerika*, Breslau, 1894.

Wohltmann, Ferdinand, « Die wirtschaftliche Entwickelung unserer Kolonien », in *Verhandlungen des deutschen Kolonialkongresses*, Berlin, 1903.

Wolf, Julius, *Deutschland und der Weltmarkt*, 1901 (traduit : l'Allemagne et le marché du monde, 1902).

Wolf, Julius (dir.), *Materialien betreffend den Mitteleuropäischen Wirtschaftsverein*, Berlin, 1904.

Wygodzinski, Willy, « Kornspeicher », in *Handwörterbuch der Staatswissenschaften*, 1re édition, 1890-1897.

Wygodzinski, Willy, « Kornspeicher », in *Handwörterbuch der Staatswissenschaften*, 3e édition, 1911.

Zöllner, August, *Eisenindustrie und Stahlwerkverband*, Leipzig, 1907.

Zupf, Karl, « Zur Baumwollfrage », in *Tropenpflanzer*, n° 6, juin 1900.

Revues

Jahrbuch für Gesetzgebung, Verwaltung und Volkswirtschaft im Deutschen Reich (Schmollers Jahrbücher), Berlin, 1876-1914.

Jahrbücher für Nationalökonomie und Statistik (Conrads Jahrbücher), Iéna, 1876-1914.

Verhandlungen des Vereins zur Beförderung des Gewerbefleisses in Preussen, Berlin, 1876-1914.

Bank-Archiv. Zeitschrift für Bank- und Börsenwesen, Berlin, Francfort-sur-le-Main, 1901-1914.

Bibliographie

Achilles, Walter, *Deutsche Agrargeschichte im Zeitalter der Reformen und der Industrialisierung*, Stuttgart, Ulmer, 1993.

Adelmann, Gerhard, « Die berufliche Ausbildung und Weiterbildung in der deutschen Wirtschaft 1871-1918 », in Pohl, Hans (dir.), *Berufliche Aus-und Weiterbildung in der deutschen Wirtschaft seit dem 19. Jahrhundert, Zeitschrift für Unternehmensgeschichte*, Beiheft 15, Wiesbaden, Franz Steiner, 1979.

Adick, Christel, *Bildung und Kolonialismus in Togo. Eine Studie zu den Entstehungszusammenhängen eines europäisch geprägten Bildungswesens in Afrika am Beispiel Togos*, Weinheim, Beltz, 1981.

Adler, Cyrus, *Jacob Schiff. His Life and Letters*, New-York, Ayer Co. Pub., 1929.

Aldenhoff-Hübinger, Rita, « "Les nations anciennes, écrasées..." Agrarprotektionismus in Deutschland und Frankreich, 1880-1914 », in *Geschichte und Gesellschaft*, vol. 26, n° 3, 2000.

Anscombe, Isabelle, *Arts and Crafts Style*, Londres, Phaidon, 1991.

Arena, Richard, Maricic, Anna, « La postérité ricardienne et l'œuvre de J. S. Mill », in Béraud, Alain, Faccarello, Gilbert (dir.), *Nouvelle histoire de la pensée économique*, tome 1, Paris, La Découverte, 1992.

L'art russe dans la seconde moitié du XIXe siècle en quête d'identité, Paris, Réunion des musées nationaux, 2005.

Asselain, Jean-Charles, « Le projet français d'"histoire économique quantitative" : ambitions et résultats », in *Économies et sociétés* (série « Histoire économique quantitative »), vol. 36, 2007, p. 567-609.

Aubin, Hermann, Zorn, Wolfgang (dir.), *Handbuch der deutschen Wirtschafts-und Sozialgeschichte*, vol. 2, Stuttgart, Ernst Klett, 1976.

Ayers, Edward L., *The Promise of the New South. Life After Reconstruction*, New York, Oxford University Press, 1992.

Bade, Klaus J. (dir.), *Auswanderer – Wanderarbeiter – Gastarbeiter*, St Katharinen, Scripta Mercaturae, 1984a.

Bade, Klaus J., « Die deutsche überseeische Massenauswanderung im 19. und frühen 20. Jahrhunderte : Bestimmungsfaktoren und Entwicklungsbedingungen », in Bade, Klaus J. (dir.), *Auswanderer – Wanderarbeiter – Gastarbeiter*, St Katharinen, Scripta Mercaturae, 1984b.

Bade, Klaus J., « Massenwanderung und Arbeitsmarkt im deutschen Nordosten », in *Archiv für Sozialgeschichte*, n° 20, 1980.

Bade, Klaus J. (dir.), *Population, Labour and Migration in 19th and 20th Centuries Germany*, Munich, Berg, 1987.

Bade, Klaus J. (dir.), *Deutsche im Ausland, Fremde in Deutschland*, Munich, Beck, 1992

Badie, Bertrand, « L'adieu au gladiateur ? La mondialisation et le renouveau des relations internationales », in *Relations internationales*, n° 124, 2005, p 95-106.

Balabkins, Nicholas, *Not by Theory Alone... The Economics of Gustav von Schmoller and Its Legacy to America*, Berlin, Duncker & Humblot, 1988.

Barbier de Crozes, Jacques, *Du protectionnisme à la mondialisation. 1898-1998. Histoire des conseillers du commerce extérieur de la France*, Paris, CCE Communications, 1999.

Barclay, David E., Glaser Schmidt, Elisabeth (dir.), *Transatlantic Images and Perceptions. Germany and America since 1776*, German Historical Institute of Wahington et Cambridge University Press, 1997.

Barjot, Dominique (dir.), *Vues nouvelles sur les cartels internationaux (1880-1980)*, Éditions du Lys, Caen, 1994.

Barjot, Dominique (dir.), *Catching up with America. Productivity Missions and the Diffusion of American Economic and Technological Influence after the Second World War*, Paris, PUPS, 2002.

Barjot, Dominique, Lescent-Gilles, Isabelle, Ferrière le Vayer, Marc de (dir.), *L'américanisation en Europe au XXe siècle : économie, culture, politique*, 2 volumes, Lille, Centre de recherche sur l'Histoire de l'Europe du Nord-Ouest, Université Charles-de-Gaulle-Lille 3, 2002.

Barjot, Dominique, Dard, Olivier, Garrigues, Jean, Musiedlak, Didier, Anceau, Éric (dir.), *Industrie et politique en Europe occidentale et aux États-Unis*, Paris, PUPS, 2006.

Barkin, Kenneth, *The Controversy over German Industrialization*, Chicago, Chicago University Press, 1970.

Barth, Ernst, *Entwicklungslinien der deutschen Maschinenbauindustrie von 1871 bis 1914*, Berlin, Akademie Verlag, 1973.

Bauerkämer, Arnd, Eisenberg, Christiane (dir.), *Britain as Model of Modern Society ? German Views*, Augsbourg, Wissner, 2006

Becker, Susan, *Auslandsaktivitäten der Metallgesellschaft bis 1914*, maîtrise, université de Bonn, 1992.

Belhoste, Bruno, « Les écoles d'ingénieurs américaines au début du XXe siècle : un modèle original de formation », in Gouzevitch, Irina, Grelon, André, Karvar, Anousheh (dir.), *La formation des ingénieurs en perspective. Modèles de référence et réseaux de médiation – XVIIIe-XXe siècles*, Rennes, Presses universitaires de Rennes, 2006.

Belissa, Marc, « Le rôle des consuls français aux États-Unis dans la transmission de l'information économique (1776-1815) », in Margairaz, Dominique, Minard, Philippe (dir.), *L'information économique XVIe-XIXe siècle*, journées d'études du 21 juin 2004 et du 25 juin 2006, Paris, Comité pour l'histoire économique et financière de la France, 2008.

Benad-Wagenhoff, Volker, « Rationalisierung vor der Rationalisierung. Der zweite Umbruch in der Fertigungstechnik 1895-1914 », in *Technikgeschichte*, vol. 56, n° 3, 1989.

Bender, Thomas, *A Nation among Nations. America's Place in World History*, New-York, Hill and Wang, 2006.

Berg, Inge Bianka von, *Die Entwicklung des Konsularswesens im Deutschen Reich von 1871-1914 unter besonderer Berücksichtigung der aussenhandelsfördernden Funktionen dieses Dienstes*, thèse (Ing-. Diss.), Cologne, 1995.

Berg, Manfred, *Gustav Stresemann und die Vereinigten Staaten von Amerika. Weltwirtschaftliche Verflechtung und Revisionspolitik. 1907-1929*, Baden-Baden, Nomos Verlagsgesellschaft, 1990.

Berger, Suzanne, *Notre première mondialisation. Leçons d'un échec oublié*, Paris, Seuil, 2003.

Berghahn, Volker, *Unternehmer und Politik in der Bundesrepublik*, Francfort-sur-le-Main, Suhrkamp, 1985.

Berghahn, Volker, « Deutsche Industrie und amerikanische Geschäftswelt, 1900-1914 », in Müller, Sven Oliver, Torp, Cornelius (dir.), *Das deutsche Kaiserreich in der Kontroverse*, Göttingen, Vandenhoeck & Ruprecht, 2009, p. 441-453.

Berghoff, Hartmut, Möller, Roland, « Unternehmer in Deutschland und England, 1870-1914. Aspekte eines kollektivbiographischen Vergleiches », in *Historiche Zeitschrift*, vol. 256, 1993.

Berghoff, Hartmut, *Zwischen Kleinstadt und Weltmarkt. Hohner und die Harmonika 1857-1961*, Paderborn, Schöningh, 1997.

Berghoff, Hartmut, Vogel, Jacob (dir.), *Wirtschaftsgeschichte als Kulturgeschichte. Dimensionen eines Perspektivenwechsels*, Francfort-sur-le-Main, New-York, Campus, 2004.

Berghoff, Hartmut, « Civilizing Capitalism? The Beginnings of Credit Rating in the United States and Germany », in *Bulletin of the German Historical Institute* (Washington DC), n° 45, automne 2009.

Birmingham, Stephen, *Our Crowd, the Great Jewish Families in New York*, New York, Harper & Row, 1967.

Blackbourn, David, *The Long Nineteenth Century. A History of Germany. 1780-1918*, Oxford, Oxford University Press, 1998.

Blaich, Fritz, *Amerikanische Firmen in Deutschland, Zeitschrift für Unternehmensgeschichte*, Beiheft 30, Wiesbaden, Franz Steiner, 1984.

Bonz, Bernhard *et alii* (dir.), *Berufsbildung und Gewerbeförderung. Zur Erinnerung an Ferdinand Steinbeis (1807-1893)*, Bielefeld, Bertelsmann, 1994.

Boorstin, Daniel, *Histoire des Américains*, Paris, Robert Laffont, 1983 (New York, Vintage Books, 1965).

Borchardt, Knut, « Währung und Wirtschaft », in Deutsche Bundesbank (dir.), *Währung und Wirtschaft in Deutschland 1876-1975*, Francfort-sur-le-Main, F. Knapp, 1976.

Borchardt, Knut (dir.) en collaboration avec Cornelia Meyer-Stoll, *Börsenwesen (Max Weber. Gesamtausgabe I/5)*, Tübingen, JCB Mohr, 1999.

Bordo, Michael, Eichengreen, Barry, Irvin, Douglas, « Is Globalization Today Really Different than Globalization a Hundred Years Ago ? », *Working Paper*, n° 7195, NBER, 1999.

Bowen, Ralph H., *German Theories of the Corporative State*, New-York, Mc Graw-Hill Book Co., 1947.

Boyce, Gordon, « Language and Culture in a Liverpool Merchant Family Firm, 1870-1950 », in *Business History Review*, vol. 84, printemps 2010.

Brakensiek, Stefan, *Agrarreform und ländliche Gesellschaft. Die Privatisierung der Marken in Nordwestdeutschland.1750-1850*, Paderborn, Schöningh, 1991.

Braun, Hans Joachim, « Wirtschafts-und Gesellschaftspolitische Anschauungen von Ingenieuren am Ende des 19. Jahrhunderts : das Beispiel Joseph Schlink », in *Technikgeschichte*, vol. 45, n° 3, 1978.

Braun, Hans Joachim, « Methodenprobleme der Ingenieurwissenschaft, 1850 bis 1900 », in *Technikgeschichte*, vol. 44, n° 1, 1977.

Braun, Hans Joachim, « Franz Reuleaux und der Technologietransfer zwischen Deutschland und Nordamerika am Ausgang des 19. Jahrhunderts », in *Technikgeschichte*, vol. 48, n° 2, 1981.

Braun, Hans-Joachim « Der deutsche Maschinenbau in der internationalen Konkurrenz 1870-1914 », in *Technikgeschichte*, vol. 53, n° 3, 1987.

Braun, Hans-Joachim, Weber, Wolfhard, « Ingenieurwissenschaft und Gesellschaftspolitik. Das Wirken von Franz Reuleaux », in Rürüp, Reinhard (dir.), *Wissenschaft und Gesellschaft. Beiträge zur Geschichte der Technischen Universität Berlin. 1879-1979*, vol. 1, Berlin, Springer, 1979.

Brocke, Bernhard vom, « Internationale Wissenschaftsbeziehungen und die Anfänge einer deutschen auswärtigen Kulturpolitik : der Professorenaustausch mit Nordamerika », in Brocke, Bernhard vom (dir.), *Wissenschaftsgeschichte und Wissenschaftspolitik im Industriezeitalter. Das « System Althoff », in historicher Perspektive*, Hildesheim, Lax, 1991.

Brown, John K., « Design Plans, Working Drawings, National Styles: Engineering Practice in Great Britain and the United States, 1775-1945 », in *Technology and Culture*, vol. 41, n° 2, avril 2000.

Bruch, Rüdiger vom, *Weltpolitik als Kulturmission. Auswärtige Kulturpolitik und Bildungsbürgertum in Deutschland am Vorabend des 1. Weltkrieges*, Paderborn, Munich, Vienne, Zurich, Ferdinand Schöningh, 1982.

Bruch, Rüdiger vom, Graf, Friedrich Wilhelm, Hübinger, Gangolf (dir.), *Kultur und Kulturwissenschaften um 1900. Krise der Moderne und Glaube an die Wissenschaft*, Stuttgart, Franz Steiner, 1989.

Bruhns, Hinnerk (dir.), *Histoire et économie politique en Allemagne de Gustav Schmoller à Max Weber*, Paris, Maison des sciences de l'homme, 2004.

Burchardt, Lothar, « Technischer Fortschritt und soziales Wandel. Das Beispiel des Taylorismus-Rezeption », in Treue, Wihelm (dir.), *Deutsche Technikgeschichte*, Göttingen, Vandenhoeck & Ruprecht, 1977.

Cabanel, Patrick, *La question nationale au XXe siècle*, Paris, La Découverte, 1997.

Campbell, Joan, *The German Werkbund. The Politics of Reform in the Applied Arts*, Princeton, Princeton University Press, 1978.

Caron, François, « Pour une économie de l'innovation », in Caron, François (dir.), *Les brevets. Leur utilisation en histoire des techniques et de l'économie*, table ronde du CNRS, 6 et 7 décembre 1984, Paris, 1985.

Carron de la Carrière, Guy, *La diplomatie économique. Le diplomate et le marché*, Paris, Economica, 1998.

Cassis, Youssef, *Capitals of Capital. A History of Financial Centres, 1780-2005*, Cambridge, Cambridge University Press, 2006.

Cecil, Lamar, *Albert Ballin. Business and Politics in Imperial Germany. 1888-1918*, Princeton, Princeton University Press, 1967.

Charle, Christophe, « Les références étrangères des universitaires. Essai de comparaison entre la France et l'Allemagne », in *Actes de la recherche en sciences sociales*, vol. 3, n° 148, 2003.

Chernow, Ron, *The Warburgs*, New York, Random House, 1983.

Chickering, Roger (dir.), *Imperial Germany. A Historiographical Companion*, Westport, Greenwood Press, 1996.

Chickering, Roger, Karl Lamprecht. *A German Academic Life (1856-1915)*, Atlantic Highlands, New Jersey, Humanities Press, 1993.

Church, Roy, « Ossified or Dynamic? Structure, Markets and the Competitive Process in the British Business System of the XIXth Century », in *Business History*, vol. 42, 2000, p. 1-20.

Clements, Kendrick A., *The Presidency of Woodrow Wilson*, Lawrence, University Press of Kansas, 1992.

Cohen, Deborah, O'Connor, Maura (dir.), *Comparison and History. Europe in Cross-national Perspective*, New-York, Routledge, 2004.

Colli, Andrea, *The History of Family Business 1850-2000*, Cambridge, Cambridge University Press, 2003.

Collins, E. J. T., « The Rationality of "Surplus" Agricultural Labour: Mechanization in English Agriculture in the XIXth Century », in *Agricultural History Review*, vol. 35, n° 1, 1987.

Colloque international sur le taylorisme, université Paris XIII, 2, 3 et 4 mai 1983 (document ronéoté).

Conn, Steven, *Museums and American Intellectual Life. 1876-1926*, Chicago, Londres, University of Chicago Press, 1998.

Conrad, Christoph, « Les États-Providence en comparaison. État des approches en sciences sociales et en histoire », in *Histoire & sociétés*, n° 6, avril 2003.

Conrad, Sebastian, Osterhammel, Jürgen, *Das Kaiserreich transnational. Deutschland in der Welt 1871-1914*, Göttingen, Vandenhoeck & Ruprecht, 2004.

Conrad, Sebastian, Eckert, Andreas, Freitag, Ulrike (dir.), *Globalgeschichte. Theorien, Ansätze, Themen*, Francfort-sur-le-Main, Campus, 2007.

Cordasco, Francesco (dir.), *Dictionary of American Immigration History*, New Jersey, Londres, Metuchen, 1990.

Crapol, Edward P., *America for Americans. Economic Nationalism and Anglophobia in the late XIXth Century*, Westport, London, Greenwood Press, 1973.

Crapol, Edward P., *James G. Blaine. Architect of Empire*, Wilmington, Scholarly Ressources, 2000.

Crépon, Marc, *Les géographies de l'esprit. Enquête sur la caractérisation des peuples de Leibnitz à Hegel*, Paris, Payot, 1996.

Crouzet, François, *Histoire de l'économie européenne. 1000-2000*, Paris, Albin Michel, 2000.

Cull, Robert, Davis, Lance E., « Un, deux, trois, quatre marchés ? L'intégration du marché du capital États-Unis et Grande-Bretagne (1865-1913) », in *Annales ESC*, mai-juin 1992, p. 633-674.

Czaja, Marek, *Die USA und ihr Aufstieg zur Weltmacht um die Jahrhundertwende : Die Amerikaperzeption der Parteien im Kaiserreich*, Berlin, Duncker & Humblot, 2005.

Däbritz, Walter, *Fünfzig Jahre Metallgesellschaft, 1881-1931*, Francfort-sur-le-Main, Metallgesellschaft, 1931.

Dahlmann, Dittmar, Scheide, Carmen (dir.), *« ... das einzige Land in Europa, das eine grosse Zukunft vor sich hat » : Deutsche Unternehmen und Unternehmer im russischen Reich in 19 und frühen 20. Jahrhundert*, Essen, Klartext, 1998.

Daly, Lew, *God's Economy: Faith-Based Initiatives and the Caring State*, Chicago, University of Chicago Press, 2009.

Daviet, Jean-Pierre, « L'organisation de l'exploitation : système d'information et contrôle financier », in Lévy-Leboyer, Maurice, *Histoire de la France industrielle*, Paris, Larousse, 1996.

Dedinger, Béatrice, « From Virtual Free-trade to Virtual Protectionism. Did Protectionism Have Any Part in Germany's Rise to Commercial Power? 1850-1913 », in Dormois, Jean-Pierre (dir.), *Classical Trade Protectionism, 1815-1914*, Londres, Routledge, 2006.

Deneke, Bernward, « Das Bayerische Gewerbemuseum. Zur Vorgeschichte der Nürnberger Tätigkeit von Behrens », in Schuster, Peter-Klaus (dir.), *Peter Behrens und Nürnberg. Geschmackwandel in Deutschland. Historismus, Jugenstil und die Anfänge der Industrieform*, Munich, Prestel, 1980.

Diehl, Karl, « Anarchismus », in *Handwörterbuch der Staatswissenschaften*, Iéna, 1923.

Dienel, Hans-Liudger, « "Hier sauber und gründlich, dort husch-husch, fertig". Deutsche Vorbehalte gegen amerikanische Produktionsmethoden 1870-1930 », in *Blätter für Technikgeschichte*, vol. 55, 1993.

Dienel, Hans-Liudger, *Ingenieure zwischen Hochschule und Industrie. Kältetechnik in Deutschland und Amerika, 1870-1930*, Göttingen, Vandenhoeck & Ruprecht, 1995.

D'Iribarne, Philippe, *Penser la diversité du monde*, Paris, Seuil, 2008.

Djelic, Marie-Laure, *Exporting the American Model: the Post-War Transformation of European Business*, Oxford, Oxford University Press, 1998.

Djelic, Marie-Laure, Quack, Sigrid, « Overcoming Path Dependency. Path Generation in Open Systems », in *Theory and Society*, vol. 36, n°2, 2007.

Doerris, Reinhard, « German Transatlantic Migration from the Early XIXth Century to the Outbreak of World War I », in Bade, Klaus J. (dir.), *Population, Labour and Migration in 19th and 20th Century Germany*, Munich, Berg, 1987.

Doerris, Reinhard R., *Imperial Challenge. Ambassador Count Bernstorff and German-American Relations 1908-1917*, Chapell Hill, Londres, University of North Carolina Press, 1989.

Doerry, Martin, *Übergangsmenschen. Die Mentalität der Wilhelminer und die Krise des Kaiserreiches*, Munich, Weinheim, 1986.

Drewek, Peter, « Limits of Educational Internationalism: Foreign Students at German Universities Between 1890 and 1930 », in *Bulletin of the German Historical Institute* (Washington DC), n° 27, automne 2000.

Duisberg, Carl., *Meine Lebenserinnerungen*, Leipzig, Reclam, 1933.

Dunlavy, Colleen A., Welskopp, Thomas, « Myths and Peculiarities. Comparing US and German Capitalism », in *Bulletin of the German Historical Institute* (Washington DC), n° 41, automne 2007.

Düwell, Kurt, « Der Einfluss des deutschen technischen Schul- und Hoschulwesens auf das Ausland (1870-1930) », in *Zeitschrift für Kulturaustausch*, vol. 31, 1981.

Eichengreen, Barry, Flandreau, Marc, « The Geography of the Gold Standard », in Eichengreen, Barry *et alii* (dir.), *Currency Convertibility: the Gold Standard and Beyond*, Londres, Routledge, 1996.

Einaudi, Luca, *Money and Politics : European Monetary Unification and the International Gold Standard (1865-1873)*, Oxford, Oxford University Press, 2001.

Eley, Geoff, Retallack, James (dir.), *Wilhelminism and Its Legacies: German Modernities, Imperialism, and the Meanings of Reform, 1890-1930. Essays for Hartmut Pogge von Strandemann*, Oxford, Berghahn Books, 2003.

Engel, Ulf, *Rezension zu : Conrad, Sebastian, Globalisierung und Nation im Deutschen Kaiserreich. München 2006*, in : H-Soz-u-Kult, 14 septembre 2007, http://hsozkult.geschichte.hu-berlin.de/rezensionen/2007-3-088 (consulté le 3 novembre 2011).

Erbar, Ralph, *Ein « Platz an der Sonne » ? Die Verwaltungs-und Wirtschaftsgeschichte der deutschen Kolonie Togo 1884-1914*, Stuttgart, Franz Steiner, 1991.

Fear, Jeffrey, « Cartels and Competition: Neither Markets nor Hierarchies », in Harvard Business School, *Working Paper*, octobre 2006.

Feldenkirchen, Wilfried, « Zur Kontinuität in der deutschen Agrarpolitik seit 1879. Bismarcks Schutzzölle und die Folgen », in Kellenbenz, Hermann, Pohl, Hans (dir.), *Historia socialis et oeconomica, Festschrift für Wolfgang Zorn zum 65. Geburtstag, VWSG*, Beiheft 84, Stuttgart, Franz Steiner, 1987.

Feldenkirchen, Wilfried, « Die Anfänge des Siemensgeschäfts in Amerika », in Feldenkirchen, Wilfried *et alii*, *Wirtschaft – Gesellschaft-Unternehmen. Festschrift für Hans Pohl zum 60. Geburstag, VSWG* Beiheft 120b, Stuttgart, Franz Steiner, 1995.

Feldenkirchen, Wilfried, *Siemens. Von der Werkstatt zum Unternehmen*, Munich, Zurich, Piper, 1997.

Feldman, Gerald D., « The Private Support of Science in Germany, 1900-1933 », in Bruch, Rüdiger vom, Müller, Rainer A. (dir.), *Formen ausserstaatlicher Wissenschaftsförderung im 19. und 20. Jahrhundert. Deutschland im europäischen Vergleich*, Stuttgart, Franz Steiner, 1990.

Ferrière le Vayer, Marc de, *Christofle. Deux siècles d'aventure industrielle 1793-1993*, Paris, Le Monde Éditions, 1995.

Fiebig-von Hase, Ragnhild, *Lateinamerika als Konfliktherd der deutsch-amerikanischen Beziehungen, 1890-1903*, Göttingen, Vandenhoeck & Ruprecht, 1986.

Fiebig-von Hase, Ragnhild, « The United States and Germany in the World Arena, 1900-1917 », in Schröder, Hans-Jürgen (dir.), *Confrontation and Cooperation. Germany and the United States un the Era of World War I, 1900-1924*, Providence, Oxford, Berg, 1993.

Fiebig-von Hase, Ragnhild, Heideking, Jürgen (dir.), *Zwei Wege in die Moderne. Aspekte der Deutsch-Amerikanischen Beziehungen 1900-1918*, Trèves, Wissenschaftlicher Verlag Trier, 1998a.

Fiebig-von Hase, Ragnhild, « Die politische Funktionalisierung der Kultur : der sogenannte "deutch-amerikanische" Professorenaustausch von 1904-1914 », in Fiebig-von Hase, Ragnhild, Heideking, Jürgen (dir.), *Zwei Wege in die Moderne. Aspekte der Deutsch-Amerikanischen Beziehungen 1900-1918*, Trèves, Wissenschaftlicher Verlag Trier, 1998b.

Fischer, Alexander, « Sozialistische Agitation in der "Neuen Welt". Karl Liebknechts Reise in die Vereinigten Staaten von Amerika im Jahre 1910 », in Fischer, Alexander, Moltmann, Günter, Schwabe, Klaus (dir.), *Russland – Deutschland – Amerika*, Wiesbaden, Franz Steiner, 1978.

Fischer, Diane P., « L'invention de l'"école américaine" en 1900 », in *Paris 1900. Les artistes américains à l'Exposition universelle*, Paris, Paris musées, 2001.

Fischer, Wolfram, « Staatsverwaltung und Interessenverbände im Deutschen Reich 1871-1914 », in Fischer, Wolfram (dir.), *Wirtschaft und Gesellschaft im Zeitalter der Industrialisierung*, Göttingen, Vandenhoeck & Ruprecht, 1972.

Fischer, Wolfram, « Berlin und die Weltwirtschaft im 19. und 20. Jahrhundert », in Zernack, K. (dir.), *Informationen der Historichen Kommission zu Berlin*, Beiheft 13, 1989.

Fischer, Wolfram (dir.), *The Economic Development of Germany since 1870*, Aldershot, Edward Elgar Publishing, 1997.

Fischer, Wolfram, « American Influence on German Manufacturing before World War I: the Case of the Ludwig Loewe Company », in Barjot, Dominique, Lescent-Giles, Isabelle, Ferrière le Vayer, Marc de (dir.), *L'américanisation en Europe au XXe siècle : économie, culture, politique*, 2 volumes, Lille, Centre de recherche sur l'Histoire de l'Europe du Nord-Ouest, université Charles-de-Gaulle-Lille 3, 2002.

Fischer-Frauendienst, Irene, *Bismarcks Pressepolitik, Studien zur Publizistik*, Münster, C. J. Fahle, 1963.

Fitzgerald, Deborah, *Every Farm a Factory. The Industrial Ideal in American Agriculture*, New Haven, Londres, Yale University Press, 2003.

Flandreau, Marc, « The French Crime of 1873: an Essay in the Emergence of the International Gold Standard (1865-1880) », in *Journal of Economic History*, vol. 56, n°4, 1996.

Flechtner, H. J., *Carl Duisberg*, Düsseldorf, Econ-Verlag, 1960.

Fligstein, Neil, *The Transformation of Corporate Control*, Cambridge, Harvard University Press, 1990.

Flik, Reiner, *Die Textilindustrie in Calw und Heidenheim, Zeitschrift für Unternehmensgeschichte*, Beiheft 57, Stuttgart, Franz Steiner, 1990.

Fraenckel, Ernst, *Amerika im Spiegel des deutschen politischen Denkens*, Cologne, Opladen, Westdeutscher Verlag, 1959.

Friebe, Wolfgang, *Vom Kristallpalast zum Sonnenturm. Eine Kulturgeschichte der Weltausstellungen*, Leipzig, Edition Leipzig, 1983.

Fuchs, Eckardt, « Das deutsche Reich auf den Weltausstellungen vor dem Ersten Weltkrieg », in Fuchs, Eckart (dir.), *Weltausstellungen im 19. Jahrhundert, Comparativ. Zeitschrift für Globalgeschichte und vergleichende Gesellschaftsforschung*, cahiers 5-6, 1999.

Fuchs, Friedrich, *Die Agence Havas und das Reuterbureau*, Berlin, D. Reimer,1919.

Fuchs, Max, « Arthur von Gwinner zu seinem fünfundsiebzigsten Geburtstag », in *Monatshefte für die Beamten der Deutschen Bank und Disconto-Gesellschaft*, avril 1931.

Galbraight, John Kenneth, *L'argent*, Paris, Gallimard, 1994 (édition revue et augmentée).

Gall, Lothar *et alii*, *Die Deutsche Bank*, Munich, Beck, 1995.

Gall, Lothar, *Bismarck. Le révolutionnaire blanc*, Paris, Fayard, 1984.

Gallarotti, Giulio, « The Scramble for Gold in the 1870s », in Bordo, Michael D., Capie, Forrest (dir.), *Monetary Regimes in Transition*, Cambridge, Cambridge University Press, 1994.

Geyer, Michael, « Deutschland und Japan im Zeitalter der Globalisierung », in Conrad Sebastian, Osterhammel, Jürgen, *Das Kaiserreich transnational. Deutschland in der Welt 1871-1914*, Göttingen, Vandenhoeck & Ruprecht, 2004.

Gispen, Kees, *New Profession, Old Order. Engineers and German Society 1815-1914*, New York, Cambridge University Press, 1989.

Glaser, Hermann (dir.), *Die Metropole. Industriekultur in Berlin im 20. Jahrhundert*, Munich, Beck, 1986.

Gollwitzer, Heinz, *Geschichte des Weltpolitischen Denkens*, vol. 2, *Zeitalter des Imperialismus und der Weltkriege*, Göttingen, Vandenhoeck & Ruprecht, 1982.

Gömmel, Rainer, « Entstehung und Entwicklung der Effektenbörse im XIX. Jh. bis 1914 », in Pohl, Hans (dir.), *Deutsche Börsengeschichte*, Francfort-sur-le-Main, Fritz Knapp, 1992.

Gratier de Saint Louis, Renaud, « Du fléau à la batteuse : battre le blé dans les campagnes lyonnaises (XIXe et XXe siècles) », in *Ruralia*, n° 6, 2000.

Gregarek, Rainer, « Une législation protectrice : les congrès des assurances sociales, l'Association pour la protection légale des travailleurs et l'Association pour la lutte contre le chômage, 1889-1914 », in Topalov, Christian (dir.), *Laboratoires du nouveau siècle. La nébuleuse réformatrice et ses réseaux en France, 1880-1914*, Paris, EHESS, 1999.

Grimmer-Solem, Erik, Romanil, Roberto, « The Historical School, 1870-1900: a Cross-National Reassessment », in *History of European Ideas*, vol. 24, n° 4-5, 1998.

Gugerli, David, « Technikbewertung zwischen Öffentlichkeit und Expertengemeinschaft. Zur Rolle der Frankfurter elektrotechnischen Ausstellung von 1891 für die Elektrifizierung der Schweiz », in

Andreas, Ernst, Gerlach, Thomas, Halbeisen, Patrick, Heintz, Bettina, Müller, Margrit (dir.), *Kontinuität und Krise. Sozialer Wandel als Lernprozess*, Zürich, Chronos, 1994.

Gwinner, Arthur von, *Lebenserinnerungen* (édité par Manfred Pohl), Francfort-sur-le-Main, Fritz Knapp, 1975.

Hagen, Antje, *Deutsche Direktinvestitionen in Grossbritanien, 1871-1918*, Stuttgart, Franz Steiner, 1997.

Hahn, Adalbert, *Die Berliner Revue. Ein Beitrag zur Geschichte der konservativen Partei zwischen 1855 und 1875*, Berlin, Ebering, 1934.

Hahn, Hans-Werner, *Die industrielle Revolution in Deutschland*, in *Enzyklopedie Deutscher Geschichte*, vol. 49, Munich, Oldenbourg Wissenschaftsverlag, 1998.

Hamm, Margot, Henker, Michael, Brockhoff, Evamaria (dir.), *Good Bye Bayern, Grüss Gott America*, Augsbourg, Primus, 2004.

Hampe, Karl Alexander, *Das Auswärtige Amt in der Ära Bismarck*, Bonn, Bouvier, 1995.

Harlan, Louis R., *Booker T. Washington*, vol. 2, *The Wizard of Tuskegee*, New York, Oxford University Press, 1983.

Harlan, Louis R., Smock, Raymond W. (dir.), The *Booker T. Washington Papers*, Urbana, University of Illinois Press, 1977.

Hartog, François, *Anciens, modernes, sauvages*, Paris, Galaade, 2005.

Harzig, Christiane, « Lebensformen im Einwanderungsprozess », in Bade, Klaus J. (dir.), *Deutsche im Ausland, Fremde in Deutschland*, Munich, Beck, 1992.

Haupt, Heinz-Gerhard, « Historische Komparatistik in der internationalen Geschichtsschreibung », in Budde, Gunilla, Conrad, Sebastian, Janz, Oliver (dir.), *Transnationale Geschichte. Themen, Tendenzen und Theorien*, Göttingen, Vandenhoeck & Ruprecht, 2006.

Hausen, Karin, Rürup, Reinhard (dir.), *Moderne Technikgeschichte*, Cologne, Kiepenheuer und Witsch, 1975.

Haverkamp, Frank, *Staatliche Gewerbeförderung im Grossherzogtum Baden unter besonderer Berücksichtigung der Entwicklung des gewerblichen Bildungswesens im 19. Jahrhundert*, Fribourg, Karl Alber, 1979.

Heffer, Jean, *Le port de New York et le commerce extérieur américain*, Paris, PUPS, 1986.

Heffer, Jean, Weil, François (dir.), *Chantiers d'histoire américaine*, Paris, Belin, 1994.

Heffer, Jean, « L'âge d'or du protectionnisme américain », in *Histoire, économie et société*, vol. 22, janvier-mars 2003.

Heggen, Alfred, *Erfindungsschutz und Industrialisierung in Preussen, 1793-1877*, Göttingen, Vandenhoeck & Ruprecht, 1975.

Helbrich, Wolfgang, *« Amerika ist ein freies Land... » Auswandererschreiben nach Deutschland*, Darmstadt, Luchterhand, 1985.

Helbrich, Wolfgang, Kamphoefner, Walter, Sommer, Ulrike, *Briefe aus Amerika. Deutsche Auswanderer schreiben aus der neuen Welt 1830-1930*, Munich, Beck, 1988.

Helfferich, Karl, *Georg von Siemens, 1921-1923*, Krefeld, Deutsche Bank, 1956.

Henning, Friedrich-Wilhelm, *Landwirtschaft und ländliche Gesellschaft in Deutschland*, vol. 2 (1750-1976), Paderborn, Schöningh, 1978.

Henning, Friedrich-Wilhelm, « Die Mitwirkung der Kaufmannschaft an der Gesetzgebung », in Pohl, Hans (dir.), *Zur Politik und Wirksamkeit der Deutschen Industrie-und Handelskammer, 1861 bis 1949*, Stuttgart, Franz Steiner, 1987.

Hentschel, Volker, *Die deutschen Freihändler und der volkswirtschaftliche Kongress. 1858 bis 1885*, Stuttgart, Klett, 1975.

Hoerder, Dirk, Nagler, Jörg (dir.), *People in Transit : German Migrations in Comparative Perspective, 1820-1930*, Cambridge, New York, German Historical Institute, Cambridge University Press, 1995.

Hirsch, Felix, « Stresemann, Ballin und die Vereinigten Staaten », in *Vierteljahrshefte für Zeitgeschichte*, n° 1, 1955.

Homburg, Heidrun, « Anfänge des Taylorsystems in Deutschland vor dem ersten Weltkrieg. Eine Problemskizze unter besonderer Berücksichtigung der Arbeitskämpfe bei Bosch 1913 », in *Geschichte und Gesellschaft*, vol. 4, 1978.

Homburg, Heidrun, « Warenhausunternehmen und ihre Gründer in Frankreich und Deutschland oder : eine diskrete Elite und mancherlei Mythen », in *Jahrbuch für Wirtschaftsgeschichte*, n° 1, 1992.

Hoock, Jochen, « Information commerciale et économique. De l'encyclopédie commerciale à la presse économique, 1680-1820 », in Margairaz, Dominique, Minard, Philippe (dir.), *L'information économique XVIe-XIXe siècle*, journées d'études du 21 juin 2004 et du 25 juin 2006, Paris, Comité pour l'histoire économique et financière de la France, 2008.

Hounshell, David A., *From the American System to Mass Production, 1800-1932. The Development of Manufacturing Technology in the United States*, Baltimore, John Hopkins University Press, 1984.

Howatt, Anthony Philip R., *A History of English Language Teaching*, Oxford, Oxford University Press, 1985.

Huldermann, Bernhard, *La vie d'Albert Ballin*, Paris, Payot 1923.

Hundert Jahre Staatliche Gewerbeförderung in Württemberg 1848-1948, Stuttgart, Landesgewerbeamt, 1948.

Hurt, R. Douglas, « Agrarianism and the agrarian ideal in early America », in Kupiec Cayter, Mary, Williams, Peter W. (dir.), *Encyclopedia of American Cultural and Intellectual History*, vol. 1, New York, Charles Scribner's Sons, 2001.

Hurt, R. Douglas, *American Agriculture. A brief history*, West Lafayette, Purdue University Press, 2002.

Hutter, Michael, « Organism as a metaphor in German economic thought », in Mirowski, Philip (dir.), *Natural Images in Economic Thought*, New York, Cambridge University Press, 1994.

Inventor and Entrepreneur. Recollections of Werner von Siemens, Londres, Munich, Siemens, 1966 et 1983.

Iggers, Georg G., « Historisches Denken im 19. Jahrhundert. Überlegungen zu einer Synthese », in Wolfgang Küttler, Jörn Rüsen, Ernst Schulin (dir.), *Geschichtsdikurs*, vol. 3, *Die Epoche der Historisierung*, Francfort-sur-le-Main, G. Fischer, 1997, p. 466.

Irwin, Douglas A., « Did Late-nineteenth Century US Tariffs Promote Infant Industries? Evidence from the Tinplate Industry », in *The Journal of Economic History*, vol. 60, n° 2, juin 2000.

Irwin, Douglas A., « Explaining America's Surge in Manufactured Exports 1890-1913 », in *Review of Economics and Statistics*, vol. 85, n° 2, 2003.

Jas, Nathalie, *Au carrefour de la chimie et de l'agriculture. Les sciences agronomiques en France et en Allemagne, 1840-1914*, Paris, Éditions des Archives contemporaines, 2001.

Jeserich, Kurt G. A., Pohl, Hans, Unruh, Georg-Christoph von (dir.), *Deutsche Verwaltungsgeschichte*, Stuttgart, Deutsche Verlags-Anstalt, 1984.

Kabisch, Thomas R., *Deutsches Kapital in den USA. Von der Reichsgründung bis zur Sequestrierung (1917) und Freigabe*, Stuttgart, Klett Cotta, 1982.

Kaelble, Hartmut, *Industrielle Interessenpolitik in der wilhelminischen Gesellschaft*, Berlin, Walter de Gruyter, 1967.

Kaelble, Hartmut, *Berliner Unternehmer während der frühen Industrialisierung*, Berlin, New-York, Walter de Gruyter & Co., 1972.

Kaelble, Hartmut, *Europäer über Europa. Die Entstehung des europäischen Selbstbeständnisses im 19. und 20. Jahrhundert*, Francfort-sur-le-Main, New-York, Campus, 2001.

Kammeier, Heinz-Ulrich, « *Ich muss mir ärgern, das ich nocht ehr übern Grossen Ozean gegangen bin* ». *Auswanderer aus dem Kreis Lübbecke und Umgebung berichten über Amerika*, Espelkamp, Mittwalddruck, 1988.

Karafyllis, Nicole C., « "Nur soviel Holz einschlagen, wie nachwächst". Die Nachhaltigkeitsidee und das Gesicht des deutschen Waldes im Wechselspiel zwischen Forstwirtschaft und Nationalökonomie », in *Technikgeschichte*, vol. 69, n° 4, 2002.

Kaspi, André, *Les Américains*, Paris, Seuil, 1986.

Kaufman, Burton I., *Efficiency and Expansion. Foreign Trade Organization in the Wilson Administration 1913-1921*, Wesport, Greenwood Press, 1974.

Keil, Hartmut, Jentz, John B. (dir.), *German Workers in Chicago. A documentary History of Working Class Culture from 1850 to World War I*, Chicago, University of Illinois Press, 1988.

Kellenbenz, Hermann, Pohl, Hans (dir.), *Historia socialis et oeconomica, Festschrift für Wolfgang Zorn zum 65. Geburtstag*, *VWSG*, Beiheft 84, Stuttgart, Franz Steiner, 1987.

Kennedy, Paul M., *The Samoan Tangle. A Study in Anglo-German-American Relations, 1878-1900*, New York, Barnes & Noble, 1974.

Kiesewetter, Hubert, « Aspekte der industrielle Rivalität zwischen England und Deutschland », in *Struktur und Dimension, Festschrift für Karl-Heinrich Kaufhold*, *VSWG*, Beiheft 33, Stuttgart, Franz Steiner, 1997a.

Kiesewetter, Hubert, « Competition for Wealth and Power. The Growing Rivalry between Industrial Britain and Industrial Germany, 1815-1914 », in Fischer, Wolfram (dir.), *The Economic Development of Germany since 1870*, Aldershot, Edward Elgar Publishing, 1997b.

Kinghorn, Janice, « Kartell or Cartel ? Evidence from Turn of the Century German Coal, Iron and Steel Industries », in *Journal of Economic History*, vol. 56, 1996.

Kipping, Matthias, Bjanar, Ove (dir.), *The Americanization of European Business: the European Response To The US Productivity Drive*, New York, Routledge, 1998.

Klautke, Egbert, *Unbegrenzte Möglichkeiten. ‚Amerikanisierung' in Deutschland und Frankreich (1900-1933)*, Stuttgart, Franz Steiner, 2003.

Kleinschmidt, Christian, *Rationalisierung als Unternehmensstrategie. Die Eisen-und Stahlindustrie des Ruhrgebiets zwischen Jahrhundertswende und Weltwirtschaftskrise*, Essen, Klartext, 1993.

Kleinschmidt, Christian, Welskopp, Thomas, « Amerika aus deutscher Perspektive. Reiseeindrücke deutscher Ingenieure über die Eisen-und Stahlindustrie der USA, 1900-1930 », in *Zeitschrift für Unternehmengeschichte*, vol. 39, 1994.

Kleinschmidt, Christian, *Der produktive Blick : Wahrnehmung amerikanischer und japanischer Management- und Produktionsmethoden durch deutsche Unternehmer 1950-1985*, Berlin, Akademie Verlag, 2002.

Knetsch, Stefanie, *Das konzerneigene Bankinstitut der Metallgesellschaft im Zeitraum von 1906 bis 1928*, Stuttgart, Franz Steiner, 1998.

Kocka, Jürgen, « Industrielles Management : Konzeptionen und Modelle in Deutschland vor 1914 », in *VSWG*, vol. 56, 1969a.

Kocka, Jürgen, *Unternehmensverwaltung und Angestelltenschaft am Beispiel Siemens. 1847-1914*, Stuttgart, Klett, 1969b.

Kocka, Jürgen, « Von der Manufaktur zur Fabrik. Technik und Werkstattverhältnisse bei Siemens 1847-1873 », in Hausen, Karin, Rürüp, Reinhard (dir.), *Moderne Technikgeschichte*, Cologne, Kiepenheuer und Witsch, 1975a.

Kocka, Jürgen, *Unternehmer in der deutschen Industrialisierung*, Göttingen, Vandenhoeck & Ruprecht, 1975b.

Kocka, Jürgen, « Management in der Industrialisierung. Die Entstehung und Entwicklung des klassischen Musters », in *Zeitschrift für Unternehmensgeschichte*, vol. 44, n° 2, 1999.

Kollmer-von Oheim-Loup, Gert, « Technischer Fortschritt und Unternehmerverhalten am Beispiel der württembergischen Kammgarnspinnerei Merkel & Wolf 1830-1870 », in Schinzinger, Francesca (dir.), *Unternehmer und Technischer Fortschritt*, Munich, Boldt im Oldenbourg, 1996.

König, Wolfgang, « Science-Based Industry or Industry-based Science? Electrical Engineering in Germany before World War I », in *Technology and Culture*, vol. 37, n° 1, janvier 1996.

König, Wolfgang, « Technical Education and Industrial Performance in Germany: a Triumph of Heterogeneity », in Fox, Robert, Guagnini, Anna (dir.), *Education, Technology and Industrial Performance in Europe, 1850-1939*, Cambridge, Cambridge University Press, 1993.

Kostka, Alexandre, Lucbert, Françoise (dir.), *Distanz und Aneignung. Relations artistiques entre la France et l'Allemagne 1870-1945*, Berlin, Akademie Verlag, 2004.

Kott, Sandrine, *L'État social allemand. Représentations et pratiques*, Paris, Belin, 1995.

Kott, Sandrine, *Bismarck*, Paris, Presses de Sciences Po, 2003.

Krugmann, Paul R., *La mondialisation n'est pas coupable. Vertus et limites du libre-échange*, Paris, La Découverte, 1998.

Kudo, Akira, Kipping, Matthias, Schröter, Harm (dir.), *German and Japanese Business in the Boom Years. Transforming American Management and Technology Models*, New York, Routledge, 2003.

Kupiec Cayter, Mary, Williams, Peter W. (dir.), *Encyclopedia of American Cultural and Intellectual History*, vol. 1, New York, Charles Scribner's Sons, 2001.

Kyriazidou, Ekaterini, Pesendorfer, Martin, « Viennese Chairs: a Case Study for Modern Industrialization », in *Journal of Economic History*, vol. 59, n° 1, mars 1999.

Laakso, Seija-Riitta, *Across the Oceans: Development of the Overseas Business Information Transmission, 1815-1875*, Helsinki, Finnish Literature Society, 2006.

Laborie, Léonard, *L'Europe mise en réseaux. La France et la coopération internationale dans les postes et les télécommunications (années 1850-années 1950)*, Bruxelles, PIE Peter Lang, 2010.

Ladendorf, Heinz (dir.), *Friedrich Naumann. Werke*, Cologne et Opladen, Westdeutscher Verlag, 1964.

Lange, Annemarie, *Das Wilhelminische Berlin*, Berlin-Est Dietz, 1967.

Langewiesche, Dieter (dir.), *Liberalismus im 19. Jahrhundert*, Francfort-sur-le-Main, Suhrkamp, 1988.

Lenger, Friedrich, « Marx, l'artisanat et la première édition du Capitalisme moderne de Werner Sombart », in Bruhns, Hinnerk (dir.), *Histoire et économie politique en Allemagne de Gustav Schmoller à Max Weber*, Paris, Maison des sciences de l'homme, 2004.

Linden, Marcel van der, Zieren, Gregory, « German Contemporary Studies of American Labor, 1865-1914 », in *Labor History*, vol. 36, n° 4, automne 1995.

Locke, Robert R., *The End of the Practical Man. Entrepreneurship and Higher Education in Germany, France and Great Britain. 1880-1940*, Greenwich (Conn.), Londres, Jai Press Inc., 1984.

Lorot, Pascal (dir.), *Dictionnaire de la mondialisation*, Paris, Ellipses, 2001.

Lundgreen, Peter, *Techniker in Preussen während der frühen Industrialisierung*, Berlin, Colloquium, 1975.

Maat, Harro, *Science Cultivating Practice. A History of Agricultural Science in the Netherlands and its Colonies*, Dordrecht, Kluwer Academic Publishers, 2001.

Margairaz, Dominique, Minard, Philippe (dir.), *L'information économique : XVIe-XIXe siècle*, journées d'études du 21 juin 2004 et du 25 juin 2006, Paris, Comité pour l'histoire économique et financière de la France, 2008.

Marin, Séverine Antigone, « "L'américanisation du monde" ? Étude des peurs allemandes face au "danger américain" (1897-1907) », in Barjot, Dominique, Lescent-Giles, Isabelle, Ferrière le Vayer, Marc de, *L'américanisation en Europe au XXe siècle*, Lille, Centre de recherche sur l'histoire de l'Europe du Nord-ouest, université Charles-de-Gaulle-Lille 3, 2002.

Marin, Séverine Antigone, « Secteur économique mondialisé ou exception culturelle ? Les ambiguïtés de l'agriculture allemande à la fin du XIXe siècle », in *Relations internationales*, n° 124, hiver 2005.

Marin, Séverine Antigone, « L'offensive du commerce extérieur américain au début du XXe siècle : un modèle de coopération entre industriels et milieux politiques ? », in Barjot, Dominique, Dard, Olivier, Garrigues, Jean, Musiedlak Didier, Anceau, Éric (dir.), *Industrie et politique en Europe occidentale et aux États-Unis*, Paris, PUPS, 2006a.

Marin, Séverine Antigone, « Zollverein, cartels ou coalitions ? Réflexions allemandes sur l'organisation des marchés européens (1880-1914) », in Bussière, Éric, Dumoulin, Michel, Schirmann, Sylvain (dir.), *Europe organisée, Europe du libre-échange ?*, Bruxelles, PIE Peter Lang, 2006b.

Marin, Séverine Antigone, « L'économie cotonnière coloniale : un enjeu européen au début du XXe siècle », in Chatriot, Alain, Gosewinkel, Dieter (dir.), *Koloniale Politik und Praktiken Deutschlands und Frankreichs 1880-1962/Politiques et pratiques dans les empires allemand et français 1880-1962*, Stuttgart, Franz Steiner, 2010.

Martin, Stephen, *The Goals of Antitrust and Competition Policy*, Report Number 2007-003, Purdue University, Purdue Ciber Working Papers, novembre 2005.

Matschoss, Conrad, *Werner von Siemens. Lebensbild und Briefen*, Berlin, Springer, 1916.

Matschoss, Conrad (dir.), *Ein Jahrhundert Maschinenbau. Von der Mechanischen Werstätte bis zur deutschen Maschinenfabrik, 1819-1919*, Berlin, Springer, 1919.

Matschoss, Conrad, *Die Geschichte der Ludw. Loewe & Co. Actiengesellschaft Berlin. 60 Jahre Edelarbeit 1869 bis 1929*, Berlin, Gesellschaft für Elektrische Unternehmungen, 1930.

Mauch, Christof, Patel, Kiran Klaus, « Competing Modernities: the United States of America and Germany since 1890 », in *Bulletin of the German Historical Institut* (Washington DC), printemps 2005.

Maynaud, Jean-Luc, *La petite exploitation rurale triomphante*, Paris, Belin, 1999.

McMath, Robert Jr., *American Populism. A Social History. 1877-1898*, New York, Hill & Wang, 1993.

Metzger, Chantal, « L'Allemagne et l'Afrique au XXe siècle », in Metzger, Chantal, *L'Europe et l'Afrique de 1914 à 1970*, Paris, Sedes, 1994.

Mieck, Ilja, *Preussische Gewerbepolitik in Berlin. 1806-1844*, Berlin, Walter de Gruyter, 1965.

Milward, Alan S., « The Origins of the Gold Standard », in Braga de Macedo, Jorge, Eichengreen, Barry, Reis, Jaime (dir.), *Currency Convertibility. The Gold Standard and Beyond*, Londres, Routledge, 1996.

Moltmann, Günter, « Überseeische Siedlungen und Weltpolitische Spekulationen : Friedrich Gerstäcker und die Frankfurter Zentralgewalt 1849 », in Fischer, Alexander, Moltmann, Gunter, Schwabe, Klaus (dir.), *Russland-Deutschland-Amerika*, Wiesbaden, Franz Steiner, 1978.

Mommsen, Wolfgang, *Imperial Germany. 1867-1918*, Londres, Hodder Arnold, 1995.

Mommsen, Wolfgang (dir.) en collaboration avec Rita Aldenhoff, Landarbeiterfrage, *Nationalstaat und Volkswirtschaftspolitik (Max Weber. Gesamtausgabe I/4)*, Tübingen, J. C. B. Mohr, 1993.

Moore, R. Laurence, *European Socialists and the American Promised Land*, New York, Oxford University Press, 1970.

Morsey, Rudolf, « die Aufgaben des Norddeutschen Bundes und des Reiches », in Jeserich, Kurt *et alii*, *Deutsche Verwaltungsgeschichte*, vol. 3, Stuttgart, Deutsche Verlags-Anstalt, 1984.

Mosse, Werner E., *Jews in the German Economy. The German-Jewish Economic Elite 1820-1935*, Oxford, Clarendon Press, 1987.

Moutet, Aimée, « La rationalisation, une réponse aux problèmes de la seconde industrialisation (1880-1939) », in *Bulletin de la Société d'Histoire moderne et contemporaine*, vol. 45, n° 1, 1998.

Moutet, Aimée, « Les origines du système de Taylor en France. Le point de vue patronal (1907-1914) », in *Le mouvement social*, octobre-décembre 1975.

Mühle, Rainer, « Colonist Traditions and Nineteenth-Century Emigration from East Elbian Prussia », in Hoerder, Dirk, Nagler, Jörg (dir.),

People in Transit: German Migrations in Comparative Perspective. 1820-1930, Washington, New York, German Historical Institute, Cambridge University Press, 1995.

Müller, Leos, « Swedish Consular Reports as a Source of Business Information, 1700-1800 », in Müller, Leos, Ojala, Jari (dir.), *Information Flows. New Approaches in the Historical Study of Business Information*, Vammala, Finnish Literature Society, 2007.

Müller, Sven Oliver, Torp, Cornelius (dir.), *Das deutsche Kaiserreich in der Kontroverse*, Göttingen, Vandenhoeck & Ruprecht, 2009.

Nerdinger, Winfried (dir.), *Richard Riemerschmid. Vom Jugendstil zum Werkbund*, Munich, Prestel, 1982.

Nielsen, Robert, *Feindbild, Vorbild, Wunschbild : Eine Untersuchung zum Verhältnis von britischer Identität und französischer Alterität, 1814-1860*, Würzburg, Ergon, 2006.

Nikitin, Mark, « Setting up an Industrial Accounting System at Saint Gobain (1820-1880 » in Lemarchand, Yannick, Parker, Robert H. (dir.), *Accounting in France: Historical Essays. La comptabilité en France : essais historiques*, New York, Garland, 1997.

Noblet, Jocelyn de, *Design, miroir du siècle*, Paris, Flammarion, 1993.

Nolan, Mary, *Visions of Modernity, American Business and the Modernization of Germany*, Oxford, Oxford University Press, 1994.

Nouailhat, Yves-Henri, *Évolution économique des États-Unis du milieu du XIXe siècle à 1914*, Paris, Sedes, 1982.

Nussbaum, Helga, *Unternehmer gegen Monopole*, Berlin-Est, Akademie-Verlag, 1966.

Ogden, Derek, Bost, Gerald, *Ganzel & Wulff. The Quest for American Milling Secrets*, The International Molinological Society, 2010.

Oppelt, Ulrike, *Film und Propaganda im Ersten Weltkrieg. Propaganda als Medienrealität im Aktualitäten- und Dokumentarfilm*, Stuttgart, Franz Steiner, 200.

Ory, Pascal, *1889 L'Expo universelle*, Bruxelles, Complexe, 1989.

Palmer, Michael B., *Des petits journaux aux grandes agences. Naissance du journalisme moderne*, Paris, Aubier, 1983.

Paris 1900. Les artistes américains à l'Exposition universelle, Paris, Paris musées, 2001.

Paterson, Thomas G., « American Businessmen and Consular service Reform, 1890s to 1906 », in *Business History Review*, vol. 40, 1966.

Peal, David, « Self-Help and the State: Rural Cooperatives in Imperial Germany », in *Central European History*, vol. 21, n° 3, 1988.

Pécout, Gilles, *Naissance de l'Italie contemporaine, 1770-1922*, Paris, Nathan, 1997.

Pese, Claus, « Jugendstil in Nürnberg », in Glaser, Hermann, Ruppert, Wolfgang, Ruppert, Neudecker, Norbert (dir.), *Industriekultur in Nürnberg. Eine deutsche Stadt im Maschinenzeitalter*, Munich, Beck, 1980.

Petersson, Niels P. « Das Kaiserreich in Prozessen ökonomischer Globalisierung », in Conrad, Sebastian, Osterhammel, Jürgen (dir.), *Das Kaiserreich transnational. Deutschland in der Welt 1871-1914*, Göttingen, Vandenhoeck & Ruprecht, 2004.

Pfister, Ulrich, « Vom Kiepenkerl zu Karstadt. Einzelhandel und Warenkultur im 19. und frühen 20 Jahrhundert », in *VSWG*, vol. 87, n° 1, 2000.

Philippi, Hans, « Das deutsche diplomatische Korps. 1871-1914 », in Schwabe, Klaus (dir.), *Das Diplomatische Korps. 1871-1945*, Boppard/Rhin, Büdinger Forschungen zur Sozialgeschichte, 1982.

Pietri, Nicole, *Évolution économique de l'Allemagne du milieu du XIXe siècle à 1914*, Paris, CDU/Sedes, 1982.

Pitch, Clemens, « Amerikareisen, Amerikaerfahrung und Amerikabild deutscher Elektroindustrieller vor dem Ersten Weltkrieg. Eine Skizze », in Hübinger, Gangolf, Osterhammel, Jürgen, Peltzer, Erich (dir.), *Universalgeschichte und Nationalgeschichten*, Fribourg-en-Brisgau, Rombach, 1994.

Pletcher, David M., *The Diplomacy of Trade and Investment. American Economic Expansion in the Hemisphere 1865-1900*, Columbia, University of Missoury Press, 1998.

Pohl, Hans (dir.), *Berufliche Aus- und Weiterbildung in der deutschen Wirtschaft seit dem 19. Jahrhundert, Zeitschrift für Unternehmensgeschichte*, Beiheft 15, Wiesbaden, Franz Steiner, 1979.

Pohl, Hans (dir.), *Zur Politik und Wirksamkeit der Deutschen Industrie- und Handelstag und der Industrie- und Handelskammer, 1861 bis 1949*, Stuttgart, Franz Steiner, 1987.

Pohl, Hans, « Zum Begriff‚Weltwirtschaft », in *Aufbruch der Weltwirtschaft. Geschichte der Weltwirtschaft von der Mitte des 19. Jahrhundert bis zum Ersten Weltkrieg*, Stuttgart, Franz Steiner, 1989a.

Pohl, Hans (dir.), *Die Bedeutung der Kommunikation für Wirtschaft und Gesellschaft*, Stuttgart, Franz Steiner, 1989b.

Pohl, Hans (dir.), *Deutsche Börsengeschichte*, Francfort-sur-le-Main, Fritz Knapp, 1992.

Pohl, Manfred, *Emil Rathenau und die AEG*, Mayence, Hase & Koehler, 1988.

Pohl, Manfred, Angelika Raab-Rebentisch, *Die Deutsche Bank in Bremen*, Munich, Piper, 1996.

Pohl, Manfred, Burk, Kathleen, *Die Deutsche Bank in London*, Munich, Zurich, Piper, 1998.

Poidevin, Raymond, *Les relations économiques et financières entre la France et l'Allemagne de 1898 et 1914*, Paris, Comité pour l'Histoire économique et financière de la France, 1998 (1re édition, 1969).

Pollard, Sidney, « Made in Germany. Die Angst vor der deutschen Konkurrenz im spätviktorianischen England », in *Technikgeschichte*, vol. 53, 1987.

Pommerin, Reiner, *Der Kaiser und Amerika. Die USA in der Politik der Reichsleitung 1890-1917*, Cologne, Bölhau, 1986a.

Pommerin, Reiner, « Seekabel und Nachrichtenbüros. Determinanten des Deutschlandsbilds im Zeitalter des Imperialismus », in *VWSG*, vol. 73, 1986b.

Poore, Carol, « Die Hundertjahrfeier von 1876 und die deutsch-amerikanische sozialistische Kultur », in Trommler, Franck (dir.), *Amerika und die Deutschen. Bestandaufnahme einer 300 jähriger Geschichte*, Opladen, Westdeutscher Verlag, 1986.

Popp, Andrew, « Barriers to Innovation in Marketing in the Mid-Nineteenth Century: Merchant-Manufacturer Relationships », in *Business History*, vol. 44, n° 2, avril 2002.

Portes, Jacques, *Une fascination réticente. Les États-Unis dans l'opinion française. 1870-1914*, Nancy, Presses universitaires de Nancy, 1990.

Priddat, Birger, « Der nur halbe Smith. Modernisierungsschwierigkeiten der deutschen Nationalökonomie im 19. Jh. », in *Jahrbuch für Wirtschaftsgeschichte*, n° 1, 1992, p. 147-167.

Pyta, Wolfram, *Landwirtschaftliche Interessenpolitik im Deutschen Kaiserreich, VSWG*, Beiheft 97, Stuttgart, Franz Steiner 1991.

Radkau, Joachim, *Technik in Deutschland. Vom 18. Jahrhundert bis zum Gegenwart*, Francfort-sur-le-Main, Suhrkamp, 1989.

Reimer, Thomas Martin, *Bayer & Company in the United States. German Dyes, Drugs and Cartels in the Progressive Era*, thèse manuscrite, Syracuse University, mai 1996.

Reti, Steven P., *Silver and Gold. The political economy of International Monetary Conferences, 1867-1892*, Westport, Greenwood Press, 1998.

Ricard, Bruno, « Le corps d'expansion économique durant l'entre-deux-guerres », in *Revue d'Histoire diplomatique*, n° 2, 1997.

Riedler, Aloïs, *Emil Rathenau und das Werden der Grosswirtschaft*, Berlin,Springer, 1916.

Riello, Giorgio, O'Brien, Patrick, « Reconstructing the Industrial Revolution: Analyses, Perceptions and Conceptions of Britains's Precocious Transition to Europe's First Industrial Society », in *Economic History Working Papers*, 84/04. Department of Economic History, London School of Economics and Political Science, Londres, 2004.

Rodgers, Daniel T., *Atlantic Crossings. Social Politics in a progressive Age*, Cambridge, Harvard University Press, 1998.

Roger, Philippe, *L'ennemi américain. Généalogie de l'antiaméricanisme français*, Paris, Seuil, 2002.

Rolfes, Max, « Landwirtschaft 1850-1914 », in Aubin, Hermann, Zorn, Wolfgang (dir.), *Handbuch der deutschen Wirtschafts-und Sozialgeschichte*, vol. 2, Stuttgart, Ernst Klett, 1976.

Rosenberg, Hans, *Grosse Depression und Bismarckzeit*, Berlin, Walter de Gruyter, 1967.

Rouette, Susanne, « Der traditionelle Bauer. Zur Entstehung einer Sozialfigur im Blick westphälisch-preussischer Behörden im 19. Jahrhundert », in Dörner, Ruth, Franz, Norbert, Mayr, Christine (dir.), *Lokale Gesellschaften. Europäische Erfahrungen im 19. Jahrhundert*, Trèves, Kliometra, 2001.

Rovan, Joseph, *Histoire de l'Allemagne*, Paris, Seuil, 1994.

Rumpler, Helmut (dir.), *Innere Staatsbildung und gesellschaftliche Modernisierung in Österreich und Deutschland 1867/71 – 1914*, Vienne, Munich, R. Oldenbourg, 1991.

Rürup, Reinhard (dir.), *Wissenschaft und Gesellschaft. Beiträge zur Geschichte der Technischen Universität Berlin*, Springer, 1979.

Sangl, Sigrid, *Biedermeier to Bauhaus*, Londres, Frances Lincoln Publishers Ltd, 2000.

Saunier, Pierre-Yves, « Circulations, connexions et espaces transnationaux », in *Genèses*, n° 57, décembre 2004.

Saunier, Pierre-Yves, « Les régimes circulatoires du domaine social 1800-1940 : projets et ingénierie de la convergence et de la divergence », in *Genèses*, n° 71, juin 2008.

Schankl, Herbert R., *Das Württembergerische Ausstellungswesen. Zur Entwicklung der allgemeinen Gewerbe-und Industrieausstellungen im 19. Jahrhundert*, St Katharinen, Scripta Mercaturae, 1988.

Schinzingler, Francesca (dir.), *Unternehmer und Technischer Fortschritt*, Munich, Boldt im Oldenbourg, 1996.

Schlebecker, John T., *Whereby We Thrive. A History of American Farming, 1607-1972*, Ames, Iowa, Iowa State University Press, 1975.

Schmiale, Bernd, *Zur Tätigkeit der Philipp Holzmann AG im Rahmen der Nahostexpansion der Deutschen Bank AG*, thèse dactylographiée, Berlin-Est, 1987.

Schmidt, Alexander, *Reisen in die Moderne. Der Amerika-Diskurs des deutschen Bürgertums vor dem 1. Weltkrieg im europäischen Vergleich*, Berlin, Akademie Verlag, 1997.

Schmiedt, Helmut, *Karl May. Studien zu Leben, Werk und Wirkung eines Erfolgsschriftstellers*, Konigstein/Ts, Hain, 1979.

Schoonover, Thomas, *Germany in Central América. Competitive Imperialism, 1821-1929*, Tuscaloosa, University of Alabama Press, 1998.

Schorske, Carl. E., *De Vienne et d'ailleurs. Figures culturelles de la modernité*, Paris, Fayard, 2000.

Schröder, Hans-Jürgen (dir.), *Confrontation and Cooperation. Germany and the US in the Era of World War I. 1900-1924*, Providence, Oxford, Berg, 1993.

Schröter, Harm G., *European Economy: a Compact Survey of American Economic Influence in Europe since the 1880s*, Dordrecht, Springer, 2005.

Schuster, Peter-Klaus (dir.), *Peter Behrens und Nürnberg. Geschmackwandel in Deutschland. Historismus, Jugenstil und die Anfänge der Industrieform*, Munich, Prestel, 1980.

Schwabe, Klaus (dir.), *Das Diplomatische Korps. 1871-1945*, Boppard/Rhin, Büdinger Forschungen zur Sozialgeschichte, 1982.

Schwankl, Herbert R., *Das Württembergerische Ausstellungswesen. Zur Entwicklung der allgemeinen Gewerbe – und Industrieausstellungen im 19. Jahrhundert*, St Katharinen, Scripta Mercaturae, 1988.

Schwartz, Frederic J., « Commodity Signs. Peter Behrens, the AEG, and the Trademark », in *Journal of Design History*, vol. 9, n° 3, 1996.

Sciolla, Gianni Carlo, « Différents aspects de l'éclectisme », in Boidi Sassone, Adriana *et alii*, *Le mobilier du XVIII*[e] *à l'Art déco*, Cologne, Evergreen, 2000.

Seidenzahl, Fritz., *100 Jahre Deutsche Bank, 1870-1970*, Francfort-sur-le-Main, J. Weisbecker, 1970.

Seiler, Otto J., *Bridge across the Atlantic. The Story of Hapag-Lloyd's North American Lines Services*, Herford, E. S. Mittler & Sohn, 1991.

Serrier, Thomas, *Entre Allemagne et Pologne. Nations et Identités frontalières, 1848-1914*, Paris, Belin, 2002.

Sheehan, James, *The Career of Lujo Brentano. A Study of Liberalism and Social Reform in Imperial Germany*, Chicago, Londres, University of Chicago Press, 1966.

Silverman, Deborah L., *L'Art nouveau en France. Politique, psychologie et style fin de siècle*, Paris, Flammarion, 1994.

Simon, Matthew, Novack, David, « Some Dimensions of the American Commercial Invasion of Europe, 1871-1914. An Introductory Essay », in *Journal of Economic History*, vol. 24, n° 4, 1964.

Soutou, Georges-Henri, *L'or et le sang. Les buts de guerre économiques de la Première Guerre mondiale*, Paris, Fayard, 1989.

Späth, Manfred, « Die Technische Hochschule Berlin-Charlottenburg und die internationale Diskussion des technischen Hochschulwesens 1900-1914 », in Rürup, Reinhard (dir.) *Wissenschaft und Gesellschaft. Beiträge zur Geschichte der Technischen Universität Berlin*, Berlin, Springer, 1979.

Spiekermann, Uwe, « Dangerous Meat? German-American Quarrels over Pork and Beef, 1870-1900 », Washington, *Bulletin of the German Historical Institute* (Washington DC), n° 46, printemps 2010.

Stanziani, Alessandro, « Information économique et institutions. Analyses historiques et modèles économiques », in Margairaz, Dominique, Minard, Philippe (dir.), *L'information économique XVIe-XIXe siècle*, journées d'études du 21 juin 2004 et du 25 juin 2006, Paris, Comité pour l'histoire économique et financière de la France, 2008, p. 17-36.

Stegmann, Dirk, « Hugenberg contra Stresemann. Die Politik der Industrieverbände am Ende des Kaiserreichs », in *Vierteljahrshefte für Zeitgeschichte*, n° 4, 1976.

Stein, Laurie A., « "Der neue Zweck verlangte eine neue Form". Das Deutsche Museum für Kunst in Handel und Gewerbe im Kontext seiner Zeit », in Fehr, Michael, Röder, Sabine, Storck, Gerhard (dir.), *Das Schöne und der Alltag. Die Anfänge modernen Designs 1900-1914*, Cologne, Wienand, 1997.

Steinbeck, Norbert, *Bürokratisierung und betriebliche Rationalisierung. Die preussischen Landwirtschaftskammern und die Entwicklung der Agrarverfassung im wilhelminischen Kaiserreich*, Francfort-sur-le-Main, New York, Peter Lang, 1997.

Stern, Fritz, *Gold and Iron. Bismarck, Bleichröder and the Building of the German Empire*, New York, Knopf, 1977.

Struve, Walter, *Die Republik Texas, Bremen und das Hildesheimische*, Hildesheim, August Lax, 1983.

Stultz-Herrnstadt, Nadja, *Berliner Bürgertum im 18. und 19. Jahrhundert*, Berlin, New York, Walter de Gruyter & Co., 2002.

Teichova, Alice, Matis, Herbert (dir.), *Nation, State and the Economy in History*, Cambridge, Cambridge University Press, 2009.

Tesche, Bernhard, *Imperialistische Kolonialherrschaft und « Arbeiterfrage ». Die « Arbeiterfrage » in der Kolonie « Deutsch-Ostafrika » 1885-1905 und ihre Bedeutung im System der Kolonialausbeutung*, thèse dactylographiée, Leipzig, 1975.

Thadden, Rudolf von, *La Prusse en question. Histoire d'un État perdu*, Arles, Actes Sud, 1985.

Thiesse, Anne-Marie, *La création des identités nationales. Europe XVIIIe-XXe siècle*, Paris, Seuil, 1999.

Tilly, Richard H., « Capital formation in Germany in the Nineteenth Century », in Peter, Mathias, Postan, Michael M. (dir.), *The Cambridge Economic History of Europe*, vol. VII/1, Cambridge, Cambridge University Press, 1978.

Toinet, Marie-France, Kempf, Hubert, Lacorne, Denis, *Le libéralisme à l'américaine*, Paris, Economica, 1989.

Topalov, Christian (dir.), *Laboratoires du nouveau siècle. La nébuleuse réformatrice et ses réseaux en France, 1880-1914*, Paris, EHESS, 1999.

Torp, Cornelius, *Die Herausforderung der Globalisierung. Wirtschaft und Politik in Deutschland, 1860-1914*, Göttingen, Vandenhoeck & Ruprecht, 2005.

Treue, Wihelm (dir.), *Deutsche Technikgeschichte*, Göttingen, Vandenhoeck & Ruprecht, 1977.

Tribe, Kenneth, *Governing Economy. The Reformation of German Economic Discourse 1750-1840*, Cambridge, Cambridge University Press, 1988.

Trigilia, Carlo, *Sociologie économique*, Paris, Armand Colin, 2002.

Trommler, Franck (dir.), *Amerika und die Deutschen. Bestandaufnahme einer 300 jähriger Geschichte*, Opladen, Westdeutscher Verlag, 1986.

Trommler, Franck, « The Role of Culture in the Invention of the Ennemy », in Schröder, Hans-Jürgen (dir.), *Confrontation and Cooperation. Germany and the US in the Era of World War I. 1900-1924*, Providence, Oxford, Berg, 1993.

Ullmann, Hans-Peter, « Organisierte Interessen im Deutschen Kaiserreich », in Rumpler, Helmut (dir.), *Innere Staatsbildung und gesellschaftliche Modernisierung in Österreich und Deutschland 1867/71–1914*, Vienne, Munich, R. Oldenbourg, 1991.

Ullmann, Hans-Peter, *Der Bund der Industriellen*, Göttingen, Vandenhoeck & Ruprecht, 1976.

Ullmann, Hans-Peter, « Staatliche Exportförderung und private Exportinitiative », in *VWSG*, vol. 65, 2e cahier, 1978.

Ullmann, Hans-Peter, « Groupes de pression économiques en Allemagne entre la fin du XIXe siècle et le début du XXe siècle », in *Histoire économie et société*, n° 2, 1997.

Vagts, Alfred, *Deutschland und die Vereinigten Staaten in der Weltpolitik*, New York, The Macmillan Company, 1935.

Vaught, David, *Cultivating California. Growers, Specialty Crops and Labor, 1875-1920*, Baltimore, Londres, John Hopkins University Press, 1999.

Verley, Patrick, *Nouvelle histoire économique de la France contemporaine*, vol. 2, *L'industrialisation. 1830-1914*, Paris, La Découverte, 1989.

Verley, Patrick, *L'échelle du monde. Essai sur l'industrialisation de l'Occident*, Paris, Gallimard, 1997a.

Verley, Patrick, *La Révolution industrielle*, Paris, Gallimard, 1997b.

Vernus, Michel, « La culture écrite et le monde paysan. Le cas de la France-Comté (1750-1860) », in *Histoire & sociétés rurales*, vol. 7, 1997.

Viet, Vincent, « Une comparaison France-Allemagne. La question sociale et son traitement à la fin du XIXe siècle », in *Histoire & sociétés*, n° 6, avril 2003.

Vincent, Marie-Bénédicte, *Serviteurs de l'État : les élites administratives en Prusse de 1871 à 1933*, Paris, Belin, 2006.

Wagner, Maria, « Das Bild Amerikas in der deutschen Presse von 1828 bis 1865 », in Trombler, Frank (dir.), *Amerika und die Deutschen. Bestandaufnahme einer 300 jährigen Geschichte*, Opladen, Westdeutscher Verlag, 1986.

Wagner, Maria, *Was die Deutschen aus Amerika berichteten. 1828-1865*, Stuttgart, Akademischer Verlag, 1985.

Wagner, Thomas H., *« Krieg oder Frieden. Unser platz an der Sonne ». Gustav Stresemann und die Aussenpolitik des Kaiserreiches bis zum Ausbruch des Ersten Weltkrieges*, Paderborn, Ferdinand Schöningh, 2007.

Walter, Rolf, « Märkte, Börsen, Messen, Ausstellungen und Konferenzen », in Pohl, Hans (dir.), *Die Bedeutung der Kommunikation für Wirtschaft und Gesellschaft*, Stuttgart, Franz Steiner, 1989.

Warren, Donald Jr., *The Red Kingdom of Saxony. Lobbying Grounds for Gustav Stresemann. 1901-1909*, La Haye, Martinus Nijhoff, 1964.

Wehler, Hans-Ulrich, *Deutsche Gesellschaftsgeschichte*, Munich, Beck, 1995.

Weiher, Sigfrid von, Goetzeler, Herbert, *Weg und Wirken der Siemens-Werke im Fortschritt der Elektrotechnik 1847-1972*, Munich, Siemens AG, 1981.

Weil, François, « Migrations, migrants et ethnicité », in Heffer, Jean, Weil, François (dir.), *Chantiers d'histoire américaine*, Paris, Belin, 1994.

Weil, François, *Histoire de New York*, Paris, Fayard, 2000.

Weiner, Marli F., « Rural Women », in Hewitt, Nancy A., *A Companion to American Women's History*, Oxford, Blackwell Publishers, 2002.

Weisberg, Gabriel P., Becker, Edwin, Possémé, Évelyne (dir.), *L'Art nouveau. La Maison Bing*, Stuttgart, Chr. Belser AG, 2005.

Weisberg, Gabriel P., « La France et l'art américain à l'Exposition universelle de 1900 », in *Paris 1900. Les artistes américains à l'Exposition universelle*, Paris, Paris musées, 2001.

Wellenreuther, Hermann, « "Germans Make Cows and Women Work". American Perceptions of Germans as Reported in American Travel Books, 1800-1840 », in Barclay, David E., Glaser-Schmidt, Elizabeth (dir.), *Transatlantic Images and Perceptions. Germany and America since 1776*, Washington, New York, German Historical Institute, Cambridge University Press, 1997.

Wengenroth, Ulrich, « Technologietransfer als multilateraler Austauschprozess. Die Entstehung der modernen Stahlwerkskonzeption im späten 19. Jahrhundert », in *Technikgeschichte*, vol. 50, n° 3, 1983.

Wengenroth, Ulrich, *Unternehmensstrategien und technischer Fortschritt. Die deutsche und britische Stahlindustrie, 1865-1895*, Göttingen, Vandenhoeck & Ruprecht, 1986.

Werner, Michael, Zimmermann, Bénédicte (dir.), *De la comparaison à l'histoire croisée*, Paris, Seuil, 2004.

Wiese, Klaus, « Erziehung der Unternehmer. "Der Verein zur Beförderung des Gewerbfleisses in Preussen" während der Frühindustrialisierung », in Bonz, Bernhard *et alii*, *Berufsbildung und Gewerbeförderung. Zur Erinnerung an Ferdinand Steinbeis (1807-1893)*, Bielefeld, W. Bertelsmann, 1994.

Wiese-Schorn, Luise, « Karl Lamprechts Pläne zur Reform der auswärtigen Kulturpolitik », in *Zeitschrift für Kulturaustausch*, vol. 31, 1981.

Wilkins, Mira, *The History of Foreign Investment in the US to 1914*, Cambridge, Harvard University Press, 1989.

Wilkins, Mira, « German Chemical Firms in the United States from the Late 19th Century to Post-World War II », in Lesch, John E. (dir.), *The German Chemical Industry in the Twentieth Century*, Dordrecht, Kluwer Academic Publishers, 2000.

Winckler, Heinrich August, « Der rückversicherte Mittelstand : die Interessenverbände von Handwerk und Kleinhandel im deutschen Kaiserreich », in Winckler, Heinrich August (dir.), *Liberalismus und Antiliberalismus. Studien zur politischen Sozialgeschichte des 19. und 20. Jahrhunderts*, Göttingen, Vandenhoeck & Rumprecht, 1979.

Windholf, Paul, « Unternehmensverflechtung im organisierter Kapitalismus. Deutschland und USA im Vergleich, 1896-1938 », in Lamoreaux, Naomi (dir.), *The Great Merger Movement in American Business, 1895-1904*, New York, Cambridge University Press, 1985.

Winkel, Harald, « Landwirtschaftswesen », in Jeserich, Kurt G. A. J, Pohl, Hans, Unruh, Georg-Christoph von (dir.), *Deutche Verwaltungsgeschichte*, vol. 3, Stuttgart, Deutsche Verlags-Anstalt, 1984.

Zeitlin, Jonathan, Herrigel, Gary (dir.), *Americanization and Its Limits: Reworking US Technology and Management in Postwar Europe and Japan*, Oxford, Oxford University Press, 2000.

Zimmermann, Andrew, « Ein deutsches Alabama in Afrika : Die Tuskegee-Expedition nach Togo und die transnationalen Ursprünge westafrikanischer Baumwollpflanzer », in Conrad, Sebastian, Eckert, Andreas, Freitag, Ulrike (dir.), *Globalgeschichte. Theorien, Ansätze, Themen*, Francfort-sur-le-Main, Campus, 2007.

Zimmermann, Clemens, « La modernisation des campagnes allemandes (XIXe-XXe siècle). Les apports de l'historiographie récente en Allemagne », in *Histoire et sociétés rurales*, n° 11, 1er semestre 1999.

Zunz, Olivier, *L'Amérique en col blanc. L'invention du tertiaire : 1870-1920*, Paris, Belin, 1991.

INDEX

A

B

C

D

E

F

G

H

M

N

O

P

Q

R

S

T

U

V

W

Y

Z

« Enjeux internationaux »

L'étude des relations internationales, tout particulièrement dans le champ historique, est issue d'une histoire diplomatique largement rénovée à travers la prise en compte des forces profondes telles que les a jadis définies Pierre Renouvin. Elle place les États et ceux qui sont chargés de définir et de mettre en œuvre leur politique, au cœur de la vie internationale. Selon cette conception, les États conduisent leur action en jouant sur la palette des moyens les plus divers sur lesquels ils peuvent s'appuyer, tels que l'économie ou la culture, et qui agissent ou interagissent les uns par rapport aux autres.

La démultiplication des champs d'analyse de la vie internationale se développe ainsi tout au long du XXe siècle, mais est l'objet d'un nouveau regard en ces temps de mondialisation. Cette dernière, contemporaine du développement des analyses néo-libérales depuis les années 1980, témoigne tout à la fois de la prise de conscience de la démultiplication des acteurs en présence – ONG, entreprises multinationales par exemple – et de la large autonomie d'action de ces multiples acteurs.

La collection se veut représentative de ces perspectives renouvelées et de leur impact sur les recherches actuelles. Sans abandonner l'étude des relations internationales centrées sur les États, elle cherche à mieux appréhender la diversité des segments qui composent le champ international et le mode de relations entre ces derniers : de l'enjeu que constitue le sport à celui de l'usage de la mémoire coloniale. Elle s'adresse ainsi aux universitaires et analystes souhaitant interroger les grandes thématiques du siècle dernier au service d'une réflexion sur le présent.

Titres parus

N° 1 – Catherine LANNEAU, *L'inconnue française. La France et les Belges francophones (1944-1945)*, 2008, ISBN 978-90-5201-397-8

N° 2 – Frédéric DESSBERG, *Le triangle impossible. Les relations franco-soviétiques et le facteur polonais dans les questions de sécurité en Europe (1924-1935)*, 2009, ISBN 978-90-5201-466-1

N° 3 – Agnès TACHIN, *Amie et rivale. La Grande-Bretagne dans l'imaginaire français à l'époque gaullienne*, 2009, ISBN 978-90-5201-495-1

N° 4 – Isabelle DAVION, *Mon voisin, cet ennemi. La politique de sécurité française face aux relations polono-tchécoslovaques entre 1919 et 1939*, 2009, ISBN 978-90-5201-496-8

N° 5 – Claire LAUX, François-Joseph RUGGIU & Pierre SINGARAVÉLOU (dir./eds.), *Au sommet de l'Empire. Les élites européennes dans les colonies (XVIe-XXe siècle) / At the Top of the Empire. European Elites in the Colonies (16th-20th Century)*, 2009, ISBN 978-90-5201-536-1

N° 6 – Frédéric CLAVERT, *Hjalmar Schacht, financier et diplomate (1930-1950)*, 2009, ISBN 978-90-5201-542-2

N° 7 – Robert JABLON, Laure QUENNOUËLLE-CORRE et André STRAUS, *Politique et finance à travers l'Europe du XXe siècle. Entretiens avec Robert Jablon*, 2009, ISBN 978-90-5201-543-9

N° 8 – Alain BELTRAN (ed.), *A Comparative History of National Oil Company*, 2010, ISBN 978-90-5201-575-0

N° 9 – Sarah MOHAMED-GAILLARD, *L'Archipel de la puissance ? La politique de la France dans le Pacifique Sud de 1946 à 1998*, 2010, ISBN 978-90-5201-589-7

N° 10 – Marie-Anne Matard-BONUCCI, Anne DULPHY, Robert FRANK et Pascal ORY (dir.), *Les relations culturelles internationales au vingtième siècle. De la diplomatie culturelle à l'acculturation*, 2010, ISBN 978-90-5201-661-0

N° 11 – Yves-Marie PÉRÉON, *L'image de la France dans la presse américaine, 1936-1947*, 2011, ISBN 978-90-5201-664-1

N° 12 – Léonard LABORIE, *L'Europe mise en réseaux. La France et la coopération internationale dans les postes et les télécommunications (années 1850-années 1950)*, 2010, ISBN 978-90-5201-679-5

N° 13 – Catherine HOREL (dir.), *1908, la crise de Bosnie cent ans après*, 2011, ISBN 978-90-5201-700-6

N° 14 – Alain BELTRAN (ed.), *Oil Producing Countries and Oil Companies. From the Nineteenth Century to the Twenty-First Century*, 2011, ISBN 978-90-5201-711-2

N° 15 – Frédéric DESSBERG et Éric SCHNAKENBOURG (dir), *Les horizons de la politique extérieure française. Régions périphériques et espaces seconds dans la stratégie diplomatique et militaire de la France (XVIe-XXe siécles)*, 2011, ISBN 978-90-5201-717-4

N° 16 – Alya AGLAN, Olivier FEIERTAG et Dzovinar KÉVONIAN (dir.), *Humaniser le travail. Régimes économiques, régimes politiques et Organisations internationale du travail (1929-1969)*, 2011, ISBN 978-90-5201-740-2

N° 17 – Pierre JOURNOUD & Cécile MENÉTREY-MONCHAU (dir./eds.), *Vietnam, 1968-1976. La sortie de guerre / Vietnam, 1968-1976. Exiting a War*, 2011, ISBN 978-90-5201-744-0

N° 18 – Louis CLERC, *La Finlande et l'Europe du Nord dans la diplomatie française. Relations bilatérales et intérêt national dans les considérations finlandaises et nordiques des diplomates et militaires français, 1917-1940*, 2011, ISBN 978-90-5201-750-1

N° 19 – Yann DECORZANT, *La Société des Nations et la naissance d'une conception de la régulation économique internationale*, 2011, ISBN 978-90-5201-751-8

N° 20 – Lorenz PLASSMANN, *Comme dans une nuit de Pâques ? Les relations franco-grecques 1944-1981*, 2012, ISBN 978-90-5201-769-3

N° 21 – Alain BELTRAN (dir./ed.), *Le pétrole et la guerre / Oil and War*, 2012, ISBN 978-90-5201-770-9

N° 22 – Valentine LOMELLINI, Les relations dangereuses. *The French Left and the human rights issue in the Soviet bloc*, 2012, ISBN 978-90-5201-843-0

N° 23 – Martial LIBERA, *Un rêve de puissance. La France et le contrôle de l'économie allemande (1942-1949)*, 2012, ISBN 978-90-5201-859-1

N° 24 – Séverine Antigone MARIN, *L'apprentissage de la mondialisation. Les milieux économiques allemands face à la réussite américaine (1876-1914)*, 2012, ISBN 978-90-5201-853-9

Kolibri 360 GmbH
Ferdinand-Jühlke-Straße 7
99095 Erfurt, Deutschland
produktsicherheit@kolibri360.de